Intensive Gruppenerfahrung ist meiner
Ansicht nach eine der ganz großen sozialen
Erfindungen dieses Jahrhunderts
und vermutlich die mächtigste überhaupt.

Carl Rogers

Über dieses Buch:

Wirkliche Gemeinschaft und Nähe gibt es leider viel zu wenig in unserer Gesellschaft. Scott Peck hat sein Leben diesem existenziellen Problem gewidmet und Wege aufgezeigt, wie wir zu diesem Lebenselixier zurückfinden können. In seiner sehr lebendigen Sprache beschreibt er in diesem Buch seinen persönlichen Lebensweg und wie er zu seinen Entdeckungen gekommen ist. Er berichtet über die Grundlagen von authentischer Gemeinschaft und den gemeinschaftsbildenden Workshops. Sein Werk hat viele Menschen dazu inspiriert, im eigenen Leben authentische Gemeinschaft zu verwirklichen.

Über den Autor:

Scott Peck (1936–2005), US-amerikanischer Psychiater, Psychotherapeut und Schriftsteller, schrieb 1978 das Buch *Der wunderbare Weg* (englischer Originaltitel: *The Road Less Traveled*), das ein Welterfolg wurde. Es wurde in 20 Sprachen übersetzt, allein in Nordamerika sechs Millionen Mal verkauft und erschien 258 Mal in der Bestseller-Liste der New York Times.

Mit dem vorliegenden Buch *Gemeinschaftsbildung – der Weg zu authentische Gemeinschaft* (englischer Originaltitel: *The Different Drum*), erschienen 1984, hat er eine große Bewegung in Gang gesetzt, die viele Menschen zu einem Leben in tieferer Gemeinschaft inspiriert hat.

Über das 1993 erschienene Buch *Eine neue Ethik für die Welt* (englischer Originaltitel: *A World Waiting To Be Born*), das ebenfalls über Scott Pecks Erfahrungen mit der Gemeinschaftsbildung handelt, schrieb der damalige Vizepräsident der USA, Al Gore: „Ein sehr wichtiges Buch."

M. Scott Peck

Gemeinschaftsbildung
Der Weg zu authentischer Gemeinschaft

aus dem Amerikanischen gemeinschaftlich übersetzt
von Lilut Janisch, Olaf Jungbluth und Anne Lohmann

Originalausgabe erschienen bei TOUCHSTONE, New York
unter dem Titel
„The Different Drum – Community Making and Peace"

aus dem Amerikanischen gemeinschaftlich übersetzt
von Lilut Janisch, Olaf Jungbluth und Anne Lohmann

Zweite Auflage, 2012
Herausgegeben von Götz Brase
© Schloss Oberbrunn GmbH & Co. KG
Titelfoto: picture alliance, © Claude Cortier/OKAPIA

Gestaltung und Satz auf tango: mitv, Michael Würfel
Druck: Zimmermann Druck + Verlag Balve
Gedruckt auf Recyclingpapier, Umschlag auf FSC-zertifiziertem Papier

Vertrieb: eurotopia Buchversand, Sieben Linden, 38489 Beetzendorf
www.eurotopiaversand.de, info@eurotopia.de

ISBN 978-3-00-038281-9

Inhalt

Vorwort zur 2. Auflage 9
Vorwort zur 1. Auflage 10
Prolog 13
Einleitung 16
Teil I – Die Grundlagen 21

  Kapitel 1 - In Gemeinschaft hineinstolpern 22

    Friends-Schule, 1952-54 25
    Kalifornien, Februar 1967 28
    Okinawa, 1968-69 35
    Bethel, Maine, Juni 1972 39

  Kapitel 2 - Individuen und der Irrtum des schroffen Individualismus 45

  Kapitel 3 - Die wahre Bedeutung von Gemeinschaft 50

    Einschließlichkeit, Verbindlichkeit und Konsens 51
    Realismus 54
    Reflektieren 56
    Ein sicherer Ort 57
    Ein Laboratorium für persönliche Abrüstung 59
    Eine Gruppe, die anmutig kämpft 60
    Eine Gruppe aus Anleitern 61
    Ein Geist 62

  Kapitel 4 - Das Entstehen von Gemeinschaft 66

    Krisen und Gemeinschaft 66
    Gemeinschaft durch Zufall 69
    Geplante Gemeinschaft 70

Kapitel 5 - Phasen der Gemeinschaftsbildung..73

   Pseudogemeinschaft.. 73
   Chaos... 77
   Leere.. 80
   Gemeinschaft.. 88

Kapitel 6 - Weitere Dynamiken von Gemeinschaft..91

   Muster von Gruppenverhalten..91
   Eingriffe in Gruppenverhalten.. 100
   Größe einer Gemeinschaft...107
   Dauer einer Gemeinschaft.. 109
   Verbindlicher Einsatz für die Gemeinschaft............................ 109
   Gemeinschaftsübungen..111

Kapitel 7 - Die Erhaltung von Gemeinschaft..116

   Der St.-Aloysius-Orden (OSA)..117
   Die Keller-Gruppe.. 128
   Erhalten oder Sterben.. 136

Teil II – Die Brücke..143

Kapitel 8 - Das Wesen der menschlichen Natur.. 144

   Das Problem des Pluralismus... 145
   Die Illusion über das Wesen der menschlichen Natur.............146
   Die Fähigkeit zur Transformation..152
   Realismus, Idealismus und Romantik......................................156

Kapitel 9 - Muster der Verwandlung..159

   Die Stufen der spirituellen Entwicklung..................................159
   Das Überschreiten des Kulturkreises....................................... 171
   Israel.. 176

Kapitel 10 - Die Leere.. 178

Kapitel 11 - Verwundbarkeit... 192

Kapitel 12 - Integration und Integrität..199

   Was fehlt?... 200
   Paradox und Ketzerei..205
   Blasphemie und Hoffnung... 209

Teil III – Die Lösung 217

Kapitel 13 - Gemeinschaft und Kommunikation 218

Die psychologischen Aspekte von Gewalt 221
Das veraltete Nationalstaaten-System 224
Das Wettrüsten als Spiel 229
Heimlicher Gewinn 231
Nationalismus: gesund oder krank? 236

Kapitel 14 - Die christliche Kirche in den USA 241

Die Revolution der Fußwaschung am Heiligen Gründonnerstag 242
Pseudodoketismus: Die Ketzerei der Kirche 244
Die Kirche als Kampfplatz 246
Zeichen der Hoffnung 251

Kapitel 15 - Die Regierung der Vereinigten Staaten 255

Gleichgewicht der Kräfte oder Chaos? 256
Die Irrealität der amerikanischen Präsidentschaft 259
In Richtung einer gemeinschaftlichen Präsidentschaft 262

Kapitel 16 - Aufruf zum Handeln 270

Was gibt es jetzt zu tun? 270

Nachwort 276

Anhang 281

Die Freude an Gemeinschaft
Ein Interview von Alan Atkisson mit M. Scott Peck 282

Gemeinschaft: die kultivierte Organisation 292

Ethik und Gegnerschaftsdenken im Geschäftsleben 324

Berufung 345

Wie Sie Ihre Zeit nicht vergeuden - Gebet
(oder wie immer Sie es nennen wollen) 365

Sucht: Die heilige Krankheit 377

   C. G. Jung und die Anonymen Alkoholiker 379
   Ein Programm zur Bekehrung 380
   Ein psychologisches Programm 382
   Laienpsychotherapie 385
   Ein gemeinschaftsförderndes Programm 386
   Der Segen des Alkoholismus 387
   Der Krise früh begegnen 388

Die verschiedenen Aspekte des gemeinschaftsbildenden Prozesses 392

   Gefühlsmanagement – das Annehmen der Gefühle 396
   Das Vier-Schichten-Persönlichkeitsmodell
   und die vier Phasen der Gemeinschaftsbildung 399
   Selbstwahrnehmung – Fremdwahrnehmung 401
   Gemeinschaftsbildung und gewaltfreie Kommunikation (GFK)
   nach Marshall Rosenberg 402
   Authentizität und Transparenz 404
   Das Prinzip des Leerwerdens in der Gemeinschaftsbildung 404
   Die Präsenz in der Gemeinschaftsbildung 405
   Der Zustand der „Arbeitsatmosphäre" in einer Gruppe 406
   Die strukturellen Hilfsmittel für den gemeinschaftsbildenden Prozess:
   Der Redestab und die 5-Minuten-Struktur 407

Vom Sterbepunkt in unserem Energiesystem – der nächste Schritt in der Entwicklung der Menschheit 409

Erfahrungsberichte Workshops 422

Kommunikationsempfehlungen für die Gemeinschaftsbildung 427

Vorwort zur 2. Auflage

Es erfüllt mich mit großer Freude, wie weit sich die Gemeinschaftsbildung in den 5 Jahren seit Erscheinen des Buches im deutschsprachigen Raum verbreitet hat. Es gibt viele fortlaufende Gruppen, und einige Lebensgemeinschaften nutzen schon seit längerem diesen Prozess für die emotionelle Auseinandersetzung.[1]

Diese 2. Auflage habe ich um einige Texte erweitert. Insbesondere das Interview mit Scott und den Vortrag von Samuel Widmer („Der Sterbepunkt in unserem Energiesystem") empfinde ich als eine wichtige Bereicherung für das Buch.

Götz Brase, Schloss Oberbrunn,
April 2012

---

[1] aktuelle Workshoptermine unter www.gemeinschaftsbildung.com

Vorwort zur 1. Auflage

1978 bin ich in meine erste Lebensgemeinschaft gezogen und seitdem hat es mich nicht mehr losgelassen, ist es zu meinem Lebensthema geworden. Besonders diese erste Gemeinschaft, in der ich fünf Jahre gelebt habe, war sehr intensiv, erreichte dies aber durch eine dominante und charismatische Führungsperson und ideologische Ansätze. Nach weiteren Abenteuern ähnlicher Art stellte sich mir immer mehr die Frage: Wie kann man diese Intensität und diesen Gemeinschaftsgeist in Eigenverantwortung erreichen, also ohne die Krücken von Ideologie und Guru? Irgendwann stieß ich auf das Buch von Scott Peck über die Gemeinschaftsbildung, das damals noch nicht ins Deutsche übersetzt war. Es hat mich sofort so fasziniert, dass ich schon bald im Flieger nach San Francisco saß, um einen Workshop zu besuchen. Seitdem bin ich fast Vollzeit mit dem Organisieren und Begleiten von gemeinschaftsbildenden Workshops beschäftigt. Unser erstes Seminar in Deutschland fand an dem Wochenende im September 2005 statt, an dem Scott Peck in Amerika beerdigt wurde. Vielleicht hatte dies eine symbolische Bedeutung und das „alte Europa" ist ein neuer und eine andere Art von Nährboden für die Gemeinschaftsbildung – es sieht jedenfalls sehr danach aus.

Das vorliegende Buch ist unter anderem die Grundlage für die zweitägigen gemeinschaftsbildenden Seminare. Es beschreibt ausführlich die vier Phasen (Pseudogemeinschaft, Chaos, Leere, Authentizität), die eine Gruppe auf dem Weg zur Authentizität durchläuft. Dieser Workshoprahmen ist einfach, aber sehr wirkungsvoll. Letzten Endes geht es darum, wie eine Gruppe lernen kann, auch ohne Leitung in die Tiefe, ins gemeinsame Herz, in die Authentizität zu finden. Scott Peck benutzt dafür den Begriff einer „Group of all Leaders".

Manchmal denke ich, die Gemeinschaftsbildung ist wie eine Ausnüchterungskur für das menschliche Verhalten. Stück für Stück befreit sich eine Gruppe von ihrem normalen Sozialisationsverhalten, und alles fällt ab, was unecht ist. Ohne dass eine Gruppe dahingehend gelenkt werden muss, kommt sie an die Gefühle heran, von denen sie sich im normalen Verhalten meist ablenkt. Es ist befreiend, sich nicht verstellen zu müssen, um irgendwelchen Konventionen zu genügen. Man kann sich auf das konzentrieren, was gerade da ist, auf das Hier und Jetzt, ohne in irgendeiner Weise durch ein „Du sollst" oder „Du musst" abgelenkt zu werden. Der Prozess wird bestimmt durch die Bereitschaft der Teilnehmer sich zu öffnen und sich dem zu stellen, was auftaucht, jeder entscheidet selbst, wie viel er sich zumuten möchte.

Vorwort zur 1. Auflage

David Bohm, einer der wichtigsten Schüler von Krishnamurti, einem der großen spirituellen Lehrer des letzten Jahrhunderts, hat ungefähr zur gleichen Zeit, zu der Scott Peck die Gemeinschaftsbildung entdeckte, einen ähnlichen Rahmen entwickelt, den er „Dialog" nennt und in dem gleichnamigen Buch beschreibt.[2] Er sagt, dass wir Menschen wieder etwas lernen müssen, das wir bereits seit einer Million Jahren gemacht, aber in den letzten 5000 Jahren verlernt haben: in einer authentischen Art und Weise in einer Gruppe zusammen zu sein. Die Menschen aus Stammeskulturen würden wahrscheinlich ihre Köpfe schütteln, wie wir heutzutage miteinander kommunizieren. Die ca. 5000-jährige Phase der Ackerbaugesellschaft hat sich tief in unsere Köpfe und unser Verhalten eingeprägt, und es wird eine längere Zeit dauern, bis sich die durch die Industrialisierung aufgebrochenen Strukturen zu einer neuen Kultur entwickelt haben, die auch das tiefe und nährende Zusammensein in Gruppen einschließt. Es geht darum wieder zu lernen, auch auf der verbalen Ebene in einer authentischen Art und Weise zusammen zu sein, so dass nicht nur der Kopf regiert und die Gefühle unter dem Tisch ihr Dasein fristen müssen. David Bohm spricht von Soziotherapie, also keiner individuellen Therapie, in der man die Sozialisations- und Konditionierungsmuster bewusst macht und aufarbeiten kann. Wobei es letzten Endes um Nähe und Gemeinschaft geht und nicht um Therapie, gemäß dem Motto: Heilung kann oft am besten dort stattfinden, wo keine Heilung versucht wird.

In dem Buch „Creating Community Anywhere" von Shaffer/Anundsen[3] wird beschrieben, wie man überall authentische Begegnungen schaffen kann, sei es in kleinen oder großen Gruppen oder auch in Zweierbegegnungen, wo die Gemeinschaftsbildung sehr viel Ähnlichkeit hat mit den Zwiegesprächen von Michael Lukas-Möller („Die Wahrheit beginnt zu Zweit"). Das Einzige, was nötig ist, sind regelmäßige Treffen (nicht weiter als 14 Tage auseinander liegend, auch ein Urlaub eignet sich hervorragend, wo z. B. tägliche Gespräche möglich sind) und die Bereitschaft, sich mit den Empfehlungen für die Kommunikation in einer Gruppe von Scott Peck (siehe Anhang) und den vier Phasen zur Authentizität auseinander zu setzen. Mir persönlich hat es viel Lebensqualität und tiefe Freundschaften in mein Leben gebracht.

Götz Brase, Hamburg, August 2007

---

[2] David Bohm, *Der Dialog* (Stuttgart: Klett-Cotta, 1999)
[3] Anundsen, Shaffer, *Creating Community Anywhere* (New York: Tarcher/Putnam, 1993)

Über die Geduld

Man muss den Dingen
die eigene, stille
ungestörte Entwicklung lassen,
die tief von innen kommt
und durch nichts gedrängt
oder beschleunigt werden kann,
alles ist austragen -- und
dann gebären...

Reifen wie der Baum,
der seine Säfte nicht drängt
und getrost in den Stürmen des Frühlings steht,
ohne Angst, dass dahinter kein Sommer kommen könnte.
Er kommt doch!
Aber er kommt nur zu den Geduldigen,
die da sind, als ob die Ewigkeit
vor ihnen läge,
so sorglos, still und weit...
Man muss Geduld haben
mit dem Ungelösten im Herzen,
und versuchen, die Fragen selber lieb zu haben, wie verschlossene Stuben,
und wie Bücher, die in einer sehr fremden Sprache geschrieben sind.
Es handelt sich darum, alles zu leben.
Wenn man die Fragen lebt, lebt man vielleicht allmählich,
ohne es zu merken,
eines fremden Tages in die Antworten hinein.

Rainer Maria Rilke

Prolog

Es gibt eine Geschichte, vielleicht ist es eine Fabel. Typisch für Fabeln ist, dass sie viele Versionen hat. Es ist auch typisch, dass die Quelle der Geschichte, die ich erzähle, unbekannt ist. Ich kann mich nicht erinnern, ob ich sie gehört oder gelesen habe und wann es war. Ich weiß nicht, welche Verzerrungen ich selbst hinzugefügt habe. Alles was ich sicher weiß, ist, dass diese Version mit einem Titel zu mir kam. Die Geschichte heißt: Das Geschenk des Rabbis.

Die Geschichte erzählt von einem Kloster, welches gerade schlechte Zeiten erlebte. Es gehörte zu einem einstmals großen Orden, aber infolge von wiederholter antiklösterlicher Verfolgung im 17. und 18. Jahrhundert und durch die aufkommende Säkularisierung im 19. Jahrhundert wurden alle Bruderhäuser zerstört, und es waren schließlich nur noch fünf Mönche im verfallenden Mutterhaus übriggeblieben: der Abt und vier andere, alle über siebzig Jahre alt. Es war eindeutig ein sterbender Orden.

In den tiefen Wäldern, die das Kloster umgaben, lag eine kleine Einsiedlerhütte, die ein Rabbi aus einer nahegelegenen Stadt manchmal als Rückzugsort benutzte. Durch die vielen Jahre des Gebets und des Nachdenkens waren die Mönche ein wenig hellsichtig geworden, sodass sie immer spürten, wenn der Rabbi in seiner Hütte weilte. „Der Rabbi ist im Wald, der Rabbi ist wieder im Wald", flüsterten sie einander zu.

Als der Abt sich wieder einmal über das Sterben des Ordens den Kopf zermarterte, ging er zur Hütte des Rabbis um zu fragen, ob er nicht einen Rat wüsste, der das Kloster retten könnte. Der Rabbi hieß den Klostervorsteher in seiner Hütte willkommen. Aber als der Abt den Grund seines Besuchs erklärte, konnte er nur mitfühlend ausrufen: „Ich weiß, wie es ist. Der Geist ist aus den Leuten gewichen. In meiner Stadt ist es genauso. Fast niemand kommt mehr in die Synagoge." So weinten der alte Abt und der alte Rabbi miteinander. Dann lasen sie gemeinsam in der Thora und sprachen über Dinge, die sie tief bewegten.

Es kam die Zeit, wo der Abt gehen musste. Sie umarmten sich. „Es war wunderbar, dass wir uns nach all den Jahren hier trafen", sagte der Abt, „aber ich trage immer noch Sorge im Herzen. Gibt es wirklich nichts, was du mir raten könntest, keinen Hinweis, wie ich den sterbenden Orden retten könnte?"

„Nein, es tut mir leid", erwiderte der Rabbi, „ich habe keinen Rat. Das Einzige, was ich euch sagen kann, ist, dass der Messias einer von euch ist."

Als der Abt zum Kloster zurückkehrte, versammelten sich seine Mönche um ihn und fragten: „Was hat der Rabbi gesagt?" „Er konnte nicht helfen", antwortete der Abt. „Wir haben zusammen geweint und die Thora gelesen. Das Einzige, was er sagte, gerade als ich gehen wollte, war geheimnisvoll: dass der Messias einer von uns sei. Ich weiß nicht, was er damit meinte."

In den Tagen, Wochen und Monaten danach grübelten die alten Mönche darüber nach und fragten sich, ob es irgendeine Bestätigung für die Worte des Rabbi gäbe.

„Der Messias ist einer von uns? Kann er wirklich einen Mönch aus diesem Kloster gemeint haben? Wenn das so ist, welcher ist es? Meinst du, er hält den Abt dafür? Ja, wenn er jemand meinen könnte, dann den Vater Abt. Er ist unser Führer seit mehr als einer Generation. Auf der anderen Seite könnte er auch Bruder Thomas gemeint haben. Er ist mit Sicherheit ein heiliger Mann. Jeder weiß, dass Bruder Thomas ein Mann des Lichts ist. Natürlich kann er nicht Bruder Elred gemeint haben. Elred ist manchmal sehr sonderbar. Aber wenn man genau darüber nachdenkt, auch wenn er oft nicht gerade umgänglich ist, so liegt doch viel Weisheit in dem, was er sagt. Vielleicht meinte der Rabbi Bruder Elred. Aber mit Sicherheit nicht Bruder Philipp. Philipp ist so unscheinbar, so in sich gekehrt. Dafür ist er immer da, wenn man ihn braucht. Er erscheint auf magische Weise immer genau zur richtigen Zeit. Vielleicht ist Philipp der Messias. Aber mit Sicherheit meinte der Rabbi nicht mich, niemals. Ich bin nur ein ganz normaler Mensch. Aber angenommen, er hält doch mich für den Auserwählten? Denk mal, wenn ich der Messias wäre! Oh Gott, nicht ich. Ich kann nicht so bedeutend sein, oder?"

Nun begannen die alten Mönche, sich gegenseitig außerordentlich respektvoll zu behandeln, wegen der Möglichkeit, dass einer von ihnen der Messias sein könnte. Und weil jeder Mönch unwissentlich selbst der Heilsbringer sein könnte, behandelten sie sich auch selbst mit großem Respekt.

Da der Wald um das Kloster so schön war, kamen gelegentlich Ausflügler zu Besuch, um auf dem kleinen Rasen zu picknicken, auf den stillen Wegen zu wandern, oder dann und wann in der verfallenen Kapelle zu meditieren. Hier fühlten sie, ohne sich dessen bewusst zu sein, diese Aura des tiefen Respekts, die nun die fünf Mönche ausstrahlten und den ganzen Platz umhüllte. Es war daran etwas seltsam Anziehendes, ja sogar Unwiderstehliches. Kaum wissend warum, kamen die Besucher immer wieder zurück zum Kloster um zu picknicken, zu wandern und zu beten. Sie brachten ihre Freunde mit, um ihnen diesen besonderen Platz zu zeigen.

Dann begannen einige der jüngeren Männer, die zu Besuch kamen, mehr und mehr mit den alten Mönchen zu sprechen. Nach einer Weile fragte einer, ob er sich ihnen anschließen könnte. Dann noch einer. Und noch einer. Innerhalb von ein paar Jahren wurde das Kloster wieder zu einem blühenden Ort, und dank des „Geschenks des Rabbi" ein vibrierendes Zentrum des Lichts und der Spiritualität in dieser Gegend.

Einleitung

Nur in und durch Gemeinschaft kann die Welt gerettet werden.
Es gibt nichts Wichtigeres.

Wer jedoch – wie die meisten von uns – nie wahre Gemeinschaft erfahren hat, dem kann man diese Erfahrung schwer nahe bringen. Das wäre so, als würde man versuchen, den Geschmack von Artischocken jemandem zu beschreiben, der nie eine gekostet hat. Und doch muss dieser Versuch unternommen werden, denn die Menschheit steht heute am Rande der Selbstvernichtung.

Es gibt Berichte, wie nach der Explosion der Atombomben verstrahlte Menschen in Hiroshima und Nagasaki blind durch die Straßen irrten, ihre Haut in Fetzen. Um die Haut meiner Kinder mache ich mir große Sorgen, und um die eurige. Ich möchte meine Haut retten. Für die Rettung brauche ich euch und ihr braucht mich. Wir müssen miteinander in Gemeinschaft treten. Wir brauchen einander.

Weil so wenige die Vision von Gemeinschaft in sich tragen und so viele den Frieden als die erste Priorität unserer Zivilisation erkennen, wollte ich dieses Buch ursprünglich „Frieden schaffen und Gemeinschaft" nennen. Aber das hieße, den Wagen vor das Pferd spannen. So kam ich zu dem Untertitel „Bildung authentischer Gemeinschaft – der erste Schritt zum Weltfrieden". Mir ist nicht klar, wie wir Amerikaner mit Menschen anderer Kulturen wahrhaftig in Kommunikation treten können, wenn wir uns oft nicht einmal mit unseren nächsten Nachbarn verständigen können, und mit denen auf der anderen Straßenseite noch weniger. Wahrhafte Kommunikation benötigt Wohlwollen, und beides beginnt zu Hause. Vielleicht sollte Frieden schaffen im Kleinen anfangen. Ich schlage nicht vor, wir sollten globale Friedensversuche aufgeben. Jedoch habe ich Zweifel, wie wir weltweite Gemeinschaft erreichen können – was der einzige Weg zu dauerhaftem Frieden ist –, bevor wir in unserem persönlichen Leben die Prinzipien von Gemeinschaft erlernt und umgesetzt haben.

Auf jeden Fall wird dieses Buch klein anfangen. Der erste Teil bezieht sich ganz auf meine persönliche Erfahrung von Gemeinschaft, deren außerordentliche Wichtigkeit ich für mich und Tausende meiner Mitmenschen entdeckte, als wir gemeinsam darum rangen, tief, ehrlich und wohlwollend miteinander zu kommunizieren.

Der zweite Teil dieses Werks ist eher „theoretisch". Dieses Wort benütze ich nur mit Zögern, da „theoretisch" für viele „unpraktisch" bedeutet. Ich werde jedoch versuchen eine Brücke zu schlagen zwischen den Konzepten von

Gemeinschaftsbildung auf der persönlichen, der internationalen und der interkulturellen Ebene. „Theoretisch" bezieht sich also nur auf die Tatsache, dass diese Brücke noch nie geschlagen wurde. Aber das heißt keinesfalls, dies sei nicht praktizierbar und nicht zweckmäßig. Denn in Wirklichkeit ist es unser bisheriges Vorgehen im Bereich internationaler Beziehungen, das nicht zweckmäßig ist. Wiederkehrende internationale Konflikte belegen das. Sich ernsthaft zu überlegen, die Spielregeln zu ändern, wenn das Spiel einen umbringt, ist nicht unzweckmäßig.

Im letzten Teil wird das Theoretische ziemlich spezifisch, weil ich dort Gemeinschaftsbildung und Frieden beziehe. Auch hier rufe ich dazu auf, die Spielregeln zu verändern. Es werden wohl diejenigen, die sich die Zukunft nur als Weiterführung der Vergangenheit vorstellen können, denken: „nicht zweckmäßig". Aber wir müssen zur Realität zurückkehren, die heißt, der Status quo ist mörderisch. Wenn die Menschheit überleben will, dann kommen wir am Ändern der Spielregeln nicht vorbei!

Das Wort „Rettung" kam schon mehrmals vor. In unserer westlichen Zivilisation, wo traditionell der physische vom spirituellen Bereich getrennt wird, hat dieses Wort zwei verschiedene Bedeutungen. Physische Rettung – wie in dem Ausdruck „wir wollen unsere Haut retten" – bezieht sich auf eine Errettung vom Tod. Was ist jedoch spirituelle Rettung, vor allem, wenn wir die Seele als unsterblich betrachten? Damit ist Erlösung oder Heilung gemeint, ein Prozess, um heil oder heilig zu werden. Noch genauer definiere ich sie als einen fortlaufenden Prozess zunehmender Bewusstwerdung. Selbst der Atheist Freud sagte, der Sinn der Psychotherapie – Heilung der Psyche – sei es, das Unbewusste bewusst zu machen. Und C.G. Jung schreibt das menschliche Böse der Weigerung zu, sich den Schatten anzuschauen. Wobei der Schatten jene Aspekte von uns beinhaltet, die wir nicht annehmen oder erkennen wollen und die wir dauernd unter den Teppich des Bewusstseins kehren. Eine der treffendsten Definitionen des Bösen, die ich kenne, ist die der „militanten Ignoranz". Heute, im Angesicht verschiedenster materieller Bedrohungen, sind physische und spirituelle Rettung nicht mehr voneinander zu trennen. Wir können nicht länger unsere Haut retten und gleichzeitig unsere eigenen Schatten ignorieren oder unser Unbewusstes im Dunkeln lassen.

Themen des Bewusstseins und des Nichtbewusstseins werden in den nachfolgenden Kapiteln mehrmals berührt. So ist dieses Buch unweigerlich ein spirituelles Buch. Denn wir können nicht unsere Haut retten, ohne unsere Seelen zu retten. Wir können das Unheil, das wir in der Welt angerichtet haben, nicht heilen, ohne uns selbst spirituelle Heilung zu verordnen.

Dies ist also ein spirituelles Buch, jedoch kein spezifisch christliches. Andrew Marvell schrieb im 17. Jahrhundert im Gedicht „An seine spröde Geliebte", dass er auf sie warten würde, „Bis Juda sich zu Christum schart". Soviel Zeit haben wir heute nicht mehr. Diejenigen, die glauben, der Weltfrieden könne nicht Wirklichkeit werden, ehe religiöse und kulturelle Differenzen nivelliert sind – das heißt, ehe nicht alle Juden zu Christen oder alle Christen zu Moslems oder alle Moslems zu Hindus geworden sind – tragen nicht zu einer Lösung bei, sondern verschlimmern eher das Problem. Es bleibt uns keine Zeit! Und selbst wenn: Würde das Ziel „eine Welt" einen Schmelztiegel meinen, gefüllt mit einem gleichmäßigen Brei – ich bin nicht sicher, ob das Ergebnis genießbar wäre; bei einem bunt gemischten Salatteller mit zahlreichen Variationen an Geschmacksrichtungen schon eher. Die Lösung liegt in der entgegengesetzten Richtung, nämlich kulturelle und religiöse Unterschiede schätzen zu lernen, sogar zu feiern, und versöhnt mit einer pluralistischen Welt zu leben.

Nachdem die Autorin Marya Mannes den beinahe leeren Meditationsraum der Vereinten Nationen besucht hatte, der unvollendet bleibt, um keine der Weltreligionen zu beleidigen, schrieb sie: „Als ich dort stand, erschien mir die Leere derart bedrückend und störend, als eine Manifestation des Irrsinns, und der Raum als Gummizelle. Ich erlebte das so, als läge in dieser Leere der Kern unserer größten gegenwärtigen Schwierigkeiten, als sei diese ganze Ungeformtheit die Krankheit der Unverbindlichkeit, die unsere Kraft schwächt. Endlich haben wir herausgefunden, dass nur Nichts allen genehm ist. Das Erschreckende an diesem Raum war, dass er überhaupt keine Aussage machte."[4]

Weil ich jedoch etwas aussagen will, muss ich in diesem Buch Position beziehen als Bürger der Vereinigten Staaten und Christ. Sollten sich einige Leser hieran stören, so bitte ich darum, diese meine Besonderheit, meine Einzigartigkeit zu akzeptieren, genau so wie es umgekehrt an mir ist, die ihrige anzunehmen. Und die Gemeinschaft, die alle Glaubensrichtungen und Kulturen einschließt, ohne sie assimilieren zu wollen, ist das Heilmittel für unsere „größten gegenwärtigen Schwierigkeiten."

Tatsächlich sehe ich viele Aspekte sowohl meines Vaterlandes als auch meiner Kirche sehr kritisch, woran wiederum andere Anstoß nehmen könnten. Sie könnten denken, ich sei kein echter Christ, kein echter Amerikaner. Doch ich

---

[4] Marya Mannes, „Meditation in an Empty Room",
The Reporter v. 23. Februar 1956, S. 40

bitte Sie, zwei Dinge nicht zu vergessen: Ich konzentriere mich mehr auf die Verfehlungen der Vereinigten Staaten und der christlichen Kirche, als zum Beispiel auf die des Islams. Denn, wie die Anonymen Alkoholiker so weise lehren, „die einzige Person, die ich ändern kann, bin ich selbst". Und weil ich andererseits mein Land und meine Kirche so sehr liebe, stelle ich hohe Erwartungen an sie. Sie haben beide ein großartiges Potenzial. Ich hoffe, sie werden ihr Potenzial und ihre Versprechen in hohem Maße mit Leben füllen. Diese Versprechen haben mit Gemeinschaft zu tun – mit Menschen, die zusammen leben in Freiheit und Liebe.

Freiheit und Liebe sind einfache Worte, jedoch nicht einfach umzusetzen. Wahre Freiheit bedeutet viel mehr und etwas ganz anderes als ein Ich-zuerst-Individualismus. Wahre Liebe verlangt ständig schwierige Entscheidungen. Gemeinschaft entsteht nicht einfach so und es gibt sie auch nicht billig zu kaufen. Anspruchsvolle Regeln müssen sowohl erlernt als auch befolgt werden. Diese Regeln stehen hilfreich zu unserer Verfügung! Sie sind klar, sie ersparen manches, sie sind nicht obskur. Es ist der Sinn dieses Buches, diese Regeln zu lehren und den Leser zu ermutigen, sie zu befolgen. Die Hoffnung dieses Buches ist, dass wir sie zuerst in unserem persönlichen Leben anwenden lernen, um sie dann universell umzusetzen. So wird die Welt gerettet werden.

Scott Peck, 1987

Teil I

Die Grundlagen

1 In Gemeinschaft hineinstolpern

Gemeinschaft gibt es heutzutage selten.

Manche Wörter bekommen im Lauf der Zeit eine andere Bedeutung. Wenn Leute mich fragen, wie ich mich politisch einordne, antworte ich, dass ich ein radikaler Gemäßigter bin. Das Wort „radikal" kommt vom Lateinischen „radix" (Wurzel). Ein echter Radikaler ist einer der versucht, an die Wurzeln der Dinge zu gelangen, um sich nicht von Oberflächlichkeiten ablenken zu lassen, um den Wald trotz vieler Bäume noch zu sehen. Es ist gut ein Radikaler zu sein. Jeder, der tief nachdenkt, wird einer sein. Laut Wörterbuch ist das ähnlichste Synonym „Fundamentalist". Das macht Sinn. Jemand, der die Wurzel der Dinge betrachtet, ist jemand, der zu den Fundamenten gelangt. Jedoch haben diese Begriffe in unserer Kultur eine entgegengesetzte Bedeutung bekommen, als wäre ein Radikaler garantiert ein linksgerichteter, Bomben schmeißender Anarchist und ein Fundamentalist ein konservativer Betonkopf.

Gemeinschaft bzw. Gemeinde[5] sind auch solche Worte. Wir neigen dazu, unsere Heimatorte als Gemeinden zu bezeichnen. Oder die Kirchen. Unsere Heimatorte mögen eine Ansammlung von Menschen sein, die ein gemeinsames Steuerrecht und die gleichen politischen Strukturen haben, aber darüber hinaus verbindet sie herzlich wenig miteinander. Städte sind in keiner Weise das, was wir unter Gemeinschaften verstehen. Und bei näherer Betrachtung und auf Grund meiner Erfahrungen sind die Kirchen in unseren Heimatorten wahrscheinlich ebenso wenig Gemeinschaften.

Während wir einerseits das Wort Gemeinschaft auf eine seichte Weise benutzen, sehnen sich gleichzeitig viele nach den „guten alten Tagen", als sich Nachbarn noch versammelten, um gemeinsam ihre Scheunen zu bauen. Wir bedauern den Verlust von Gemeinschaft. Ich bin geschichtlich nicht genug bewandert, um zu wissen, ob unsere Vorfahren damals, im Gegensatz zu heute, wirklich die Früchte von echter Gemeinschaft genossen, oder ob wir uns nach einem Goldenen Zeitalter sehnen, das niemals existierte. Aber ich habe Hinweise darauf, dass die Menschheit einmal mehr über Gemeinschaft wusste als wir es aktuell erleben.

Einer dieser Hinweise findet sich in einer Ansprache, die John Winthrop, der erste Gouverneur der Massachusetts Bay Colony, im Jahre 1630 hielt. Er sprach

---

[5] Das englische Wort „community" steht für Gemeinde und Gemeinschaft, Anm. d. Übers.

zu seinen Siedlergenossen, kurz bevor sie ihre Füße auf das neue Land setzten: „Wir müssen uns aneinander erfreuen, uns in andere hineinversetzen, uns zusammen freuen, zusammen trauern, Mühe und Leid miteinander teilen, wir müssen uns alle als Glieder eines Körpers sehen."[6]

Zweihundert Jahre später reiste der Franzose Alexis de Tocqueville durch unsere jungen Vereinigten Staaten, und 1835 hat er etwas veröffentlicht, was noch immer als klassische Arbeit über den amerikanischen Charakter gilt. In seinem Buch „Demokratie in Amerika" beschreibt er diese Haltung, die den Bürgern der Vereinigten Staaten eine einzigartige neue Kultur gab.[7] Was ihn besonders beeindruckte, war unser Individualismus. De Tocqueville bewunderte diesen Wesenszug sehr. Er warnte jedoch davor, dass, wenn unser Individualismus nicht mit anderen Eigenschaften ausbalanciert würde, er unausweichlich zu einer Spaltung der amerikanischen Gesellschaft und zur sozialen Isolation der Bürger führen würde.

Kürzlich – nochmals 150 Jahre später – schrieben der angesehene Soziologe Robert Bellah und seine Kollegen eine treffende Fortsetzung: „Gewohnheiten des Herzens"[8]. In dieser Arbeit weisen die Autoren nach, dass unser Individualismus nicht ausbalanciert blieb, und so die schlimmsten Befürchtungen de Tocquevilles eintrafen. Isolation und Spaltung der Gesellschaft sind selbstverständlich geworden.

Ich kann dies aus eigener Erfahrung bestätigen. Ich lebte 17 Jahre mit meinen Eltern in einem Apartmenthaus in New York City. Es lagen zwei Wohnungen auf jeder Etage, getrennt durch den Fahrstuhl und ein kleines Foyer. Bei insgesamt elf Stockwerken ergibt das Wohnraum für 22 Familien. Ich kannte den Nachnamen der Familie gegenüber des Foyers, aber nicht die Vornamen ihrer Kinder. Ich war nur einmal in all den Jahren in ihrer Wohnung. Ich kannte die Nachnamen von nur zwei weiteren Familien in diesem Gebäude, nicht die der verbleibenden 18. Ich sprach die Fahrstuhlführer und Türsteher mit ihrem Vornamen an; ich kannte von keinem den Nachnamen.

Subtiler, jedoch zerstörerischer spiegelte sich die Getrenntheit der Bewohner dieses Gebäudes in der emotionalen Isolation und Spaltung in meiner eigenen

---

[6] John Winthrop, „A Model of Christian Charity", *Puritan Political Ideas, 1558-1794*, ed. Edmund S. Morgan (Indianapolis: Bobbs-Merrill, 1965), S. 92

[7] Alexis de Tocqueville, *Democracy in America*, trans. George Lawrence, ed. J.P. Mayer (New York: Doubleday Anchor Books, 1969), S. 287

[8] Robert Bellah et al., *Habits of the Heart: Individualism and Commitment in American Life* (Berkeley, Calif.: University of California Press, 1985)

Familie wider. Im Großen und Ganzen jedoch fühlte ich mich glücklich in meinem Zuhause in der Kindheit. Es war stabil und freundlich. Meine Eltern waren verantwortungsvoll und fürsorglich. Es gab viel Wärme, Zuneigung, Lachen und Feierlichkeiten. Das einzige Problem war, dass einige Emotionen nicht akzeptiert waren.

Meine Eltern hatten kein Problem damit, wütend zu sein. Doch nur selten war meine Mutter so traurig, dass sie einen Moment leise weinte – eine Emotion, die mir rein weiblich schien. Niemals in all den Jahren meines Aufwachsens hörte ich von meinen Eltern, dass sie besorgt oder beunruhigt oder erschrocken oder depressiv waren, oder dass irgendetwas darauf hindeutete, dass sie sich anders fühlten als „über den Dingen stehend" und „ihr Leben im Griff habend". Sie waren gute „Individualisten" mit einer harten Schale und sie wollten, dass ich auch so werde. Das Problem war, dass ich nicht frei war, ich selbst zu sein. Mein Zuhause war zwar sicher, aber es war kein Ort, wo ich besorgt, beunruhigt, depressiv oder abhängig oder ich selbst sein konnte.

Ich hatte Bluthochdruck in meiner Pubertät. Ich stand unter Spannung. Immer wenn ich besorgt war, wurde ich noch besorgter darüber, dass ich besorgt war. Immer wenn ich depressiv war, wurde ich noch depressiver darüber, dass ich depressiv war. Erst als ich mit 30 mit der Psychoanalyse in Berührung kam, begriff ich emotional, dass Besorgtheit und Depression akzeptable Gefühle sind. Nur über die Therapie verstand ich, dass ich in bestimmter Weise eine abhängige Person war, die emotionale und körperliche Unterstützung brauchte. Mein Bluthochdruck nahm ab. Aber volle Heilung ist ein langwieriger Prozess. Mit fünfzig bin ich immer noch dabei zu lernen, um Hilfe zu bitten, es zuzulassen mich schwach zu zeigen, wenn ich schwach bin, und mich abhängig und unsicher zu zeigen, wenn es passend ist.

Nicht nur mein Blutdruck war betroffen. Ich sehnte mich nach Intimität. Ich hatte große Probleme damit, intim zu sein, was kaum überraschend war. Wenn jemand meine Eltern gefragt hätte, ob sie Freunde haben, hätten sie geantwortet: „Haben wir Freunde? Mein Gott. Ja! Würden wir sonst jedes Jahr über 1000 Weihnachtskarten bekommen?" Einerseits wäre diese Antwort korrekt. Sie lebten ein sehr aktives soziales Leben und waren weithin und verdientermaßen sehr respektiert – und auch geliebt. Aber wenn man die tiefere Bedeutung des Wortes nimmt, bin ich nicht sicher, ob sie überhaupt einen Freund hatten. Massenhaft freundliche Bekanntschaften, ja, aber nicht wirklich intime Freunde. Aber sie hätten auch keine gewollt. Weder wünschten sie sich Intimität, noch trauten sie ihr. Soweit ich es beurteilen kann, waren sie typisch für ihre Zeit und ihre Kultur in einem Zeitalter des „schroffen Individualismus" (Anm. d. Übersetzers: „shrugged individualism" bedeutet wörtlich „achselzuckender Individualismus", im Sinne eines Sozialdarwinismus. Die Starken setzen sich durch, die Schwachen werden an den Rand gedrängt).

Aber mir blieb eine namenlose Sehnsucht. Ich träumte davon, dass es irgendwo ein Mädchen, eine Frau, einen Freund gäbe, mit dem ich total offen und ehrlich sein könnte, und dass in dieser Beziehung meine ganze Person akzeptiert wäre. Das war romantisch genug. Was jedoch unmöglich romantisch erschien, war die unerfüllte Sehnsucht nach einer Gesellschaft, in der Ehrlichkeit und Offenheit vorherrschen. Es gab für mich keinen Grund zu glauben, dass so eine Gesellschaft existierte, oder jemals existiert hatte, oder jemals existieren könnte – bis ich zufällig oder durch Gnade in verschiedene reale Gemeinschaften hineinstolperte.

Friends-Schule, 1952–54

Als ich 15 war weigerte ich mich, zum Entsetzen meiner Eltern, nach den Ferien zurück zur Phillips Exeter Academy zu gehen. Dieses Internat in New England hatte ich mehrere Jahre besucht und war unglücklich dort. Exeter war zu dieser Zeit vielleicht das führende amerikanische Internat zur Schulung von schroffem Individualismus. Die Leitung und die Lehrer waren im Stillen stolz darauf, ihre Studenten nicht zu verhätscheln. „Das Rennen macht der Schnellste", so lautete das inoffizielle Motto und, „wenn du die Anforderungen nicht erfüllst, hast du halt Pech."

Dann und wann baute sich vielleicht eine Freundschaft zwischen einem Studenten und einem Lehrer auf, aber ein so ungewöhnliches Verhalten wurde nicht unterstützt. Wie Insassen eines Gefängnisses hatten die Studenten ihre eigene Gesellschaft mit oftmals bösartigen Normen. Der Druck zu sozialer Konformität war enorm. In den ersten beiden Jahren verwendete ich erfolglos meine gesamte Energie nur dafür, von den andern akzeptiert zu werden. Erst im dritten Jahr fühlte ich mich „drin". Und als ich mich dazugehörig fühlte, wurde mir klar, dass ich gar nicht dazugehören wollte. Auf meinem Weg zu einer gut ausgebildeten künftigen Führungskraft hatte ich die Erkenntnis, dass ich bald ersticken würde in der exklusiven Luft dieser Kultur. Es war nicht das, was angesagt war zu dieser Zeit und an diesem Ort, aber ich musste atmen: Ich stieg aus und verließ das Internat.

Im Herbst 1952 begann ich die elfte Klasse der Friends-Schule, einer kleinen

Quäker Schule am Rande von Greenwich Village in New York City. Weder meine Eltern noch ich können uns erinnern, wie diese zufällige Wahl getroffen wurde. Auf jeden Fall war Friends das Gegenteil von Exeter: Es war eine Tagesschule, wohingegen Exeter ein Internat war. Es war klein, wohingegen Exeter groß war. Es gab 13 Jahrgänge, beginnend vom Kindergarten, in Exeter waren es vier. Mädchen und Jungen wurden gemeinsam unterrichtet, in Exeter waren nur Jungen. Friends war liberal, Exeter sehr konservativ. Friends hatte etwas von einer Gemeinschaft, Exeter nicht. Ich fühlte mich, als wäre ich nach Hause gekommen.

Die Jugend ist eine seltsame Mischung aus verstärkter Bewusstheit und dramatischer Unbewusstheit. Während meiner zwei Jahre in der Friends-Schule war ich mir nicht bewusst, wie wunderbar die Zeit und der Ort waren. Innerhalb einer Woche fühlte ich mich sehr wohl dort, aber ich fragte mich nicht warum. Ich begann aufzublühen: intellektuell, sexuell, körperlich, psychologisch und spirituell. Aber dieses Aufblühen war so unbewusst wie das einer welken Pflanze, wenn es regnet.

Für das Fach Amerikanische Geschichte im elften Schuljahr von Exeter musste jeder Student einen 10-seitigen Aufsatz schreiben. Perfekt getippt, mit Fußnoten und Literaturangaben. Ich kann mich erinnern, dass mir das als schier unlösbare Aufgabe erschien. Im nächsten Jahr in der Friends-Schule, als ich das elfte Schuljahr wiederholte, nahm ich wieder am Pflichtkurs in amerikanischer Geschichte teil. Für diesen Kurs schrieb ich ohne Probleme vier perfekt getippte 40-seitige Aufsätze mit zahlreichen Fußnoten und Literaturangaben. Innerhalb von neun Monaten veränderte sich diese Aufgabe von einer großen Hürde zu einer angenehmen Art zu lernen. Ich war natürlich froh darüber, aber wie es zu dieser fast wundersamen Veränderung kam, war mir kaum bewusst.

In der Zeit der Friends-Schule erwachte ich jeden Morgen voller Erwartungen für den kommenden Tag. Dass ich mich zu Exeter-Zeiten aus dem Bett quälen musste, verschwand schnell aus meinem Gedächtnis. Ich betrachtete die Wendung in meinem Leben einfach als den natürlichen Lauf der Dinge. Ich fürchte, ich sah Friends als selbstverständlich an und reflektierte diese glückliche Fügung nicht. Erst jetzt, in der Rückschau 30 Jahre später, bin ich bewusst genug, um diese Analyse zu machen. Ich wünschte, ich würde mich an noch mehr erinnern. Ich wünschte, ich hätte mir über die Umgangsformen Notizen gemacht, doch nun sind diese Informationen für immer verloren. Sonst könnte ich besser erklären, warum und wie in Friends eine so einzigartige Kultur entstehen konnte. Aber ich erinnere mich genug, um zu sagen, dass es einzigartig war.

Die Holzbänke im zentralen Versammlungsraum waren sehr hart, aber die Grenzen zwischen den Menschen waren weich. Weder nannten wir unsere Lehrer beim Vornamen, noch trafen wir uns privat mit ihnen. Wir nannten sie Frau Ehlers und Doktor Hunter. Aber wir wurden von ihnen auf sanfte Weise geneckt, und wir Schüler neckten sie sanft und fröhlich im Gegenzug. Ich hatte niemals Angst vor ihnen. Tatsächlich konnten die meisten über sich selbst lachen.

Wir waren vielleicht 20 Schüler in der Klasse. Nur wenige Jungs trugen eine Krawatte. Es gab keine Kleiderordnung, wie es damals an ähnlichen Einrichtungen üblich war. Wir waren 20 verschieden gekleidete Jugendliche – Jungs und Mädchen – aus verschiedenen Stadtbezirken New Yorks und aus völlig unterschiedlichen Milieus. Unter uns waren Juden, Atheisten, Katholiken, Protestanten. Ich kann mich an keine Moslems erinnern, aber wenn es welche gegeben hätte, hätte das keinen Unterschied gemacht. Unsere Eltern waren Ärzte und Anwälte, Ingenieure und Laboranten, Künstler und Redakteure. Einige hatten großzügige Wohnungen, andere lebten sehr bescheiden. Daran erinnere ich mich gut: wie verschieden wir alle waren.

Einige hatten gute und manche hatten schlechte Noten. Einige von uns waren offensichtlich gescheiter als andere, schöner, körperlich weiter entwickelt, kultivierter. Aber es gab keine Cliquen. Es gab keine Außenseiter. Jeder war respektiert. An fast jedem Wochenende gab es Partys, aber niemand schrieb jemals Listen, wen er einladen wollte und wen nicht. Es war klar, dass jeder willkommen war. Manche kamen praktisch nie zu den Partys, aber das lag daran, dass sie weit entfernt wohnten oder arbeiteten oder etwas Besseres vorhatten. Einige hatte „Dates", andere nicht. Einige von uns waren enger zusammen, aber niemand wurde jemals ausgeschlossen. Ich kann mich nicht erinnern, dass ich versuchte, jemand anderes zu sein als ich selbst. Niemand schien mich anders haben zu wollen, niemand versuchte, jemand anders als er oder sie zu sein. Vielleicht das erste Mal in meinem Leben war ich vollkommen frei, ich selbst zu sein.

Außerdem war ich unbewusst Teil eines Paradoxons, das die folgenden Seiten durchzieht. Die Friends-Schule schaffte eine Atmosphäre, in der Individualismus gedeihen konnte. Trotz unserer unterschiedlichen sozialen Hintergründe oder religiösen Überzeugungen waren wir alle Freunde. Ich erinnere mich an keine Spaltung; ich erinnere mich an eine Menge Zusammenhalt. Einige Quäker bezeichnen ihre Glaubensrichtung auf eine seltsame Weise als „Freundschaft". Außer bei gelegentlichen kurzen Treffen wurden die Quäker-Prinzipien weder gelehrt, noch wurden sie uns aufgedrängt. Wahrscheinlich war es die Identität als Quäker-Schule, die zu dieser besonderen Atmosphäre führte, aber genau weiß ich das nicht. Natürlich wurden wir Schüler – alles Individuen – unbewusst angesteckt von der freundlichen Atmosphäre.

Es gab also den Individualismus in seiner ganzen Schönheit, der aber absolut nichts Schroffes an sich hatte. Mir fällt wieder das Wort sanft ein. Destruktive Konkurrenz, die den Mitschüler herabsetzen will, kam nicht vor. Unser Zusammenhalt als Klasse war sanft. Es gab auch keine Rivalität zwischen den Klassen. An ein Detail erinnere ich mich noch bei den Partys: Einige von uns trafen sich mit Leuten aus Klassen über oder unter uns, ebenso wie mit Absolventen oder Leuten von anderen Schulen. Sie wurden alle mit einbezogen in unsere Partys, ebenso wie ältere oder jüngere Geschwister. Das Bemerkenswerte daran ist, dass ich mich nicht daran erinnern kann, auf Jüngere herab geschaut oder zu Älteren aufgesehen zu haben.

Auch wenn die Erinnerung vielleicht manches schönt, so waren dies goldene Jahre für mich. Natürlich war nicht alles perfekt. Obwohl ich sehr sanft behandelt wurde, plagten mich doch die pubertären Unsicherheiten. Meine aufblühende Sexualität verursachte qualvolle Verwirrung. Ein sehr liebenswürdiger Lehrer war offensichtlich Alkoholiker. Ein anderer, obwohl brillant, war offensichtlich nicht liebenswürdig. Und ich könnte fortfahren. Eine Sache ist in der Rückschau auf jeden Fall klar: Während dieser zwei Jahre erlebte ich erstmals echte Gemeinschaft. Es war ein Gefühl, das ich zwölf Jahre lang nicht mehr haben würde.

Kalifornien, Februar 1967

Während meiner dreijährigen psychiatrischen Ausbildung am Armeekrankenhaus „Letterman General Hospital" in San Francisco kam Mac Badgely, ein hochrangiger Militärpsychologe, an unsere Fakultät. Seinem Kommen gingen Gerüchte voraus. Meistens wurde gesagt, er sei inkompetent oder verrückt oder beides. Aber ein Kollege, den ich sehr schätzte, hielt Mac für das größte Genie der Armee. Nach anfänglichen Schwierigkeiten mit diesem charismatischen Mann und bemerkenswerten Lehrer, wurde er eine Quelle der Inspiration für mich. Ich war selbst zu dieser Zeit in psychoanalytischer Behandlung, u.a. auch wegen eines Autoritätsproblems, und das half mir über diese Anlaufschwierigkeiten hinweg.

Im Dezember 1966 bot Mac an, drei sogenannte Wochenend-Marathon-Gruppen für uns 36 Fakultätsmitglieder zu leiten, eine im Februar, eine im März und eine im April. Wir wussten, dass Mac einige Zeit am Tavistock-Institut in England verbracht hatte. Dort wurden die Theorien des britischen Psychiaters Wilfred Bion über das Verhalten von Gruppen gelehrt und weiterentwickelt. Unsere Gruppen würden nach dem Tavistock-Modell geführt, verkündete Mac. Jede würde auf zwölf Teilnehmer begrenzt. Alles war freiwillig.

Bis dahin waren meine Ausbildung und meine Erfahrung in Gruppentherapie allenfalls mittelmäßig. Zu dieser Zeit schätzte ich Mac jedoch schon so sehr, dass ich begierig darauf war, an allem teilzunehmen, was er anbot. Dementsprechend war ich einer der zwölf, die sich für das erste Gruppenexperiment im Februar anmeldeten. Zwölf andere meldeten sich freiwillig entweder für die März- oder für die Aprilgruppe. Die anderen zwölf entschieden sich dafür, diese Gelegenheit nicht wahrzunehmen.

Wir, die ersten zwölf, – alle relativ junge männliche Psychiater, Psychologen oder Sozialarbeiter – begannen unser Wochenendseminar mit Mac um 20.30 Uhr an einem Freitagabend in einer leeren Baracke auf einem Luftwaffenstützpunkt in Marin County. Wir hatten alle den ganzen Tag gearbeitet und waren am Anfang dementsprechend müde. Uns wurde gesagt, dass die Gruppe am frühen Sonntagnachmittag enden würde. Es war nicht klar, wie viel wir schlafen würden, wenn überhaupt. Auch war unklar, was wir machen würden. Es gab jedoch drei Ereignisse während dieses Seminars, die einen dauerhaften Eindruck auf mein Leben machten. Das erste war die tiefste mystische Erfahrung, die ich je hatte.

Neben mir in der Gruppe saß ein frisch einberufener Fakultätspsychiater aus Iowa, der nicht viel Federlesens darüber machte, dass er meine Ostküstenmentalität ebenso wenig mochte wie meine abgenutzte Kleidung. Ich hingegen war nicht sehr scharf auf seine grobe Art des Mittleren Westens und die großen stinkenden Zigarren, die er rauchte. Um zwei Uhr am Samstagmorgen schlief dieser Mann ein und begann laut zu schnarchen. Erst schien es noch ganz lustig zu sein, aber bald stießen mich seine Laute ab. Er störte meine Konzentration. Warum konnte er nicht wach bleiben wie wir anderen? Wenn er sich freiwillig für dieses Experiment gemeldet hatte, sollte man denken, dass er doch wenigstens den Anstand und die Disziplin haben sollte, nicht einzuschlafen und unsere Arbeit durch sein hässliches Schnarchen zu stören. Wellen der Wut stiegen in mir auf und intensivierten sich noch, als ich in den Aschenbecher neben ihm schaute, in dem vier Zigarrenstummel von ihm lagen, die Enden abgekaut und noch nass von seinem Speichel. Mein Hass wurde glühend, unerbittlich und rechthaberisch.

Aber dann passierte etwas sehr Merkwürdiges. Gerade als ich ihn mit großer Abscheu ansah, wurde er zu mir. Oder wurde ich zu ihm? Auf jeden Fall sah ich mich plötzlich in seinem Stuhl sitzen, meinen Kopf in den Nacken fallen, das Schnarchen aus meinem Mund kommen. Meine eigene Müdigkeit fühlend, realisierte ich mit derselben Plötzlichkeit, dass er der schlafende Teil von mir war und ich der wache Teil von ihm. Er schlief für mich und ich wachte für ihn.

Mich überkam Liebe für ihn. Die Wellen von Wut, Abscheu und Hass verwandelten sich dauerhaft in Zuneigung und Fürsorge. Einige Sekunden sah ich nochmals sein verhasstes „altes Selbst", aber danach nie wieder. Meine Zuneigung blieb, als er erwachte. Auch wenn wir nie enge Freunde wurden, genossen wir es doch sehr, in den nächsten sechs Monaten zusammen Tennis zu spielen, bis ich wieder versetzt wurde.

Ich weiß nicht, wodurch mystische Erfahrungen ausgelöst werden. Ich weiß, dass Erschöpfung „Ego-Grenzen" auflösen kann. Und ich weiß jetzt, dass ich freiwillig das tun kann, was mir damals unfreiwillig passierte. Immer, wenn ich mich dazu entscheide, werden Feinde zu Freunden, denn das sind „nur" Rollen, die wir füreinander spielen. Vielleicht hatte ich seitdem kein solch dramatisches mystisches Erlebnis, weil ich es nicht mehr brauchte. Aber vor 18 Jahren brauchte ich es. Es gab keinen anderen Weg, um den Psychiater aus Iowa zu lieben. Ich brauchte diese schlagartige Erkenntnis, um meine egozentrischen Barrieren aufzubrechen. Das hätte ich mir nie träumen lassen. Ich erzählte den anderen in der Gruppe von meinem mystischen Erlebnis. Danach gab es viel Heiterkeit und Geselligkeit. Um fünf Uhr morgens waren wir erschöpft und wir gingen für zwei Stunden schlafen.

Gegen neun Uhr am Samstagmorgen schienen wir – weshalb auch immer – unsere gute Stimmung zu verlieren. Ich fühlte mich leicht niedergeschlagen über diesen Verlust. Während einer Mittagspause um zwölf Uhr vertraute ich meine Gefühle zwei anderen Mitgliedern an. Das führte zur zweiten denkwürdigen Erkenntnis.

„Ich verstehe nicht, warum du dich so fühlst", antworteten beide. „Der Gruppenprozess verläuft wunderbar und wir haben eine richtig gute Zeit, auch wenn es für dich nicht so ist."

Ich war so verwirrt durch unsere unterschiedlichen Wahrnehmungen, dass ich darüber sprach, als unsere Gruppe sich um 13 Uhr wieder versammelte. Einer nach dem anderen erzählten fast alle, wie viel Vergnügen sie in der Gruppe hatten und welche Erfahrungen wir zusammen machten. Ich war der Sonderling. Ich fühlte mich noch niedergeschlagener, als die Gruppe sich fragte, was mit mir nicht stimmte, weil es mir nicht so gut ging wie den anderen. Sie wussten, dass ich zu dieser Zeit in Psychotherapie war, und fragten mich, ob ich nicht ein Problem mit meinem Therapeuten hätte, welches ich unangemessenerweise in die Gruppe tragen würde.

Es war 14 Uhr. Die einzige Person außer unserem Leiter Mac, die in der vorangegangenen Stunde nicht gesprochen hatte, war Richard, ein distanzierter und reservierter Mensch. „Vielleicht ist Scotty die Stimme für die Niedergeschlagenheit der Gruppe", meinte er in seiner nüchternen Art.

Die Gruppenmitglieder formierten sich sofort gegen Richard. „Was für eine komische Bemerkung", meinten sie. „Das macht keinen Sinn. Wie kann jemand die Stimme für die Niedergeschlagenheit der Gruppe sein? Die Gruppe ist nicht niedergeschlagen."

Sie wandten sich wieder gegen mich. „Offensichtlich hast du ein größeres Problem, Scotty", sagten sie mir auf die eine oder andere Weise, „sogar ein riesiges. Ganz klar kein Problem, mit dem sich unsere Kurzzeitgruppe beschäftigen könnte. Du solltest bei nächster Gelegenheit mit deinem Therapeuten darüber sprechen. Es ist wirklich eine Angelegenheit für deine Therapie, und du hättest es nicht hier hereinbringen sollen und unsere Gruppenarbeit damit stören. Wahrscheinlich bist du so krank, dass du für eine Gruppenerfahrung wie diese nicht bereit bist. Vielleicht ist es das Beste, wenn du jetzt die Gruppe verlässt. Es ist zwar Wochenende, aber vielleicht könnte sich dein Therapeut heute Abend mit dir treffen, weil es so dringend ist."

Es war jetzt 15 Uhr. Weil ich mich immer niedergeschlagener fühlte und wie ein Ausgestoßener, war ich an dem Punkt angelangt, die Gruppe nicht weiter herunterzuziehen mit meiner anscheinenden psychischen Krankheit. Aber dann sprach Mac Badgely zum ersten Mal an diesem Tag: „Vor einer Stunde hat Richard zu Bedenken gegeben, dass Scotty vielleicht die Stimme für die Niedergeschlagenheit der Gruppe ist. Ihr als Gruppe habt euch entschieden, diese Vermutung zu ignorieren. Vielleicht habt ihr damit das Richtige getan. Vielleicht habt ihr Recht, dass Scottys Niedergeschlagenheit nichts mit dem Rest der Gruppe zu tun hat. Aber ich möchte etwas anmerken. Bis heute zur Pause um fünf Uhr morgens gab es eine Menge Gelächter. Die Stimmung war heiter. Ich habe seitdem nichts gesagt, aber ich habe euch beobachtet, und ich möchte euch wissen lassen, dass seit neun Uhr niemand mehr in dieser Runde gelacht hat. Keiner von euch hat in den letzten sechs Stunden auch nur gelächelt."

Eine betroffene Stille senkte sich über die Gruppe. Dann sagte jemand: „Ich vermisse meine Frau." „Ich vermisse meine Kinder", fügte einer hinzu. „Mir stinkt das Essen hier", sagte ein Dritter. „Ich weiß nicht, warum wir den weiten Weg hierher gefahren sind für diesen Blödsinn", meinte ein anderer. „Wir hätten doch Zeit gespart, wenn wir uns im Armeestützpunkt getroffen hätten, und sogar zu Hause schlafen können." „Und deine Leitung war katastrophal, Mac", stimmte einer ein. „Du hast selbst zugegeben, dass du sechs Stunden lang kein Wort gesagt hast. Du hättest uns mehr Anleitung geben sollen."

Nachdem jeder seine Gefühle von Wut, Frustration und Verbitterung – Elemente der Depression – geäußert hatte, kehrten Heiterkeit und Freude in die Gruppe zurück. Ich konnte mich darin sonnen, vom Außenseiter zum Propheten geworden zu sein. Propheten sind häufig die Überbringer von schlechten Nachrichten. Sie verkünden, dass etwas falsch läuft in ihrer Gesellschaft, so wie ich es in unserer kleinen Gesellschaft getan habe. Aber die Menschen hören nicht gerne schlechte Nachrichten über sich selbst, deshalb werden Propheten häufig verfolgt oder zum Sündenbock gemacht.

Diese Erfahrung, zum Sündenbock gemacht zu werden, war so klar und tief, dass ich großen Nutzen daraus ziehen konnte. Anders als früher habe ich seitdem nicht mehr das sichere Gefühl, ich läge falsch, wenn ich mich gegen eine Mehrheit stelle. Und wenn ich eine starke Mehrheit auf meiner Seite habe, kann ich nun nicht mehr selbstgefällig davon ausgehen, dass ich damit auch im Recht sei.

Der dritte denkwürdige Moment dieses bedeutungsvollen Wochenendes verlief sehr sanft.[9] Nachdem die Gruppe keine Sündenböcke mehr gesucht und sich mit ihrer Niedergeschlagenheit befasst hatte, genoss sie den Samstagabend in einer beschwingten und warmherzigen Atmosphäre. Wir entschieden, dass wir uns einen angemessenen Nachtschlaf verdient hatten. Wir hörten um 22 Uhr auf und vereinbarten, um sechs Uhr am Sonntagmorgen weiterzumachen. Wir waren gut aufgelegt, als wir am Sonntag zusammen die kalifornische Morgendämmerung begrüßten.

Jedoch kam bald Uneinigkeit auf. Einige Mitglieder machten verletzende Bemerkungen. Inzwischen waren wir schon recht geübt darin, uns als Gruppenorganismus und damit als ein Körper zu fühlen. So dauerte es nicht lange, bis jemand bemerkte: „Hey Leute, wir haben es vermasselt. Wir haben den guten

---

[9] Dieser Vorfall wurde schon vorher kurz beschrieben in M. Scott Peck, Marilyn von Waldner and Patricia Kay, *What Return Can I Make?*: Dimensions of the Christian Experience (New York, Simon and Schuster, 1985), S. 113-114

Geist verloren. Was ist los?" „Für euch kann ich nicht sprechen", antwortete einer, „aber ich habe mich geärgert. Ich weiß nicht warum. Es scheint mir, als hätten wir uns in abgehobenen Diskussionen über menschliches Schicksal und spirituelles Wachstum verloren." Einige Mitglieder nickten energisch, um ihre Zustimmung zu signalisieren. „Was ist so abgehoben daran, über menschliches Schicksal und spirituelles Wachstum zu sprechen?", konterte ein anderer. „Das ist doch etwas ganz Entscheidendes. Da geht's lang. Darum geht es im Leben. Das ist doch die Basis, um Gottes Willen!" Andere nickten jetzt ebenso energisch. „Wenn du sagst ‚um Gottes Willen', triffst du meiner Meinung nach genau das Problem", sagte einer derjenigen, die zuerst genickt hatten. „Ich glaube gar nicht an Gott. Ihr schwatzt über Gott und Schicksal und Geist, als wenn diese Dinge real wären. Nichts davon ist nachweisbar. Das lässt mich kalt. Was mich interessiert, ist das Hier und Jetzt, d. h., wie ich meinen Lebensunterhalt verdiene, die Masern meiner Kinder, das zunehmende Übergewicht meiner Frau, wie kuriert man Schizophrenie, und ob ich nächstes Jahr nach Vietnam einberufen werde." „Man könnte meinen, dass wir anscheinend in zwei Lager gespalten sind", warf ein anderes Mitglied milde ein. Plötzlich brach die ganze Gruppe in ein schallendes Gelächter aus, weil er seine Interpretation so milde formuliert hatte. „Man könnte meinen, dass – ja so ist es – man könnte meinen", rief jemand laut heraus und schlug sich auf die Oberschenkel. „Ja es könnte möglicherweise so den Anschein haben", sagte ein anderer und brüllte vor Lachen.

So setzten wir heiter unsere Arbeit fort und analysierten die Spaltung zwischen uns. Wir waren in zwei gleich große Lager geteilt. Das Lager, zu dem ich gehörte, bezeichnete die anderen sechs als „Materialisten". Die Materialisten bezeichneten uns als „Marschierende unter dem Banner Gottes". Von jetzt an wurden wir „Gralsritter" genannt. Mac wollte nicht das Zünglein an der Waage für die eine oder die andere Gruppe spielen.

Wir waren jetzt sehr effizient. Laut Mac waren wir inzwischen eine arbeitsfähige Gruppe im Sinne des britischen Psychologen Wilfried Bion. Und wir erkannten, dass es die Materialisten in der kurzen verbleibenden Zeit nicht schaffen würden, uns Gralsritter zur Vernunft zu bringen und uns davon abzuhalten, spirituellen Irrlichtern nachzujagen. Gleichzeitig akzeptierten wir Gralsritter, dass wir in der Kürze der Zeit das andere Lager nicht vom krassen Materialismus abbringen konnten.

So einigten wir uns darauf, uneinig zu sein, legten unsere Meinungsverschiedenheiten beiseite, und konnten erfolgreich weiterarbeiten. Wir mussten unsere

Arbeit der Gemeinschaftsbildung zu Ende bringen. Die Aufgabe lautete, uns einen identitätsstiftenden Mythos auszudenken. Wir konzipierten unseren Gruppenorganismus als weder „rein materialistisch" noch „super-spirituell", sondern beides in Koexistenz. Jedes Mitglied brachte eigene Ideen ein, und wir entwarfen gemeinsam eine etwas skurrile Parabel, ein Gleichnis, in dem sich jeder Teilnehmer wiederfinden konnte. Wir verglichen unseren Prozess mit einer Seeschildkröte, die an Land ging, um ihre Eier zu legen, und die sich nun in den Ozean zurückschleppt, um zu sterben. Wie viele Nachkommen schlüpfen und trotz vieler Gefahren den rettenden Ozean erreichen würden, war dem Schicksal überlassen.

Die Auflösung der Reibung zwischen den Materialisten und den Gralsrittern war meine erste Erfahrung mit Konfliktlösung in einer Gruppe. Ich hatte vorher nicht gewusst, dass es für eine Gruppe von Menschen möglich war, die Unterschiede anzuerkennen, sie beiseite zu legen und sich immer noch zu lieben. Was aus diesen Differenzen entstanden wäre, wenn wir länger zusammengearbeitet hätten, weiß ich nicht. Aber in dieser kurzen Zeit konnte ich beobachten, wie Menschen Meinungsverschiedenheiten kreativ nutzten und überwanden.

Das sind die drei Begebenheiten, an die ich mich von dieser außergewöhnlichen Marathongruppe besonders erinnere. Aber für mich noch wichtiger und inspirierender war das Gefühl der Freude.

Authentische Gemeinschaften variieren extrem in ihrer Intensität. Die Friends-Schule war eine relativ extensive Gemeinschaft. Es gab viel Trennendes zwischen uns Studenten und dem Lehrkörper. Wir wohnten über die ganze Stadt verteilt und steckten in unterschiedlichsten Lebenssituationen. In den gemeinsam verbrachten Stunden stand meist das Lernen im Vordergrund und nicht gruppendynamische Prozesse.

Als ich Friends besuchte, wachte ich wie schon gesagt jeden Morgen voller Eifer und Ungeduld auf, ich war auffallend glücklich in diesen Jahren. Mac Badgelys Gruppe war dagegen kurz, aber sehr intensiv. Von den insgesamt 42 Stunden, die wir 13 zusammen verbrachten, konzentrierten wir uns 75% der Zeit auf unsere Gruppendynamik. Es gab Zeiten der Niedergeschlagenheit, der Verstimmung, des Ärgers und auch der Langeweile während des Experiments. Aber sie waren durchsetzt mit Freude. Die Art von Glück, die ich in der Friends-Schule erlebte, wurde hier in ein Destillat kondensiert, welches sich nicht mehr als Glück, sondern als Glückseligkeit beschreiben lässt. Ich kannte diese Gefühl schon vorher, aber nicht in dieser Häufigkeit und Konstanz.

Da dies eine neue Erfahrung für mich war, konnte ich es zu der Zeit noch nicht genauer erklären. Heute weiß ich, dass es die pure Freude an Gemeinschaft war. Heute weiß ich auch, dass diese Freude wie nebenbei entsteht. Wenn du direkt nach Glückseligkeit suchst, wirst du sie wahrscheinlich nicht finden. Wenn du aber danach strebst, etwas zu erschaffen und zu lieben, ohne dein eigenes Glück im Sinn zu haben, wirst du wahrscheinlich sehr glückliche Phasen erfahren. Erschaffe Gemeinschaft und du wirst pure Freude erleben – aber immer unvorhersehbar. Diese Freude ist ein Nebeneffekt von echter Gemeinschaft, den man jedoch nicht planen oder festhalten kann.

Noch ein Schlusswort: Alle zwölf in Mac Badgelys Gruppe waren sich einig, dass das Wochenende außerordentlich erfolgreich war. Die zweite Marathongruppe, die Mac im April anleitete, war dagegen ein trauriger Misserfolg. Es war offenbar ein Wochenende voller ungelöster Konflikte und unaufhörlichem Ärger. Ich frage mich bis heute, was den Unterschied ausmachte. Als Wissenschaftler stelle ich folgende These auf: Wir in der ersten Gruppe waren so begierig auf das Experiment, dass wir den frühestmöglichen Termin auswählten. Die in der zweiten Gruppe waren zögerlicher, stiegen erst zum späteren Termin ein. Ich vermute nun, dass der Feuereifer – und vielleicht die Offenheit – unserer Gruppe in signifikantem Maße zum Erfolg beigetragen haben.

Darüber hinaus gab es vermutlich noch andere relevante Faktoren. In meiner Erinnerung erscheint es mir sehr unwahrscheinlich, dass wir in der Lage gewesen wären, Gemeinschaft zu erschaffen und aufrechtzuerhalten, wenn Mac uns nicht derart liebevoll und brillant angeleitet hätte, unter Anwendung des Tavistock-Modells (mehr darüber im Kapitel 6). Dennoch scheint es klar, dass selbst kompetente Anleitung und die Anwendung des Tavistock-Modells bei einer unwilligen Gruppe keine Gemeinschaft zu erzeugen.

Okinawa, 1968–69

Meine nächste Gemeinschaftserfahrung verlief wieder ganz anders, deutlich weniger intensiv. Es waren erneut zwölf Männer daran beteiligt, doch wir trafen uns nicht mehr als eine Stunde pro Woche über den Zeitraum eines Jahres. Eine beglückende und dabei ungeplante Erfahrung, die mich in vielem an die Arbeit mit Mac erinnerte. Die Übereinstimmung, auf die ich mich konzentrieren will, ist die erneute Schaffung einer Parabel, die unsere Geschichte bildhaft nacherzählen sollte. So eine Erzählung zu entwerfen scheint ein häufiges Merkmal für authentische Gemeinschaft zu sein. Und die „Tech-Gruppe" auf Okinawa erschuf die wunderbarste Geschichte, an deren Entstehung ich jemals beteiligt war.

Vom Herbst 1967 bis Sommer 1970 war ich verantwortlich tätig im psychiatrischen Dienst, der für die etwa 100.000 auf Okinawa stationierten Militärangestellten und ihre Angehörigen zuständig war. Der größte Teil unserer Arbeit waren ambulante Behandlungen. Die Abteilung war deutlich unterbesetzt. Demzufolge musste ich die jungen Soldaten, die unserer ambulanten Klinik zugewiesen waren, sehr effektiv einsetzen. Ich konnte durch eine gewisse Schulung viele der 19- bis 25-jährigen Männer als effektive Psychotherapeuten einsetzen.

Die militärische Bezeichnung dieser jungen Männer lautete psychologische Techniker. Wir nannten sie einfach Techs. Fast alle kamen auf Grund besonderer Umstände an diese Posten. Zu dieser Zeit eskalierte der Vietnam Krieg und es wurde Nachschub für die Front gesucht. College-Studenten konnten zurückgestellt werden bis zum Ende ihrer College-Ausbildung, wenn sie einen bestimmten Notendurchschnitt erreichten. Wenn ein Student diesen Notendurchschnitt nicht hatte, blieben ihm drei Möglichkeiten. Eine war, nach Kanada zu fliehen. Die zweite war, einfach auf die Einberufung zu warten, wonach ihm irgendeine Stelle von der Armee zugewiesen würde – eventuell an der Front. Der dritte und vielleicht geschickteste Weg war, sich freiwillig zu melden. Als Freiwilliger konnte der Student einen seinen Interessen entsprechenden Job auswählen, der ihn in der Regel nicht zu den Schlachtfeldern in Vietnam brachte.

Letztere Möglichkeit hatte die meisten meiner Techs nach Okinawa geführt. Sie waren intelligent genug, um aufs College zu gehen, und sie waren ausreichend interessiert (obwohl manchmal nur vage) an Psychologie, um diesen Job auszuwählen. Sie hatten ihre Grundausbildung und eine zweimonatige Schulung in Psychologie hinter sich, bevor sie nach Okinawa kamen.

Nach und nach wurde mir klar, dass sie zwei weitere Dinge gemeinsam hatten: erstens eine gewisse Hilflosigkeit ihre Lage betreffend. Sie waren in der Lage, eine Wahl zu treffen, aber die Wahlmöglichkeiten wurden ihnen von der Musterungsbehörde diktiert und von einem Krieg, an den sie nicht glaubten. Die zweite Gemeinsamkeit war, dass sie durchgefallen waren. Sie hatten es nicht geschafft, die erforderlichen Noten zu erzielen, um von der Einberufung zurückgestellt zu werden. Bei keinem hatte das mit fehlender Intelligenz zu tun. Einige waren zu viel auf Partys, haben sich zu viel herumgetrieben oder Drogen genommen. Andere waren, aus welchen Gründen auch immer, einfach zu lethargisch, um genug zu lernen. Auf jeden Fall waren alle „Durchgefallene" das war ein bedeutender Teil ihrer Identität zu dieser Zeit.

Meine Erfahrungen in der Mac Badgely Marathongruppe hatten meinen Appetit auf Gruppenarbeit angeregt. Um selbst weitere Erfahrungen zu machen und um die Techs in ihrer Entwicklung zu unterstützen, fragte ich sie, ob sie interessiert daran wären, sich mit mir zu treffen, einmal pro Woche für eine Stunde. Sie waren daran interessiert. Die Tech-Gruppe begann Mitte Mai 1968.

Zwei Wochen später, es war Anfang Juni, erhielt ich einen Telefonanruf von Oberst Cox, meinem vorgesetzten Offizier. „Scooott" begann er in seinem wundervollen Südstaatenakzent, der jedoch keinen Widerspruch duldete. „Ich möchte Sie um einen Gefallen bitten." „Natürlich, Sir", antwortete ich. „Worum geht es?" „Ich habe einen Freund hier auf der Insel, er ist auch Offizier und er hat einen Sohn, der vom College kommt. Er ist ein netter Kerl. In den Staaten ist er dabei, seinen Universitätsabschluss in Psychologie zu machen. Er wird erst nach Weihnachten in die Staaten zurückkehren. Er hat Zeit und würde gerne etwas Praxiserfahrung sammeln. Ich frage mich, ob sie ihm für eine Weile einen Freiwilligenjob in ihrer Klinik geben könnten." „Kein Problem, Sir", antwortete ich freundlich. „Ich freue mich, das tun zu können. Schicken Sie ihn rüber, wenn es Ihnen passt."

Eine Stunde später tauchte Henry in der Klinik auf. Ich war entsetzt. Er war körperbehindert. Alles, was er tun konnte, war, sich zuckend über den Korridor zu schleppen. Eine Seite seines Gesichtes hing herunter und seine Aussprache war so undeutlich, dass man ihn fast nicht verstehen konnte, ehe man sich daran gewöhnt hatte, und er sabberte meistens. Innerlich verfluchte ich Offizier Cox dafür, mir und meiner öffentlichen Klinik so ein Monster aufzubürden. Und ich verfluchte auch Gott für die Erschaffung eines solchen scheinbaren Ungeheuers. Aber ich hatte nun mal zugesagt, ihm einen Job zu geben, und so machte ich ihn zum Pförtner. Da er nun Mitglied unseres Teams und interessiert an Psychologie war, lud ich ihn in die Tech-Gruppe ein.

In dieser Gruppe wurde mir schnell klar, dass Henry einer der intelligentesten, sensibelsten und wundervollsten Menschen war, denen ich jemals begegnet bin. Nach einigen Treffen – und durch Henrys Hilfe – wurde unsere wöchentliche Gruppe eine Gemeinschaft. Bald begann sie den identitätsstiftenden „Mythos von Albert" zu weben. Albert war der missgebildete uneheliche Sohn des Bürgermeisters von Fresno, einer kalifornischen Stadt. Er hatte neben anderen Missbildungen nur eine Hand, die aus der Mitte seiner Stirn wuchs. Deshalb konnte er als einer der wenigen Menschen das „Klatschen der einen

Hand"[10] hören und ein altes Paradoxon des Zen-Buddhismus lösen, an dem sich schon Generationen von Meditierern die Zähne ausgebissen hatten.

Wegen seiner besonderen Fähigkeiten oder durch den Einfluss seines Vaters machte Albert Karriere in einer Gewerkschaft und schaffte es sogar, die „Gay Shrimp Fisher" aus Fresno zu organisieren. Es blieb unklar, ob die Fischer selbst homosexuell waren, oder ob sie ausschließlich schwule Shrimps fingen. Albert wurde auf Grund dieses Erfolgs von der Militärverwaltung gebeten, nach Okinawa zu kommen, um die „Ortsgruppe 89" der Gay Shrimp Fisher zu organisieren. In Artikel 89 war geregelt, dass Homosexuelle aus der Armee entlassen werden mussten.

Und so wuchs die Parabel des wundersamen Albert Schicht um Schicht. Jede Woche bei unseren heiteren Zusammenkünften entwickelten wir ein neues Kapitel von seinen Heldentaten. An Weihnachten hätten die Abenteuer von Albert schon ein ganzes Buch gefüllt. Schade, dass wir sie nicht aufschrieben.

Es war wundervoll zu sehen, wie die gegenseitige Akzeptanz in dieser wöchentlichen Gemeinschaft wuchs. Dies erlaubte dem verkrüppelten Henry und den verkrüppelten Wehrpflichtigen (die alle „Durchgefallene" waren) und mir als Gefühlskrüppel gemeinsam, diesen wundervollen Mythos zu spinnen. Die Geschichte von Albert half uns, mit unseren eigenen Behinderungen klarzukommen, mit der Entfremdung gegenüber unseren Eltern, unserer Hilflosigkeit, auf Okinawa stationiert zu sein, unserer Abneigung gegen die schlechte Behandlung von Schwulen in der Armee und mit unserer eigenen Sexualität.

Im Januar 1969 ging Henry zurück in die Staaten, ebenso einige andere Techs, deren Wehrdienst beendet war. Gleichzeitig zog die Klinik in einen neuen medizinischen Komplex um, dessen leitender Offizier ich wurde. Dies alles führte zur Auflösung der Tech-Gruppe. Ich werde mich immer an die Kameradschaft und Kreativität erinnern. Seitdem, wenn mir mein eigenes Verkrüppelt sein besonders bewusst wird, wenn meine Not groß ist und ich dringend Erheiterung brauche, kann ich trotz meiner Schwere innerlich über Alberts Triumphe kichern.

Es ist eine sehr kraftvolle Methode, den Gruppengeist in eine Parabel zu gießen, die wiederum sehr anschaulich unsere eigenen Befindlichkeiten ausdrückt. Der Mythos von der schwangeren Seeschildkröte, die an Land ging, um ihre Eier zu legen, und die sich nun in den Ozean zurückschleppt, um zu sterben, drückte

---

[10] Ein bekanntes Koan oder Rätsel aus dem Zen-Buddhismus lautet: „Was ist das Geräusch des ‚einhändigen Klatschens'?"

in der Mac-Badgeley-Gruppe sehr zutreffend die fruchtbare Realität unserer kurzen gemeinsamen Zeit aus. Albert, der verkrüppelte Held, erzählt davon, dass sowohl die Stärksten als auch die Schwächsten von uns in Wirklichkeit verkrüppelte Helden sind. Es ist nicht unbedingte Voraussetzung, dass eine Gemeinschaft ihren eigenen identitätsstiftenden Mythos erschafft, aber sehr häufig tut sie das. Dies zeigt die enorme kreative Kraft von echter Gemeinschaft.

Bethel, Maine, Juni 1972

Ich habe darüber berichtet, wie ich als Kind nach den Regeln des schroffen Individualismus ausgebildet wurde. Ängstlichkeit, Niedergeschlagenheit und Hilflosigkeit waren Gefühle, die nicht ausgedrückt werden durften. Kurz gesagt, „große Jungs weinen nicht." Eines Abends, als ich ungefähr sechs Jahre alt war, gingen meine Eltern aus. Sie flanierten am Broadway, wo es zu dieser Zeit eine Reihe von Scherzartikelläden gab. Dort wurden auch fingierte Zeitungen mit Schlagzeilen wie „Harry und Phyllis sind in der Stadt" angeboten. Am nächsten Morgen bekam ich eine dieser Scherzzeitungen. Die Überschrift lautete: „Scott Peck wurde vom Zirkus als weltgrößte Heulsuse angeheuert." Das wirkte.

Ich kann nicht sagen, dass ich danach niemals mehr weinte. Ich war z.B. ein Fan von sentimentalen Filmen. Die paar Tränen, die ich mir zu vergießen erlaubte, wischte ich heimlich weg, bevor die Lichter im Kino wieder angingen.

Am schlimmsten war es, als ich mit 19 die dreijährige Beziehung zu einem einst geliebten Mädchen beendete. Sie hatte sich nicht nur sehr um mich gekümmert, sondern mir eine ganz neue Welt gezeigt. Damals liefen mir die Tränen das Gesicht herunter. Die Straße, wo wir schließlich auseinander gingen, war dunkel und die Tränen liefen still.

Ich habe niemals wieder richtig geweint, bis ich 36 war. Ich ging als tränenloser großer Junge nach Exeter, Friends, Middlebury College, Harvard, Columbia, zur Medizinfachschule, Internierung auf Hawaii, Facharztausbildung in San Francisco, Okinawa und dann nach Washington D.C. Ich wurde zum Gegner des Vietnamkrieges und entschied mich doch dafür, in der Armee zu bleiben, um in Washington „von drinnen" dagegen zu kämpfen. Am Anfang war der Kampf aufregend. Dann wurde er schwerer und schwerer. Keine großen Siege wurden errungen, und die meisten kleinen gingen wieder verloren, durch die Gegenschläge der Machthaber zunichte gemacht. Ich wurde müde.

1972 wurde ich an die „National Training Laboratories (NTL)" in Bethel, Maine, geschickt, um dort Erfahrungen mit deren zwölftägigen Sensitivity-Gruppen zu sammeln, um eine mögliche Zusammenarbeit zwischen NTL und der Armee zu sondieren. Wir waren ungefähr sechzig Teilnehmer, etwa ebenso viele Männer wie Frauen, und wir verbrachten ein Drittel unserer Arbeitszeit mit verschiedenen psychologischen Übungen, entweder alle zusammen, zu zweit oder in sehr kleinen Gruppen.

Die Übungen waren interessant und oftmals sehr lehrreich. Aber richtig belohnt wurden wir in der sogenannten „T-Gruppe", wo wir den größten Teil unserer Zeit verbrachten. Es gab vier T-Gruppen mit jeweils ungefähr 15 Teilnehmern, und hinzu kam der Trainer. Unser Trainer hieß Lindy und war ein reifer, erfahrener Psychiater. Wir 16 waren eine Gruppe von sehr verschiedenen Menschen. Die ersten drei Tage mühten wir uns ab. Es war nicht langweilig. Aber es war oft beängstigend, unangenehm und es wurde viel Ärger ausgedrückt, manchmal fast bösartig.

Aber am vierten Tag passierte etwas, und ich erinnere mich an die Plötzlichkeit der Veränderung. Auf einmal kümmerten wir uns umeinander. Danach weinten einige. Meistens hatte ich Tränen in den Augen, obwohl ich sie nicht fließen ließ. Es waren für mich Tränen der Freude, weil ich eine Menge Heilung wahrnahm. Wir hatten weiterhin mühevolle Momente, aber nicht mehr bösartig. Ich fühlte mich sehr sicher in der T-Gruppe. Es war ein Ort, wo ich keine Probleme hatte, authentisch zu sein. Einmal mehr hatte ich das Gefühl nach Hause zu kommen.

Meine Emotionen schwankten stark, aber ich wusste, dass wir Mitglieder uns in der gemeinsamen Zeit alle liebten, und das vorherrschende Gefühl bei mir war Freude.

Am Nachmittag des zehnten Tages fühlte ich mich niedergeschlagen. Erst versuchte ich es mit einem Schläfchen, weil wir ja eine intensive und anstrengende Arbeit hinter uns hatten. Aber dann konnte ich nicht länger verleugnen, dass mich das nahende Ende dieser Gruppenerfahrung sehr beunruhigte. Es fühlte sich so richtig an in Maine zu sein, in dieser Atmosphäre von Liebe, und in bloß zwei Tagen würde ich nach Washington zu meiner schweren Arbeit zurückkehren müssen. Ich wollte nicht fortgehen.

An diesem Punkt am späten Nachmittag erhielt ich die Nachricht, dass ich in meinem Büro anrufen solle. Beim Telefonat mit meinem Vorgesetzten erfuhr ich, dass über Beförderungen entschieden worden war. Der Oberst der Ärzteschaft, von dem ich gehofft hatte, dass er zum Brigadegeneral befördert würde – ein visionärer Mann, der so etwas wie ein Mentor für mich war – wurde nicht ausgewählt, ein schwerer Schlag für seine Karriere. An seiner Stelle wurde der Arzt aus der medizinischen Bürokratie befördert, dem ich am meisten misstraute.

Das deprimierte mich noch mehr und ich war der Erste, der an diesem Abend in der T-Gruppe sprach. Ich teilte der Gruppe mit, dass ich mich niedergeschlagen fühlte, und erklärte warum. Dass ich aus der Fassung geraten war wegen der Beförderungsentscheidung und traurig darüber, dass sich die Gruppe bald auflösen würde und ich nach Washington zurückgehen musste. Als ich fertig war, sagte ein Mitglied: „Scotty deine Hände zittern." „Meine Hände zittern oft", antwortete ich. „Das ist schon seit meiner Jugend so." „Es sieht so aus, als wenn deine Arme zum Kämpfen bereit sind", sagte ein anderes Mitglied. „Bist du ärgerlich?" „Nein ich bin nicht ärgerlich", antwortete ich.

Unser Trainer Lindy stand auf, nahm ein Kissen, setzte sich mir gegenüber und legte das Kissen zwischen uns. „Du bist ein Psychiater, Scotty", sagte er. „Du weißt genau, dass Niedergeschlagenheit in der Regel mit Ärger oder Wut zusammenhängt. Ich vermute, dass du ärgerlich bist." „Aber ich bin nicht ärgerlich", antwortete ich benommen. „Ich möchte dich bitten, etwas für mich zu tun", sagte Lindy in seiner sanften Art. „Du willst vielleicht nicht, aber ich möchte dich bitten, die Übung trotzdem zu machen. Ich bitte dich, das Kissen zu schlagen und dir vorzustellen, das Kissen sei die Armee. Und ich möchte, dass du das Kissen mit deiner Faust schlägst, so hart, wie du kannst. Würdest du das für mich tun?" „Es hört sich dämlich an Lindy", antwortete ich, „aber ich vertraue dir, also werde ich es probieren." Ich machte eine Faust und schlug das Kissen einige Male vorsichtig. „Es fühlt sich wirklich lächerlich an." „Schlag noch härter", kommandierte Lindy. Ich schlug etwas härter, aber es schien mir alle meine Energie zu rauben. „Härter", ordnete Lindy an. „Das Kissen ist die Armee. Du bist wütend auf die Armee. Schlag es." Ich gehorchte, und schlug das Kissen etwas härter und sagte gleichzeitig: „Ich bin nicht wütend auf die Armee. Auf das System vielleicht, aber nicht auf die Armee. Sie ist nur ein kleiner Teil des ganzen Systems." „Du bist wütend auf die Armee", schrie Lindy. „Jetzt schlag es. Du bist wütend."

Mein Widerstand wuchs. „Ich bin nicht wütend. Ich bin müde, nicht wütend." Und dann passierte etwas. Während ich mechanisch auf das Kissen einschlug, sprach ich schwächlich fast wie in Trance: „Ich bin müde. Ich bin nicht wütend, sag ich dir. Ich bin müde. Ich bin unglaublich müde." „Schlag weiter", sagte Lindy. „Ich bin nicht wütend. Ich bin müde. Du glaubst nicht wie müde ich bin. Ich bin es leid." Einige Tränen rannen meine Wangen herunter. „Mach weiter", ermunterte mich Lindy. „Es ist das System", stöhnte ich. „Ich hasse die Armee nicht. Ich kann nicht mehr gegen das System kämpfen. Ich bin so müde. Ich bin schon so lange müde. So lange bin ich schon müde." Wellen von Müdigkeit überkamen mich. Ich fing an zu schluchzen. Ich wusste, dass ich weinte. Ich wollte aufhören. Ich wollte mich nicht zum Deppen machen. Aber die Müdigkeit war so stark. Ich hatte nicht die Energie zum Aufhören.

Die Schluchzer kamen krächzend, schnaufend aus meiner Kehle. Die Wellen wurden stärker. All die verlorenen Kämpfe, all die verschwendete Energie, all die vergebliche Anstrengung. Ich ließ los. Ich schluchzte und schluchzte. „Aber ich kann nicht aufhören", platzte ich heraus. „Jemand muss in Washington bleiben. Was kann ich tun? Jemand muss doch im System arbeiten. Ich bin so müde. Ich kann nicht aussteigen." Mein Gesicht war tränenüberströmt. Rotz lief mir aus der Nase, aber ich kümmerte mich nicht mehr darum. Lindy hielt mich, als ich nun auf dem Kissen lag. Andere hielten mich auch. Wegen meiner Tränen sah ich ihre Gesichter nur verschwommen. Aber es war egal, wer sie waren. Ich wusste, dass ich geliebt wurde.

Ich überließ mich völlig den Wellen der Müdigkeit. Die ersten Wellen bezogen sich auf Washington, auf den Käfig des „Drin seins", der ermüdende Papierkrieg, auf die Lügen, die verbreitet wurden, auf die Mischung aus Apathie, Eigennutz und Gefühllosigkeit, die ich bekämpfte. Aber ich ließ noch viel ältere Wellen der Müdigkeit zu: Das Bemühen eine funktionierende Ehe zu führen, die endlosen Nächte in Notfallräumen, 32-stündige Arbeitsschichten während der Medizinfachschule und im Praxisjahr, die Flure voll mit schreienden Kindern – Welle für Welle.

Ich schluchzte eine halbe Stunde. Ich ängstigte eine Frau in der Gruppe. „Ich habe noch nie jemanden gesehen, der so geweint hat", sagte sie. „Es ist furchtbar, wie wir in unserer Gesellschaft mit Männern umgehen." Ich grinste sie mit feuchten Augen an, ich hatte aufgehört zu weinen. Ich fühlte mich leicht wie eine Feder. „Denkt dran", sagte ich, „dass ich diese Tränen 30 Jahre lang zurückgehalten habe." Lindy war inzwischen zurück zu seinem Stuhl gegangen. „Ich tue jetzt etwas, was ich normalerweise nicht in diesen Gruppen mache", sagte er. „Ich möchte dir einige Dinge sagen, Scott. Eines ist, dass wir beide uns sehr ähnlich sind. Ich will dir nicht sagen, was du tun sollst. Aber ich will dir sagen, dass ich drei Jahre lang in einem innerstädtischen Ghetto gearbeitet habe, dann konnte ich nicht mehr. Ich habe gefühlt, was du gefühlt hast. Ich habe gefühlt, dass ich es der Gesellschaft schuldig bin, in diesem Ghetto zu bleiben, dass irgendjemand dort bleiben muss. Alles andere wäre Flucht. Aber ich musste fortgehen, und das hat mich fertig gemacht. Ich wollte dir sagen, Scotty, dass mir die Kraft fehlte, um die Situation länger auszuhalten."

Ich fing wieder leise zu weinen an und war dankbar für Lindys „Beichte". Was ich damit machen würde, wusste ich noch nicht. Doch ich brauchte nicht lange, um mich zu entscheiden. Binnen eines Monats waren meine Frau Lily und ich auf der Suche nach einem Haus in einer Gegend, in der ich eine private Praxis eröffnen könnte. Bald hatten wir ein Haus gefunden und ich reichte meine Kündigung ein. Wir verließen Washington Anfang November, viereinhalb Monate nachdem ich in dieser Nacht geweint hatte.

Wieder einmal war ich in eine Gemeinschaft hineingestolpert; und neben der Freude, die ich gefühlt hatte, der Freiheit ich selbst zu sein, hat diese Erfahrung mein Leben verändert. Zum ersten Mal in meinem Leben wurde ich mir der heilenden Kraft von echter Gemeinschaft bewusst. Viele kennen diese Kraft. Viele hatten großartige Erfahrungen in einem solchen Rahmen; aber da wir alle in den Alltag zurück müssen, fragen wir uns, ob die Heilung anhält. Oft ist das nicht so. Aber eins kann ich sagen: Seit jener Nacht hab ich mich nie wieder geschämt zu weinen. Außerdem kann ich nun wirklich weinen – auch schluchzen – immer, wenn es passend ist. Auf eine Art hatten meine Eltern Recht. Ich bin die weltgrößte Heulsuse.

Die Mehrzahl der Gruppen ist nicht in besonderem Maße heilend, da sie keine authentischen Gemeinschaften sind. Meine T-Gruppe war ein Teil der Sensitivity-Gruppen-Bewegung, welche in den frühen 1970er Jahren über das Land schwappte. Diese Bewegung ist größtenteils gestorben. Einer der Gründe dafür war, dass sehr viele Menschen ihre Erfahrungen dort als unangenehm empfanden. Im Namen von Sensitivity (Sensibilität) wurde mehr zur Konfrontation als zu Liebe ermutigt. Oft waren diese Konfrontationen sehr aggressiv.

Ich glaube, dass die Anführer dieser Bewegung um Gemeinschaft gerungen haben, aber dieser Begriff war noch nicht definiert, und sie hatten die Bedingungen für Gemeinschaft noch nicht herausgefunden. Deswegen war Gemeinschaft ein Zufallsprodukt. Manchmal entstand sie und manchmal nicht.

Mac Badgelys zweite Marathongruppe war ein Misserfolg, und ich hörte, dass die anderen drei T-Gruppen viel weniger erfolgreich waren als unsere. Was den Unterschied ausmachte, weiß ich nicht. Ich bin sicher, dass Lindys liebevolle und kompetente Begleitung eine signifikante Rolle spielte. Darüber hinaus schien es einfach ein glücklicher Zufall gewesen zu sein.

Obwohl ich immer noch nicht wusste, wie und warum, so wusste ich Ende Juni 1972 doch genug, um mir darüber klar zu sein, dass ich Gemeinschaft erlebt hatte. Ich nannte es noch nicht so, aber ich wusste, dass es eine Verbindung zwischen der Friends-Schule, der Mac Badgely Gruppe, der Tech-Gruppe auf Okinawa und Lindys T-Gruppe in Bethel gab. Vier Mal war ich Mitglied einer Gruppe verschiedenartiger Menschen geworden, die sich auf eine nährende Art und Weise liebten.

Vielleicht würde es mir nie wieder passieren. Aber ich hatte eine leise Ahnung, dass es sich um ein wiederholbares Phänomen handeln könnte. Und seit ich weiß, dass eine Gruppe sehr verschiedener Menschen sich lieben kann, und dass dies wiederholbar ist, habe ich mehr Hoffnung, was die Fragen der menschlichen Existenz angeht.

2 Individuen und der Irrtum des schroffen Individualismus

Ich bin einsam. Bis zu einem gewissen Grad ist meine – und deine – Einsamkeit unvermeidbar. Wie du bin auch ich ein Individuum. Und das heißt, ich bin einmalig. In dieser ganzen weiten Welt gibt es niemanden wie mich. Ähnlich wie Fingerabdrücke machen uns unsere getrennten Identitäten zu einmaligen Individuen, die man einzeln identifizieren kann. So soll es sein. Der genetische Code sieht so aus, dass (abgesehen von der seltenen Ausnahme identischer Zwillinge) jeder von uns biologisch gesehen sich nicht nur leicht von allen anderen Menschen, die jemals gelebt haben, unterscheidet, sondern sogar ganz beträchtlich. Und das vom Augenblick der Empfängnis an. Und als ob das noch nicht genug wäre, sind wir alle in verschiedenartige Umweltbedingungen hinein geboren, und entwickeln uns deshalb ein Leben lang auf verschiedene Weise gemäß einem einzigartigen Muster.

Die meisten Christen glauben, dass Gott es so geplant hat, dass er jede Seele verschieden geplant hat. Christliche Theologen haben daraus eine weitgehend universelle Schlussfolgerung gezogen, nämlich, dass Gott die Vielfalt liebt. Er erfreut sich an Vielfalt. Und nirgendwo ist diese Vielfalt offensichtlicher und unvermeidbarer als bei der Spezies Mensch.

Ob nun Psychologen mit den Begriffen der göttlichen Schöpfung einverstanden sind oder nicht, sie sind sich jedenfalls mit den Theologen weitgehend einig darüber, dass die Einmaligkeit unserer Individualität gefragt ist. Sie sehen es als das Ziel menschlicher Entwicklung an, dass wir vollständig wir selbst werden. Theologen bezeichnen dies manchmal als den Ruf nach Freiheit – die Freiheit, unser wahres individuelles Selbst zu sein, das zu werden, wozu uns Gott erschaffen hat.

C.G. Jung nannte dieses Ziel menschlicher Entwicklung „Individuation". Der Prozess menschlicher Entwicklung beinhaltet, dass wir unsere Individualität voll entwickeln. Viele von uns führen diesen Prozess nicht bis zur Vollständigkeit durch, oder kommen nicht weit damit. Den wenigsten von uns gelingt es, sich voll zu individuieren – uns zu trennen von Familie, Stamm oder Kaste. Selbst im Alter bleiben wir im bildlichen Sinne am Rockzipfel unserer Eltern, unserer Kultur hängen und lassen uns von den Werten und Erwartungen unserer Mütter und Väter bestimmen. Wir folgen immer der Gesellschaft, in der wir leben. Wir schwimmen mit dem Strom. Vor lauter Trägheit und Furcht – Furcht vor Einsamkeit, Furcht vor Eigenverantwortung und anderen unsäglichen Bedrohungen –

lernen wir nie selbst zu denken, wagen wir nie, uns aus dem Fahrwasser der vorgegebenen Klischees freizuschwimmen.

Trotzdem verstehen wir, dass dieser Mangel an Individuation ein Mangel an Erwachsenwerden und vollem Menschwerden bedeutet. Wir sind dazu berufen, einmalig und verschieden zu sein. Wir sind auch dazu bestimmt, stark zu sein. In diesem Individuationsprozess geht es darum, dass wir lernen, Verantwortung zu übernehmen. Wir müssen einen Sinn für Autonomie und Selbstbestimmung entwickeln. Wir müssen versuchen, so gut wir können Steuermann unseres eigenen Schiffes zu werden, unser Schicksal zu meistern.

Außerdem sind wir dazu bestimmt, ganz zu werden. Wir sollten unsere Begabungen nützen, um uns selbst so weit wie möglich zu entwickeln. Als Frauen müssen wir unsere männliche Seite stärken, als Männer unsere weibliche. Um zu wachsen, müssen wir an den Schwachstellen arbeiten, die unser Wachstum behindern. Wir sind aufgerufen, jene Unabhängigkeit, jene Ganzheit zu entwickeln, die Voraussetzung für unabhängiges Denken und Handeln ist. Doch ist das nur eine Seite der Medaille.

Es ist wahr, dass wir zu Ganzheit aufgerufen sind. Aber es ist ebenso wahr, dass wir nie völlig heil werden können in uns selbst und durch uns selbst. Wir können nicht alles für uns und andere werden. Wir können nicht perfekt sein. Wir können nicht gleichzeitig Ärzte, Rechtsanwälte, Börsenmakler, Landwirte, Politiker, Steinmetze, Theologen sein. Es ist wahr, dass wir dazu aufgerufen sind, stark zu sein. Aber in Wirklichkeit ist es so, dass wir an einen Punkt kommen, wo Selbstbestimmung nicht mehr stimmig ist und sich immer mehr gegen uns selbst richtet. Es ist wahr, dass wir dazu geschaffen wurden, als Einzelne einmalig zu sein. Wir sind jedoch auch soziale Wesen, die sich gegenseitig nötig brauchen, nicht nur als Versorger, nicht nur zur Gesellschaft, sondern damit unser Leben sinnvoll ist. Das sind die Widersprüche, aus deren Überbrückung Gemeinschaft wachsen kann.

Ich möchte eine Erfahrung schildern, die viele von uns gemacht haben. Lily und ich haben jahrelang darum gekämpft, aus unserer Ehe eine Art Gemeinschaft zu zweit zu machen. Vom Beginn unserer Ehe an war Lily leicht unorganisiert. Nicht selten vergaß sie sich so völlig, wenn sie an irgendwelchen Blüten roch, dass sie darüber eine Verabredung verpasste oder einen versprochenen Brief nicht schrieb. Im Gegensatz dazu war ich von Anfang an das, was man zielgerichtet nennt, um es milde auszudrücken. Ich hatte nie Zeit an einer Blume zu riechen, es sei denn, es passte in meinen Stundenplan, in dem „Blumen riechen" jeden zweiten Donnerstagnachmittag von zwei bis halb drei vorgesehen war, ausgenommen wenn es regnete.

Ich pflegte Lily herabzusetzen wegen ihrer Neigung über Unwichtiges zu reden und dafür, dass sie das wichtigste Instrument unserer Zivilisation, die Uhr, derart ignorieren konnte. Sie ihrerseits war ebenso verurteilend, was meine verrückte Pünktlichkeit anging, meine Langweiligkeit und mein pedantisches Bestehen darauf, in Absätzen zu sprechen, die mit „erstens", „zweitens", „drittens", oder „folglich" anfingen. Lily glaubte, ihr Wesen sei überlegen, ich beharrte darauf, dass das meine es sei.

Dann begann Lily unsere Kinder zu erziehen und ich fing an Bücher zu schreiben. Ich will damit nicht sagen, ich hätte nichts mit den Kindern zu tun gehabt, aber ich kann nicht behaupten, ich wäre ein guter Vater gewesen. Besonders im Spielen mit ihnen war ich in der Tat unzulänglich. Habt ihr jemals versucht nach Stundenplan mit Kindern zu spielen? Oder du versuchst präsent zu sein und alles, woran du denken kannst, ist das Kapitel über religiöse Ekstase, das du zu schreiben versprochen hast? Lily jedoch spielte mit unseren Kindern mit unendlicher Geduld, was ihnen eine Basis verschaffte, die ich ihnen nie hätte geben können. Das soll auch nicht heißen, dass Lily nichts zu meinen Büchern beigetragen hätte. In der Einführung zu meinem ersten Buch „The Road Less Traveled" schrieb ich: „Sie gab so viel, dass es mir praktisch unmöglich ist, ihre Weisheit (...) von der meinen zu unterscheiden."[11]

Aber sie hätte ihre Zeit nicht so einzuteilen vermocht, dass sie Sätze hätte schreiben und umschreiben können, Absätze, Kapitel, Woche für Woche, Monat für Monat. Deshalb kamen Lily und ich allmählich zu der Überzeugung, dass das, was einst als Übel erschien, in Wahrheit eine Tugend war, Unsegen war Segen, Verpflichtung Geschenk. Lily hat die Gabe sich treiben zu lassen, ich habe die Gabe zu organisieren.

Ich habe noch immer nicht gelernt, mich mit Kindern treiben zu lassen, wie dies guten Vätern möglich sein sollte, noch kann Lily jemals völlig organisiert sein. Doch da wir so weit gekommen sind, den sehr unterschiedlichen Stil des anderen als Geschenk zu schätzen, haben wir allmählich angefangen, die Begabung des anderen bis zu einem gewissen Grad zu verinnerlichen. Als Konsequenz daraus werden Lily und ich als Individuen immer vollständiger. Das wäre nicht möglich gewesen, wenn wir nicht zuerst mit unseren eigenen Unzulänglichkeiten

---

[11] M. Scott Peck, *The Road Less Traveled* (New York: Simon and Schuster, 1978), S. 12

fertig geworden wären und wir nicht unsere gegenseitige Abhängigkeit erkannt hätten. Ohne diese Einsicht hätte unsere Ehe aller Wahrscheinlichkeit nach nicht weiter bestehen können.

So wird von uns verlangt, heil zu werden, und gleichzeitig, unsere Unvollkommenheit anzuerkennen; stark zu werden und unsere Schwäche zuzulassen; uns zu individuieren und voneinander abhängig zu werden. Das totale Versagen der Ethik des schroffen Individualismus besteht darin, dass er sich nur auf die eine Seite dieses Paradoxons bezieht und deshalb nur die eine Seite der Menschheit anerkennt. Diese Verleugnung kann nur durch Vorspiegelung falscher Tatsachen aufrecht erhalten werden.

Da wir nie ganz und gar vollkommene, uns selbst genügende, unabhängige Wesen sein werden, ermutigt uns das Ideal des schroffen Individualismus dazu, diesen Zustand vorzuspielen. Er ermutigt uns dazu, unsere Schwächen und Versagen zu verstecken. Wir werden dazu getrieben, Superman und Superwoman zu werden, und das nicht nur in den Augen der anderen, sondern auch vor uns selbst. Tagein, tagaus werden wir dazu gebracht so auszusehen, als hätten wir alles im Griff, als hätten wir keine Bedürfnisse und als hätten wir uns völlig unter Kontrolle. Wir stehen unter dem ständigen Zwang, den Schein aufrecht zu erhalten. Wir werden ständig voneinander isoliert. Echte Gemeinschaft wird verhindert.

Auf meinen Lesetouren quer durch die USA traf ich, wohin ich auch kam – im Nordosten, im Südosten, im Mittleren Westen, im Südwesten oder an der Westküste – auf das Fehlen von Gemeinschaft und das Verlangen danach. Dieser Mangel, dieser Durst ist dort besonders schmerzhaft, wo man eigentlich Gemeinschaft zu finden erwartet: in den Kirchen.

Wenn ich mich an meine Zuhörer wende, sage ich oft zu ihnen: „Bitte stellen Sie mir in den Pausen keine Fragen. Ich brauche diese Zeiten, um meine Gedanken zu sammeln. Außerdem habe ich immer wieder die Erfahrung gemacht, dass Ihre Themen viele andere Zuhörer hier im Saal beschäftigen, und dass sie am besten in der ganzen Gruppe angesprochen werden." Aber immer wieder kommt jemand in der Pause auf mich zu mit einer Frage. Wenn ich dann sage, ich hätte doch klar gemacht, dass mich das stört, wird häufig geantwortet: „Ja, aber Dr. Peck, die Frage ist persönlich und mir unglaublich wichtig, doch ich kann sie nicht offen stellen, weil andere Mitglieder meiner Kirchengemeinde hier sind." Ich wünschte, ich könnte sagen, dass diese Ängste nur Ausnahmen sind, doch leider sind sie weit verbreitet. Natürlich gibt es außergewöhnlich offene Kirchen, doch findet man meistens wenig Vertrauen, Nähe und Verwundbarkeit in unseren Kirchen und anderen sogenannten „Gemeinschaften".

Ja, ich fühle mich einsam. Da ich ein ganz und gar einmaliges Individuum bin, gibt es niemanden, der mich völlig verstehen könnte, niemand kann wissen wie es ist, in meiner Haut zu stecken. Es gibt für jeden Wege, die er alleine gehen muss, und das gilt auch für mich.

Manche Aufgaben können nur im Zustand des Alleinseins bewältigt werden. Doch bin ich heute viel weniger einsam, seit ich weiß, dass es menschlich ist, Gefühle von Angst, Depression und Hilflosigkeit zu haben; dass es Orte gibt, wo ich derartige Gefühle ohne Schuld oder Angst teilen kann und die Menschen mich dadurch mehr lieb gewinnen; dass ich schwach sein kann in meiner Kraft und stark in meiner Schwäche; dass ich authentische Gemeinschaft erfahren kann und gelernt habe, wie ich sie finden oder schaffen kann.

Gefangen in unserer Tradition des schroffen Individualismus sind wir außerordentlich einsame Menschen. So schmerzhaft einsam, dass viele ihre Einsamkeit weder sich selbst, geschweige denn anderen gegenüber eingestehen können. Schaut euch die traurigen, starren Gesichter um euch herum an, wo ihr vergeblich nach den versteckten Seelen hinter den Masken aus Make-up sucht, wo ihr nur Fassung und Heuchelei seht. Das muss nicht so sein. Aber viele – die meisten – kennen keinen anderen Weg.

Wir brauchen dringend eine neue Ethik des „sanften Individualismus", ein Verständnis von Individualismus, das uns lehrt, dass wir nicht wirklich wir selbst sein können, ehe wir nicht frei das miteinander teilen, was uns gemeinsam ist: unsere Schwäche, unsere Unvollkommenheit, unsere Fehlerhaftigkeit, unsere Unzulänglichkeit, unsere Sünden, unseren Mangel an Ganzheit und Unabhängigkeit. Das meinen die Anonymen Alkoholiker, wenn sie sagen: „Ich bin nicht OK, du bist nicht OK, aber das ist OK."

Dieses Akzeptieren erlaubt den notwendigen Grenzen oder Umrissen unseres individuellen Selbst, sich wie durchlässige Membranen zu verhalten, die es uns möglich machen, aus uns heraus zu gehen, und anderen, zu uns herein zu kommen. Es ist die Art von Individualismus, die unsere Abhängigkeit voneinander anerkennt, nicht nur intellektuell, sondern tief in unseren Herzen. Es handelt sich um jene Art von Individualismus, der echte Gemeinschaft erst möglich macht.

3 Die wahre Bedeutung von Gemeinschaft

In unserer Kultur des schroffen Individualismus – in der wir normalerweise nicht wirklich ehrlich von uns selbst sprechen können, nicht einmal mit der Person, die neben uns auf der Kirchenbank sitzt – wissen wir nicht, was die Begriffe Gemeinschaft oder Gemeinde bedeuten. Wir wenden sie auf fast alle Ansammlungen von Individuen an – eine Stadt, eine Kirche, eine Synagoge, eine Bruderschaft, einen Wohnkomplex, eine berufliche Vereinigung – egal wie wenig diese Personen miteinander kommunizieren.[12] Das ist eine falsche Anwendung des Wortes Gemeinschaft.

Wollen wir es richtig anwenden, müssen wir es auf Gruppen von Personen beschränken, die gelernt haben ehrlich miteinander zu kommunizieren, deren Beziehungen tiefer gehen als die selbstbeherrschten Masken, und die sich ernsthaft dazu verpflichten, „gemeinsam zu feiern, zu trauern, sich aneinander zu freuen, die Lage der anderen zu teilen."

Aber wie sieht eine derart besondere Gruppe eigentlich aus? Wie funktioniert sie? Wie lässt sich Gemeinschaft wirklich definieren? Wir können nur Dinge definieren, die kleiner sind als wir selbst. Zum Beispiel habe ich in meinem Büro einen praktischen kleinen elektrischen Heizofen. Wäre ich ein Elektroingenieur, könnte ich ihn auseinandernehmen und Ihnen im Detail erklären, wie er funktioniert. Nur nicht das Phänomen der Elektrizität. Bei der Elektrizität gibt es bestimmte grundlegende Fragen, welche die Wissenschaft nicht beantworten kann, trotz der physikalischen Gesetze, die wir über sie kennen. Dies ist so, weil Elektrizität größer ist als wir.

Vieles übersteigt unsere Persönlichkeit. Zum Beispiel Gott, das Gute, die Liebe, das Böse, der Tod, das Bewusstsein. Diese Begriffe haben viele Aspekte, und wir können davon bestenfalls einen Aspekt nach dem anderen beschreiben oder definieren. Und selbst dann scheinen wir ihre ganze Tiefe nicht ermessen zu können. Früher oder später stoßen wir unausweichlich auf einen geheimnisvollen Kern. Auch Gemeinschaft ist ein solches Phänomen. Genau wie Elektrizität hat sie eine tiefe Gesetzmäßigkeit. Trotzdem wohnt ihr etwas Geheimnisvolles, Wunderbares, Unbegreifliches inne. Es gibt deshalb für echte Gemeinschaft keine hinreichende Definition in einem Satz.

---

[12] Im Engl. hat das Wort *community* all diese Bedeutungen, Anm. d. Übers.

Gemeinschaft ist mehr als die Summe ihrer Teile, ihrer einzelnen Mitglieder. Was ist dieses „mehr"? Fangen wir an, nach einer Beantwortung dieser Frage zu suchen, so betreten wir ein Gebiet, das nicht wirklich abstrakt, sondern eher mystisch ist. Es ist dies ein Reich, in dem Worte nicht genügen, wo Sprache an ihre Grenzen stößt.

Mir fällt die Analogie eines Juwels dazu ein. Die Samen von Gemeinschaft liegen in der Menschheit, dieser sozialen Gattung selbst, so wie ein Juwel ursprünglich in der Erde liegt. Aber dort ist es noch kein Juwel, sondern einfach ein Stein. Ähnlich wie durch Schleifen und Polieren ein Brillant daraus entsteht, entsteht aus einer Gruppe eine Gemeinschaft. Um die Schönheit des Edelsteins in Worte zu fassen, können wir bestenfalls seine Facetten beschreiben. Gemeinschaft hat, wie der Brillant, viele Facetten, wobei jede Facette nur ein Aspekt eines Ganzen ist, das man nicht beschreiben kann.

Noch eine Warnung: Das Juwel Gemeinschaft ist so außerordentlich schön, dass es uns unwirklich erscheinen kann, ähnlich wie ein Traum, den wir als Kind einmal geträumt haben, und der uns so schön vorkam, dass er uns unerreichbar erschien.

Wie Robert Bellah und seine Co-Autoren es ausdrückten, „kann man den Begriff Gemeinschaft auch kritisch sehen, weil er so absurd und utopisch erscheint, als plane man die perfekte Gesellschaft. Doch die Transformation, von der wir hier sprechen, ist bescheidener und dennoch dringend notwendig. Ohne diese Wandlung wird es vielleicht kaum mehr Zukunft geben, um überhaupt darüber nachdenken zu können."[13]

Die Absenz von Gemeinschaft ist in unserer Gesellschaft die Norm, sodass man geneigt ist zu denken: „Wie soll es uns möglich sein, von da, wo wir stehen, dorthin zu gelangen?" Es ist aber möglich; wir können dorthin kommen, von hier aus. Erinnern wir uns daran, dass es dem unerfahrenen Auge unmöglich ist, in einem Stein den Edelstein zu sehen.

Einschließlichkeit, Verbindlichkeit und Konsens

Gemeinschaft ist und muss einschließend sein. Der große Feind von Gemeinschaft ist das Ausschließen. Gruppen, die andere ausschließen, weil diese arm sind, oder Zweifler, oder geschieden, oder Sünder, oder einer anderen Rasse

---

[13] Robert Bellah et al., *Habits of the Heart* (Berkeley, Calif.: University of California Press, 1985), S. 286

oder Nationalität angehören, sind eben keine Gemeinschaften. Sie sind Cliquen – in der Tat defensive Bastionen gegen Gemeinschaft. Einschließlichkeit ist nichts Absolutes. Langzeitgemeinschaften müssen auf jeden Fall um den Grad ihrer Einschließlichkeit ringen. Selbst kurzlebige Gemeinschaften müssen manchmal diesbezüglich schwierige Entscheidungen treffen. Doch ist es für die meisten Gruppierungen einfacher auszuschließen, als einzuschließen. Klubs und Körperschaften denken nicht „einschließend", es sei denn, das Gesetz zwingt sie dazu.

Wirkliche Gemeinschaften dagegen versuchen sich immer zu erweitern. Sie fragen nicht, „wie können wir rechtfertigen, diese Person aufzunehmen?" Die Frage ist vielmehr: „Ist es irgendwie zu rechtfertigen, diese Person nicht aufzunehmen?" Im Vergleich zu anderen Gruppierungen ähnlicher Größe oder mit ähnlichen Zielen sind Gemeinschaften immer integrierend. In meiner ersten Gemeinschaftserfahrung in der Friends-Schule waren die Grenzen zwischen den Klassen, zwischen Schülern und Lehrern, jung und alt immer fließend. Es gab keine Grüppchen am Rand, keine Ausgeschlossenen. Alle waren willkommen bei unseren Partys. Es gab keinen Druck zum Konformismus.

Der Wille zu Einschließlichkeit einer jeden authentischen Gemeinschaft bezieht sich auf alle Bereiche. Es gibt einen Wunsch nach Ganzheit. Das ist nicht nur eine Frage der Geschlechter, Rassen und Glaubensrichtungen. Die Ganzheit bezieht sich auch auf das ganze Spektrum menschlicher Emotionen. Tränen sind ebenso willkommen wie Lachen, Angst ebenso wie Vertrauen. Auch verschiedene Ansichten und Veranlagungen sind eingeladen: Kapitalisten und Sozialisten, Hetero- und Homosexuelle, Redelustige und Schweigsame. Alle menschlichen Unterschiede sind eingeschlossen. Jede „sanfte" Individualität wird genährt.

Wie ist das möglich? Wie können derartige Unterschiede absorbiert werden, derart verschiedenartige Menschen zusammenleben? Entscheidend ist die Verbindlichkeit bezogen auf das „Zusammenleben-Wollen". Früher oder später – je früher desto besser – müssen sich die Mitglieder einer Gruppe füreinander entscheiden, wenn sie eine Gemeinschaft werden oder bleiben wollen. Ausschließlichkeit, der große Feind von Gemeinschaft, erscheint in zwei Formen: andere ausschließen, und sich selbst ausschließen. Wenn wir zu dem Schluss kommen, „also diese Gruppe ist einfach nichts für mich – da gibt's zu viele von diesen oder von jenen – am besten packe ich meine Sachen und geh wieder", wäre das ebenso destruktiv für eine Gemeinschaft wie es für eine Ehe wäre zu sagen, „das Gras auf der anderen Seite vom Zaun sieht halt ein bisschen grüner aus, und deshalb ziehe ich einfach weiter". Gemeinschaft und Ehe verlangen von uns, dass wir es ein bisschen aushalten, wenn es ungemütlich wird. Beides verlangt ein gewisses Maß an Verbindlichkeit. Unser Individualismus muss durch Verbindlichkeit ausgeglichen werden.

Wenn wir durchhalten, merken wir oft nach einer Weile, dass sich nach dem Sturm die Wogen geglättet haben. Ein Freund von mir definierte Gemeinschaft ganz richtig als „eine Gruppe, die gelernt hat, über ihre individuellen Unterschiede hinauszugehen". Aber dieses Lernen braucht seine Zeit, die nur durch Verbindlichkeit erkauft werden kann. „Hinausgehen über" heißt nicht „auslöschen" oder „zerstören".

Vielleicht ist der wichtigste Schlüssel zum Erreichen dieses Ziels das Anerkennen von Unterschieden. In Gemeinschaft werden menschliche Unterschiede nicht ignoriert, verleugnet, versteckt oder verändert, sondern sie werden geschätzt. Erinnert euch daran, wie ich dazu kam, Lilys „Gabe des Fließens" und sie meine „Organisationsgabe" zu schätzen. Die Ehe ist natürlich eine Zweiergemeinschaft auf lange Zeit.

Ich fand auch heraus, dass in Kurzzeitgemeinschaften von fünfzig, sechzig Mitgliedern zwar die Tiefe und der Zeitaspekt eigentlich entgegengesetzt sind zur Ehe, dass aber die Dynamik die gleiche ist. Das Transformieren unserer gegenseitigen Haltung, das Lily und mir ermöglicht hat, unsere Unterschiedlichkeiten zu überwinden, dauerte 20 Jahre. Doch kann eine Gruppe zur Gemeinschaftsbildung das Gleiche normalerweise im Laufe von acht Stunden schaffen. In beiden Fällen wird Entfremdung in Wertschätzung und Versöhnung verwandelt. Und in allen Fällen hat das Überwinden eine Menge mit Liebe zu tun.

Echte Gemeinschaft ist uns so fremd, dass wir nie einen adäquaten Wortschatz für dieses Überwinden entwickelt haben. Wenn wir uns Gedanken machen, wie individuelle Unterschiede ins Ganze integriert werden können, kommen wir oft zu dem Schluss, es bräuchte einen Schlichter oder eine Autoritätsperson, die das Problem für uns löst. Differenzen, wie bei sich zankenden Geschwistern, glauben und hoffen wir instinktiv durch einen Papa oder eine Mama – durch einen wohlmeinenden Diktator also – auflösen zu können. Doch ist authentische Gemeinschaft, die Individualität stärkt, niemals totalitär. Deshalb scheint uns die Demokratie das Mittel der Wahl, individuellen Differenzen zu begegnen. Wir schreiten zur Wahl, und die Mehrheit bestimmt, welche Unterschiede vorherrschen. Die Mehrheit regiert. Aber dieser Prozess grenzt nur zu oft die Wünsche der Minderheit aus.

Wie können wir Unterschiede überwinden, und dabei die Minderheit einbeziehen? Das scheint eine knifflige Frage zu sein. Wie und wo können wir weiter gehen als Demokratie? In den echten Gemeinschaften, in denen ich Mitglied war, sind bestimmt über tausend Entscheidungen getroffen worden, ohne dass jemals Abstimmungen stattgefunden hätten. Ich habe noch nie einer Abstimmung beigewohnt. Ich meine damit nicht, dass wir die demokratische Organisation als solche abschaffen sollten. Sondern ich möchte andeuten, dass Gemeinschaft, indem sie individuelle Unterschiede überwindet, regelmäßig über Demokratie hinausgeht.

Im Vokabular dieses Prozesses steht uns bis jetzt nur das Wort „Konsens" zur Verfügung. In jeder authentischen Gemeinschaft werden Entscheidungen durch Konsens getroffen, also einstimmig. Doch wie kann in einer Gruppe, die zur Individualität ermutigt, in der individuelle Unterschiedlichkeiten gut gedeihen, Übereinstimmung entstehen? Selbst wenn wir eine reichere Sprache für Gemeinschaften entwickeln, bezweifle ich, dass wir je eine Formel für den Konsensprozess haben werden. Dieser Prozess ist in sich ein Abenteuer. Er hat etwas fast Mystisches, Magisches an sich. Aber er funktioniert. Und die anderen Aspekte von Gemeinschaft werden uns Hinweise dafür geben, wie das gehen kann.

Realismus

Ein zweites Kennzeichen von Gemeinschaft ist, dass sie realistisch oder lebensnah ist. Zum Beispiel, wenn Lily und ich in der Gemeinschaft der Ehe ein Thema besprechen, das mit einem der Kinder zu tun hat, kommen wir zu einer Antwort, die lebensnäher ist, als überlegte jeder für sich allein. Schon aus diesem Grund glaube ich, dass es für allein erziehende Eltern äußerst schwierig sein muss, angemessene Entscheidungen in Bezug auf ihre Kinder zu treffen. Selbst wenn Lily und ich zu zwei verschiedenen Ansichten gelangen, werden sich diese gegenseitig beeinflussen.

Eine größere Gemeinschaft von sechzig Menschen kann normalerweise mit einem Dutzend verschiedener Standpunkte aufwarten. Der daraus resultierende Konsens-Eintopf ist normalerweise viel kreativer als ein Gericht aus nur zwei verschiedenen Zutaten jemals sein könnte.

Oftmals wird Gruppenverhalten als primitiv betrachtet. Ich selbst habe darüber geschrieben, wie leicht Gruppen zu einem bösartigen Mob werden können.[14] Aber nur selten sind Gruppen wirkliche Gemeinschaften. Zwischen gewöhnlichen Gruppen und wirklichen Gemeinschaften liegt ein Riesenschritt; es handelt sich in der Tat um völlig verschiedene Phänomene. Eine echte Gemeinschaft ist per Definition nicht anfällig für Mobbing, weil sie Individualität fördert, und eine Vielzahl von Standpunkten mit einbezieht.

Immer wieder habe ich in Gemeinschaften erlebt, wie in Entscheidungsprozessen plötzlich eines der Mitglieder sagte „Moment mal, da kann ich nicht mehr mitgehen". Mobbing-Mentalität kann nicht gedeihen in einer Umgebung, in der sich jeder frei ausdrücken und sich dem allgemeinen Trend widersetzen kann. Gemeinschaft ist ein solches Feld. Weil eine Gemeinschaft aus vielen Mitgliedern mit vielen verschiedenen Standpunkten besteht, die frei zum Ausdruck gebracht werden können, ist sie viel besser geeignet als Einzelne, Paare oder gewöhnliche Gruppen, um die Gesamtheit einer Situation zu beurteilen. Weil sie Licht und Schatten, Heiliges und Profanes, Schmerz und Freude, Glanz und Schmutz mit einbezieht, sind die Schlüsse, die sie zieht, abgerundet. Nichts bleibt unberücksichtigt. Mit derart vielen Bezugsrahmen nähert sich die Gemeinschaft mehr und mehr der Wirklichkeit an. In Gemeinschaften werden deshalb eher realistische Beschlüsse getroffen als in anderen menschlichen Zusammenhängen.

Ein wichtiger Bestandteil von Realismus oder Lebensnähe muss hier erwähnt werden: Bescheidenheit. Während schroffer Individualismus zu Selbstüberhöhung neigt, führt der sanfte Individualismus der Gemeinschaft zu Bescheidenheit. Wenn wir anfangen, die Talente anderer zu schätzen, beginnen wir unsere eigenen Grenzen zu erkennen. Wenn wir andere über ihre Unzulänglichkeiten sprechen hören, werden wir dadurch fähig, unsere eigene Unvollkommenheit anzunehmen. Wenn wir uns der Vielfalt der Menschheit bewusst werden, können wir auch die Abhängigkeit voneinander annehmen.

Wenn eine Gruppe von Menschen hierzu bereit ist – und sich somit mehr und mehr zu einer Gemeinschaft entwickelt – wird sie immer bescheidener, nicht nur die einzelnen Mitglieder, sondern auch als Ganzes – und somit immer realistischer. Von welcher Gruppe erwarten wir eher weise, wirklichkeitsnahe Entscheidungen – von einer arroganten, oder einer bescheidenen?

---

[14] M. Scott Peck, *People of the Lie: The Hope for Healing Human Evil* (New York: Simon and Schuster, 1983)

Reflektieren

Einer der Gründe, weshalb eine Gemeinschaft bescheiden und deswegen realistisch wird, ist die Fähigkeit zu reflektieren. Sie prüft sich selbst. Sie nimmt sich selbst wahr. Sie kennt sich. Die delphische Aufforderung „Erkenne dich selbst" führt unweigerlich zur Bescheidenheit. In der Schrift „Die Wolke des Nichtwissens", einem Klassiker aus dem 14. Jahrhundert über Kontemplation (im Sinne von beschaulichem Nachdenken und geistiger Versenkung), heißt es: „Sanftmut ist nichts anderes als das wahre Erkennen und Erfühlen eines menschlichen Selbst, wie es wirklich ist. Ein Mensch, der sich ehrlich sieht und fühlt, muss auch sanft sein."[15]

Kontemplation hat viele Bedeutungen. Das Ziel von Kontemplation ist gesteigertes Bewusstsein der Welt außerhalb von einem Selbst, der inneren Welt und der Beziehung zwischen den beiden. Ein Mensch, der sich mit einem relativ limitierten Bewusstsein seiner Selbst zufrieden gibt, kann nicht „kontemplativ" genannt werden. Es ist auch fraglich, ob er als psychologisch reif und emotional gesund bezeichnet werden kann. Selbstprüfung ist der Schlüssel zu Einsicht, was wiederum der Schlüssel zur Weisheit ist. Platon hat das klar ausgedrückt: „Ein Leben, das nicht reflektiert wird, ist nicht wert gelebt zu werden."[16]

Der Prozess von Gemeinschaftsbildung verlangt Selbstprüfung von Anfang an. In dem Maße, wie die Mitglieder mehr über sich selbst reflektieren, lernen sie, über die Gruppe zu reflektieren. „Wie geht es uns?" fangen sie an, sich immer häufiger zu fragen. „Sehen wir noch immer unser Ziel vor Augen? Sind wir eine gesunde Gruppe? Haben wir den Gemeinschaftsgeist verloren?" Der erworbene Gemeinschaftsgeist ist nicht beständig. Er kann nicht in Flaschen abgefüllt oder in Aspik aufbewahrt werden. Immer wieder kommt er abhanden. Erinnern wir uns an 1967, gegen Ende von Mac Badgelys Tavistock-Gruppe, wo wir viele Stunden nährender Kameradschaftlichkeit erlebt haben und danach wieder anfingen, uns zu streiten. Aber erinnern wir uns auch daran, dass wir nicht lange brauchten, um unser Verhalten zu erkennen, weil wir uns als Gruppe bewusst geworden waren. Und weil wir rasch die Ursache des Problems erkennen konnten – nämlich unsere Aufteilung in Gralsritter und Materialisten – konnten wir auch rasch diese Spaltung überwinden und unseren Gemeinschaftsgeist wiederfinden.

---

[15] Ira Progoff, *Depth Psychology and Modern Man* (New York: Julian Press, 1969), S. 92
[16] J.W. Mackail, ed., *The Greek Anthology* (1906), Vol. III, Apology, S. 38

Keine Gemeinschaft kann erwarten, immer bei guter Gesundheit zu sein. Eine authentische Gemeinschaft als selbstreflektierende Einheit wird jedoch ihren kranken Zustand erkennen, sowie er auftritt, und sofort die passenden Maßnahmen ergreifen, um sich zu heilen. Je länger gesunde Gemeinschaften existieren, desto effizienter wird dieser Wiederherstellungsprozess. Umgekehrt werden sich Gruppen, die nicht lernen, sich und die Welt zu reflektieren, nicht zu Gemeinschaften entwickeln oder sich rasch wieder auflösen.

Ein sicherer Ort

Es ist kein Zufall, dass ich „die verloren gegangene Kunst des Weinens" im Alter von 36 Jahren wieder erlernte, während ich mich in einer gemeinschaftlichen Umgebung aufhielt. Trotzdem ist mein frühes Training in schroffem Individualismus noch heute so stark, dass ich vor vielen Menschen nur dann weinen kann, wenn mir der Ort als sicher erscheint. Immer wenn ich mich in Gemeinschaft begebe, ist in der Tat das „Geschenk der Tränen" eine meiner Freuden. Das ist ein besonderes, seltenes Gefühl.

Wir alle haben uns in einem Teil unseres Lebens nur bedingt „sicher" gefühlt, oder überhaupt nicht. Wir haben uns selten oder nie völlig frei gefühlt, wir selbst zu sein. Und nur ganz selten, wenn überhaupt, haben wir uns in einer Gruppe vollkommen akzeptiert gefühlt. Daraus folgt, dass praktisch jeder Mensch, wenn er sich in eine neue Gruppensituation begibt, auf der Hut ist. Dieses „auf der Hut sein" geht sehr tief. Selbst wenn man bewusst versucht, sich offen und verletzlich zu zeigen, wird eine unbewusste Vorsicht hineinspielen. Außerdem werden einem ersten Auftreten von Verletzlichkeit recht wahrscheinlich Angst, Feindseligkeit oder übereilte Therapieversuche entgegengebracht, was nur die Allermutigsten unter uns nicht dazu treibt, sich hinter ihre Mauern zurückzuziehen.

So etwas wie augenblickliche Gemeinschaft gibt es unter normalen Umständen nicht. Es kostet eine Gruppe von Unbekannten viel Arbeit, bis sie die Sicherheit echter Gemeinschaft fühlt. Aber wenn dies gelingt, öffnen sich sozusagen die Schleusentore. Sobald die Menschen aus vollem Herzen sprechen können, sobald die meisten Mitglieder wissen, dass man ihnen zuhört, und dass sie um ihrer selbst willen akzeptiert werden, ergießen sich jahrelang angestaute Frustration, Verletztheit, Schmerz, Schuld und Trauer nach außen. Und dieser Prozess beschleunigt sich mehr und mehr.

Verletzlichkeit potenziert sich in Gemeinschaften. Haben sich Teilnehmer einmal verletzlich gezeigt und fühlen sich darin von den anderen angenommen und wertgeschätzt, werden sie sich immer weiter öffnen. Die Mauern stürzen schließlich ein durch wahre Liebe und gegenseitiges Annehmen, Heilung und Transformation geschehen. Alte Wunden fangen an zu heilen, alter Groll wird vergessen, alte Widerstände werden überwunden. Angst wird durch Hoffnung ersetzt.

So sind Heilung und Transformation weitere Charakteristiken von Gemeinschaft, die jedoch großes Feingefühl erfordern. Denn unsere gut gemeinten Bemühungen, anderen zu helfen, sie zu therapieren, wird Gemeinschaft eher verhindern. Der Mensch trägt in sich eine natürliche Sehnsucht nach Heilsein, Ganzsein. Doch wird dieser Drang, diese Energie meistens aus Angst vor Verletzungen zurück gehalten. Aber wenn man Menschen einen wirklich sicheren Platz bietet, wo diese Art von Schutzmechanismen und Widerständen nicht länger notwendig sind, wird der Drang nach Gesundung befreit. Wenn wir uns sicher fühlen, haben wir eine natürliche Tendenz, uns zu heilen und zu wandeln.

Unerfahrene Psychotherapeuten sehen sie es als ihre Aufgabe an, den Patienten zu heilen und glauben oft, es gelänge ihnen. Wenn sie erfahrener werden, merken sie, dass sie nicht die Macht haben, andere zu heilen. Aber sie lernen auch, dass es in ihrer Macht liegt, dem Klienten zuzuhören, zu akzeptieren, eine „therapeutische Beziehung" aufzubauen. Dann konzentrieren sie sich nicht so sehr aufs Heilen, als vielmehr darauf, diese Beziehung zu einem sicheren Platz werden zu lassen, der es dem Patienten erlaubt, sich selbst zu heilen.

Paradoxerweise kommt eine Gruppe von Menschen erst dann ins Stadium der Heilung und Transformation, nachdem ihre Mitglieder damit aufhören, sich gegenseitig heilen und umkrempeln zu wollen. Authentische Gemeinschaft ist ein sicherer Platz, weil niemand versucht, dich zu verändern, in Ordnung zu bringen. Du bist frei, du selbst zu sein! Und weil du so frei bist, brauchst du keine Verteidigungsmechanismen mehr, keine Masken, keine Verkleidungen. Du bist frei, deine eigene psychologische und spirituelle Gesundung zu suchen. Du bist frei, dein eigenes, ganzes, heiliges Selbst zu werden.

Ein Laboratorium für persönliche Abrüstung

Zum Ende einer 2-tägigen Gemeinschaftserfahrung kündigte eine Dame mittleren Alters der Gruppe an: „Ich weiß, dass Scotty sagte, wir sollten nicht aussteigen, aber als mein Mann und ich gestern Abend nach Hause kamen, dachten wir genau daran. Ich schlief letzte Nacht nicht gut und wäre heute Morgen beinah nicht gekommen. Doch dann passierte etwas Seltsames. Gestern schaute ich euch alle durch ‚harte Augen' an. Aber heute sind meine Augen auf eine Weise, die ich selbst nicht verstehe, ‚weich' geworden, und es fühlt sich so wundervoll an."

Diese Verwandlung – in echter Gemeinschaft ein normaler Prozess – ist dasselbe wie in der Geschichte vom Geschenk des Rabbi. Das verfallene Kloster, die sterbende Gruppe wurden wieder lebendig (und zu einer authentischen Gemeinschaft), als die Mitglieder anfingen, die anderen und sich selbst mit weichen, achtungsvollen Augen anzuschauen. In unserer Kultur des schroffen Individualismus mag es seltsam scheinen, dass diese Verwandlung genau dann anfängt, wenn wir „zusammenbrechen", wenn wir unsere Verteidigungsmechanismen aufgeben. Solange wir uns nur durch die Masken unserer Gefasstheit sehen, schauen wir uns durch harte Augen an. Aber wenn die Masken fallen und wir das Leiden, den Mut, die Gebrochenheit und die tiefere Würde, die darunter liegt, erkennen können, fangen wir an, uns gegenseitig als unsere Mitmenschen zu respektieren.

Als ich einmal vor einer Kirchengemeinde über Gemeinschaft sprach, kommentierte ein Mitglied weise: „Ich höre dich sagen, dass Gemeinschaft das Geständnis von Gebrochenheit verlangt." Das stimmte natürlich! Ist es nicht erstaunlich, dass in unserer Kultur Gebrochenheit erst gestanden oder gebeichtet werden muss, als wäre es eine Sünde? Wir denken an Beichte als eine Handlung, die nicht öffentlich zu geschehen hat, sondern im Dunkeln des Beichtstuhls, geschützt durch professionelles, priesterliches oder psychologisches Vertrauen. Aber die Realität ist, dass jedes menschliche Wesen gebrochen und verletzlich ist. Wie seltsam, dass wir normalerweise den Drang fühlen, unsere Wunden zu verbergen, wo doch jeder Mensch Verletzungen in sich trägt!

Verletzlichkeit ist keine Einbahnstraße. Echte Gemeinschaft verlangt von uns die Fähigkeit, unseren Mitmenschen unsere Wunden und Schwächen zu zeigen. Sie verlangt auch, dass wir uns von den Wunden anderer berühren, ja, verletzen lassen. Das ist es, was diese Frau meinte mit „weichen Augen". In unseren Wunden ist Schmerz. Doch noch wichtiger ist die Liebe, die zwischen uns erfahrbar wird, wenn wir Verletzlichkeit zeigen und in anderen sehen. Trotzdem kann nicht außer Acht gelassen werden, dass diese Art des „Mitteilens" in unserer Kultur ein Risiko birgt, nämlich das Risiko, sich nicht an die Norm der angeblichen Unverletzlichkeit und Ganzheit zu halten. Für die meisten von uns ist das eine neue – und potenziell gefährliche – Form des Verhaltens.

Es mag seltsam erscheinen, von Gemeinschaft als Laboratorium zu sprechen. Unter diesem Wort versteht man landläufig einen sterilen Ort, der nicht mit Gefühlen, sondern mit Apparaten ausgestattet ist. Doch kann man ein Laboratorium auch als einen Ort bezeichnen, um Experimente in Sicherheit durchzuführen. So ist das mit wirklicher Gemeinschaft: Sie ist ein sicherer Ort, um neue Verhaltensweisen zu testen. Wenn Menschen ein solch sicherer Ort geboten wird, beginnen sie auf ganz natürliche und tiefgehende Weise mit Vertrauen und Liebe zu experimentieren. Sie lassen ihre normalen Verteidigungsmechanismen, ihre Schranken aus Misstrauen, Angst, Ressentiments und Vorurteilen beiseite. Sie experimentieren mit Frieden – mit Friedfertigkeit in ihnen selbst und in der Gruppe. Und sie entdecken, dass das Experiment funktioniert.

Ein Experiment dient dazu, uns Erfahrungen zu gestatten, aus denen wir neue Erkenntnisse schöpfen können. So entdecken die Mitglieder einer echten Gemeinschaft auf experimentelle Weise die Regeln des Friedenschließens und erfahren deren Qualitäten, wenn sie sich persönlich entwaffnen. Das ist eine so starke persönliche Erfahrung, dass sie zur treibenden Kraft hinter der Friedenssuche auf die ganze Welt bezogen werden kann.

Eine Gruppe, die anmutig kämpft

Auf den ersten Blick mag es paradox erscheinen, dass eine wirkliche Gemeinschaft ein sicherer Ort und ein Laboratorium für Entwaffnung und zugleich ein Ort für Konfliktaustragung sein soll. In einer authentischen Gemeinschaft gibt es keine Parteibildung. Es ist zwar nicht immer leicht, doch wenn Menschen Gemeinschaft erreicht haben, haben sie auch gelernt, Cliquen und Grüppchen aufzugeben. Sie haben gelernt, einander anzuhören und einander nicht abzulehnen. Es kommt vor, dass Gemeinschaften mit unglaublicher Schnelligkeit Konsens erreichen. Aber oft wird das nur nach langen Kämpfen geschafft. Die Tatsache, dass es sich um einen sicheren Ort dreht, heißt noch nicht, dass es in einer Gemeinschaft keine Konflikte gibt. Es ist aber ein Ort, wo Konflikte ohne körperliches oder emotionales Blutvergießen ausgetragen werden, in Weisheit und Anmut. Eine Gemeinschaft ist ein Ort, an dem mit Anmut gekämpft wird.

Das ist nicht zufällig so. Eine wirkliche Gemeinschaft ist eine Arena, wo die Gladiatoren Waffen und Rüstung abgelegt haben, wo sie gut im Zuhören und Verstehen geworden sind, wo sie ihre Gaben gegenseitig schätzen und ihre Grenzen akzeptieren, wo sie ihre Unterschiedlichkeiten feiern und sich gegenseitig ihre Wunden verbinden, wo sie sich vorgenommen haben, miteinander zu kämpfen anstatt gegeneinander. Es ist wirklich ein sehr ungewöhnlicher Kampfplatz. Doch gerade deswegen ist echte Gemeinschaft ein guter Platz, um Konflikte zu lösen.

Dies ist von höchster Bedeutung. In dieser Welt gibt es sehr reale Konflikte, von denen die wenigsten gelöst zu werden scheinen. Aber es gibt da einen Traum: „Wenn wir unsere Konflikte auflösen können, werden wir eines schönen Tages eine große Gemeinschaft sein." Könnte es sein, dass wir das Pferd von hinten aufzäumen? Dass man besser sagen sollte: „Wenn wir in wirklicher Gemeinschaft zusammenleben können, dann wird es uns auch eines Tages gelingen, unsere Konflikte beizulegen?"

Eine Gruppe in der jeder leitet („Group of all Leaders")

Ich habe herausgefunden, dass mich eine Gruppe als Leiter nicht mehr braucht, sobald sie zu einer Gemeinschaft geworden ist. Ich kann mich zurücklehnen und entspannen und einer unter vielen sein, denn ein anderes Charakteristikum von wirklicher Gemeinschaft ist eine totale Dezentralisierung von Autorität. Denken wir daran, dass authentische Gemeinschaft antitotalitär ist. Ihre Beschlüsse werden im Konsens erreicht. Manchmal werden Gemeinschaften als führungslose Gruppen bezeichnet. Genauer ist es jedoch zu sagen, dass eine Gemeinschaft eine Gruppe ist, in der alle leiten.

Weil Gemeinschaften sichere Orte sind, fühlen sich dort zwanghafte Führer – oft zum ersten Mal in ihrem Leben – frei, nicht führen zu wollen. Und diejenigen, die gewöhnlich schüchtern und reserviert sind, fühlen sich frei, ihre latent vorhandenen Führungsgaben in die Gruppe einzubringen. Als Ergebnis ist so eine Gemeinschaft ideal geeignet um Beschlüsse zu fassen.

Der Spruch „Ein Kamel ist ein Pferd, das von einem Komitee erschaffen wurde" heißt nicht, dass Gruppenentscheidungen immer plump und unvollkommen sind, sondern dass Komitees nur in den seltensten Fällen Gemeinschaften sind.

Gemeinschaftsbildung

1983 stand ich vor wichtigen Entscheidungen für mein Leben. Sie waren so schwierig, dass ich mich nicht weise genug fühlte, sie – selbst mit Beratung von Experten – alleine zu treffen. Als ich um Hilfe bat, kamen 28 Frauen und Männer aus dem ganzen Land. Wir verbrachten zweieinhalb der verabredeten drei Tage ausschließlich damit, eine Gemeinschaft zu werden. Erst die letzten paar Stunden wandten wir uns den anstehenden Entscheidungen zu. Wir trafen sie mit Leichtigkeit und in kürzester Zeit.

Eine der schönsten Eigenschaften von Gemeinschaft ist das, was ich als „fließende Führung" bezeichne. Dank dieses Fließens konnte unsere Gemeinschaft damals anstehende Entscheidungen so schnell und effizient treffen. Und weil ihre Mitglieder sich frei und wertgeschätzt fühlten, konnten sie ihre individuellen Kompetenzen bei der Entscheidungsfindung einbringen. Einige hatten Vorschläge für Teil A der Lösung. Und da die Gemeinschaft die Weisheit darin erkannte, konnten alle sie annehmen, sodass augenblicklich und wie durch ein Wunder ein zweites Mitglied sich frei fühlte, mit seinem Vorschlag für Teil B der Lösung vorzutreten. Und so floss es weiter von einem zum nächsten.

Der Fluss von Führung ist Routine in wirklichen Gemeinschaften. Dieses Phänomen hat eine große Tragweite für jeden, der versucht Entscheidungsprozesse auf organisatorischer Ebene zu verbessern – im Geschäftsleben, in der Regierung oder anderswo. Aber das setzt voraus, dass sich zuvor echte Gemeinschaft entwickelt hat. Traditionelle hierarchische Muster müssen vorerst beiseite gelegt, Kontrolle muss abgegeben werden. Denn in dieser neuen Situation ist der Geist der Gemeinschaft das leitende Element und nicht ein einzelnes Individuum.

Eine „begeisterte" Gemeinschaft

Gemeinschaft braucht einen Geist – aber nicht das, was wir landläufig unter Teamgeist verstehen. Denn das beinhaltet ein Konkurrenzdenken, ein chauvinistisches Angebertum, wie es gerne Fans von siegreichen Fußballteams zur Schau stellen, oder die Bürger einer Stadt, auf die sie so stolz sind. „Unsere Stadt ist besser als eure Stadt", mag ein typischer Ausdruck dieser Art von cliquenorientiertem Gemeinschaftsgeist sein.

Aber dieses Verständnis von Gemeinschaftsgeist ist irreführend und oberflächlich. Nur in einer Hinsicht ist er stimmig: Die Mitglieder einer Gruppe, die zu einer authentischen Gemeinschaft geworden sind, haben große Freude an ihrem Kollektiv. Sie wissen, dass sie gemeinsam etwas gewonnen haben, dass sie einen Wert entdeckt haben. Aber da hört die Ähnlichkeit bereits auf. In einer echten Gemeinschaft gibt es kein Konkurrenzverhalten. Im Gegenteil – eine Gruppe, die von Konkurrenzgeist beherrscht wird ist per Definition keine Gemeinschaft. Konkurrenz ist immer ausschließend, authentische Gemeinschaft ist aber einschließend. Wenn eine Gemeinschaft Feinde hat, hat sie angefangen, den Geist von Gemeinschaft zu verlieren, sofern sie ihn je besessen hatte.

Der Geist echter Gemeinschaft ist der Geist des Friedens. Oft fragen Menschen im Anfangsstadium der gemeinschaftsbildenden Workshops, „wie erkennen wir, dass wir eine Gemeinschaft geworden sind?" Dies ist eine überflüssige Frage. Sowie eine Gruppe ins Gemeinschaftsstadium eintritt, findet eine drastische Veränderung statt. Ein neuer Geist ist beinahe greifbar. Er kann nicht übersehen werden. Keiner, der je diese Erfahrung gemacht hat, wird je wieder diese Frage stellen.

Noch wird je jemand daran zweifeln, dass ein Geist des Friedens vorherrscht, wenn eine Gruppe zur Gemeinschaft wird. Eine ganz neue Art von Ruhe zieht ein. Die Menschen unterhalten sich leiser, und trotzdem scheinen ihre Stimmen besser hörbar zu sein. Es gibt Zeiten des Schweigens, aber dieses Schweigen ist nie angespannt. Im Gegenteil, das Schweigen ist willkommen. Es fühlt sich ruhig an. Nichts ist anstrengend. Das Chaos hat ein Ende. Es ist als wäre Lärm durch Musik ersetzt worden. Die Menschen lauschen und können hören. Alles ist friedlich.

Aber Geist kann man nicht festnageln. Er lässt sich nicht einfangen, nicht in feste Definitionen fassen, wie materielle Objekte. So bedeutet Friedlichkeit in Gemeinschaft nicht das Unterbinden von Konflikten. Die Mitglieder kämpfen oft hart miteinander. Der Kampf kann aufgeregt und überschwänglich werden, ohne Zeit für Schweigen. Aber es ist ein produktiver, kein zerstörerischer Kampf. Er bewegt sich immer in Richtung Konsens, denn es ist immer ein liebender Kampf. Er spielt sich auf dem Untergrund der Liebe ab. Der Geist von Gemeinschaft ist immer der Geist des Friedens und der Liebe.

Die Atmosphäre von Frieden und Liebe ist in beinahe jeder Gemeinschaft so greifbar, dass alle Mitglieder sie als Geist oder Inspiriertheit erfahren. Deshalb berichten selbst nicht-gläubige und atheistische Teilnehmer von gemeinschaftsbildenden Workshops als spiritueller Erfahrung. Doch wird diese Erfahrung sehr interpretiert. Menschen mit einem nicht-religiös geprägten Bewusstsein tendieren zur Annahme, dass der Geist der Gemeinschaft das Produkt der Gruppe selbst ist. Die meisten christlich eingestellten Menschen haben ein komplexeres

Verständnis. In dieser Weltsicht wird der Gemeinschaftsgeist nicht als ein rein menschlicher Geist betrachtet, oder nur von der Gruppe kreiert. Vielmehr nimmt man an, der Geist komme über eine Gruppe, so wie der Heilige Geist über Jesus, und seine Taufe kam in Form einer Taube. Das heißt jedoch nicht, dass das Erscheinen des Geistes als etwas Zufälliges und Unvorhersehbares angesehen wird. Er kann sich nur dort niederlassen und Wurzeln schlagen, wo der Boden fruchtbar gemacht wurde. Daher werden Christen den Gemeinschaftsgeist als Manifestation des Heiligen Geistes ansehen.

Das heißt nicht, dass Gemeinschaft ein rein christliches Phänomen ist. Ich habe Gemeinschaft entstehen sehen zwischen Christen und Juden, Christen und Atheisten, Juden und Moslems, Moslems und Hindus. Menschen mit und ohne religiöse Überzeugung können Gemeinschaft bilden. Es heißt auch nicht, dass christlicher Glaube eine Garantie für Gemeinschaft ist. Es wurde berichtet, dass einige Männer sahen, wie die Jünger Jesu in seinem Namen Dämonen ausgetrieben haben, und sie dachten, das würde einfach sein. Also gingen sie ohne weiter zu überlegen zu ein paar Besessenen und riefen „Jesus, Jesus, Jesus". Aber es geschah überhaupt nichts, außer dass die Dämonen sie auslachten.

So ist das auch mit Gruppen. Eine Gruppe von Christen, die sich nicht vorbereitet haben, kann da sitzen und rufen „Jesus, Jesus, Jesus" bis sie blau anlaufen, und nichts wird passieren. Sie werden der Gemeinschaft keinen Schritt näher kommen. Andererseits kann jede Gruppe von Menschen (unabhängig von ihrer religiösen Überzeugung, und ohne dass das Wort Jesus jemals ausgesprochen wurde), die willens ist Liebe, Disziplin und Opferbereitschaft zu praktizieren – wie das wichtig war für den Geist von Gemeinschaft, die Jesus vorlebte – in seinem Namen und mit ihm versammelt sein.

Ich selbst bin Christ, und für mich ist deshalb der Geist der Liebe und des Friedens auch der Geist von Jesus. Doch geht das christliche Verständnis von Gemeinschaft noch weiter. Die Lehre von der Dreieinigkeit – drei in einem – sagt, dass Jesus, Gott und der Heilige Geist einerseits einzeln und von einander getrennt, und andererseits eins sind. Wenn ich also von Jesus als anwesend in der Gemeinschaft spreche, meine ich auch Gott und den Heiligen Geist.

Im christlichen Gedankengut wird der Heilige Geist speziell mit Weisheit in Verbindung gebracht. Weisheit wird als eine Art von Offenbarung betrachtet. Für den nicht-religiösen Menschen gelangen wir Menschen durch Denken, Studium und Lebenserfahrung zur Weisheit. Sie ist unser eigenes Verdienst, wir haben sie uns erarbeitet. Christliche Intellektuelle schätzen den Wert von Studium und Erfahrung auch hoch ein, doch für sie erfordert das Entstehen von Weisheit mehr, ein Zutun Gottes und des Heiligen Geistes.

Die Weisheit einer authentischen Gemeinschaft erscheint oft wie ein Wunder. Diese Weisheit resultiert aus der Freiheit sich auszudrücken, dem Vorhandensein vielfältiger Talente und aus dem Konsensprinzip. Es gibt aber Zeiten, in denen diese Weisheit meinem religiösen Blick mehr wie eine Angelegenheit des göttlichen Geistes und möglicherweise des göttlichen Eingreifens erscheint. Dies ist einer der Gründe dafür, dass das Gefühl von Freude eine häufige Begleiterscheinung des Geistes in Gemeinschaft ist. Die Mitglieder fühlen sich zeitweise der normalen Welt mit ihren Sorgen entrückt. Für Augenblicke ist es, als hätten sich Himmel und Erde getroffen.

4 Das Entstehen von Gemeinschaft

Krisen und Gemeinschaft

Echte Gemeinschaften entstehen oft als Antwort auf Krisensituationen. Oft teilen fremde Menschen im Wartezimmer einer Intensivstation ihre Hoffnungen, Ängste, ihre Freude oder ihren Kummer miteinander, weil ihre Angehörigen in kritischem Zustand nebenan liegen. Das Gleiche in anderer Größenordnung geschieht, wenn innerhalb von Minuten durch ein Erdbeben in Mexico City Gebäude zerstört und Tausende von Menschen dabei zu Tode kommen: Plötzlich arbeiten Reiche und Arme Seite an Seite, Tag und Nacht, um Verunglückte zu retten und um für die obdachlos Gewordenen zu sorgen. Zugleich öffnen Frauen und Männer aller Nationen ihre Brieftaschen und ihre Herzen gegenüber einem ihnen unbekannten Volk, gegenüber Menschen, die ihnen nie begegnet sind, in einem plötzlichen Bewusstsein unserer menschlichen Gemeinschaft.

Das Problem ist nur, dass mit dem Ende der Krisensituation auch die Gemeinschaft endet. Sobald die Menschen in ihr normales Leben zurückkehren, hört das Gemeinschaftsgefühl auf. Aber Gemeinschaft ist so schön, dass Krisensituationen oft nachgetrauert wird. Viele Russen sprechen mit einem tiefen Gefühl von den schweren Tagen der Belagerung von Leningrad, als sie alle zusammenhielten. Amerikanische Veteranen erinnern sich immer noch an die schlammigen Schützengräben des Zweiten Weltkriegs, als sie innige Kameradschaft erlebten und ihr Leben einen Sinn hatte, wie sie es nie mehr erlebten.

Die wohl erfolgreichste Gemeinschaft der USA – und vielleicht weltweit – ist die der Anonymen Alkoholiker. Es war im Juni 1935, als Bill W. die erste Anonyme Alkoholiker (AA) Gruppe in Akron, Ohio startete. Heute gibt es solche Gruppen überall in den USA, nicht nur für Suchtkranke, sondern auch für ihre Angehörigen. Durch diese Art von Anonymen Gruppen sind Millionen von Menschen geheilt worden, haben Millionen und Abermillionen einen Sinn für ihr Leben gefunden. Und all das ist ohne Organisation entstanden, weil die Gründer spürten, dass zu viel Organisation einer Gemeinschaft abträglich ist. Es gibt keine Mitgliedsbeiträge, keine Budgets, keine Gebäude. Und doch hat kein anderes Phänomen auf diese Nation derart positive Auswirkungen gehabt.

AA fängt mit Menschen in einer Krise an. Männer und Frauen stoßen dazu, wenn sie am Zusammenbrechen sind. Sie kommen, weil sie ihr Leben nicht mehr auf die Reihe kriegen, weil sie Beistand brauchen, es alleine nicht mehr schaffen. Es wäre jedoch ein Fehler anzunehmen, nur Alkoholiker hätten derartige Krisen. Im sicheren Umfeld einer echten Gemeinschaft wird über kurz oder lang jeder seine Gebrochenheit zeigen.

Wir sind alle verletzt. Keiner von uns ist ganz. Keiner kann alles alleine meistern. Wir alle sind abhängig, erleben Krisen, und wollen unsere Unvollkommenheit vor uns selbst und anderen verstecken. Die Frauen und Männer der AA können ihre Alkoholabhängigkeit nicht länger verheimlichen, sie müssen ihre Verzweiflung eingestehen. Krisen gehören zu den AA Gemeinschaften, und in diesem Sinn mögen Suchterkrankungen ein Segen sein.

Die Männer und Frauen in der AA Gemeinschaft haben sich mit viel Weisheit dafür entschieden, diesen Segen zu vermehren. Schon sehr früh entwickelten sie die Tradition, sich nicht als frühere oder geheilte Alkoholiker zu bezeichnen, sondern immer als genesende Alkoholiker. Sie meinen mit diesem Ausdruck, dass die Krise allgegenwärtig ist. Nie ist die Genesung komplett. Die Gefahr des Rückfalls lauert ständig. Allgegenwärtig ist auch der Bedarf an Gemeinschaft mit der Möglichkeit zu seelisch-geistigem Wachstum. Das Anerkennen der kontinuierlichen Krise des Alkoholikers ist Teil der Genialität von AA.

Der bemerkenswerte Erfolg von AA legt nahe, dass, wenn wir die Krise als alltäglich anerkennen würden, Gemeinschaft immer wieder leicht entstehen könnte. Es mag seltsam erscheinen, wenn wir unser Leben als ständigen Krisenzustand betrachten sollen. Ich denke jedoch an das chinesische Wort für Krise, das aus zwei Schriftzeichen besteht: Das eine steht für Gefahr und das andere für verborgene Gelegenheit. Unser Leben wird als Folge von täglichen Gelegenheiten betrachtet.

Es gibt eine tiefe, aber wenig verstandene Sichtweise von psychischer Gesundheit. Entgegen weit verbreiteter Meinung ist ein gesundes Leben keinesfalls eines, in dem es keine Krisen gibt, sondern der psychische Gesundheitszustand eines Individuums wird daran gemessen, wie früh er oder sie der Krise begegnen kann.

Das Wort Krise wird gerne benutzt im Ausdruck „Midlife-Crisis". Doch lange ehe dieser Begriff erfunden wurde, kannten Frauen das Phänomen als häufige Begleiterscheinung in der Menopause. Krisen scheinen in dieser Lebensphase unvermeidlich zu sein, oft einhergehend mit depressiven Verstimmungen. Einer psychisch gesunden Frau kann es z.B. passieren, dass sie so um die fünfundzwanzig herum in den Spiegel schaut, die ersten Krähenfüße entdeckt und zu sich selbst sagt: „Die Hollywoodkarriere hat sich damit erledigt." Die gleiche

Frau überlegt mit Mitte dreißig, wenn ihr Jüngstes in den Kindergarten kommt: „Ich sollte vielleicht mal überlegen, was ich anderes machen könnte, als die Kinder zum Mittelpunkt meines Lebens zu machen". So fängt sie den schwierigen Prozess einer zweiten beruflichen Laufbahn an. Mit Mitte fünfzig navigiert sie dann leicht und zufrieden durch die Menopause, weil sie die Krise zwanzig Jahre früher geschickt angegangen hat.

Eine Frau jedoch, welche die erste Krise weg schiebt, wird in ernsthafte Schwierigkeiten geraten. Sie träumt weiter davon, in einem Hollywoodstreifen mitzuspielen, und legt sich keinen Plan zurecht für die Zeit, nachdem die Kinder das Haus verlassen haben. Ist es dann ein Wunder, dass sie einen Zusammenbruch erleidet, wenn ihre Periode aufhört, auch das geschickteste Make-up ihre Falten nicht mehr verdeckt, ihre Kinder eigene Wege gehen und nicht nur ihr Heim leer wird sondern auch ihr Leben?

Ich wählte dieses Beispiel nicht, um Frauen oder ihre Midlife-Crisis auf stereotype Art darzustellen. Auch wenn sie sich anders abspielt, kann diese für Männer ebenso intensiv sein und kann von ihnen genau so gut oder schlecht gemeistert werden. Es handelt sich dabei um hochkomplexe Probleme. Ich wollte zeigen, wie wichtig es für ein gesundes Leben ist, den Krisen früh zu begegnen, um für die nächste gewappnet zu sein. Seltsamerweise lässt sich psychische Gesundheit am besten daran messen, wie viele Krisen man in seinem Leben verarbeiten konnte.

Es existiert eine seltene psychische Krankheit, die ihre Opfer zwingt, die Geschehnisse ihres Lebens theatralisch zu überhöhen. Doch sehr vielen Menschen misslingt es, dramatische Erlebnisse adäquat einzuordnen. Da haben Anhänger von Religionen einen Vorteil. Nichtreligiöse Menschen durchschreiten viele Höhen und Tiefen, wogegen wir Religiösen „geistig-spirituelle Krisen" erleben. Es scheint so, als wären spirituelle Krisen viel würdevoller als z.B. Depressionen. Der Ausdruck passt auch meist besser zur Situation. Tatsache ist, dass alle psychischen Probleme als Krisen des menschlichen Geistes verstanden werden können. Als Psychotherapeut ist es meine Aufgabe, den Klienten eine adäquate Einordnung ihrer inneren und äußeren Erlebnisse zu ermöglichen.

Wir brauchen keine Krisen in unserem Leben zu fabrizieren, es genügt anzuerkennen, dass sie existieren. Wir müssen anerkennen, dass wir in einer Zeit leben, in der Gemeinschaft für uns lebenswichtig wird. Wir haben die Wahl. Wir können weiterhin so tun als wäre das nicht wichtig. Wir können uns weiter weigern, der Krise zu begegnen, bis zu dem Tag, an dem wir uns individuell und kollektiv zerstören, einschließlich unseres Planeten. Wir können uns Gemeinschaft bis zum bitteren Ende verweigern. Oder wir können zum Schauspiel unseres Lebens erwachen und die nötigen Schritte unternehmen, um alles zu retten.

Gemeinschaft durch Zufall

Weil unser Bedürfnis und unsere unterbewusste Sehnsucht so zwingend sind, stolpern wir manchmal durch reinen Zufall in Gemeinschaft, auch ohne dass wir uns in einer offenen Krise befinden. So erging es mir mit der Mac-Badgely-Gruppe, in der Tech-Gruppe in Okinawa und in Lindys T-Gruppen in Bethel, Maine. Die Chancen standen fünfzig zu fünfzig. Erinnern wir uns, dass die andere Gruppe von Mac und die anderen T-Gruppen keine Gemeinschaften wurden. Manchmal kam es dazu, andere Male nicht. Einer dieser Zufälle hatte mein Interesse an der Idee von Gemeinschaft wieder aufleben lassen. Im Jahr 1981 wurde ich von der George-Washington-Universität eingeladen, einen Workshop zum Thema Spirituelles Wachstum zu halten. Da ich nie ein ernsthafter Akademiker oder Gelehrter war, fühlte ich mich mit meinen Qualifikationen in einer akademischen Umgebung unwohl.

Einige Monate vor diesem Workshop las ich in einer Zeitschrift einen Artikel mit dem Titel „Ausbildung als Transformation: Zum Heiler werden bei den !Kung und Fidschianern." Er war von einem Anthropologen namens Richard Katz geschrieben und beschrieb die spirituelle Reise der als Heiler Ausersehenen in diesen sogenannten primitiven Gesellschaften an entgegengesetzten Enden der Welt.[17] Die Gottesbilder dieser Kulturen waren erstaunlich unterschiedlich. Deshalb wunderte ich mich über zahlreiche Parallelen der Ausbildungen zum spirituellen Heiler. Darüber hinaus fanden sich sogar Entsprechungen zur Spiritualität vieler christlicher Mönchs- und Nonnenorden.

Mir wurde klar, dass dieser Artikel für meinen Workshop relevant war, und ich auch die 60 Teilnehmer mit meiner Belesenheit beeindrucken würde können. Ich bestellte 60 Exemplare und nahm sie mit. Ich begann den Workshop damit, dass ich die Teilnehmer bat, die verteilten Kopien zu lesen. Dann sollten sie zehn Minuten lang darüber schweigend meditieren. Als wir dann im Kreis saßen, forderte ich sie zur Diskussion darüber auf, die ich protokollieren würde.

---

[17] Richard Katz, „Education and Transformation: Becoming a Healer Among the !Kung and Fijians", *Harward Educational Review*, Vol. 51, No. 1 (1981)

Ich dachte mir, das würde sehr intellektuell und risikolos ablaufen. Die Beteiligten hatten sofort die Parallelen zwischen jenen heidnischen Kulturen und unserer christlichen erkannt. Aber das war nicht das Hauptthema. Es interessierte sie kaum.

Es kam bald heraus, dass sie zutiefst neidisch waren auf die Heiler jener primitiven Gesellschaften. Es zeigte sich, dass praktisch alle Teilnehmer des Workshops Lehrer, Krankenschwestern, Therapeuten oder Geistliche waren. Sie waren selbst professionelle Heiler in Washington und Umgebung, fühlten sich jedoch oftmals gesellschaftlich isoliert und nicht mit ihren Schülern und Patienten verbunden. Die Heiler der !Kung und Fidschianer lebten dagegen mit ihren Patienten in kleinen, integrierten, ländlichen Gruppen. Als die Workshop-Mitglieder von den !Kung und Fidschianern sprachen, ließen sie ihre Sehnsucht erkennen. Der Fokus des Workshops verlagerte sich rasch auf ihre eigene eklatante Einsamkeit. Nichts wurde intellektuell! Alles wurde hingegen stark, bewegend, heilend und zutiefst befriedigend. Denn wir alle stolperten – durstig nach Gemeinschaft wie wir waren – durch einen intellektuellen Workshop in das, wonach unsere Herzen am meisten dürsteten.

Wir wurden zur Gemeinschaft, und selbst wenn das nur für ein paar kurze, wundervolle Stunden war, erfuhren wir vorübergehend Entlastung von unserer Einsamkeit. Alle anderen intellektuellen Workshops, die ich bis dahin gehalten hatte, verblassten gegenüber diesem in Bezug auf ihre Kraft und ihren Lernwert. Wir hatten durch Zufall, auf fast wundersame Weise, Gemeinschaft erzielt. Und von diesem Moment an stand ich vor einer Herausforderung. Wie könnte ich weitere Workshops leiten, in denen dieses Gemeinschaftswunder passiert? Können Gruppen zur Gemeinschaft gelangen ohne Krisen, nicht durch Zufall, sondern durch ein überlegtes Vorgehen? Die Antwort lautet ja.

Geplante Gemeinschaft

Ich habe von Gemeinschaft als von einem Wunder gesprochen. Eigentlich können wir uns Wunder nicht als plan- oder kontrollierbar vorstellen. Wir sehen sie vielmehr als außergewöhnliche Einbrüche in unsere normale Realität an. Und in unserer Gesellschaft ist das Auftreten von Gemeinschaft noch immer selten – ein außerordentliches Geschehen im normalen Lauf der Dinge. Ein Wunder wird auch als ein durch Naturgesetze nicht erklärbares Phänomen definiert.

Doch das heißt nicht, dass Wunder sich ohne Gesetzmäßigkeit ereignen. Vielleicht gehorchen sie einfach Gesetzen, die wir Menschen zurzeit noch nicht verstehen. Ob das Entstehen von Gemeinschaft ein Wunder ist oder nicht, nach jenem Sonntagsworkshop in Washington erforschte ich, wie man gezielt eine Wiederholung dieses Ereignisses herbeiführen kann. Ich begann, regelmäßig Gemeinschaftsbildende Workshops anzubieten. Obwohl vieles, was ich in diesem Bereich unternommen habe, Versuch und Irrtum unterlag (und ich lerne noch immer), bin ich zu verschiedenen Schlüssen gekommen, die mir so sicher wie Fakten erscheinen.

Die grundlegendsten davon sind:

1 Der Prozess, der Gruppen von Menschen zu einer Gemeinschaft werden lässt, läuft nach bestimmten Gesetzmäßigkeiten ab.

2 Die Wörter kommunizieren und Kommune haben dieselbe Wurzel. Die Prinzipien von guter Kommunikation sind die Grundpfeiler von Gemeinschaftsbildung. Und weil die Menschen normalerweise nicht gut kommunizieren können, weil sie nicht gelernt haben, miteinander zu reden, wissen sie nichts von den Gesetzen und Regeln echter Gemeinschaft.

3 In bestimmten Situationen können Menschen die Regeln von Kommunikation oder Gemeinschaft entdecken. Das passierte in den Gemeinschaften, die ich beschrieben habe. Da sich dieser Prozess jedoch nur unbewusst abspielt, erkennen die Leute diese Regeln nicht und können sie nicht reproduzieren.

4 Die Regeln von Kommunikation und Gemeinschaftsbildung können gelehrt und relativ leicht gelernt werden. Dieses bewusste Lernen erlaubt Menschen, diese Regeln auch später in die Praxis umzusetzen.

5 Lernen kann theoretisch stattfinden oder durch praktische Anwendung. Letzteres ist schwieriger, aber auch viel effektiver. Die Regeln von Kommunikation und Gemeinschaft werden am besten durch Praxiserfahrung gelernt.

6 Die meisten Menschen sind fähig und willens, die Regeln von Gemeinschaftsbildung und Kommunikation zu erlernen und anzuwenden. In anderen Worten: Wenn sie will, kann fast jede Gruppe von Menschen zu einer authentischen Gemeinschaft werden.

Ich kann diese Schlussfolgerungen als Tatsachen ansehen, weil ich, seit der Erfahrung an der George-Washington-Universität 1981, Dutzende von gemeinschaftsbildenden Workshops gegeben habe. Fast alle hatten ihre schwierigen

Momente. Doch letztlich waren sie alle ein Erfolg. Alle Gruppen wurden zu Gemeinschaften – anders als zur Zeit der „Sensitivity"- Gruppen, als das Entstehen von Gemeinschaft noch eine rein zufällige Sache war.

Dieser Erfolg hat wenig oder nichts mit meiner eigenen Persönlichkeit zu tun. Von mir geschulte Frauen und Männer erzielen ähnliche Erfolge beim Begleiten von Gemeinschaften und bilden bereits andere Begleiter aus.

Welche Prinzipien, Gesetze und Regeln gelten nun bei der Gemeinschaftsbildung? Die Grundlagen lassen sich am besten erklären, indem ich die Phasen des gemeinschaftsbildenden Prozesses beschreibe. Diesen Phasen wenden wir uns nun zu, als Gegenpol zur verbreiteten Klage „ich habe in meinem Leben niemals Gemeinschaft erfahren." Solange Gemeinschaft nur zufällig entsteht, mag man daran wenig ändern können. Doch wenn wir diese Regeln einmal kennen – so herausfordernd sie auch sein mögen – kennen wir den Weg, die Sehnsucht nach Gemeinschaft zu stillen.

5 Die Phasen der Gemeinschaftsbildung

Gemeinschaften sind – ebenso wie Individuen – einzigartig. Dennoch haben wir Menschen vieles gemeinsam. Gruppen auf dem Weg zur Gemeinschaft weisen meist ganz bestimmte Stufen in diesem Prozess als gemeinsames Kennzeichen auf. Diese Phasen sind der Reihe nach:

Pseudogemeinschaft
Chaos
Leere
Gemeinschaft

Nicht jede Gruppe, die eine Gemeinschaft wird, folgt exakt diesem Ablauf. Gemeinschaften, die sich z.B. spontan als Reaktion auf eine Krise bilden, können während ihres Entstehens eine oder mehrere Phasen überspringen. Ich bestehe nicht darauf, dass Gemeinschaftsentwicklung nach einem festen Schema abläuft. Aber im Prozess der geplanten Gemeinschaftsbildung ist dies die natürliche, übliche Ordnung der Dinge.[18]

Pseudogemeinschaft

Die erste Phase einer Gruppe bei der Gemeinschaftsbildung ist meistens der Versuch, sie vorzutäuschen. Die Mitglieder versuchen gleich zu Beginn eine Gemeinschaft zu sein, indem sie extrem freundlich zueinander sind und jeden Dissens vermeiden. Dieser Versuch – diese Vortäuschung von Gemeinschaft – nenne ich Pseudogemeinschaft. Es funktioniert jedoch nie. Ich war recht verblüfft, als ich zum ersten Mal einer Pseudogemeinschaft begegnete – besonders da sie aus Experten bestand. Es geschah während eines Workshops in Greenwich Village in Manhattan, dessen Teilnehmer hochgebildete, leistungsorientierte New Yorker waren. Viele hatten eine intensive Psychoanalyse hinter sich und sie waren alle darin geübt, sich bewusst verletzlich zu zeigen. Innerhalb von Minuten teilten sie tiefe, intime Ein-

---

[18] Auch andere, die sich umfassend mit Gruppen beschäftigt haben, die zu Gemeinschaften wurden, haben wahrgenommen, dass es Phasen des Entwicklungsprozesses gibt. Unter Gruppenanleitern werden folgende Phasen genannt: „Forming, Storming, Norming, Performing" (deutsch: formieren, stürmen, normieren, ausführen). Diese einfache Formel ist zwar nicht nutzlos, aber zumindest unvollständig.

zelheiten ihres Lebens mit. Und während der ersten Pause umarmten sie sich schon. Ha – augenblickliche Gemeinschaft! Aber etwas fehlte. Erst war ich entzückt und dachte: „Junge, das ist ja toll! Ich habe mich um nichts zu kümmern."

Aber gegen Mittag begann ich mich unbehaglich zu fühlen. Es war jedoch unmöglich, das Problem aufzuzeigen. Ich hatte nicht das wunderbare, freudige, begeisterte Gefühl, das ich immer in Gemeinschaft gehabt hatte. Ich war ehrlich gesagt gelangweilt. Die Gruppe schien sich in jeder Hinsicht genau wie eine wirkliche Gemeinschaft zu benehmen. Ich wusste nicht, was zu tun sei. Ich wusste nicht einmal, ob ich überhaupt irgendetwas tun sollte. So ließ ich es für den Rest des Tages laufen. In jener Nacht schlief ich schlecht.

Gegen Morgen beschloss ich, noch immer ohne zu wissen, ob es das Richtige war, dass ich es der Gruppe schuldete, ihr mein Gefühl des Unbehagens zu enthüllen. Als wir uns am zweiten Morgen versammelten, begann ich: „Ihr seid eine ungewöhnlich intelligente Gruppe. Ich denke, das ist der Grund, warum wir gestern früh so schnell und leicht eine Gemeinschaft zu werden schienen. Aber vielleicht war es zu schnell und zu leicht. Ich habe ein seltsames Gefühl, dass etwas fehlt, dass wir in Wirklichkeit noch keine Gemeinschaft sind. Lasst uns jetzt eine Zeit lang schweigen und schauen, was daraus entsteht."

Und sie reagierten! Innerhalb von fünf Minuten nach dem Ende des Schweigens gingen sich diese scheinbar freundlichen, liebevollen Leute beinahe an die Gurgel. Dutzende von persönlichen Ressentiments vom Vortag kamen praktisch gleichzeitig an die Oberfläche. Schnell und wütend begannen die Teilnehmer einander ihre unterschiedlichen Ideologien und Weisheiten um die Ohren zu schlagen. Es war ein herrliches Chaos. Und endlich waren wir so weit, die Arbeit der Bildung einer echten Gemeinschaft zu beginnen, die wir am Ende des Workshops erreichten. Aber bis zu diesem Punkt der Chaos-Phase hatte die Gruppe mit all ihrer Vorbildung nur eines erreicht: den Prozess einen ganzen Tag lang zu verzögern.

Diese Geschichte kann uns zweierlei lehren. Das eine ist: Hüte dich vor augenblicklicher Gemeinschaft. Das Entstehen von Gemeinschaft erfordert ebenso Zeit wie Anstrengung und Opfer. Sie ist nicht so leicht zu haben. Die zweite Erfahrung ist, dass Gemeinschaft meist leichter unter unvoreingenommenen Menschen entstehen kann, als unter vorgebildeten. So lief der Gemeinschaftsbildungsprozess in einer Runde von Stadträten im Mittleren Westen, die keinerlei psychologischen Hintergrund hatten, schneller und wirkungsvoller ab, als in allen anderen Gruppen, die ich bis dahin begleitete. Akademiker andererseits können mehr zum Vortäuschen neigen.

In der Pseudogemeinschaft versucht eine Gruppe, Gemeinschaft ohne große Anstrengung durch Verstellung zu gewinnen. Es ist keine bösartige, bewusste Verstellung. Eher ist es ein unbewusster, sanfter Prozess, bei dem Menschen, die liebevoll sein wollen, indem sie kleine, „harmlose" Lügen sagen, indem sie einiges an Wahrheit über sich selbst und ihre Gefühle zurückhalten, um Konflikt zu vermeiden. Aber es ist doch eine Verstellung. Es ist eine verführerische, aber unzulässige Abkürzung des Prozesses, die nirgendwo hinführt. Der wesentliche Vorgang bei der Pseudogemeinschaft ist Konfliktvermeidung. Aber dass es in einer Gruppe keine Konflikte gibt, ist selbst noch kein bezeichnendes Merkmal. Authentische Gemeinschaften können wunderbare und manchmal lange konfliktfreie Zeiten erleben. Aber dies geschieht, weil sie gelernt haben, mit einem Konflikt umzugehen, statt ihn zu vermeiden. Pseudogemeinschaft vermeidet Konflikte, authentische Gemeinschaft löst sie.

Kennzeichnend für eine Pseudogemeinschaft ist, dass manche individuellen Unterschiede bagatellisiert, nicht anerkannt oder ignoriert werden. Viele nette Leute sind so an Höflichkeit gewöhnt, dass sie ihre guten Umgangsformen anwenden können, ohne überhaupt darüber nachzudenken. In einer Pseudogemeinschaft ist es, als ob jedes einzelne Mitglied gemäß den gleichen Benimmregeln handelte. Die Regeln dieses Buches sind: Sage und tue nichts, was einen anderen beleidigen könnte; wenn jemand etwas sagt oder tut, das dich beleidigt, ärgert oder verunsichert, handle, als ob nichts geschehen wäre und gib vor, dass du dich nicht im geringsten betroffen fühlst; und wenn eine Meinungsverschiedenheit aufkommen will, wechsle das Thema so schnell und unauffällig wie möglich – Regeln, die jede gute Gastgeberin kennt.

Es ist leicht einzusehen, wie diese Regeln dem reibungslosen Funktionieren einer Gruppe förderlich sind. Aber sie unterdrücken auch Individualität, Vertrautheit und Ehrlichkeit, und je länger es dauert, um so stumpfer wird es. Die grundlegende Täuschung in der Pseudogemeinschaft ist die Leugnung von individuellen Unterschieden. Die Mitglieder tun und handeln so, als ob sie alle denselben Glauben an Jesus Christus hätten, dieselbe Meinung von den Russen, sogar dieselbe Biografie.

Eine der Charakteristiken von Pseudogemeinschaften ist die, dass die Menschen dazu neigen, in Verallgemeinerungen zu sprechen. „Scheidung ist eine schreckliche Erfahrung", können sie sagen. Oder: „Man muss seinen Instinkten trauen." Oder: „Wir müssen anerkennen, dass unsere Eltern ihr Bestes gaben." Oder: „Wenn man Gott einmal gefunden hat, braucht man sich nicht mehr zu fürchten." Oder: „Jesus hat uns von unseren Sünden errettet."

Eine andere Charakteristik von Pseudogemeinschaft ist, dass die Mitglieder einander solche Allgemeinplätze durchgehen lassen.

Einzelne mögen für sich denken: „Ich fand Gott vor zwanzig Jahren und ich fürchte mich immer noch, aber warum soll ich die Gruppe das wissen lassen?" Um das Risiko von Konflikten zu vermeiden, behalten sie ihre Gefühle für sich und nicken sogar in Zustimmung, als ob der Sprecher eine auch auf sie zutreffende Wahrheit geäußert hätte.

Der Druck, abweichende Meinungen zu verbergen, kann sogar sehr gesprächserfahrene Teilnehmer erfassen, obwohl sie genau wissen, wie Verallgemeinerungen wahre Verständigung verhindern. Ein Außerirdischer könnte bei der Beobachtung einer Pseudogemeinschaft meinen, dass, auch wenn menschliche Wesen äußerlich sehr verschieden aussehen, alle innerlich gleich sind. Der Beobachter könnte auch schließen, dass menschliche Wesen langweilig sind.

Nach meiner Erfahrung sind die meisten Gruppen, die sich selbst als Gemeinschaften bezeichnen, in Wirklichkeit Pseudogemeinschaften. Man prüfe, ob der Ausdruck individueller Unterschiede ermutigt oder entmutigt wird – z.B. in der durchschnittlichen Kirchengemeinde. Ist die Art von Angepasstheit, die ich für die erste Phase der Gemeinschaftsbildung beschrieben habe, die Norm oder die Ausnahme in unserer Gesellschaft? Könnte es vielleicht sein, dass viele Menschen nicht einmal wissen, dass es etwas jenseits der Pseudogemeinschaft gibt?

Seit jenem Workshop in Greenwich Village fand ich es nicht nur leicht, Pseudogemeinschaft zu erkennen, sondern auch, sie in die nächste Phase zu begleiten. Oft ist alles, was erforderlich ist, die Plattitüden und Allgemeinplätze anzufechten. Wenn Mary sagt „Scheidung ist eine schreckliche Sache", werde ich wahrscheinlich bemerken: „Mary, du machst eine Verallgemeinerung. Ich hoffe, es macht dir nichts aus, wenn ich dich als ein Beispiel für die Gruppe nehme, aber eines der Dinge, die Menschen lernen müssen, um gut zu kommunizieren, ist, wie man persönlich spricht – wie man Ich-Botschaften gebraucht. Ich möchte wissen, ob du deine Aussage nicht umformulieren könntest in: ‚Meine Scheidung war eine schreckliche Sache für mich?'" „In Ordnung", stimmt Mary zu. „Meine Scheidung war eine schreckliche Sache für mich." „Ich bin froh, wenn du es so sagst, Mary," sagt Theresa vielleicht, „denn meine Scheidung war die beste Sache, die mir in den letzten 20 Jahren passiert ist."

Wenn individuelle Unterschiede erst einmal nicht nur zugelassen, sondern ermutigt werden, an die Oberfläche zu kommen, bewegt sich die Gruppe beinahe augenblicklich in das zweite Stadium der Gemeinschaftsentwicklung: das Chaos.

Chaos

Das Chaos entsteht immer durch gut gemeinte, aber unangebrachte Versuche zu heilen oder den anderen zu ändern. Lassen Sie mich ein typisches Beispiel geben. Nach einer Zeit unbehaglicher Stille sagt jemand: „Nun, ich kam zu diesem Seminar wegen einem bestimmten Problem, und ich dachte, ich könnte hier eine Lösung dafür finden." „Ich hatte einmal dasselbe Problem", antwortet ein Zweiter. „Ich tat das und das, da war das Problem weg." „Das habe ich schon versucht", antwortet der Erste, „aber es half rein gar nichts." „Als ich Jesus als meinen Herrn und Heiland annahm", erklärt ein Dritter „löste es dieses Problem und jedes andere, das ich hatte." „Es tut mir leid," sagt der Erste " aber dieses Jesus-, Herr- und Heiland-Zeug sagt mir nichts. Es ist nicht mein Ding." „Genau," sagt ein Vierter, „mir wird wirklich schlecht davon." „Aber es ist wahr !" erklärt ein Fünfter. Und so kabbeln sie sich weiter.

Im Großen und Ganzen widerstrebt es den Menschen, sich zu wandeln. So versuchen die Heiler und Bekehrer noch mehr zu heilen und zu bekehren, bis schließlich ihre Opfer aufbegehren und ihrerseits versuchen, die Heiler zu heilen und die Bekehrer zu bekehren. Es ist tatsächlich Chaos.

Chaos ist nicht nur ein Zustand, es ist ein wesentlicher Teil des Prozesses der Gemeinschaftsentwicklung. Folglich – anders als die Pseudogemeinschaft – verschwindet es nicht einfach, sobald es der Gruppe bewusst wird. Nach einer gewissen Zeit, wenn ich anmerke „Gemeinschaft scheint uns nicht besonders gut zu gelingen, nicht wahr?" wird jemand antworten: „Nein, und es ist aus diesem Grund." „Nein, aus jenem Grund" wird ein anderer sagen. Und so geht das Spiel wieder weiter.

In der Chaos-Phase treten individuelle Unterschiede – anders als in der Pseudogemeinschaft – ganz offen zutage. Aber jetzt, anstatt zu versuchen, sie zu verstecken oder nicht zu beachten, versucht die Gruppe, Abweichler wieder in die Reihe zu kriegen. Hinter Heilungs– oder Missionierungsversuchen steckt nicht so sehr Liebe, sondern das Motiv, befremdliche Ansichten anderer zu glätten oder andere durch vermeintlich stärkere Argumente zu besiegen.

Der Wunsch zu bekehren beschränkt sich keineswegs auf theologische Fragen. In der Chaos-Phase der Gruppe von Stadträten, die ich zuvor erwähnte, ging es sich um die Frage, welches soziale Projekt die Stadt am nötigsten bräuchte. Eine Dame meinte, dass ihr Programm, die Obdachlosen unterzubringen, der richtige Weg sei. Ein anderer sah den Ausschuss für die Beziehung zwischen Führungskräften und Arbeitern als das Allerwichtigste an. Wieder ein anderer glaubte, dass das Programm gegen den Kindesmissbrauch wesentlicher sei. So warfen sich diese gut motivierten Männer und Frauen ihre Lieblingsprojekte an den Kopf; jeder wünschte, dass sein oder ihr spezielles Projekt sich durchsetze und versuchte, die anderen für den eigenen Plan zu gewinnen.

Das Chaos ist eine Zeit des Kämpfens und Ringens. Aber das ist nicht das Wesentliche an ihr. Oft sind kämpfen und ringen in voll entwickelten Gemeinschaften notwendig. Nur haben ihre Mitglieder gelernt, es konstruktiv zu tun. Das Ringen in der Chaos-Phase ist laut und unkreativ, nicht zielgerichtet. Die Meinungsverschiedenheit, die von Zeit zu Zeit in einer echten Gemeinschaft entsteht, ist dagegen liebe- und respektvoll und gewöhnlich bemerkenswert ruhig, sogar friedlich, da die Mitglieder sich bemühen, einander zuzuhören.

Trotzdem kann gelegentlich auch in einer voll gereiften Gemeinschaft die Auseinandersetzung hitzig werden. Doch sogar dann ist sie lebendig, und man empfindet Begeisterung über die Übereinkunft, die erarbeitet wird. Nicht so beim Chaos. Chaos ist – wie Pseudogemeinschaft – langweilig, da die Teilnehmer andauernd Schläge austauschen mit wenig oder keinem Erfolg. Es hat keinen Charme und keinen Schwung. Das vorherrschende Gefühl, das der Beobachter einer Gruppe in der chaotischen Phase wahrscheinlich hat, ist Verzweiflung. Das Ringen führt nirgendwo hin und bringt nichts zustande. Es macht keinen Spaß.

Da das Chaos unerfreulich ist, ist es bei den Gruppenmitgliedern üblich, in dieser Phase nicht nur einander anzugreifen, sondern auch ihren Leiter. „Wir würden nicht so zanken, wenn wir eine wirksame Leitung hätten", werden sie sagen. „Wir verdienen mehr Führung, als du uns gegeben hast, Scotty." In gewissem Sinne haben sie ganz recht. Ihr Chaos ist das natürliche Ergebnis einer mangelnden Führung. Das Chaos könnte leicht durch einen autoritären Leiter – einen Diktator – umgangen werden, der ihnen bestimmte Aufgaben und Ziele erteilt. Das einzige Problem ist, dass eine Gruppe, die von einem Diktator geleitet wird, keine Gemeinschaft ist und niemals sein kann. Gemeinschaft und Totalitarismus sind unvereinbar.

Diesem Vakuum an Führerschaft während des chaotischen Zustands der Gemeinschaftsbildung versuchen gewöhnlich ein oder mehrere Mitglieder der Gruppe damit zu begegnen, dass sie den eigentlichen Leiter ersetzen wollen. Er oder sie (meist ist es ein Er) wird sagen: „Schaut, das führt uns nicht weiter. Warum gehen wir nicht im Uhrzeigersinn im Kreis herum und jeder sagt etwas von sich selbst?" Oder: „Wir teilen wir uns in kleine Gruppen von sechs oder acht auf, dann können wir etwas erreichen." Oder: „Warum bilden wir keine Untergruppe, um eine Definition von Gemeinschaft zu entwickeln? Dann wissen wir, wohin wir gehen."

Das Problem des Auftauchens solcher Zweitleiter liegt in ihren vorgeschlagenen Lösungen. Was sie vorschlagen, ist praktisch immer eine Flucht in die Planung. Es ist wahr, dass Planung das Chaos auflöst. Der primäre Grund für Planung und Organisation ist, das Chaos auf ein Minimum zu beschränken. Nur leider sind Organisation und Gemeinschaft ebenfalls unvereinbar. Ausschüsse und Vorsitzende machen keine Gemeinschaft. Ich will damit nicht sagen, dass es einem Betrieb, einer Kirche oder irgendeiner anderen Einrichtung unmöglich ist, einen gewissen Grad von Gemeinschaft zu erreichen. Ich bin kein Anarchist. Aber eine Organisation ist nur in dem Grade fähig, ein gewisses Maß an Gemeinschaft zu hegen, in dem sie bereit ist, einen Mangel an Struktur zu riskieren oder zu tolerieren. Solange das Ziel ist, Gemeinschaft zu bilden, ist Organisation als Versuch, das Chaos zu überwinden, unbrauchbar.

Die Dauer der chaotischen Phase der Gemeinschaftsbildung variiert, sie hängt von der Veranlagung des Leiters und der Art der Gruppe ab. Einige Gruppen lassen sie hinter sich, sobald ich den Weg hinaus aufzeige. Doch obwohl Chaos unangenehm ist, quälen sich andere Gruppen stundenlang, um diese Phase zu überwinden. Viele der früheren Sensitivity-Gruppen schmorten während ihrer gesamten Existenz in unproduktivem Chaos.

Die adäquate Auflösung von Chaos ist nicht leicht. Weil es sowohl unproduktiv als auch unerfreulich ist, mag es scheinen, dass die Gruppe von der Pseudogemeinschaft zum Chaos degeneriert sei. Aber Chaos ist nicht notwendigerweise der schlechteste Zustand für eine Gruppe. Vor einigen Jahren hatte ich die Gelegenheit, kurz eine große Kirche zu beraten, die im Chaos war. Einige Jahre zuvor hatte die Kirchengemeinde einen dynamischen neuen Pfarrer zu ihrem Leiter gewählt. Sein Führungsstil erwies sich als autoritärer, als sie erwartet hatten. Als ich sie besuchte, war über ein Drittel der Gemeinde von seinem Auftreten tief befremdet, aber die Mehrheit war entzückt davon. Die Meinungsverschiedenheit wurde sehr offen angesprochen, und die Gemeinde litt schmerzlich an der Spaltung. Doch in ihrer Freimütigkeit, ihrem offenen Leiden und ihrer Ausdauer in diesem Ringen spürte ich eine starke Lebendigkeit.

Ich war nicht imstande, sofort eine Lösung vorzuschlagen. Aber ich war zumindest fähig, ihnen zu sagen, dass ich bei ihnen mehr Lebendigkeit wahrnahm als in den meisten kirchlichen Gemeinden. „Ihr Chaos" erklärte ich ihnen, „ist einer Pseudogemeinschaft vorzuziehen. Sie haben schwere Differenzen, aber Sie sind fähig, die Streitfragen offen anzugehen. Kämpfen ist weit besser als vorzugeben, Sie seien nicht gespalten. Es ist schmerzlich, aber es ist ein Anfang. Sie sind sich darüber im Klaren, dass Sie sich über Ihren Streit hinausbewegen müssen, und das ist viel mehr Grund zur Hoffnung, als wenn Sie denken würden, sie brauchten sich überhaupt nicht zu bewegen."

Leere

„Es gibt nur zwei Wege aus dem Chaos", werde ich einer Gruppe erklären, nachdem sie sich ausreichend gezankt hat, ohne etwas zu erreichen. „Der eine ist Planung, Organisation – aber Organisation ist niemals Gemeinschaft. Der einzige andere Weg ist in und durch die Leere." Meistens wird die Gruppe mich einfach nicht beachten und sich weiter streiten. Dann, nach einem weiteren Weilchen, werde ich sagen: „Ich legte nahe, dass der einzige Weg vom Chaos zur Gemeinschaft der in die Leere und durch sie hindurch sei. Aber offensichtlich seid ihr nicht sonderlich interessiert an meinem Vorschlag." Es wird noch mehr gestritten, bis schließlich ein Teilnehmer ärgerlich fragen wird: „Na, was ist das mit der Leere denn nun?"

Es ist kein Zufall, dass Gruppen im Allgemeinen nicht begierig sind, meine Anregung mit der Leere aufzugreifen. Die Tatsache, dass Leere eine Art mystisches Wort und Konzept ist, ist nicht das Abschreckende. Die Menschen sind klug und oft wissen sie in den dunklen Tiefen ihres Bewusstseins mehr als sie wissen möchten. Sobald ich Leere erwähne, haben sie ein Vorgefühl von dem, was kommen wird. Und sie haben es nicht eilig, es anzunehmen.

Leere ist der schwerste Teil. Es ist auch das kritischste Stadium der Gemeinschaftsbildung. Es ist die Brücke zwischen Chaos und Gemeinschaft. Wenn die Mitglieder einer Gruppe mich schließlich bitten zu erklären, was ich mit Leere meine, sage ich ihnen einfach, dass sie sich von allen Hindernissen der Verständigung befreien müssen. Und ich kann ihr Verhalten während der Chaos-Phase dazu benutzen, ihnen die Unvereinbarkeit ihrer Meinungen aufzuzeigen, felsenfeste Überzeugungen, von denen niemand leicht abrückt. Der Prozess, sich von diesen Hindernissen zu befreien, ist der Übergang vom schroffen zum sanften Individualismus.

Die häufigsten, in Wechselwirkung stehenden Hindernisse auf dem Weg zur Gemeinschaft sind folgende:

Erwartungen und vorgefasste Meinungen: Gemeinschaftsbildung ist ein Abenteuer, ein Sprung ins Unbekannte. Die Menschen haben in der Regel schreckliche Angst vor der Leere, dem Unbekannten. Doch haben sie Erwartungen, wie diese Erfahrung sein wird. Tatsächlich gehen wir Menschen selten in eine Situation ohne vorgefasste Meinungen. Wir haben dann die Tendenz, die Erfahrung an unsere Erwartungen anzupassen. Gelegentlich ist dies nützlich, aber meist (und immer im Hinblick auf Gemeinschaftsbildung) ist es destruktiv. Erst wenn wir uns von Erwartungen leer machen und nicht mehr versuchen, andere und unsere Beziehungen zu ihnen in vorgefertigte Formen zu pressen, können wir unvoreingenommen zuhören und wirkliche Erfahrungen machen. „Leben ist das, was geschieht, während du etwas anderes planst", drückte es jemand weise aus. Aber trotz dieses Wissens fällt es uns schwer, offen und ohne Vorbehalte in neue Situationen zu gehen.

Vorurteile: Bewusste und unbewusste Vorurteile kann man in zwei Kategorien unterteilen. In die erste fallen Meinungen über Leute, die man gar nicht kennt. Man sieht einen Fremden und denkt: „Er ist unmännlich, ich wette, er ist ein richtiger Kriecher." Oder: „Mein Gott, sie sieht aus wie 90 – vermutlich ist sie senil." Noch häufiger fällen wir Urteile über Leute aufgrund sehr kurzer, begrenzter Erfahrungen mit ihnen. Nicht ein Workshop geht vorbei, in dem ich nicht anfangs denke, dass irgendein Teilnehmer ein echter Spießer ist, nur um später zu entdecken, dass diese Person enorme Tiefe hat. Ein Grund, augenblicklicher Gemeinschaft zu misstrauen, ist, dass Gemeinschaftsbildung Zeit braucht – die Zeit, um genügend Erfahrungen zu sammeln, um uns unserer Vorurteile bewusst zu werden und uns dann von ihnen leer zu machen.

Ideologie und Glaubensfragen: Offensichtlich können wir keine authentische Gemeinschaft mit unseren Mitmenschen erfahren, solange wir Dinge denken wie: „Sie hat kein Verständnis für die christliche Lehre." Oder „Sie muss einen weiten Weg gehen, bevor sie so geläutert sein wird wie ich." Oder auch: „Offensichtlich ist er ein konservativer Geschäftshai." „Ich hoffe, es ist jemand hier, mit dem es sich lohnt zu sprechen". Es ist nicht nur ideologische und theologische Strenge, die wir ablegen müssen, es ist jeder Gedanke mit der Einstellung, dies oder jenes sei der einzige und allein richtige Weg. So war es mit der Gruppe von Stadträten im Mittleren Westen, die ich erwähnte; jeder hatte sich von seinem Lieblingsplan leer zu machen, von dem er dachte, dass er „die" Lösung für die Stadt war.

Wenn ich von diesem Prozess des sich Leermachens spreche, will ich damit nicht sagen, dass wir unsere manchmal mühsam erworbenen Ansichten und Erkenntnisse völlig aufgeben sollen. Ein Workshop in Virginia vor einigen Jahren bot ein Beispiel für den Unterschied zwischen sich leer machen und andere abwerten. Die Gruppe war die hingebungsvollste Schar von Missionaren, der ich je begegnet bin. Jeder wollte über Gott sprechen; jeder hatte eine andere Vorstellung von Gott; und jeder war sicher, dass sie oder er genau wusste, wer Gott war. Es brauchte nicht lang, um in ein grandioses Chaos zu kommen. Aber 36 Stunden später, nachdem die Gruppe ihren wunderbaren Übergang vom Chaos zur Gemeinschaft vollzogen hatte, sagte ich ihnen: „Es ist faszinierend. Heute sprecht ihr noch genauso viel über Gott wie gestern. In dieser Beziehung habt ihr euch nicht verändert. Was sich jedoch geändert hat, ist die Art, wie ihr sprecht. Gestern sprach jeder von euch, als ob er Gott in seiner Hosentasche hätte. Heute sprecht ihr alle über Gott mit Bescheidenheit und Humor."

Andere heilen, bekehren, ändern oder ihre Probleme lösen wollen: Während der Chaos-Phase, wenn die Mitglieder einer Gruppe einander zu heilen oder bekehren versuchen, glauben sie, liebevoll zu sein. Und sie sind wahrlich überrascht von dem Chaos, das sich daraus ergibt. Ist es etwa keine liebevolle Handlung, deine Nachbarin von ihrem Leiden zu befreien oder deinem Nachbarn zu helfen, dass er wieder Licht sieht? In Wirklichkeit sind fast alle diese Bekehrungs- und Heilungsversuche nicht nur naiv und unwirksam, sondern recht selbstbezogen und eigennützig. Es schmerzt mich, wenn mein Freund sich quält. Wenn ich etwas tun kann, um ihn von dieser Qual zu befreien, geht es mir besser. Mein Grundmotiv ist dabei, mich selbst gut zu fühlen.

Das zieht weitere Probleme nach sich. Eines ist, dass mein Heilmittel gewöhnlich nicht das meines Freundes ist. Wenn ich jemandem mein Heilmittel anbiete, fühlt sich diese Person dadurch in der Regel noch schlechter. So geschah es, dass all der Rat, den die Freunde von Hiob ihm in seinem Kummer gaben, ihn nur noch elender machte. Meist ist der größte Liebesdienst, den wir einem leidenden Freund erweisen können, dieses Leid zu teilen – einfach da zu sein, sogar wenn wir nichts anzubieten haben außer unserer Gegenwart und sogar, wenn das Dabeisein für uns selbst schmerzlich ist.

Dasselbe gilt für den Versuch des Bekehrens. Wenn deine religiöse oder geistige Überzeugung von der meinen verschieden ist, stellt es meine in Frage. Das ist unbehaglich für mich. Andererseits, wenn ich dich zu meiner Art des Denkens bekehren könnte, würde das nicht nur mein Unbehagen erleichtern, es wäre auch ein weiterer Beweis für die Richtigkeit meines Glaubens und würde mich obendrein zum Erretter machen. Wie viel leichter und angenehmer wäre das, als mich weit zu machen, um dich, wie du bist, zu verstehen!

Wenn sie den Zustand der Leere erreichen, beginnen die Gruppenmitglieder zu realisieren – manchmal plötzlich, manchmal langsam – , dass ihr Wunsch zu heilen, zu bekehren oder in anderer Weise ihre zwischenmenschlichen Unterschiede zu „lösen", ein egozentrischer Wunsch ist. Nämlich der, nach Bequemlichkeit durch Gleichmacherei, durch Einebnung dieser Unterschiede. Und dann dämmert es der Gruppe, dass es einen umgekehrten Weg geben mag, nämlich die Anerkennung und Würdigung von Unterschieden zwischen den Menschen.

Keine Gruppe begriff diese Botschaft jemals schneller als jene unverbildeten Stadträte aus dem Mittleren Westen. Da wir wenig Zeit hatten, um miteinander zu arbeiten, war ich schonungslos offen zu ihnen. „Ich sagte Ihnen zu Beginn", erinnerte ich sie, „dass der Zweck unseres Zusammenseins ist, uns zu einer Gemeinschaft zu formen und nicht, die Probleme Ihrer Stadt zu lösen. Doch hier sprechen Sie nicht über sich selbst, sondern über Ihre Lösungsvorschläge. Sie alle klingen nach sehr guten Ideen, aber es ist eine Tatsache, dass Sie diese einander an den Kopf werfen. Wenn Sie wollen, können Sie das die nächsten 24 Stunden fortsetzen. Aber ehrlich, ich denke nicht, es bringt Sie oder die Stadt irgendwie weiter. Und es wird Sie bestimmt nicht zur Gemeinschaft führen. Wenn Sie aber eine Gemeinschaft werden wollen, müssen Sie sich von Ihren schönen Vorschlägen und Ihrem Bedürfnis, diese triumphieren zu sehen, leer machen. Und es kann sein, es kann vielleicht sein, wenn Sie eine wahre Gemeinschaft sind, dass Sie dann fähig sein werden, gemeinschaftlich Ihrer Stadt zu helfen. Ich weiß es nicht. Aber lassen Sie uns eine extra lange Pause machen – 40 Minuten – und wir werden sehen, ob Sie sich während dieser Zeit von Ihren Lösungen genügend leer machen können, damit wir einander wenigstens als unterschiedliche menschliche Wesen anerkennen können." Wir wurden eine Gemeinschaft innerhalb dieser Stunde.

Das Bedürfnis zu kontrollieren: Dieses Hindernis der Gemeinschaft ist für mich persönlich die größte Hürde. Als der offizielle Leiter eines Workshops erwartet man von mir, darauf zu achten, dass die Gruppe nicht außer Kontrolle gerät, nicht zu Schaden kommt. Überdies, obwohl ich der Gruppe gesagt habe, dass jeder Teilnehmer gleichermaßen für den Erfolg verantwortlich ist, fühle ich das nicht wirklich in meinem Herzen. Wenn der Workshop misslingt, habe ich Angst, derjenige zu sein, der schlecht dasteht. Folglich bin ich andauernd versucht, etwas zu tun – Manipulationen oder Manöver – was das gewünschte Ergebnis sichert. Aber das gewünschte Ergebnis – Gemeinschaft – kann nicht von einem autoritären Leiter erreicht werden. Es muss eine Schöpfung der Gruppe sein. Paradoxerweise muss ich deshalb, um ein wirkungsvoller Begleiter zu sein, die meiste Zeit damit verbringen, mich zurückzulehnen, nichts zu tun, zu warten, geschehen zu lassen. Als Mensch mit einer Neigung zum übermäßigen Kontrollieren fällt mir das nicht besonders leicht.

Das Bedürfnis zu kontrollieren – um das gewünschte Ergebnis zu sichern – ist teilweise in der Furcht vor einem Misslingen begründet. Um mich von meinem übermäßig starken Kontrollbedürfnis zu befreien, muss ich mich fortwährend von dieser Furcht leer machen. Ich muss bereit sein zum Misserfolg. Eine bedeutende Anzahl von Workshops hatte wirklich erst dann Erfolg nachdem ich mir gesagt hatte: „Nun, es sieht so aus, als ob dieser misslingen wird, und ich bin hilflos, irgend etwas dagegen zu tun." Diese zeitliche Folge ist bestimmt kein Zufall.

Das Lernen, das bei der Gemeinschaftsbildung geschieht, wirkt sich oft auf das Alltagsleben aus. Meine Erfahrung, mich von meinem Kontrollbedürfnis zu befreien, hat einige meiner Beziehungen verbessert, einschließlich meiner Beziehung zum Leben selbst. Ich habe gelernt mich hinzugeben und Verantwortung anderen zu überlassen; und finde die Aussage, dass „das Leben nicht ein Problem ist, das gelöst werden muss, sondern ein Mysterium, das gelebt werden will", sehr treffend.

Es gibt eine Menge Dinge, die Einzelne aufgeben müssen, um Teil einer Gemeinschaft zu werden. Ich bitte die Gruppenmitglieder, sich in der Stille zu überlegen – während einer Pause oder über Nacht – wovon sie sich am dringendsten frei machen müssen. Ihre Berichte sind so unterschiedlich wie die Topografie unseres Globus: „Ich habe es nötig, mein Bedürfnis nach der Anerkennung durch meine Eltern aufzugeben", „mein Bedürfnis, geliebt zu werden", „meinen Unmut gegen meinen Sohn", „mein Obsession mit Geld", „meinen Zorn auf Gott", „meine Abneigung gegen Homosexuelle", „meine Pedanterie" und so weiter.

Solches Aufgeben von Haltungen und Gewohnheiten ist ein großes Opfer. Folglich ist die Phase der Leere in der Gemeinschaftsentwicklung eine Zeit des Opferns. Und das schmerzt. „Muss ich alles aufgeben?" stöhnte einmal ein Gruppenmitglied während dieser Phase. „Nein", erwiderte ich, „nur alles, was dir im Weg steht." Solch ein Opfer schmerzt, weil es eine Art Tod ist, die Art von Tod, die notwendig ist für eine Wiedergeburt. Aber sogar wenn wir dies intellektuell verstehen, ist solches Sterben doch eine furchterregende Abenteuerreise in das Unbekannte. Und viele Gruppenmitglieder scheinen in der Phase der Entleerung wie erstarrt zu sein zwischen Furcht und Hoffnung, weil sie über die Leere nicht im Hinblick auf Wiedergeburt, sondern im Hinblick auf Nichtsein oder Vernichtung denken und empfinden.

Das Entsetzen, das damit verbunden sein kann, wurde niemals dramatischer veranschaulicht als bei Martins „Wiedergeburt". Martin war ein etwas verhärteter und bedrückt erscheinender sechzigjähriger Mann, dessen Arbeitswut ihn extrem erfolgreich und berühmt gemacht hatte. Während der Phase der Leere bei einem Workshop, den er und seine Frau besuchten – als sich die Gruppe noch auf einer intellektuellen Ebene mit dem Begriff der Leere zu beschäftigen versuchte – begann Martin plötzlich zu zittern und zu beben. Einen kurzen Moment lang dachte ich, er könnte einen Anfall bekommen. Doch dann, fast wie in Trance, begann er zu stöhnen: „Ich fürchte mich. Ich weiß nicht, was mit mir geschieht. All dies Reden über Leere. Ich weiß nicht, was es bedeutet. Ich fühle, ich sterbe. Ich habe Angst."

Einige bildeten einen Kreis um Martin, hielten ihn, um ihn zu beruhigen, immer noch unsicher, ob er in einer physischen oder seelischen Krise war. „Es ist wie Sterben", fuhr Martin fort zu stöhnen, „Leere. Ich weiß nicht, was Leere ist. Mein ganzes Leben habe ich die Dinge angepackt. Du meinst, ich brauche gar nichts tun? Ich habe Angst." Martins Frau nahm seine Hand. „Nein, du sollst rein gar nichts tun, Martin", sagte sie. „Aber ich habe immer etwas getan", fuhr Martin fort, „ich weiß nicht, wie es ist, gar nichts zu tun. Leere. Ist es das, was Leere ist? Aufgeben, etwas zu tun? Kann ich wirklich gar nichts tun?" „Es ist in Ordnung, nichts zu tun, Martin", antwortete seine Frau. Martin hörte auf zu beben. Wir hielten ihn etwa fünf Minuten. Dann ließ er uns wissen, dass seine

Furcht vor der Leere, seine Angst zu sterben, sich gelegt hatte. Und innerhalb einer Stunde begann sein Gesicht eine sanfte Heiterkeit auszustrahlen.

Er wusste, er war zerbrochen, und hatte überlebt. Er wusste auch, dass er durch sein seelisches Gebrochensein irgendwie der ganzen Gruppe zur Gemeinschaft hingeholfen hatte.

Weil die Phase der Leere so schmerzlich sein kann, werde ich immer wieder zwei Dinge gefragt, oft sehr ängstlich. Das eine ist: „Gibt es keinen anderen Weg in die Gemeinschaft außer durch die Leere?" Meine Antwort ist „Nein." Die andere Frage ist: „Gibt es nicht irgendeinen anderen Weg in die Gemeinschaft außer durch das Mitteilen meiner Zerrissenheit?" Wieder lautet meine Antwort „Nein."

Wenn eine Gruppe sich zur Leere hinbewegt, beginnen einige wenige ihre eigenen Schwächen mitzuteilen – ihr Versagen, ihre Niederlagen, Zweifel, Ängste, Unzulänglichkeiten und Sünden. Sie hören auf, sich so darzustellen, als ob sie ganz ausgeglichen wären, wenn sie über die Dinge nachdenken, von denen sie sich frei machen müssen. Aber die anderen hören diesen Menschen im Allgemeinen nicht sehr aufmerksam zu. Entweder versuchen sie, die Gebrochenen zu heilen oder zu bekehren, oder aber sie ignorieren sie, indem sie schnell das Thema wechseln. Folglich tendieren jene, die sich verwundbar gemacht haben, nun dazu, sich schnell wieder in ihre Schneckenhäuser zurückzuziehen. Es ist schwierig, seine Schwächen offen zu legen, wenn andere einen augenblicklich ändern wollen oder aber sich so benehmen, als ob man nichts gesagt hätte, was des Zuhörens wert sei.

Manchmal kommt die Gruppe von selbst darauf, dass sie Aussagen von Schmerz und Leiden blockiert hat – dass sie, um wahrhaft zuzuhören, sich wahrhaft leer zu machen hat, sogar von ihrer Abneigung gegenüber „schlechten Nachrichten". Wenn sie das nicht tut, greife ich gezwungenermaßen ein und erkläre, dass sie das Mitteilen von Zerrissenheit verhindert. Einige Gruppen werden dann ihre Gefühllosigkeit augenblicklich korrigieren. Aber andere Gruppen werden gegen Ende der Entleerungsphase ihren letzten verzweifelten Kampf gegen Gemeinschaft führen.

Es ist typisch, dass dann jemand sagen wird: „Ich hab doch zu Hause meine eigenen Sorgen. Es ist sinnlos, gutes Geld zu zahlen und ein ganzes Wochenende zu opfern, nur um noch mehr Sorgen zu übernehmen. Ich bin ganz für diese Gemeinschaftssache, aber ich sehe nicht ein, warum wir uns die ganze Zeit so sehr auf negative Dinge konzentrieren müssen. Warum können wir nicht über gute Dinge sprechen, die Dinge, die wir gemeinsam haben, unsere Erfolge statt unsere Misserfolge? Ich hätte gerne, dass dies eine freudige Erfahrung ist. Was ist der Zweck von Gemeinschaft, wenn sie nicht erfreulich sein kann?" Im Grunde ist dieser letzte Widerstand ein Versuch, in die Pseudogemeinschaft zurückzufliehen.

Aber hier geht es nicht mehr um die Leugnung individueller Unterschiede. Die Gruppe ist dafür zu weit fortgeschritten. Statt dessen geht der Kampf um Ganzheit. Er geht darum, ob die Gruppe nicht nur die Sonnenseiten des Lebens annimmt, sondern auch die Schatten einzuschließen. Echte Gemeinschaft ist freudvoll, aber sie ist auch realistisch. Sorge und Freude müssen im rechten Verhältnis zueinander gesehen werden.

Ich habe von der Phase der Leere weitgehend so gesprochen, als ob sie etwas wäre, was nur im Sinn und der Seele der Einzelnen, die eine Gruppe ausmachen, vorginge. Aber Gemeinschaft ist immer etwas mehr als die Summe der anwesenden Individuen. Pseudogemeinschaft, Chaos und Leere sind nicht so sehr Zustände der Einzelnen als der Gruppe. Die Umwandlung einer Gruppe von einer Ansammlung von Individuen in authentische Gemeinschaft erfordert kleine Tode bei vielen dieser Individuen. Aber es ist auch ein Prozess des Sterbens der Gruppe, des Gruppentods.

Während der Phase der Entleerung ist mein innerstes Gefühl oft nicht so sehr der Schmerz, hier und dort Einzelne zu beobachten, die kleine Tode und Wiedergeburten erleben, als der Schmerz, Zeuge des Todeskampfs einer Gruppe zu sein. Die ganze Gruppe scheint sich in ihrer Qual zu winden und zu stöhnen. Einzelne sprechen manchmal für alle: „Es ist, als ob wir sterben würden. Die Gruppe ist im Todeskampf. Kannst du uns nicht helfen? Ich wusste nicht, dass wir sterben müssen, um eine Gemeinschaft zu werden."

Genauso wie der physische Tod für einige Menschen schnell und sanft ist und für andere quälend und lang, so ist es auch beim emotionalen Aufgeben von Gruppen. Ob plötzlich oder schrittweise, allen Gruppen mit denen ich gearbeitet habe, gelang es schließlich, diesen Tod zu vollbringen, zu vollenden. Sie sind alle dorthin gelangt, durch die Leere, durch die Zeit des Opferns, hinein in die Gemeinschaft. Dies ist ein ganz und gar außergewöhnlicher Aspekt unserer Menschlichkeit: Unter bestimmten Umständen sind wir Menschen auf einer immateriellen, doch sehr realen Ebene im Stande, füreinander zu sterben.

Gemeinschaft

Wenn der Tod der Gruppe vollbracht ist, wird sie – offen und leer – eine Gemeinschaft. In dieser abschließenden Phase senkt sich eine sanfte Ruhe auf sie herab. Es herrscht Frieden. Der Raum ist jetzt in Frieden gebadet. Dann, allmählich, beginnt eine Frau über sich zu sprechen. Die Gruppe ist jetzt sehr offen und verletzbar. Die Frau spricht aus dem tiefsten Grund ihrer selbst. Die Gruppe lauscht auf jedes Wort. Keiner hatte sich vorgestellt, dass sie so reden könnte. Wenn sie geendet hat, ist es sehr still. Das dauert eine lange Zeit, doch es scheint kurz. Es besteht kein Unbehagen während dieser Stille.

Langsam, aus der Stille heraus, beginnt ein anderer zu sprechen. Auch er spricht sehr tief, sehr persönlich über sich selbst. Er versucht nicht, die Vorsprecherin zu ändern oder zu bekehren. Er versucht nicht einmal, ihr zu antworten. Nicht sie, sondern er ist das Thema. Doch die anderen Mitglieder der Gruppe empfinden nicht, dass er sie nicht beachtet habe. Sie fühlen, dass es ist, als ob er sich neben sie auf einen Altar niederlege. Die Stille kehrt zurück.

Ein dritter Teilnehmer spricht. Vielleicht um dem vorigen Sprecher zu antworten, aber es wird in dieser Antwort kein Versuch sein, ihn zu ändern oder zu bekehren. Es mag ein Scherz sein, aber er geht nicht auf Kosten von jemandem. Es mag ein kurzes Gedicht sein, das fast wundersam passend ist. Es könnte etwas Sanftes, Freundliches sein und es wird wieder ein Geschenk sein.

Dann spricht der Nächste. Es wird viel Traurigkeit und Kummer ausgesprochen; aber es wird auch viel Lachen und Freude geben. Ebenso wie Tränen im Überfluss. Manchmal werden es Tränen der Trauer, manchmal der Freude sein. Manchmal werden es gleichzeitig Tränen aus beidem sein. Heilung und Verwandlung beginnen sich zu vollziehen, nun, da niemand zu ändern und zu heilen versucht. Die Gemeinschaft ist geboren.

Was geschieht als Nächstes? Die Gruppe ist eine Gemeinschaft geworden. Wohin geht sie von hier aus? Was ist nun ihre Aufgabe? Es gibt nicht nur eine Antwort auf diese Fragen. Für Gruppen, die speziell zu einer kurzzeitigen Erfahrung von Gemeinschaft zusammengekommen sind, mag an erster Stelle stehen, sich einfach an dieser Erfahrung zu freuen – und den Prozess der Heilung nachwirken zu lassen. Sie wird jedoch auch einen passenden Abschluss finden müssen. Irgendwie muss es eine Abrundung geben. Männer und Frauen, die sich auf einer tiefen, wahrhaften Ebene getroffen haben, brauchen Zeit um Lebewohl zu sagen.

Die Ängste davor, in eine schroffe Alltagswelt zurückzukehren, müssen sich ausdrücken können.

Es ist wichtig für Kurzzeitgemeinschaften, sich zum Beenden Zeit zu lassen. Das gelingt oft am besten, wenn die Gemeinschaft für sich eine fröhliche Art der Bestattung zu entwickeln, mit einer Art Liturgie oder Abschlussritual.

Wenn die Gruppe mit dem Ziel einer Problemlösung zusammen gekommen ist – zum Beispiel eine Aktion zu planen, eine Spaltung innerhalb einer Gemeinde zu überwinden, eine Fusion zu bewerkstelligen – , dann sollte sie mit dieser Aufgabe fortfahren. Aber erst nachdem sie genügend Zeit gehabt hat, sich an der authentischen Gemeinschaft zu freuen, um diese Erfahrung zu festigen.

Solche Gruppen sollten immer die Regel im Kopf behalten: erst Gemeinschaftsbildung, dann Problemlösung.

Oder die Gemeinschaft kann vor der schwierigen Entscheidung stehen, ob sie weiterbestehen will oder nicht. Diese Entscheidung sollte nicht zu schnell getroffen werden. In der Freude des Augenblicks können die Mitglieder Verpflichtungen eingehen, die sie später nicht erfüllen können. Die Folgen langfristiger Verpflichtungen sind weitreichend und sollten nicht zu leicht genommen werden. Wenn eine Gemeinschaft – oder Teile von ihr – beschließt, sich zu erhalten, wird sie viele neue Aufgaben haben. Die Weiterführung einer Gemeinschaft erfordert, dass über einen langen Zeitraum vielerlei wichtige Entscheidungen gefällt oder erneuert werden. Die Gemeinschaft wird im weiteren Verlauf oft ins Chaos zurückfallen oder sogar in die Pseudophase. Immer wieder wird es nötig sein, sich erneut im Todeskampf leer zu machen.

Viele Gruppen versagen hier. Z.B. haben sich viele Klöster, die sich selbst als Gemeinschaften bezeichnen, vor langer Zeit gestattet, starre autoritäre Organisationen zu werden. Als solche mögen sie weiterhin nützliche Rollen in der Gesellschaft ausfüllen, aber sie tun es ohne Freude und schaffen es nicht, ein sicherer Ort für ihre Mitglieder zu sein. Sie haben vergessen, dass es oberste Priorität haben sollte, sich als eine authentische Gemeinschaft zu erhalten.

Weil ich so glühend von ihren Vorzügen gesprochen habe, habe ich die Sorge, dass manche daraus schließen könnten, das Leben in Gemeinschaft sei einfacher oder angenehmer als das gewöhnliche Dasein. Das ist es nicht. Aber es ist sicher lebendiger, intensiver. Die Qualen sind tatsächlich größer, aber auch die Freude. Die Erfahrung von Freude in der Gemeinschaft entsteht jedoch selten von selbst. Während der Zeit des Ringens wird die Mehrheit der Mitglieder einer authentischen Gemeinschaft keine Freude erleben. Statt dessen wird die vorherrschende

Stimmung die der Beklemmung, Frustration, Erschöpfung sein. Sogar wenn die vorherrschende Stimmung Freude ist, kann es sein, dass einige Mitglieder – wegen individueller Sorgen oder Konflikte – sich nicht als Teil des Gemeinschaftsgeistes fühlen können.

Doch im Allgemeinen zieht mit dem Gemeinschaftsgeist auch die Freude ein. Es ist wie sich verlieben. Wenn sie Gemeinschaft erreichen, verlieben sich die Menschen in Scharen ineinander, in sehr realem Sinn. Sie möchten sich nicht nur berühren und umarmen, sie möchten sich alle gleichzeitig umarmen. In den höchsten Momenten ist der Energiepegel übernatürlich. Er ist ekstatisch.

Lily schuf während eines Workshops in einem Hotel in Knoxville einen Gemeinschaftsmythos, als sie auf eine Steckdose deutete und sagte: „Es ist, als ob wir mit der gesamten elektrischen Leistung eines großen Kraftwerks verbunden wären."

Große Kraft kann jedoch manchmal eine mögliche Gefahr bergen. Die Gefahr der Kraft wahrer Gemeinschaft ist niemals das Entstehen von Massenpsychose, sondern die aufkommende Gruppensexualität. Es ist nur natürlich, dass, wenn Menschen sich ineinander verlieben, enorme sexuelle Energie frei wird. Es ist gut, wenn Gemeinschaften sich ihrer großen potenziellen Sexualität bewusst sind, damit sie nicht außer Kontrolle gerät. Es mag nötig sein, sie in Bahnen zu lenken, sie sollte jedoch nicht verdrängt werden. Und es ist gut zu wissen, dass das Erleben von anderen Formen der Zuneigung, wie geschwisterliche oder platonische Liebe, sogar tiefer und erfüllender sein kann als gewöhnliche erotische oder romantische Bande.

Die Sexualität der Gemeinschaft ist ein Ausdruck ihrer Freude, und ihre Energie kann auf nützliche und schöpferische Ziele gelenkt werden. Wenn sie so gelenkt wird, kann das Leben in Gemeinschaft an etwas vielleicht sogar Tieferes als Freude rühren. Es gibt Leute, die wiederholt kurze Erlebnisse von Gemeinschaft suchen, als ob solche Episoden eine Art Droge wären. Das soll nicht abgewertet werden. Wir alle brauchen Momente der überschäumenden Freude in unserem Leben. Aber was mich selbst wiederholt in Gemeinschaft zieht, ist mehr. Wenn ich mit einer Gruppe von menschlichen Wesen verbunden bin, mit ihnen durch Qual und Freude der Gemeinschaft zusammenhalte, habe ich eine Ahnung, dass ich an einem Zustand teilhabe, für den es nur ein Wort gibt. Ich zögere beinahe, es zu gebrauchen. Das Wort lautet Herrlichkeit[19].

---

[19] Im engl. Original „glory", Anm. d. Übers.

6 Weitere Dynamiken von Gemeinschaft

Das Schaffen von Gemeinschaft ist immer ein Abenteuer. Wirklich Neues lernen wir auch nur durch Abenteuer. Ins Unbekannte zu gehen ist immer beängstigend. Auch als erfahrener Begleiter bin ich jedes Mal wieder ängstlich, genau wie die Teilnehmer an einem gemeinschaftsbildenden Workshop. Es gibt keine Möglichkeit, den gemeinschaftsbildenden Prozess auf einige Formeln zu reduzieren, die dem Begleiter oder den Teilnehmern die Angst vor der Ungewissheit nehmen könnten. Jedes gemeinschaftsbildende Experiment ist einzigartig, ebenso wie jedes Mitglied einer Gruppe einzigartig ist. Aber es gibt bestimmte Verhaltensmuster in einer Gruppe, die den Prozess beeinflussen oder verhindern. Ein erfahrener Begleiter ist sich über diese Muster im Klaren, und die Gruppe muss – bewusst oder unbewusst – zur gleichen Klarheit kommen, um Gemeinschaft zu erreichen.

Muster von Gruppenverhalten

Während des Zweiten Weltkriegs entwickelte der britische Psychiater Wilfred Bion aus der Gruppentherapie mit Armeeangehörigen ein erstaunlich umfassendes Verständnis von Gruppenverhalten. Seine Arbeit führte zur Gründung des Tavistock-Instituts in Großbritannien, wo viele Gruppenbegleiter ausgebildet wurden. Aus diesem Grund wird die Bionsche Theorie der Gruppenbegleitung häufig als Tavistock-Modell bezeichnet.[20] Bion fand heraus, dass jede Gruppe – sei es eine Therapiegruppe, eine „Sensitivity"-Gruppe, eine Organisationsgruppe oder jede Art von Komitee – eine Aufgabe hat.

Die Aufgabe kann bewusst sein, festgelegt und deutlich, wenn z.B. eine Ingenieurgruppe sich trifft, um ein neues Telefonsystem zu entwickeln. Oder sie kann weniger bewusst und deutlich sein. Zum Beispiel kann es sein, dass alle Mitglieder einer Therapiegruppe sich sehr bewusst sind über ihren eigenen Wunsch nach Heilung, aber es ist ihnen vielleicht nicht bewusst, dass sie als Gruppe eine Atmosphäre der Sicherheit und Akzeptanz schaffen müssen, um Heilung zu ermöglichen.

Bion stellte fest, dass früher oder später (normalerweise eher früher) alle

---

[20] Siehe Margaret J. Rioch, "The Work of Wilfred Bion on Groups", *Psychiatry* (Washington D.C.), Vol. 33, No. 1 (Feb. 1970), S. 56–66

Gruppen versuchen, ihre Aufgaben zu vermeiden, und er wies darauf hin, dass es verschiedene Wege gibt, wie Gruppen das tun. Er unterschied hierbei vier Strategien: Flucht, Kampf, Paarbildung und Abhängigkeit. Bion bemerkte außerdem, dass, wenn sich eine Gruppe ihrer individuellen „Aufgaben-Vermeidungs-Mechanismen" bewusst wird, es wahrscheinlich ist, dass sie zu anderen Arten der Vermeidung wechselt. Immer wenn es eine Gruppe schafft, frei von solchen Mechanismen zu sein, wird sie zu einer, wie Bion es nennt, arbeitsfähigen Gruppe. Eine Gemeinschaft könnte man auch eine arbeitsfähige Gruppe nennen.

Tavistock- Begleiter schafften es oft, ihre Klienten zu arbeitsfähigen Gruppen zu formen. Der Begriff arbeitsfähige Gruppe weist auf Effizienz und Effektivität hin, aber er beinhaltet nicht Liebe und verbindlichen Einsatz, nicht das Opfer, nicht die höhere Ebene, die es braucht, um Gemeinschaft zu schaffen. Hätten die Tavistock-Begleiter von der Notwendigkeit dieser Werte gesprochen, wären sie, glaube ich, erfolgreicher darin gewesen, ihre Klienten zu arbeitsfähigen Gruppen, d.h. zu Gemeinschaften zu formen.

Obwohl ich Schwächen in diesem System sehe, ist das Tavistock-Modell wichtig für das Verstehen von Gemeinschaftsbildung. Bions wichtigster Beitrag war die Erkenntnis, dass eine Gruppe nicht nur eine Ansammlung von Individuen ist, sondern ein Organismus mit einem Eigenleben. Die von ihm beschriebenen Aufgaben- Vermeidungs-Mechanismen sind Realitäten, die das Verhalten von Menschen beeinflussen, sowohl bei der Gemeinschaftsbildung als auch bei deren Erhaltung. Es ist im Grunde genommen unmöglich für eine Gruppe, eine echte Gemeinschaft zu werden oder zu bleiben, ohne diese Realitäten verstanden zu haben und damit fertig zu werden.

Flucht: Gruppen zeigen eine starke Tendenz, vor umstrittenen Themen und Problemen zu fliehen. Statt sich mit diesen Meinungsverschiedenheiten und Problemen zu konfrontieren, verhalten sich Gruppen so, als nähmen sie an, es sei ihr Zweck diese zu vermeiden. In gewissem Sinne sind alle Aufgaben-Vermeidungs-Mechanismen eine Form der Flucht, und dieses Verhalten von Gruppen ist ebenso neurotisch wie es das bei Individuen ist.

Ein Beispiel dafür, wie neurotisch und destruktiv die Flucht von Gruppen sein kann, zeigte die Situation, als die Mac-Badgely-Gruppe versuchte, mich zum Sündenbock zu machen. Ich hatte geäußert, dass ich mich niedergeschlagen fühlte. Es stellte sich schließlich heraus, dass die ganze Gruppe auch deprimiert war. Aber sie wollte sich nicht mit dem Schmerz ihrer Niedergeschlagenheit beschäftigen. Um vor ihrer eigenen Traurigkeit zu fliehen, war die Gruppe dazu bereit, mich als krank abzustempeln und zu ächten. Außenseiter zu finden ist ein Ausdruck des Aufgaben-Vermeidungs-Mechanismus Flucht.

Die gebräuchlichste Form der Gruppenflucht findet in der Pseudogemeinschaft statt. Die Grundannahme von Pseudogemeinschaft ist, dass das Problem von individuellen Unterschieden umgangen werden soll. Die langweilige Höflichkeit der Pseudogemeinschaft ist ein Vorwand, um vor allem, was gesunde oder ungesunde Konflikte hervorrufen könnte, zu fliehen.

Eine andere häufige Ausprägung von Flucht kommt während der Chaos-Phase vor, wenn die Gruppe versucht, die Leere-Phase zu umgehen und sich in Organisation flüchtet. Das zeigt sich, wenn der Vorschlag kommt, sich in Untergruppen aufzuteilen. Dieser Vorschlag ist besonders verführerisch wegen des vorherrschenden falschen Dogmas, dass 15 Personen die ideale maximale Gruppengröße sind. Nach meiner Erfahrung ist dies ausnahmslos ein Versuch, vor der Gruppe als Ganzes zu fliehen, sowie vor der Aufgabe, eine authentische Gemeinschaft zu bilden.

Eine andere Art von Flucht in Gemeinschaftsbildungsgruppen ist es, emotionalen Schmerz zu ignorieren. Das kommt wiederholt vor. Inmitten der Nettigkeiten von Pseudogemeinschaft, dem Zank der Chaos-Phase, dem tödlichen Schmerz der Leere, drückt eine Teilnehmerin – lass sie uns Mary nennen – etwas sehr Persönliches und Schmerzhaftes aus. Tränen werden in ihrem Gesicht sein. „Ich weiß, ich sollte nicht weinen," sagt sie, „aber was gerade gesagt wurde erinnert mich an meinen Vater. Er war Alkoholiker. Als ich Kind war, hatte ich das Gefühl, dass er der Einzige ist, der sich wirklich um mich kümmert. Er hat gerne mit mir gespielt. Er ließ mich immer auf seinem Schoß sitzen. Er starb an Leberzirrhose, als ich 31 war. Er hat sich zu Tode getrunken. Ich war wütend auf ihn, weil er sich selbst getötet hat. Ich fühlte mich von ihm verlassen. Wenn er mich wirklich geliebt hätte, so fühlte ich, hätte er mit dem Trinken aufgehört. Ich habe mich jetzt mit seinem Tod abgefunden. Ich weiß nicht, was sein Schmerz war – vielleicht, dass er mit meiner Mutter leben musste – aber ich denke, wahrscheinlich musste er den Weg gehen, den er ging. Aber ich habe es noch nicht geschafft, mich mit mir selbst auszusöhnen."

Jetzt weint Mary ganz offen. „Bevor er starb, habe ich ihm niemals gesagt, wie sehr ich ihn liebte. Ich war so wütend auf ihn. Es ist mir nie gelungen, ihm zu danken. Und jetzt ist es zu spät. Für immer zu spät."

Genau fünf Sekunden vergehen, bis Larry irritiert sagt: „Ich verstehe immer noch nicht, wie wir eine Gemeinschaft werden können, wenn wir noch nicht mal eine Definition davon haben." „Wir haben eine Gemeinschaft in unserer Kirche", zwitschert Marylin fröhlich. „An die zwanzig Leute kommen am letzten Donnerstag des Monats zu einem gemeinsamen Essen zusammen. Jeder bringt etwas mit." „Wir machten das früher auch", ergänzt Virginia, „jeden Monat machten wir Gerichte aus einem anderen Land. Mal mexikanisch, mal chinesisch, einmal sogar russisch. Der Borschtsch hat es mir allerdings nicht angetan."

Mit etwas Glück wird ein Mitglied erkennen, was gerade passiert. „He", wird Mark vielleicht sagen. „Mary weint und wir tun so, als wenn nichts passiert wäre. Sie hat gerade ihr Herz ausgeschüttet und ihr sprecht über festliche Essen. Ich frage mich, wie sie sich fühlt." Wenn das so nicht passiert, wird vielleicht der Begleiter eingreifen. „Die Gruppe hat scheinbar noch nicht gelernt den Schmerz ihrer Mitglieder anzuhören", würde ich vielleicht sagen. „Sie hat sich entschieden Mary zu ignorieren, anstatt ihren Schmerz zu teilen. Es wird intellektuelle Definitionen von Gemeinschaft gesprochen, und dabei die Gelegenheit verpasst, jetzt mit ihr in Gemeinschaft zu sein."

Oftmals muss diese Art von Intervention wiederholt werden. „Ihr fragt immer wieder, was Leere ist", werde ich vielleicht sagen. „Es bedeutet u.a. lange genug den Mund zu halten – lange genug leer zu sein – um zu verdauen, was jemand gesagt hat. Immer wenn jemand etwas Schmerzhaftes sagt, rennt die Gruppe davon und flüchtet sich ins Lautsein."

Der Aufgaben-Vermeidungs-Mechanismus Flucht kann auch auftreten, nachdem echte Gemeinschaft erreicht wurde. Das vielleicht dramatischste Beispiel hierfür erlebte ich 1972 in der Sensitivity-Gruppe der National Training Laboratories, wo ich erstmals öffentlich weinte. Unter der bemerkenswerten Anleitung von Lindy wurden 16 Teilnehmer schnell zu einer Gemeinschaft. Die nächsten zehn Tage erlebten wir Liebe und Freude und Lernen und gemeinsame Heilung. Aber der letzte Tag war langweilig. Wir saßen auf unseren Kissen und sprachen über „nichts".

Eine halbe Stunde vor dem Ende kommentierte einer von uns fast beiläufig: „Es fühlt sich merkwürdig an, dass dies unser letztes Gruppentreffen ist." Aber da war es schon zu spät. Wir hatten nicht mehr die Zeit uns damit zu beschäftigen, wieder zu einer Gemeinschaft zu werden oder über das bevorstehende Ende unserer Gemeinschaft zu trauern. Jetzt in der Rückschau erscheint mir das ein bemerkenswertes Phänomen gewesen zu sein. Innerhalb von zwei Wochen machten 16 menschliche Wesen nicht nur eine sehr lebhafte, lebensverändernde Erfahrung miteinander, sondern liebten sich und kümmerten sich umeinander.

Aber an diesem letzten Tag taten wir so, als wenn nichts davon passiert wäre. Wir blendeten das Thema „Tod unserer Gruppe" völlig aus.

Wir flüchteten vor unserer Sterblichkeit. Unser großer Erfolg als Gruppe trug dazu bei, dass wir so taten, als wäre es nicht unser Ende. Unbewusst versuchten wir vor unserer Auflösung zu flüchten. An diesem letzten Tag nahmen wir an, es wäre unsere gemeinsame Aufgabe, dieses Thema zu vermeiden. Bis heute weiß ich nicht, ob Lindy uns erlaubte zu flüchten, weil er selbst traurig über das bevorstehende Ende war, oder ob er uns ganz bewusst nochmals eine letzte Erfahrung mit der Aufgaben-Vermeidung machen ließ. Auf jeden Fall machten wir alle freiwillig mit.

Kampf: Dies ist der Aufgaben-Vermeidungs-Mechanismus, der in der zweiten Phase des Gemeinschaftsbildungsprozesses dominiert. Ich habe diese Phase Chaos genannt. Sobald eine Gruppe die Pseudo-Phase hinter sich gebracht hat, fängt sie an, sich wie ein Konglomerat von Amateur-Psychotherapeuten und Predigern zu benehmen, die versuchen sich gegenseitig zu heilen oder zu missionieren. Aber natürlich funktioniert das nicht. Und je weniger es funktioniert, desto stärker versuchen es die Gruppenmitglieder.

Der Versuch einander zu heilen und zu bekehren wird sofort zu einem Prozess des Kampfes. Die Gruppe wendet den Aufgaben- Vermeidungs-Mechanismus „Kampf" an. Sie nimmt an, dass es dazu gehört, sich auf diese Art und Weise zu zanken. Die Teilnehmer merken oft gar nicht, dass sie kämpfen, sie denken: „Ich will doch nur helfen." Aber der Gruppenprozess wird sehr wütend und chaotisch.

Jetzt ist es Sache des Begleiters, den Aufgaben- Vermeidungs-Mechanismus Kampf nicht nur offen zu legen, sondern auch einen Ausweg aufzuzeigen. „Wir nehmen an, dass wir gerade Gemeinschaft erzeugen", sage ich vielleicht, „aber anscheinend kämpfen wir momentan nur. Ich frage mich warum?" Diese Intervention sollte nicht zu früh gemacht werden. Sonst wird die Gruppe wahrscheinlich zur Pseudogemeinschaft zurückkehren, indem sie das Kämpfen vermeidet, ohne sich zu fragen, warum sie überhaupt anfing zu kämpfen. Wenn die Gruppe schon länger in der Chaos-Phase ist, ist es wahrscheinlicher, dass sie sich selbst fragt: „Was machen wir falsch?" Ist diese Frage einmal ernsthaft im Raum, können Gruppen ab und zu die Antwort selbst herausfinden. Öfter brauchen sie etwas – aber nur etwas – Hilfe.

Wenn sich die Gruppe an ihrer Selbstanalyse abarbeitet, so würde ich vielleicht sagen: „Als ich dem Zanken zuhörte, schien es mir, als wenn ihr euch alle versucht zu heilen oder zu bekehren. Es würde vielleicht helfen, wenn ihr zu erkennen versucht, warum ihr so handelt." Auf diese Art und Weise kann eine ganze Gruppe in ein oder zwei Stunden das lernen, wofür professionelle Psychotherapeuten Jahre brauchen: Nämlich, dass wir nicht in der Lage sind, andere zu heilen oder zu bekehren.

Was wir tun können, ist unsere eigenen Motive auf der tiefstmöglichen Ebene zu erforschen. Je mehr wir das tun, desto mehr verlieren wir das Verlangen, Menschen in Ordnung zu bringen. Und desto mehr sind wir in der Lage und gewillt, Menschen zu erlauben sie selbst zu sein und dadurch eine Atmosphäre von Respekt und Sicherheit zu schaffen. In solch einer Atmosphäre, die die Essenz von Gemeinschaft ist, wird Heilung und Veränderung anstrengungslos stattfinden, ohne dass jemand Druck ausüben muss.

Auch Gruppen, die Gemeinschaft erreicht haben, streiten sich. Es gibt Phasen, wo sie sich tatsächlich miteinander abmühen müssen, um zu einer Lösung von wichtigen Fragen zu kommen. Aus diesem Grund habe ich dieser Phase, wenn eine Gruppe im Schlamassel versinkt und den Aufgaben-Vermeidungs-Mechanismus Kampf anwendet, den Namen Chaos gegeben. Das beinhaltet einen fruchtlosen Konflikt, der nirgendwohin führt, eine äußerst unkreative Art des Streitens. Es handelt sich um Versuche zu missionieren oder zu heilen, anstatt individuelle Unterschiede anzuerkennen.

Im Gegensatz dazu beinhalten die Kämpfe einer authentischen Gemeinschaft den kreativen Entleerungsprozess, der das Erreichen eines echten Konsenses ermöglicht.

Paarbildung: Es gibt die Tendenz, die zentrale Aufgabe der Gemeinschaftsbildung aus den Augen zu verlieren. Paarbildung ist eine übliche Fallgrube in dieser Hinsicht. Bewusste oder unbewusste Allianzen zwischen zwei oder mehreren Mitgliedern beeinträchtigen das Reiferwerden einer Gruppe. Fast immer kommen ein oder mehrere verheiratete oder unverheiratete Paare oder Freunde gemeinsam in die Gemeinschaftsbildungsgruppen. Oft – besonders in der Chaos-Phase – werden einige dieser Paare anfangen miteinander zu flüstern. Wenn die Gruppe dieses Verhalten ignoriert, sage ich: „Ich frage mich, ob die Gruppe nicht neugierig darauf ist, was Jane und Betty sich zuflüstern? Fühlt sich die Gruppe ausgeschlossen – benehmen sich Jane und Betty, als würde der Rest der Gruppe nicht existieren?"

Nicht selten beginnen zwei Mitglieder einer Gemeinschaftsbildungsgruppe eine Romanze miteinander. Tatsächlich kommen einige deswegen zu den Workshops. Das muss man nicht grundsätzlich missbilligen. Aber es müssen Grenzen gesetzt werden, wenn dadurch die Gruppe beeinträchtigt wird. "John und Mary", würde ich vielleicht sagen, „wir freuen uns, dass ihr so eine Zuneigung zueinander entwickelt habt. Aber vielleicht erscheint es den anderen, als seid ihr so damit beschäftigt euch schöne Augen zu machen, dass ihr ihnen nicht mehr viel Aufmerksamkeit schenkt. Ihr könnt ja in den Pausen miteinander sein, aber vielleicht würde die Gruppe euch darum bitten zu überlegen, ob ihr während der Sessions getrennt voneinander sitzen könnt."

Das Problem der Paarbildung kann besonders stark in den Workshops auftreten, die darauf ausgerichtet sind, in inhomogenen Gruppen Gemeinschaft zu bilden. Zum Beispiel wurden meine Kollegen und ich mehrmals angefragt, Studenten und Professorenschaft oder Lehrkörper und Verwaltung oder Verwaltung und Eltern zusammenzubringen. Gewöhnlich sitzen die beiden Lager jeweils als Block zusammen. Meistens ist es nicht nötig, eine Auflösung der Blöcke anzuordnen. Aber es ist wichtig darauf hinzuweisen, wann und wie sie sich einander ausschließen. Es ist eine wahre Freude, wenn sich in einer Gemeinschaft solche Fronten auflösen und Studenten unter den Professoren sitzen und Verwaltungsmitarbeiter unter den Studenten und die Alten unter den Jungen. Paarbildung wirkt in Langzeitgemeinschaften in gleichem Maße destruktiv.

Religiöse Gemeinschaften wie Orden und Klöster haben eine unglaubliche Langlebigkeit im Vergleich zu nicht-religiösen Gemeinschaften. Der Hauptgrund dafür ist, dass Mönche und Nonnen sich zusammenfinden für ein höheres Ziel als die bloße Freude am Zusammensein. Trotzdem vergessen sie dieses höhere Ziel des öfteren. Zwei Novizinnen, Schwester Susan und Schwester Clarissa z.B., seien dabei, eine enge Freundschaft zu schließen. Sie verbringen soviel ihrer Freizeit wie möglich miteinander und finden ihre Gesellschaft angenehmer als das Zusammensein mit den anderen Nonnen. Aber dann beginnen die Dinge fast unbemerkt schief zu laufen. Die anderen Nonnen werden ihnen gegenüber reizbar. Die beiden fühlen sich von wichtigen Entscheidungen ausgeschlossen.

Schließlich, in ihrer Not, beschwert sich Schwester Susan bei der Äbtissin, dass sie und Clarissa von der Gemeinschaft ausgeschlossen werden. „Vielleicht ist es genau andersherum", könnte die Antwort lauten. „Du und Clarissa habt eine so intensive Freundschaft entwickelt, dass ihr den Eindruck vermittelt, euch nur um euch selbst zu kümmern. Vielleicht schließt ihr eure Schwestern dadurch aus, dass ihr eurer Beziehung soviel Raum gebt. Ihr schließt sie von eurer Aufmerksamkeit und eurer Energie aus. Das ist zumindest, was sie mir berichtet haben. So wunderbar Freundschaft sein kann, in früheren Zeiten haben wir Bewerbern für unseren Orden gesagt, dass exzessive Freundschaften verboten sind. Nun bevorzugen wir es in der Regel, dass ihr die Gefahren selbst herausfindet. Es ist nicht einfach, Susan, aber ich würde dir und Clarissa empfehlen, euch zu fragen, ob ihr durch eure Freundschaft den Rest der Gemeinschaft und auch das höchste Ziel eures Hierseins aus den Augen verloren habt."

Abhängigkeit: Von allen Aufgaben-Vermeidungs-Mechanismen ist Abhängigkeit die verheerendste für Gemeinschaftsbildung. Für Gemeinschaftsbegleiter ist sie die am schwierigsten – oftmals qualvoll schwierig – zu bekämpfende Strategie. Meine Kollegen und ich müssen uns mit dem Kampf dagegen vom Beginn der Gemeinschaftsbildung an beschäftigen. Vorab informieren wir die Teilnehmer darüber, dass die Erfahrung mehr praktisch als didaktisch sein wird. Am Anfang eines Workshops erinnern wir daran. „Eine Gemeinschaft kann nicht existieren, wenn die Mitglieder abhängig von einem Begleiter sind, der ihnen Vorträge hält oder ihre Last trägt", sagen wir. „Alle haben dieselbe Verantwortung für den Erfolg unserer gemeinsamen Arbeit."

Es fällt zu Anfang keiner Gruppe leicht, fast ohne Führung zu sein. Auch wenn es ihr nicht hilft, reifer zu werden – im Gegenteil, es beeinträchtigt ihre Entwicklung – macht sich eine Gruppe im Allgemeinen lieber von einem Anführer abhängig, der sagt, was zu tun ist, anstatt selbst zu entscheiden. Allen Anweisungen zum Trotz, gleiten Gruppen schnell in den Aufgaben-Vermeidungs-Mechanismus Abhängigkeit. Und bis die Gruppe aus diesem Stadium herauswächst – bis sie zu einer Gemeinschaft wird, zu einer Gruppe von Anführern – werden ihre Mitglieder garantiert ihre nicht-autoritären Anführer missverstehen und ärgerlich auf sie sein.

Tatsächlich kann ihr Wunsch nach einer autoritären Figur oder Vaterfigur so stark sein, dass sie den Anführer, der es verweigert ihren Forderungen nachzukommen, im übertragenen Sinne kreuzigen. Das ist für den Begleiter schwer hinzunehmen, auch wenn es „nur" im übertragenen Sinne stattfindet. Trotzdem ist es meistens notwendig, dass genau das passiert. Kreuzigung ist nicht einfach eine Konsequenz, die vor 2000 Jahren einem ungewöhnlich großen Anführer zustieß. Es wohnt ihr eine seltsame Art von Gesetz inne. Im Training für Gemeinschaftsbildungsbegleiter sage ich immer wieder: „Ihr müsst willens und fähig sein, für die Gruppe zu sterben". Aber es gibt keine Worte, die auf die qualvolle Erfahrung der Herabsetzung durch eine Gruppe vorbereiten könnten, wenn ein

Anführer sich weigert, den Übervater zu mimen.

Dieses Thema stellt unsere Definitionen von Kraft und Schwäche von Führerschaft in Frage. Um Menschen in Gemeinschaft zu führen, muss ein Begleiter sie ermutigen sich unabhängig zu machen. Und manchmal ist der einzige Weg hierzu, das Führen zu verweigern. Die Anschuldigung kommt immer, manchmal in milderer Form und manchmal fast mörderisch.

Bei einer solchen Gelegenheit fiel mir die Rabbiner-Geschichte eines Kollegen ein. Wir haben sie unserer Sammlung an Hilfsmitteln hinzugefügt, die wir während dieser schrecklichen Phasen benutzen, wenn Gruppen, die ihre Leere verweigern, ins Chaos stolpern und dem Begleiter für diesen Zustand die Schuld zuschieben.

„Ein Rabbi hatte sich im Wald verirrt", erzählte mein Kollege in einem Workshop. „Drei Monate lang suchte er, ohne seinen Weg aus dem Wald herauszufinden. Endlich stieß er eines Tages auf eine Gruppe von seiner Synagoge, die sich auch im Wald verirrt hatte. Überfroh riefen sie ihm zu: ‚Rabbi, wie wunderbar, dass wir dich gefunden haben. Jetzt kannst du uns aus dem Wald herausführen'. ‚Es tut mir leid, ich kann das nicht', antwortete der Rabbi, ‚denn ich habe mich genauso verirrt wie ihr. Weil ich aber mehr Erfahrung habe im Verirrtsein, kann ich euch 1000 Wege sagen, wie ihr nicht aus dem Wald herauskommen könnt. Mit dieser schwachen Hilfe finden wir vielleicht, wenn wir zusammenarbeiten, unseren Weg gemeinsam'".

Die Moral der Geschichte ist offensichtlich. Es ist jedoch erstaunlich, wie wenig sie hilft. In der Hälfte der Fälle wird die Gruppe sie auf die Liste der Anschuldigungen setzen und ihrem Begleiter sagen: „Außerdem erzählst du auch noch blöde Geschichten." Dennoch sind für den Begleiter nicht die Nägel, die ihm die anderen einschlagen der härteste Teil, sondern die Selbstkreuzigung. Das heißt, der Versuchung zu widerstehen, der Anführer zu werden, den die Gruppe gerne hätte. Es ist viel einfacher für uns Begleiter zu lehren und zu predigen als nicht zu reden. Fortwährend müssen wir uns von unserem Kontrollbedürfnis lösen. Meist wurde eine Gruppe erst dann zu einer Gemeinschaft, als ich aufgab und dachte, dass es diesmal ein Fehlschlag werden würde. Ich glaube nicht, dass diese Koinzidenz ein Zufall war.

Gemeinschaftsbildung fordert von mir als Begleiter die aufrichtige Bereitschaft, in einen Zustand der Hilflosigkeit einzutreten. Sie verlangt, dass ich mich leer mache von meinem Bedürfnis zu reden, meinem Bedürfnis die ganze Zeit zu helfen, meinem Bedürfnis ein Guru zu sein, von meinem Wunsch ein Held zu sein, meinen schnellen und einfachen Antworten, meinen ach so geliebten Denkmustern. Nur dann kann eine Gruppe den Weg in die Leere beschreiten, wenn ihr Begleiter in der Lage ist, Leere zu praktizieren.

Diese Gesetzmäßigkeit hat ein bekannter protestantischer Geistlicher gut ausgedrückt, den ich mit ausgebildet hatte. Nachdem er sein erstes gemeinschaftsbildendes Seminar geleitet hatte, schrieb er: „Ich erinnerte mich daran, wie du uns erzählt hast, dass diese Workshops oft nur gelingen, nachdem du dir dein Scheitern eingestanden hast. Aber es half bei mir nicht. Samstagnacht rief ich meine Frau an und sagte ihr, dass ich ungeeignet für diese Aufgabe sei. Ich stellte sogar mein Auto um, sodass ich als Erster den Parkplatz verlassen könnte. Aber ich blieb doch.

Während dieser Nacht dachte ich ständig, es müsste doch einen Trick geben, den ich anwenden könnte. Kurz nach dem Morgengrauen wurde mir schließlich klar, dass ich nichts übers Christentum wusste. Ich wusste nichts über Hingabe. Ich wusste nichts davon, wie ich mein Ego sterben lasse. In diesem Moment starb ich. Nach dem Frühstück wurden wir eine Gemeinschaft."

Es ist eine alte Regel, je mehr du in etwas hineingibst, desto mehr bekommst du heraus. Dementsprechend wird der Begleiter einer Gemeinschaftsbildungsgruppe mehr davon profitieren als andere Teilnehmer. Seine Opfer mögen größer sein, aber ebenso sein Gewinn. Mein Freund beendete diesen Brief folgendermaßen: „Menschen sagen mir, dass ich seit meiner Rückkehr milder und weicher geworden bin. Ich fühle mich komischerweise gut damit. Ich bin vielleicht verrückt, aber ja, ich möchte weiterhin Gruppen begleiten."

Eingriffe in Gruppenverhalten

Da eine Gruppe ja mehr ist als die Summe ihrer Teile – sie ist ein eigenständiger, lebender Organismus – sollten Begleiter ihren Fokus auf die Gruppe als Ganzes richten. Gewöhnlich brauchen sie sich nicht mit den Problemen oder Persönlichkeiten von einzelnen Mitgliedern zu beschäftigen. In der Tat ist es wahrscheinlich, dass dieser Fokus die Gemeinschaftsentwicklung stört. Die generelle Regel ist deswegen, dass Begleiter ihre Eingriffe auf Interpretationen des Gruppenverhaltens beschränken und nicht auf individuelles Verhalten eingehen. Und das Ziel dieser Interventionen ist nicht der Gruppe zu sagen, was sie tun soll und was sie nicht tun soll, sondern das Bewusstsein über ihr Verhalten zu wecken.

Typische Beispiele für solche Gruppeninterventionen sind, wenn der Begleiter sagt: „Die Gruppe scheint so zu tun, als ob alle den gleichen religiösen Glauben hätten." oder „Das ganze Chaos scheint sich um Versuche zu drehen einander zu verändern." oder „Es scheint mir, als wenn die jüngeren und die älteren Mitglieder sich selbst in verschiedene Fraktionen aufspalten." oder „Die Gruppe scheint immer dann das Thema zu wechseln, wenn jemand etwas Schmerzhaftes sagt, als ob wir nicht hören wollen, wenn jemand leidet." oder „Ich frage mich, ob die Gruppe sich nicht zunächst leer machen muss bezüglich ihres Ärgers wegen meiner schwachen Führung, bevor wir eine Gemeinschaft werden können."

Ein Effekt dieser Art von Begleitung ist, dass man den anderen Mitgliedern beibringt, für die Gruppe als Ganzes zu denken. Am Anfang haben nur Wenige überhaupt ein Gruppenbewusstsein, aber wenn Gemeinschaft erreicht ist, haben die Teilnehmer gelernt, sich als ein Körper zu fühlen. Dann werden sie anfangen wirkungsvolle Gruppeninterventionen zu machen. Dementsprechend könnte ein Geschäftsmann, der nur um seiner Frau einen Gefallen zu tun zum Workshop kam, sagen: „Ich habe das Gefühl, dass die Gruppe wieder im Schlamm versinkt. Ich frage mich, ob es nicht etwas gibt, was wir in uns selbst anzuschauen haben." Wenn Derartiges auftaucht, kann der ernannte Begleiter mehr und mehr die angenehme Rolle eines „ganz normalen Mitglieds" annehmen.

Um sich an eine andere generelle Regel der Begleitung zur Gemeinschaftsbildung zu halten, sollte der Begleiter nur die Interventionen machen, zu der die anderen Mitglieder noch nicht in der Lage sind. Sonst kann die Gruppe nicht zu einer Gemeinschaft – einer Gruppe von Führern – werden. Eine voll entwickelte Gemeinschaft ist gut in der Lage ihre eigenen Probleme zu lösen. Das erfordert, dass ein ernannter Begleiter sehr lange warten muss – warten darauf, ob eine Gruppe ein Problem aufgreift, welches für ihn (oder sie) schon sichtbar ist. Dieses notwendige Warten (was oft als schwache Leitung erscheint) ist nur möglich, wenn Begleiter sich von ihrem Bedürfnis zu kontrollieren leer machen. Eine ihrer qualvollen Aufgaben ist es, abzuwarten bis man sicher ist, dass die Gruppe noch nicht von sich aus dieses Problem thematisiert.

Generelle Regeln haben Ausnahmen. Manchmal ist es z.B. notwendig für den Begleiter, den Fokus auf das Verhalten eines Mitglieds zu richten. Dies sollte dann nicht so sehr wegen des Mitglieds als wegen der Gruppe getan werden. Dies ist der Fall, wenn sich individuelles Verhalten hemmend auf die Entwicklung zur Gemeinschaft auswirkt, und wenn die Gruppe als Ganzes nicht in der Lage scheint, sich diesem Problem zu stellen. Als Beispiele möchte ich zwei Vorfälle erzählen, in

Gemeinschaftsbildung

deren Verlauf ich mich gezwungen sah, individuelle Interventionen zu machen.

Wegen einer Unachtsamkeit meinerseits war aus der Broschüre für einen meiner Workshops nicht klar ersichtlich, dass das primäre Ziel Gemeinschaftsbildung sei. Dies wurde am Anfang des Workshops aufgeklärt, und die Teilnehmer schienen von dieser Aussicht begeistert. Kurz nachdem wir eine Gemeinschaft geworden waren, versuchte Marshall, ein hochintellektueller Christ im mittleren Alter, die Gruppe zu einer Diskussion über abstrakte Theologie zu bewegen. Als die Gruppe dies zurückwies, beschwerte er sich, dass aus der Broschüre nicht klar hervorging, dass dies eine Gemeinschaftsbildungsgruppe sei. Er erklärte, dass er gekommen wäre, um mehr über meine theologischen Ansichten zu erfahren. Die Gruppe sagte ihm, dass die Broschüre zwar nicht auf Gemeinschaftsbildung hinwies, aber dass gesagt wurde, es handle sich um einen Workshop, der aktive Teilnahme erfordere, und in dem die Bedeutung der christlichen Ideale Liebe, Disziplin und Opferbereitschaft erfahrbar gemacht würden. Marshall beharrte darauf, intellektuelle Diskussionen führen zu wollen. Ich sagte: „Du hast Recht, Marshall, ich habe in der Broschüre nicht deutlich darauf hingewiesen, dass dies eine Gemeinschaftsbildungserfahrung ist. Ich habe das nachlässigerweise übersehen. Ich hätte das klarer ausdrücken sollen. Ich kann verstehen, dass du dich irregeführt fühlst und du eine Entschuldigung von mir verdienst. Es tut mir leid, dass ich dich irregeführt habe."

In der Pause kurz danach sprach Marshall mich an. „Ich bin sehr enttäuscht von diesem Wochenende. Ich habe das Gefühl, dass ich meine Zeit und mein Geld verschwende. Ich wäre nicht gekommen, wenn ich gewusst hätte, dass es um Gemeinschaftsbildung geht." „Ich weiß nicht, was ich tun kann, außer mich noch mal zu entschuldigen, Marshall", antwortete ich. „Ich werde den Workshop nicht in Richtung einer theologischen Diskussion verändern, weil das nicht das ist, was die Gruppe als Ganzes wünscht. Ich hoffe, du kannst dich darauf einstellen. Wie ich dir schon gesagt habe, habe ich einen Fehler gemacht und es tut mir sehr leid, dass ich dich enttäuscht habe."

Als die Gruppe wieder zusammenkam, war Marshall für eine Stunde ruhig, aber sichtlich trotzig. Die Gruppe ignorierte ihn. Er wurde der Ausgestoßene in der Gruppe. Ich war mir nicht sicher, was zu tun war. Ich fand es nicht gut, wie die Dinge liefen, aber ich wartete. Kurz vor dem Mittagessen begann Marshall wieder mit verschiedenen Statements zu höherer Theologie. Die Gruppe war unausgesprochen feindselig ihm gegenüber, aber es gab vor dem Mittagessen nicht genug Zeit, um das Problem anzugehen. Nach dem Mittagessen würden wir das letzte Drittel des Workshops beginnen.

Ich ahnte, dass Marshall stolz war, und wenn ich ihn in der Gruppe mit dem Problem konfrontieren würde, würde es ihn demütigen. Aber wenn ich nichts tat, so schien es, war der Erfolg des Workshops in Gefahr. Bei der nächsten Pause fragte ich Marshall, ob er mit mir alleine zu Mittag essen wolle. Ich verschwendete keine Zeit mit höflichen Vorreden. „Wir haben ein richtiges Problem, Marshall", sagte ich sofort nachdem wir uns gesetzt hatten. „Ich habe mich heute Morgen vor der Gruppe für die ungenaue Broschüre bei dir entschuldigt, aber in der Pause hast du mich wieder dafür kritisiert. Offensichtlich hattest du meine Entschuldigung nicht angenommen. Deshalb habe ich mich ein zweites Mal bei dir entschuldigt. Trotzdem versuchst du immer noch die Gruppe in eine theologische Diskussion zu verwickeln, und es scheint klar, dass du mir immer noch nicht dafür vergeben hast, dass die Gruppe anders ist als du erwartest hast.

Wie oft muss ich mich noch entschuldigen, Marshall? Die Broschüre sagte zwar nicht, dass dies ein Gemeinschaftsbildungsexperiment sein würde, aber sie sagte, dass die christlichen Ideale Liebe, Disziplin und Opferbereitschaft durch Erfahrungen deutlich gemacht würden. Stimmst du mir zu, dass Vergebung zentral in der christlichen Theologie ist? Du wirst an diesem Wochenende entweder die Erfahrung machen, mir zu vergeben oder mir nicht zu vergeben. Das liegt an dir. Außerdem haben wir ja, wie du weißt, viel über Leere gesprochen und das steht in Beziehung zu „Opfer".

Die einzige Möglichkeit für dich, um mir dafür zu vergeben, dass die Gruppe nicht so ist, wie du erwartet hast, ist, dass du dich von deinen Erwartungen leer machst und du deine vorgefasste Meinung und deine Wünsche opferst. Noch einmal, das Christentum sagt etwas über Opfer, und wieder liegt es an dir, ob du dieses Opfer bringst oder nicht. Experimentelles Lernen ist schwieriges Lernen. Die Realität ist, dass deine Erfahrung dieses Workshops von deiner Praxis der christlichen Theologie abhängen wird." Es funktionierte. Marshall versuchte nicht mehr intellektuelle Diskussionen anzuzetteln.

Als wir am Nachmittag eine Pause machten, umarmte einer der männlichen Mitglieder, der Marshall gegenüber sehr kritisch gewesen war, einige andere Männer. Marshall sagte: „Umarmst du mich nicht?" Der Mann umarmte ihn. Mehrere von uns weinten. Während der letzten Gruppenphase, die nun folgte, bekannte sich Marshall dazu, dass es das erste Mal war, dass er überhaupt einen anderen Mann umarmt hatte. Wieder weinten mehrere von uns. Marshall hat an diesem Tag viel über Theologie gelernt.

Einer der Gründe, warum auf Einzelne bezogene Interventionen so schwierig sind, ist, dass sie normalerweise dann gebraucht werden, wenn ein Gruppenmitglied nicht offen dafür ist, so wie Marshall. Durch den Widerstand des Mitglieds wirkt die Intervention wie eine Zurechtweisung. Ich mochte Marshall nicht zurechtweisen. Ich mag niemanden zurechtweisen, weil Menschen in der Regel nicht gerne zurechtgewiesen werden und es unklar ist, wie sie darauf reagieren. Deshalb sind solche Interventionen gefährlich und sollten nur gemacht werden, nachdem man die Situation sehr gründlich analysiert hat.

Bei einer anderen Gelegenheit, während der ersten drei Stunden unseres neunstündigen Zusammenseins, als der Workshop in der üblichen Chaos-Phase war, bemerkte ich, dass eines der Mitglieder – wir nennen ihn Archie – ein Problem aufwarf. Archie hatte ungefähr drei Mal mit großer Leidenschaft und Redegewandtheit über eine Sache gesprochen. Das Problem war, ich verstand nichts von dem, was er sagte. Ich wusste, dass die anderen Gruppenmitglieder ihn auch nicht verstanden, aber ihm das aus Höflichkeit nicht sagten.

Am Ende des Nachmittags bat ich die Gruppe, die sich immer noch in der Chaos-Phase abmühte, sich während der Nacht zu überlegen, was schief gelaufen war. Ich dachte in der Nacht über Archie nach. Er war so eine verwirrende Person. Ich wusste, dass, wenn wir es schaffen würden eine Gemeinschaft zu werden, Archie sie wahrscheinlich zerstören würde, es sei denn ich intervenierte.

Als wir uns am nächsten Morgen wieder versammelten, gelangte die Gruppe sofort in die Leere und wurde kurz danach zu einer Gemeinschaft. Wir fingen gerade an, die Freude daran zu genießen, als Archie einen seiner poetischen, leidenschaftlichen Beiträge brachte. „Ich verstehe genau, wie du dich fühlst, Archie", sagte eine Frau. „so habe ich mich gefühlt, als mein Mann starb – zunächst war ich sehr ärgerlich". „Aber das war nicht, was Archie gesagt hat", protestierte ein anderes Mitglied. „Er sprach davon, wie traurig er war". Archie hielt eine weitere poetische Rede. „Vielleicht war Archie traurig und wütend", kommentierte jemand. „Ich habe Wut gehört", sagte jemand anders. „Nein, es war Traurigkeit", verkündete ein Fünfter etwas lauter. „Ich habe nichts von beiden gehört", tadelte ein Sechster. Die Gruppe war wieder in der Chaos-Phase.

„Die Gruppe ist verwirrt", sagte ich, „und es gibt einen Grund dafür. Archie, ich habe sehr gemischte Gefühle zu dir", fuhr ich fort, wobei mir das Herz bis zum Hals schlug. „Einerseits mag ich dich. Ich spüre, dass du die Seele eines Poeten hast. Ich schwinge mit deiner Leidenschaft mit. Ich denke, du bist ein Mann mit Tiefgang. Aber ich glaube auch, du hast ein Problem mit Selbstdisziplin bezogen auf deinen Ausdruck. Aus irgendeinem Grunde – ich habe keine Ahnung warum – hast du niemals gelernt, deine Leidenschaft umzusetzen und die Poesie deiner Seele in Worten auszudrücken, die andere Menschen auch verstehen können. Dementsprechend werden Menschen durch deine Worte angeregt, aber auch verwirrt, so wie auch die Gruppe jetzt gerade verwirrt ist. Ich glaube, dass du diese Selbstdisziplin lernen kannst, und ich hoffe sehr, dass du es lernst, weil ich glaube, dass du einige wundervolle Dinge zu sagen hast. Aber diese Disziplin zu lernen braucht viel Zeit, und ich glaube nicht, dass das an dem einem Tag, der uns jetzt noch bleibt, möglich ist."

Es gab einen Moment qualvoller Stille, während ich wartete, wie Archie reagieren würde. „Danke", antwortete er. „du bist einer der wenigen Menschen, die mich jemals verstanden haben, Scotty." Für den Rest des Workshops sagte Archie nichts mehr. Durch das Nichtsprechen fühlte sich die Gemeinschaft durch ihn geliebt und ich konnte spüren, dass er im Gegenzug in ihrer Liebe schwelgte.

Ich weiß nicht, ob Archie es jemals geschafft hat, die Disziplin zu entwickeln, die Poesie seiner Seele in Worten auszudrücken, die andere Menschen verstehen können. Aber die Geschichte geht noch weiter. Anderthalb Jahre später leitete ich einen ähnlichen Workshop in derselben Stadt, unter denselben Vorzeichen. Archie rief den Sponsor des Workshops an. „Ich würde gerne wieder teilnehmen", sagte er zu ihm, „doch ich habe nicht genug Geld. Aber kannst du Scotty sagen, dass ich vielleicht seinen Leibwächter spielen könnte, um doch mitzumachen?"

Diese Interventionen waren erfolgreich – sowohl für die Gemeinschaft als auch für die angesprochenen Mitglieder – vor allem weil Marshall und Archie in der Lage waren sich zu verändern, ein Verhaltensmuster aufzugeben. Aber was wäre geschehen, wenn sie dieses Opfer nicht gebracht hätten? Nach meinen Erfahrungen können Gruppen mit allen möglichen individuellen psychopathischen Verhaltensweisen umgehen, außer einer. Tatsächlich ist es so, dass oft die „kränksten" Mitglieder eines Workshops am meisten zum Gemeinschaftsbildungsprozess beitragen. Trotzdem gibt es seltene Ausnahmen von Individuen, die nicht nur unwillig sind, irgendetwas von ihren Bedürfnissen denen der Gruppe unterzuordnen, sondern anscheinend auch bewusst oder unbewusst motiviert sind, die Gemeinschaft aktiv zu zerstören.

Diese wenigen Ausnahmen wage ich als „böse" zu bezeichnen.[21] Solche Personen können den Prozess der Gemeinschaftsbildung verhindern.

---

[21] M. Scott Peck, *People of the Lie* (New York: Simon and Schuster, 1983).

Ich bin nur zweien begegnet in über einhundert Workshops, an denen 5000 Menschen beteiligt waren. In dem einen Fall hat es die Person geschafft, die Gemeinschaft zu zerstören. Im anderen Fall hat die Gemeinschaft das Individuum ausgeschlossen – eine sehr schwierige Entscheidung, da Gemeinschaft ihrer Definition nach einschließend ist. Aber wenn das Bestehen der Gemeinschaft bedroht ist, muss diese Entscheidung getroffen werden.

Wie man mit einem zerstörerischen Teilnehmer umgeht, sollte nicht allein dem ernannten Begleiter überlassen werden. „Böse" Individuen sind sehr starke Personen und eine echte Herausforderung auch für erfahrenste Begleiter.

Die Begebenheit, als ein Individuum es schaffte, eine Gemeinschaft zu zerstören, war eine sehr frühe Erfahrung für mich, und als Begleiter fühlte ich mich in der Pflicht, diesen Kampf alleine auszutragen, um die Gruppe zu retten. Das Problem war, dass der destruktive Teilnehmer sehr gut zurückschlagen konnte und clever genug war, um Allianzen gegen mich zu schmieden, sodass die Gruppe sich polarisierte und es auch dabei blieb. Daher sollte es die Verantwortung einer Gruppe als Ganzes sein, das Problem mit einem solchen Teilnehmer zu bewältigen.

Das passierte auch in dem anderen Workshop, wo ein „böser" Mann am Ende die Gruppe verließ. In diesem Fall bestand ich darauf, dass er das Problem der Gruppe war, und als die Gruppe sehr litt, weil sie sich schuldig fühlte, ihn ausgeschlossen zu haben, beförderte dieser Prozess die Gemeinschaftsbildung. Wenn sich eine Gruppe zum Ausschluss entscheidet, so sollte dieser zeitlich begrenzt sein. Die ausschließende Gruppe bat den Mann, für einen halben Tag die Gruppe zu verlassen, mit der Option, danach wiederzukommen und es wieder zu versuchen. Er nahm diese Option nicht wahr.

Ich habe einmal eine Lebensgemeinschaft beraten, zu der eine destruktive Frau gehörte. Die Gemeinschaft sagte ihr schließlich, sie sei so spaltend, dass sie nicht länger in dem Haus leben könne. Sie sagte ihr auch, dass sie weiterhin willkommen sei bei ihren öffentlichen Veranstaltungen. Man sagte ihr auch, man würde sie wieder in das Haus aufnehmen und ihr eine weitere Chance geben, wenn sie sich wirklich veränderte. Sie nahm diese Option nicht wahr.

Zwar kehrten beide Mitglieder nicht wieder zurück, doch sie wurden wenigstens nicht total verbannt, und die Art des Ausschlusses verminderte für die Gemeinschaft die Gewissensbisse auf ein erträgliches Maß.

Schuldgefühle befallen unausweichlich eine Gemeinschaft, die ein destruktives Mitglied ausschließt. Denn durch Ausschluss – auch wenn er zur Rettung des Ganzen notwendig ist – wird das oberste Prinzip von Gemeinschaft, nämlich einschließend zu sein, verletzt. Darüber hinaus wird ein zerstörerisches Mitglied nun wahrscheinlich eine andere Gemeinschaft belasten. Ausschluss ist nicht die Lösung für das Problem „böses Mitglied". Eine echte Gemeinschaft wird erkennen, dass sie durch das Ausschließen an einem wichtigen Punkt versagt hat. Nur dieses Bewusstsein des Misserfolgs und das Akzeptieren der Schuldgefühle kann die Gemeinschaft retten. Sie würde sonst abdriften in Exklusivität als eines ihrer Kennzeichen. Sie würde sich nicht länger mit der Frage quälen, ob man durch Ausschluss jemanden zum Sündenbock stempelt. Sie würde beim nächsten Problem wieder einen Sündenbock dafür verantwortlich machen und damit aus der Authentizität fallen. In authentischer Gemeinschaft zu sein bedeutet, in ständigen Schwierigkeiten zu stecken wegen der destruktiven Seiten der Menschen.

Zum Glück trifft man nicht oft auf Personen, die Gemeinschaft mit aller Macht zu verhindern suchen. Nach meiner Erfahrung konnten nur zwei Individuen von ca. 5000 nicht erfolgreich in den Gemeinschaftsbildungsprozess einbezogen werden. In der Regel sind Menschen mit Hilfe kompetenter Begleitung gut darin, in überschaubaren Gruppen den Prozess kreativ mitzugestalten. Sieht man sich jedoch größere Gruppierungen an, wie Regierungsapparate oder ganze Nationen, hat das Problem des Destruktiven im Menschen eine größere Tragweite. Eine machtvolle Institution mit zerstörerischen Absichten stellt eine reale Bedrohung dar.

Größe einer Gemeinschaft

Die Größe einer Gruppe scheint nicht entscheidend für Erfolg oder Misserfolg zu sein. Ich habe Gruppen von 300 bis 400 Menschen in Gemeinschaft geführt. Ein großes Retreat-Zentrum, 20 ausgebildete Begleiter für Kleingruppen und fünf Tage brauchte es dafür. Eine solch aufwändige Organisation ist jedoch in der Regel nicht praktikabel. Die obere Grenze einer Gruppe, die in Gemeinschaft geführt werden kann, ist unbekannt. Andererseits variierte die Zahl der Teilnehmer an meinen Workshops zur Gemeinschaftsbildung zwischen 25 und 65. Das obere Limit wurde dadurch gesetzt, dass das die größte Gruppe ist, die sich noch einen überschaubaren Kreis bilden kann.

Es gibt eine weit verbreitete Meinung in professionellen Kreisen, dass die ideale Gruppengröße zwischen acht und fünfzehn läge, und dass jede Gruppe über 20 unkontrollierbar sei. Ich habe das auch geglaubt, bis zu jenem Tag im

Jahr 1981 in Washington D. C., als unser „intellektueller Workshop" mit 60 Teilnehmern plötzlich eine Gemeinschaft wurde.

Nach meiner Erfahrung ist es für den Gemeinschaftsbildungsprozess größerer Gruppen ein bedeutender Faktor, dass nicht jeder zu sprechen braucht. Für den typischen Begleiter von Therapie- oder Sensitivity- Gruppen ist der schweigende Teilnehmer ein Unding. Ich bin jedoch tief beeindruckt von der Kraft nonverbalen Verhaltens. Professionelle Redner wissen, dass unter den Zuhörern meistens jemand ist, der durch Gesichtsausdruck oder Körperhaltung stimulierend auf den Vortragenden wirkt, ihm mehr Mut, Selbstvertrauen und Schwung einflößt. Auf der anderen Seite mag es jemanden geben, der durch ständiges Stirnrunzeln oder Anstarren den Vortragenden runterzieht. So ist es auch in Gruppen zur Gemeinschaftsbildung. Teilnehmer, die nicht ein Wort sagen, tragen vielleicht genauso viel bei wie die Redseligsten.

Es ist nicht schwierig festzustellen, ob stille Mitglieder emotional in der Gruppe anwesend sind. Mimik und Körperhaltung sagen genug, um das zu erkennen.

Sollte jemand – sagen wir Mary, eine junge Frau – von der Gruppe zurückgezogen dasitzen oder zwei Stunden lang mit ausdruckslosem, gelangweiltem oder deprimiertem Blick aus dem Fenster starren, werde ich wohl anmerken: „Die Gruppe scheint zu ignorieren, dass Mary ziemlich zurückgezogen aussieht." Aber solange Mitglieder gefühlsmäßig dabei sind, sehe ich mich nicht gefordert, sie zum Reden zu bringen.

Schweigende können auf Gemeinschaften kraftvoll wirken und viel Kraft von ihnen bekommen. Margaret z.B. hat bei mir eine Einzeltherapie angefangen, weil sie über extreme Schüchternheit klagte. Nachdem wir anderthalb Jahre einigermaßen erfolgreich miteinander gearbeitet hatten, sollte ich in einen kleinen Workshop in einer schönen Umgebung begleiten. Dies schien für Margaret eine ideale Möglichkeit zu sein, um sich in einer Gruppe wohlzufühlen. Ich schlug ihr die Teilnahme vor. Sie stimmte widerwillig zu. Aber zu meinem Entsetzen sagte Margaret während der ganzen zwei Tage kein einziges Wort. Es schien, als sei das Experiment misslungen. Fünf Tage später kam Margaret mit strahlendem Gesicht zu ihrer Einzelsitzung und erzählte mir, dass es die schönste Erfahrung in ihrem ganzen Leben gewesen sei. „Ich hatte dieses Gefühl schon einmal", sagte sie, „aber diesmal war es anders. Vorher war es immer ein flüchtiger Moment – da mal kurz und dann drei Monate später wieder. Vergangenes Wochenende wartete ich darauf, dass die Freude verschwinden würde. Aber sie kam wieder und wieder."

Dauer einer Gemeinschaft

Nach meiner Erfahrung reichen zwei Tage für eine Gruppe von 30 bis 60 Teilnehmern aus, um zu einer echten Gemeinschaft zu werden. Man kann das auch in kürzerer Zeit erreichen. Authentische Gemeinschaft kann normalerweise in einigen Stunden entstehen, wenn die Gruppe vorher instruiert wird, Allgemeinplätze wegzulassen, in Ich-Botschaften zu sprechen, sich verletzlich zu zeigen, nicht versuchen zu heilen oder zu bekehren, sich zu leeren, mit dem ganzen Wesen zuzuhören und sowohl das Schmerzliche als auch das Angenehme willkommen zu heißen. Aber diese Kurzversion ist etwa so, als würde man per Helikopter auf einen Berggipfel gehoben. Das Gipfelglück wird viel intensiver empfunden, wenn man erst durch Sümpfe watet und über Felsbrocken klettert, um dorthin zu kommen. Eine junge Pastorin drückte es sehr treffend nach einem eintägigen Workshop aus: „Für mich hatte der Tag die gleichen Vor- und Nachteile wie ein One-Night-Stand".

Man weiß vorher nie. In manchen zweitägigen Workshops erreichen Gruppen schon am Nachmittag des ersten Tages das Stadium von Gemeinschaft, andere nach der Hälfte der Zeit, wieder andere ein paar Stunden vor dem Ende. Einige wenige, die an den gewohnten Arten der Kontaktaufnahme festhalten, werden erst in den letzten zwei Stunden zur Gemeinschaft, und gehen trotzdem voll zufrieden nach Hause. „Dies war für mich die wichtigste Erfahrung meines Lebens", sagen sie. Wie ist das nur möglich, wenn sie nur zwei Stunden lang den Genuss von zwölf Stunden härtester Arbeit erfahren hatten? Aber wer würde nach einer tollen Liebesnacht bedauern, dass sie erst nach Wochen des Werbens stattfand?

Verbindlicher Einsatz für die Gemeinschaft

Weil es sehr wichtig für Gemeinschaftswerdung ist, sollten die Teilnehmer darauf vorbereitet werden, welcher Einsatz von ihnen gefordert wird. Mit der Anmeldung zu meinen Workshops werden sie darauf hingewiesen, dass der Zweck unserer Zusammenkunft nicht nur bedeutet, selbst Teil einer Gemeinschaft zu werden, sondern auch, dass der Prozess am Anfang wahrscheinlich schwierig und schmerzhaft sein wird. Es ist wichtig, dass sie dabei bleiben, im Prozess bleiben und Stürme aushalten.

Sobald sich alle versammelt haben, wiederhole ich diese eine Hauptregel: „Du kannst nicht aussteigen." Damit es nicht zu bedrohlich wirkt, füge ich an, dass ich keine Gewehre, Peitschen oder Fesseln habe, um diese Regel durchzusetzen. „Aber jeder von uns ist verantwortlich für den Erfolg unseres Prozesses", fahre ich fort. „Wenn du unzufrieden damit bist, wie die Dinge laufen – und das wirst du sein – ist es deine Verantwortung zu sprechen und deine Unzufriedenheit auszudrücken, anstatt deine Sachen zu packen und leise abzuhauen. Wir können davon ausgehen, dass wir Phasen des Zweifels, der Angst, der Wut, der Niedergeschlagenheit und sogar der Verzweiflung erleben werden."

Nach meiner Erfahrung bricht etwa einer von dreißig Teilnehmern diese Vereinbarung. Ungefähr die Hälfte tut das in der Phase des Chaos oder der Leere. Ein Beispiel dafür war eine kultivierte und erfolgreiche Psychologin im mittleren Alter, die nach einem Drittel des Workshops mit 59 Teilnehmern verkündete: „Ich weiß, dass ich mich darauf eingelassen habe hierzubleiben, aber ich werde diese Vereinbarung brechen. Ich werde am Ende dieser Sitzung gehen und auch am nächsten Morgen nicht wiederkommen." Wir waren sofort alarmiert. „Warum?", riefen wir laut. „Weil das alles Blödsinn ist", antwortete sie. „Ich leite seit zwanzig Jahren Gruppen, und es ist unmöglich, dass eine Gruppe von mehr als 20 Personen zu einer Gemeinschaft wird – und schon gar nicht in zwei Tagen. Ich werde nicht hier sitzen und an diesem unausweichlichen Misserfolg teilnehmen."

Ein weniger gebildeter Teilnehmer kommentierte zutreffend: „Wenn du jetzt aussteigst und wir erfolgreich eine Gemeinschaft werden, wirst du nie erfahren, dass du falsch lagst." „Aber ich liege nicht falsch", antwortete die Psychologin. „Ich weiß, worüber ich spreche. Es ist mein Beruf. Was ihr versucht ist unmöglich." Sie verließ die Gruppe am Abend. Am nächsten Vormittag wurden die verbliebenen 58 eine Gemeinschaft.

Überraschender war der Fortgang von ein oder zwei Teilnehmern, nachdem die Gruppe zu einer Gemeinschaft geworden war. Sie sagten nicht, warum sie gingen. Sie haben sich einfach herausgeschlichen. Die Erklärung könnte sein, dass es einige Menschen gibt, die aus dem einen oder anderen Grund nicht soviel Liebe aushalten können. Wenn sie das traurigerweise nicht können, kann es sein, dass Gemeinschaft zu diesem Zeitpunkt nicht möglich für sie ist.

Gemeinschaftsübungen

Über die Jahre haben die Begleiter von Workshops eine Reihe von Übungen entwickelt, die Gruppen helfen können, zu mehr Vertrauen, Sensibilität und Intimität zu kommen und besser kommunizieren zu lernen. Ich möchte diese Methoden nicht schlecht machen. Aber was Gemeinschaftsbildung angeht, bin ich der Meinung, dass die Erfahrung Gemeinschaft zu erreichen stärker ist, wenn sie ohne Tricks oder Spiele erreicht wird, die dazu dienen, die Erfahrung sanfter zu machen. Deshalb ist mein Stil, mit dem ich Gruppen in meinen Workshops zu Gemeinschaft führe, durch einen gewissen Purismus gekennzeichnet, sowie durch das Weglassen von Auflockerungen.

Dennoch gibt es einige Übungen, die den Prozess fördern können.

Stille: Stille ist die ideale Unterstützung für Leere. In einem typischen Workshop beginnen wir die Sitzungen meist mit drei Minuten Stille. Ich bitte die Gruppe, sich in dieser Zeit vielleicht selbst zu fragen, was der Einzelne speziell braucht, um sich leer zu machen. Immer wenn ich wahrnehme, dass die Gruppe als Ganzes ein Problem mit Leere hat, werde ich eine weitere Zeit der Stille anregen, um mit dem Problem umzugehen. So war es, als ich eine Gruppe von städtischen Abgeordneten in die Stille zurückbeorderte, damit sie sich von den gut gemeinten Projekten für ihre Stadt leer machen konnten, beziehungsweise um ihre Lieblingsprojekte loszulassen. Eine andere Gruppe, noch in den Wehen der Chaos-Phase, steckte dadurch fest, dass sie sich auf einen jungen Mann namens Larry fokussierte, den sie – nicht ohne Grund – als potenzielle Bedrohung wahrnahm. „Irgendetwas scheint mir an diesem konstanten Fokus falsch zu sein", unterbrach ich. „Ich frage mich, ob wir nicht Larry als Vorwand benutzen, um unser Misstrauen, das wir untereinander haben, auszudrücken. Er hat gesagt, dass er aus mehreren Gründen hier ist, aber niemand scheint ihm zu glauben. Ich spreche nicht von totalem und blindem Vertrauen. Aber es gibt einen Unterschied zwischen absolutem Vertrauen und der Annahme, dass andere nicht vertrauenswürdig sind. Auch wenn wir erst vor 20 Minuten in der Stille waren, würde ich gerne zurück in die Stille gehen, und in dieser Zeit möchte ich, dass ihr euch von allem leer macht, was euch davon abhält, jedem in diesem Raum einen Vertrauensvorschuss zu geben." Wir machten es so, und die Gruppe gelangte aus der Stille direkt in Gemeinschaft.

Geschichten: Die beste Art zu lernen ist durch Erfahrung. Deshalb ist es besser, Gruppen in Richtung Gemeinschaft stolpern zu lassen, ohne ihnen am Anfang eine detaillierte Anleitung zu geben, welche sie durch die verschiedenen Phasen leitet und ihnen all die Fallen zu nennen, die sie vermeiden sollen. Die zweitbeste Möglichkeit zu lernen ist durch Geschichten, deren Aussagen ihnen helfen, sie zur Gemeinschaft zu führen.

Die Geschichte vom „Geschenk des Rabbis" ist so hilfreich, dass sie als Prolog dieses Buches erzählt wird. Sie erfüllt mehrere Zwecke. Einer ist z.B., Gruppen von den boshaften Konfrontationen abzuhalten, die den Sensitivity-Gruppen ihren schlechten Ruf einbrachten. Die Interaktion zwischen Cynthia und Roger ist ein Beispiel dafür. Cynthia war eine chronische schizophrene Frau im mittleren Alter, die oft endlos, weitschweifig und unzusammenhängend vor der Gruppe über sich sprach. Ich fragte mich verzweifelt, was ich tun könnte, um ihr „Umherirren" zu beenden, als Roger, ein exzellenter, aber auch aggressiver Therapeut und ein Veteran von vielen Sensitivity-Gruppen, sich ruppig zu Wort meldete: „Cynthia", sagte er „du langweilst mich".

Cynthia sah aus, als wenn sie geschlagen würde. Nach einem Moment verblüffter Stille sagte ich: „Ich habe auch nicht alles verstanden, was Cynthia versuchte uns mitzuteilen. Roger, deshalb ist es wahrscheinlich, dass andere auch gelangweilt waren, so wie du. Aber ich möchte dich daran erinnern, dass Cynthia vielleicht der Messias ist." Roger war sehr beschämt. Er besserte schnell nach: „Ich möchte mich bei dir entschuldigen, Cynthia", sagte er, „ich fühlte mich gelangweilt, aber deshalb musste ich ja nicht so grob zu dir sein. Es tut mir leid. Ich hoffe du kannst mir vergeben."

Cynthia, die vorher vielleicht noch nie um Vergebung gebeten wurde, fing plötzlich an zu strahlen. „Ich neige dazu auszuschweifen", sagte sie. „Der Psychiater meiner Tochter sagte mir, dass ich Grenzen brauche. Deshalb macht es mir gar nichts aus, wenn du mir auf nette Weise sagst, dass ich zu viel rede." „Warum setzt du dich nicht hier neben mich?", sagte Roger. „Wenn ich denke, dass du ausschweifst, könnte ich meine Hand auf dein Knie legen und du weißt dann Bescheid." Cynthia trippelte zu Roger hinüber wie ein junges Mädchen beim ersten Date. Noch mehrmals an diesem Tag wurde sie langatmig und ausschweifend, aber sie stoppte freudig mitten im Satz, wenn Roger ihr Knie berührte. Am zweiten Tag der Gruppe sagte Cynthia nicht ein Wort. Sie saß ruhig und friedlich neben Roger, sehr zufrieden damit, einfach seine Hand zu halten.

Während Gruppen gerne am Anfang über die Geschichte „Das Geschenk des

Rabbis" diskutieren, ist es bemerkenswert, wie schnell die Mitglieder im weiteren Prozess die Geschichte vergessen. Dann kann man sie einfach zurückbringen zur Botschaft von Respekt und Sanftheit. Es ist ein Merkmal von echter Gemeinschaft, dass sie sich direkt mit der Wahrheit konfrontiert. Es ist ebenso ein Merkmal, dass sie das so sanft und respektvoll wie möglich tut.

Träume: Träume können auf sehr elegante Weise auf etwas hinweisen. Denn hier wird die Geschichte im Unterbewusstsein kreiert, ganz auf den Moment bezogen und unter Auslassung von Logik, Normen und Verhaltensregeln. Abends werden die Mitglieder einer Gruppe instruiert, dass sie besonders lebendige Träume erinnern und morgen nacherzählen sollen, egal wie unsinnig sie sein mögen. In fast jeder Gruppe wird es ein oder zwei Teilnehmer geben, die die Rolle eines „Gruppenträumers" ausfüllen. So wie eine ältere Dame, deren einzige verbale Beteiligung es war, jeden Morgen einen ausgezeichneten Traum zu erzählen.

Typisch für den ersten Tag des Workshops war, dass die Mitglieder Schwierigkeiten hatten mit meiner offenkundigen Führungsschwäche und damit, ihre Verletzungen anzuerkennen. Am nächsten Morgen sprach zuerst die ältere Dame. „Scotty bat uns auf unsere Träume zu achten", begann sie. „Ich glaube nicht, dass meiner irgendetwas mit dieser Gruppe zu tun hat, aber ich erzähle ihn euch, wenn ihr wollt." Die Gruppe signalisierte ihr Interesse mit gespannter Erwartung. „Nun gut," sagte sie, „wahrscheinlich ist es nicht relevant, aber aus irgendeinem Grund befand ich mich in meinem Traum in der Notaufnahme eines Krankenhauses. Es gab wohl einen schrecklichen Unfall oder so was, und die Notaufnahme war voll mit Schwerverletzten. Wir warteten darauf, dass der Doktor kommen würde. In der Zwischenzeit konnten wir nichts tun, außer die Wunden der Menschen mit Wasser zu waschen und sie zu bandagieren. Schließlich kam der Doktor in Begleitung eines Sanitäters, aber zu unserer Enttäuschung war er völlig inkompetent. Ich glaube er stand unter Drogen oder so was." (Hier brach die Gruppe in Gelächter aus, offensichtlich bezogen auf meine Art der Führung.) „Aber dann passierte etwas wirklich Merkwürdiges", fuhr sie fort. „Mein Freund und ich beugten uns über einen besonders schwer verwundeten Patienten. Die Wunden waren klaffend. Der Sanitäter war neben uns. Er machte nichts. Er guckte den Patient einfach nur voller Liebe an. Als ich dann hinschaute, waren zu meinem Erstaunen alle Wunden des Patienten geheilt." Unsere Gruppenträumerin hat den Weg gewiesen.

Gebete, Lieder und Liturgie: Während ich ihre übersinnliche Bedeutung kaum verstand, war ich doch wiederholt beeindruckt von der Kraft von gemeinsamen Gebeten in der Gruppe, besonders in den Krisenzeiten der Gemeinschaftsbildung. Dementsprechend schlage ich häufig vor, dass Mitglieder für die ganze Gruppe beten. Es ist sehr wirksam, das vorzuschlagen. Es anzuordnen würde den Respekt für die religiöse Diversität der Gruppe verletzen. Nichtgläubige dafür zu gewinnen wäre unpassend. Das Thema „unpassend" ist auch zentral für die Verwendung von Liedern. Das Lied „What a Friend I have in Jesus" zu singen wäre sehr ausschließend in einer Gruppe, in der es Ungläubige, Atheisten, Juden oder Gläubige anderer Religionen gibt. Gewöhnlich kann eine Gruppe, wenn sie Respekt für die Diversität entwickelt hat, Lieder entdecken, die den Geist des Moments ausdrücken, und die einschließend sind, so dass alle Mitglieder sich frei fühlen enthusiastisch mitzusingen. Solch ein passendes Singen ist nicht nur bedeutsam, es kann sogar erhebend sein.

Dasselbe gilt für Rituale. Das christliche Abendmahl zu feiern kann ein guter Weg sein, ein Gemeinschaftsexperiment mit einer Gruppe von Christen zu beenden, aber nicht passend für eine Gruppe mit Mitgliedern unterschiedlicher Religionen. Im Grunde genommen braucht jede Kurzzeitgemeinschaft eine Art von Liturgie für ihr Ende. Wenn eine Gruppe zu einer Gemeinschaft geworden ist, hat sie die Aufgabe ein einschließendes, passendes, maßgeschneidertes Abschlussritual zu entwickeln.

Mit der Rückkehr konfrontieren: Solche abschließenden Rituale helfen dabei, mit dem Problem der Rückkehr umzugehen. Schon in den frühesten Tagen der Sensitivity-Gruppen-Bewegung haben die Begleiter erkannt, dass es für die Teilnehmer oft schmerzhaft war – manchmal sogar traumatisch – nach einer innerlichen Veränderung in eine Gesellschaft zurückzukehren, in der sich nichts verändert hat. Menschen, die Gemeinschaft erlebt haben, kann es sehr einsam machen, in eine Gesellschaft zurückkehren zu müssen, in der es wenig oder keine Gemeinschaft gibt. Dementsprechend liegt es in der Verantwortung der Begleiter darauf zu achten, dass die Teilnehmer so gut wie möglich auf die Rückkehr vorbereitet sind, eine Rückkehr von der Bergspitze zu engen Tälern, die immer noch von ganz anderen Regeln beherrscht werden.

Jedoch kann keine noch so gute Vorbereitung diese Schwierigkeit völlig lösen. Bei einer sehr großen, 5-tägigen Gemeinschaftsbildungserfahrung mit über 400 Christen wurde mit dem Problem der Rückkehr sehr gründlich umgegangen. Zuerst wurde es in kleinen Gruppen zur Sprache gebracht. Dann gab es ein wunderschönes abschließendes Abendmahl. Kurz davor hielt unser Pfarrer eine Predigt, die speziell und eloquent das Wiedereintreten behandelte. Nachdem er den Leuten gesagt hatte, wie unmöglich es sein würde, ihre Erfahrungen anderen mitzuteilen, die nicht vertraut mit Gemeinschaft sind, fuhr er fort: „Und die Menschen zu Hause werden euch nicht nur missverstehen; sie werden gar nichts davon hören wollen. Während ihr hier wart, haben sie das Haus in Schuss gehalten, haben das Geld verdient, sich um die Kinder gekümmert, den Rasen gemäht, die Mahlzeiten gekocht. Statt dessen werden sie darüber sprechen wollen, was sie gemacht haben, die Probleme, die sie hatten, die Opfer, die sie bringen mussten. Es ist wichtig, dass ihr euch, wenn ihr diesen Ort hier verlasst, darauf vorbereitet, die Menschen zu Hause zu lieben."

Fünf Tage später bekam ich einen Brief von einer Frau, die an der Konferenz teilgenommen hatte. „Es war sehr gut, wie der Pfarrer uns gesagt hat, dass wir zurückgehen und die Menschen zu Hause lieben sollen", schrieb sie. „Das genügte mir, weil ich zu einer glücklichen Ehe und einer gesunden Familie zurückkehrte. Aber die zwei Frauen, die mit mir zurückfuhren, kehrten zu ungesunden Familien und schlimmen Ehen zurück, und es war ihnen während der ganzen Rückreise schlecht." Diese Art von Vorbereitung auf das Problem des Wiedereintretens ins normale Leben ist notwendig, kann aber kaum den ganzen Schmerz beseitigen. Das einzige andere Mittel gegen den Schmerz ist das Schaffen von mehr Gemeinschaft.

7 Die Erhaltung von Gemeinschaft

Die Spannung zwischen Gewohnheiten, die uns immer wieder in die alten Verhaltensmuster oder bewährten Verteidigungsmechanismen zurückziehen will, und jenem Teil unserer Natur, der sich ausstreckt nach neuen, besseren Wegen, um Situationen und Beziehungen zu schaffen, ist in jeder Gemeinschaft allgegenwärtig. Wegen dieser Spannung gibt es immer wieder Rückfälle. Selbst die geschicktesten Gruppen rutschen ständig hinein und hinaus aus Gemeinschaft. Zahlreiche Faktoren, die gegen die Gemeinschaft wirken, gilt es im Auge zu behalten. Um authentisch zu bleiben, muss sie deshalb unablässig an ihrer eigenen Gesundheit arbeiten. Auf die Umwelt positiv einwirken kann nur eine Gemeinschaft, bei der Selbstbetrachtung und die anderen mit Selbsterhaltung verbundenen Anstrengungen die erste Priorität haben.

Bisher haben wir uns auf den Prozess der Gemeinschaftsentwicklung konzentriert. Wir haben keinen Unterschied gemacht zwischen kurzlebigen Gemeinschaften (so wie sie in Wochenend-Workshops entstehen, wo sich die Mitglieder am Sonntagabend wieder in alle Winde verstreuen) und Langzeitgemeinschaften. Was geschieht, wenn Gemeinschaft sich in einer existierenden, relativ stabilen Institution entwickelt, wie zum Beispiel einer Kirchengemeinde, der Schule für Hebräisch oder in einer Firma? Was geschieht, wenn es Fremden gelingt, nicht nur eine Gruppe zu bilden, sondern diese Erfahrung so nährend und wichtig zu finden, dass sie damit weiter machen wollen? Was sind die Hauptprobleme oder -themen der Gemeinschaftserhaltung?

Jeder lebende Organismus existiert in einem Spannungsfeld. Denn damit es Leben gibt, muss es An- und Entspannung geben. Auf der physiologischen Ebene wird der Prozess fortlaufenden Spannungsausgleichs als Homöostase bezeichnet. Jedes Einzelwesen, sei es Katze oder Mensch, pulsiert zwischen entgegengesetzten Polen: Schlafen und Wachen, Ruhe und Tätigkeit, Verdauen und Jagen, Hunger und Sättigung, usw. Auch für eine Gemeinschaft gilt dieses Gesetz. Wir sehnen uns nach authentischer Gemeinschaft und wollen sie erhalten, denn durch sie wird unser Dasein voll und lebendig. Weil sie die lebendigste Einheit ist, folgt daraus, dass echte Gemeinschaft den Preis zahlen muss, noch mehr Spannung zu verarbeiten als andere Organisationen.

Die Themenfelder, die die häufigsten Spannungen hervorrufen, wenn Gemeinschaften um ihre Erhaltung kämpfen, sind:

- Größe
- Struktur
- Autorität
- Einschließen
- Intensität
- Verbindlichkeit
- Individualität
- Definieren von Aufgaben
- Ritual

Um diese Themen anschaulicher zu machen, möchte ich das Auf und Ab zweier Gemeinschaften beschreiben: Des St.-Aloysius-Ordens (OSA) und der „Kellergruppe". Im Folgenden beschreibe ich sie, wobei ich Informationen aus ähnlichen, mir bekannten Gemeinschaften einfließen lasse. In Relation zur Gesamtzahl der Gemeinschaften, die sich um ihre Aufrechterhaltung bemühen, waren beide erstaunlich erfolgreich.

Der St.-Aloysius-Orden (Order Of St. Aloysius, OSA)

Bruder Anthony war ein Mann, der seiner Zeit voraus war: ein kultivierter Freidenker mittleren Alters mitten in den USA in den Tagen der großen Wirtschaftskrise. Er wurde 1885 in eine irisch-katholische Familie in Chicago hineingeboren und war bereits mit 22 Jahren Priester einer Diözese. Nach fünfjähriger Gemeindearbeit führte ihn sein forschender, ruheloser Verstand dazu, seine Diözese um ein weiterbildendes Studium in Psychologie zu bitten. Die Bitte wurde ihm gewährt und 1927 machte er seinen Doktor. Bald interessierten ihn gruppendynamische Prozesse und er arbeitete mit Gruppen von Priestern, Nonnen und Mönchen. Durch diese Tätigkeit sammelte er genügend Gemeinschaftserfahrungen, um sich Appetit auf mehr zu holen.

Als Konsequenz daraus schloss er sich 1929 einem großen traditionellen Mönchsorden an. Mit den Jahren wurde er jedoch immer unzufriedener mit dem aktiven Leben dieses Ordens. Es gab zu wenig Zeit für Reflexion, Kontemplation und Gebet – und zu wenig Zeit, den tiefen Sinn von Gemeinschaft, die er mit seinen Mönchsbrüdern leben wollte, zu entwickeln oder aufrecht zu erhalten. Charismatisch wie er war, hatte Bruder Anthony bald drei Anhänger, die sich wie er nach einem Lebensstil mit mehr Kontemplation und tieferem Gebet sehnten. Sie baten den Orden um die Erlaubnis, ein Haus für einen solchen Lebensstil eröffnen zu dürfen. Diese Bitte wurde abgelehnt. Dann schauten sie sich andere, kontemplativere Orden an – die Benediktiner, Zisterzienser, die Karmeliter. Diese hatten einen ruhigen Lebensstil, wo viel gebetet wurde, aber keinem gelang es, die Intensität an Gemeinschaft zu schaffen, nach der sie sich sehnten. Es gab zu viel Autorität, zu viel Struktur.

Anthony wurde gegenüber Autorität und Struktur immer misstrauischer. Er fragte beim erzbischöflichen Amt an, ob er einen neuen Orden gründen könne, auch diese Bitte wurde abgelehnt. 1938 war es so weit, dass Anthony und seine drei Anhänger von Verwandten und Freunden genügend Geld erhalten hatten, um sich eine kleine Farm im Südwesten von Illinois zu kaufen, um dort ihren eigenen Orden, ohne den Segen der Kirche, zu gründen. Das war die Geburtsstunde des St.-Aloysius-Ordens (OSA). Seine Struktur war klar und informell, was für jene Zeit revolutionär war.

Die vier Brüder standen morgens um halb sechs Uhr auf. Die erste Stunde des Tages wurde gemeinsam in schweigender Meditation verbracht. Um sieben war die Heilige Messe. Nach dem Frühstück wurde, abgesehen von einem bescheidenen Mittagessen, bis zur Abendandacht um fünf Uhr gearbeitet. Dann wurde zu Abend gegessen. Jeden Abend von sieben bis neun trafen sich die Brüder zur Gruppendiskussion, wobei es nicht nur um ihre Arbeit und ihr gemeinsames Leben ging, sondern auch um den spirituellen Weg der Einzelnen. Sie waren sehr glücklich. Um neun feierten sie den letzten Gottesdienst des Tages, mit dem Mönche den Tag zu beschließen pflegen, und zogen sich dann für die Nacht zurück.

Vom ersten Tag an tauschten die Brüder ihre Kutten gegen normale Arbeitskleidung aus. Anfänglich wollten seine Anhänger Bruder Anthony zu ihrem Abt oder Obersten auserwählen. Er weigerte sich standhaft, indem er erklärte, dass in einer Gemeinschaft jeder ein Leiter sei. Jede Art von Autoritätsstruktur, sagte er, sei destruktiv für die Gemeinschaft. Es wurde argumentiert, dass jemand die Gemeinschaft zu repräsentieren habe – als Unterschriftsberechtigter für Banken, Steuersachen, Verträge. Anthony vertrat stark die Ansicht, dass selbst das gefährlich sei, auch trotz der Gefahr der Ineffizienz, dass jeder Bruder jeden Scheck, jedes rechtliche Schriftstück unterschreiben solle. Und als wäre das nicht genug, solle jeder von ihnen die heilige Messe zelebrieren können, obgleich nur Bruder Theodor und Bruder Arthur Priester waren. „Jeder ist ein Priester", sagte er. Auch darüber wurde man sich einig, obgleich das mit dem Kanon der römisch-katholischen Kirche im Widerspruch stand. Noch immer sahen die Brüder sich als Katholiken, jedoch nicht blind Rom ergeben.

Anfangs bestand die Arbeit darin, ihr kleines Stück Land zu bearbeiten, das Farmhaus zu reparieren, um Saatgut, Werkzeug, Material und mehr Land zu betteln. Bald fingen sie an, die kleinere der Scheunen auf ihrem Grundstück in eine Kapelle umzuwandeln und die größere in ein Gästehaus. 1940 konnten sie dann obdachlosen Tramps und auch spirituellen Suchern, die sich zu dem kleinen Kloster hingezogen fühlten, Unterkunft zu bieten. Der Erfolg ihrer Anstrengungen brachte ihnen neue Freuden und neue Probleme.

Anthony hatte seinen Brüdern klar gemacht, dass authentische Gemeinschaft einschließend sein müsse. Folglich wurden anfangs die Obdachlosen und andere Gäste nicht nur zu den gemeinsamen Mahlzeiten, der Landarbeit, den Gottesdiensten eingeladen, sondern auch zu den abendlichen Treffen der Brüder. Nach nur sechs Monaten fanden die Mönche die Anwesenheit von kommenden und gehenden Wohnungslosen derart ablenkend, dass ihnen selbst etwas von ihrer Gemeinschaftsgesinnung verloren ging. Nach vielem Beten, Diskussionen, Meditieren kam selbst Anthony zur Erkenntnis, dass einschließendes Verhalten seine Grenzen hat.

Die tägliche Arbeitszeit wurde verkürzt, sodass sich die Brüder mit ihren Gästen für eine Stunde vor der abendlichen Gebetsstunde treffen konnten, um Fragen zu diskutieren, die die größere Gemeinschaft betrafen, um damit den Abend für ihre eigene Kerngemeinschaft zu haben. Es dauerte nicht lange, bis sie die Arbeitszeit noch weiter kürzen mussten. Einige der Obdachlosen brauchten intensivere Unterstützung. Außerdem kamen immer mehr Menschen zu den vier Brüdern, die spirituelle Anleitung suchten.

Von jetzt an waren die körperlichen Arbeiten bereits nach dem Mittagessen beendet. Zwei der spirituellen Sucher kehrten immer wieder zurück und fragten später an, ob sie nicht dem Orden beitreten könnten. Diese beiden Männer nahmen an den Abendgottesdiensten teil und wurden rasch und problemlos in die Kerngemeinschaft der Mönche integriert. Mitte 1942 legten sie das traditionelle Gelübde von Armut, Keuschheit und Gehorsam ab. Der Orden hatte nun sechs Mitglieder. Aber jenes Jahr brachte ein neues Problem.

Es zeigte sich, dass es nicht nur absurd war, dass alle sechs Mönche jeden Scheck unterschrieben, auch waren inzwischen die USA in den Weltkrieg eingetreten. Die Brüder waren Pazifisten, doch weil der OSA kein anerkannter Orden der katholischen Kirche war, konnten sie alle theoretisch eingezogen werden. Es musste sie jemand repräsentieren, damit sie von der Regierung als „bona fide" Mönchsorden anerkannt werden konnten. Bruder Anthony weigerte sich, diesen Auftrag zu übernehmen. Einer der neuen Brüder, Bruder David, der Jura studiert und kurze Zeit praktiziert hatte, wurde damit beauftragt. Doch hatte sich inzwischen der ganze Orden auf Bruder Anthonys ursprüngliches instinktives Bedürfnis nach Konsensentscheidungen eingelassen. Deshalb beschloss man, dass Bruder David unter keinen Umständen Abt genannt werden sollte, jenem Titel, der ein Zeichen für besondere Autorität bedeutete. Bruder David schlug den Titel Vertrauensmann vor, worauf man sich einigen konnte. In den darauf folgenden Monaten gelang es ihm als legaler Vertrauensmann des Ordens die gewünschte Anerkennung durch die Regierung auszuhandeln. Er wurde außerdem ihr Unterschriftsberechtigter und Finanzverwalter.

Die Kriegsjahre waren ruhig für die Brüder. Es kamen keine spirituellen Sucher mehr. Der Zustrom von Umherziehenden versiegte langsam. Die Gemeinschaft bot jüdischen und anderen Flüchtlingen ihre Gastfreundschaft an, doch die meisten zogen in die Städte weiter. Meist stand das Gästehaus leer. Drei Brüder gingen jeden Morgen auf umliegenden Farmen arbeiten, wo Arbeiter dringend gebraucht wurden. Die Stunden vor der Abendandacht waren dem gemeinsamen Gebet für den Frieden gewidmet. Es blieb viel Zeit für das Studium. Die Gemeinschaft vertiefte sich auf diese Weise, genau so wie das spirituelle Leben jedes Einzelnen.

Diese gnadenvolle Schonzeit dauerte an, bis mit dem Kriegsende der Zustrom wieder anschwoll. Die Mehrheit der Kriegsveteranen freute sich über die Heimkehr und fand zurück in das frühere Leben. Doch gab es viele junge Männer, deren Seelen durch den Krieg mit seinem Bösen, seiner Gewalt verletzt waren, die sich jetzt nach innen und zu Gott kehrten. So manches Mal wurden sie durch Mundpropaganda oder scheinbar zufällig und wie durch einen unsichtbaren Magneten zu der kleinen, ländlichen Mönchsgemeinschaft in Illinois hingezogen.

Anfang 1947 war das Gästehaus voll. Die meisten zogen irgendwann weiter, aber einige fragten an, ob sie bleiben könnten. Diese wurden zu den abendlichen Treffen eingeladen und legten bald das Gelübde ab.

Das Farmhaus wurde erweitert, ebenso die Kapelle. Ende 1949 war die Zahl der Mönche von sechs auf zwanzig gestiegen. Doch jetzt war auch der Samen des Chaos in der Gemeinschaft gesät. Konsensbeschlüsse wurden zusehends schwieriger. Viele der neuen Brüder fingen an, Grüppchen zu bilden und brauchten von den Älteren spirituelle Anleitung. Mehrere waren durch den Krieg so mitgenommen, dass sie psychiatrische Hilfe außerhalb der Gemeinschaft brauchten. Einige, die schon nach wenigen Monaten ihr Gelübde abgelegt hatten, entschlossen sich dann genau so schnell, den Orden wieder zu verlassen.

Wirtschaftlich ging es dem OSA sehr gut. Es wurde mehr Land gekauft, und ein sehr erfolgreiches Wirtschaftsunternehmen war gegründet worden, indem man Saatgutkreuzungen entwickelte und verkaufte. Jene stillen Kriegsjahre machten den Orden fähig zum Überleben. Am Ende jener Jahre waren die sechs Mönche nicht nur zu zutiefst weisen und reifen Persönlichkeiten geworden, auch miteinander hatten sie sich zu einer sehr festen Kerngemeinschaft entwickelt. Ohne als Clique zu funktionieren, selbst ohne sich miteinander zu treffen, waren sie still dazu in der Lage, die abendlichen Treffen zu schwierigen Entscheidungen zu führen, die nicht nur für sie selbst sondern auch für die jüngeren Mitglieder sehr schmerzlich waren.

Sie waren übereingekommen, dass junge Mitglieder zu rasch aufgenommen worden waren, ohne die nötige Vorbereitung. Aus diesem Grund legte man eine sechsmonatige Probezeit und eine zweijährige Novizenzeit fest – genau wie in traditionellen Klöstern – ehe das Gelübde abgelegt werden konnte. Es wurde die Ernsthaftigkeit des Gelübdes betont. Grüppchenbildung wurde aktiv entmutigt. Mehrere der erst vor kurzem geweihten Mitglieder wurden aufgefordert, die Gültigkeit ihrer Berufung zum Mönchsleben in Frage zu stellen und die meisten von ihnen verließen den Orden. Es wurde festgelegt, dass die verbleibenden geweihten Mönche einen Rat bilden, der sich monatlich trifft, um wichtige, den Orden betreffende Konsensentscheidungen zu fällen, und dass Bewerber und Novizen vom Entscheidungsprozess ausgeschlossen waren.

Da der Orden noch immer keinen Abt hatte, wurde Bruder Anthony die Rolle des Leiters der Novizen übertragen, dessen Aufgabe es war, Anwärter und Novizen auf ihr Gelübde und Berufung vorzubereiten. Auf diese Weise erreichte man vorerst einen Kompromiss zum Thema Autorität.

Bis 1956 hatte sich die Anzahl der Mönche auf 16 reduziert, doch waren da auch noch vier Anwärter und zwölf Novizen. Der OSA funktionierte reibungslos. Er hatte das drohende Chaos überlebt. Aber die Dinge waren noch immer nicht perfekt. Die älteren Mitglieder bemerkten, dass die Tiefe der Freude und des Engagements, die früher und während der Kriegsjahre herrschten, nicht mehr erreicht wurde. Außerdem wurden während der Abendtreffen, an denen nun 32

Menschen teilnahmen, unter den Novizen viele Stimmen laut, die den Rat kritisierten. Warum sollten sie von den wichtigeren Entscheidungsprozessen ausgeschlossen sein? War ihre kurze Verweildauer im Orden ein ausreichender Grund, sie als Mitglieder zweiter Klasse zu sehen? Verhielt sich der Orden an als Gemeinschaft, deren oberste Priorität Einschließlichkeit war?

Darüber hinaus war es der Rat, der im Geheimen entschied, ob sie als Novizen eine echte Berufung zum Mönchsleben hatten. Sollten sie die ganze Zeit duckmäusern und sich immer auf dem Prüfstand fühlen? War das authentische Gemeinschaft? Der Rat nahm die Novizen ernst. Wieder wurden die Themen debattiert, es wurde gebetet, tiefsinnig nach allen Richtungen geschaut, bis ein effizienter, innovativer Kompromiss erreicht war.

Von jetzt an wurden die Probezeit und das Noviziat als Vorbereitungszeit vor dem Ablegen des Gelübdes angesehen. Der Ernst der Gelübde und der Berufung wurden wieder bestätigt. Zugleich gab man zu, dass der Ausschluss der Novizen vom Rat eine Verfehlung gegen die Ideale der Gemeinschaft bedeutete. Auch stellte man fest, dass der Orden zu groß geworden war. Es wurden Beschlüsse gefasst, die auf das Abschaffen des Rates hinausliefen, auf den Kauf einer neuen Farm, und darauf, den Orden in zwei autonome Häuser aufzuteilen.

Sechs Monate später war eine Farm in 30 Meilen Entfernung ausgewählt. Genau die Hälfte der Mönche, Anwärter und Novizen zogen dorthin um. Wie im Ursprungshaus war auch dort niemand der Hauptverantwortliche – kein Abt, kein Oberster, kein ernannter Chef. Es gab bloß einen neuen rechtlichen Vertrauensmann und einen neuen Novizenleiter für jedes Haus. Man einigte sich darauf, dass sich die Mitglieder beider Häuser monatlich versammeln sollten, um Themen zu besprechen, die den Orden als Ganzes betreffen. Dazu sollte es eine Abendmahlsfeier und eine Party geben. Mit diesem Beschluss war die Gemeinschaft wieder voll hergestellt, auch die der einzelnen Häuser.

Dieser Gemeinschaftsgeist wirkte wiederum wie ein Magnet. Während der 1960er Jahre nahmen Ordensgemeinschaften in den USA zahlenmäßig rapide ab, jedoch nicht der Aloysiusorden, der sich mehr als verdoppelte. 1969 gab es bereits vier autonome Häuser, mit 46 Mönchen und 38 Anwärtern und Novizen. Das Zweite Vatikanische Konzil befasste sich mit dem Problem der rapide abnehmenden Mitgliederzahlen der katholischen Klöster und es änderte ihre Regeln, um mehr Autonomie und Freiräume zuzulassen. So betrachtet, war der Aloysiusorden dem Konzil um 30 Jahre voraus und hatte keine Nachwuchssorgen.

Die Erhaltung von Gemeinschaft

Junge Leute aus allen Teilen des Landes fühlten sich angezogen, und was sie fanden war so angenehm, so schön, dass viele Menschen in jener Zeit des schroffen Individualismus willens waren, sich hier mit unerschütterlicher Hingabe zu engagieren.

Doch auch der Aloysiusorden musste sich dem Thema des Individualismus stellen. 1962 fühlten sich mehrere Brüder berufen, den Freedom Riders von Mississippi anzuschließen, die für die Bürgerrechte der Afroamerikaner kämpften. Die Mehrzahl war jedoch zufrieden mit ihrem teils aktiven, teils kontemplativen Lebensstil, sie fragten sich aber, was für einen Einfluss es auf den Orden haben würde, wenn Mitglieder sich politisch engagieren würden. Nach vielem Beten in den einzelnen Häusern und bei den monatlichen Treffen wurde im Konsens beschlossen, dass es für den Orden passend sei, sich in das Thema der Rassentrennung einzuklinken und dies seiner Stabilität nicht schaden würde.

Acht Mönche zogen Anfang 1963 nach Mississippi um. Die anderen Brüder beteten währenddessen täglich für ihre Aufgabe. 1965 kehrten alle acht nach Illinois zurück. 1967 gab es einen ähnlichen Kampf, als einige der Brüder an Märschen gegen den Vietnamkrieg teilnehmen wollten. Wieder wurde nach Gebet und Kontemplation beschlossen, diese besondere Art von Aktivismus zu gestatten. Viele OSA Brüder marschierten mit, während die daheim gebliebenen für sie beteten.

Es wurden jedoch nicht alle individuellen Anfragen gewährt. 1970 baten zwei Brüder, einen mehr kontemplativen Lebensstil führen zu dürfen. Sie wollten einsiedlerisch leben und von den Abendgottesdiensten ausgenommen werden. Es wurde entschieden, dass der Hauptfokus des Ordens Gemeinschaftsleben war und bleiben sollte und die abendlichen Treffen für den Orden mindestens genau so wichtig waren wie Gebet, Liturgie und Kontemplation. Es wurde darauf hingewiesen, dass sich ein Bruder, der zu einem einsiedlerischen Leben neige, einem anderen Orden anschließen könne, in dem das möglich wäre. Ein Mönch verließ den Aloysiusorden und schloss sich den Trappisten an, der andere entschied sich, zu bleiben.

Frauen waren damals ein anderes, wichtiges Thema. Während der 1960er Jahre waren unter den Besuchern in den Häusern des Ordens auch viele Frauen. Einige von ihnen wünschten sich eine dauerhaftere Assoziation. Die Brüder waren über die beginnende Frauenbewegung jener Zeit im Bild und ihre Haltung war ausnahmslos eine unterstützende. Da Einschließlichkeit ein wichtiger Wert für sie war, fanden sie nicht nur die Diskriminierung der Frauen abstoßend, sondern hinterfragten auch ihr eigenes ausschließendes Verhalten gegenüber Frauen.

Gemeinschaftsbildung

Es gab damals einige Experimente von klosterähnlichen Gemeinschaften, in denen Männer und Frauen und sogar verheiratete Paare lebten. Es wurden zwei Brüder und eine befreundete Frau damit beauftragt, eine Studie zu diesen Experimenten zu machen. Was sie fanden, war nicht ermutigend: Häufiges Brechen der Keuschheitsregel, viel Durcheinander, wenig Stabilität und Kurzlebigkeit dieser Gemeinschaften. Ein Zusammenleben von Mönchen und Nonnen unter einem Dach schien deshalb nicht angebracht.

Folglich wurde 1972 ein fünftes autonomes Haus nur für Frauen gegründet. 1975 war es bereits voll und die monatlichen gemeinsamen Treffen der Häuser waren als Resultat lebendiger denn je. Kaum hatte er das Frauenthema geregelt, wandte sich der OSA schon einem neuen Problem zu.

Nachdem der Vatikan seinen rigiden Zentralismus gegenüber den Klöstern gelockert hatte, war es nun möglich, dass der Orden von der Katholischen Kirche anerkannt werden konnte. Ein Repräsentant des Erzbischofs hatte schon versucht, Erkundungen beim Orden einzuholen, bezüglich einer Aussöhnung. Anfangs regte sich Widerstand gegen eine solche Möglichkeit. Noch immer gab es viel Bitterkeit, weil man über dreißig Jahre lang gezwungen worden war, als abtrünniger Orden zu existieren.

„Wer braucht Rom?", war das vorherrschende Gefühl. Doch diese Haltung änderte sich, als Bruder Anthony, der inzwischen sehr gebrechlich geworden war, aber seinen klaren Kopf behalten hatte, sich bei einem der monatlichen Treffen erhob und sagte: „Die Frage ist nicht, wer braucht Rom? Bis jetzt sind wir bestens ohne es ausgekommen. Die Frage ist, braucht Rom uns? Anders ausgedrückt, ist die römisch-katholische Kirche in einem Zustand, in dem sie unsere Unterstützung braucht?"

Das hat zu einer intensiven Prüfung der Kirche geführt, mit all ihren Sünden, die sie in Amerika und weltweit begangen hat, und konfrontierte die Brüder und Schwestern mit der Frage, ob sie sich der Kirche annähern wollten. Es dauerte ein ganzes Jahr, ehe Konsens erreicht wurde. Mönche und Nonnen entschieden, sich unter die Schirmherrschaft der römisch-katholischen Kirche zu begeben. Sie formulierten jedoch schriftlich ganz klar, „wir vom OSA, mit unserem Fokus auf der Vitalität der Gemeinschaft, sehen uns berufen, eine permanent führende Rolle in der Kirche einzunehmen im Hinblick darauf, was es heißt eine Gemeinschaft zu sein."

Es gab eine letzte Frage zu lösen. Obwohl das Zweite Vatikanische Konzil seine Regeln gelockert hatte, wurde eine Ordensleitung für die Anerkennung durch die Kirche benötigt. Trotz des grundlegenden Misstrauens gegenüber Hierarchien war dieser Punkt leicht zu regeln. Da der Orden weiter gewachsen war, wurde es immer dringlicher, dass jemand nach außen hin ihn als Ganzen repräsentierte – sei es in Verhandlungen mit Rom oder gegenüber einer Versicherungsgesellschaft.

Es wurde die Stelle eines Abts bzw. einer Äbtissin eingerichtet. Allerdings wurde betont, dass dieser gewählte Offizielle, der männlich oder weiblich sein konnte, nur dazu autorisiert war, den Orden zu vertreten, jedoch keine Entscheidungen treffen konnte. Entscheidungen wurden weiterhin im Konsens getroffen, entweder in den monatlichen Treffen des Ordens oder in den täglichen Zusammenkünften der einzelnen Häuser. Wieder wurde bestätigt, dass es in den autonomen Häusern keinen Hauschef und keine hierarchische Struktur geben sollte.

Es ist vielleicht kein Zufall, dass Bruder Anthony, 81 Jahre alt, der nie ein Oberster, nie ein Abt gewesen war, einen Monat nachdem der OSA ein offizieller religiöser Orden geworden war, still verschied. Der Orden entschied, seinen Tod mit einer grandiosen Party zu feiern. Sie wurde neun Monate lang vorbereitet. Chicago war die einzige Stadt in Illinois, die die nötige Infrastruktur dafür hatte. Die Menschen kamen von überall her: Ein Kardinal von der Kurie in Rom, drei amerikanische Kardinäle, zahlreiche Repräsentanten des Erzbistums, Vertreter von ungefähr hundert anderen religiösen Orden, Delegierte anderer Konfessionen, Politiker und über tausend Farmer aus der Gegend mit ihren Frauen und Kindern. Der Gemeinschaftsgeist schien die sterilen Hallen des Hotels zu erfüllen, wo die Feier stattfand. Selbst das Personal strahlte an jenem Tag.

Heute besteht der OSA aus neun autonomen Häusern, zwei für Frauen, sieben für Männer, mit 131 Mönchen und Nonnen sowie 83 Anwärtern und Novizen. Sollte ein Offizieller der Kirche zu Besuch kommen, wird er gefragt, ob er was dagegen einzuwenden hätte, dass die Messe von einem Laien zelebriert wird. Wenn ja, wird ein ordinierter Bruder oder ein Priester aus der Umgebung herangezogen für diesen Anlass. Ansonsten wird täglich in jedem Haus von den Mönchen und Nonnen die Messe gefeiert, egal ob sie die Priesterweihe haben oder nicht, und die Kirche schaut weg.

Es wäre nicht korrekt zu sagen, der OSA tritt für die Priesterweihe von Frauen ein; genauer wäre, der Orden arbeitet daran, die Priesterweihe an sich abzuschaffen. Er ist nicht länger ein abtrünniger Orden, aber er bleibt radikal. Er ist auch der am schnellsten wachsende Mönchsorden in den USA.

Gemeinschaftsbildung

Der OSA ist kein normaler Orden. Er zeigt, wie bestehende Gemeinschaften sich gründen und immer wieder erneuern müssen, indem sie aktuelle Entwicklungen einbeziehen, auf dass sie lebendig bleiben. Wie jeder Mönchsorden oder jede andere Gemeinschaft, ist der OSA eine höchst intensive Gesellschaftsform. Das Leben der Mitglieder ist eng miteinander verknüpft, mit einem hohen Grad von zwischenmenschlicher Aktivität. Der Orden hat sich für ein sehr geringes Maß an autoritärer Struktur in seiner Organisation und Führung entschieden und ist hierauf bezogen radikal im Vergleich zu anderen Gemeinschaften. Aber das Bestehen auf Konsensentscheidung scheint ein Schlüssel zu seinem Erfolg zu sein.

Es sei jedoch daran erinnert, dass die Spannungen rund um das Thema Führung von Anfang an bestanden haben, dass Anwärter und Novizen eine Zeit lang von Entscheidungsprozessen ausgeschlossen waren, und dass sich der Orden schließlich gezwungen sah, einen Abt zu wählen. Außerdem handelt er weiterhin den Regeln der Kirche zuwider, was das Thema der Priesterweihe angeht.

Wie es für große intensive Gemeinschaften üblich ist, sind ausgewählte Bereiche des OSA stark strukturiert. Das tägliche Leben ist straff durchorganisiert, angefangen bei der morgendlichen Meditation und der Messe, über die Arbeitszeit, die Vesper bis hin zu den Gemeinschaftstreffen. Andererseits ist der Orden hierarchisch gesehen ziemlich unstrukturiert, ohne Komitees oder ernannte Führer. Er kann mit so wenig Struktur nur deshalb funktionieren, weil viel Zeit in gemeinschaftliche Gruppen investiert wird, was Konsensentscheidungen über praktisch jedes Thema erst möglich macht.

Der St.-Aloysius-Orden entschied, das spannungsreiche Thema seiner Größe durch die Aufteilung in kleine autonome Häuser anzugehen. Viele religiöse Orden haben das ähnlich gemacht. Andere hingegen haben versucht, ein zentrales Mutterhaus, in dem der Oberste lebt und wo alle Anwärter und Novizen ausgebildet werden, beizubehalten. Für den OSA bleiben die Themen Hierarchie und Größe weiterhin spannungsreich. Die großen Monatstreffen sind kompliziert und schließlich musste doch ein Abt gewählt werden.

Für einen religiösen Orden ist der OSA in hohem Maße einschließend. Einerseits werden Anwärter und Novizen integriert in die Entscheidungsprozesse, Frauen und Männer werden aufgenommen und es wird kein Unterschied gemacht zwischen geweihten Priestern und Laien. Andererseits wird noch immer ein Unterschied gemacht zwischen Nonnen/Mönchen und denen in der Vorbereitung. Die einzelnen Häuser sind nach Geschlechtern getrennt und der Orden hat seine katholische Identität gewahrt. Baptisten, Juden, Buddhisten und Menschen anderer Glaubensrichtungen können Gäste, aber keine Mitglieder sein. Deshalb bleibt Einschließlichkeit weiterhin ein Thema.

Genauso ist es mit Individualität. Einzelne Mitglieder haben sich politisch engagiert, jedoch nur mit der Genehmigung der Gemeinschaft. Andere individuelle Anfragen waren abgelehnt worden. Grüppchenbildung ist verpönt. Die traditionellen Gelübde im Sinne von Armut, Keuschheit und Gehorsam bleiben bestehen.

Was Gelübde angeht, verlangt der St.-Aloysius-Orden ein hohes Maß an verbindlichem Einsatz – ungleich höher, als das bei weniger intensiven Gemeinschaften der Fall ist. Die Wichtigkeit der Gelübde musste im Frühstadium der Ordensgeschichte noch einmal bestätigt werden.

Das Aufgabengebiet ist sehr weit gefasst. Der St.-Aloysius-Orden ist weder rein kontemplativ noch rein weltlich. Er definiert sich als römisch-katholisch, liegt aber klar am weltlichen Ende des Spektrums. Er hat vielfältige Aufgaben, angefangen von der Entwicklung hybriden Saatguts über das Leiten der Liturgie bis hin zum individuellen spirituellen Wachstum. Dass der OSA der Gemeinschaftsbildung einen derart hohen Stellenwert einräumt, macht ihn zu etwas Besonderem.

Rituale haben einen hohen Stellenwert, bedenkt man die täglichen Abendmahle und Gottesdienste. Nicht-religiöse Gemeinschaften legen hingegen selten soviel Gewicht auf Rituale. Es existiert ein feiner Unterschied zwischen Liturgie, Ritual und Spiel. Es ist kein Zufall, dass ich die Geschichte des OSA mit einer fröhlichen Feier beendete. Ich fragte einmal einen wundervollen jüdischen Mann, durch was für ein Geheimnis seine eigene, ganz besondere Gemeinschaft so erfolgreich sei, die eine Hebräisch-Schule betrieb. Er stellte daraufhin seiner siebenjährigen Tochter die Frage, was sie an dieser Gemeinschaft am besten fände. Sie antwortete ohne zu zögern: „Papa, in der Schule lachen sie so viel." Ich glaube nicht, dass es eine erfolgreiche Gemeinschaft geben kann, in der nicht sehr oft gelacht und mit Genuss gefeiert wird.

Wir haben jetzt gesehen, wie eine Ordensgemeinschaft mit den Schwierigkeiten bezüglich der Erhaltung der Gemeinschaft umgeht. Nun wollen wir untersuchen, wie eine ganz andere Art von Langzeitgemeinschaft die gleiche Belastung handhabt.

Die Kellergruppe

An einem Sonntagnachmittag Ende Mai 1961 schüttelte Peter Sallinger, der Pfarrer der Ersten Methodistenkirche von Blythwood, New Jersey, den Kirchgängern zum Abschied die Hand. Er war froh, dass dieses meist leere Ritual vorüber war. Aus dem Schatten im Rückraum der Kirche trat ein gut aussehender, vielleicht vierzigjähriger Mann hervor. Peter hatte ihn während des Gottesdienstes gar nicht wahrgenommen. Der Fremde nahm Peters Hand. „Es war eine gute Predigt", sagte er, „doch deswegen lungere ich nicht hier herum. Ich möchte mich mit Ihnen bei Gelegenheit unterhalten." Peter mochte den Mann sofort. „Warum nicht jetzt gleich?" Der Mann nickte und Peter führte ihn in sein Büro im Pfarrhaus.

Als sie saßen, fragte Peter: „Was kann ich für Sie tun?" „Ich bin nicht sicher", sagte der Fremde. „Ich heiße Ralph Henderson. Ich bin Psychologe und Christ. Das ist eine seltene Kombination. Ich arbeite in einer hiesigen psychiatrischen Klinik. Es scheint in meiner Arbeit keinen Raum für Religion zu geben und ich habe mein Christsein für mich behalten. Meine Frau kommt aus einer fundamentalistischen Tradition und Religion ist ihr nun verhasst, weswegen ich mit ihr auch nicht darüber sprechen kann. Normale Gottesdienste bringen mir nichts, um ehrlich zu sein. Sie scheinen mir ein sehr authentischer Gottesmann zu sein. Ich weiß nicht, was Sie für mich tun können. Es mag dumm klingen, aber ich habe das Gefühl, dass ich mit Ihnen spreche, weil ich einsam bin."

Sie schauten einander schweigend an. „Sie sind ein mutiger Mann", sagte Peter dann. „Das klingt gut, aber wieso meinen Sie das?", antwortete Ralph. „Weil Sie sich gerade außerordentlich verletzlich gezeigt haben. Ich bin hier seit drei Jahren Pfarrer. Es ist eine große Kirchengemeinde und ich werde als ein guter Pfarrer angesehen, aber meine Gemeindemitglieder sprechen zu mir fast nie über wirklich Wichtiges, außer, es stirbt jemand, und selbst dann sind sie nicht richtig offen. Ich habe ihre Oberflächlichkeit satt. Sehen Sie, auch ich bin einsam", sagte Peter.

„Was machen wir nun?", fragte Ralph. „Ich habe von Versammlungen im Landesinneren gehört," antwortete Peter, „sie verstehen sich als christliche Unterstützergruppe." „Sprechen Sie weiter." „Es ist einfach eine Gruppe von Geistlichen, die sich trifft, um sich bei der Ausübung ihrer seelsorgerischen Tätigkeit zu unterstützen. Ich habe einen Freund aus dem bischöflichen Amt, der auch dieses Problem hat, der sich von seiner Gemeinde ziemlich entfremdet fühlt. Ich denke, er würde bei uns mitmachen." „Aber ich habe kein geistliches Amt", sagte Ralph, „ich bin kein Geistlicher." „Das ist Quatsch", meinte Peter, „jeder hat ein geistliches Amt. Ihres liegt in der geistigen Gesundheit. Und Sie haben mir bereits gesagt, es sei schwierig, weil Sie Christ sind in einem weltlichen Beruf. Übrigens ist die Mehrzahl dieser Gruppen von Geschäftsleuten gegründet worden. Wissen Sie, dass das schwierigste geistliche Amt in der Geschäftswelt liegt? Das ist für einen religiösen Menschen eine ganz fremdartige Welt.

In Wahrheit ist jeder ein potenzieller Seelsorger. Man kann sich nun aussuchen, ob man ein guter oder ein schlechter Geistlicher sein will. Um ein guter zu sein, hilft das Bewusstsein, dass man ein Geistlicher ist und ein geistliches Amt auszufüllen hat. Ich ermuntere Sie, dieses Bewusstsein zu kultivieren." „Okay, Chef", sagte Ralph lächelnd.

Auf diese Weise begann die „Kellergruppe": Zwei protestantische Geistliche und ein christlicher Psychologe trafen sich einmal in der Woche für zwei Stunden im Keller von Ralphs Haus. Sechs Monate später stieß ein christlicher Psychiater zu ihnen, den Ralph ausfindig gemacht hatte, und ein katholischer Priester, den Peter getroffen hatte.

Es wurde beschlossen, jedes Treffen mit einem dreiminütigen Schweigen zu beginnen und damit zu beenden, dass jeder ein kurzes, inniges Gebet laut sprach. Weiter gab es keine Struktur in der Gruppe. Die Mitglieder konnten sprechen, über was sie wollten und wann sie sich dazu bewegt fühlten. Die einzige Regel war Verletzlichkeit. Die Mitglieder hatten sich darauf geeinigt, dass sie sich gegenseitig so verletzlich wie irgend möglich zeigen sollten. Schon bald ging ihnen auf, dass Verletzlichkeit nicht nur bedeutet, über intime Themen offen zu sprechen, sondern auch, dass sie einander mit Offenheit und größtmöglicher Urteilsfreiheit zuhören. Sie waren zu einer echten Gemeinschaft geworden.

Gegen Ende des Winters 1962 trat dieser Gruppe ein Rabbi bei. Sie waren dadurch keine speziell christliche Unterstützergruppe. Das schien jedoch nicht mehr so wichtig. Kritisch war die Situation, als wieder ein halbes Jahr später Ralph einen Kollegen einladen wollte, der Atheist war, nach Gemeinschaft suchte und lautstark seine atheistische Weltanschauung verteidigte. Es brauchte drei aufeinanderfolgende Abende, um ihn zu integrieren. Er hatte keine Schwierigkeiten mit dem Schweigeritual am Anfang der Treffen, aber konnte nicht an den abschließenden Gebeten teilnehmen. Er wurde gefragt, ob er still dabei sitzen konnte, wenn die anderen beteten, und er meinte, das könne er. Das war ein einfacher Kompromiss.

Gemeinschaftsbildung

Die grundlegende Frage lautete, ob die Gruppe mit einem Atheisten als Mitglied weiter eine religiöse Unterstützergruppe bleiben konnte. Die anderen Mitglieder betonten, dass ihr Glaube das zentrale Element sei in ihrer Unterstützungsarbeit und waren nicht willens, ihre religiöse Überzeugung aufs Nebengleis zu stellen. Der Religionslose verpflichtete sich, ihren Glaubensthemen zuzuhören, solange sie sich die seinen anhören würden. Die Gläubigen sagten, sie wollten nicht, dass ihr Glaube ein ausschließender wäre. Dieser Prozess des Einschließens war nicht einfach. Als er jedoch abgeschlossen war, hatte er das Bewusstsein von Gemeinschaft nur gestärkt.

1963 trat zum ersten Mal eine Frau ein, eine der ersten protestantischen Pastorinnen dieses Staates. Wegen ihrer bahnbrechenden Rolle brauchte sie dringend eine Unterstützergemeinschaft. Da der Geist der Gruppe einschließend war, hatten sie keine Probleme, sie zu integrieren. Im gleichen Jahr traten zwei Geschäftsleute bei.

Anfang 1964 wurde Ralph Henderson von einer Universität an der Westküste die Leitung des Fachbereichs Psychologie angeboten. Er konnte nicht nein sagen. Er selbst und die ganze Gruppe trauerte über sein Weggehen. In die Trauer mischte sich Gelächter, weil Ralphs Abgang die Fortschreibung des Gründungsmythos der Gruppe ermunterte. Bis dahin hatte sich die Gruppe immer noch in Ralphs Keller getroffen. Es wäre nicht schwer gewesen, einen anderen Platz zu finden, da jedes Mitglied sein Zuhause, seine Kirche oder seine Synagoge anbot.

Doch jetzt wurde der Gruppe klar, welche Bedeutung der Keller für die Treffen hatte. Als sie darüber tiefer nachdachten, kamen sie zu drei Schlüssen. Ralph erklärte, dass in Träumen ein Keller normalerweise das Unterbewusste symbolisiert, das, was unter der Oberfläche ist. Die Gruppe erkannte verblüfft, dass durch die Umgebung tiefgehende Gespräche erleichtert wurden. Zum Zweiten wurde ihnen das Symbolhafte eines Kellers klar: Auf ihm steht das Haus. Ein Mitglied sagte: „Diese Gruppe ist für mich so wichtig geworden, dass sie mir manchmal wie das Fundament meines Lebens vorkommt."

Dann kamen sie zur Erkenntnis – einschließlich des Atheisten – dass sie miteinander vereint waren, weil sie alle Geistliche oder Führungskräfte in einer Welt waren, in der sie normalerweise nicht aussprechen konnten, was sie dachten, und sich nicht verletzlich zeigen konnten, wenn sie es brauchten. „Es ist, als wären wir im Untergrund", fasste es ein anderes Mitglied zusammen.

Deshalb war es nur natürlich, dass sie sich weiterhin unterirdisch treffen wollten. So kam es auch, dass sie sich die Kellergruppe nannten.

Manchmal trafen sie sich in gut ausgebauten Kellerräumen mit Teppichbelägen oder in Spielhallen. Dann wieder zusammengepfercht auf engem Raum neben einer Heizanlage und mit den Rohren knapp über ihren Köpfen. Es war für die Gruppe einfach unvorstellbar geworden, sich über der Erde zu treffen.

In der Anfangszeit rauchten einige der Teilnehmer oder sie tranken Bier während der Treffen. Bald wurde man sich jedoch einig, dass derartige Beschäftigungen die Intensität der Interaktionen beeinträchtigten. „Während der Treffen nicht rauchen und nicht trinken" wurde zu einer ungeschriebenen Regel. In der ersten Zeit wurde auch das Thema Partys besprochen. Die Mitglieder genossen ihre gegenseitige Gesellschaft so sehr, dass sie sich auch außerhalb der Treffen sehen wollten. Es gab eine Party nur für die Mitglieder und eine zweite mit den Partnerinnen. Aber beide waren seltsam glanzlose Veranstaltungen, ohne den sonstigen Geist. Die Gruppe beschloss, dass Feiern nicht zu ihr passen, und dabei blieb es.

Es gab aber kein Verbot, sich außerhalb der Gruppe zu treffen. Paarbildung war immer erlaubt. Im Laufe ihres 25-jährigen Bestehens brachte die Gruppe mehrere Romanzen und eine Heirat zustande. Jede Paarkonstellation musste in der Gruppe über ihre Beziehung sprechen, denn eine andere ungeschriebene Regel lautete „Du kannst nicht verletzbar sein und gleichzeitig Geheimnisse haben". Zum größten Teil verkehrten die Mitglieder jedoch kaum miteinander außerhalb der zweistündigen Gruppentreffen. Die Gruppe war für sie ein unterirdischer Ruhepol in ihrem sonst normalen Leben.

Noch ein wichtiges Thema wurde in den ersten zwei Jahren behandelt: Für die frühen Mitglieder war es natürlich, dass sie sich gegenseitig auf den Zahn fühlten und das Leben der anderen interpretierten. Aber nach und nach entdeckte die Gruppe, dass das ein gewisses Chaos nach sich zog. Sie kamen von sich aus zu der Weisheit, dass Versuche zu heilen oder zu bekehren im Allgemeinen mehr zerstörten als unterstützten. So wie sie dazu gekommen waren, sich als Gruppe zu bezeichnen, die nicht feierte, erkannten sie bald, dass sie keine Therapiegruppe waren. „Wir sind nur eine Unterstützergruppe", pflegten sie neuen Mitgliedern zu sagen. „Unser Sinn ist zu lieben, nicht zu heilen". Aber wie in jeder authentischen Gemeinschaft haben trotzdem viele Mitglieder der Kellergruppe große Heilung durch sie erfahren.

Jedoch nicht alle. 1965 war ein schwieriges Jahr für die Gruppe. Ted, der Manager eines lokalen Golfplatzes trat im Februar bei. Als charmanter, witziger, umgänglicher Mensch schien er offensichtlich gut hineinzupassen. Aber zu seiner ersten Sitzung im April kam er völlig betrunken. Mit unpassender Ausgelassenheit ließ er nicht ab, die Aufmerksamkeit auf sich zu ziehen. Doch nichts was andere zu ihm sagten, hatte den geringsten Effekt. Der Gruppe gelang es nur, ihn dazu zu bewegen viel Kaffee zu trinken, sodass er hinterher heil nach Hause fahren konnte. Die darauf folgende Woche kam Ted nüchtern und voller Gewissensbisse. Er stritt ab, ein Alkoholproblem zu haben und behauptete, dass er so was sonst noch nie gemacht habe und er wisse nicht, wie das überhaupt passieren konnte. Fragen aus der Gruppe führten zu nichts.

Die Woche danach war er wieder betrunken. Sein Verhalten war derart destruktiv, dass die Gruppe keine andere Wahl hatte als ihn in der nächsten Sitzung, als er nüchtern kam, mit seinem Alkoholismus zu konfrontieren. Wieder beharrte Ted darauf, kein Alkoholiker zu sein und sprach vom Frust, den er beim Herrichten des Golfplatzes hatte, und wegen der Klagen reicher Golfspieler. Die Gruppe hoffte, dass diese Aussprache ihm helfen würde. Dem war aber nicht so.

In der darauf folgenden Sitzung war er noch betrunkener. Ein paar Gruppenmitglieder brachten ihn zur Notfallstation des naheliegenden Krankenhauses. Dort wollte man ihn nicht aufnehmen. In der darauffolgenden Woche organisierten sie, dass ein Repräsentant der Anonymen Alkoholiker (AA) dem Treffen beiwohnte. Mit der Hilfe dieses Mannes nahmen sie es mit Ted weiter auf. Ted bestritt, Alkoholiker zu sein. Die Gruppe kam überein, dass Mitglieder, die zu drei von sechs Treffen in betrunkenem Zustand erschienen, eben doch Alkoholiker seien. Ted gab jetzt zu, dass er einer sein könnte, bestand aber darauf, dass er AA nicht brauche, da er ja bereits eine Unterstützergruppe hätte. Der Repräsentant von AA sagte, Ted habe die Talsohle noch nicht erreicht.

Die darauffolgende Woche erschien Ted nicht. Die Sitzung wurde dazu verwendet, seinen Fall zu besprechen. Ein Mitglied erklärte sich bereit, mit seiner Frau in Verbindung zu treten und berichtete beim nächsten Treffen – Ted war diesmal nüchtern anwesend – dass Teds Frau erkannte, dass ihr Mann Alkoholiker war, sie sich aber hilflos fühlte. Ihr wurde vorgeschlagen, Alanon beizutreten, einer Unterstützergruppe für Angehörige von Alkoholikern, und sie schien dankbar für den Hinweis zu sein. Ted sagte, es gefiele ihm nicht, dass sich die Gruppe in sein Privatleben einmische. Jetzt sagte ihm die Gruppe, dass das unvermeidlich gewesen sei. Beim nächsten Mal tauchte er mitten in der Sitzung wieder betrunken auf.

Am nächsten Abend in jener Woche hielten sie ein Notfalltreffen ohne ihn ab, um auszusprechen, dass Teds Alkoholismus die letzten zehn Gruppentreffen total dominiert hatte und die Gruppe dadurch in ihrer Existenz bedroht war. Ungern kam die Gruppe zu dem Ergebnis, dass sie Grenzen zu setzen habe. In der nächsten Sitzung war Ted nüchtern und die Gruppe sagte zu ihm. „Ted, wir können dich nicht zwingen zu AA zu gehen, obwohl wir uns darüber einig sind, dass dieser Schritt für dich das Beste wäre. Wir wollen dich auch nicht aus unserer Gruppe rauswerfen. Aber während der letzten zehn Wochen haben wir nichts anderes tun können, als uns auf dich zu konzentrieren. Dein Alkoholproblem hindert die Gruppe daran, ihre eigentliche Funktion zu erfüllen, nämlich die, alle Mitglieder zu unterstützen.

Du bist willkommen, weiterhin in der Gruppe zu bleiben, aber nur in nüchternem Zustand. Wenn du außerhalb der Treffen trinkst, ist das deine Angelegenheit. Kommst du aber noch ein einziges Mal betrunken hierher, wirst du sofort und für alle Zeiten ausgeschlossen." Zum nächsten Treffen erschien Ted betrunken und aufgebracht und bestand darauf zu bleiben. Augenblicklich wurde die Polizei geholt. Da keine Beschuldigungen gegen ihn ausgesprochen wurden, brachte ihn die Polizei einfach nach Hause. Er erschien nie wieder zu den Gruppentreffen.

Drei weitere Sitzungen wurden Ted gewidmet, in denen es um die Trauer und die Schuld der Gruppe ging. Hatte sie einen Fehler begangen? Hätten sie mehr für ihn tun können? Hatten sie etwas getan, was sie besser nicht getan hätten? Hätten sie liebevoller sein sollen? Schließlich kamen sie zum Schluss, ihr Bestes getan zu haben, und selbst wenn Ted aus dieser Erfahrung nichts gelernt hätte, dann hatte doch als Gruppe einiges über ihre Grenzen erfahren. Über ein Jahr blieben sie mit Teds Frau in Kontakt, bis diese sich scheiden ließ und nach Arkansas zu ihren Eltern zog. Die Gruppe half ihr finanziell beim Umzug. Keiner in der Gruppe erfuhr, was mit Ted weiter passierte, aber er ist in ihrem Gedächtnis verewigt durch das Wissen, dass sie nicht fähig waren, alle Probleme zu lösen.

Es gab auch Beispiele, wo die Gruppe keine Grenzen setzte. Roger, einer der ersten Geschäftsleute, die der Gruppe beigetreten war, wurde bald von seiner Firma befördert und musste nun viel reisen, sodass er nur noch an jedem dritten Treffen teilnehmen konnte. Er bot an auszutreten, aber die Gruppe war sich einstimmig darüber einig, mit ihm weitermachen zu wollen, auch wenn er nur teilweise dabei war. Das war keine schwierige Entscheidung, weil Rogers Engagement offensichtlich und greifbar war.

Schwieriger war der Fall der sogenannten „Unsteten". Das waren Männer und Frauen, die über Jahre ab und zu an den Wochentreffen teilnahmen, die aber nur kamen, wenn es sie danach verlangte, und die sich der Gruppe gegenüber nicht verpflichtet fühlten. Anfänglich reagierten die Mitglieder verärgert darüber. Warum sollten diese von verbindlicher Teilnahme ausgenommen sein? Erwuchs die gegenseitige Unterstützung – also die Grundlage der Gruppe – nicht aus der Verbindlichkeit der Mitglieder zueinander? Nach und nach, während sich die Gruppe mit der Unklarheit dieses Themas beschäftigte, begann Klarheit zu entstehen. Zum Beispiel verlangten die Unsteten weniger Aufmerksamkeit als Ted und ihre unregelmäßige Anwesenheit wirkte nicht so destruktiv auf die Gruppe. Sie brachten auch frischen Wind und manchmal neue Ideen mit hinein. Schließlich wurden auch einige der Unsteten zu engagierten Mitgliedern.

So entwickelte sich über mehrere Jahre ein Konsens. Es wurde erkannt, dass manche Menschen für sich eine Testphase brauchten, ehe sie sich verbindlich engagieren konnten, und dass, solange es einen starken Kern Engagierter gab, die Gruppe als Ganzes die Last der Unentschiedenen tragen konnte.

Die Größe des engagierten Kerns der New-Jersey-Kellergruppe variierte während der fünfundzwanzig Jahre ihres Bestehens zwischen drei und elf Mitgliedern. Heute sind es acht. Doch ist die Kellergruppe eigentlich viel größer. Als Ralph und Peter, die Gründer, wegzogen, gründeten sie neue Unterstützergruppen an ihren neuen Wohnorten. Drei andere taten das ebenfalls. Zwei dieser Gruppen lösten sich dann wieder auf, aber es gibt heute voneinander unabhängige Kellergruppen in vier verschiedenen Städten.

Sie stehen durch einen Jahresrundbrief, dem „Basement Blurb", miteinander in Kontakt. Darin wird über Ereignisse und Arbeit der einzelnen Gruppen berichtet und Erinnerungen aus vergangenen Jahren veröffentlicht. Das bedeutet nicht nur effektive Netzwerkarbeit, sondern es werden dadurch Traditionen lebendig gehalten und weitergegeben.

Ich möchte jetzt den St.-Aloysius-Orden mit der Kellergruppe vergleichen und mir ansehen, wie sie bestimmte Themen, mit denen sich alle Langzeitgruppen auseinandersetzen müssen, bearbeitet haben und sich auf ähnliche oder ganz unterschiedliche Art an den Parametern der Gemeinschaftserhaltung orientiert haben.

Im Gegensatz zum OSA war die Größe für die Kellergruppe nie ein Problem. Wegen der Mobilität der Mitglieder, die alle den unterschiedlichsten Berufen nachgingen, war der Kern nie größer als elf Mitglieder und die Gruppe wurde nie so groß, dass ihre Aufgabe, sich gegenseitig zu unterstützen, dadurch behindert worden wäre. Die Kellergruppe ist eine Gemeinschaft von geringer Intensität, die sich zwei Stunden pro Woche trifft. Einige echte Gemeinschaften haben sich mit monatlichen Treffen erhalten, aber im Allgemeinen bleiben sie nicht lange bestehen. Der OSA ist im Gegensatz dazu mit seinem Gemeinschaftsleben, seiner regelmäßigen Liturgie, den täglichen Treffen eine Gemeinschaft hoher Intensität.

Die Kellergruppe ist als Gemeinschaft maximal einschließend. Jeder, der interessiert ist, ist willkommen; es gibt keine Eintrittsprozeduren oder -etappen. Auch Unsteten wird volle Mitgliedschaft erteilt. Das ist eine hohe Einschließlichkeit verglichen mit der geringeren des OSA, wo der Eintritt in Etappen geschieht und Gelübde für das Engagement verlangt werden. Es ist zu beachten, dass selbst die Kellergruppe zum Überleben keine totale Einschließlichkeit zulassen konnte. Zum Beispiel war Teds Verhalten so, dass er ausgeschlossen werden musste.

Auch bezogen auf Individualität ließ die Kellergruppe ein Maximum an Freiraum. Nur grobes asoziales Verhalten konnte nicht toleriert werden. Wäre ihre Intensität noch größer gewesen, wäre das vielleicht anders gewesen. Aber 98% des Lebens ihrer Mitglieder fand außerhalb der Gemeinschaft statt, sodass die Unterschiedlichkeit ihrer Lebensstile in keiner Weise mit dem Funktionieren der Gruppe in Konflikt geriet. Im Gegensatz dazu war der OSA nicht bereit, Einsiedler aufzunehmen und von allen Mitgliedern wurde erwartet, dass sie denselben Lebensstil annahmen, außer wenn sie in der Bürgerrechts- oder der Anti-Kriegsbewegung unterwegs waren.

Es muss noch angemerkt werden, dass die Kellergruppe als Gemeinschaft nur überleben konnte, weil sie einen engagierten Kern hatte. Auch der OSA war in den turbulenten Jahren nach dem Zweiten Weltkrieg auf diese Weise fähig zu überleben. Es muss vor allem ein hohes Maß an verbindlichem Einsatz für die Gemeinschaft geben, damit eine Gruppe zur Gemeinschaft werden kann und es braucht einen engagierten Kern, um diese zu erhalten.

Die Kellergruppe hat einen relativ geringen Grad an Struktur. Die Treffen finden wöchentlich in einem Keller statt, fangen pünktlich an und hören pünktlich auf. Doch darf nicht vergessen werden, dass Gemeinschaft weder möglich ist ohne Struktur, noch mit totaler Struktur. Ohne Struktur herrscht Chaos. Mit zu viel Struktur gibt es keinen Raum für Leere. Ab dem Ende der einleitenden Stillezeit bis zum Anfang der Abschlussgebete ist jedes Treffen der Kellergruppe unstrukturiert. Es gibt keine Tagesordnung. Keiner weiß, welches Mitglied als Erstes redet, noch worüber. Verletzlichkeit ist die einzige Regel.

In der Kellergruppe gibt es wenig Autorität, Anleitung und Organisation. Alle

Entscheidungen erfolgen im Konsens. In dieser Beziehung ähneln sich die Kellergruppe und der OSA. Es kann Gemeinschaften geben mit mehr formaler Leitung, aber autoritäre Leitung ist inkompatibel mit authentischer Gemeinschaft, in der die Gaben eines jeden wertgeschätzt werden und jeder im Einklang mit diesen leitet.

Die Kellergruppe hat wenige Rituale. Es gibt dort die Stille am Anfang und die Schlussgebete (die sehr individuell sind), aber sonst gibt es keine zelebrierten Rituale. Diese Abwesenheit von Ritualen begründet sich teilweise auf der Tatsache, dass die Gruppe ihre wenigen Aufgaben sehr klar definiert hat. Der OSA hat davon aber viele: gegenseitige Unterstützung, religiöse Feierlichkeiten, die Produktion und das Marketing von Saatgut, die Ausbildung von Novizen und gelegentliche politische Aktivitäten. Die Kellergruppe hingegen hat sich sorgfältig auf eine einzige Aufgabe beschränkt: gegenseitige Unterstützung. Sie versucht nicht zu feiern oder zu heilen. Trotzdem wird viel gelacht während der zweistündigen Sitzungen und viele haben ihre Mitgliedschaft als heilend empfunden.

Der heilende Effekt von Gemeinschaft hat es verdient, noch ernsthaft wissenschaftlich untersucht zu werden. Langzeitgemeinschaften – egal ob mit geringer (nur zwei Wochenstunden wie in der Kellergruppe) oder hoher Intensität (tgl. nahezu 24 Stunden wie im OSA) – laufen meist weniger ekstatisch, weniger dramatisch ab als ein Wochenend-Workshop zur Gemeinschaftsbildung. Aber es gibt gute Gründe für die Annahme, dass ein langsamer und steter Heilungsprozess letztendlich sogar tiefer sein könnte.

Erhalten oder sterben?

Da das Gute an echter Gemeinschaft so offensichtlich ist, will man sie idealerweise so lange wie möglich aufrecht erhalten. Doch sollte pure Langlebigkeit nicht das oberste Ziel einer Gemeinschaft sein. Wie für alle Lebewesen gibt es auch für den Organismus Gemeinschaft eine sinnvolle Lebensspanne.

AA ist eine Gemeinschaft von Millionen von Menschen. Organisatorisch gesehen ist es ein außerordentlich loser, unstrukturierter Zusammenschluss von vielen tausend kleinen Unter- oder Ortsgruppen. Es entstehen andauernd neue Ortsgruppen, was ihr phänomenales Wachstum erklärt, andere Ortsgruppen werden geschlossen. Diesen Prozess gibt es nicht nur bei den AA. In großen Mönchsorden, die aus Dutzenden von autonomen Häusern bestehen, sind einige Häuser vom Geist erfüllt und wachsen stetig, andere sind stabil und einige „sterben".

Die Langlebigkeit einer Gemeinschaft ist genauso wenig ein Maß des Erfolgs wie sie bei einem Menschenleben automatisch Erfüllung bedeutet. Ich habe viele wundervolle Menschen in ihren Achtzigern gekannt. Doch ich habe auch einige chronisch hasserfüllte, bösartige Menschen in der gleichen Altersgruppe gekannt, die jahrelang destruktiv gelebt haben. Und ich habe auch Heilige gekannt, die jung starben. Gemeinschaften haben eine für sie passende Lebenszeit, die von den Gründen ihrer Erschaffung abhängt. Einige Gemeinschaften leben das Potenzial ihrer Zeitspanne offenbar nicht aus. Andere degenerieren zu sterilen, geistlosen Institutionen, die über lange Zeiträume bestehen, obwohl sie ihre Nützlichkeit längst überlebt haben.

Wie kann eine Gemeinschaft unterscheiden, ob sie wirklich bereit ist zu sterben, oder ob sie eine Talsohle erreicht hat, von der aus sie sich erholen kann, indem sie Änderungen vornimmt, die ihr helfen ihren Geist wiederzubeleben und sich zu erhalten? Es gibt keine simple Formel für eine Entscheidung, die es einer Gruppe oder einem Individuum abnehmen würde, dieses qualvolle Urteil zu treffen. Aber es gibt einige Prinzipien, die dabei hilfreich sind.

Das erste ist, sich die Frage überhaupt zu stellen. Die Möglichkeit des Todes beschleunigt das Ableben nicht, sondern hilft einem vielmehr voller zu leben. Eine Langzeitgemeinschaft, die regelmäßig der furchteinflößenden Aussicht auf ihren Tod ins Auge schaut, strebt dadurch entweder nach größerer Vitalität, mehr Schwung und Erneuerung, oder sie betreibt ihr Sterben auf effizientere und anmutigere Weise.

Ein zweites Prinzip ist, dass Urteilskraft Zeit braucht. Ich war einmal Mitglied einer Langzeitgemeinschaft, die sich ursprünglich zusammengefunden hatte mit der speziellen Aufgabe eine neue Art von Wohlfahrtsorganisation zu kreieren. Wir erreichten dieses Ziel nach einem Jahr, in dem wir uns wöchentlich getroffen hatten, aber es widerstrebte uns aus zwei Gründen auseinanderzugehen. Erstens wollten wir die Verbundenheit durch authentische Gemeinschaft, die in diesem Jahr entstanden war, nicht verlieren. Zweitens waren wir unsicher, ob wir wirklich die bestmögliche Organisation kreiert hatten. So trafen wir uns weiter. Aber der gute Geist hatte uns verlassen. Die Teilnahme wurde immer geringer. Die Frequenz unserer Treffen wurde auf 14-tägig und dann auf monatlich heruntergesetzt. Weder die Atmosphäre noch die Anwesenheit verbesserte sich. Schließlich, nach zwei Jahren, begruben wir die Gruppe. Wäre uns von Anfang

Gemeinschaftsbildung

an bewusster gewesen, dass die Gruppe auch die Option hat zu sterben, dann hätten wir den Prozess wohl nicht so in die Länge gezogen. Auf der anderen Seite glaube ich war es passend, dass wir noch eine Weile fortbestanden hatten, um wenigstens herauszufinden, ob wir zu einer neuen Aufgabe inspiriert würden.

Was ihre Aufgabe betrifft, ist für eine Gemeinschaft, die durch eine Talsohle geht, entscheidend, sich zu fragen, ob sie eine Aufgabe vermeidet oder ob sie keine mehr hat. Diese Frage ist nicht immer leicht zu beantworten. Manchmal ist eine Gruppe so verängstigt bezüglich ihrer Aufgabe, dass sie sich lieber auflöst, als sich dem zu stellen. Aber wenn sie sich daran erinnert, sich selbst ernsthaft zu fragen, ob sie eine Aufgabe vermeidet, ist es unwahrscheinlich, dass sie in die Falle des Selbstmords gerät, anstatt sich die Arbeit zu machen, vital zu bleiben bis zu ihrem natürlichem Tod.

Fragen zur Erhaltung von Gemeinschaft und zum Sterben von Gemeinschaft resultieren auch aus dem Prozess, der Schaffung eines Feindbilds genannt wird. Gruppen werden auch zu Gemeinschaften als Reaktion auf eine Bedrohung oder eine Krise: eine Tragödie, eine Naturkatastrophe, eine feindliche Attacke oder Krieg. Dagegen ist überhaupt nichts einzuwenden, wenn die Bedrohung echt ist.

Probleme kommen auf, wenn diese instinktive Reaktion des Zusammenhalts künstlich erzeugt wird. Feindbilder werden oft erzeugt, wenn eine Gruppe, die ihren guten Geist der Gemeinschaft verloren hat, versucht, ihn durch das Schaffen einer Bedrohung – eines Feindes – wiederzuerlangen, der sonst gar nicht existieren würde. Das bekannteste Beispiel ist das nationalsozialistische Deutschland, als das Hitlerregime einen außerordentlichen Zusammenhalt unter der Mehrheit der Deutschen dadurch erreichte, Hass gegen eine Minderheit, die Juden, zu schüren. Aber dies ist ein gewöhnliches und weit verbreitetes Phänomen, durch das sich jede Kultur schuldig machen kann. Zum Beispiel hat Präsident Johnson, soweit das ermittelt werden konnte, den US-Kongress dadurch zur gemeinsamen Unterstützung seiner Politik in Vietnam manipuliert, dass er einen Angriff auf amerikanische Schiffe im Golf von Tonkin erfunden hat.

Das Erschaffen von Feindbildern ist vielleicht die verheerendste Form aller menschlichen Verhaltensweisen. Individuen sind daran genauso beteiligt wie Gruppen. Die Konsequenzen sind für beide gleich. Während es am Anfang auftaucht, um das Funktionieren einer Gruppe zu steigern, ist es tatsächlich ein Symptom des Verfalls und Sterbens von Gemeinschaft. Tatsächlich hat eine Gruppe dann aufgehört eine echte Gemeinschaft zu sein. Sie wird nach und nach ausschließend anstatt einschließend. „Wir gegen sie" lautet die Parole, und die

Die Erhaltung von Gemeinschaft

Liebe ist verloren gegangen. Und der imaginäre Feind, der kreiert wurde, wird bald ein realer. Der Holocaust hat unausweichlich militanten, militärischen Zionismus erzeugt. Letzten Endes war die Folge des Vorfalls im Golf von Tonkin die Verfestigung des militanten Kommunismus in Vietnam.

Die Schaffung von Feindbildern ist unausweichlich eine sich selbst erfüllende Prophezeiung. Die nicht existente prophezeite Bedrohung wird durch die Prophezeiung in die Realität gerufen. Um sich zu erhalten, müssen authentische Gemeinschaften wachsam sein, nicht gegen externe sondern gegen interne Kräfte. Sie müssen für das Gute stehen und nicht gegen das Schlechte sein. Das sage ich nicht, um das Schlechte in der Welt zu verleugnen, sondern um das Gute vor Verschmutzung zu bewahren.

Wenn eine Gemeinschaft anfängt, Feindbilder zu schaffen, sollte sie ernsthaft überlegen, ob nicht die Zeit zum Sterben gekommen ist – oder zumindest eine radikale Veränderung vorzunehmen. Eine Veränderung ist dem Verfall einer Gruppe und dem Nähren der Kräfte von Hass und Zerstörung vorzuziehen.

Echte Gemeinschaft kann nicht mit einfachen Mitteln erreicht oder erhalten werden, doch verfolgt sie ein hohes Ziel: Wege zu suchen, um mit uns selbst und anderen in Frieden und Liebe zu leben. Oder sind das nur Lippenbekenntnisse, und wir verhalten uns weiterhin destruktiv? Tragischerweise hört man diese Lippenbekenntnisse auf globaler Ebene, so verhalten sich auch Regierungen. Eine Welt in Frieden ist das Ziel von vielen nationalen Regierungen. Aber sie verhalten sich nicht wie authentische Gemeinschaften, welches der einzige Weg wäre, dieses Ziel zu erreichen.

Eine echte Gemeinschaft, die sich mit einem vermeintlich bösen Mitglied beschäftigt, muss sich fortlaufend mit der Frage quälen, ob dessen Ausschluss angebracht ist oder ob man einen Sündenbock sucht.

Fast wie eine Selbstverständlichkeit beschuldigen sich Nationen gegenseitig als böse. Aber wie genau wird diese Diagnose gestellt? Bis zu welchem Grad quälen sich Regierungen mit dieser Diagnose? Wie oft werden Sündenböcke gesucht – oder Feindbilder geschaffen – in den internationalen Beziehungen?

Das Problem der destruktiven Mitglieder ist nur von einer authentischen Gemeinschaft als Ganzes zu lösen, und nicht von einem ernannten Führer.

Wird dem Problem des „Bösen" in den internationalen Beziehungen als Gemeinschaft von Nationen begegnet, oder begegnen einzelne Nationen und ihre Staatschefs ihm? Um echte Gemeinschaft zu erreichen, muss der Führer so wenig wie möglich führen; so ermutigt er andere zu leiten. Wer das tut, muss sich schwach zeigen und riskiert die Anschuldigung, in der Leitung versagt zu haben. Wie gewillt sind unsere nationalen Führer, solche Anschuldigungen zu riskieren? Wie motiviert sind sie dazu, die Fähigkeit zu leiten bei anderen zu fördern?

Der Aufgaben-Vermeidungs-Mechanismus Abhängigkeit muss überwunden werden, um authentische Gemeinschaft zu erreichen. Neigen Staatschefs dazu, die Abhängigkeit zwischen den Völkern, denen sie dienen, zu fördern oder zu schwächen? Welche Auffassung von Stärke und Schwäche haben unsere ernannten Führer – national und andernorts – und wie gut passen diese Auffassungen zur Realität, besonders zu der Suche nach Frieden?

Um effektiv in der Gemeinschaftsbildung zu sein, müssen ernannte Führer ihren Fokus auf der Gruppe als Ganzem halten. Sind unsere Regenten in Hinsicht auf die internationalen Beziehungen erfolgreich darin, diesen globalen Fokus zu halten? Oder neigen sie dazu, zuerst an ihre nationalen Interessen oder vielleicht die ihrer Verbündeten zu denken? Und ist nicht die Formation von speziellen Freundschaften oder Allianzen eine Manifestation des Aufgaben-Vermeidungs-Mechanismus Paarbildung, welche destruktiv für die Entwicklung globaler Gemeinschaft ist?

Dann gibt es noch die anderen Aufgaben-Vermeidungs-Mechanismen. Ermutigen nationale Führer die Politik sich schwierigen, schmerzhaften Angelegenheiten zu stellen oder halten sie sich davon fern? Und ziehen wir als Bürger es vor, solche Angelegenheiten zu vermeiden – und suchen uns Führer, die es uns ermöglichen davor zu fliehen? Ist dieser Aufgaben- Vermeidungs-Mechanismus Flucht nicht vielleicht die hauptsächliche Art des Handels in der Politik? Und ist der Aufgaben-Vermeidungs-Mechanismus Flucht nicht die vorherrschende Art des Handelns in der chaotischen Arena der internationalen Beziehungen? Kann es sein, dass sich nationale Führer so benehmen, als sähen sie mehr Sinn im Kampf als im Suchen nach Konsens und Einklang, sodass sie völlig das Ziel Frieden zu schaffen aus den Augen verlieren?

Dementsprechend scheint es so, dass die Regeln, nach denen sich Nationen verhalten, gewöhnlich im Gegensatz zu allen Regeln der Gemeinschaftsbildung stehen. Zu einer Zeit, in der ein Krieg die Zerstörung der Welt nach sich ziehen kann, verhalten wir uns kontinuierlich nach Regeln, die perfekt geeignet scheinen, um uns näher an einen Krieg zu bringen. Wir wissen, dass eine Krise die Entwicklung von Gemeinschaft fördern kann. Trotzdem scheinen wir nicht in der Lage, die Bedrohung durch einen nuklearen Holocaust als eine Krise von solcher Wichtigkeit und Beständigkeit wahrzunehmen, dass wir uns gezwungen sehen, unsere Regeln zu ändern.

Wir kennen die Regeln von Gemeinschaft; wir kennen den heilenden Effekt von Gemeinschaft. Wenn wir es schaffen, das in unserem Bewusstsein zu verankern, würden nicht genau diese Regeln einen heilenden Effekt auf die Welt haben? Wir Menschen werden oft als soziale Wesen bezeichnet. Aber wir sind noch keine Gemeinschaftsmenschen. Wir sind dazu gezwungen uns miteinander zu verbinden, um zu überleben. Aber bisher verbinden wir uns weder mit der Einschließlichkeit, noch mit der Realität, der Selbsterkenntnis, der Verwundbarkeit, dem verbindlichen Einsatz, der Offenheit, der Freiheit, der Gleichheit, der Liebe echter Gemeinschaft.

Es ist offensichtlich nicht mehr genug, nur soziale Wesen zu sein, die auf Cocktail Partys miteinander plappern, sich wegen ihrer Geschäfte zanken, oder über Landesgrenzen streiten. Es ist unsere Aufgabe – unsere essenzielle, zentrale, entscheidende Aufgabe – uns selbst von sozialen Wesen in Gemeinschaftswesen umzuwandeln. Es ist der einzige Weg die menschliche Evolution weiterzugehen.

Teil II

Die Brücke

8 Das Wesen der menschlichen Natur

Indem wir verschiedene Gemeinschaften relativ kleinen Maßstabs untersucht haben, konnten wir einige sehr grundlegende und wichtige Prinzipien der Gemeinschaftsbildung verstehen. Dies waren Gemeinschaften wie z.B. eine kleine Quäkerschule, der Gemeinderat einer kleinen Stadt, eine Kirchengemeinde, eine kleine Selbsthilfegruppe, ein Nonnenkloster hier, ein Mönchskloster dort und Gruppen von 40–400 Leuten, die sich für zwei Tage oder bis zu zwei Wochen trafen, um mit neuen Kommunikationskonzepten zu experimentieren. Wir wissen nun, wie man zwischen authentischer Gemeinschaft und Pseudogemeinschaft unterscheidet. Wir kennen die Voraussetzungen, die erfüllt sein müssen, damit effektive Kommunikation stattfinden kann – bevor Menschen authentische Gemeinschaft miteinander erreichen können. Der dynamische Prozess der Gemeinschaftsbildung ist erklärbar geworden. Wir besprachen die Herausforderungen dabei. Vor allem haben wir erfahren, dass es für kleine Gruppen unter den richtigen Umständen möglich ist, im Alltag liebevoll und in Frieden miteinander zu leben.

Diese Erkenntnis war für mich nicht das Ende einer Suche, sondern lediglich ihr Anfang. Denn sie öffnete mir die Augen für neue Möglichkeiten. Wenn es in kleinen Gruppen möglich ist, warum nicht auch in Großen? Wenn es in einzelnen Kirchengemeinden möglich ist, warum nicht auch innerhalb ganzer Konfessionen? Wenn die Räte einer Kleinstadt zur Gemeinschaft finden können, warum nicht alle Bürger dieser Stadt, Großstädte und sogar Länder, warum nicht ganze Nationen? Wenn schon eine Nation, warum nicht alle Nationen der Welt?

Es ist schwer, sich eine Welt vorzustellen, in der alle Gegensätze überwunden werden, eine rücksichtsvolle Welt, in der realistische Entscheidungen im Konsens getroffen werden. Wie kann eine solche Welt entstehen? Wir leben in einer Zivilisation, in der Unterschiede von Rasse, Kultur und Politik uns trennen, eine Welt von Aktion und Reaktion, von Anführern und Mitläufern. Das ist die menschliche Natur. Um einen wirkungsvollen Schritt in Richtung Weltgemeinschaft zu tun, gehen wir davon aus, dass die menschliche Natur sich ändern müsste oder verändert werden müsste. Irgendwie müssten wir alle gleich werden, aber das ist wohl nicht möglich.

Doch in kleinen Gemeinschaften, wie ich sie erfahren habe, erwiesen sich diese Vermutungen als falsch. Individuelle Unterschiede wurden akzeptiert und gefeiert. Vielleicht ist der erste Schritt auf dem Weg zur Gemeinschaft in größerem Umfang das Anerkennen der Tatsache, dass wir eben nicht alle gleich sind und es nie werden können.

Das Problem des Pluralismus

Weil jeder von uns einzigartig ist, leben wir unweigerlich in einer pluralistischen Gesellschaft, und darauf sind wir hier in den Vereinigten Staaten auch besonders stolz. Über 300 Millionen US-Amerikaner leben relativ friedlich zusammen, obwohl wir verschiedenen Rassen und Hintergründen angehören, mit ganz unterschiedlichen Einstellungen, Bedürfnissen, Traditionen, Religionen und wirtschaftlichen Möglichkeiten. Aber dieser Stolz ist oft arrogant und provinziell. Amerikaner vergessen nur zu gerne die Tatsache, dass auch die russische Gesellschaft vital ist – zwar mit unterschiedlichen Methoden und in anderem Stil – aber mit mindestens gleich großer Vielfalt. Und die Russen neigen dazu, den Erfolg der Amerikaner zu ignorieren. Für beide gilt trotzdem, dass der Pluralismus manchmal auch geschätzt wird.

Üblicherweise wird Pluralismus jedoch als ein Problem gesehen. Tatsache ist, dass wir Amerikaner (oder die Russen) nur relativ friedlich zusammenleben. Die Beziehungen in unserem Land zwischen Schwarzen und Weißen und Gruppen mit verschiedenen ethnischen Zugehörigkeiten und Nationalitäten sind angespannt. In der Beziehung zwischen Reichen und Armen kann nicht gerade von Zuneigung die Rede sein. Lobbyisten überschwemmen Senat und Kongress mit ihren rivalisierenden Ansprüchen. Die christliche Kirche ist in Dutzende Untergruppen und Konfessionen gespalten. Und selbst innerhalb dieser streiten sich die Christen untereinander, wie in der Debatte zwischen den verschieden lutheranischen Synoden, den vor- und nachkonziliaren Katholiken (II. Vatikanisches Konzil), den liberalen und konservativen Baptisten. Und oftmals werden diese Auseinandersetzungen in einem erbitterten Ton geführt.

Pluralismus kennzeichnet auch die Nationen dieser Welt; und wenn ihre Streitereien nicht tatsächlich zum Krieg führen, so kosten die Waffen, die sie zu ihrer Verteidigung als notwendig ansehen, die Weltbevölkerung mehr als eine Billion Dollar im Jahr. Die indirekten Kosten sind überhaupt nicht zu ermitteln, und diese Waffen haben eine solche Zerstörungskraft, dass sie das Überleben ganzer Völker andauernd bedrohen. Dadurch verschlimmert die sogenannte „Abschreckung" des Wettrüstens die Probleme des Pluralismus noch zusätzlich.

Es gibt nur eine anständige Lösung für das Problem, ob nun innerhalb einer Kirchengemeinde, einer Nation oder der Welt als Ganzes: Gemeinschaft. Ich möchte daran erinnern, dass Menschen in Gemeinschaft in einem Zustand sind, in dem sie lernen, ihre Abwehrmechanismen abzubauen, anstatt sich dahinter zu verstecken. Sie lernen nicht nur, ihre Unterschiede zu akzeptieren, sondern sich über sie zu freuen, anstatt sie wie gewöhnlich niederzumachen. Gemeinschaft ist kein Ort für schroffen Individualismus, sondern einer für sanften Individualismus, der dem Pluralismus förderlich ist. Durch Gemeinschaft verliert der Pluralismus seinen Problemcharakter. Gemeinschaft ist wahrhaftig ein alchemistischer Prozess, der die Schwierigkeiten unseres Pluralismus in goldene Harmonie verwandelt.

Um besser zu begreifen, wie dieser Vorgang abläuft, müssen wir auf einer grundsätzlichen Ebene verstehen, warum wir Menschen denn eigentlich so unterschiedlich sind, und gleichzeitig, was wir als Menschen gemeinsam haben. Wir müssen die Frage beantworten: Was ist das Wesen der menschlichen Natur?

Die Illusion über das Wesen der menschlichen Natur

Für die meisten Menschen ist ein Mythos eine Geschichte, die nicht wahr oder unrealistisch ist. In zunehmendem Maße jedoch stellen Psychologen fest, dass Mythen so langlebig sind, gerade weil sie wahr sind. In jedem Zeitalter und in jeder Kultur gibt es die unterschiedlichsten Mythen. Der Grund für ihre Universalität und Beständigkeit liegt gerade in der Tatsache, dass sie die Verkörperung großer Wahrheiten darstellen.

Zum Beispiel sind Drachen Kreaturen aus der Welt der Mythen. Lange vor unseren Feuer speienden Zeichentrickfiguren schufen Mönche in ganz Europa in ihren Manuskripten äußerst präzise Illustrationen von Drachen. Desgleichen auch taoistische Mönche in China. Buddhistische Mönche in Japan. Und Hindus in Indien. Und Muslime in Arabien. Aber warum? Warum Drachen? Warum sind gerade diese mythologischen Biester so konfessionsübergreifend und international? Die Antwort lautet: Weil der Drache ein Symbol für den Menschen ist. Und als solcher sagt er uns etwas sehr Wichtiges über die grundlegenden Wahrheiten der menschlichen Natur.

Wir sind geflügelte Schlangen, fliegende Würmer. Reptilienartig schlängeln wir uns am Boden entlang, die Füße tief im Matsch unserer animalischen Natur und im Mist unserer kulturellen Vorurteile. Doch wir sind auch vogelgleiche, geistige Wesen, fähig, uns in den Himmel zu erheben, fähig, im Flug unsere Engstirnigkeit und unsere Begierden hinter uns zu lassen. Aus diesem Grunde sage ich manchmal zu meinen Patienten, dass es Teil ihrer Aufgabe sei, ihre Drachennatur zu akzeptieren und sich zu entscheiden, ob sie eher die erdigen oder lieber die spirituellen Aspekte ihrer Natur zum Ausdruck bringen wollen.

Als mythologisches Symbol – und alle Mythen drehen sich um die menschliche Natur – sind Drachen relativ einfach zu verstehen. Aber wie auch in Träumen können viele Bedeutungen in einem einzigen Mythos konzentriert sein.

Betrachten wir die wundervolle Geschichte von Adam und Eva im Paradiesgarten, dem Apfel und der Schlange (sogar hier hat sich der Drache eingeschlichen). Ist dies die Geschichte von unserer Vertreibung aus dem Paradies und unserer Entfremdung von der Umwelt? Oder etwa die Geschichte der Entwicklung unseres Ichbewusstseins (und in diesem Zusammenhang der Scham, die so essenziell menschlich ist)? Oder etwa beides? Es ist auch die Geschichte menschlicher Gier, Angst, Arroganz und Faulheit und unseres Ungehorsams in Bezug auf die Berufung, das Beste zu werden, was wir sein können. Und sie besagt auch, dass die unschuldige Einheit mit der Welt verloren ist (dieser Weg zurück ist versperrt durch ein Flammenschwert), sondern dass die Erlösung nur im Voranschreiten, im Durchqueren der unerbittlichen Wüste, hinein in immer tiefere Bewusstseinsebenen liegt.

Selbst der einfachste Mythos ist äußerst facettenreich, weil unsere Natur, den Drachen gleich, so mannigfaltig ist. Mythen gibt es, um genau das symbolhaft auszudrücken. Unser Wesen ist so vielschichtig und paradox, dass es nicht in Worten zum Ausdruck gebracht werden kann, die doch nur einzelne, einfache Kategorien wiedergeben. Bilderreiche Mythen umfassen und beinhalten den Reichtum der menschlichen Natur.

Aufgrund der Vielfältigkeit und Komplexität der menschlichen Natur werden vereinfachende Definitionen ihrem Reichtum nicht gerecht und sind sogar extrem gefährlich. Irrtümer sind immer gefährlich, und Irrtümer im Bezug auf die menschliche Natur ganz besonders, denn sie sind eine der Ursachen für Kriege. Die grundlegendste falsche Auffassung über die menschliche Natur ist die der Gleichheit aller Menschen. Ihnen ist diese Auffassung bestimmt schon in der einen oder anderen Form begegnet: „Die Menschen auf der ganzen Welt sind sich doch alle ziemlich ähnlich." „Unter der Haut sind alle Menschen Brüder." „Sie haben zwar eine andere Regierungsform, aber eigentlich sind die Russen doch so wie wir." Diese Illusion ist die Grundlage für die Theorie des „bösen Anführers". Ich wuchs während des Zweiten Weltkrieges auf und war stark von dieser Theorie indoktriniert. Viele von uns hatten deutsche Freunde oder Verwandte, die uns ebenso menschlich wie wir erschienen. Weil wir nun glaubten, die Deutschen seien doch „so wie wir", konnten wir uns ihre schrecklichen Handlungen nur erklären, indem wir annahmen, dass sie von dem verrückten Hitler, dem bösen Führer, unterjocht worden waren. Erich Fromms wegweisendes Werk „Die Furcht vor der Freiheit" entlarvte diese Illusion.[22] Er stellt überzeugend dar, dass, wenn man überhaupt von Unterjochung sprechen kann, sie nur zustande kommen konnte, weil sich das deutsche Volk am messianisch auftretenden Hitler verkauft hatte. Er beleuchtet tief wirksame und einzigartige Kräfte in der deutschen Geschichte, Kultur und Gesellschaft, die diesen Ausverkauf unterstützten. Hitler raubte ihnen nicht die Freiheit, vielmehr gaben sie diese gerne auf. Zum größten Teil arbeiteten die Menschen mit Hitler zusammen.

Trotz dieser Einsicht, die bereits in den 1940er Jahren gewonnen wurde, halten wir fest an der vereinfachten Auffassung, dass alle Menschen gleich seien, die Russen „so wie wir sind", und benutzen die Theorie des „bösen Anführers", um uns ihr Verhalten als Nation zu erklären. So glauben wir, dass die russische Bevölkerung sich „so wie wir" nach Demokratie sehne, und dass sie nur durch ihre „bösen Führer" im Kreml davon abgehalten werde. Ich will hier keine Vergleiche ziehen zwischen den Regierungen der Sowjetunion und Nazideutschlands. Sie unterscheiden sich gewaltig. Aber auf beide haben wir mit der Theorie des „bösen Führers" reagiert, so, als glichen sich die Führer in beiden Regierungen, und als hätte die russische Bevölkerung nichts mit ihrer Regierung zu tun.

Hedrick Smith, Korrespondent der New York Times in Moskau während der Watergate-Affäre, entdeckte, dass die Russen, der „einfache Mann auf der Straße", einfach nicht verstehen konnten, worum sich die ganze Aufregung drehte, und wieso man einen starken Führer wie Nixon wegen eines solch kleinen, gewöhnlichen Vorfalls abzusetzen überhaupt in Erwägung zog.[23] Soviel zu der Vorstellung, dass die Russen sich einfach „so wie wir" nach Demokratie sehnen würden. Wenn doch nur alles so einfach wäre.

Während es wahr ist, dass Regierungen ihre Bevölkerungen nicht total versklaven können, wäre es doch naiv anzunehmen, dass Regierungen – totalitäre und andere – ihre Bevölkerungen nicht beeinflussen würden, im Extremfall bis

---

[22] Erich Fromm, *Escape from Freedom* (New York: Rinehart, 1941)
[23] Hedrick Smith, *The Russians* (New York: Ballantine Books, 1977), S. 320–324

hin zur Verblendung. Die Politiker, die wir hier in Amerika ins Amt wählen, neigen dazu, diese Verblendung aufrecht zu erhalten, wie auch die totalitäre Regierung Russlands auf ihre eigene Art die Verblendung ihrer Bürger aufrecht erhält. Und doch wäre es zu simpel anzunehmen, dass die gegenseitige Beeinflussung zwischen Regierung und Bevölkerung in der Sowjetunion nach den gleichen Gesetzmäßigkeiten abläuft wie in den USA oder in irgendeinem anderen Land.

Die Beziehung zwischen einer Regierung und den Regierten ist ein andauernder Tanz der Kultur. Da Kulturen, wie die ihnen angehörenden Menschen, sehr unterschiedlich sind, sind diese Tänze der Kulturen so verschieden wie Foxtrott, Walzer und Polka. Dennoch wäre es eine andere starke Vereinfachung zu behaupten, Menschen aus verschiedenen Kulturen hätten keine Gemeinsamkeiten. Richard Katz beschreibt die lebenslange (zum größten Teil autodidaktische) Ausbildung, der sich die Heiler der geographisch weit auseinander liegenden Kulturen der !Kung und Fidschianer unterziehen.[24] Obwohl ganz allgemein Sprache und Religion, und im Besonderen die Konzepte dieser zwei „Medizinschulen" sehr unterschiedlich waren, so war doch die Dynamik des Transformationsprozesses der Heiler in beiden Kulturen über einen langen Zeitraum erstaunlich ähnlich.

Darüber hinaus ist der transformatorische Weg der Heiler in diesen „primitiven" nicht-christlichen Kulturen dem Weg vieler christlicher Mönche und Nonnen und anderer spirituell Suchender in der christlichen Tradition sehr ähnlich. Ich vertrete sogar die Ansicht, dass die Dynamik des spirituellen Weges auf der ganzen Welt die gleiche ist. Sie leitet sich aus dem Wesen unserer Natur ab und stellt einen Aspekt der Vielschichtigkeit dar, die alle Menschen teilen. Die Dynamik der spirituellen Entwicklung ist ein weiteres Beispiel der gleichzeitigen Einzigartigkeit und Gleichartigkeit aller Menschen.

Männer und Frauen sind einzigartig unterschiedlich. Während die körperlichen Unterschiede offensichtlich sind, sind mir im Laufe der Zeit auch die nichtkörperlichen Unterschiede immer deutlicher geworden – nicht nur unser unterschiedliches Geschlecht, sondern auch unsere unterschiedliche Sexualität und unsere unterschiedlichen Herangehensweisen ans Leben. Die Diskussion, zu welchem Grad Weiblichkeit und Männlichkeit kulturell oder genetisch bestimmt sind, ist endlos.

Während nun die hitzige Anlage-/Umwelt-Debatte weiter geführt wird, kann keiner – am wenigsten ich selbst – den enormen Unterschied zwischen dem

---

[24] Richard Katz, „Education and Transformation: Becoming a Healer Among the !Kung and Fijians", *Harvard Educational Review*, Vol.51, No.1 (1981)

weiblichen und dem männlichen Geist bezweifeln. Und doch habe ich in den letzten 20 Jahren, in denen ich als Psychotherapeut tätig war, erstaunt festgestellt, dass sich Männer und Frauen mit den gleichen psychologisch-spirituellen Fragen auseinandersetzen und die gleichen Hürden auf dem Weg zu einer erwachsenen Reife überwinden müssen. Der Mann und die Frau müssen lernen, sich emotional unabhängig zu machen von ihren Eltern, Partnern und Kindern, Verantwortung zu übernehmen für ihr Leben und Autonomie entwickeln. Wenn das geschafft ist, müssen sie Hingabe entwickeln, sich mit dem unvermeidlichen Alterungsprozess abfinden und sich letztlich mit dem Mysterium ihres eigenen Todes auseinandersetzen.

Subjektiv und objektiv bin ich als Mann ganz verschieden von dir, einer Frau, aber wir sind beide gleichermaßen Mensch. Amerikaner und Russen sind sowohl subjektiv als auch objektiv sehr verschieden, denn unsere Art zu denken unterscheidet sich erheblich. Und dennoch müssen wir uns alle mit unserer Sterblichkeit auseinandersetzen und mit den Fragen, die das Leben als Mensch mit sich bringt. Ob Mann oder Frau, Russe oder Amerikaner, mit diesem oder jenem Gen ausgestattet, aus einer intakten oder einer zerbrochenen Familie, wir haben alle einen Körper und einen Geist. Und zu dieser Realität spricht der Drache. Wir alle sind Drachen.

So ist also die Antwort auf diese äußerst wichtige Frage „Was macht das Wesen der menschlichen Natur aus?" ein Paradoxon. Menschen unterscheiden sich erheblich voneinander und sind sich doch grundlegend ähnlich. Wären wir alle gleich, so wäre die Welt einfacher. Vielleicht kommt daher dieser Wunsch nach Gleichheit, der dazu führt, dass die Unterschiede zwischen den Menschen ernsthaft unterschätzt werden. Diesem gewaltigen Irrtum unterliegen die Menschen aller Kulturkreise. Dass kulturelle Unterschiede in der Tat gewaltig sind, zeigt Ruth Benedicts Buch „Urformen der Kultur".[25] Sie beschreibt darin drei Kulturen mit ihrem jeweils vorherrschenden Lebensstil, ästhetischem Empfinden, ihren Geschlechterrollen, Werten, Erwartungen und Weltanschauungen. Diese sind nicht nur unterschiedlich, sondern manchmal sogar diametral entgegengesetzt. Was in einer Kultur als ganz normal angesehen wird, gilt in der anderen Kultur als völlig unnormal, und sogar die Vorstellungen von gut und böse sind zum großen Teil kulturell bestimmt.

---

[25] Ruth Benedict, *Patterns of Culture* (Boston: Houghton Mifflin, 1961)

Das meiste „Schlechte", das wir Amerikaner dem russischen Kommunismus zuordnen, hat wenig mit Kommunismus an sich zu tun, sondern ist ein weiteres Beispiel dafür, wie Kultur unser Denken bestimmt. Die russische Tradition, politische Dissidenten nach Sibirien ins Exil zu schicken, ist mehrere Jahrhunderte alt; sie reicht also lange vor die Geburt von Karl Marx oder Lenins Machtübernahme zurück. Der Ursprung ist ebenso wenig zaristisch wie kommunistisch. Wir kritisieren die kommunistische Führung für Reisebehinderungen von Ausländern und die unrealistische Zurschaustellung von „Wundern" der sowjetischen Gesellschaft. Aber es war schon der Brauch der Zaren, Vorzeigedörfer zu bauen, in denen glückliche Kleinbauern lebten (die jedoch abends in ihre eigenen ärmlichen Hütten zurückkehrten). Diese Dörfer wurden den Touristen des 18. und 19. Jahrhunderts vorgeführt.

Die sowjetische Gesellschaft ist tatsächlich totalitär, aber die kommunistische Revolution ersetzte lediglich ein totalitäres Regime durch ein anderes. Seit Hunderten von Jahren hat die Mehrheit des russischen Volkes sich mächtigen Führern unterworfen. Wir hören ständig von unseren Staatsmännern, dass wir auf realistischer Grundlage mit den Russen verhandeln müssen. Es ist jedoch äußerst schwierig zu verstehen, wie wir realistisch sein können, wenn wir nicht einmal klar unterscheiden können, wo die Verschiedenheiten unserer Völker politischer Natur sind, und wo sie einer viel tiefer liegenden, kulturellen Ebene entspringen.

Allerdings sind nicht alle kulturellen Unterschiede unveränderlich, wie ich einst zu meinem Leidwesen erfuhr. Während meiner Militärzeit in Okinawa entschloss ich mich, dort eine psychiatrische Anstalt zu besuchen. Es gab noch andere interessierte Amerikaner, und so organisierte unsere Dolmetscherin einen eintägigen Ausflug. Die Patienten des Krankenhauses schliefen auf dünnen Tatami-Matten, das war alles, was sie vom Betonfußboden trennte. Einer von uns sagte: „Wie schrecklich man hier die Patienten behandelt! Ich hätte nie gedacht, dass die Krankenhäuser hier so schlecht sind. Man sollte doch annehmen, dass die Patienten wenigstens Betten zum Schlafen hätten." Da es hier viel sauberer und ordentlicher war als in vielen staatlichen Krankenhäusern in den USA, war ich schnell bereit ihn zurechtzuweisen. „Denke nur nicht, dass dies ein schlechtes Krankenhaus sei," belehrte ich ihn. „In der japanischen Kultur ist es normal, auf Tatami-Matten zu schlafen. Die Patienten hätten wahrscheinlich Angst vor Betten. Sie könnten gar nichts mit ihnen anfangen. Sie kommen aus einer anderen Kultur und bevorzugen ihre Art zu schlafen." An dieser Stelle wurde ich von unserer Dolmetscherin zurechtgewiesen. „Es stimmt, dass dies hier kein schlechtes

Krankenhaus ist", sagte sie. „Es ist auch richtig, dass ein japanischer Bauer wahrscheinlich in den ersten Nächten seine Tatami-Matte ausbreiten würde, wenn er in ein Hotelzimmer mit einem Bett gesteckt wird. Wenn er jedoch das Bett einmal ausprobiert hat, wird er im seltensten Fall wieder auf einer Tatami-Matte schlafen, sofern er die Wahl hat."

Viele sind der Meinung, dass ihre eigene Kultur und Realität die bessere und überlegene sei, und dass es die Menschen der anderen Kulturen sind, die sich anpassen sollten. Aber auch diese Haltung basiert auf einer Illusion über die menschliche Natur, die an diesem Punkt bis zum Äußersten getrieben wird. Nicht nur wird behauptet, dass alle Menschen gleich seien, sondern daraus leitet sich die Forderung ab, dass sie es sein sollten. Menschen, die sich nicht verändern können oder wollen, um „so wie wir" zu werden, werden als Feinde abgestempelt, seien es nun die Menschen eines anderen Volkes, einer anderen Kultur oder einfach unsere Nachbarn, deren Lebensstil sich von dem unseren unterscheidet. Es ist die Realität der menschlichen Natur, dass wir uns grundlegend unterscheiden, und das wird auch so bleiben. Denn das herausstechendste Merkmal der menschlichen Natur ist die Fähigkeit, durch Kultur und Erfahrungen auf ganz unterschiedliche Weise geprägt zu werden.

Die menschliche Natur ist flexibel und wirklich veränderungsfähig. Aber dieser Satz kann der Herrlichkeit der menschlichen Natur überhaupt nicht gerecht werden. Viel besser ist der Ausdruck „die Fähigkeit zur Transformation." Diese Fähigkeit zur Transformation ist die wesentliche Eigenschaft der menschlichen Natur. Und paradoxerweise ist diese Fähigkeit die wesentliche Ursache für Kriege und zugleich deren wesentliches Heilmittel.

Die Fähigkeit zur Transformation

Die menschliche Natur ist so subtil und facettenreich, dass sie nicht mit einer einfachen Definition beschrieben werden kann. Dennoch brauchen wir Metaphern oder Bilder. Wenn ich gefragt werde: „Dr. Peck, was macht das Wesen der menschlichen Natur aus?", wird meine erste Antwort sein: „Die menschliche Natur besteht darin, sich in die Hose zu machen." Dies ist schließlich die Art, wie du und ich und wir alle begonnen haben: Wir taten, was ganz natürlich war, wir ließen alles raus, wenn uns danach war. Aber als wir etwa zwei Jahre alt waren, sagte unsere Mutter (oder Vater) zu uns: „Du bist wirklich ein tolles Kind, und ich liebe dich sehr, aber ich würde es doch besser finden, wenn du aufs Töpfchen gehen könntest." Nun ergibt diese Bitte für das Kind zunächst überhaupt keinen Sinn. Was Sinn macht, ist immer dann loszulassen, wenn es drängt, und das Resultat ist immer interessant. Den Hintern zusammenzukneifen und es gerade noch auf die Toilette zu schaffen und das interessante Zeug einfach wegzuspülen, ergibt überhaupt keinen Sinn und ist ganz und gar unnatürlich. Aber wenn eine gute Beziehung zwischen Mutter und Kind existiert, und die Mutter geduldig ist und nicht übermäßig kontrollierend, (und leider sind diese günstigen Voraussetzungen nicht immer gegeben, deshalb interessieren wir Psychiater uns so sehr für die Sauberkeitserziehung), dann passiert etwas ganz Wunderbares. Dann sagt das Kind zu sich selbst: „Mami ist so ein liebes Mädel, und sie war in den letzten zwei Jahren verdammt gut zu mir. Ich würde ihr gerne auch einmal einen Gefallen tun, sie irgendwie beschenken. Aber ich bin nur ein kleines, dummes Kind. Welchen Gefallen sollte ich ihr tun – wenn nicht diese eine verrückte Sache?"

So beginnt also das Kind aus Liebe zu seiner Mutter, sich ganz und gar unnatürlich zu verhalten: Es kneift den Hintern zusammen und bemüht sich rechtzeitig zur Toilette. Für dasselbe Kind fühlt es sich später, wenn es vier oder fünf Jahre alt ist, ganz und gar natürlich an, für sein Geschäft die Toilette aufzusuchen; und ein Gefühl des Unnatürlichen wird sich ihm dann aufdrängen, wenn ihm bei Müdigkeit oder Stress einmal was danebengeht. Innerhalb einer kurzen Spanne von zwei Jahren hat das Kind aus Liebe zu seiner Mutter seine eigene Natur verändert.

Unsere Fähigkeit zur Veränderung – zur Transformation – ist so außergewöhnlich, dass ich auf die Frage „Was macht das Wesen der menschlichen Natur aus?" manchmal auch aus Spaß antworten werde, dass es keine gibt. Was uns Menschen von anderen Geschöpfen unterscheidet, sind schließlich nicht vorrangig unser gegengreifender Daumen, unser ausgefeilter Kehlkopf oder unsere riesige Großhirnrinde, sondern unser beachtlicher relativer Mangel an Instinkten – jener ererbten Verhaltensmuster, die anderen Geschöpfen eine festgelegte und vorherbestimmte Natur geben.

Wir Menschen sind nicht gleichermaßen vorherbestimmt. Ich wohne in Connecticut am Ufer eines großen Sees. Jeden März, wenn der Schnee schmilzt, kommen hier Möwen an, und jeden Dezember, wenn es friert, verlassen sie uns und ziehen vermutlich nach Süden. Ich habe keine Ahnung, wo sie hinfliegen, Bekannte von uns tippten neulich auf Florence in Alabama. Meine ornithologisch bewanderten Freunde sagen mir zwar, dass Möwen keine Zugvögel seien, aber die haben die von meinem See noch nicht kennen gelernt. Wie auch immer, Untersuchungen über Zugvögel haben ergeben, dass diese sich trotz ihrer kleinen Gehirne so präzise an den Sternen orientieren können, dass sie ihr Ziel (Florence, Alabama) immer geradewegs erreichen. Aber sie haben keine Freiheit bei ihrer Wahl. Es geht entweder nach Florence in Alabama oder nirgendwo hin. Sie können sich nicht überlegen: „Ach, diesen Winter verbringe ich lieber in Waco, Texas oder auf den Bermudas."

Wir Menschen haben einen Mangel an Instinkten, der uns enorme Freiheit schenkt. Sofern wir die finanziellen Mittel haben, haben wir alle Freiheit, unser Winterquartier zu wählen, sei es nun Alabama, die Bermudas oder Barbados, sei es, dass wir zu Hause bleiben, oder dass wir uns ganz gegen die Natur wenden und uns in den Norden begeben, um in Vermont verschneite Hänge auf merkwürdigen Latten aus Holz oder Kunststoff hinunterzuschlittern. Manche sagen, dass unsere Freiheit und unsere Fähigkeit, unser Verhalten wie unsere Umwelt zu kontrollieren, Geschenke Gottes seien. Manche sagen, sie seien die Resultate jahrtausendelanger menschlicher Evolution. Vielleicht stimmt beides.

Jedenfalls ist unsere enorme Fähigkeit zur Transformation besonders offensichtlich in den Entwicklungsschritten vom Säugling über die Kinder- und Jugendzeit bis zum Erwachsenen. Wenn wir dann älter und gesetzter werden, unsere Meinung zur einzig richtigen wird und wir immer weniger Interesse an Neuem haben, dann ist unsere Bereitschaft und Fähigkeit zu Veränderung weniger offensichtlich. Als ich jung war, glaubte ich, das sei der Lauf der Dinge. Die Erwachsenen um mich herum kamen in die Fünfziger, Sechziger und Siebziger, und sie alle schienen sich dabei immer mehr auf ihren Wesenskern festzulegen.

Im Alter von zwanzig verbrachte ich dann allerdings einen Sommer mit John P. Marquand, dem berühmten Autor, der damals 65 Jahre alt war. Dieser Sommer stellte meine Welt auf den Kopf. Marquand war an allem interessiert – auch an mir – und kein wichtiger 65-jähriger war je zuvor an einem unwichtigen 20-jährigen wie mir interessiert gewesen. Drei oder viermal die Woche diskutierten wir bis spät in die Nacht hinein, und manche unserer Debatten gewann ich sogar. Ich konnte seine Meinung verändern. Er änderte seine Meinung sogar aufgrund verschiedenster Gegebenheiten mehrmals in der Woche. Also gewann ich gegen Ende des Sommers die unglaubliche Erkenntnis, dass dieser Mann im Geiste nicht gealtert war. Wenn überhaupt irgendetwas, dann war er jünger geworden, anpassungsfähiger, denn er entwickelte seinen Standpunkt schneller weiter als die meisten Jugendlichen.

Und das erste Mal in meinem Leben wurde mir klar, dass wir geistig nicht altern müssen. Unser Körper wird natürlich gebrechlich. Aber geistig und spirituell geht es auch anders. Hier kommen wir zu einem weiteren interessanten Paradox: Es sind die psychologisch und spirituell Reifsten unter uns, die geistig am wenigsten altern. Umgekehrt ist das, was wir senil nennen, die fatale letzte Phase psychologischer und spiritueller Unreife (natürlich gibt es auch biologisch bedingte Ausnahmen).

Es gibt diese Redensart über die Senilen, dass sie zum zweiten Mal Kind seien. Sie jammern, werden fordernd, manipulativ und egozentrisch. Meist ist die Ursache jedoch nicht, dass sie eine zweite Kindheit erleben, sondern dass sie die erste nie verlassen haben. Es ist lediglich der Erwachsene verschwunden, der das Kind überlagerte. Viele Menschen, die wie Erwachsene aussehen, sind emotional betrachtet Kinder in Erwachsenenkörpern. Psychotherapeuten wissen das sehr gut, denn es ist ihre Aufgabe, „echte Erwachsene" zu formen. Und das liegt nicht daran, dass ihre Patienten besonders unreif wären. Im Gegenteil: Es nehmen gerade jene die Patientenrolle ein, die einen Schritt weiter sind, weil es sie aus ihrer Unreife herauszieht. Diese Menschen wollen nicht länger in Mustern gefangen sein, selbst wenn sie noch nicht wissen, wie das geht. Sie nehmen eine demütige, aber ehrenvolle Aufgabe an, denn sie betreten den Weg der Transformation.

Ein irischer Jesuit, der mein Mentor war, sagte mir einmal in seinem herrlichen Dialekt: „Hey, Scotty, ein Erwachsener ist eine wunderbare Sache!" Er meinte damit, dass ein Erwachsener ein Geschöpf ist, das man bewundern kann, weil es so wenige von ihnen gibt. Diese Seltenheit ihres Vorkommens ist aber kein Grund zur Verzweiflung. Die Beweislage deutet darauf hin, dass sich in den letzten zwei Generationen immer mehr Menschen auf den Weg ins Erwachsensein gemacht haben. Wahre Erwachsene sind jene unter uns, die ihre Fähigkeit zur Transformation kontinuierlich nutzen und weiterentwickeln. Und weil sie ständig üben, wird der Fortschritt in ihrem inneren Wachstum immer schneller, je weiter sie voranschreiten. Denn je reifer wir werden, um so leichter können wir uns leer machen – leer machen vom Alten, damit das Neue hereinkommen und uns verwandeln kann.

Die Fähigkeit zur Transformation macht uns als Menschen also so besonders. Und da wir nicht auf eine bestimmte Natur unseres Wesens festgelegt sind, sondern die Freiheit besitzen, immer wieder das Neue, das Andere und das Unnatürliche auszuprobieren, ist es ganz klar, dass wir als Menschen auf die unterschiedlichsten Arten geprägt werden und uns die unterschiedlichsten Wege aussuchen.

Gemeinschaftsbildung

Das charakteristischste Merkmal der menschlichen Spezies ist ihre Veränderbarkeit. Aufgrund verschiedener Gene, verschiedener Kindheitserlebnisse, verschiedener Kulturen, verschiedener Erfahrungen (und verschieden getroffener Entscheidungen – vielleicht ist das der wichtigste Punkt) sind wir geformt worden und haben uns selbst geformt. Diese grundlegenden Unterschiede in Temperament, Charakter und Kultur machen es uns so schwierig, harmonisch miteinander zu leben. Wir können diese Fähigkeit zur Transformation aber auch dazu nutzen, unsere verschiedenen Kindheiten, Kulturen und Erfahrungen, also unsere Unterschiede, zu überwinden, ohne sie dabei aufzugeben.

So kann die einstige Ursache des Krieges zu seinem Heilmittel werden.

Realismus, Idealismus und Romantik

Es gibt Menschen, nennen wir sie mal Militaristen, die glauben, dass Friede auf der Welt unmöglich sei. Die Militaristen bezeichnen sich selbst gemeinhin als Realisten. Dieser scheinheiligen Selbstbezeichnung liegt die Annahme zugrunde, dass die menschliche Natur kriegerisch sei. Die Militaristen führen an, dass durch alle Zeiten und Kulturen hinweg die Menschen Krieg geführt hätten. Dies ist nicht die ganze Wahrheit. Seit vielen Jahrhunderten haben die Schweiz oder Schweden beispielsweise keinen Krieg geführt. Aber die Tatsachen kommen ihrer Aussage nahe genug, dass die Militaristen den Krieg als einen realen Bestandteil der menschlichen Natur bezeichnen und deshalb fordern, dass wir realistisch sein und uns dem Krieg stellen sollten.

Friedensbefürworter werden von Militaristen in der Regel als Idealisten bezeichnet, oft sogar als hohlköpfige oder völlig vernebelte Weltverbesserer. Mit den Hohlköpfen oder dem vernebelt haben sie hoffentlich Unrecht – doch sie haben Recht, uns Idealisten zu nennen. Ein Idealist ist für mich jemand, der an die menschliche Fähigkeit zur Transformation glaubt. Wäre die menschliche Natur wirklich kriegerisch (und ich bin mir nicht sicher, inwieweit Aggression ein angeborenes oder ein angenommenes Verhaltensmuster ist), so hätten wir doch noch die Möglichkeit, dieses Verhalten zu ändern. Welche Charakteristika wir auch noch als Menschen besitzen mögen – die Fähigkeit zur Transformation ist unser herausstechendstes Merkmal. Diesem Merkmal haben wir mehr als jedem anderen, die Evolution und das Überleben der menschlichen Spezies zu verdanken.

Die Militaristen, die sogenannten Realisten, haben den Bezug zum wahren menschlichen Kern verloren. Die Idealisten haben ihn erfasst. Es sind die Idealisten, die realistisch denken. Aber auch Idealisten können den Bezug zur Wirklichkeit verlieren. In meinen Seminaren zum Thema Abrüstung entsteht oft Begeisterung in den Gruppen. Wenn ich dann erwähne, dass ich mit etwa zwölf Jahren rechne, um die Politik erfolgreich in Richtung Abrüstung zu lenken (was etwa der Zeit entspricht, die uns überhaupt bleibt), machen manche der Teilnehmer lange Gesichter. Sie hatten eher an sechs Monate gedacht. Diese Menschen sind Romantiker. Als Romantiker bezeichne ich jemanden, der nicht nur an die menschliche Fähigkeit zur Transformation glaubt, sondern auch meint, dass dies ein leichter Prozess sei. Er ist nicht einfach. Aber er ist möglich. Es gibt tief liegende Gründe dafür, dass er nicht einfach ist.

Persönlichkeit lässt sich am besten beschreiben als ein beständiges Muster in der Anordnung psychischer Elemente. Das Schlüsselwort dieser Definition ist „beständig". Die Persönlichkeiten von Individuen, wie auch die Charaktere von Kulturen und Nationen, weisen Beständigkeit auf. Beständigkeit hat eine lichte und eine dunkle Seite, ihr Gutes und ihr Schlechtes. Ein Beispiel aus meiner Praxis: Wenn neue Patienten zu mir kommen, finden sie mich für gewöhnlich locker gekleidet vor, in einem Sweatshirt und vielleicht sogar mit Schlappen an den Füßen. Wenn sie mich bei einer zweiten Sitzung plötzlich in Anzug und Krawatte vorfänden, weil ich im Anschluss auf eine Vortragsreise will, so wäre das wahrscheinlich in Ordnung für sie. Kämen sie allerdings ein drittes Mal und fänden mich in einer wallenden Robe und mit auffallendem Schmuck vor, so kämen sie wahrscheinlich kein viertes Mal.

Dass sie immer wieder den gleichen, vertrauten Scotty vorfinden, ist einer der Gründe, warum viele meiner Patienten meine Dienste wiederholt in Anspruch nehmen. Die Beständigkeit meiner Person gibt ihnen Sicherheit. Ich bin ein fester Ankerpunkt. Die Beständigkeit unserer Persönlichkeit weckt Vertrauen in anderen und ermöglicht uns, in dieser Welt gut zu funktionieren. Die Schattenseite der Beständigkeit ist unser Widerstand. Egal, ob es sich um ein Individuum oder eine Nation handelt – der Persönlichkeit widerstrebt jede Veränderung.

Die Menschen kommen zwar in die Psychotherapie, um sich zu ändern; sobald die Therapie jedoch beginnt, wehren sich die Patienten oft mit Haut und Haaren gegen jede Veränderung. Die Psychotherapie erhellt uns mit dem Licht der Wahrheit. Und die Wahrheit wird uns frei machen. Zunächst macht sie uns allerdings rasend, weil sie unsere Widerstände trifft. Veränderung ist also keineswegs leicht. Dennoch ist sie möglich. Sie ist die ehrenvolle Seite von uns Menschen. Die Wahrnehmung dieser menschlichen Ehre war einst die Grundlage dessen, was „amerikanischer Idealismus" genannt wurde. Unser Land wurde auf der Grundlage dreier Dokumente gegründet – der Unabhängigkeitserklärung, der Verfassung und der Bill of Rights[26]. Diese basierten auf tiefgreifenden Idealen. Die grundlegende Aussage und Funktion dieser drei Dokumente war es, eine Gesellschaft zu errichten, die dem Einzelnen die größtmögliche Freiheit zur Veränderung geben sollte – Veränderung von Religion, Lebensraum und Lebensstil, das Denken neuer Gedanken aufgrund eines freien Informationsflusses und die Veränderung des Verständnisses politischer Führung.

Es ist bemerkenswert, wie diese junge Nation vor zweihundert Jahren kein Geld und keine Energie darauf verwendet hat, das Verhalten anderer Nationen zu kontrollieren. Und wie doch eines nach dem anderen, ja fast dutzendweise, die Völker anderer Länder unserem spirituellen und politischen Beispiel gefolgt sind, weil sie ähnliche Freiheit für sich selbst suchten. Man kommt schwer um die Einsicht herum, dass unsere spirituelle und politische Vorreiterrolle seitdem abgenommen hat, und zwar umgekehrt proportional zu unserem wachsenden finanziellen und sonstigen Aufwand, den wir betrieben haben, um andere Nationen zu beeinflussen. Einmal abgesehen von den Vorteilen und Fallen unseres Isolationismus, laufen wir in unserer Rolle als Weltmacht Gefahr, unsere Ideale im Stich zu lassen.

Rufen wir uns den berühmten Satz der Anonymen Alkoholiker ins Bewusstsein – zweifelsohne die erfolgreichste Organisation für persönliche Transformation in diesem Land: „Die einzige Person, die du ändern kannst, bist du selbst." Wir können uns auch daran erinnern, dass Versuche, andere Menschen zu ändern, für gewöhnlich im Chaos enden und der Gemeinschaftsbildung abträglich sind. Ich frage mich, was passieren würde, wenn wir uns in den Vereinigten Staaten als oberste Priorität darauf konzentrierten, aus uns die bestmögliche Gesellschaft zu machen. Würden andere Länder der Welt uns erneut nacheifern und aus freien Stücken unserem Beispiel folgen? Dazu müssten wir das Risiko eingehen, den Idealismus wieder aufzugreifen, der diese Nation einst in ihre Größe gebracht hat.

---

[26] Die ersten zehn Zusatzartikel zur amerikanischen Verfassung, 1791 in Kraft getreten, Anm. d. Übers.

9 Muster der Verwandlung

Der Schlüssel zur Gemeinschaft ist das Akzeptieren und das feierliche Wertschätzen unserer individuellen und kulturellen Unterschiede. Solches Akzeptieren und Zelebrieren löst das Problem des Pluralismus, kann aber erst geschehen, nachdem wir gelernt haben, leer zu werden. Hierin liegt auch der Schlüssel zum Weltfrieden. Das bedeutet jedoch nicht, dass wir beim Ringen um die Weltgemeinschaft alle Individuen oder alle Kulturen und Gesellschaften als gleich entwickelt und reif ansehen müssen. Das ist einfach nicht wahr.

Die Wirklichkeit ist, dass genauso wie Individuen auch Kulturen auf unterschiedlichen Entwicklungsstufen stehen. Mit wachsender Selbsterkenntnis wird auch unser Respekt und sogar unsere Liebe für andere Menschen und Kulturen wachsen.

Gale D. Webbe schrieb in seinem bedeutenden Werk „The Night and Nothing" über die tieferen Aspekte des spirituellen Wachstums.[27] Er erkannte, dass je weiter man innerlich wächst, man um so mehr Menschen liebt und um so weniger Menschen nur mag. Das ist deshalb so, weil wir, wenn wir erfahren genug sind, unsere eigenen Fehler zu erkennen und zu heilen, natürlich auch die Fehler der Anderen leichter erkennen können. Es mag sein, dass wir die Menschen wegen ihrer Fehler und Unreife nicht mögen. Aber je weiter wir selbst wachsen, um so mehr werden wir fähig, Unzulänglichkeiten anzunehmen und andere Menschen zu lieben – mit all ihren Fehlern. Christi Gebot ist nicht, einander zu mögen, es ist einander zu lieben.

Diese Art der Liebe ist ebenso schwierig zu erlangen wie Gemeinschaft, doch ist sie ein Teil des spirituellen Weges. Wenn dieser Weg nicht verstanden wird, kann das ein Grund sein, dass sich die Menschen sogar weiter von Gemeinschaft entfernen. Die Kenntnis dieses Zusammenhangs kann jedoch viel dazu beitragen, uns in Frieden zusammenzuführen.

Die Stufen der spirituellen Entwicklung

Ebenso wie es erkennbare Stufen des physischen und seelischen Wachstums des Menschen gibt, gibt es Stufen der spirituellen Entwicklung des Menschen.

---

[27] Gale D. Webbe, *The Night and Nothing* (San Francisco: Harper & Row, 1983), S. 60

Der meistgelesene Gelehrte dieses Gegenstandes ist heute James Fowler von der Emory Universität.[28] Ich wurde allerdings zuerst durch persönliche Erfahrungen auf diese Stufen aufmerksam. Mit vierzehn begann ich, christliche Kirchen in der Gegend zu besuchen. Ich war hauptsächlich daran interessiert, Mädchen kennen zu lernen, wollte aber auch herausfinden, was es mit diesem Christentum auf sich hatte. Ich wählte eine bestimmte Kirche, weil sie nur wenige Häuserblocks entfernt war und weil der damals berühmteste Prediger dort sprach. Die Predigten dieses Mannes wurden landesweit im Radio gesendet. Mit meinen vierzehn Jahren hatte ich keine Mühe, ihn als einen Schauspieler zu erkennen. In entgegengesetzter Richtung stand die Kirche des weniger bekannten Presbyterianer-Priesters George Buttrick. Und ich hatte keine Mühe, George Buttrick als einen heiligen Mann, einen wahren Mann Gottes, zu erkennen.

Was sollte ich mit meinem jungen Verstand davon halten? Auf der einen Seite war da der bekannteste christliche Prediger seiner Zeit, und soweit ich mit vierzehn feststellen konnte, war ich ihm weit voraus. Doch derselben christlichen Religion gehörte ein George Buttrick an, der mir wiederum um ganze Lichtjahre voraus war. Es ergab für mich einfach keinen Sinn. So schloss ich, dass dieses ganze Christentum keinen Sinn ergab, und kehrte ihm den Rücken.

Eine andere wichtige Erfahrung konnte ich erst im Lauf von vielen Jahren richtig einordnen. In meiner Psychotherapiepraxis tauchte ein seltsames Muster auf. Wenn religiöse Menschen voller Schmerz und Kummer zu mir kamen und sich so engagiert auf den therapeutischen Prozess einließen, dass sie den ganzen Weg zurücklegten, verließen sie die Therapie oft als Atheisten, Agnostiker oder zumindest Skeptiker. Wenn andererseits Atheisten, Agnostiker oder Skeptiker mit ihren Schmerzen und Schwierigkeiten zu mir kamen und sich voll engagierten, verließen sie oft die Therapie als tief religiöse Menschen.

Dieselbe Therapie, derselbe Therapeut, erfolgreich, aber äußerst unterschiedliche Ergebnisse vom religiösen Standpunkt aus. Wieder erkannte ich keinen Sinn darin – bis ich begriff, dass wir uns spirituell auf unterschiedlichen

---

[28] James W. Fowler, *Stages of Faith: The Psychology of Human Development and the Quest for Meaning* (San Francisco: Harper & Row, 1982). Siehe auch James Fowler and Sam Keen, *Life Maps: Conversations on the Journey of Faith*, Hrsg. Jerome Berryman, (Waco, Texas: Word Books, 1978). Siehe auch die Arbeit von Jean Piaget, Erik Erikson and Lawrence Kohlberg, die, grob in dieser Reihenfolge, die Arbeit von Fowler in diesem Jahrhundert intellektuell untermauerten. Fowler spricht von sechs Phasen. Ich habe mich auf vier beschränkt. Unsere Systeme überlappen sich deutlich und widersprechen sich in keiner Weise.

Stufen befinden. Mit dieser Einsicht kam eine andere: Es gibt ein Muster von erkennbaren Stufen des spirituellen Wachstums des Menschen. Ich selbst habe sie auf meinem eigenen Weg durchschritten.

Aber hier will ich über diese Stufen nur im Allgemeinen sprechen, denn Individuen sind einmalig und passen niemals genau in irgendeine psychologische oder spirituelle Schublade. Lassen Sie mich, mit dieser Einschränkung im Kopf, mein eigenes Verständnis dieser Stufen und den Namen, die ich ihnen gegeben habe, darstellen:

Stufe I: chaotisch, antisozial

Stufe II: formal, institutionell

Stufe III: skeptisch, individuell

Stufe IV: mystisch, gemeinschaftlich

Die meisten kleinen Kinder und vielleicht jeder fünfte Erwachsene fallen in Stufe I. Es ist im Wesentlichen ein Stadium der unentwickelten Innerlichkeit. Ich nenne es antisozial, weil die Erwachsenen, die auf dieser Stufe sind (und als Unterste jene, die ich „Menschen der Lüge" zu nennen wagte), im Allgemeinen unfähig zu sein scheinen, andere zu lieben. Obwohl sie vorgeben mögen, zu lieben (und von sich selbst so denken), sind die Beziehungen zu ihren Mitmenschen im Wesentlichen manipulativ und eigennützig. Sie geben wirklich keinen Pfifferling auf irgendjemand anderen. Ich nenne die Stufe chaotisch, weil diese Leute von Grund auf ohne Prinzipien sind.

Da sie ohne Prinzipien sind, gibt es nichts was sie leitet außer ihrer eigenen Willkür. Und weil ihr Wille flatterhaft ist, mangelt es ihnen Wesen an Integrität. Sie enden deshalb oft im Gefängnis oder befinden sich in anderer Weise in Schwierigkeiten. Einige jedoch können im Dienst der Zweckmäßigkeit und ihrer Ziele ganz diszipliniert sein und so zu Positionen von beträchtlichem Ansehen und Macht aufsteigen und sogar Präsidenten oder einflussreiche Prediger werden.

Von Zeit zu Zeit kommen Menschen dieser Stufe in Berührung mit dem Chaos ihrer eigenen Existenz, und ich denke, dass das dann die schmerzvollste Erfahrung ist, die ein Mensch haben kann. Gewöhnlich stehen sie diese Erfahrung unverwandelt durch. Einige werden sich vermutlich töten, nicht fähig, sich eine Änderung vorzustellen. Und einige schreiten hin und wieder voran zur Stufe II. Solche Wandlungen sind gewöhnlich plötzlich und dramatisch und, wie ich glaube, von Gott gegeben. Es ist, als ob Gott diese Seele ergriffen und einen Quantensprung hinaufgeführt hätte.

Gemeinschaftsbildung

Der Prozess scheint auch ein unbewusster zu sein. Er scheint einfach „zu geschehen". Aber wenn er bewusst gemacht werden könnte, wäre es wie wenn die Person zu sich selbst sagte: „Alles, alles ist diesem Chaos vorzuziehen. Ich bin bereit, alles zu tun, mich aus diesem Chaos zu befreien, sogar mich einer Institution zu unterwerfen, die mich leitet." Die Institution kann sogar ein Gefängnis sein. Es gibt einen gewissen Typ des vorbildlichen Häftlings – kooperativ, gehorsam, diszipliniert, sowohl bei den Insassen als auch den Verwaltungsleuten gut angeschrieben. Er mag wegen guter Führung bald auf Bewährung entlassen werden, und drei Tage später hat er sieben Banken überfallen und siebzehn andere Delikte begangen, sodass er sofort wieder im Gefängnis landet, wo er unter der Herrschaft der Mauern der Institution wieder ein Mustergefangener wird.

Für andere mag die Institution das Militär sein, wo das Chaos ihres Lebens durch die Struktur der militärischen Gemeinschaft geregelt wird. Es kann auch ein Unternehmen sein oder irgendeine andere straff strukturierte Organisation. Aber für die meisten Menschen ist die Institution, deren Führung sie sich unterwerfen, die Kirche.

Es gibt mehrere Merkmale, die das Verhalten von Männern und Frauen auf Stufe II ihrer spirituellen Entwicklung charakterisieren, welche die Stufe der Mehrheit der Kirchgänger und Gläubigen ist (ebenso die der meisten emotional gesunden Kinder in der Latenzperiode, die nach Sigmund Freud etwa vom fünften Lebensjahr bis zur Pubertät dauert). Ein Merkmal ist ihre Bindung an die Formen, und nicht dem Wesen ihrer Religion, weswegen ich diese Stufe formal oder institutionell nenne.

Sie sind tatsächlich den Regeln und der Liturgie so verhaftet, dass sie sehr ärgerlich werden, wenn an den Worten, der Musik oder der traditionellen Ordnung der Dinge Änderungen vorgenommen werden. Aus diesem Grund gab es soviel Aufruhr wegen des neuen „Allgemeinen Gebetbuchs" bei der Episkopalkirche oder den Veränderungen durch das Zweite Vatikanische Konzil in der Katholischen Kirche. Es gibt in vielen Glaubensrichtungen immer wieder Ärger aus ähnlichen Gründen.

Da gerade die Formen sie zur Befreiung vom Chaos geführt haben, ist es kein Wunder, dass Menschen auf dieser Stufe ihrer spirituellen Entwicklung sich so bedroht fühlen, wenn jemand mit den Regeln nach Lust und Laune zu spielen scheint. Noch etwas anderes charakterisiert das religiöse Verhalten der Menschen auf Stufe II. Ihre Vorstellung von Gott ist fast vollständig die eines äußeren, jenseitigen Wesens. Sie haben sehr wenig Verständnis für den immanenten, innewohnenden Gott – den Gott des Heiligen Geistes oder was die Quäker das Innere Licht nennen. Und obwohl sie Ihn oft als liebend ansehen, empfinden sie im Allgemeinen, dass Er strafende Gewalt besitzt und anwenden wird. Aber wieder ist es kein Zufall, dass ihre Vorstellung von Gott die eines riesigen wohlwollenden „Polizisten" im Himmel ist, da dies genau die Art von Gott ist, die sie brauchen, so wie sie eine strenge Religion zu ihrer Führung brauchen.

Nehmen wir nun an, dass zwei Erwachsene, die fest auf Stufe II verwurzelt sind, heiraten und Kinder haben. Sie werden wahrscheinlich ihre Kinder in einem gefestigten Haus aufziehen, da Festigkeit und Beständigkeit Hauptwerte für Menschen dieser Stufe sind. Sie werden ihre Kinder mit Würde als wichtige Wesen behandeln, weil die Kirche ihnen sagt, dass Kinder wichtig sind und mit Würde behandelt werden sollen. Obwohl ihre Liebe zuzeiten etwas an Regeln gebunden und fantasielos sein mag, werden sie den Nachwuchs doch im Allgemeinen liebevoll behandeln, weil die Kirche ihnen gebietet, liebevoll zu sein und lehrt, wie man es ist.

Kinder, die in einem solch gefestigten Umfeld aufgewachsen sind, die ernst genommen und mit Würde behandelt wurden (und auch zur Sonntagsschule mitgenommen wurden), nehmen die Grundsätze des Christentums wie mit der Muttermilch auf – oder die Grundsätze des Buddhismus, wenn sie in einem buddhistischen Haus aufwachsen, oder des Islam in einer muslimischen Familie, usw. Die Grundsätze der Religion ihrer Eltern sind buchstäblich in ihr Herz eingraviert oder werden, wie die Psychotherapeuten es nennen, verinnerlicht. Nun werden solche Kinder gewöhnlich im späten Jugendalter selbstständige menschliche Wesen. Sie sind nicht mehr angewiesen auf eine Institution. Folglich sagen sie zu sich: „Wer braucht schon diese verkalkte Kirche mit ihrem dummen Aberglauben?"

An diesem Punkt beginnen sie, sich zur Stufe III weiterzuentwickeln – skeptisch, individuell. Und zum großen, aber unnötigen Verdruss ihrer Eltern werden sie oft Atheisten oder Agnostiker. Obwohl sie oft an keinen Gott glauben, sind Menschen der Stufe III im Allgemeinen innerlich weiter entwickelt als viele, die sich damit zufriedengeben, auf Stufe II zu bleiben. Obwohl sie individualistisch sind, sind sie kein bisschen antisozial. Im Gegenteil, sie sind sozialen Fragen oft zutiefst verbunden und verpflichtet. Sie bilden sich ihre eigene Meinung und glauben nicht alles, was in der Zeitung steht. Sie glauben auch nicht, dass man nur durch Jesus, Buddha oder Sokrates zum Seelenheil gelangt.

Sie geben liebende, hingebungsvolle Eltern ab. Als Skeptiker sind sie oft Wissenschaftler und als solche wiederum an einen Kodex gebunden. Was wir die wissenschaftliche Methode nennen, ist eine Sammlung von Übereinkünften und Verfahren, die festgelegt wurden, um unsere außergewöhnliche Fähigkeit zum Selbstbetrug zu bekämpfen, damit wir jenseits unserer emotionalen oder intellektuellen Bequemlichkeit der Wahrheit verpflichtet bleiben.

Fortgeschrittene Männer und Frauen der Stufe III sind aktive Wahrheitssucher. „Suchet und ihr werdet finden", ist gesagt worden. Wenn Menschen auf Stufe III die Wahrheit tief und weit genug suchen, finden sie was sie suchen, aber niemals genug, um das ganze Puzzle vervollständigen zu können. Im Gegenteil, je mehr Stücke sie finden, desto weiter und großartiger wird das Puzzle. Sie erhaschen jedoch kurze Blicke auf das große Bild und sehen, dass es in seiner Pracht jenen „primitiven Mythen und dem Aberglauben" ihrer Stufe-II-Eltern oder -Großeltern erstaunlich ähnelt.

In diesem Augenblick beginnen sie ihren Übergang zu Stufe IV, die Stufe der mystischen Gemeinschaft in der spirituellen Entwicklung. Mystik ist nicht leicht zu definieren. Es nimmt viele Formen an. Doch zu allen Zeiten haben Mystiker aller Religionen von Einheit gesprochen, von einer untergründigen Verbindung zwischen den Dingen: zwischen Männern und Frauen, zwischen uns und den anderen Geschöpfen und sogar der „unbelebten" Materie, ein Zusammenklingen nach einer verborgenen Partitur, die dem Kosmos zugrunde liegt.

Ich erinnere an die Erfahrung, als ich während jenes Gemeinschaftserlebnisses auf dem Luftwaffenstützpunkt in Kalifornien, meinen zuvor gehassten Nachbarn als mich selbst sah. Als ich seine Zigarrenstummel roch und sein kehliges Schnarchen hörte, war ich von äußerstem Widerwillen gegen ihn erfüllt bis zu dem seltsamen mystischen Augenblick, als ich mich in seinem Stuhl sitzen sah und erkannte, dass er der schlafende Teil von mir und ich der wachende Teil von ihm war. Wir waren plötzlich verbunden. Mehr als verbunden, wir waren Teile derselben Einheit.

Mystik hat offensichtlich auch mit Mysterium zu tun. Mystiker erkennen die gewaltige Größe des Unbekannten. Aber statt davon abgeschreckt zu sein, versuchen sie immer tiefer in das Unbekannte vorzudringen, obwohl sie wissen, dass je mehr sie verstehen, sie auf immer mehr Geheimnisse stoßen. Sie lieben das Geheimnis im Gegensatz zu denen auf Stufe II, die einfache, klar umrissene dogmatische Strukturen brauchen und wenig Gefallen am Unbekannten und Unerkennbaren finden.

Während Männer und Frauen der Stufe IV religiös werden, um sich dem Mysterium zu nähern, tun es die Menschen der Stufe II häufig, um ihm zu entfliehen. So entsteht das Durcheinander von Menschen, die derselben Religion aus verschiedensten Motiven beitreten. Das ergibt nur Sinn, wenn wir den religiösen Pluralismus unter dem Gesichtspunkt der Entwicklungsstufen betrachten.

Und schließlich haben Mystiker durch die Jahrhunderte hindurch von der Leere berichtet und geschwärmt. Ich habe Stufe IV gemeinschaftlich sowie mystisch genannt, weil sehr viele Mystiker in Gemeinschaften leben und weil sie wissen, dass die ganze Welt eine Gemeinschaft ist. Der Mangel dieses Bewusstseins führt zu Trennung und Kriegen. Da sie sich von vorgefassten Meinungen und Vorurteilen befreien die unsichtbare Struktur erkennen, die alles verbindet, denken Mystiker nicht in Kategorien von Parteien oder Blöcken oder sogar nationalen Grenzen; sie wissen, dass dies eine Welt ist.

Es gibt natürlich viele Abstufungen innerhalb und zwischen den vier Stufen der spirituellen Entwicklung. Wir haben sogar einen Namen für eine Person zwischen Stufe I und II: ein Rückfälliger. Das ist ein Mann (wir wollen Männer als Beispiel nehmen um der Einfachheit willen; Frauen fallen auch da hinein, aber sie neigen zu einem etwas subtileren Stil), der trinkt, spielt und allgemein eine zügellose Existenz führt, bis irgendein guter Stufe-II-Bursche vorbeikommt und mit ihm redet, und er ist gerettet. Für die nächsten zwei Jahre führt er ein nüchternes and rechtschaffenes und gottesfürchtiges Leben, bis er eines Tages wieder in einer Bar gefunden wird, in einem Bordell oder beim Pokern. Er wird ein zweites Mal gerettet, aber wieder wird er rückfällig und fährt so fort, so zwischen Stufe I und II hin und her zu springen.

Ähnlich springen andere Leute zwischen Stufe II und III hin und her. Da gibt es zum Beispiel diejenigen, die sich sagen: „Es ist nicht so, dass ich nicht mehr an Gott glaubte. Die Bäume, die Blumen, die Wolken sind so wunderbar, dass sie offensichtlich keine menschliche Intelligenz geschaffen haben kann; ein Gott muss das alles ins Werk gesetzt haben vor Milliarden von Jahren. Aber es ist genau so wundervoll draußen auf dem Golfplatz am Sonntagmorgen wie in der Kirche und ich kann meinen Gott dort ebenso gut verehren." Was er einige Jahre lang macht bis sein Geschäft einen leichten Rückgang erleidet; da sagt er sich in Panik: „Oh, mein Gott, ich habe nicht mehr gebetet." So geht er für einige Jahre zurück in die Kirche, bis sein Geschäft wieder besser läuft (wohl, weil er so eifrig gebetet hat), und allmählich rutscht er wieder zurück, hinaus auf seinen Stufe-III-Golfplatz.

Ähnlich sehen wir Leute hin und her springen zwischen Stufe III und IV. Mein Nachbar war so jemand. Tagsüber zeigte Michael seinen höchst analytischen Verstand mit brillanter Exaktheit und Präzision und er war ungefähr der langweiligste Mensch, dem ich je zuhören musste. Gelegentlich am Abend jedoch, nachdem er ein bisschen Whiskey getrunken oder ein wenig Marihuana geraucht hatte, konnte er anfangen, über den Sinn von Leben und Tod, Himmel und Erde zu sprechen und so „geisterfüllt" werden, dass ich gebannt zu seinen Füßen sitzen und zuhören konnte.[29] Aber am nächsten Tag pflegte er entschuldigend auszurufen: „Gott, ich weiß nicht, was letzte Nacht in mich gefahren ist; ich habe die dümmsten Sachen gesagt. Ich muss mit dem Trinken und Grasrauchen aufhören." Ich habe nicht die Absicht, den Gebrauch von Drogen zu solchen Zwecken gut zu heißen, sondern will nur feststellen, dass sie in seinem Fall ihn soweit lockerten, dass er sich in die Richtung bewegen konnte, für die er berufen war und von der er sich am Tage auf die rationale Sicherheit von Stufe III zurückzog.

Nur allzu leicht entsteht ein Gefühl der Bedrohung zwischen den Menschen verschiedener Stufen der religiösen Entwicklung. Meistens fühlen wir uns von Menschen der Stufe über uns bedroht. Obwohl Stufe-I-Leute oft vorgeben, kaltschnäuzig zu sein und immer „alle beieinander" zu haben, werden sie hinter ihrer Fassade von fast allem und jedem bedroht. Leute der Stufe II werden nicht von denen der Stufe I bedroht, den „Sündern". Es wurde ihnen geboten, Sünder zu lieben. Aber sie werden sehr bedroht von den Individualisten und Skeptikern der Stufe III, aber noch mehr von den Mystikern der Stufe IV, die an dieselben Dinge zu glauben scheinen wie sie, aber in einer freien Art, die sie absolut beängstigend finden. Andererseits werden Menschen der Stufe III weder von Stufe I noch denen von Stufe II (die sie einfach für abergläubisch halten) bedroht, aber sie fühlen sich von denen der Stufe IV eingeschüchtert, die wie sie selbst wissenschaftlich gesinnt zu sein scheinen und wissen, wie man gute Anmerkungen schreibt, jedoch irgendwie immer noch an diese verrückte Sache mit Gott glauben.

Es ist außerordentlich wichtig für Lehrer, Heiler und Priester (und wir sind alle Lehrer, Heilende und Priester, ob wir es wollen oder nicht; wir haben nur die Wahl, ob wir gute oder schlechte Lehrer, Heiler und Priester sein wollen), dieses Gefühl der Bedrohung zwischen den Menschen der verschiedenen Stufen des spirituellen Wachstums zu erkennen. Viel von der Kunst, ein guter Lehrer, Heiler oder Priester zu sein, besteht darin, unseren Patienten, Klienten oder Schülern immer gerade einen Schritt vorauszubleiben. Wenn man ihnen nicht

---

[29] Auch Carlos Castaneda beschreibt in seinen frühen Don-Juan-Büchern die Wirkung bewusstseinsverändernder Drogen bei seinem Wechsel von Stufe III zu IV. Das erste Buch war: *The Teachings of Don Juan: A Yaqui Way of Knowledge*, (New York, Simon and Schuster, 1973)

voraus ist, ist man unfähig, sie irgendwohin zu führen. Aber wenn man ihnen zwei Schritte voraus ist, wird man sie wahrscheinlich verlieren.

Wenn Menschen uns einen Schritt voraus sind, bewundern wir sie für gewöhnlich. Wenn sie uns zwei Schritte voraus sind, denken wir gewöhnlich, dass sie gefährlich sind. Das ist der Grund, warum Sokrates und Jesus getötet wurden; man dachte, sie seien eine Bedrohung.

Aus diesem Grund wird ein Mensch der Stufe IV, obwohl er selbst sehr fortgeschritten ist, nicht der beste Therapeut für viele sein. Allgemein gesprochen bieten Stufe-II-Leute und -Programme die beste Therapie für Stufe-I-Leute. Psychiater und Psychologen dieses Landes – primär eine Stufe-III-Gruppe – haben ihrer Kultur allgemein gut gedient als Führer für die, welche die Reise aus der Stufe-II-Mentalität heraus gemacht haben.

Stufe-IV-Therapeuten können am besten höchst unabhängige Menschen zur Erkenntnis der mystischen Verflochtenheit dieser Welt führen. Die meisten von uns ziehen jemanden mit einer Hand hoch, während wir selbst an der anderen hochgezogen werden. Ein Verstehen der Stufen der spirituellen Entwicklung ist für die Gemeinschaftsbildung wichtig. Eine Gruppe von nur Stufe-IV-Leuten oder nur Stufe-III- oder nur Stufe-II-Leuten ist nicht so sehr eine Gemeinschaft wie eine Clique. Eine wahre Gemeinschaft wird wohl Menschen aller Stufen umschließen. Wenn man dies versteht, ist es den Menschen der verschiedenen Stufen möglich, das Gefühl der Bedrohung, das sie trennt, zu überwinden und eine authentische Gemeinschaft zu werden.

In einer kleinen Gemeinschaftsbildungsgruppe, die ich vor einigen Jahren leitete, ging dieser Prozess hochdramatisch vonstatten. Zu dieser zweitägigen Gruppe mit fünfundzwanzig Teilnehmern kamen zehn fundamentalistische Stufe- II-Christen, fünf Stufe-III-Atheisten mit ihrem Guru – einem brillanten, höchst intelligenten Prozessanwalt – und zehn mystische Christen auf Stufe IV. Es gab Augenblicke, wo ich die Hoffnung aufgegeben hatte, dass wir je eine Gemeinschaft bilden würden. Die Fundamentalisten waren wütend, dass ich, der ich ihr Leiter sein sollte, rauchte und trank, und versuchten heftig, mich von meiner Heuchelei und Sucht zu heilen. Die Mystiker forderten gleich heftig die Intoleranz und andere Formen der Unnachgiebigkeit bei den Fundamentalisten heraus. Beide waren natürlich äußerst bemüht, die Atheisten zu bekehren. Die Atheisten ihrerseits spotteten über die Arroganz von uns Christen, dass wir überhaupt wagten zu denken, wir hätten auch nur einen Zipfel der Wahrheit erfasst. Nichtsdestotrotz wurden wir nach ungefähr zwölf Stunden des intensivsten gemeinsamen Ringens darum, uns von unserer Intoleranz zu befreien, fähig, einander gelten zu lassen, jeden auf seiner Stufe. Und wir wurden eine Gemeinschaft. Aber wir hätten es nicht geschafft ohne das Bewusstsein der verschiedenen Stufen der spirituellen Entwicklung und der Erkenntnis, dass wir nicht alle auf derselben Stufe standen und dass das so ganz in Ordnung war.

Meine Erfahrung deutet darauf hin, dass dieses Fortschreiten in der spirituellen Entwicklung für alle Kulturen und Religionen gültig ist. Tatsächlich scheint es alle großen Religionen zu charakterisieren – Christentum, Buddhismus, Taoismus, Islam, Judentum, Hinduismus –, sowohl Menschen auf Stufe II als auch auf Stufe IV ansprechen zu können. Ich vermute, das ist der Grund, warum sie große Religionen sind. Es scheint, als ob die Worte jeweils zwei verschiedene Auslegungen hätten.

Nehmen wir ein christliches Beispiel: „Jesus ist mein Heiland." Auf Stufe II wird das oft gedeutet als ein Jesus, der mich, wann immer ich in Schwierigkeiten gerate, rettet, solange ich daran denke, seinen Namen anzurufen. Und das ist wahr. Er wird gerade das tun. Auf Stufe IV wird „Jesus ist mein Heiland" gedeutet als „Jesus hat mich durch sein Leben und seinen Tod den Weg gelehrt, dem ich zu meinem Heil folgen muss." Was auch wahr ist. Zwei völlig verschiedene Auslegungen, zwei völlig verschiedene Bedeutungen, aber beide sind wahr.

Weiter ist es meine Erfahrung, dass die vier Stufen der spirituellen Entwicklung auch ein Muster einer gesunden psychischen Entwicklung repräsentieren. Wir werden als Geschöpfe der ersten Stufe geboren. Wenn das Haus, in das wir hineingeboren werden, unser Urvertrauen nicht allzu sehr erschüttert, sind wir zur Kindheitsmitte Menschen geworden, die sich an die Gesetze halten und den Regeln folgen. Wenn das Elternhaus unsere Einzigartigkeit und Unabhängigkeit ermutigt, stellen wir in der Jugend mit Sicherheit als angehende Skeptiker die Gesetze, Regeln und Mythen in Frage. Und wenn die natürlichen Reifungsprozesse, die uns zum Fragen führen, nicht übermäßig durch Drohungen der Verdammnis durch die Kirche oder die Eltern behindert werden, beginnen wir als Erwachsene langsam die Bedeutung und den Geist zu verstehen, die den Geboten und Mythen zugrunde liegen.

Es kann jedoch z.B. schädliche Einflüsse in der häuslichen Umgebung geben, die Menschen auf der einen oder anderen Stufe erstarren lassen. Im Gegensatz dazu gibt es seltene, schwer zu erklärende Fälle von Menschen, die sich weiter und schneller entwickeln als man erwarten würde.

Das wunderbare Buch „Hallo Mister Gott, hier spricht Anna" von Fynn beschreibt ein siebenjähriges Mädchen, das schon auf Stufe IV ist, trotz einer wahrscheinlich chaotischen frühen Kindheit.[30] Vergessen wir jedoch nicht, dass wir Überbleibsel der vorhergehenden Stadien in uns bewahren, gleichgültig wie weit wir uns innerlich entwickeln.

Ich könnte dies vermutlich nicht schreiben, wenn ich nicht grundsätzlich so etwas wie ein Mensch der Stufe IV wäre. Aber ich kann versichern, dass es einen Stufe-I-Scott-Peck gibt, der beim ersten Anzeichen einer besonderen Belastung sehr versucht ist zu lügen, zu betrügen und zu stehlen. Ich halte ihn streng gefangen, wie ich hoffe, in einer ziemlich bequemen Zelle, damit er nicht auf die Welt losgelassen werde. Und ich bin dazu nur fähig, weil ich seine Existenz anerkenne, was C.G. Jung die Integration des Schattens nennt.

Natürlich versuche ich nicht ihn zu töten, schon deshalb nicht, weil ich manchmal zu ihm in die Grube hinabsteigen muss, um ihn zu konsultieren, sicher verborgen hinter den Gitterstäben, wenn ich eine bestimmte Art von „Ratschlägen von der Straße" brauche.

Ähnlich gibt es einen Stufe-II-Scott-Peck, der in Augenblicken der Schwäche sehr gerne einen großen Papa um sich hätte, der ihm klare Schwarz-Weiß-Antworten für die schwierigen Zwangslagen des Lebens gäbe, sowie einige Verhaltensregeln, die ihn von der Verantwortung, alles selbst herausfinden zu müssen, befreiten. Und da gibt es noch einen Stufe-III-Scott-Peck, der, eingeladen auf einem wissenschaftlichen Symposium zu sprechen, gerne zu dem Gedanken zurückkehren würde: „Ach, ich erzähle ihnen lieber über sorgfältig nachgeprüfte, messbare Untersuchungen und erwähne nichts von dieser Sache mit Gott."

Dem Prozess der Entwicklung des Individuums über diese spirituellen oder religiösen Stufen geben wir ganz richtig den Namen Transformation. Ich habe erwähnt, dass Umwandlungen von Stufe I zu Stufe II gewöhnlich plötzlich und dramatisch verlaufen. Umwandlungen von Stufe III zu Stufe IV vollziehen sich im Allgemeinen schrittweise. Ich sprach zum ersten Mal über diese Stufen bei einem Symposium zusammen mit dem Psychologen und Autoren Paul Vitz. Paul wurde gefragt, wann er Christ geworden sei. Er kratzte sich am Kopf und sagte nachdenklich: „Es dauerte von 1972 bis 1976."[31] Ein Stufe-I-Mann würde über

---

[30] Fynn, *Mister God, This Is Anna*, (New York: Ballantine Books, 1976)
[31] Paul C. Vitz, *Psychology as Religion: the Cult of Self-Worship* (Grand Rapids, Mich.: Eerdmanns, 1977)

seinen Sprung auf Stufe II eher sagen: „Es geschah um 20.30 Uhr, am Abend des siebzehnten August!"

Während des Prozesses der Umwandlung von Stufe III zu Stufe IV werden sich die Menschen im Allgemeinen zum ersten Mal bewusst, dass es so etwas gibt wie spirituelles Wachstum. Es steckt in dieser Bewusstwerdung jedoch eine mögliche Fallgrube, und das ist die Vorstellung, dass sie selbst den Prozess lenken könnten. „Wenn ich hier ein wenig Sufi-Tänze lerne", sagen sie sich, „und dort ein Trappisten-Kloster besuche, auch etwas Zen-Meditation mache, werde ich das Nirvana erreichen."

Aber so funktioniert das nicht, wie der Mythos von Ikarus uns erzählt. Ikarus wollte die Sonne erreichen (welche Gott symbolisiert). So fertigte er sich aus Federn und Wachs ein Paar Flügel. Aber sobald er der Sonne nahe kam, schmolzen die selbst gemachten Flügel und er stürzte ab und zerschellte. Eine Bedeutung dieser Symbolik ist, wie ich glaube, dass wir nicht zu Gott aus eigener Anstrengung kommen können. Wir müssen Gott die Lenkung überlassen.

Die Übergänge von Stufe I zu II und von III zu IV haben eines gemeinsam: Ein Gefühl der verwandelten Person, dass ihre Transformation nicht aus eigener Kraft erreicht wurde, sondern eher ein Geschenk Gottes ist. Ganz sicher kann ich von meiner eigenen langsamen Wandlung von Stufe III zu IV sagen, dass ich nicht klug genug war, meinen Weg allein zu finden.

Als Teil des spirituellen Wachstumsprozesses ist der Übergang von Stufe II zu III auch eine Art Bekehrung. Wir können zum Atheismus oder Agnostizismus oder zumindest zum Skeptizismus bekehrt werden! Ich habe wirklich jeden Grund zu glauben, dass Gott auch in diesem Teil des Verwandlungsprozesses seine Hand im Spiel hat. Eine der größten Herausforderungen für die Kirche ist tatsächlich, wie sie die Umwandlung ihrer Mitglieder von Stufe II zu Stufe IV erleichtert, ohne dass sie ein ganzes Erwachsenenleben auf Stufe III zubringen müssen.

Diese Herausforderung hat die Kirche in der Geschichte eher vermieden als sie anzunehmen. Ich denke, eine der zwei größten Sünden unserer sündigen Kirche war, dass sie ihre Anhänger durch die Jahrhunderte vom Zweifeln abhalten wollte. So hat sie logischerweise reifende Menschen aus ihrer möglichen Gemeinschaft herausgetrieben und sie dadurch auf einen fortdauernden Widerstand gegen geistige Einsichten festgelegt.

Die Kirche wird sich dieser Herausforderung erst stellen, wenn der Zweifel als eine christliche Tugend betrachtet wird, sogar als eine christliche Pflicht. Weder könnten noch sollen wir das Fragen in unserer Entwicklung überspringen. Nur durch den Prozess des Fragens beginnen wir, uns bewusst zu werden, dass das ganze Ziel des Lebens die Entwicklung der Seele ist.

Wie ich sagte, ist die Vorstellung, dass wir diese Entwicklung völlig lenken können, ein Irrglaube. Aber die Schönheit der Erkenntnis, dass wir alle auf einem weiterführenden spirituellen Weg sind und dass es kein Ende unserer Wandlung gibt, überstrahlt diesen Irrglauben. Denn wenn wir einmal erkannt haben, dass wir auf dem Weg sind – dass wir alle Pilger sind – können wir bewusst mit Gott in diesem Prozess zusammenarbeiten. Deshalb verkündete Paul Vitz bei dem erwähnten Symposium unseren Zuhörern: „Ich meine, dass Scotts Stufenmodell sehr nützlich ist, und ich werde es vermutlich in meiner Tätigkeit benützen, aber bitte bedenken Sie, dass Stufe IV erst der Anfang ist."

Das Überschreiten des Kulturkreises

Der beschriebene Prozess der spirituellen Entwicklung entspricht der Entwicklung einer Gemeinschaft. Menschen der Stufe I täuschen oft etwas vor; sie geben vor, liebevoll oder fromm zu sein, um den Mangel an Prinzipien zu verdecken. Die erste, primitive Stufe der Gruppenbildung – Pseudogemeinschaft – ist ebenfalls durch Vortäuschung gekennzeichnet. Die Gruppe versucht, wie eine Gemeinschaft auszusehen, ohne im geringsten die Mühe auf sich zu nehmen, die das beinhaltet.

Menschen der Stufe II haben begonnen, Grundsätzen zu gehorchen – dem Gesetz. Aber sie verstehen noch nicht den Geist des Gesetzes. Folglich sind sie gesetzverhaftet, beschränkt und dogmatisch. Sie fühlen sich von jedem Andersdenkenden bedroht, und so betrachten sie es als ihre Verpflichtung, die restlichen 90 oder 99% der Menschheit, die nicht „wahre Gläubige" sind, zu bekehren oder zu erretten. Derselbe Stil charakterisiert die zweite Stufe des Gemeinschaftsprozesses, auf der die Gruppenmitglieder statt einander zu akzeptieren heftig versuchen, einander zu dominieren. Das daraus resultierende Chaos ähnelt dem zwischen sich befehdenden Bekenntnissen, schismatischen Abspaltungen oder Sekten innerhalb oder zwischen verschiedenen Weltreligionen.

Stufe III, eine Phase des Fragens, entspricht dem entscheidenden Stadium des sich Leermachens bei der Gemeinschaftsbildung. Im Streben nach Gemeinschaft müssen sich die Mitglieder einer Gruppe in Frage stellen. „Ist meine spezielle Glaubensrichtung so sicher die allein seligmachende, um meine

Gemeinschaftsbildung

Schlussfolgerung zu rechtfertigen, dass kein Andersgläubiger ins Paradies eingehen wird?" können sie fragen. Oder: „Ich möchte wissen, bis zu welchem Ausmaß mein Empfinden gegenüber Homosexuellen ein Vorurteil ist und wenig Beziehung zur Wirklichkeit hat." Oder: „Könnte es sein, dass ich eine verbreitete Meinung übernommen habe, wenn ich denke, alle religiösen Menschen seien Fanatiker?" Solches Fragen ist in der Tat der notwendige Beginn des sich Leermachens. Wir können uns nicht erfolgreich leer machen von vorgefassten Meinungen, Vorurteilen, dem Bedürfnis zu bestimmen oder zu überzeugen usw., ohne diesen skeptisch gegenüberzustehen und ihre Notwendigkeit anzuzweifeln.

Umgekehrt bleiben Menschen auf Stufe III stecken, gerade weil sie nicht tief genug zweifeln. Um auf Stufe IV zu gelangen, müssen sie anfangen, sich von einigen Dogmen des Skeptizismus zu befreien wie z.B.: „Alles, was nicht wissenschaftlich gemessen werden kann, beruht auf Glauben und ist der Betrachtung nicht wert." Sie müssen sogar ihren eigenen Zweifel anzweifeln.

Bedeutet dies nun, dass eine wahre Gemeinschaft eine Gruppe von lauter Menschen der Stufe IV ist? Paradoxerweise lautet die Antwort ja und nein. Nein, weil die Workshopteilnehmer häufig in alte Denkmuster fallen, wenn sie von der Gruppe in ihre gewohnte Welt zurückkehren. Aber die Antwort lautet auch ja, weil die Teilnehmer in der Gemeinschaft gelernt haben, sich in Beziehung zueinander gemäß der Stufe IV zu verhalten. Untereinander praktizieren sie alle Formen des Leerseins, des Akzeptierens, der Einschließlichkeit, die ich als das Verhalten der Mystiker beschrieben habe. Sie behalten jedoch ihre ursprüngliche Identitäten der Stufen I, II, III oder IV.

Die Kenntnis dieser Stufen ist auch deshalb so wichtig, weil sie erleichtert, sich gegenseitig als auf verschiedenen Stufen stehend anzuerkennen. Solche Anerkennung ist eine Voraussetzung für Gemeinschaft. Aber wunderbarerweise, wenn diese Akzeptanz einmal erreicht ist – und sie kann nur durch die Leere erreicht werden – besitzen Männer und Frauen der Stufen I, II und III gewöhnlich die Fähigkeit, sich so zueinander zu verhalten, als ob sie auf Stufe IV stünden. Mit anderen Worten: Aus Liebe und Hingabe an das Ganze sind wir alle fähig, unseren Hintergrund und unsere Begrenzungen zu überwinden. Deshalb ist authentische Gemeinschaft soviel mehr als die Summe ihrer Teile. Sie ist in Wahrheit ein mystisches Ganzes.

Der individuelle Weg durch die Phasen der spirituellen Entwicklung ist auch ein Weg durch die Kulturstufen. Erich Fromm definierte einmal Sozialisierung als den Prozess „zu lernen gern zu tun, was man tun muss."³² Es ist dasselbe wie wenn wir lernen, es natürlich zu finden, auf die Toilette zu gehen. Der Übergang von Stufe I zu Stufe II ist im Wesentlichen ein Sprung der Sozialisierung oder Kultivierung. Es ist der Augenblick, an dem wir erstmals die Werte unserer Stammes- oder Kulturreligion übernehmen und anfangen, sie uns zu eigen zu machen. Jedoch geradeso wie Menschen der Stufe II dazu neigen, sich bedroht zu fühlen, wenn ihr religiöses Dogma infrage gestellt wird, so sind sie auch an ihre Kultur gebunden und äußerst überzeugt, dass die Art, wie die Dinge in ihrer Heimat gehandhabt werden, die einzig Richtige ist. Und geradeso wie Gläubige, die Stufe III erreichen, die religiösen Dogmen, mit denen sie erzogen wurden, zu hinterfragen beginnen, so beginnen sie auch alle kulturellen Werte der Gesellschaft, in die sie hineingeboren wurden, zu hinterfragen. Wenn sie sich dann der Stufe IV nähern, entdecken sie Gesinnungsgenossen in aller Welt und die Möglichkeit, unabhängig von den eigenen Traditionen zu einer weltumfassenden Kultur zu gehören.

Aldous Huxley bezeichnet Mystik als die „beständige Philosophie"³³, weil die mystische Art des Denkens und Seins in allen Kulturen und zu allen Zeiten seit der Frühzeit der überlieferten Geschichte bestanden hat. Obwohl sie eine kleine Minderheit waren, haben die Mystiker aller Religionen eine verblüffende Einheitlichkeit bewiesen. So einzigartig sie in ihrer individuellen Persönlichkeit gewesen sein mögen, haben sie doch jene menschlichen Unterschiede, die kulturbedingt sind, weit hinter sich gelassen.

Der Weg aus dem bekannten Kulturkreis heraus kann gelegentlich erschreckend sein. Meiner begann mit 15 Jahren, als ich eine weiterführende Schule in New England verließ entgegen den Hoffnungen, die meine Eltern in mich setzten. Indem ich dies tat, machte ich blindlings meinen ersten Riesenschritt aus der WASP-Kultur heraus (White Anglo-Saxon Protestant), die in Amerika vorzuherrschen schien, mit all ihrer Betonung des materiellen Erfolgs, der Anpassung, des „guten Geschmacks" und des „guten Lebens". Was sollte aus mir werden? Ich konnte weder ein irischer, italienischer oder polnischer Katholik werden, noch ein New Yorker Jude. Ich war auch nicht schwarz. Wohin in aller Welt sollte ich gehen?

---

[32] Erich Fromm, *The Sane Society* (New York: Fawcett Premier Books, 1977), S. 77
[33] Aldous Huxley, *The Perennial Philosophy* (New York: Harper & Row, 1970)

Gemeinschaftsbildung

Ich war verängstigt. So verängstigt, dass ich tatsächlich die Zuflucht, die mir eine psychiatrische Klinik dann für kurze Zeit gewährte, willkommen hieß. Sie war mir ein Ort, wo ich sein konnte. Ich hatte damals keine Ahnung davon, dass es eine allgemein übliche Praxis der Menschen ist, bei Angstzuständen die Hilfe der Psychotherapie zu suchen, gerade weil sie bereits den Weg aus ihrem Kulturkreis heraus begonnen haben.

Ich gehöre heute nicht mehr irgendetwas an, was man gewöhnlich einen Kulturkreis nennt. Aber ich bin weit davon entfernt, allein zu sein, weil ich glücklicher Weise Menschen von derselben Stufe gefunden habe. Wir nehmen uns die Freiheit und durchstreifen die ganze äußere und innere Welt, ohne länger durch kulturelle Konventionen gebunden zu sein. Es gab einsame Zeiten, aber in den letzten Jahren sind Frauen und Männer ohne eine kulturelle Bindung zu Zehntausenden in mein Leben getreten. Keiner von uns würde zurückgehen, selbst wenn er könnte. Aber wir erleben von Zeit zu Zeit eine bittere Traurigkeit, dass wir als ewige Pilger nicht mehr „heimgehen" können.

Wie mein lieber Kollege, Patient und Freund Ralph. Ralph ist den ganzen Weg gegangen. In Armut im Appalachengebirge geboren, machte er in seiner Jugend eine Wandlung von Stufe I zu II durch und wurde ein fundamentalistischer Prediger in den Südstaaten. Als Reaktion auf die Bürgerrechts- und Anti-Vietnamkriegs-Bewegungen der 1960er Jahre begann er den mühsamen Prozess, alles und jeden seiner Werte zu hinterfragen. Die Gnade verließ ihn nicht, während seine Liebesfähigkeit und Bildung zunahm.

Nun ist er ein Mann von großer geistiger Kraft und Heiligkeit geworden und hatte kürzlich die Gelegenheit, zu seinen Wurzeln in den Appalachen zurückzukehren. Zum Anlass eines großen Alumni-Treffens der ehemaligen Schüler mehrerer High Schools aus der Region war seine Nichte als eine der sechs Vertreterinnen („Homecoming Queen") der Schulen gewählt worden. Auf dem Höhepunkt dieses Festes sollte jeder Homecoming Queen von ihrem Vater eine Rose überreicht werden. Da sie ihren Vater bei einem Unfall verloren hatte, fragte sie ihren Onkel Ralph, ob er einspringen wolle. Voll Freude, dies zu übernehmen, flog er für die Feierlichkeiten zurück in die Appalachen.

Als ich ihn das nächste Mal sah, beschrieb Ralph diese Zeremonie bis in die kleinste Einzelheit. Mit dem sicheren Auge eines Kulturanthropologen erzählte er, dass jede der sechs Homecoming Queens beim Höhepunkt des Rituals ein Kleid desselben Stils aber in verschiedener Farbe trug. Die Königinnen wurden viermal um das Fußballstadion gefahren, jede in einem Kabriolett passend zur

Farbe ihres Kleides. Jede Königin musste während des Nachmittags und Abends vier Mal die Kleider wechseln. Ralph erzählte, wie diese Wechsel in einem Umkleideraum im Fußballstadion von einer Dame mit Hilfe von detaillierten Listen, die Monate im Voraus angefertigt worden waren, penibel überwacht wurden. Als er diese liturgischen Abläufe beschrieb, war ich fasziniert von der Stimmung, dem Pathos und Reichtum dieses Festes.

Aber als er endlich an das Ende der Erzählung kam, schaltete Ralph um und verkündete: „Aus irgendeinem Grund fühle ich mich jedoch deprimiert, seit ich zurück bin. Es fing sogar schon im Flugzeug an." „Trauer und Depression liegen nahe beieinander," kommentierte ich, „aber mein Eindruck ist, dass du eher traurig bist." „Du hast recht!" rief Ralph aus. „Es ist Traurigkeit, was ich fühle. Aber ich weiß nicht warum. Ich habe keinerlei Grund, traurig zu sein." „Doch, du hast ihn", entgegnete ich. „Ja? Warum sollte ich mich traurig fühlen?" „Weil du deine Heimat verloren hast." Ralph war verdutzt: „Ich weiß nicht, ob ich dich verstehe." „Du hast eben ein kunstvoll ausgeführtes Ritual deiner heimatlichen Kultur beschrieben mit der ganzen Objektivität eines Anthropologen." erklärte ich, „Es wäre dir nicht möglich, dies zu tun, wenn du noch ein Teil jener Kultur wärst. Du bist von ihr, von deinen Wurzeln getrennt worden. Das meine ich, wenn ich sage, du hast deine Heimat verloren. Ich vermute, dass dich dieser Ausflug erkennen ließ, dass du Lichtjahre darüber hinaus gelangt bist."

Eine Träne kullerte Ralphs Wange hinab. „Du hast den Nagel auf den Kopf getroffen", bestätigte er. „Das Drollige dabei ist, dass eine gewisse Freude bei der Traurigkeit ist. Ich bin froh, hier zurück bei meiner Frau und dir und meinen Patienten zu sein. Ich hatte kein Verlangen, dort unten zu bleiben. Ich gehöre ganz hierher. Die Menschen dort unten gehören auf eine einfachere, unbewusste Art an ihren Platz. Ich bedaure zwar ein Stück weit den Verlust dieser Einfachheit, dieser Unschuld. Aber ich weiß, es ist keine heilige Unschuld dort unten. Es ist nur Unschuld. Sie haben ihre eigenen Probleme, größere als meine. Aber sie müssen sich nicht um die ganze Welt Sorgen machen."[34]

Nirgends in der Literatur gibt es eine bessere Beschreibung von jemandem, der seinen Kulturkreis überschritten hat, als in den Evangelien. Vor und seit Jesus gab es von Zeit zu Zeit Heilige, die ihre kulturellen Grenzen überwunden haben und auch keinen „Ort hatten, wo sie ihr Haupt betten konnten." Aber sie waren allein unter Zehntausenden. Heute ist das anders.

---

[34] Diese Geschichte wurde in einer kürzeren Version in der Einleitung der gebundenen Ausgabe von Pecks *The Road Less Traveled* (New York: Simon and Schuster) erzählt.

U.a. wegen der Massenmedien, die fremde Kulturen an unsere Haustür bringen und der Möglichkeit der Psychotherapie, die uns dazu führt, kulturelle und andere Prägungen, in denen wir aufgewachsen sind, zu hinterfragen – scheint sich die Anzahl der Menschen, welche die mystische Stufe der Entwicklung erreichen und über die gewohnte Kultur hinauswachsen, im Verlauf von bloß ein oder zwei Generationen vertausendfacht zu haben. Noch bleiben sie eine Minderheit – zurzeit ist es kaum mehr als einer von zwanzig. Man kann sich jedoch fragen, ob die explosionsartige Vermehrung einen Riesensprung vorwärts in der Evolution der menschlichen Rasse darstellt, einen Sprung nicht nur zu mystischem, sondern globalem Bewusstsein und Weltgemeinschaft.[35]

Israel

Einige haben Bedenken, dass das Einteilen der Menschen in Stufen des spirituellen Wachstums eine spaltende Wirkung haben könnte – dass die unterschiedliche Einstufung von Gläubigen zerstörend sein könnte für Gemeinschaft im allgemeinen und die „Gemeinschaft der Gläubigen" im besonderen. Obwohl ich die Bedenken in Bezug auf Hierarchien mit ihrem Elitedenken verstehe, finde ich nicht, dass die Sorge gerechtfertigt ist. Die angebliche „Gemeinschaft" der Gläubigen ist in der Geschichte bekannt geworden durch ihr Ausschließen, Strafen und oft sogar Ermorden der Zweifler, Skeptiker und anderer, die nicht in die Schablone passten. Und meine eigene wiederholte persönliche Erfahrung mit dem Wissen, dass wir auf unterschiedlichen Stufen der spirituellen Entwicklung stehen, erleichtert eher die Bildung und Erhaltung wahrer Gemeinschaften, als dass es sie behindert.

Es ist jedoch gut für uns, sich bewusst zu machen, dass die relativ Unentwickelten sehr gemeinschaftsfähig sein können und dass die am meisten Entwickelten von uns noch Überreste der früheren Stufen in sich tragen.

Es mag auch helfen, sich die Grundbedeutung des Wortes „Israel" in Erinnerung zu rufen. Das alte Testament erzählt uns ganz am Anfang von Jakob. Er war deutlich ein Stufe-I-Typ – ein Lügner, ein Dieb, ein Manipulator, der seinen Bruder um sein Erbe betrogen hatte. Wenn dieser Teil der Erzählung beginnt, ist Jakob – typisch für viele Leute der Stufe I – in Schwierigkeiten.

Auf der Flucht vor seinem Bruder durch die Wüste wandernd, verlässt Jakob

---

[35] Der vielleicht größte Prophet dieses Bewusstseinssprungs war Teilhard de Chardin.

eines Abends seine Familie, um alleine zu schlafen. In der Mitte der Nacht wird er jedoch von einem kräftig gebauten Fremden angegriffen. Sie kämpfen miteinander in der Dunkelheit. Es ist ein verzweifelter Kampf, sie ringen Stunde um Stunde miteinander. Doch schließlich, beim ersten Schimmer der Dämmerung am Horizont, fühlt Jakob, dass er die Oberhand gewinnt. Triumphierend bietet er alle Reserven auf, um dieses Wesen zu bezwingen, das ihn ohne ersichtlichen Grund angegriffen hatte. Dann geschieht etwas Außergewöhnliches. Das Wesen berührt mit seiner Hand ganz leicht Jakobs Hüftgelenk, und dieses ist augenblicklich und ohne Anstrengung ausgekugelt und gebrochen.

Verkrüppelt klammert sich Jakob an den Fremden. Das tut er nicht, um einen offensichtlich verlorenen Kampf fortzusetzen – er ist ein völlig besiegter, gebrochener Mann – sondern weil er jetzt weiß, dass er in der Gegenwart des Göttlichen ist. So fleht er in jenem ersten schwachen Licht der Dämmerung seinen Gegner an, ihn nicht zu verlassen, ehe er ihn gesegnet habe. Der Fremde gewährt es und segnet ihn nicht nur, sondern sagt zu ihm: „Von nun an sollst du Israel heißen, das bedeutet, der mit Gott gekämpft hat."

Und Jakob hinkte davon in seine Zukunft. Es gibt heute drei Bedeutungen des Wortes „Israel". Eine bezieht sich auf ein ziemlich kleines Gebiet der Erdoberfläche an der Ostküste des Mittelmeeres, jetzt ein Nationalstaat mit einer kurzen, bereits qualvollen Geschichte. Die zweite bezieht sich auf das jüdische Volk, das über die Welt verstreut, eine lange qualvolle Geschichte hinter sich hat. Aber die grundlegende Bedeutung bezieht sich auf die Menschen, die mit Gott gerungen haben. Als solche umschließt sie alle Menschen der Stufe I, die den Kampf gerade begonnen haben, die noch nicht wissen, von wem sie angegriffen wurden, die noch inmitten völliger Dunkelheit sind, ihre erste Morgendämmerung sahen, vor ihrem ersten Zerbrechen und ihrer ersten Segnung.

Israel umschließt auch jene, die einmal gebrochen und einmal gesegnet sind, die Hindus und Moslems und Juden und Christen und Buddhisten der Stufe II in der ganzen Welt. Israel schließt auch die zweimal Gebrochenen und zweimal Gesegneten ein, die Atheisten, die Agnostiker und die Skeptiker, ob in Russland oder England oder Argentinien oder in diesem Land, die fragen und damit den großen Kampf fortführen. Und endlich umschließt es die dreimal gebrochenen und dreimal gesegneten Mystiker aller Kulturen der Erde, die sogar noch künftige Segnungen erwarten, denn weitere werden folgen, wie sie jetzt wissen. Israel schließt unsere ganze ringende, unreife Menschheit ein. Es ist die ganze mögliche Gemeinschaft auf unserem Planeten. Wir alle sind Israel.

10 Die Leere

Die Phase der Leere ist die entscheidende Brücke zwischen Chaos und Gemeinschaft. Doch gerade weil es die Leere ist, fühlt sich diese Phase oft mehr wie ein Sprung ins Nichts an als wie das Betreten einer Brücke. Der Grad, bis zu welchem wir eine Weltgemeinschaft entwickeln und dadurch unsere Haut retten können, wird hauptsächlich davon abhängen, wie wir Menschen lernen können, uns leer zu machen. Unsere Verantwortung als Individuen, uns leer zu machen, um Frieden zu erreichen, wurde von dem Hindu-Mystiker J. Krishnamurti in seinem Buch „Einbruch in die Freiheit" klar dargestellt[36]:

„Jeder Einzelne von uns ist für jeden Krieg mitverantwortlich wegen der Aggressivität in unserem eigenen Leben, wegen unseres Nationalismus, unseres Egoismus, unserer Götter, unserer Vorurteile, unserer Ideale, wegen allem, was uns trennt. Und nur wenn wir begreifen, nicht intellektuell, sondern wirklich, so wirklich wie wir erkennen würden, dass wir Hunger oder Schmerzen haben, dass du und ich für all dies bestehende Chaos verantwortlich sind, für all das Elend in der ganzen Welt, weil wir in unserem täglichen Leben dazu beigetragen haben und ein Teil dieser riesigen Gesellschaft mit ihren Kriegen, Teilungen, ihrer Hässlichkeit, Brutalität und Gier sind – nur dann werden wir handeln."

Für die Beschreibung unseres üblichen primitiven Gruppenverhaltens benutzt J. Krishnamurti auch das Wort Chaos. Aber es gibt eine Alternative. In einer Gruppe, die sich in der Nacht aus dem Chaos in die Leere bewegte und am folgenden Morgen zur Gemeinschaft wurde, berichtete eine Teilnehmerin von einem Traum. „Ich war in einem Geschäft. Die Verkäufer boten mir drei Dinge an: ein ungewöhnlich elegantes Auto, ein Brillantcollier und ein leeres Blatt Papier. Etwas riet mir, das leere Blatt Papier zu wählen. Geld schien nicht das Problem zu sein. Ich hätte ebenso gut das Auto oder das Collier nehmen können. Aber als ich das Geschäft verließ, empfand ich meine Wahl als seltsam richtig. Weiter war nichts in dem Traum. Als ich erwachte und mich heute Morgen daran erinnerte, war ich verwirrt darüber, wie ich so töricht sein konnte, das leere Blatt Papier zu wählen. Aber jetzt, da ich sehe, wie wir eine Gemeinschaft geworden sind, merke ich, dass ich wirklich die richtige Wahl getroffen habe."

---

[36] J. Krishnamurti, *Freedom from the Known* (New York: Harper & Row, 1969), S. 14. Deutscher Titel: *Einbruch in die Freiheit* (München: Lotos, 2002)

Die Leere

Wie befremdlich, ein leeres Blatt Papier zu wählen! Doch zu allen Zeiten haben die Mystiker nicht nur den Wert des leeren Geistes, sondern auch den der Meditation gerühmt. Meditation kann vielleicht am besten definiert werden als der Prozess, durch den wir unseren Geist leer machen können. Vielleicht ist die höchste Art der Meditation die, die im Zen-Buddhismus „kein Geist" genannt wird. Ihr Ziel ist es, den Geist leer zu machen wie ein Blatt Papier. Aber warum? Warum den Geist leer machen?

Es ist wichtig, Menschen, die das Konzept der Leere erschreckend finden, daran zu erinnern, dass Meditation – Leere – kein Selbstzweck ist, sondern das Mittel zum Zweck. Es wird gesagt, dass die Natur das Vakuum scheut. In dem Augenblick, in dem wir leer werden, zieht etwas in unsere Leere ein. Der Wert der Meditation ist, dass was auch immer in die Leere einzieht, jenseits unserer Kontrolle ist. Es ist das Unvorhergesehene, das Unerwartete, das Neue. Und nur von Unvorhergesehenem, von Unerwartetem, von Neuem können wir lernen. Durch alle Zeiten waren die Mystiker auch als kontemplativ bekannt. Kontemplation und Meditation sind innig verbunden. Kontemplation ist ein Vorgang, bei dem wir nachdenken, uns besinnen und reflektieren über die unerwarteten Dinge, die uns in den Augenblicken der Meditation und Leere geschehen. Echte Kontemplation erfordert deshalb Meditation. Sie erfordert, dass wir das Denken unterlassen, bevor wir nicht wirklich fähig sind, eigenständig zu denken.

Es gibt eine enge und eine weite Definition der Kontemplation. Die enge Definition bezieht sich nur auf die Reflexion der Erfahrungen unseres Lebens. Die weitere schließt Gebet und Meditation ebenso ein wie das Nachdenken über die unerwarteten Erfahrungen im Leben und in unsere Beziehung dazu. Diese Definitionen widersprechen sich nicht, in Wirklichkeit gehen sie ineinander über. Ich benutze das Wort „kontemplativ" im weiteren Sinne, um auf einen Lebensstil hinzuweisen, der reich an Reflexion, Meditation und Gebet ist. Es ist ein Lebensstil, der einem Maximum an Wachheit gewidmet ist.

Obwohl Menschen in geistlichen Berufen oft die größten Experten in Kontemplation sind, muss man keinem Orden beitreten, um einen kontemplativen Lebensstil zu praktizieren. Es ist nicht einmal notwendig, an Gott zu glauben. Das Gebet z.B. ist vom Theologen Matthew Fox als radikale Antwort auf das Leben und seine Geheimnisse definiert worden.[37]

Setzen Sie für „Gott" das Wort „Leben" ein, wenn Sie das vorziehen. Wenn Sie

---

[37] Matthew Fox, *On Becoming a Musical Mystical Bear: Spirituality American Style* (Ramsey, N.J.; Paulist Press, 1976)

immer wieder Fragen an das Leben stellen und gewillt sind, offen und ehrlich genug zu sein, die Antwort des Lebens zu hören und über die Bedeutung nachzudenken, dann sind Sie ein kontemplativer Mensch.

Echte Gemeinschaften sind immer kontemplativ, weil sie selbstwahrnehmend sind. Das ist eines der Grundmerkmale von Gemeinschaft. Ich meine nicht, dass Gemeinschaften religiös im üblichen Sinn des Wortes sein müssen. Aber eine Gruppe kann unmöglich zur Gemeinschaft werden, wenn die Mitglieder nicht individuell bereit sind, mindestens bis zu einem gewissen Grad leer und kontemplativ zu werden. Um die Gemeinschaft zu erhalten, muss sie sich als Organismus jenseits der Individualität erkennen und darüber reflektieren. Um zu leben, muss eine Gemeinschaft immer wieder ihre Routinen unterbrechen, um sich zu fragen, ob sie der Aktualisierung bedürfen. Sie muss darüber nachdenken, wohin sie als Gemeinschaft strebt, und leer sein können, um die Antworten zu hören. Der höchste Zweck der Leere ist deshalb, Raum zu schaffen. Raum wofür?

Raum für Gott, würde der Religiöse sagen. Aber da „Gott" so vielerlei bedeutet, und für manche Menschen gar nichts, ziehe ich die Aussage vor, dass die Leere Raum schafft für das Andere. Was ist das Andere? Es kann vieles sein: eine Erzählung aus einer fremden Kultur, das Außergewöhnliche, das Unerwartete, das Neue, das Bessere. Höchst wichtig für die Gemeinschaft: Das Andere ist der Fremde, die andere Person. Wir können nicht einmal die andere Person in unser Herz und Hirn lassen, wenn wir uns nicht leer machen. Wir können ihm oder ihr nur aus der Leere heraus wahrhaft zuhören.

Der Philosoph Sam Keen spricht vom sich Leermachen, ohne das es kein Zuhören gibt, und schreibt dazu: „Diese Schulung des sich Zurücknehmens, des Ausgleichens oder des Schweigens erfordert hohe Selbsterkenntnis und mutige Ehrlichkeit. Ohne diese Schulung ist jeder gegenwärtige Augenblick nur die Wiederholung von etwas bereits Gesehenem oder Erfahrenem. Damit sich etwas wahrhaft Neues ergibt, damit die einmalige Gegenwart von Dingen, Personen oder Ereignissen in mir Wurzeln schlagen kann, muss ich zuerst mein Ego vom Thron stoßen."[38] Keen spricht auch davon „Vertrautes zum Schweigen zu bringen und Fremdartiges Willkommen zu heißen."

Schweigen ist immer das wesentlichste Merkmal der Leere. Es ist deshalb

---

[38] Sam Keen, *To a Dancing God* (New York: Harper & Row, 1970), S. 28

kein Zufall, dass wir bei Gemeinschaftsbildungsgruppen regelmäßig das Schweigen verwenden, um sie in die Leere zu führen. Christliche Mystiker erkannten: „Vor dem Wort war Schweigen". Wir können sagen, dass das Wort aus dem Schweigen kam. Es musste so sein. Kürzlich teilte mir ein berühmter Opernsänger, der nicht einmal von meinem Interesse an dem Thema wusste, spontan mit, dass „mehr als die Hälfte von Beethoven Stille ist." Ohne Stille gibt es keine Musik; das wäre nur Geräusch.

Da Frieden stiften unser Ziel ist, möchte ich von einem interkulturellen Missverständnis erzählen, das durch chaotisches Redeverhalten noch gesteigert wurde, aber schließlich durch Schweigen und Leere bereinigt werden konnte. Die Sache ereignete sich bei einem Symposium von Theologen aus aller Herren Länder. Als wir uns nach einer Plenarsitzung in einer Kleingruppe zur Diskussion trafen, sagte ein Mann aus Ghana, der Priester und Lehrer einer traditionellen afrikanischen Religion war, er verstehe das alles nicht, was in dem vorhergehenden Vortrag über einen „leidenden Gott" gesagt worden sei. „Es ist das Lächerlichste, was ich je hörte!" rief er aus. „Gott leidet nicht." „Natürlich leidet Er", versicherte fast jeder in der Gruppe und zitierte Dietrich Bonhoeffer oder diese und jene Autorität. Aber bei jeder Widerlegung bestand der Afrikaner immer heftiger darauf und meinte: „Ich habe nie im Leben etwas so Törichtes gehört."

Je mehr er jedoch auf seinem Standpunkt beharrte, desto unerbittlicher wurde die Gruppe bei ihrem Versuch, seine Sichtweise zu ändern. Der Tumult steigerte sich, bis unsere kleine Gruppe von Erwachsenen so laut wurde wie eine dritte Klasse nach einer Stunde Abwesenheit des Lehrers. „Halt!" rief ich plötzlich. „Der durchschnittliche IQ in diesem Raum liegt wahrscheinlich um hundertsechzig. Sicher können wir besser als in dieser Weise miteinander kommunizieren. Lasst uns unterbrechen und drei Minuten still sein und sehen, was geschieht." Die Gruppe gehorchte.

Nach der Stille begann ein Amerikaner davon zu erzählen, wie sehr er seine Kinder liebe. Er vermisse sie gerade jetzt und das schmerze ihn. Es tue ihm weh, wenn sie krank oder verletzt seien. Ihre Prüfungen und Schwierigkeiten quälten ihn. Er mache sich Sorgen um ihre Zukunft, und das sei auch eine Art von Leiden. Seine Kinder seien das Wichtigste in seinem Leben, erzählte er uns, und das sei auch richtig so, aber in gewisser Weise bringt seine Vaterliebe viel Leid in sein Leben. „Ah, jetzt verstehe ich", jubelte der Afrikaner mit offenkundiger Freude. „Natürlich gehört Schmerz zur Liebe, und natürlich liebt Gott, deshalb leidet Er durch uns, wie wir auch durch unsere Kinder leiden. Sehen Sie, das Problem ist, dass sich in unserer Sprache das Wort „leiden" bloß auf Körperliches bezieht, auf leiblichen Schmerz. Und wir glauben nicht, dass Gott einen Körper hat. Er ist reiner Geist. So schien es mir absurd, von Seiner Erfahrung körperlichen Leidens zu sprechen. Aber fühlt Gott Schmerz? Oh ja, natürlich fühlt Gott Schmerz."

Man möchte wissen, wie viel Tausend Mal – Millionen Mal – jeden Tag solche Missverständnisse zwischen Menschen verschiedener Kulturen entstehen, sogar zwischen Menschen derselben Kultur, weil wir versäumen, die Dinge einzuordnen, das Gewohnte zum Schweigen zu bringen, uns von unseren Interpretationen und überlieferten Vorstellungen leer zu machen. Als der sowjetische Premier Nikita Chruschtschow in die Vereinigten Staaten kam und zu Beginn einer Rede seine Hände wie im Triumph über dem Kopf verschränkte, waren die Amerikaner wütend. Hatte er nicht schon gesagt, dass Russland uns begraben würde? Und hier sprang er herum wie ein anmaßender Preiskämpfer, der gerade in einem Boxkampf gesiegt hatte! Doch Jahre später erzählte mir ein Mann, der mit der russischen Kultur vertraut war, dass dies eine traditionelle russische Geste sei, die bedeute „über das Meer in Freundschaft die Hände ergreifen."

Wenn wir uns nicht leer machen von solchen vorgefassten kulturellen oder intellektuellen Vorstellungen und Erwartungen, können wir den „Anderen" nicht verstehen, wir können ihm nicht einmal zuhören, geschweige denn einfühlen.

Der Prozess des Eintretens in die Leere ist ein fortschreitender. Jesus besaß jene Fähigkeit und nützte sie, um in heilender Empathie und Liebe Vorurteile und Kulturschranken zu überwinden. Erlauben Sie mir bitte, dass ich mir die Freiheit herausnehme, mir einen inneren Dialog in Jesu Kopf vorzustellen, den er während einer seltsamen Begebenheit führt, von der Matthäus berichtet[39]: Jesus kampierte mit seinen Jüngern bei Tyrus und Sidon. Er war müde und musste auftanken. Während seine Jünger das Nachtlager bereiteten – sie wussten, dass sie ihn allein zu lassen hatten in solchen Momenten – saß Jesus in der Sonne, genoss ihre Wärme, die sein Blut pulsieren ließ, erfreute sich an der Stille und dem Alleinsein, fühlte sich wie immer in Verbindung mit Gott und war völlig entspannt.

Plötzlich kam eine Frau auf ihn zu. An ihrer Kleidung erkannte er, dass sie keine Israelitin war, sondern eine Fremde, eine schmutzige unberührbare Kanaaniterin. Jesus verschloss sich mit Abscheu. Sie begann mit grässlichem Akzent zu schwatzen. Wellen des Ärgers überkamen ihn. Welches Recht hatte

---

[39] Matthäus 15, 21-28

sie, seine wenigen wertvollen Momente des Friedens zu unterbrechen? Er war versucht, sich nicht weiter zurückzuziehen, sondern aufzuspringen, sie zu schlagen, zu treten, sie in seiner Wut fortzujagen. Aber die Gewohnheit sich im Entleeren zu üben gewann die Oberhand. Er wandte sich weiter nach innen.

„Ich bin verwirrt" dachte er. „Ich weiß nicht mehr, was ich tue. Ich muss fortgehen und still und leer werden." Jesus rannte vor der Frau davon in sein Zelt. Er kauerte sich in der hintersten Ecke zusammen. „Warum können sie mich nicht alleine lassen, Gott?", fragte er. „Sicherlich willst du nicht, dass ich etwas mit ihr zu tun habe, oder? Aber jetzt habe ich dir eine Frage gestellt, nicht wahr Vater? Lass mich leer werden. Lass mich horchen."

Aber Jesus konnte Gott nicht hören. Alles, was er hörte, war die Frau, wie sie auf seine Jünger direkt vor dem Zelt einredete. Er wünschte, sie würden sie wegschicken. Sie versuchten es, aber die Kanaaniterin weigerte sich zu gehen. Schließlich kamen zwei Jünger ins Zelt. „Wir werden sie nicht los Meister, indem wir ihr einfach sagen du seiest beschäftigt. Aber wenn du uns lässt, werden wir schon auf die eine oder andere Weise mit ihr fertig."

Jesus schaute zu ihnen auf und sagte spontan, „Ich wurde hierher gesandt, um den verlorenen Schafen des Hauses Israel zu helfen." Doch sofort horchte er aus Gewohnheit nach innen. „Ist das wahr? Hast du mich deshalb hierher gesandt, Vater? Schon wieder eine Frage. Hör zu. Sei leer." „Willst du sie also loswerden?", fragte der Jünger. „Hast du mich hierher gesandt um nur den Israeliten zu helfen Vater? Oh nein, Gott, willst du wirklich, dass ich allen helfe? Wirklich allen? Mach dich leer. Hör zu."

„Also?" Die Jünger drängten in dieser Stille auf eine Antwort. Jesus blieb still und leer. Wellen des angstvollen Ringens zeigten sich in seinem Gesicht wie die Schatten von Wolken. Schließlich sagte er: „Schickt sie herein." Die Jünger guckten erstaunt und standen betreten da. „Ich sagte euch, dass ihr sie reinschicken sollt." Dann dachte er „okay, jetzt habe ich es geschafft. Ich habe mich darauf eingelassen. Sei sanft. Sei leer. Hör zu. Trotz ihres Akzents hör er ihr zu. Bleibe leer. Hör, was sie zu sagen hat." Der Zelteingang ging auf und die Unberührbare kam herein. Und während er wieder den Impuls hatte, sich vor ihr zurückzuziehen erinnerte sich Jesus daran leer zu bleiben.

„Meister", sagte die Frau und fiel auf die Knie, „meine Tochter ist von einem Dämon besessen. Bitte heilt sie." „Oh Gott, wieder ein Fall von Besessenheit," dachte Jesus. „Ich habe die Kraft nicht. Ich bin so müde, Vater. Und jetzt schickst du mir obendrein einen kanaanitischen Dämonen. Aber bleibe leer. Es handelt sich doch um ein Kind. Aber es ist ein kanaanitisches Kind. Ich kann nicht für die ganze Welt verantwortlich sein." „Es ist nicht recht," sagte Jesus verächtlich zu der Frau, „das Essen, was für die Kinder bestimmt ist, den Hunden zu geben." Kaum hatte er das gesprochen überkam ihn wieder die Gewohnheit, sich nach innen zu kehren.

„Das war nicht unbedingt fair und schon gar nicht freundlich", dachte er. „Bleibe leer. Hör der Frau zu. Vergiss ihre Kleidung und ihren Akzent. Sei offen und leer und hör zu." „Das ist wahr, Meister", sagte die Frau, „aber selbst die Hunde können die Krumen fressen, die vom Tisch der Kinder fallen." Jesu Augen füllten sich mit Tränen. „Diese Bescheidenheit", dachte er, „mein Gott diese Bescheidenheit. Nie könnte ich mich jemand verweigern, der so bescheiden ist. Ich wünschte die Israeliten könnten öfter so bescheiden sein. Du hast mich wieder etwas gelehrt, Vater. Du hast diese Frau geschickt um das zu tun, oder nicht? Ich soll mich um alle Menschen kümmern." Immer noch mit Tränen in den Augen floss die Liebe aus Jesus heraus. „Oh Frau", rief er freudig aus, „dein Glaube ist groß. Deine Bitte sei augenblicklich erfüllt."

Leere erfordert Anstrengung. Sie ist eine Übung in Selbstdisziplin und ist immer der schwierigste Teil des Prozesses, den eine Gruppe durchmachen muss, wenn sie eine Gemeinschaft werden soll. Wie jede Schulung kann sie leichter werden, wenn wir sie zur Gewohnheit machen, wie Jesus es vermutlich machte. Aber selbst als Gewohnheit ist sie noch schmerzhaft. Denn Leere erfordert immer Selbstverleugnung und das Verlassen bekannter Gefilde, ein Opfer also.

Es gibt eine schöne chassidische Erzählung von einem Rabbi, der um 1900 in einer kleinen russischen Stadt lebte. Er hat die Unterwerfung unter das Nichtwissen vervollkommnet und gelernt, in der Leere zu leben. Jahrelang hatte er über die Geheimnisse des Universums und die tiefsten religiösen Fragen nachgedacht. Er kam zu dem Schluss, dass dann, wenn man ganz an die Wurzel der Dinge gelangt, man gerade nichts wisse. Dann, eines Morgens, kurz nachdem er zu diesem Schluss gekommen war, ging er über den Marktplatz, als ein Kosak, der Stadtpolizist, ihn ansprach. Der Kosak hatte schlechte Laune und wollte sie an dem Rabbi auslassen.

„Hey Rabbi," fragte er unfreundlich, „wohin gehst du?" „Ich weiß es nicht", antwortete der Rabbi. Diese Antwort brachte den Kosaken nun wahrhaft in Wut. „Was meinst du, du weißt es nicht?" schrie er. „In den letzten 20 Jahren hast du jeden Morgen diesen Platz überquert auf dem Weg zur Synagoge um dort zu beten. Jetzt ist es elf Uhr morgens, du gehst in Richtung der Synagoge und du erzählst mir, du weißt nicht, wohin du gehst. Du versuchst, mich zum Narren zu halten, das ist's, was du tust! Aber ich werd dir schon Benimm beibringen."

So ergriff der Kosak den Rabbi und schleppte ihn fort zum Ortsgefängnis. Gerade als er ihn in die Zelle stoßen wollte, drehte sich der Rabbi zu ihm um und sagte: „Ihr seht, man weiß es eben nicht."

Die meisten Menschen haben große Schwierigkeiten, die Leere des Nichtwissens zu ertragen. Schließlich wird das Wissen der Vergangenheit, der Gegenwart und sogar der Zukunft – und vor allem das Wissen von sich selbst – als das höchste Ziel der menschlichen Erfahrung angepriesen. Deshalb ist die Frage, die mir am häufigsten gestellt wird, diese: „Sagen Sie, Dr. Peck, wie können wir wissen, dass wir das Richtige tun?" Ich muss antworten, dass es ein solches Rezept nicht gibt und ich spreche wieder einmal von Jesus. Dessen Geist hatte, wie unser aller (wenn auch augenscheinlich in verschiedenem Maße) zwei Teile: einen göttlichen und einen menschlichen. In seinem göttlichen Teil schien er nicht nur zu wissen, dass er gekreuzigt würde, und jeder mit ein wenig politischem Verstand konnte sich das ausrechnen, sondern auch, dass er am dritten Tage auferstehen würde, dass eine Kirche auf Petrus, seinem Fels, erbaut würde und dass alles sich am Ende zum Guten wenden würde.

Aber im menschlichen Teil seines Geistes schien er dies überhaupt nicht zu wissen. Dies ist der Jesus, der im Garten von Gethsemane Blut schwitzte. Das war der Augenblick der Entscheidung – und er wusste es nicht. Hätte er ohne einen Schatten von Zweifel, mit hundertprozentiger Sicherheit gewusst, dass er am dritten Tage auferstehen und eine Kirche auf Petrus, den Felsen, gebaut werde und dass Hunderte von Millionen heute seinen Namen verehren würden, der Gang zum Kreuz wäre ihm leicht geworden. Drei oder sechs Stunden Todesangst wären ein kleiner Preis für die zu 100% garantierte Herrlichkeit. Aber genau darin, dass er nichts wusste, dass er sich in den Nebel des Unbekannten begab und sein Dasein in die Arme des sogar ihm unerkennbaren Gottes warf, lag sein Opfer. Und so ist es auch für uns alle. Unsere Liebe, unsere Opfer werden vor allem manifest durch unsere Bereitschaft, nicht zu wissen.

Man bedenke ein alltägliches Beispiel: Kindererziehung. Sagen wir, ein sechzehnjähriges Mädchen kommt zu ihren Eltern und fragt, „Mami, Papi, kann ich diesen Samstagabend bis zwei Uhr morgens fortbleiben?" Es gibt drei Arten, wie die Eltern auf solch eine einfache Anfrage reagieren können. Die eine ist zu sagen, „Nein, natürlich nicht; du weißt ganz genau, dass du um zehn Uhr zuhause sein musst." Das andere Extrem sind Eltern, die sagen, „Natürlich, Liebling, wann immer du willst." Was diese beiden Antworten charakterisiert – beide mögen aus absoluter Sicherheit gesagt sein – ist die Leichtigkeit, mit der sie gegeben werden. Sie sind reflektorisch, aus der Hüfte geschossen, unmittelbare formelhafte Reaktionen, die kein Nachdenken oder Bemühen von solchen Müttern und Vätern erfordern.

Gute Eltern würden diese Frage ernst nehmen. „Soll sie oder soll sie nicht?", fragen sie sich selbst. „Wir wissen es nicht. Normalerweise muss sie um zehn zuhause sein, aber als wir das festgelegt haben, war sie vierzehn, und es ist möglicherweise nicht mehr angemessen. Andererseits wird bei dieser Party getrunken und das ist beunruhigend. Aber sie ist gut in der Schule, macht ihre Hausaufgaben zuverlässig und vielleicht sollten wir ihr so unsere Anerkennung und unser Vertrauen zeigen. Andererseits ist der Junge, mit dem sie zusammen ist, ziemlich unreif. Was sollen wir tun? Sollen wir einen Kompromiss schließen? Was wäre der beste Kompromiss? Wir wissen es nicht. Sollte es Mitternacht sein? Ein Uhr? Elf Uhr? Wir wissen es nicht. Wofür sollen wir uns entscheiden?"

Letzten Endes macht es wahrscheinlich nicht viel aus, wofür sich solche Eltern entscheiden, ihre Entscheidung wird durchdacht sein. Und obwohl die Tochter wohl nicht vollkommen glücklich mit der Entscheidung sein wird, spürt sie, dass ihre Frage – und damit sie selbst – ernst genommen wird. Sie wird wissen, dass sie wichtig für ihre Eltern ist, weil diese sich mit der Leere und ihrem Nichtwissen abgequält haben. Sie wird wissen, dass sie geliebt wird.

Nachdem ich so ausgeführt habe, dass es keine Patentlösung gibt für dieses Problem, kann ich nur sagen, dass das Unbewusste dem Bewussten immer einen Schritt voraus ist und es deshalb unmöglich ist, immer zu wissen, ob man das Richtige tut, (denn Wissen ist eine Funktion des Bewusstseins). Wenn jedoch der Wille unverwandt auf das Gute gerichtet ist und wenn man bereit ist, voll zu leiden an der Doppeldeutigkeit des Guten, wird das Unbewusste immer einen Schritt in der richtigen Richtung dem Bewussten voraus sein."

Mit anderen Worten, man wird das Richtige tun, obwohl man zu diesem Zeitpunkt nicht sicher wissen kann, dass es das Richtige ist.

Wer diese Sicherheit sucht, kann Mehrdeutigkeit nicht ertragen. Dieses Wort bedeutet hier Ungewissheit, Zweifel oder ein Erdulden, auf mehr als eine Art verstanden zu werden. Wir haben in unserer Kultur große Mühe mit der Mehrdeutigkeit, deren Ende nicht absehbar ist.

Erst wenn wir in die Stufe IV unseres geistigen Wachstums vorrücken, beginnen wir überhaupt, uns mit der Mehrdeutigkeit einzurichten. Wir bemerken, dass nicht alles schwarz oder weiß ist, dass es zahllose Grautöne gibt, und die Realität oft widersprüchlich scheint. Deshalb sprechen die Mystiker aller Kulturen und Religionen in Paradoxa, nicht in Form von „entweder oder", sondern in Form von „sowohl als auch". Das Vermögen, Doppelsinn zu akzeptieren und in Paradoxa zu denken, ist sowohl eine der Eigenschaften der Leere als auch eines der Erfordernisse des Frieden Stiftens.

Vielleicht das bekannteste und aufschlussreichste christliche Paradoxon ist die Aussage von Jesus: „Wer sein Leben bewahrt, wird es verlieren; und wer sein Leben verliert um meinetwillen, wird es gewinnen."[40] Damit meinte Jesus nicht, dass jeder von uns aufgerufen sei, wie er selbst Opfer einer Hinrichtung zu sein. Er meinte damit, dass der Tod des psychischen Selbst für die Errettung erforderlich ist. Dieses Opfern des Selbst braucht es für den Zustand der Leere. Solch ein Opfer bedeutet nicht, im physischen Sinne zu sterben. Aber es bedeutet immer eine Art Tod – den Tod einer Idee, Ideologie, einer traditionellen kulturellen Anschauung oder zumindest eines verwurzelten „Entweder-oder"-Denkens.

Elisabeth Kübler-Ross war die Erste, die den Mut hatte, mit sterbenden Menschen zu sprechen und sie zu fragen, wie sie sich fühlen. Aus ihrer Arbeit heraus schrieb sie den Klassiker „On Death and Dying"[41], in dem sie die fünf aufeinanderfolgenden Stadien beleuchtet, die Menschen im Angesicht ihres unmittelbar bevorstehenden Todes durchleiden: Leugnung, Zorn, Verhandeln, Depression und Akzeptanz.

Zuerst neigen die Menschen dazu, die Realität der Situation einfach zu verleugnen: „Sie müssen meinen Labortest mit dem von jemand anderem verwechselt haben" werden sie denken oder sagen. Dann, wenn sie sich klar machen, dass dies nicht der Fall ist, werden sie zornig – zornig auf die Ärzte, die Schwestern, das Krankenhaus, zornig auf ihre Familie, zornig auf Gott. Dann feilschen sie: „Vielleicht, wenn ich zur Kirche zurückkehre und anfange zu beten, wird mein Krebs verschwinden" oder „Vielleicht, wenn ich netter zu meinen Kindern bin, wird meine Nierenkrankheit nicht fortschreiten", sagen sie sich selbst. Aber wenn sie erkennen, dass es wirklich keinen Ausweg gibt – dass das Spiel aus ist –, werden sie schwermütig. Wenn sie das tun, was wir Therapeuten „ihre Depression durcharbeiten" nennen, können sie jedoch das fünfte Stadium errei-

---

[40] Matthäus 10, 39
[41] Elisabeth Kübler-Ross, *On Death and Dying* (New York: Macmillian, 1969), deutscher Titel: *Interviews mit Sterbenden*

chen, in dem sie ihren Tod wirklich annehmen.

Es ist ein überraschend schönes Stadium von Frieden, Ruhe, geistigem Licht – beinahe eine Art Auferstehung. Aber die meisten sterbenden Menschen gehen nicht durch alle diese Stadien. Sie sterben immer noch verneinend, noch zornig, noch feilschend oder noch niedergeschlagen. Wenn Sie das Stadium der Depression erreichen, ist es so qualvoll, dass sie sich manchmal wieder zurückziehen in Verneinung, Zorn oder Verhandeln. Sie sind oft nicht fähig, ihre Depression „durchzuarbeiten".

Das Aufregende an der Arbeit von Kübler-Ross ist nicht nur das, was sie uns über den psychischen Prozess, der den physischen Tod begleitet, erzählt. Es ist die Tatsache, dass wir, immer wenn wir eine bedeutende geistige Wandlung oder einen Schritt in unserem seelischen Wachstum vollziehen, genau dieselben Stadien in derselben Reihenfolge durchmachen. Mit anderen Worten: Jede Wandlung ist eine Art Tod und alles Wachsen erfordert, dass wir durch ein Tief hindurchgehen.

Sagen wir zum Beispiel, da ist ein Makel in meiner Persönlichkeit, und meine Freunde beginnen, mich deswegen zu kritisieren. Meine erste Reaktion ist, dass ich es abstreite: Sie ist diesen Morgen mit dem linken Bein zuerst aufgestanden, denke ich, oder: Er ist gerade ärgerlich über seine Frau. So sage ich mir selbst, dass ihre Kritik wirklich nichts mit mir zu tun hat. Aber wenn meine Freunde sie aufrecht erhalten, dann werde ich ärgerlich über sie. Was gibt ihnen das Recht, ihre Nase in meine Angelegenheiten zu stecken? Sie wissen nicht, wie es ist, in meinen Schuhen zu stecken. „Warum lassen sie ihre Nase nicht in ihren eigenen Angelegenheiten?", denke ich oder sage es ihnen sogar.

Wenn sie mich genügend lieben, um auf der Kritik zu bestehen, dann verhandle ich: Ich habe ihnen wirklich in letzter Zeit nicht genügend auf die Schulter geklopft und gesagt, wie gut sie alles machen. Und ich gehe herum, lächle meine Freunde an und bin guter Laune und hoffe, dass sie das zum Schweigen bringt. Wenn das nicht klappt – wenn sie immer noch darauf bestehen, mich zu kritisieren –, beginne ich schließlich die Möglichkeit zu bedenken: Vielleicht ist wirklich etwas falsch an mir. Und das ist deprimierend.

Aber wenn ich mich mit diesem deprimierenden Gedanken befasse, ihn reflektiere, analysiere, mit ihm umgehe, kann ich nicht nur den Makel in meiner Persönlichkeit erkennen, sondern ihn auch benennen, erklären und schließlich tilgen, mich von ihm leer machen. Und sollte ich Erfolg haben mit dieser Anstrengung, einen Teil von mir sterben zu lassen, werde ich am anderen Ende meiner Depression als ein neuer und besserer und in gewissem Sinne auferstandener Mensch auftauchen.

Die Stadien des Sterbens bei Kübler-Ross sind auch denen des individuellen geistig-spirituellen Wachstums und der Gemeinschaftswerdung vergleichbar. Denn immer geht es um Transformation. Leere, Depression und Tod haben Parallelen, weil sie in dem Urgrund zu finden sind, zu dem wir hinabsteigen müssen, um Wandlung zu bewirken. Diese Stadien sind für die menschliche Natur grundlegend und auch für die Regeln menschlicher Transformation, sei es als Individuum, als Gruppe oder globale Gemeinschaft.

Nehmen wir das Verhalten der Vereinigten Staaten zwischen 1964 und 1974 in ihrer Beziehung zu Vietnam als Beispiel. Als immer mehr offenbar wurde, dass unsere Politik dort nicht funktionierte, war die erste Antwort der USA, dieses Ergebnis zu leugnen. Die Politik ist gut, dachten wir, wir brauchen nur ein paar militärische Berater und Dollars mehr, um sie durchzuführen. Als unsere Politik weiter versagte, wurden wir zornig. Wir werden es ihnen zeigen, dachten wir. Wir werden das Land in einen baumlosen Parkplatz verwandeln, wenn nötig. Wir schickten ganze Armeen. Wir ließen Bomben auf sie niederprasseln. Die Wut war greifbar. Die Opferzahlen stiegen und stiegen. Leichen der Feinde wurden hinter Autos hergeschleift. Es war die Zeit von My Lai und anderen Gräueltaten.

Und unsere Politik versagte weiter. So begannen wir dann zu verhandeln. Fünf Jahre lang versuchten wir „Friede in Ehren" anzustreben, was ein Ende des Krieges bedeutet hätte, ohne anerkennen zu müssen, dass wir in irgendeiner Weise schuld waren. Objektiv gesehen versagte das Verhandeln ebenfalls. Die Tatsache ist, dass wir den Krieg verloren. Das „mächtigste" Land der Welt wurde von einem der „geringsten" in die Knie gezwungen. Wir zogen unsere Armeen zurück und der „Feind" übernahm das Land. Doch in unserem Kollektivbewusstsein – dessen Fähigkeit, sich selbst zu betrügen, genauso groß ist wie das Bewusstsein des Einzelnen – schafften wir es irgendwie zu glauben, wir hätten mit unserem Verhandeln Erfolg gehabt.

Wir haben den gigantischen Krieg, den wir angestiftet hatten, nicht verloren, oder doch? Wir haben uns niemals wirklich ergeben, nicht wahr? Nein, wir haben uns aus einer „Situation herausgezogen". Die größte Tragödie des Vietnamkrieges für Amerika ist für mein Verständnis, dass unsere Nation niemals bereit war, eine echte und volle Depression über ihn durchzumachen. Wir haben es versäumt, als Kollektiv unsere nationale Schuld anzuerkennen.

Wir haben uns niemals öffentlich entschuldigt. Wir haben niemals ganz zugegeben, dass wir uns geirrt hatten. Da wir nicht willens waren, die Depression durchzumachen, waren wir nicht fähig, als Nation durch unseren Misserfolg zu wachsen, zu lernen. So hat sich unsere Politik, obwohl sie ein Misserfolg war, gegenüber dem Kommunismus und den Dritte-Welt-Staaten im Großen und Ganzen nicht verändert. Wir haben uns nicht gewandelt. Die meiste Zeit handeln die Amerikaner, als ob Vietnam niemals geschehen wäre.

Es gibt einen starken Zusammenhang zwischen Leere, Depression und psychischem Tod. Sie sind die Brücken zwischen Chaos und Gemeinschaft, zwischen dem Ausgelebten und dem neu Belebten, zwischen Schuld und Besserung. So beschlossen die Teilnehmer eines Abrüstungs-Workshops, den ich einmal leitete, ganz richtig, den letzten Teil ihrer gemeinsamen Zeit auf die Frage zu richten, wie die Arbeit der Depression zu leisten sei.

Die Essenz des sich Leermachens – durch die Arbeit der Depression und die Qual des Opferns – ist die Bereitschaft, aufzugeben, sich zu überlassen. Es ist während des Prozesses der Gemeinschaftsbildung selten, dass ich mich den Problemen eines Einzelnen zuwende. Gelegentlich jedoch, wenn ein Mitglied spezielle Schwierigkeiten hat etwas aufzugeben, sich von einem längst überholten Verhaftetsein oder Groll zu befreien – wenn jemand so etwas sagt wie „Ich kann meinem Vater einfach nicht vergeben, dass er mich als Kind missbraucht hat" oder „Ich kann einfach nicht hinwegkommen über meinen Ärger auf die Kirche und wie sie mich behandelte als ich geschieden wurde", dann erzähle ich folgende Geschichte aus dem Zen- Buddhismus.[42]

Zwei Mönche, Busho und Tanko, wanderten an einem regnerischen Tag von einem Kloster zum anderen. Auf halbem Wege kamen sie an eine Kreuzung, die zu einer riesigen Schlammpfütze geworden war. Eine junge Frau in einem reizenden Kimono stand an einer Ecke und sah sich ratlos um. Busho ging hin und fragte, ob sie Hilfe brauche, über die Straße zu kommen. Sie sagte ja. „Okay", rief Busho, „dann springe auf meinen Rücken." Sie sprang auf seinen Rücken, Busho watete über die Straße und setzte sie auf der anderen Seite sanft nieder. Dann wanderten er und Tanko weiter durch Schlamm und Regen. Sie erreichten ihr Ziel gerade vor Einbruch der Nacht, müde und hungrig. Sie wuschen sich und wurden dann mit einer guten Mahlzeit von den anderen Mönchen versorgt. Nach dem Essen fragte Tanko: „Busho, wie konntest du nur? Wie konntest du je-

---

[42] Ich stieß auf die Geschichte "The Monk and the Woman" in Anthony de Melo, S.J., *The Song Bird* (Chicago, Loyola Univ. Press, 1983), S. 138

ne Frau tragen? Du weißt, dass wir Mönche nichts mit Frauen zu tun haben sollen. Doch du fordertest eine auf, dir auf den Rücken zu springen, sogar eine junge und hübsche Frau. Was hätten die Leute gesagt, wenn sie dich gesehen hätten? Du hast Schande über deine Gelübde und unseren Orden gebracht. Wie konntest du nur?" Busho schaute ihn an. „Tanko, trägst du immer noch diese junge Frau umher?" fragte er, „Ich setzte sie vor mehr als fünf Stunden ab."

Der Zweck davon, uns leer zu machen ist, Raum für das Neue zu schaffen. Der einzige Grund etwas aufzugeben, ist etwas Besseres zu gewinnen. Frieden ist unleugbar besser als Krieg. Folglich müssen wir fragen, „Wovon müssen wir uns leer machen, um Frieden zu gewinnen?" Welche mitgeschleppten Standpunkte und Verhaltensweisen müssen wir ablegen? Welche veralteten Ansichten, politischen Überzeugungen, Ressentiments tragen wir noch herum? Für welche verborgenen Möglichkeiten müssen wir offen und leer sein?

11 Verwundbarkeit

Wir definierten Leere als Offenheit gegenüber dem Anderen – es kann eine fremde Idee, ein Fremder oder Gott sein. Aber was geschieht, wenn das Andere gefährlich ist? Was geschieht, wenn die neue Idee falsch ist, wenn der Fremde ein Mörder ist, wenn die Stimme des Anderen die des „Bösen" ist? Können wir nicht verwundet werden? Ja, wir können. Offenheit verlangt von uns Verwundbarkeit – die Fähigkeit, sogar die Bereitschaft, verwundet zu werden. Aber es ist keine einfache „Schwarz-Weiß"-Angelegenheit. Schon deshalb, weil das Wort „verwundet" selbst unklar ist. Es kann entweder bedeuten geschädigt werden oder einfach verletzt sein.

Ich erkläre manchmal den Unterschied, indem ich frage, ob jemand aus der Zuhörerschaft verwundbar genug ist, um sich freiwillig einem unbekannten und schmerzhaften Experiment zu stellen. Irgendeine tapfere Seele ist immer bereit, und dann zwicke ich sie heftig in den Oberarm. „Tat das weh?" frage ich, und mein Opfer, seinen Arm reibend, antwortet etwas kläglich, dass es das tat. „Hat es dich geschädigt?" forsche ich dann. Nach einigen Sekunden des Nachdenkens erwidert mein Opfer: „Es tat gewiss weh, aber nein, ich kann nicht sagen, dass es mich wirklich geschädigt hat."

Der springende Punkt ist, wenn man freiwillig seinen Arm in das Mahlwerk einer Maschine stecken würde, wäre man ein Idiot. Man würde geschädigt sein für nichts. Aber wenn man versuchte, sein Leben zu leben, ohne jemals verletzt zu werden, müsste man es in einer sehr weich gepolsterten Zelle verbringen.

Das Wort Verwundbarkeit ist auch unklar, weil es nicht unterscheidet zwischen körperlicher und seelischer Verwundung. Es handelt sich nicht darum, dass wir als Kinder auf Bäume klettern und verschrammte Knie riskieren; es ist mehr eine Angelegenheit des seelischen Schmerzes.

Es gibt keine Möglichkeit, ein erfülltes Leben zu haben, wenn wir nicht bereit sind, wiederholt zu leiden, Niedergeschlagenheit und Verzweiflung zu erfahren, Furcht und Angst, Kummer und Traurigkeit, Zorn und den Kampf des Vergebens, Verwirrung und Zweifel, Kritik und Zurückweisung. Ein Leben, dem diese seelischen Erschütterungen fehlen, wird nicht nur für uns selbst, sondern auch für die Anderen nutzlos sein.

Wir können nicht heil werden ohne die Bereitschaft, vorher verletzt zu werden. Wenn Jesus, der Heiland, uns etwas lehrte, dann dass der Weg zur Errettung durch die Verwundbarkeit führt. Solange er lebte, verkehrte er mit Römern, Steuereinnehmern und anderen unangenehmen Charakteren (was in seiner Kultur auch Frauen einschloss), mit Ausgestoßenen und Fremden, Kanaanitern und Samaritern, den Kranken, Besessenen, Aussätzigen und Ansteckenden. Und als die Zeit kam, da er sterben sollte, unterwarf er sich verletzlich den tödlichen Wunden durch die einflussreiche Oberschicht seiner Zeit, was der Grund ist, warum die Theologin Dorothee Sölle von Jesus als der einseitigen Abrüstung Gottes spricht.[43]

Gute Theologie bewirkt gute Psychologie. Wenn die Theologie gut ist, ist sie es, weil sie wahr ist; und wenn sie wahr ist, bewährt sie sich im Allgemeinen auf lange Sicht, wenn nicht sogar auf kurze. Was geschieht also, wenn wir uns einer anderen Person gegenüber verwundbar machen? Was geschieht, wenn ich sage: „Ich habe ein Buch nur über Disziplin geschrieben und ich habe nicht einmal die Selbstdisziplin, mit dem Rauchen aufzuhören. Manchmal denke ich, ich bin ein Heuchler, ein richtiger Schwindler. Manchmal denke ich, ich bin nicht einmal selbst auf dem rechten Weg. Manchmal empfinde ich, ich weiß nicht, wo ich stehe: Ich fühle mich verloren und verängstigt. Und müde. Obwohl ich erst fünfzig bin, bin ich manchmal so müde. Und einsam. Willst du mir helfen?" Die Wirkung dieser Art von Verwundbarkeit auf andere ist fast immer entwaffnend und sie werden höchstwahrscheinlich antworten: „Du scheinst eine authentische Person zu sein. Ich bin auch müde und verängstigt und einsam, natürlich will ich dir helfen wo ich kann."

Aber was geschieht, wenn wir uns unverwundbar benehmen, wenn wir uns mit psychologischen Rechtfertigungen brüsten, wenn wir vorgeben, ganz kaltblütig und souverän oder schroffe Individualisten zu sein, die ihr Leben völlig unter Kontrolle haben? Was geschieht ist, dass die anderen sich auch mit ihren psychologischen Rechtfertigungen brüsten und vorgeben, dass auch sie ganz kaltblütig und souverän sind. Und unsere persönlichen Beziehungen werden leer sein, wir sind einsam.

So ist es auch mit den Beziehungen zwischen Nationen. Es entspricht unserer internationalen Politik, so unverwundbar wie möglich zu sein. Natürlich ist es auch die Politik aller anderen Nationen, unverwundbar zu sein. Aber das ist die Politik der Hoffnungslosigkeit. Sie bietet keine Möglichkeit friedlicher Beziehungen, noch weniger einer Weltgemeinschaft. Sie bietet nur immer größere Bedrohungen von Tod und Zerstörung. Ohne einseitige Initiativen der Verwundbarkeit gibt es keinen Weg heraus.

---

[43] Dorothee Sölle, *Of War and Love* (Maryknoll, New York: Orbis Books, 1984), S. 97

Verstehen Sie mich richtig: Ich spreche nicht von einer törichten Verwundbarkeit. Ich schlage nicht vor, dass Sie, wenn Sie in der Innenstadt von Washington leben, wie Lily und ich mehrere Jahre, alle Schlösser aus Ihren Türen ausbauen sollen, weil Sie dann ausgeraubt würden – und Sie würden nicht morgen ausgeraubt, sondern heute Nacht. Ich spreche von einer Bereitschaft, verwundbar zu werden.

Ich habe gehört, dass die USA genügend Atomwaffen haben, um jeden Menschen der Erde zehnmal in die Luft zu sprengen. Wenn wir aus eigener Initiative die Hälfte dieser Waffen vernichten würden, was für eine dramatische Geste der Verwundbarkeit und des Friedens würde das sein! Und wir würden dann immer noch genug haben, um jeden fünfmal hochzujagen!

Die Niederlegung physischer Waffen ist nicht der einzige Weg, wie wir Menschen uns individuell oder kollektiv verwundbar machen können. Wenn Keith Miller und ich Vorträge zu diesem Thema halten, pflegt er zu sagen: „Ich bin nicht sicher, ob ich mit Scotty übereinstimme, dass es das Beste wäre, die Hälfte unserer Atomwaffen abzuschaffen. Ich denke, wir sollten uns bei den Russen entschuldigen. Wir sollten ihnen sagen, dass wir ihnen nicht als Christen begegnet sind. Wir haben sie nicht von ganzem Herzen geliebt. Wir haben ihnen nicht das Beste gewünscht. Wir haben uns nicht über ihren Erfolg gefreut. Wir haben sie nicht wie uns selbst geliebt. Wir sollten sagen, dass es uns leid tut und bescheiden bitten, uns zu vergeben."

Verwundbarkeit, in welcher Form auch immer, erfordert zumindest einen kleinen Schritt des Vertrauens, und für einige mag es sogar leichter sein, auf die Hälfte unserer Waffen zu verzichten als Unvollkommenheit zuzugeben. Ich hatte nie Erfolg bezüglich einer auch nur teilweise Entwaffnung in der Diskussion mit einem Hardliner (Anm. d. Übers.: „Falken", im Gegensatz zu den „Tauben"). Der Grund ist, dass solche Menschen aus dem heraus, was ich eine Kontrollmentalität oder „Was ist, wenn?"-Psychologie nenne, argumentieren. Sie meinen, dass es nötig und möglich ist, in einer Welt zu leben, in der alle Waffenkontingente unter Kontrolle gehalten werden können, einer Welt, in der es keine Risiken gibt. So antworten sie auf meinen Vorschlag der einseitigen Halbierung des Atomarsenals oder auf den von Keith, dass wir uns bei den Russen entschuldigen sollten – oder irgendeinen anderen solchen Vorschlag – stets nur: „Ja, aber was ist, wenn die Russen, anstatt es als eine Friedensgeste anzunehmen, es als ein Zeichen der Schwäche interpretieren? Und dann ihren Vorteil daraus ziehen?"

Das Problem ist, dass man immer „Was ist, wenn?"-Fragen konstruieren kann. Obwohl diese sogenannten Falken sich selbst für Realisten halten, mögen sie dieser Realität nicht ins Auge sehen. Sie stehen für eine Psychologie der Furcht und des Misstrauens und ihr daraus resultierendes Verhalten – typisch für diese Furcht – ist starr und eindimensional, manchmal beinahe humorlos. Solche Leute haben sogar schon zu mir gesagt: „Dr. Peck, wenn Sie mir einen Weg zeigen können, wie wir verwundbar ohne Risiko sein können, dann will ich mich gerne darauf einlassen."

Risiko ist das zentrale Merkmal der Verwundbarkeit. Auch hier müssen wir lernen, Widersprüchlichkeiten und parallele Abläufe auf mehreren Ebenen zu akzeptieren. Wie Sufi Nagshband erklärte[44]: „Wenn Menschen sagen ‚weine', meinen sie nicht ‚weine immer'. Wenn sie sagen ‚weine nicht', meinen sie nicht, dass du immer lustig sein sollst." Man muss sich nicht zwischen absolutem Pazifismus und hundertprozentiger Unverwundbarkeit entscheiden. Auch sind die Russen weder genauso wie wir US-Amerikaner, noch sind sie völlig anders oder böse. Wir müssen lernen, gegen wen wir uns verwundbar verhalten und gegen wen nicht, und wann und wie und bis zu welchem Grad.

Jesus vermied mit Geschick viele Fallen, die ihm gestellt wurden, und verzögerte so seine Kreuzigung, solange er seine Integrität behalten konnte. Wir sind also nicht aufgerufen, blind in jede Falle zu laufen. Andererseits wird man durch tiefes Nachdenken über das Christentum erkennen, dass man auch heute noch im übertragenen Sinne gekreuzigt werden kann, wenn man seine Integrität aufrecht erhält. Um das Leben in seiner Fülle zu feiern, muss man bereit sein, sich anderen mitzuteilen. Verwundbarkeit gibt es nicht ohne Risiko – das Risiko der völligen Ablehnung oder das, dass andere Vorteil aus der Verwundbarkeit ziehen. Diese Risiken sind stets vorhanden.

Von allen Formen der Verwundbarkeit ist die schwierigste die Enthüllung einer Unvollkommenheit, eines Problems, einer Neurose, einer Sünde oder eines Versagens – welche in unserer Kultur des schroffen Individualismus meist unter der Überschrift der „Schwäche" zusammengefasst werden. Es ist eine lächerliche kulturelle Haltung, denn in Wirklichkeit sind wir alle als Individuen oder Nationen schwach. Alle haben wir Probleme, Unvollkommenheiten, Neurosen, Sünden, Misserfolge. Und der Versuch, sie zu verbergen, ist eine Lüge.

Unsere kulturelle Haltung ist besonders lächerlich bei denen, die sich Christen nennen. Er, den sie „Herr" nennen, lebte und starb nicht nur verwundbar,

---

[44] Idries Shah, *The Way of the Sufi* (New York: Dutton Paperback, 1970), S. 150

sondern war ein Fehlschlag nach unseren üblichen Maßstäben. Wir verehren einen Menschen, dessen Leben beendet wurde durch seine Hinrichtung, als ein unbedeutender politischer Gefangener zwischen zwei sogar noch einfacheren Kriminellen, der von seinen Henkern angespuckt, von seinen Anhängern betrogen und von seinen Freunden weitgehend verlassen wurde – ein völliger Verlierer aus der Sicht der Welt.

Vielleicht das beste Motto für das Christentum ist im 2. Korintherbrief 12, 9 zu lesen: „Meine Kraft ist in den Schwachen mächtig." Ein aufrichtiger Christ muss sich bewusst machen, dass er ein Sünder ist. Er gehört einer Gemeinschaft der Schwachen an, die einen Gott verehren, der in paradoxer Schwäche die Welt regiert. Aber dies ist eine seltsame Lehre für die meisten, die doch weit mehr einer Welt der „Fürsten und Gewaltigen" zuneigen (womit Paulus eine Welt meint, die nach den Gesetzen des Teufels handelt[45]). Wie G. K. Chesterton richtig feststellt: „Das christliche Ideal ist nicht ausprobiert und als mangelhaft befunden worden, sondern es wurde als schwierig befunden und nicht ausprobiert."[46]

Verwundbarkeit ist deshalb nicht nur der Mut, eine Verwundung zu riskieren, sondern manifestiert sich meist durch die Enthüllung unseres Verwundetseins: unserer Zerrissenheit, Verkrüppelung, Schwäche, unserer Misserfolge und Unzulänglichkeit. Ich denke nicht, dass Jesus es als Opfer empfand, sich verwundbar unter die Ausgestoßenen und Verkrüppelten der Welt zu mischen. Ich vermute er tat es, weil er ihre Gesellschaft bevorzugte. Nur unter den offenkundig Unvollkommenen können wir Gemeinschaft finden und nur unter den offenkundig unvollkommenen Nationen der Welt können wir Frieden finden. Unsere Unvollkommenheit gehört zu den wenigen Dingen, die wir menschlichen Wesen alle gemeinsam haben.

Ich nenne die Psychotherapie manchmal das Ehrlichkeitsspiel. Menschen, die zur Therapie kommen, leiden an Lügen – entweder Lügen, die ihnen von ihren Eltern erzählt wurden, von ihren Geschwistern, ihren Lehrern, den Medien, oder Lügen, die sie sich selbst erzählt haben. Diese Lügen können nur in einer Atmosphäre von Ehrlichkeit bereinigt werden, die so vollkommen ist, wie sie nur zwischen zwei Menschen geschaffen werden kann. So sollten Psychotherapeuten bereit sein, wenn es darauf ankommt, ehrlich und völlig offen bezüglich

---

[45] Epheser 6, 12
[46] G. K. Chesterton, *What's Wrong with the World?* Teil I, Kapitel 5, 1910, in Bartletts *Familiar Quotations* (Boston: Little Brown, 1980), S. 742

ihres eigenen Gebrochenseins zu sein. Nur ehrliche Menschen können eine heilsame Rolle in der Welt spielen.

Wie jemand einmal in einem Gemeinschaftsbildungsworkshop sagte: „Das größte Geschenk, das wir einander geben können, ist unsere eigene Verletztheit." Der echte Heiler muss verwundet sein. Nur der Verwundete kann heilen. Es ist die Politik der Vereinigten Staaten, Russlands und möglicherweise aller anderen Nationalstaaten, so unverwundbar wie möglich zu erscheinen, nicht nur hinsichtlich der Bewaffnung, sondern in jeder Beziehung des politischen Prozesses. Als Nation versuchen wir uns so darzustellen, als hätten wir keine Schwächen. Die Unfehlbarkeitsdoktrin ist kaum auf das Papsttum beschränkt. Weder die Vereinigten Staaten noch die Russen geben Fehler oder Sünden zu. Unsere Politiker haben sich in einer falschen Vorstellung von Unverwundbarkeit und Unfehlbarkeit verfangen.

Nur wenn wir willens sind, solche primitiven Vorstellungen von Kraft aufzugeben, werden wir schwach und doch stark genug werden, um die Nationen zur Weltgemeinschaft zu führen. Schwach und trotzdem stark genug? Wieder sind wir mit einer Widersprüchlichkeit konfrontiert. Denn es ist ein unvermeidliches Paradoxon dieses Lebens, dass jenseits eines bestimmten Punktes, sowohl bei Individuen als auch bei Nationen, unsere Gefährdung um so größer wird, je unverwundbarer wir zu werden versuchen. Als Nation haben die Vereinigten Staaten schon seit langem diesen Punkt überschritten. Die Spirale des Anhäufens von Waffensystem auf Waffensystem, Drohung auf Gegendrohung wird nur immer noch tödlicher, und es gibt absolut keinen Weg heraus außer durch echte einseitige Initiativen der Schwäche und Verwundbarkeit.

Wir haben dieses Wort Initiative viele Male gehört. Wie oft hat unsere Regierung durch die Medien verkündet, dass sie „eine kühne neue Initiative" ergriffen hat, um das „Wettrüsten aufzuhalten"? Und dann wundern wir uns, warum die Russen nicht darauf eingehen, und wir nehmen es als einen weiteren Beweis ihrer bösen Absichten. Irgendwie scheinen russische Initiativen auch zu nichts zu führen. Aber unser Gebrauch des Wortes ist unehrlich. Wenn es ernsthaft benutzt wird, beinhaltet Initiative beides, Risiko und die Bereitschaft, einseitig zu handeln. Unsere Initiativen beinhalten weder das eine noch das andere. Wir sagen einfach, „Wir werden dieses abschaffen, wenn ihr jenes abschafft." Der Vorschlag ist immer zweiseitig formuliert und bedeutet keinerlei Risiko. Unsere sogenannten Initiativen sind bloße Tricks und werden unausweichlich mit Gegentricks beantwortet und umgekehrt.

Entsprechend missbrauchen wir im allgemeinen das Wort Verhandlung. In der Gemeinschaftsbildung hat immer eine tapfere Seele den Anfang zu machen. Es muss in der Tat Initiativen geben. Wenn ein Mensch nach dem anderen aufrichtig Zurückweisung oder andere Verletzungen riskiert, wird die Gruppe auf immer tiefere Ebenen der Verwundbarkeit und Ehrlichkeit gelangen. Es ist immer individuell, immer einseitig und immer riskant. Das ist die Wirklichkeit.

Ich rede keiner Appeasement-Politik das Wort. Das wäre grob vereinfachend, wie die Welt seit dem Zweiten Weltkrieg deutlich gelernt hat. Unsere Politik der Abschreckung allein durch militärische Stärke ist jedoch ebenfalls grob vereinfachend. Die Sicherheit des Friedens kann nicht billig erworben werden, sagen uns unsere Führer. Ich stimme dem zu. Paradoxerweise kann sie nur durch gefährliches Risiko erlangt werden. Es ist jedoch seltsam, dass gegenwärtig der Krieg das einzige Risiko zu sein scheint, das wir bereit sind, auf uns zu nehmen.

Das zentrale Problem des Wettrüstens ist nicht, dass wir zu viel, sondern eher viel zu wenig für den Frieden riskieren. Unsere Strategie müsste viel komplexer und mehrdimensionaler sein als das vorherrschende „Frieden durch Stärke". Bestimmt müssten wir zusätzlich, mit mindestens ebenso viel Kraft, die „Frieden durch Schwäche"-Strategien verfolgen, wodurch Gemeinschaft entsteht. Anders gibt es keine Hoffnung. Denn die Realität ist, dass es keine Verletzlichkeit ohne Risiko geben kann; und es kann keine Gemeinschaft ohne Verletzlichkeit geben; und es kann keinen Frieden – letztlich kein Leben – ohne Gemeinschaft geben.

12 Integration und Integrität

Echte Gemeinschaft zeichnet sich immer durch Integration (=Einschließlichkeit) aus. Sie schließt Menschen ein, die sich unterscheiden durch Geschlecht, Alter, Religion, Kultur, Weltanschauung, Lebensstil und unterschiedliche Entwicklungsstufen. Es entsteht ein Ganzes, das größer – besser – ist als die Summe seiner Teile. Integration meint nicht gleichmachen; es entsteht daraus kein zerkochter Eintopf. Vielmehr kann man Gemeinschaft mit einem Salatgericht vergleichen, dessen einzelne Zutaten ihre Identität bewahren und im Zusammenwirken noch hervorgehoben werden. Gemeinschaft löst nicht das Problem der Pluralität, indem sie Verschiedenheit auslöscht. Vielmehr sucht sie sich Vielfalt aus, heißt unterschiedliche Sichtweisen willkommen, umarmt Gegensätze, wünscht von jeder Streitfrage auch die andere Seite zu sehen. Sie bezieht uns Menschen ein in einen lebendigen mystischen Körper.

Das Wort Integrität kommt vom Verb integrieren (=einbeziehen) und umfasst die Begriffe Vollständigkeit, Richtigkeit und Redlichkeit. Es ist kein Zufall, dass Erik Erikson auch das Ziel der psychosozialen Entwicklung als Integrität bezeichnet. Ebenso kennzeichnet dieser Begriff die höchste Stufe einer entwickelten Gemeinschaft. Umgekehrt ist die niedrigste – schädlichste und destruktivste – Form von individuellem und Gruppenverhalten gekennzeichnet vom Fehlen von Integrität.

Wir Psychologen benutzen ein Verb, welches das Gegenteil von integrieren bedeutet, nämlich abspalten. Damit meint man jene erstaunliche menschliche Fähigkeit, miteinander Verbundenes in getrennten Teilen, in separaten, luftdichten mentalen Schubladen unterzubringen, wo sie sich nicht aneinander reiben können und uns keinen Schmerz verursachen. Ein Beispiel hierfür wäre der Geschäftsmann, der Sonntag morgens in die Kirche geht, glaubt er liebe Gott und Gottes Schöpfung und seine Mitmenschen, dann aber am Montagmorgen kein Problem mit der Politik seiner Firma hat, giftige Abfallprodukte in den nächsten Fluss zu leiten. Er hat seine Religion in die eine Schublade gepackt und sein Unternehmen in die andere und ist, was wir einen „Sonntagmorgen-Christen" nennen. Es mag dies ein sehr komfortabler Weg des Funktionierens sein, aber von Integrität ist da keine Spur.

Integrität ist nie schmerzlos. Sie verlangt zuzulassen, dass die Dinge sich aneinander reiben, und wir die Spannung zwischen in Konflikt stehenden Bedürfnissen, Forderungen und Interessen ganz erfahren und uns gefühlsmäßig zwischen ihnen zerrissen fühlen. Nehmen wir als Beispiel, dass dieses Land, auf dessen Münzen geschrieben steht „Wir vertrauen auf Gott" („In God we trust"), zugleich der weltweit führende Waffenverkäufer ist. Wie können wir damit umgehen? Kann das für uns einfach in Ordnung sein? Sollten wir diese Angelegenheiten in verschiedenen Schubladen lassen? Oder sollten wir uns fragen, ob es zwischen ihnen einen Konflikt gibt und Qualen ausstehen wegen der Schwierigkeit, diesen Konflikt aus der Welt zu räumen? Sollten wir zum Beispiel, um integer zu sein, in Betracht ziehen die Inschrift auf unseren Münzen umzuändern in „Wir vertrauen auf Waffen" oder „Wir vertrauen teilweise auf Gott"?

Integrität ist nie schmerzlos, Gemeinschaft auch nicht. Auch sie muss völlig offen und verwundbar sein, was die Spannung zwischen Bedürfnissen, Forderungen und Interessen ihrer Mitglieder des Gemeinschaftskörpers angeht. Sie versucht nicht Konflikte zu vermeiden, sondern sie zu auszusöhnen. Und die Essenz des Versöhnens ist dieser schmerzhafte, opferbereite Prozess des Leermachens. Gemeinschaft drängt ihre Mitglieder immer, sich genügend zu leeren, um Platz zu schaffen für andere Standpunkte, neues und unterschiedliches Verstehen. Gemeinschaft drängt sich selbst und ihre Einzelpersonen dazu, auf schmerzhafte aber freudvolle Art in immer tiefere Schichten der Integrität vorzudringen.

Dem Ruf der Gemeinschaftsbildung und des Friedens zu folgen heißt, einem Klang zu lauschen, der sich sehr von dem der Kriegstrommeln unterscheidet.[47] Deshalb ist es von größter Bedeutung, dass wir lernen, diesen andersartigen Klang zu erkennen. Wir müssen unterscheiden können zwischen dem Ton der Integrität und dem Ton ihrer Abwesenheit.

Was fehlt?

Obwohl Integrität schwierig zu verwirklichen sein mag, ist der Test dafür scheinbar sehr einfach. Wollen wir die An- oder Abwesenheit von Integrität unterscheiden, brauchen wir uns nur eine Frage zu stellen: „Was fehlt? Ist irgendetwas ausgelassen worden?" Zum ersten Mal lernte ich diesen Test anzuwenden, als ich im Alter von 15 Jahren die Ereignisse des Koreakriegs zu verfolgen begann. Jeden Morgen las ich begierig in der New York Times die Statistiken: „31 MIGs abgeschossen; alle amerikanischen Flugzeuge unversehrt zurückgekehrt." Am nächs-

---

[47] Darauf bezieht sich der amerikanische Originaltitel dieses Buches „The Different Drum": „Die andere Trommel", Anm. d. Übers.

ten Tag: „34 MIGs abgeschossen; ein amerikanisches Flugzeug leicht beschädigt." Am nächsten Tag: „29MiGs abgeschossen; ein amerikanisches Flugzeug mit Pilot verloren." Unsere Zeitungen informierten mich klar darüber, dass unsere Flugzeuge technologisch den MIGs überlegen waren, und unsere Piloten nicht nur besser trainiert, sondern schlauer waren als die nordkoreanischen oder chinesischen. Dann am nächsten Tag: „37 MIGs abgeschossen; alle amerikanischen Flugzeuge kehrten unversehrt zurück."

Und so ging es weiter, wochenlang, monatelang. Zu Anfang war ich von patriotischem Stolz auf die Triumphe meiner Nation erfüllt. Aber langsam schlich sich ein Unwohlsein ein. Das Problem war, dass die gleiche Zeitung mich davon informierte, dass Nordkorea, China und Russland industriell unterentwickelte Länder waren. Wenn ihre Flugzeuge schlecht waren und ihre Piloten schlecht trainiert, wie war es dann möglich, dass diese unterentwickelten Länder Tausende von Flugzeugen produzierten nur um sie täglich dutzendweise abgeschossen zu bekommen. Da passte etwas nicht zusammen. Entweder waren mehrere Teile der Information deformiert – eine Lüge – oder eines oder mehrere Teile fehlten.

Von da an hörte ich auf, alles zu glauben, was ich in den Zeitungen las. Und das ist so geblieben. Ungefähr zehn Jahre später las ich einen umfangreichen Roman von Ayn Rand, „Atlas Shrugged"[48]. Die Autorin vertrat darin auf überzeugende Weise ihre Philosophie des schroffen Individualismus und des ungezügelten freien Unternehmertums. Etwas an dieser Philosophie störte mich aber, etwas das ich nicht fassen konnte. Das ließ mir keine Ruhe bis zu dem Tag, als mir auffiel, dass in dem Buch keine Kinder vorkamen. Ein Roman von über tausend Seiten, der die ganze Gesellschaft und das Drama vieler Leben beschreibt, doch es kommen keine Kinder darin vor. Als gäbe es keine in dieser Gesellschaft, sie fehlen einfach. Bestimmte Gruppen blenden der schroffe Individualismus und der ungezügelte Kapitalismus einfach aus: Kinder und andere, die wie Kinder Fürsorge brauchen.

Fünf Jahre später wurde in den Anfängen meiner psychiatrischen Ausbildung gelehrt: „Was der Patient nicht sagt, ist wichtiger als das, was er sagt." Das ist eine ausgezeichnete Regel. Viele Patienten werden im Laufe einiger psychotherapeutischer Sitzungen von Gegenwart und Zukunft sprechen, ohne ihre Kindheit je zu erwähnen. Wenn ein Patient seine Kindheit ausblendet, kann man sicher sein, dass es dort ein nicht integriertes, nicht gelöstes Thema gibt, das ans

---

[48] Ayn Rand, *Atlas Shrugged* (New York: Random House, 1957)

Licht gebracht werden muss, um volle Heilung zu erfahren. Spricht eine Patientin nur von ihrer Kindheit und von der Zukunft, so weiß der Therapeut, dass es in ihrem „Hier und Jetzt" eine bedeutende Schwierigkeit gibt, die oft mit den Themen Intimität und Risiko zu tun hat. Und wenn ein Patient seine Zukunft überhaupt nie erwähnt, besteht für den Therapeuten der Verdacht, dass er ein Problem hat mit Fantasie und Hoffnung.

Jetzt möchte ich einen Sprung von mehreren Jahrzehnten ins Jahr 1985 machen, 31 Jahre nach der Aufhebung der Rassentrennung durch den Beschluss des Obersten Gerichtshofs. Ich hatte vor in Little Rock, Arkansas, einen Vortrag zu halten. Er war öffentlich und es kamen 900 Menschen. Nicht ein Schwarzer war dabei. Dieses Beispiel nenne ich nicht, um diese bestimmte Stadt zu tadeln; an vielen anderen Orten hat sich dieses Beispiel kaum weniger extrem wiederholt. Es dient mir dazu, nochmals zu zeigen, dass Mangel an Integrität immer einen Mangel an Integration widerspiegelt, nämlich einfach die Realität, dass etwas ausgelassen wird.

Als ich bei dieser Gelegenheit in die Runde blickte, wurde mir klar, wie lückenhaft die Integrität unserer Gesellschaft war. Was fehlte, waren schwarze Gesichter. Verglichen mit unserer eigenen Geschichte und der bestimmter anderer Gesellschaften haben wir zwar deutliche Fortschritte gemacht, was das Integrieren anderer Rassen angeht. Aber es ist auch klar, dass noch ein weiter Weg vor uns liegt.

Es gibt einen anderen Test für Integrität, der nicht so leicht zu verstehen ist. Wenn kein Stück der Realität im Bild fehlt, wenn alle Dimensionen integriert sind, dann schaust du aller Wahrscheinlichkeit nach auf ein Paradoxon. An der Wurzel der Dinge ist praktisch alle Wahrheit paradox. Darauf bezogen sind Schriften aus dem Buddhismus tiefer als die aus dem Christentum. Speziell der Zen-Buddhismus ist eine ideale Schule für das Paradoxe. Mein Lieblingswitz geht so: „Wie viele Buddhisten braucht man um eine Glühbirne auszuwechseln?" Antwort: „Zwei. Einen um die Glühbirne auszuwechseln, und einen zweiten, um sie nicht auszuwechseln."

Auch wenn es komisch klingen mag für das eindimensionale westliche Gehirn, möchte ich trotzdem sagen, dass ich dieses Buch nicht einfach als „mein" Buch betrachte. Ich habe es nur deshalb geschrieben, weil andere es nicht geschrieben haben: Verleger, Buchhändler, Landwirte, Zimmerleute, und viele andere – deren Arbeit nötig war, damit ich diese bestimmte Arbeit verrichten konnte. Da ihre Arbeit mir erlaubt hat, mich aufs Schreiben von Büchern zu spezialisieren, bin ich nicht grundsätzlich gegen Spezialisierung. Aber wenn Spezialisierung zu einem Schubladendenken ausartet, das denkt: Das ist mein Buch, das ist mein Land, dann haben wir das Ganze aus dem Blickfeld verloren.

Wenn ein Konzept paradox ist, spricht das da für, dass es einen Anflug von Ganzheit hat, dass es nach Wahrheit klingt. Umgekehrt, wenn ein Konzept überhaupt nicht paradox klingt, sollte man den Verdacht hegen, dass es einen Teil des Ganzen nicht integriert hat. Nehmen wir zum Beispiel die Ethik des schroffen Individualismus. Es ist nichts Paradoxes an diesem Konzept. Es arbeitet ausschließlich mit einer Seite der Wahrheit, nämlich, dass wir aufgerufen sind uns zu individualisieren, ganz zu werden und autark. Sein Irrtum ist, dass es die andere Seite der gleichen Wahrheit ignoriert: dass wir auch aufgerufen sind, unsere Unzulänglichkeit, unsere Gebrochenheit und unsere Abhängigkeit zu sehen. Und da ein solches Konzept irreführend ist, begünstigt es eine gefährliche Egozentriertheit. Denn die Realität ist, dass wir weder durch uns noch für uns selbst existieren.

Der Buddhismus lehrt, dass der Begriff des Ichs, als eine isolierte Einheit, eine Illusion ist. Dieser Illusion fallen viele zum Opfer, weil ihr Denken nicht von Integrität geleitet wird. Wenn es mir gelingt integer zu denken, dann werde ich sofort gewahr, dass ich mich genährt fühle, nicht nur von der Erde, vom Regen, und der Sonne, sondern auch von jenen Landwirten, Verlegern, Buchhändlern und auch von meinen Patienten, meinen Kindern, meiner Frau und anderen Lehrern – in der Tat von einem Netz aus Familie, Gesellschaft und der ganzen Schöpfung. Deshalb gibt es für mich keine Berechtigung, mich selbst wichtiger zu finden als meine Familie, als die Gesellschaft in der ich lebe, als das ökologische System zu dem ich gehöre.

Sobald wir mit Integrität denken, wird uns klar, dass wir alle Verwalter sind, und dass wir nicht unsere Verantwortung für die Verwaltung eines jeden Teils des Ganzen leugnen können.

Je mehr ich nach Integrität strebe, desto weniger gebrauche ich das Wort mein. „Meine" Frau ist nicht mein Besitz. Die Identität meiner Kinder ist nur sehr wenig durch mich entstanden. Auf eine bestimmte Art ist das Geld, das ich verdient habe mein eigenes, in einem tieferen Sinn jedoch ist es ein Geschenk, weil mir das Glück meine Eltern, gute Lehrer, gute Universitäten beschert hat, ein Publikum, eine Leserschaft, die sich für meine Bücher interessiert, und ein paar persönliche Talente, die zu erbitten es mir an Weisheit fehlte. Das Gesetz sagt zwar, dass der Besitz in Connecticut „mein" Land ist, aber vor mir wurde es durch viele Generationen von weißen und roten Menschen bearbeitet und ich hoffe, dies wird weiterhin durch Generationen von Menschen getan werden wird, die ich nie kennen lernen werde. Die Blumen im Garten sind nicht meine Blumen. Ich weiß nicht, wie man Blumen erschafft, ich kann sie höchstens pflegen und nähren.

Als Verwalter können wir keine Anhänger isolationistischen Denkens sein. Nie mehr sollten wir sagen „Diese Gruppe ist nichts für mich", und genau so wenig „Nicaragua hat nichts mit mir zu tun", oder „die Menschen, die in Äthiopien verhungern, gehen mich nichts an." Genau so wenig können wir mit Integrität behaupten, dass das, was die USA in Nicaragua oder Äthiopien tun, Sache der Regierung ist, dass die Politiker die Spezialisten in solchen Dingen sind, dass das ihr Job ist, nicht meiner. Diese Anti-Haltung ließ unsere Regierung immer tiefer in die Wirrungen des Vietnamkrieges eintauchen, die sie größtenteils selbst geschaffen hatte.

Die Notwendigkeit, die Isolationspolitik zu überwinden, verführte unsere Regierung dazu, anderen Ländern unsere Werte aufdrängen zu wollen. So haben die USA sich auch berechtigt gefühlt, sich zum „Polizisten der Welt" zu machen, was ebenso arrogant, unintegriert und egozentrisch ist wie die Politik des Isolationismus. Und da auch andere Nationen diese Polizistenrolle beanspruchen, kann das weder theoretisch noch in der Praxis funktionieren. Es führt nur zur Eskalation des Aufrüstens und gefährlichen internationalen Übergriffen.

Einmal mehr werden wir mit den Gefahren unseres eindimensionalen, primitiven Schwarz-Weiß und Entweder-Oder-Denkens konfrontiert, das uns entweder zu Isolationisten oder zu weltweiten Einmischern macht. Erneut stehen wir vor der Notwendigkeit eines die Paradoxa einschließenden, multidimensionalen und intellektuell anspruchsvollen Weltbildes. Weltbilder sind wie Religionen, und alle Kriege sind „Heilige Kriege". Wenn wir uns vom Krieg weg bewegen wollen, müssen wir anfangen, intellektuelle Standards zu entwickeln, die zwischen echten und falschen Religionen unterscheiden, zwischen echten und falschen Propheten, zwischen integrierenden und nicht integrierenden Weltanschauungen. Sonst wird weiterhin der Stärkere den Schwächeren brutal unterwerfen.

Obwohl Gemeinschaft eine Vielfalt von Religionen einbeziehen kann und soll, heißt das nicht, dass alle religiösen Gedanken und Praktiken gleichermaßen gültig und reif sind. Was sind die Kriterien für religiöse Integrität? Die Wahrheit einer Religion zeigt sich darin, dass sie einschließt und das Paradoxon kennt. Falschheit in einer Religion entdeckt man in ihrer Einseitigkeit und dem Versagen, das Ganze zu integrieren. Wir wollen diese These veranschaulichen, indem wir uns das religiöse Gedankengut anschauen, das den meisten Amerikanern am nächsten ist, nämlich die Doktrin des Christentums.

Paradoxon und Ketzerei

Als Ketzerei (Häresie) wird religiöses Gedankengut bezeichnet, das der Lehrmeinung der Großkirchen entgegensteht. Bis vor sechs Jahren hatte ich nicht die geringste Idee, was mit Häresie gemeint war und es war mir auch schlichtweg gleichgültig. Tatsächlich roch mir dieser Begriff nach Inquisition und schien mir dunkel und mittelalterlich. Doch dann bekam ich es mit einem Fall von Besessenheit zu tun. Die Frau war gefährdet, sich selbst und auch andere umzubringen und verbrachte ihr Leben in Kliniken.

Einen Monat vor dem Exorzismus fragte ich sie im Rahmen der vorbereitenden Gespräche, ob sie mir etwas über Jesus sagen könnte. Sie nahm ein Stück Papier und malte ein Kreuz darauf. „Da oben sind drei Jesusse, zwei auf der linken, zwei auf der rechten Seite und hier unten sind nochmals drei." „Lassen Sie diesen Quatsch", sagte ich in einem Versuch, ihren Wahnsinn zu durchdringen. „Wie ist er gestorben?" „Er wurde gekreuzigt." Ich hatte eine Eingebung sie zu fragen: „Schmerzte das?" „Oh nein", war die Antwort. „Nein?", fragte ich erstaunt zurück. „Nein. Siehst du, er war so hoch entwickelt in seinem Christusbewusstsein, dass er sich in seinen Astralkörper begeben und von dort aus einfach abheben konnte." Das schien mir eine Art von New-Age-Antwort zu sein, doch dachte ich mir nichts weiter dabei, bis zu jenem Abend, als ich mich mit einem erfahrenen katholischen Priester austauschte, der uns für diesen Fall als Berater zur Seite stand. Die Antwort dieser Frau war mir jedoch seltsam genug erschienen, dass ich bei dieser Gelegenheit auf sie zurückkam.

„Oh", sagte er sofort, „das nennt man Doketismus. „Was in aller Welt ist das?", fragte ich ihn. „Doketismus ist eine der ketzerischen Richtungen der Frühkirche", sagte er. „Die Doketisten waren eine Gruppe jener Frühchristen, die glaubten, Jesus wäre ein rein göttliches Wesen gewesen und sein Menschsein nur eine Erscheinung." So wurde ich ins Thema Ketzerei eingeführt.

Es stellte sich heraus, dass diese Patientin ein wandelndes Textbuch christlicher Häresien war. Christliche Ketzerei ist etwas, dessen nur Menschen, die sich als Christen bezeichnen, schuldig werden können, erfuhr ich. Wenn du dich als Hindu, Moslem oder Agnostiker bezeichnest, dann kannst du glauben was immer du willst, und christliche Denker werden dich nicht für einen Häretiker halten. Christliche Ketzerei ist jedoch im Namen der Christenheit entstanden, deren kirchliche Lehre sie ernstlich verzerrt, untergräbt, verwässert. Im Fall des Doketismus wird die destruktive Natur der Ketzerei sofort offensichtlich. Wäre Jesus rein göttlich und sein Menschsein nur scheinbar, dann wäre sein Leiden am Kreuz, so wie meine Patientin es gesagt hatte, nur eine göttliche Spielerei und sein Opfer (was der Kern der christlichen Lehre ist), wäre eine Illusion, ein himmlischer Schwindel. Deshalb greift der Doketismus das innerste Herz des Christentums an.

Es ist bemerkenswert, dass auch das Gegenteil des Doketismus, nämlich der Glaube, dass Jesus vollkommen menschlich war, in gleichem Maße das Christentum untergräbt. Wenn Christus rein menschlich gewesen wäre, dann wäre Gott nicht auf die Erde niedergestiegen, „um wie einer der Unsrigen zu leben und zu sterben" und es hätte dann auch keine göttliche Liebe, kein göttliches Opfer gegeben. Er wäre auch nicht der Messias gewesen. Wäre Jesus ganz Mensch gewesen, dann könnten viele ein Messias sein, zum Beispiel Sektenführer wie James Jones oder Reverend Moon.

Im Herzen der christlichen Lehre gibt es ein Paradoxon. Jesus ist weder ganz göttlich noch ganz menschlich, sondern er ist beides. Paradoxerweise war er Menschensohn und Gottes Sohn zugleich und nicht einfach 50 Prozent von jedem. Ein Paradoxon teilt nicht in Kategorien auf, sondern transzendiert sie durch ein Mysterium, das vielleicht nie ganz verständlich wird und doch oft realer ist als einfache Logik.

Meistens entsteht Ketzerei, wenn es uns nicht gelingt, beide Seiten des Paradoxons anzunehmen. Als Christ kann ich sagen, die gesamte Realität ist, dass Gott in unserem Inneren residiert, als „Ihre bis jetzt noch leise Stimme" und gleichzeitig außerhalb von uns als „Seine transzendente, herrliche Andersartigkeit"[49]. Wenn immer Menschen ihren Blick nur auf die eine Seite des Paradoxons richten, kommen sie in Schwierigkeiten.

Sind sie überzeugte Anhänger der Immanenz, die nur an Gott im Inneren glaubt, können ihre eigenen narzisstischen Gedanken den Status einer Offenbarung erlangen. Jene, die volle Anhänger der Transzendenz sind, die nur an einen Gott im Außen glauben, werden leicht Opfer der „Ketzerei der Orthodoxie". Denn

---

[49] Anm. d. Übers.: Der Autor bezieht sich hier in sehr verkürzter Form auf den zugleich weiblichen und männlichen Aspekt Gottes, den er im Folgenden mit innen und außen in Beziehung setzt.

wenn Gott ganz außerhalb von uns ist, wie kann Er/Sie dann mit uns Sterblichen kommunizieren? Die Antwort der Anhänger der Transzendenz ist, dass Gott irgendwie auf geheimnisvolle Weise mit seinen seltenen, auserwählten Propheten wie Moses, Christus oder Paulus kommuniziert. Dann ist es die Aufgabe einer Priesterklasse, diese Propheten für den armen Laien zu interpretieren, der nicht selbst mit Gott in Kontakt treten kann. Auf diese Weise ist nicht nur die orthodoxe Doktrin geboren, sondern sie wird dem Volk von den Hütern der Lehre in den Hals gestopft, nötigenfalls durch Mord und Tortur. So kam es, dass die Inquisitoren dadurch, dass sie den ihren Opfern innewohnenden Gott verneinten, weit schlimmere Ketzer waren als jene, die sie im Namen der Ketzerei zu Tode gebracht haben.

Noch ein anderes Beispiel: Vor 15 Jahrhunderten predigte ein hart arbeitender irischer Mönch namens Pelagius, Erlösung könne nur durch gute Werke erreicht werden. Das Problem mit dieser Lehre ist, dass sie einen völlig unrealistischen Stolz in die eigenen Leistungen erzeugt und sie wurde daher ziemlich passend als Pelagianismus bezeichnet. Andererseits gab es vor 300 Jahren eine Gruppe von Christen, die glaubten Erlösung könne allein durch Gnade geschehen. Weil sie im Einklang mit ihrem Glauben passiv herumsaßen und ruhig darauf warteten, dass das eintreten würde, wurden sie unter der Bezeichnung Quietisten bekannt. Ihre Doktrin ermutigt kein soziales Handeln wie zum Beispiel die Armen zu ernähren, die Nackten zu bekleiden, Kranke zu heilen, sich um die Menschen in den Gefängnissen zu kümmern – das, wozu Jesus uns aufgerufen hat. Deshalb ist auch der Quietismus eine Sekte.

In Wirklichkeit ist Erlösung das Resultat von Gnade und guten Werken als eine paradoxe Mischung, die man nicht mathematisch formulieren kann. Es muss einiges bedacht werden. Erstens sind alle früheren christlichen Häresien lebendig und wohlauf. Sie bringen auch Menschen in Schwierigkeiten, – entweder als Individuen, wie meine Doketisten-Patientin, oder als Gruppen. Inquisitionen zum Beispiel sind Ketzereien auf gesellschaftlicher Ebene.

Zweitens ist Ketzerei keine spezifisch christliche Angelegenheit. Jede Religion kann ihre eigene haben und es gibt einige Häresien, die in mehreren Religionen vorkommen. Moslems zum Beispiel hatten bestimmt ähnliche Schwierigkeiten wie Christen, um mit dem Paradoxon klarzukommen, dass Erlösung das Resultat von Gnade und guten Werken ist. Drittens ist Ketzerei in ihrer weitesten Definition – im Sinne einer Halbwahrheit also – nicht einmal spezifisch religiös. Die Ethik des schroffen Individualismus, die sich nur mit der einen Seite des Paradoxons befasst, ist, sowohl auf das Religiöse wie auf das Weltliche bezogen, eine Ketzerei. Schroffer

Individualismus ist genau so destruktiv wie jede Doktrin mit ähnlichem Inhalt.

Viertens macht jede Häresie eine geistige Aussage. Die Auffassung, dass wir als Individuen oder als Nation unverletzlich sein könnten, ist eine andere Art von Ketzerei, die weder weltlich, noch religiös ist. Sie entsteht aus einem Versagen des Geistes, sie definiert sich über dieses Versagen und wird von den tiefsten Denkern jeder Religion als Ketzerei erkannt.

Fünftens, dadurch dass sie eine Verzerrung der Wirklichkeit ist, ist jede Art von Ketzerei potenziell destruktiv. Was das Thema Verletzlichkeit angeht, sagte Mohammed: „Vertrau in Gott, aber binde dein Kamel an." Da er hier zwei Seiten einbezieht und eine paradoxe Aussage macht, handelt es sich um eine wahre Aussage. Aber es gibt Menschen und Nationen, die ihre gesamte Energie darauf verwenden, ihr Kamel anzubinden, indem sie einen Knoten nach dem anderen in die Zügel machen, so wie wir ein Waffensystem nach dem anderen aufbauen und dann denken, dass wir uns mit noch einem weiteren Waffensystem dann aber endgültig, unwiderruflich und absolut sicher fühlen. Doch dabei vergessen wir Gott, weil wir uns nicht daran erinnern, dass ein gewisser Grad an Verletzlichkeit bleibt, ein wenig Risiko, ein wenig angewiesen sein auf Seine/Ihre Gnade.

Oder wir versuchen das Paradoxon zu verweigern, indem wir uns spezialisieren. Wir sagen zum Beispiel zu unserem Büroangestellten, „Ihr betet für den Frieden, aber das Knotenknüpfen überlasst ihr uns Politikern". Das Problem ist, dass das Halteseil unseres Kamels inzwischen 37 Knoten hat, und es braucht eine Menge Entknotungen – das Abbauen dieser ganzen Waffensysteme – sowie Glauben und Risiko, bevor wir wieder frei sind und wieder arbeiten können.

Letzten Endes ist Ketzerei nur dann destruktiv, wenn sie Verhaltensweisen vorschreibt. Solange sie nur eine Idee ist, hat sie keine Bedeutung. Das Verhalten ist der Schlüssel. Es gibt da die Atheisten, die sich wie christliche Heilige verhalten, und bekennende Christen, die sich wie Kriminelle betragen – die in der Tat solche sind. Keiner wusste das besser als Jesus, der uns lehrte: „An ihren Früchten werdet ihr sie erkennen." Oder: „Der Schein trügt" – was die gleiche Tatsache ausdrückt.

Eine Folge dieser Realität ist, dass man alle Formen des Denkens tolerieren sollte, aber nicht alle Verhaltensformen. Ted musste nicht wegen seiner Ideologie aus der Keller-Gruppe ausgewiesen werden, sondern wegen seines Verhaltens. In Gemeinschaft bin ich vielen bizarren Ideologien begegnet. Aber nie habe ich gesehen, dass Gemeinschaftsbildung durch ketzerische Ideen sabotiert wurde. Im Gegenteil, weil Gemeinschaft Vielfalt einschließt, tendieren einseitige Sichtweisen dazu, ganzheitlich zu werden, und das einseitige, vereinfachende Denken mancher Mitglieder wird immer komplexer, paradoxer, flexibler und gesünder.

Folglich gibt es keinen Glauben, keine Theologie – wie falsch, unvollständig oder ketzerisch sie auch sein mag – die nicht in die Einschließlichkeit wahrer Gemeinschaft aufgenommen werden könnte. Deshalb ist der Versuch, Einzelne auszuschließen wegen ihrer Überzeugung – mag diese noch so einfältig oder primitiv sein – immer destruktiv für eine Gemeinschaft.

Es gibt noch ein Paradoxon: Die Verfolgung von Ketzern ist immer selbst Ketzerei.

Blasphemie und Hoffnung

Letztlich ist das, was zählt das Verhalten. Ketzerisches (unrealistisches) Denken ist gefährlich, wenn es zu unrealistischem und deshalb gefährlichem Verhalten führt. Andererseits verdient selbst ein wahrer, echter Glaube, der nicht zu richtigem Verhalten führt, nicht die Bezeichnung „religiös". Wir müssen davon ausgehen, dass echter religiöser Glaube radikal ist. Religiöse Fragen und Themen handeln von den grundlegendsten Fragen des Lebens, die sich auf Schöpfung und Zerstörung beziehen, auf das Wesen und den Sinn, auf gut und böse – auf die ultimative Bedeutung eben.

Wenn ein sogenannter religiöser Glaube nicht radikal ist, muss der Verdacht aufkommen, dass es sich nur um einen Aberglauben handelt, der nicht tiefer geht als der Glaube, dass eine schwarze Katze Unglück bedeutet. Andererseits, wenn ökonomisches und politisches Verhalten in keinem tiefen Glauben wurzeln, ist dieses Verhalten nicht verwurzelt, nicht geerdet. Es ist nicht integriert. Ihm fehlt Integrität. Um es noch anders auszudrücken: Das Bekenntnis zu einem religiösen Glauben ist eine Lüge, wenn es nicht in signifikanter Weise das ökonomische, politische und soziale Verhalten seiner Anhänger mitbestimmt.

Das erhebt zwei tiefgründige Fragen. Zum einen die Trennung von Kirche und Staat. Unser Erbe religiöser Freiheit ist eine der größten Segnungen unserer Nation. Der Anspruch an die Regierung, ihren Bürgern kein bestimmtes Glaubenssystem vorzuschreiben, ist ein Eckpfeiler der Demokratie und ein evolutionärer Schritt in der Geschichte der Zivilisationen. Wenn aber diese Restriktion dazu führt, dass die Bürger in der politischen und ökonomischen Sphäre nicht ihrer religiösen Weltsicht Ausdruck geben, dann wird das zu völlig privaten und oberflächlichen religiösen Praktiken führen. Wir würden dann dazu angehalten,

„Sonntagschristen" zu sein (beziehungsweise das Äquivalent hiervon in einer anderen Religion). Es würde nur die Freiheit einer sinnlosen Religion sichern. Aus diesem Grund spreche ich das Thema der Trennung von Kirche und Staat an.⁵⁰ Keine Trennung bedeutet das Ende der Religionsfreiheit. Völlige Trennung bedeutet das Ende echter Religion. Offensichtlich verlangt das Problem einen Mittelweg – ein delikates und oft paradoxes Gleichgewicht, das es immer wieder herzustellen gilt, zwischen den konkurrierenden Bedürfnissen nach religiöser Freiheit und religiösem Ausdruck. Genau so klar sollte es sein, dass vereinfachendes Denken der komplexen Problematik nicht gerecht wird. Umgekehrt wird die Fähigkeit zu unterscheiden zwischen einem Denken, das gut integriert ist und einem Denken, dem Integrität fehlt, sehr hilfreich sein.

---

⁵⁰ Aus diesem Grund verlangt eine weitere Analyse des Problems der Trennung von Kirche und Staat ein eigenes Buch. Es soll jedoch darauf hingewiesen werden, dass auch ganz andere Themen vereinfacht werden durch vereinfachendes Denken. Ein Beispiel dafür ist, wie zur Zeit das Thema der Abtreibungsdebatte geführt wird. Es gibt keine einfachen Lösungen. Jeder der mit Integrität über dieses Thema nachdenkt wird sich zerrissen fühlen. Einerseits ist Abtreibung fraglos eine Art von Mord, weshalb eine Abtreibungspolitik auf Nachfrage dazu tendiert, was Albert Schweitzer die „Achtung vor dem Leben" nennt, zu verringern. Andererseits ist es keine Frage, dass das Leid, das daraus sowohl für Eltern als auch für Kinder entstünde, wenn Abtreibung von unehelichen Schwangerschaften nicht möglich wäre, ungeheuerlich ist. Wenn wir Integrität praktizieren, müssen wir die Qual der Spannung ertragen.
Mit dem Rückhalt der Legalität zu sagen „du sollst nicht abtreiben", ist zu vereinfachend. Es fehlt etwas, etwas ist ausgelassen worden. Wir können nicht, wenn wir integer sind, den Einzelnen die Verantwortung für ihr Leben und ihre Schwangerschaften abnehmen und es dabei belassen. Die Verantwortung muss irgendwo hingehen. Wir können nicht mit Integrität sagen „Du sollst nicht abtreiben", wenn wir das Kind dann nicht zu unserem machen, wenn wir nicht als Gemeinschaft willens sind, die große Verantwortung für die finanzielle und psychologische Gesundheit der individuellen Eltern und des entstehenden Kindes zu übernehmen.
Gegenwärtig haben wir natürlich nicht einmal genügend Gemeinschaft in diesem Land, um dafür die Rechnung zu bezahlen oder die passende Gesetzesvorlage zu haben. Daraus folgt, dass eine Gesetzgebung, die die Verantwortung nirgends hingibt einfach primitiv wäre. Alles was damit erreicht würde wäre, dass wir uns dort wiederfinden, wo wir vor dreißig Jahren waren, mit Kleiderbügeln für die Armen und Reisen ins Ausland für die Wohlhabenden. Ich freue mich auf den Tag, wenn es in diesem Land genug Gemeinschaft geben wird, dass wir mit Mitgefühl und Integrität sagen können, „Du sollst nicht abtreiben". Aber ehe dieser Tag nicht kommt, müssen wir mit der ganzen Spannung des Themas weiterleben, während wir – so schnell es geht – einer besseren Zukunft entgegen arbeiten, in der echte Gemeinschaft eher die Norm als die Ausnahme sein wird.

Das nächste Thema, was aufkommt, wenn religiöser Glaube ins Verhalten integriert werden soll, ist das Problem der Blasphemie.

Die Nummerierung der Zehn Gebote ist kein Zufall. Während das Brechen des ersten (Götzenverehrung) vielleicht die Wurzel aller Sünden ist, ist das Brechen des zweiten Gebots die Sünde aller Sünden. Den Verstoß gegen „Du sollst den Namen des Herrn, deines Gottes, nicht missbrauchen" nennen wir Blasphemie. Es wird noch weniger verstanden als Götzenverehrung und ist doppelt böse.

Wenn ich so in unserem Land herumkomme, bin ich immer wieder erstaunt, wie allgemein missverstanden der Begriff Blasphemie wird. Die meisten Menschen denken dabei an Fluchen oder den Gebrauch unzüchtiger Ausdrücke. So werden ein „Gottverdammt", wenn du dir mit dem Hammer auf den Finger haust, oder „Oh Jesus", wenn du merkst, du hast einen Fehler gemacht, von vielen als Blasphemie betrachtet. Aber darum geht es nicht im Gebot. Ich stelle mir vor, dass es Gott lieber ist, dass wir ihn anbeten, als dass wir wütend sind auf ihn. Trotzdem ist er in meiner Vorstellung auch nachsichtig mit uns, wenn wir ihn wegen unserer Missgeschicke verfluchen oder beschuldigen. Während solcher Ärger unwissend oder unreif sein mag, bleiben wir dennoch mit Gott in Kontakt. Ich bezweifle, dass er von uns erwartet, dass wir ihn ohne Unterlass anstrahlen, ebenso wie wir von keiner Ehefrau erwarten, dass das Verhalten ihres Gatten sie immer freudig stimmt, oder umgekehrt. Jede tiefer gehende Beziehung bezieht Aufruhr mit ein und braucht ihn sogar und ich gehe davon aus, dass Gott groß genug ist, dass es ihn nicht wirklich stört, wenn wir ihn ab und zu verdammen (und fluchen geht selten so weit). Was ihn hingegen zornig macht ist, sich benutzt zu fühlen. Das ist es, was mit Blasphemie gemeint ist; das Benützen des Namens Gottes, wenn du nicht in Kontakt bist mit ihm und dadurch so tust als seiest du es.

Zwei ganz unterschiedliche Erfahrungen fallen mir dazu ein. Ich hatte einmal Gelegenheit einer Wochenendkonferenz beizuwohnen, wo der große moslemische Sufi-Lehrer Idries Shah lehrte. Gegen Ende sagte er am Sonntagnachmittag: „Ich habe jetzt vier Stunden lang zu euch gesprochen, und es ist euch vielleicht aufgefallen, dass ich nicht einmal die Worte Gott und Liebe benutzt habe. Wir Sufis gehen damit sparsam um. Sie sind, sind uns . . . heilig." Die zweite Erfahrung handelt von einem Paar, mit dem ich zufälligerweise ein Wochenende verbringen musste (und das sich bemühte, meine schlechte Ausdrucksweise zu kritisieren). Beide schienen sehr religiös zu sein. Jeder zweite Satz, den sie sagten, fing an mit „der Herr tat dies" oder „der Herr tat jenes". Und zwischendrin kamen sie dauernd darauf zu sprechen, wer mit wem eine Affäre hatte, wer sich scheiden ließ, wer nicht regelmäßig zum Gottesdienst kam oder wessen Kinder nicht gut geraten waren. Ich kommentierte ihr Verhalten nicht, aber als ich ihnen am Ende des Wochenendes schließlich entkommen war, wusste ich, dass ich „der Herr tat dies" nicht ein einziges Mal mehr hätte hören können, ohne dass mir schlecht geworden wäre.

Auf diese Art, religiöse Sprache inflationär und inhaltsleer zu benutzen, spielt das Gebot an, „den Namen des Herrn nicht zu missbrauchen". Jenes Paar trivialisierte Gott und beschönigte zugleich seine eigene Gemeinheit – obwohl ich mir nicht vorstellen kann, dass es ihnen dadurch gelingen konnte, ihre kleinliche Gesinnung vor irgendjemand, außer vor sich selbst, zu verbergen. Ich glaube nicht, dass sich das Paar durch sein Verhalten der Blasphemie schuldig machte. Ihre einzige Sünde war wohl normaler Klatsch. Die ernsthafteren Formen der Blasphemie sind subtiler und deshalb schwerer zu fassen und zu beschreiben, was sie um so wirkungsvoller macht. In jedem Fall bleibt jedoch Blasphemie die größte aller Lügen.

Blasphemie oder Gotteslästerung ist das Benützen des Heiligen, um das Profane zu verstecken, das Vorschieben von Reinheit, um Schuld zu verbergen, durch Edles das Unedle zu verdecken, durch Schönheit Hässlichkeit unsichtbar zu machen, durch das Heilige Verderbtheit abzusegnen. Es ist beides, der Vorwand von Frömmigkeit und der absichtliche Gebrauch von Frömmigkeit als Vorspiegelung falscher Tatsachen. Wenn jede Art des Lügens einen Mangel an Integrität bedeutet, ist Gotteslästerung die schlimmste Art dieses Mangels. Sein grundlegendster Mechanismus ist der psychologische Trick, den wir Abspaltung nennen.

Blasphemie hat etwas wirklich Diabolisches. Das Wort „diabolisch" kommt vom griechischen Verb diabolein, was soviel heißt wie „auseinander werfen". Im Griechischen hieße das Gegenteil hiervon symbolein: „zusammenwerfen". Die Begriffe symbolisch und diabolisch beziehen sich ganz realistisch auf Integration beziehungsweise auf Trennung. Und es ist wichtig sich daran zu erinnern, dass Blasphemie immer vom Betragen abhängt. Wenn jemand ab und zu unheilige Gedanken hat, sie aber nicht auslebt, ist er kein Gotteslästerer. Viel eher sind das jene, die heilige Gedanken aussprechen, sich aber gottlos verhalten. Blasphemie ist jene Form von Abspaltung, die es Menschen erlaubt, sich gewohnheitsmäßig für die Wahrheit auszusprechen, während sie sich laufend verlogen verhalten. So hat sich der Kreis geschlossen. Jedes Verhalten, das aus einem Mangel an Integration entsteht, ist Abspaltung, ist Gotteslästerung.

Der Geschäftsmann, der am Sonntagmorgen zur Kirche geht, der glaubt er liebe Gott, Gottes Schöpfung und seine Mitmenschen und der dann am Montagmorgen kein Problem damit hat, dass seine Firma giftige Abfälle im nächsten Fluss entsorgt – der also ein „Sonntagschrist" ist – macht sich der Blasphemie schuldig. Ohne Rücksicht auf die Intensität, auf den Grad an Bewusstheit oder Absicht, der dabei mitspielt, ist eine derartige Abspaltung von Religion eine Gotteslästerung. Unabhängig davon, wie intensiv dieser Widerspruch in Wort und Tat ist, wie bewusst er geschieht, wie viel Absicht dabei ist, ist ein solches Abspalten der Religion gotteslästerlich. Und die Tatsache, dass dieses Land, auf dessen Münzen die Worte „Wir vertrauen in Gott" geprägt sind, der weltweit führende Fabrikant und Verkäufer von Waffen ist, heißt, wir sind eine blasphemische Nation.

Im amerikanischen Leben ist das Ausmaß an Auseinanderwerfen so groß, dass blasphemisches Verhalten eher die Norm als die Ausnahme ist. Wenn etwas als normal betrachtet wird, sind wir meistens so nah dran, dass wir es nicht aus der richtigen Perspektive sehen können. Wir sind zum Beispiel so an unsere Münzen gewöhnt, dass wir nicht einmal darüber nachdenken, was auf ihnen geschrieben steht. Das heißt, es ist schwierig, das Böse zu entdecken im uns Gewohnten, in dem was für uns normal ist. Unsere Presse bombardiert uns täglich mit Statistiken über nukleare Megatonnen, bis unsere Sensitivität so abgestumpft wird, dass wir nicht mehr wahrnehmen können, dass das „Normale" jener Statistiken in Wirklichkeit Wahnsinn ist.

Wir müssen uns vor der Nähe hüten, die uns blind macht für die gewöhnliche Blasphemie unserer Kirchen und unserer Gesellschaft. Ich möchte, dass uns das aufregt. Doch möchte ich nicht, dass Sie sich dadurch entmutigen lassen. Denn es ist Tatsache, dass es viele ermutigende Anzeichen dafür gibt, dass die Amerikaner immer weniger duldsam werden, was das Thema Blasphemie in Politik und Kirche angeht.

Anfänglich war ich überrascht über die breite Akzeptanz, die mein Ansatz fand, Wissenschaft und Religion zu integrieren. Die Leute fanden das aufregend, so als sagte ich etwas dramatisch Neues. Ich war mir jedoch bewusst, dass meine Aussagen auf Gedanken von Autoritäten fußten, die lange vor mir Ähnliches zum Ausdruck gebracht hatten. Was war jetzt so anders? Mir wurde klar, dass nicht meine Worte neu waren, sondern die Menschen, die sie lasen. Die Menschen waren anders! Und als ich diesen Wandel dann überdachte, erkannte ich, wie viel mehr auf dem Spiel stand als die Integration von Wissenschaft und Religion. Was wirklich geschieht, das wurde mir klar, ist, dass die Menschheit sich glücklicherweise aus einem Zeitalter extremer Spezialisierung hinausbewegt, hinein in eine Zeit der Integration.

„Glücklicherweise" sage ich aus verschiedenen Gründen. Extreme Spezialisierung trägt das Böse in sich. Während des Vietnamkriegs trieb es mich durch die Gänge des Pentagon, um mit den Angestellten über den Krieg zu sprechen. „Oh ja, Dr. Peck, wir verstehen Ihre Sorgen, sehr gut sogar", pflegten sie zu sagen. „Aber Sie sehen doch, dass wir nur die Nachschubabteilung sind. Wir sind dafür verantwortlich, dass das Napalm ordnungsgemäß nach Vietnam verschifft wird, aber für den Krieg sind wir nicht verantwortlich. Das ist Politik. Sie sollten sich an die politische Abteilung halten, die ist dort unten am Ende des Flurs." Dann hastete ich den Gang entlang, um mehr zu hören. „Oh ja, Dr. Peck, wir verstehen ihre Sorgen, aber sehen Sie, hier in der Politikabteilung führen wir Vorgaben nur aus. Politik wird im Weißen Haus gemacht. Sie müssten sich mit den Leuten dort unterhalten." So geschah es, dass im Jahr 1971 das ganze Pentagon sich verhielt, als hätte es nichts mit dem Krieg zu tun.

Dieses Phänomen tritt in allen großen Institutionen mit spezialisierten Abteilungen und Unterabteilungen auf, einschließlich Firmen, Universitäten und selbst Kirchen, wo eine Tendenz besteht, dass sich das Gruppengewissen unterteilt, zersplittert und bis zum Verschwinden auflöst. Die Bewegung weg vom extremen Spezialistentum hin zur Integration zeigt sich nicht nur in der Integration von Religion und Wissenschaft; sie ist in allen Bereichen sichtbar: in der AA-Bewegung, in der ganzheitlichen Medizin, der ökologischen Bewegung. Sie alle sind Bewegungen der Integration. Genau so ermutigend ist die zunehmende Integration von Religion und Politik und von Religion und Ökonomie.

Der Pastorale Rundbrief der Nationalen Konferenz Katholischer Bischöfe zum Thema des Rüstungswettlaufs ist kein historischer Zufall. Seine Kritiker äußerten sich vom alten Zeitalter der Spezialisierung her, indem sie schrien „Ihr Bischöfe solltet euch nicht zu diesen Themen äußern. Das Wettrüsten ist nicht euer Fachgebiet. Ihr verletzt die Trennung von Kirche und Staat. Ihr solltet in euren Kathedralen bleiben, dort wo ihr hingehört. Das Wettrüsten ist das Spezialgebiet der Politiker und sollte ihnen überlassen bleiben." Doch glücklicherweise sind diese alten Fachgebiete dabei abzubröckeln. Denn die Bewegung aus einem Zeitalter extremer Spezialisierung heraus in ein Zeitalter der Integration ist eine Bewegung zur Integrität hin.

Eine rasch zunehmende Anzahl von Menschen, die über die traditionelle Kultur hinausgehen, „machen das alles nicht mehr mit". Sie haben gelernt, Blasphemie als das zu erkennen, was sie in Wahrheit ist, und sie bestehen auf Integrität mit aller ihnen zur Verfügung stehenden Kraft. Wenn wir an Stärke denken, müssen wir die Möglichkeit in Betracht ziehen, dass in dem Maße wie die Kräfte der Integrität zunehmen, die gegenteiligen Kräfte mit verstärkter Bösartigkeit zurückschlagen. Bald kann der Kampf heftiger werden. Bisher war zum Beispiel die Abrüstungsbewegung nicht mächtig genug, um eine echte Bedrohung zu werden für jenes Establishment, welches aus dem Wettrüsten Nutzen zieht, es kontrolliert und manipuliert. Doch die Dinge ändern sich. So wie die Abrüstungsbewegung stärker wird – und das wird sie weiterhin – gibt es auch die schlimme Möglichkeit, dass einige wenige versuchen, einen Krieg anzuzetteln mit dem Ziel, die Bewegung in Misskredit zu bringen.

Die Menschen, die für den Frieden stehen, müssen in der Tat „weise wie Schlangen und unschuldig wie Tauben" sein. Sei es wie es will, die Bewegung wächst. Viele, die in der Bewegung sind, aber nicht soviel herumkommen wie ich, fühlen sich isoliert und sind erstaunt über die Erzählungen, die ich aus anderen Teilen unseres Landes mitbringe. Es gibt in den Vereinigten Staaten keinen Ort, keine Gegend, wo der Standard an Integrität nicht schnell zunimmt. Dies ist zu einem Graswurzelphänomen geworden. Die gesamte christliche Kirche – buchstäblich alle Konfessionen – ist geradezu explosionsartig erwacht zu ihrer ethischen Verantwortung in der Friedensschaffung. Die spezialisierte Trennung zwischen Geistlichkeit und Laienstand bröckelt ab, weil alle Christen dazu aufgerufen sind, Geistliche zu werden.

Wir beginnen misstrauisch zu werden gegenüber jenen Medien, die weitgehend vom großen Geschäft und den Regierungen kontrolliert werden. Wir entwickeln eine immer feinere Nase für Propaganda. Wir erkennen immer besser, wo in Schubladen aufgeteilt wird. Unser Instinkt wird immer wachsamer für das Geschwätz der Politiker und ganz besonders für jenen Mangel an Integrität, der zur Blasphemie ausartet. Es gibt Grund hoffnungsvoll zu sein. Wir bewegen uns aus dem Zeitalter übertriebener Spezialisierung hinaus in eine Zeit der Integration. Wir sind in Bewegung.

Teil III

Die Lösung

13 Gemeinschaft und Kommunikation

Kommunikation tritt in vielen Formen auf: geschrieben oder gesprochen, verbal und nonverbal. Gleichzeitig gibt es viele Möglichkeiten, wie wir die Art und Weise, in der kommuniziert wird, beurteilen können. Ist die Kommunikation deutlich oder undeutlich, wortreich oder präzise, ausführlich oder karg, prosaisch oder poetisch? Dies sind nur einige der möglichen Maßstäbe für eine Beurteilung. Es gibt jedoch einen Maßstab, der allen anderen voransteht: Trägt die Art der Kommunikation zu mehr oder weniger Verständnis unter den Menschen bei? Wenn Kommunikation die Beziehung zwischen zwei oder mehr Menschen verbessert, können wir sie von einem übergeordneten Standpunkt aus effektiv nennen. Wenn sie andererseits zu Verwirrung, Missverständnissen, Verzerrung, Argwohn oder Abneigung in menschlichen Beziehungen beiträgt, können wir sie als ineffektiv bezeichnen – selbst wenn der Sprecher willentlich Misstrauen und Feindseligkeit säen möchte und damit auch erfolgreich ist.

Das Ziel menschlicher Kommunikation ist immer ein Zueinanderfinden. Kommunikation sollte letztlich dem Ziel dienen, Missverständnisse, die uns Menschen unnötigerweise trennen, kleiner werden zu lassen oder aus dem Weg zu räumen. Das Wort „letztlich" ist dabei wichtig. Konfrontative, selbst wütende Kommunikation ist manchmal notwendig, um Mauern zwischen Menschen zunächst anzuerkennen und anzuschauen, bevor sie eingerissen werden können. In dem Prozess der Gemeinschaftsbildung beispielsweise müssen die individuellen Unterschiede erst an die Oberfläche kommen und sich bekämpfen dürfen, ehe die Gruppe letztlich lernt, sie zu akzeptieren, zu feiern und sie dadurch zu überwinden. Nur muss das grundlegende Ziel der Kommunikation im Auge behalten werden, sonst weicht sie ihrer Aufgabe aus.

Wenn Menschen sich mit ihren Unterschiedlichkeiten konfrontieren und dabei die Versöhnung aus dem Blick verlieren, fangen sie an sich zu benehmen wie Wüteriche: Sie denken nur noch ans Kämpfen. Dabei sind die tieferen Ziele zwischenmenschlicher Kommunikation Liebe und harmonisches Miteinander. Kommunikation ist Friedensarbeit.

Die Leitlinien der Gemeinschaftsbildung sind dieselben wie die effektiver Kommunikation. Eine Essenz eines Gemeinschaftsbildungsseminar ist, dass die Teilnehmer diese Leitlinien lernen. Da Kommunikation die Wiege aller Beziehungen ist, haben die Prinzipien, nach denen Gemeinschaft entsteht, eine tiefgreifende Bedeutung in jeder Situation, in der zwei oder mehr Menschen zusammenkommen.

Friedensstiftung und Versöhnung – Gemeinschaftsbildung – hat nicht nur globale Dringlichkeit; sie ist eine wichtige Frage in jeder Firma, Kirche, Nachbarschaft und Familie. Es gibt nicht nur die grundlegenden Parallelen zwischen Gemeinschaft, Kommunikation und Frieden, sondern auch zwischen diesen Dreien und Integration und Integrität. Die Entwicklung des Zeitalters der Spezialisierung hin zu einem Zeitalter der Integration verläuft praktisch parallel zu der Entwicklung von Gemeinschaften. Und diese Entwicklung spiegelt sich zurzeit in allen Facetten menschlicher Beziehungen wieder.

Als ich Kind war, war der Spruch „Kinder sollte man sehen, aber nicht hören" kein Witz. Es gab eine „Spezialisierung" von Kindern und Eltern in verschiedene Gesellschaftsklassen mit all den dazugehörigen Tabus in der Kommunikation, die ein solches System begleiten. Ebenso war es zwischen Männern und Frauen. Ich erinnere mich daran, wie meine Mutter mir erklärte, warum sie einen Ausflug zu einer Gesundheitstherme, der teuer war, den sie sich aber sehnlichst wünschte, nicht antreten könne: „Ich kann das Geld deines Vaters nicht für etwas ausgeben, von dem er nichts hält."

Diese Spaltung der Familien in erst-, zweit- und drittklassige Bürger löst sich heute auf. Männer und Frauen sind nicht mehr notwendigerweise oder völlig auf die Rollen des Geldverdieners oder der Hausfrau und Mutter spezialisiert. Und die Pädagogen sind sich einig, dass in gesunden Familien die Kinder von den Eltern dazu ermuntert werden sollten, auch ihre eigene Meinung kundzutun. Wir machen Fortschritte.

Natürlich ist es nicht so einfach. Kleine Kinder sollten gehorchen, wenn sie angewiesen werden, nicht auf eine Straße zu laufen. Wenn der Schutz ihrer Kinder es erfordert, müssen Eltern ihre Autorität einsetzen. Junge Erwachsene sollten sich ihrer Familie nicht komplett verpflichtet fühlen; ihre Aufgabe besteht vor allem darin, auf eigene Faust loszuziehen. Es gibt Ehen, in denen die Rollenteilung von Mann und Frau nicht nur effizient, sondern auch für beide gesund ist. Und es macht wenig Sinn, die Grundsätze der Gemeinschaftsbildung in derselben Art und Weise auf eine Familie mit kleinen Kindern wie auf ein Wochenendseminar mit ausschließlich erwachsenen Teilnehmern anzuwenden.

Eher sollte das geballte Wissen moderner Psychologie Familien heute in mehr Gemeinschaftserleben hineinkatapultieren. Die Durchschnittsfamilie hat noch einen weiten Weg in dieser Richtung zurückzulegen. Aber wir machen Fortschritte. Gleichzeitig bricht die übermäßige Spezialisierung in den Unternehmen zusammen. 1968 fragte mich ein Firmenchef um Rat, wie er seine Abteilungsleiter motivieren könne. „Ich habe mit ihnen dieses und jenes veranstaltet", sagte er, „und noch immer sind sie unproduktiv. Was soll ich bloß machen?" „Mir scheint, der Schlüssel des Problems liegt bei Ihren Mitarbeitern", antwortete ich. „Haben Sie schon mal daran gedacht, sie zu fragen, wie sie mit mehr Motivation und produktiver arbeiten könnten?" Er hatte noch nie daran gedacht, er lehnte es sogar vehement ab, auch nur darüber nachzudenken.

Heute scheint es undenkbar, dass er so dumm war, mit seinen Angestellten keine gegenseitige Verständigung über ein Problem zu suchen, nur um eine Hierarchie aufrechtzuerhalten, die zwischenmenschliche Kommunikation verhindert. Und abermals: Es ist nicht so einfach.

Eine Gemeinschaft ist eine Gruppe von Gleichgestellten, eine Firma aber braucht personelle Strukturen. Ich bin Vorstandsmitglied einer Stiftung zur Gemeinschaftsförderung. Gemeinschaftsbildung beginnt im eigenen Haus, und wir arbeiten sehr daran, Gemeinschaft zwischen dem Vorstand und unseren Mitarbeitern zu fördern. Gleichzeitig ist die Stiftung ein vielschichtiges Unternehmen, und es könnte nicht funktionieren, gäbe es keine eindeutige Befehlsgewalt vom Vorsitzenden zum Geschäftsführer zum Verwaltungsleiter zum Verwaltungsassistenten. Es ist keine Frage des entweder/oder, sondern wie man beides zusammenbringt. Zwar greift die Firmenwelt einige der Grundsätze zu Gemeinschaftsbildung auf, doch dieser Prozess steckt noch in den Anfängen.

Selbst Dienstleistungsgewerbe wie das Gesundheitssystem oder das Bildungswesen bewegen sich überwiegend in den alten Bahnen. Beispielsweise kennen Psychiater zwar theoretisch den Wert „therapeutischer Gemeinschaften", doch ein Potenzial dieser Art schöpfen psychiatrische Sitzungen selten aus. Ärzte und Schwestern wollen sich weder voreinander noch den Patienten gegenüber verletzlich zeigen. So wird die erforderliche Hierarchie gleichzeitig zum trennenden Klassensystem, in dem die Patienten, denen angeblich gedient wird, und die am meisten Selbstwert bedürfen, zu Aussätzigen am untersten Ende der Pyramide werden.

Ganz ähnlich ist es, wenn ich zu Studenten spreche. Meistens bekomme ich zu hören: „Die Dozenten halten nicht nur zusammen; sie respektieren uns einfach nicht." Wie auch immer, gelegentlich wird hier und da an einer Uni oder in einem Krankenhaus geforscht, wie eine gemeinsame menschliche Basis aktiv gefunden werden kann. Wir machen Fortschritte. So kommt es, dass Bücher über Kommunikation in der Ehe, der Familie und in Unternehmen, die es vor vierzig Jahren noch so gut wie nicht gab, beliebt geworden sind und den

Gemeinschaft und Kommunikation

Markt überfluten. Und obwohl ihre Qualität meist zu wünschen übrig lässt, scheint es voranzugehen.

So wichtig Gemeinschaft auf dieser Ebene ist – und der Beitrag zum Frieden ohne Zweifel zu Hause beginnt –, so ist sie noch dringender in unserem Streben nach Weltfrieden. Allerdings sind die Institutionen, welche die Verhältnisse vom Krieg zum Frieden kippen könnten, bisher kaum von Ideen über Gemeinschaft berührt worden. Innerhalb dieser Institutionen gibt es einen deutlichen Mangel an Kommunikation, und es werden Strukturen aufrecht erhalten, die der Gemeinschaftsbildung entgegenwirken. Mit diesen Institutionen meine ich das Wettrüsten, die christliche Kirche und die Regierung der Vereinigten Staaten. Dennoch gibt es Hoffnung. Um es mit Präsident Eisenhower zu sagen: „Die Menschen möchten so sehr den Frieden, dass die Regierungen besser zur Seite treten und sie ihn haben lassen."[51]

Die psychologischen Aspekte von Gewalt

So sehr es mein Leben vereinfachen würde – ich kann nicht aus voller Überzeugung Pazifist sein. Es gibt böse Absichten in der Welt – von Individuen als auch von Gruppen – und wir haben noch keinen Weg gefunden, sie ohne jegliche Gewaltanwendung oder -androhung in Schach zu halten. Aber auch bei Formen weniger bösartigen Wahns scheint die gelegentliche Anwendung von Gewalt (also Handlungen gegen den Willen des Betroffenen) Heilung zu befördern. Psychiater lernen diese unliebsame Tatsache meist sehr schnell.

Im ersten Nachtdienst meiner Ausbildung zum Psychiater wurde ich in die Notaufnahme zu der Frau eines Soldaten gerufen, die extrem verängstigt und offensichtlich nicht mehr in der Lage war, für sich selbst zu sorgen.

Wäre sie Soldatin gewesen, hätte ich kein Problem gehabt. Als Armeearzt war ich autorisiert, jeden Soldaten auch gegen seine Zustimmung einzuweisen. Angehörige jedoch konnten nur aus freien Stücken aufgenommen werden, und das mussten sie unterschreiben. Ich erklärte das der Frau. Ich erzählte ihr, dass unser Krankenhaus erster Klasse sei und dass es außer Frage stehe, dass sie Hilfe brauche, dass sehr gut für sie gesorgt sein würde und ob sie die Einwilligung nicht unterschreiben wolle. Ihre Antwort war nein. Ich erklärte ihr, dass kein

---

[51] Dwight D. Eisenhower, London Sunday Times, 1960. Zitiert in *Treasury of Presidential Quotations* (Chicago: Follett Publishing Co., 1964), S. 209

Zweifel bestehe, dass ein Klinikaufenthalt unausweichlich sei. Sie stelle für sich selbst eine solche Gefahr dar, dass, wäre sie nicht bereit einzuwilligen, ich keine Wahl habe und die Polizei in die Notaufnahme bestellen müsse. Diese würde sie ins Stadtkrankenhaus bringen, wo sie von zwei anderen Psychiatern untersucht würde. Ich sagte ihr, dass meiner Meinung nach diese beiden zweifelsohne auch feststellen würden, dass sie eines Klinikaufenthaltes bedürfe, und sie dann gegen ihren Willen ins Stadtkrankenhaus einliefern würden. Und da das Stadtkrankenhaus ein echtes Rattenloch war, fragte ich sie, ob sie nicht lieber unterschreiben und sich selbst in unser Krankenhaus einweisen wolle.

Ihre Antwort war wieder nein. Drei Stunden lang redete ich auf diese Frau ein und legte ihr eindringlich dar, was offensichtlich die sinnvollste Entscheidung für sie war. Ab und zu machte sie den Eindruck, als würde sie unterschreiben und nahm den Stift, nur um ihn gleich darauf wieder wegzulegen. Einige Male begann sie den ersten Buchstaben ihres Vornamens zu schreiben, und brach wieder ab. Schließlich, um zwei Uhr in der Nacht, gab ich auf. Erschöpft, hilflos und geschlagen, nahm ich den Hörer auf und informierte die Polizei über meine Patientin. Als ich gerade dabei war, die Polizisten zu bitten, in die Notaufnahme zu kommen und sie dort abzuholen, hob meine Patientin plötzlich den Stift und sagte: „Okay, ich unterschreibe", und tat es auch. Zehn Tage später, als ich das nächste Mal in der Notaufnahme Dienst hatte, spielte sich haargenau die gleiche Szene ab. Mit dem einzigen Unterschied, dass es die Frau eines anderen Soldaten war. Aber ärztliche Hilfe brauchte diese ebenso dringend. Geduldig redete ich auf sie ein, wie ich es das Mal zuvor getan hatte, von elf Uhr nachts bis zwei Uhr morgens. Und wie vorher wurde auch der Stift aufgenommen und wieder hingelegt, aufgenommen und wieder hingelegt. Und wie zuvor rief ich schließlich um zwei Uhr morgens die Polizei, und wieder unterschrieb die Patientin inmitten des Gesprächs.

Als ich das dritte Mal eine ähnliche Patientin hatte, ging ich die Situation anders an. Die Gründe, die ich ihr darlegte, blieben dieselben, doch dann gab ich ihr genau drei Minuten, um sich zu entscheiden. „Wenn sie sich in drei Minuten nicht entschieden haben," sagte ich ihr, „werde ich die Polizei rufen." Als sie nach drei Minuten nicht unterschrieben hatte, rief ich die Polizei an und inmitten des Gesprächs unterschrieb die Patientin die Einwilligung. Was vorher drei Stunden gedauert hatte, brauchte jetzt zwanzig Minuten. Weder das Ergebnis noch die Handlung, die zum Erfolg führte, hatten sich geändert – die Effizienz hatte sich einfach um das Zehnfache gesteigert.

Ich denke, das ist Teil der psychiatrischen Ausbildung. Ich habe diese Lektion sehr gründlich gelernt. Die Androhung von Gewalt ist in seltenen Situationen erforderlich, um mit Menschen umzugehen, die so verwirrt sind, dass sie für sich oder andere eine Gefahr darstellen. Natürlich will ich nicht verschweigen, dass die Anwendung oder Androhung von Gewalt auch missbraucht werden kann.

Ein Jahr bevor ich meine Ausbildung an eben jenem Krankenhaus begann, war es dort üblich, die Patienten beim Verlassen des Speisesaals zu durchsuchen, um zu sehen, ob sie Messer, Gabeln oder andere potenziell gefährliche Gegenstände an sich gebracht hätten. Bei diesen Durchsuchungen traten jede Woche ein Dutzend Messer zutage. Trotzdem blieben immer ein paar verschollen, und es gab etwa zwei Auseinandersetzungen pro Woche auf den Stationen, in denen diese zum Einsatz kamen. Die Methode schien nicht besonders gut zu funktionieren.

Das Personal einigte sich auf ein kühnes Experiment. Sie fragten sich, was passieren würde, wenn sie anstatt die Patienten zu durchsuchen einfach vor und nach den Mahlzeiten das Besteck durchzählen würden? Sie wagten sich mutig an diesen Quantensprung des Vertrauens. Am Ende des Monats war die Zahl fehlender Stücke auf eines pro Woche gesunken. Und nach einem Vierteljahr lag die Zahl der Kämpfe, bei denen Küchengegenstände benutzt wurden, bei weniger als einem im Monat. Diese Art Versuch ist über viele Jahre in der ganzen Nation und weltweit in psychiatrischen Anstalten wiederholt worden. Das Ergebnis war immer das Gleiche.

Immer wieder und ohne Ausnahme zeigt sich, zumindest was psychisch kranke Menschen betrifft, dass der routinemäßige Einsatz von Zwang oder Gewalt oder die routinemäßige Androhung derselben in der Tat viel mehr aggressives und gewalttätiges Verhalten hervorrufen, als damit zu vermeiden beabsichtigt wird. Dies ist nur eine Erscheinung einer alten psychologischen Weisheit, die als „sich selbst erfüllende Prophezeiung" bekannt ist. Wenn du lange und überzeugt genug davon redest, dass eine Person sich auf eine bestimmte Art verhalten wird, wird er oder sie sich so verhalten.

Sag deiner Tochter regelmäßig, dass sie eine Hure wird, wenn sie groß ist, und sie wird wahrscheinlich eine werden. Behandle die Menschen lange genug wie gewalttätige Irre, und sie werden mit Sicherheit zu gewalttätigen Irren. Was sagt uns das jetzt? Einerseits haben wir erfahren, dass Anwendung oder Androhung von Gewalt in seltenen Fällen erforderlich ist, um bösartiges oder wahnsinniges Verhalten zu unterbinden. Andererseits wissen wir, dass die routinemäßige Androhung oder Anwendung von Gewalt auf gefährliche Weise zurückschlägt.

Auf Nationen übertragen bedeutet diese Einsicht, dass die Androhung oder der Einsatz von Gewalt zu bestimmten Zeiten wahrscheinlich erforderlich sein wird, um Nationen zu helfen oder sie in Schach zu halten, wenn sie sich zerstörerisch verhalten, so wie es eindeutig bei Nazideutschland der Fall war. Gleichzeitig ist auch klar, dass unsere heutige Politik routinemäßiger Gewaltanwendung oder deren Androhung mehr zu internationalen Spannungen beiträgt als zu ihrer Auflösung. Also haben wir verloren, wenn wir es tun und auch verloren, wenn wir es nicht tun, aber offensichtlich sind wir verlorener, wenn wir unsere Politik des routinemäßigen Einsatzes von Gewalt oder deren Androhung in den internationalen Beziehungen fortsetzen.

Dennoch glaube ich, dass wir Menschen noch lange nicht für eine Welt ohne Polizei geschaffen sind. Die Frage ist nur: Wessen Polizei?

Das veraltete Nationalstaaten-System

Das politische System, in dem die Welt organisiert ist, wird von Politologen als „Nationalstaaten-System" bezeichnet. Die Welt teilt sich auf in Nationalstaaten. Ein Nationalstaat wird definiert als „geografisches Gebiet, dessen Regierung Souveränität nach innen wie nach außen genießt". Souveränität nach innen bedeutet, dass die Regierung die alleinige Befugnis hat, Angelegenheiten innerhalb ihres Gebietes zu regeln. Souveränität nach außen bedeutet, dass die Regierung die alleinige Befugnis hat, zu entscheiden, wie sie mit anderen Nationen in Verbindung tritt. Aus der Geschichte heraus kann es als Tatsache angesehen werden, dass Nationen und ihre Regierungen, ebenso wie Einzelpersonen, unter bestimmten Gegebenheiten wahnsinnig oder böswillig werden können. Und da die Anwendung oder Androhung von Gewalt zuweilen erforderlich ist, um mit menschlichem Wahn oder Bösartigkeit umzugehen, individuellem wie nationalem, wäre es naiv vorzuschlagen, dass die Vereinigten Staaten einfach im Alleingang all ihre Schwerter zu Pflugscharen schmieden. Statt dessen sollte es unser höchstes Ziel sein, so schnell wie möglich all unsere Schwerter – und unsere Gewehre und Bomben und Panzer und Raketen, die ganze Palette – den Vereinten Nationen oder einer anderen Form übernationaler Regierung zu übergeben.

Das Problem mit diesem Vorschlag ist natürlich, dass die Vereinten Nationen nicht dazu geschaffen wurden, eine angemessen große übernationale Polizeimacht zu unterhalten und zu führen, für den Fall, dass eine Nation sich unmenschlich verhält oder internationale Abkommen nicht einhält. Das ist nicht nur eine Frage des Personals und der Waffen; die UNO hat nicht die Befugnis, einen solchen Kurs zu verfolgen. Aber sie ist eben gerade deswegen nicht dazu befugt, weil ihre Mitglieder dies nicht wollten. Sie wollten ihre eigene Autonomie nicht aufgeben. Tatsächlich ist eine übernationale Regierung nicht mit dem Nationalstaaten-System vereinbar.

Als 1986 der Internationale Gerichtshof, ein Organ der Vereinten Nationen, die Eingriffe der USA in Nicaragua als rechtswidrig erklärte, antwortete unsere Regierung einfach, dass sie nicht verpflichtet sei, sich an diese Rechtsprechung zu halten. Und so wie das Nationalstaaten-System definiert ist, entsprach es völlig unseren Rechten, das Urteil zu ignorieren. Aber wie kann es eine effektive internationale Polizeimacht geben, wenn nicht jede Nation bereit ist, sich ihr unterzuordnen? Wie kann es einforderbares internationales Recht geben, solange die Nationen weiterhin Souveränität in äußeren Angelegenheiten genießen und auch darauf bestehen? Wie können die USA darauf bestehen, dass sie alleiniges Recht haben zu entscheiden, wie sie mit anderen Nationen in Beziehung treten, und gleichzeitig vorgeben, sie wünschten sich eine starke UNO?

Das Nationalstaaten-System ist die Grundlage, auf der das Wettrüsten sich aufgebaut hat. Vor zweihundert Jahren, als es sechs Wochen brauchte, um eine Nachricht von Washington nach London zu bringen und sechs Monate von Washington nach Peking, ergab es Sinn, dass die Welt sich in Nationalstaaten aufgliederte. Aber in unserem hochtechnischen Zeitalter, wo wir in Echtzeit global kommunizieren, und uns auch innerhalb von Sekunden global vernichten können, ist das System hoffnungslos überholt. Wenn wir überleben wollen, muss es schnellstmöglich erneuert werden. Die Nationen der Welt müssen Schritt für Schritt auf ihre Souveränität nach außen verzichten, zugunsten einer übernationalen Regierungsorganisation.

1984 waren viele Amerikaner von einem Kinofilm mit dem Titel „Der Tag danach" schockiert, der den Zustand der Menschen nach einem Atombombenangriff auf eine mittlere amerikanische Stadt darstellt. Als Arzt hatte ich mir ein solches Szenario schon so viele hundert Mal in meinem Kopf ausgemalt, dass ich es eher noch beschönigend dargestellt fand. Was mich allerdings schockierte, war die darauf folgende Podiumsdiskussion, die manche „Nach dem Tag danach" nannten. Hierbei saßen sechs etwas ältliche Herren, die angeblich zu den Klügsten und Besten unserer Nation zählten, von William Buckley als Vertreter der politisch Rechten bis zu Elie Wiesel auf der Linken, in Hoffnungslosigkeit versunken herum.

Als sie das Wettrüsten debattierten, könnte nicht einer von ihnen irgendetwas anderes vorschlagen als endlose Verhandlungen; es gab keine wirklich neue oder kühne Idee, die einen Weg aus dem Dilemma hätte zeigen können. Jeder dieser angeblich so klugen Herren wusste, dass Stämme den Stadtstaaten und Stadtstaaten den Nationalstaaten vorangingen, und doch fasste keiner von ihnen den Gedanken, dass es eine Entwicklung über den Nationalstaat hinaus geben könne. Nicht einer hatte die Kühnheit vorzuschlagen, was auf der Hand lag: dass internationaler Friede mindestens ein teilweises Aufgeben der Souveränität der Nationalstaaten braucht.

Tatsächlich sollten wir Amerikaner über die Nebenwirkungen eines solchen Aufgebens höchst erfreut sein. Als Individuen sind wir selbstverständlich daran gewöhnt, Souveränität an eine überindividuelle Körperschaft abzugeben. Würde mein Nachbar anfangen, seinen Müll in meinem Garten abzuladen, und trotz meiner Proteste nicht aufhören, hätte ich vor hundertfünfzig Jahren vielleicht meine Pistole gezogen und ihn erschossen. Heute aber würde ich, egal wie wütend ich bin, statt dessen meinen Anwalt anrufen, um eine Verfügung gegen meinen Nachbarn im Gemeinde- oder Kreisgericht zu erwirken – und vielleicht sogar einen Prozess auf Schadensersatz einzuleiten.

Anders ausgedrückt, im Streitfall haben wir schon lange das Recht, unserem Nachbarn eins auf die Nase zu geben, an eine überindividuelle Organisation abgegeben – namentlich an die Gemeinde-, Landes- und Bundesgerichtsbarkeit. Genau das meinen wir, wenn wir von uns selbst als einem Rechtsstaat sprechen. Seit wir nicht mehr im „Wilden Westen" leben, würde ich tatsächlich ernsthafte Schwierigkeiten bekommen, würde ich meinen Nachbarn angreifen und das Gesetz in meine eigene Hand nehmen.

Abgesehen davon, dass wir ein Rechtsstaat sind, gibt es noch einen weiteren Grund, warum das Aufgeben unserer Souveränität in äußeren Angelegenheiten für uns Bürger der Vereinigten Staaten von Amerika kein Problem sein sollte. Denn gerade weil wir ein solches Aufgeben vollzogen haben, sind wir die Vereinigten Staaten. Vor kaum mehr als zweihundert Jahren, als die neuen Staaten unsere Verfassung unterschrieben, gab jeder dieser Staaten einen grundlegenden Teil seiner Souveränität nach außen an das Ganze ab. Wären diese Staaten nicht dazu bereit gewesen, einen Teil ihrer Souveränität abzugeben, gäbe es heute dreizehn oder dreißig oder dreihundert verschiedene „Nationen" innerhalb eines Streifens quer über den nordamerikanischen Kontinent. Von allen Nationen der Welt sollte es uns historisch-kulturell am nächsten liegen, in Richtung „Vereinigte Staaten der Erde" zu denken.

Und doch erklären unsere konservativen Vordenker das Konzept einer Weltregierung für unpraktikabel und verhöhnen diejenigen, die es für machbar halten: „Ach, diese alte Eine-Welt-Bewegung in ihrem Elfenbeinturm! Ein Haufen Idealisten, die es nie zu irgendetwas brachten. Die Realität sieht so aus, dass der Völkerbund nicht funktioniert hat, und die Vereinten Nationen tun es ebenso wenig." Diese Leute scheinen allerdings über die Tatsache hinwegzusehen, dass unser Land sich weigerte, dem Völkerbund beizutreten, und sein Möglichstes getan hat, um die Vereinten Nationen zu schwächen. Die Realität ist, dass eine Weltregierung – wie auch das Christentum – nicht ausprobiert und für unliebsam befunden, sondern überhaupt noch nicht versucht wurde.

Die Aufgabe von Souveränität bedeutet zwar das Ende des Nationalstaaten-Systems, wie es bisher definiert wurde, aber es bedeutet nicht gleichzeitig das Ende der Nationen oder nationaler Unstimmigkeiten. Wie Golda Meir einst sagte: „Eine internationale Regierung bedeutet ebenso wenig das Ende der Einzelstaaten, wie ein Orchester bedeutet, dass es keine Geigen mehr gibt."[52] Denn wir sprechen nur von einer ausgewählten, teilweisen Aufgabe von Souveränität. Das Gesetz besagt, dass ich meinen Nachbarn nicht wegen einer Kleinigkeit wie dem Müll erschießen darf. Es besagt nicht, dass ich meines Nachbarn Freund sein müsse, ihn zum Essen einladen, mich wie er anziehen oder in seine Kirche gehen müsse. In der Tat schützt es mein wie sein Recht, verschieden zu sein, und mischt sich in unser Verhältnis nur unter außergewöhnlichen Umständen ein.

Die gleichen Grundsätze gelten in Bezug auf innere Souveränität. Sollten wir eine arbeitsfähige übernationale Regierung aufbauen, ist es wahrscheinlich, dass eine solche Regierung sich in die internen Angelegenheiten einer Nation wie Nazideutschland, das demonstrativ Völkermord beging, einmischen würde. Es ist hingegen sehr unwahrscheinlich, dass sie versuchen würde, einem Land vorzuschreiben, kommunistisch oder kapitalistisch, christlich, islamisch oder hinduistisch zu sein. Auch das Gesetz mischt sich vielleicht in meine persönliche Souveränität ein, in meinen Lebensstil – allerdings nur unter außergewöhnlichen Umständen. Es besagt, dass ich meine Kinder nicht sexuell missbrauchen und an den meisten öffentlichen Plätzen nicht nackt herumlaufen darf. Aber es schreibt mir nicht vor, welche Kleidung ich tragen oder wie ich meine Kinder anziehen soll.

---

[52] Zitiert aus Golda Meir, *New Age Journal* (Nov. 1984), S. 21

Tatsächlich wird nur eine übernationale Regierung denkbar sein, die nationale Unterschiede respektiert – ja feiert. Denn wir werden nicht zu einer übernationalen Regierung kommen, bevor wir nicht eine grundsätzliche Stufe echter internationaler Gemeinschaft erreicht haben. Und die paradoxen Voraussetzungen für eine übernationale Regierung sind dieselben wie die paradoxen Voraussetzungen für Gemeinschaft. Einerseits ist eine Gemeinschaft eine Gruppe, die ihre individuellen Unterschiede zugunsten des Ganzen überwunden hat. Diesem Prozess müssen bestimmte Einstellungen zum Opfer fallen, und er erfordert, dass die Gruppe von Vorurteilen frei wird und sich auf die Leitlinien der Gemeinschaftsbildung und -erhaltung einlässt. Es vollzieht sich sozusagen ein Aufgeben individueller Souveränität.

Andererseits sind die vorrangigen Ziele des „Opferns und Einlassens" eine noch größere Vielfalt, freie Meinungsäußerung, Kreativität, Lebendigkeit und Freude ebenso wie Frieden. Dennoch bleibt die schwierige Seite des Paradoxes bestehen: Eine Spur Unterordnung ist notwendig. Dieses Erfordernis gilt für jede einzelne Nation. In einem Jahrhundert, in dem wir uns vom Isolationismus zur Weltmacht aufgeschwungen haben, hat unsere Nation (vielleicht weil sie die mächtigste und reichste war und scheinbar am meisten zu verlieren hatte) sich am meisten gesträubt, auch nur das kleinste bisschen Souveränität aufzugeben.

Kämen wir dahin, uns ernsthaft der Notwendigkeit einer internationalen Regierung und Gemeinschaft unterordnen zu wollen, könnten natürlich Russland oder andere Nationen sich als Stolpersteine auf dem Weg zum Frieden herausstellen. Trotz meiner aufrichtigen Liebe zu meinem Land und seinen Menschen werden ich und eine wachsende Zahl meiner Landsleute bis dahin vermutlich Schwierigkeiten haben, zwischen Böcken und Schafen zu unterscheiden und zu wissen, zu welchen von diesen wir selbst eigentlich gehören. Und bis wir uns einer internationalen Regierung und Gemeinschaft unterordnen, heißen wir es unweigerlich gut, die Vereinigten Staaten als Weltpolizei zu betrachten. Anscheinend kratzt es uns überhaupt nicht, dass auch andere Nationen glauben, überlegene ethische Werte zu vertreten. Oder dass jede andere Nation auch versucht, zum Polizeichef in ihrem Einflussbereich zu werden.

Lieber die USA als Russland mögen wir sagen, oder als Kuba oder Libyen. Vielleicht. Aber welch absurder Gedanke! Und wie gefährlich! Ich bin mir nicht sicher, ob von amerikanischer Arroganz sehr viel weniger zu befürchten ist als von russischer. Sich das Recht herauszunehmen, Weltpolizei zu sein, wäre in der Tat von jedem Teil eines Ganzen arrogant, und in aller Arroganz

liegt Bosheit und auch das Potenzial zu noch mehr Bosheit.
Natürlich sollen wir uns nicht anderen Weltmächten unterordnen. Aber wenn wir uns selbst retten wollen, müssen wir lernen, uns der Menschheit unterzuordnen – und zwar schnell. Bis wir das als unsere wahre Aufgabe annehmen, suchen wir nicht wirklich den Frieden, sondern Macht.

Das Aufrüsten als Spiel

Solange wir Nationen der Welt auf schroffem Individualismus als eigenständige, souveräne Staaten bestehen, ist es unvermeidbar, dass wir bis ans Ende der Zeit miteinander Spiele spielen. Der Psychologe Eric Berne definiert in seinem berühmten Buch „Spiele der Erwachsenen" ein psychologisches Spiel als eine wiederholte Interaktion zwischen zwei oder mehr Personen, in denen es einen heimlichen Gewinn gibt[53]. Obwohl es Ähnlichkeiten zwischen Spaßspielen – Monopoly zum Beispiel – und psychologischen Spielen gibt, haftet diesen Interaktionen immer etwas Zerstörerisches, beinahe Boshaftes an. Sie dienen nicht der Verständigung, sie blockieren Gemeinschaftsbildung. Der Geist des unausgesprochenen Heimzahlens bedeutet, dass etwas unbeleuchtet, versteckt, unter der Hand vor sich geht. An einem psychologischen Spiel, das die Teilnehmer nicht offen zugeben wollen, ist etwas Unschönes.

Das Aufrüsten ist eine Variante des am häufigsten gespielten psychologischen Spiels. Der Name des Spiels lautet „Wenn du nicht wärst . . .". Es wird von den meisten verheirateten Paaren gespielt, meist ein Leben lang. Mary wird zum Beispiel sagen: „Ich weiß, ich bin eine Meckertante. Aber nur, weil John so verschlossen ist. Ich muss ihm zusetzen, um an ihn ranzukommen. Wenn er nicht so verschlossen wäre, bräuchte ich nicht so zu meckern." John antwortet in diesem Spiel natürlich folgendermaßen: „Ich weiß schon, dass ich verschlossen bin, aber Mary meckert auch ständig an mir rum. Ich mache zu, um mich vor ihrer Nörgelei zu schützen. Wenn Mary nicht ständig meckern würde, würde ich mich nicht so verschließen." Es ist offensichtlich, dass eine derartige Kommunikation betäubend und sinnlos ist; sie lässt keine Veränderung durch Initiative oder durch irgendeine Neuerung zu.

Amerikas Hauptgegner im Wettrüsten ist Russland. Wir sagen: „Wir können

---

[53] Eric Berne, *Games People Play* (New York: Ballantine Books, 1964), S. 48

unseren riesigen Rüstungsetat, unsere Staatsschulden, die CIA, die Interkontinentalraketen und Atomwaffen nicht leiden, aber wir brauchen das alles, weil die Russen ein schmutziges Spiel spielen. Aus ihrem Verhalten und ihren Schriften geht klar hervor, dass sie die Weltherrschaft wollen. Wenn die Russen nicht wären, könnten wir uns viel unaufdringlicher benehmen."

Die Russen sagen: „Wir können unseren riesigen Rüstungsetat und unsere leidende Bevölkerung, unsere Raketen, den Geheimdienst und unsere schmutzigen Tricks nicht ausstehen, aber wir können nicht auf sie verzichten, weil die Amerikaner ein schmutziges Spiel spielen. Das sind Imperialisten mit einer mehr als hundertjährigen Geschichte, in der sie versuchen, die Welt zu dominieren. Wenn die Amerikaner nicht wären, könnten wir uns viel friedlicher verhalten."

Eric Berne lehrt uns noch mehr über psychologische Spiele: Der einzige Weg, mit ihnen aufzuhören, ist aufzuhören. Obwohl das denkbar einfach klingt – geradezu überflüssig – ist es eine der grundlegendsten Wahrheiten in zwischenmenschlichen Angelegenheiten. Jeder, der das Spiel Monopoly kennt, kann diese Wahrheit nachvollziehen. Denn egal, wie lange ein Monopolyspiel schon dauert – egal, wie sehr die Spieler klagen, dass es langweilig geworden sei, dass es kindisch sei und was sie alles Besseres zu tun hätten – solange sie ihre Dollar einziehen, wenn sie über LOS gehen, geht das Spiel weiter. Das Spiel hört auf (wenn es zu zweit gespielt wird – was beim Wettrüsten vornehmlich der Fall ist), wenn einer der beiden Spieler aufsteht und sagt: „Ich spiele nicht mehr weiter." Der andere wird wahrscheinlich antworten: „Aber Joe, du bist doch gerade über LOS gegangen, nimm dein Geld." Jemand, der wirklich entschlossen ist, das Spiel zu beenden, wird antworten: „Nein, ich habe dir gesagt, dass ich nicht weiterspiele. Und das meine ich so. Das Spiel ist vorbei. Schluss, aus."

Es liegt nahe, dass Verhandlungen nichts nützen werden, um das Aufrüsten zu beenden. Tatsächlich könnten wir annehmen, dass sie einfach Teil des Spiels sind. Erfahrene Monopolyspieler werden das schnell zugeben. Wie oft hast du erlebt, dass das Spiel ausgedehnt und sogar spannender wurde durch Aussagen von Spielern wie: „Ich beleihe die Parkstraße, wenn du die Schlossallee beleihst" oder „Ich baue meine Hotels ab, wenn du deine abbaust"? Verhandlungen werden uns nicht helfen, denn wir sind gewohnt, sie als eine Art Wettkampf zu führen, mit der Entschlossenheit, unsere nationale Souveränität zu wahren und nicht einzuschränken. Wir verhandeln nur etwas, das wir nicht mehr wollen oder brauchen. Wir müssen das ganze Spiel beenden. Das alte System muss weichen.

Heimlicher Gewinn

Es gibt keine eindeutigen Beweise, die belegen, dass die USA sich jemals vollständig von der Weltwirtschaftskrise in den 1930er Jahren erholt haben. Trotz der Maßnahmen des New Deal[54] stagnierte unsere Wirtschaft weiter – ging sogar weiter bergab – bis der Aufschwung durch den 2.Weltkrieg mit dem Leih- und Pachtgesetz[55] begann, das die Waffenverkäufe auch ins Ausland enorm ankurbelte. Seit 1938 befinden wir uns in einer Kriegswirtschaft. Egal wie gesund unsere Wirtschaft aussehen mag, ich frage mich, ob wir nicht einem Mann ähneln, der an einem lebensspendenden intravenösen Tropf hängt, einen Krankenhauskorridor rauf und runterläuft, und verkündet: „Mit mir ist alles in Ordnung. Mir geht's gut." Es gibt gute Gründe anzunehmen, dass wir zum Erhalt einer stabilen Wirtschaftslage und unseres hohen Lebensstandards vom Wettrüsten abhängig sind – ja, dass der militärisch-industrielle Komplex der USA tatsächlich alles daran setzt, das Wettrüsten zu unterstützen, um die Wirtschaft in Schwung zu halten.

Als Präsident Eisenhower 1961 aus dem Amt schied, riet er uns in seiner Abschiedsrede, vor der Rüstungsindustrie auf der Hut zu sein[56]. Dieser Mann hatte eine Position inne, die ihm einen tiefen Einblick in deren Mechanismen erlaubte. Wozu also diese Warnung, wenn er nicht begriffen hätte, dass unsere Verteidigung – das Militär, das Verteidigungsministerium, die Vertragspartner der Armee, die rüstungsrelevanten Industrien, die Rüstungsbetriebe und Waffenverkäufer – für unser nationales Wohl und für den Frieden eine ernsthafte Bedrohung darstellten? Es ist seltsam. Seine Warnung ist schon fast zum Klischee geworden, und doch ist es so, als hätten wir sie nie gehört. Jahr für Jahr wächst die Rüstungsindustrie, und auch die Selbstverständlichkeit ihres Bestehens nimmt zu.

Die etwa zehn Millionen von der Waffenindustrie direkt für ihren Lebensunterhalt Abhängige – und weitere zehn Millionen indirekt Abhängige – bilden eine außerordentlich gewaltige Lobby in diesem Land für den Krieg. Trotzdem

---

[54] Anm. d. Übers.: Unter dem Überbegriff „New Deal" verabschiedete Präsident Roosevelt 1933–1937 eine Reihe von Wirtschafts- und Sozialreformen, sie sollten durch Investitionen die Binnenkonjunktur ankurbeln und die Massenarbeitslosigkeit und Armut lindern.

[55] Anm. d. Übers.: Das Leih- und Pachtgesetz von 1941 legalisierte das Verschenken, Vermieten oder Verkaufen großer Mengen Waffen und anderen Kriegsmaterials der USA an andere Länder, z. B. Großbritannien, die Sowjetunion, China und Frankreich.

[56] Farewell Radio and Television, „An das amerikanische Volk", 17. Januar 1961, aus Bartletts *Familiar Quotations* (Boston: Little, Brown, 1980), S. 815

glaubt die große Mehrheit der Amerikaner, dass wir eine durch und durch friedliebende Nation seien. Es scheint fast, als ob diese Lobby so mächtig und einflussreich wäre, dass sie es sogar schafft, unbemerkt zu bleiben – dass sie in ihrer gewaltigen Größe die Macht hat, ein verschwörerisches Klima des Schweigens durchzusetzen.

Ich habe die Stadien nach Elisabeth Kübler-Ross vom Sterben und Tod im Zusammenhang mit der Aufgabe des Leerwerdens erwähnt und erörtert, dass Depression ein notwendiger Teil des Prozesses psychologischer Veränderung ist. Darüber hinaus habe ich aufgezeigt, dass die Menschen ständig vor innerem Wachstum zurückschrecken, weil sie dem Depressionsschmerz ausweichen und die Herausforderung der Depression nicht annehmen wollen. Ich glaube, dass nationalökonomische Depression eine gesellschaftliche Analogie zu psychologischer Depression ist.

Eine große Flaute in der Ökonomie eines Landes ist ein Zeichen, dass eine wichtige Veränderung oder Anpassung in dieser Gesellschaft ansteht. Eine Gesellschaft muss in der Lage sein, sich aus einem wirtschaftlichen Tiefstand herauszuarbeiten, denn damit vollzieht sie die Veränderungen, die notwendig sind, um eine durch und durch gesunde Gesellschaft zu bleiben. Aber so, wie auch eine einzelne Person erfolgreich einer Depression in ungesunder Weise ausweichen kann, kann sich auch eine Gesellschaft weigern, die Herausforderung einer wirtschaftlichen Depression anzunehmen, auf Kosten ihres Wohlergehens und mit der Folge eines sich ständig verschlimmernden sozialen Zustands.

Ich glaube, dass die Waffenindustrie auch ein Symptom des Unwillens der USA ist, den Schmerz einer Wirtschaftskrise zu ertragen, welcher der Schmerz konstruktiven Wandels wäre. 1968 erschien das satirische Buch „Verdammter Friede" von Leonard C. Lewin[57]. Es gibt vor, ein an die Öffentlichkeit gedrungener Bericht einer geheimen hochkarätigen Staatskommission für den Präsidenten der Vereinigten Staaten zu sein. Die Kommission rät ihm aus sozialen und ökonomischen Gründen von einem Friedenskurs ab. Der Bericht besagt, dass die notwendigen Umwälzungen für eine Friedenspolitik zu erschütternd wären. Hier wird wieder die Weigerung zu Veränderung deutlich. Und das ist gefährlich, ja bösartig. Denken wir noch mal an den frühen christlichen Theologen Origen, der sagte: „Der Heilige Geist steht für Fortschritt, und das Böse ist folglich das, was sich dem Fortschritt verweigert."

---

[57] Satire von L. Lewin, Hrsg., *Report from Iron Mountain on the Possibility and Desirability of Peace* (New York: The Dial Press, Inc., 1967)

Eine Wirtschaftskrise ist nicht willkommen, aber sie ist nicht böse. Sie ist schmerzhaft. Mir gefallen Warteschlangen für Grundnahrungsmittel ebenso wenig wie jedem anderen – obwohl wir schon fast ihre Wiederkehr kommen sehen. Aber es besteht ein gewaltiger Unterschied zwischen einer willentlich und einer unwillentlich eingegangenen Wirtschaftskrise.

Die Weltwirtschaftskrise von 1929 war unwillentlich, schlug mit plötzlicher Heftigkeit ein und ließ uns keine Zeit zu psychologischer und sozialer Vorbereitung, geschweige denn ökonomischer. Wären wir bereit, uns bewusst auf eine wirtschaftliche Krise einzulassen, gäbe es Zeit für Vorkehrungen und innovative Strategien, welche die Störungen unserer Wirtschaft minimieren könnten. Der Schlüssel zu großer sozialer Veränderung liegt in einer inhaltlichen Verschiebung – nicht im Niederreißen von Institutionen, sondern in ihrer Umwandlung. Um Frieden zu unterstützen, würde ich beispielsweise nicht vorschlagen, dass wir unser Militär einfach abschaffen. Das würde nicht nur auf einen Schlag Millionen Menschen arbeitslos machen, sondern unnötigerweise auch all das Positive, das unser Militär in verwandelter Form leisten könnte, zunichte machen.

Wandlung ist wesentlich, nicht Abbau. Also würde ich die Umwandlung unseres Militärs in einen nationalen Hilfsdienst vorschlagen, eine Idee, für die sich schon viele unserer besten Denker seit langem eingesetzt haben. Ein solcher Dienst könnte sich wahrhaft gewinnbringenden Aufgaben widmen, wie Bildung und Umweltschutz und der Auflösung von Slumgebieten. Ein Zweig davon könnte weiterhin zur Landesverteidigung mit gewaltfreien Mitteln abgestellt sein: ein Kader mutiger Männer und Frauen, die gründlich in den Techniken passiven Widerstands und gewaltfreier Aktionen ausgebildet sind. Außerdem würde ich vorschlagen, dass die Angestellten eines solchen nationalen Hilfsdienstes dessen verschiedene Zweige durchlaufen. So wie das Militär zurzeit strukturiert ist, haben die Berufssoldaten nur einen einzigen Daseinszweck: In den Krieg zu ziehen.

Einer der seltsamsten Aspekte unserer amerikanischen Kultur ist, dass wir aus irgendeinem Grund glauben, unsere Berufssoldaten seien Befürworter des Friedens. Tatsächlich haben Soldaten in Friedenszeiten nichts zu lachen: Es kommt zu Massenentlassungen, Beförderungen werden eingestellt, Auszeichnungen sind nicht verfügbar, die Gehälter sind auf unterstem Niveau, und das Soldatsein wird gesellschaftlich verunglimpft. Aber lasst den Krieg kommen, und das Ansehen ist wieder hergestellt, das Gehalt steigt, Aufschläge werden bezahlt, Medaillen verteilt, und das Selbstwertgefühl wächst gewaltig. Von einem Berufssoldaten zu erwarten, sich Frieden statt Krieg zu wünschen, bedeutet, sich ihn als Heiligen zu wünschen.

Gemeinschaftsbildung

Welches Recht haben wir zu erwarten, dass das Militär aus so viel besseren Menschen besteht, als wir es selbst sind? Also würde ich die Umwandlung des Militärs vorschlagen, ebenso wie die von anderen Institutionen, die vom Wettrüsten abhängig sind. Was Organisation und Disziplin angeht, hat das Militär unserem Land in der Tat viel zu bieten, was wir erhalten und wovon wir dauerhaft profitieren können – aber nur, wenn wir bereit sind, uns der Notwendigkeit einer Transformation zu stellen.

Eine derartige inhaltliche Verschiebung, eine solche Transformation, könnte auch auf eine andere Institution angewandt werden, die Teil des militärisch-industriellen Komplexes unseres Landes ist: die CIA. Wieder plädiere ich nicht für die Abschaffung der CIA, sondern sogar für seine Vergrößerung. Wir brauchen alle Informationen über andere Nationen und Kulturen, die wir irgend möglich sammeln können. Aber ich glaube, dass wir die Art von Informationen, die wir sammeln, die Art und Weise, mit der wir das tun, und was wir damit machen, dringend ändern müssen. Also würde ich Anthropologen an die Stelle der Spione setzen, die versuchen Kulturen zu manipulieren, ohne sie verstanden zu haben. Dieses Ersetzen bedeutet nicht zwingend, dass Menschen aus ihren Leben gerissen werden. Es gibt keinen Grund, warum wir Spione, die dazu willens und in der Lage sind, im Rahmen ihrer Anstellung nicht zu Anthropologen umschulen sollten.

Dennoch bedeutet Veränderung eben Veränderung, und damit ist immer auch einiges an Schmerz verbunden. „Willens und in der Lage" ist keine völlig belanglose Voraussetzung. Es wird Spione geben, die keine Anthropologen werden wollen, denen eine Abenteuerlust innewohnt, die sich nicht durch ein so sorgfältiges und vorsichtiges Bemühen befriedigen lässt, wie es beim Verstehen einer fremden Kultur – ohne diese zu manipulieren – der Fall ist. Wieder anderen könnte die benötigte Objektivität oder eine andere wichtige Fähigkeit fehlen. Einige Menschen würden neu eingestellt werden, aber einige müssten pensioniert oder entlassen werden. Es wird Wellen schlagen und einige Schmerzen bereiten.

Und das gleiche Vorgehen würde auch bei der Umwandlung des größten Brockens des militärisch-industriellen Komplexes Sinn machen: der Rüstungsindustrie und den ihr zuarbeitenden Industrien. Wieder ist eine inhaltliche Verschiebung nicht nur möglich, sondern dringend erforderlich. Jene Betriebe, die zurzeit Napalm herstellen, könnten zukünftig zum Beispiel bessere und sicherere Feuerwerkskörper produzieren. Jene, die Entlaubungsmittel entwickeln, könnten sich der Produktion besserer Dünger widmen. Und jene, die Panzer bauen, könnten Straßenbaumaschinen herstellen. In jedem Einzelfall lässt sich eine Lösung finden, wie Kriegswaffen und -maschinerie sich in eine Friedenstechnologie überführen lassen; und diese ausgeklügelten Technologien könnten zum Wohl der Menschheit mit allen geteilt werden, als im Interesse nationaler Souveränität zurückgehalten zu werden.

Trotzdem wird es nicht schmerzlos ablaufen. Überholte Gerätschaften werden wertlos werden, und neue werden gekauft werden müssen. Kapitaleinsatz wird erforderlich sein. Und ein Neulernen. Jene, die wissen, wie man Kriegschemie braut, müssen lernen, Chemikalien für den Frieden zu produzieren. Neulernen braucht Offenheit und Engagement. Einige werden sich die Arbeit nicht machen wollen. Es wird ein paar geben, die zu alt sind, um neue Tricks zu lernen. Es wird Wellen schlagen und einige Schmerzen bereiten.

Dieses Thema einer bewusst eingegangenen Wirtschaftskrise wirft ein grundlegendes Problem auf, das zwischen einer Wirtschaftskrise und dem Kapitalismus besteht. Das vorrangige Problem des Kapitalismus besteht darin, dass er an und für sich unmoralisch ist. Seine grundlegende Annahme besagt, dass dem Allgemeinwohl am besten gedient wird von Individuen, die in einem Wettbewerbsklima von Profit motiviert werden. Von keiner anderen Motivation ist die Rede. Tatsächlich wird so viel Vertrauen in den Profitanreiz gelegt, gerade weil es sich um das simple Motiv des individuellen Eigeninteresses handelt. Profitanreiz erfordert keine Unterordnung eines Einzelnen unter irgendjemanden oder etwas außerhalb seiner selbst. Er ist unverfroren egozentrisch. Und ein Wille, der sich selbst das Höchste ist, ist oder wird unausweichlich bösartig.

Es ist so, dass der Kapitalismus an und für sich eine starke Tendenz dazu hat, „sich dem Fortschritt zu verweigern". Der Gedanke einer „bewusst eingegangenen Wirtschaftskrise" ist dem traditionellen Kapitalismus ein echtes Gräuel. Warum sollten die Kapitalisten, die ein gewinnbringendes Unternehmen mit Napalm-Produktion führen, sich der Umschulung und Neuplanung widmen und die Ausgaben auf sich nehmen, die eine Umwandlung ihres Unternehmens zur Produktion von Feuerwerkskörpern erfordern würde? Vor allem wenn es vielversprechender und billiger scheint, im Senat und Repräsentantenhaus Lobbyarbeit für eine beständige Nachfrage nach Napalm zu machen? Von traditionellem, sich nicht unterordnendem Kapitalismus darf erwartet werden, dass er sich jeder Form von Veränderung und Fortschritt entgegenstellt, die keinen kurzfristigen individuellen Profit verspricht.

Ich bezweifle, dass es weise ist, die Motivation aus Profitanreiz oder den institutionellen Kapitalismus abschaffen zu wollen. Aber wie kann der Kapitalismus angemessen umgewandelt werden? Wie kann er je willens sein, bewusst eine Wirtschaftskrise einzugehen? Wie können Kapitalisten lernen, ihr Profitinteresse unter entsprechenden Umständen höheren Zielen wie Wahrheit, Liebe und Frieden unterzuordnen? Das ist die spannendste Frage unserer Zeit.

Wie bei jedem übergreifenden Problem ist eine Kombination von Lösungsansätzen gefragt. Einer davon ist Gemeinschaft. Unternehmer müssen authentische Gemeinschaft erleben, um den emotionalen Gewinn an Freude kennen zu lernen, der aus dem Erfahren des Gemeinschaftsgeistes resultiert. Es gibt sehr wenige, die diese Erfahrung bereits gemacht haben, viele Manager wollen das jedoch glauben machen. Es ist populär für Unternehmen, sich ein Image von Interesse an Gemeinschaftsgeist zu geben. Aber das ist es auch nur: ein Image. In den meisten Fällen wurde es entworfen, um die unverfrorenen Absichten reinen Eigennutzes zu verstecken, aus denen heraus das Unternehmen agiert. Wir haben noch einen weiten Weg vor uns. Aber solange der Kapitalismus als Ganzes sich nicht wahrhaftig für Gemeinschaft interessiert, sind seine Überlebenschancen gering und die der Welt, von der er profitiert, ebenso.

Nationalismus: gesund oder krank?

Das, auf was wir stolz sind, verändern wir nicht. Weil sich Stolz Veränderung entgegenstellt, sagen wir „der Hochmut kommt vor dem Fall". In vielen Köpfen ist der Kapitalismus, wie wir ihn heute verstehen, voller Stolz und Selbstzufriedenheit mit „Amerikanismus" verknüpft. Kritiker, die für einschneidende Veränderungen eintreten, sind nicht gern gesehen. „Kapitalismus – liebe ihn oder lass ihn.", so könnte eine Abwandlung lauten von „Amerika – liebe es oder verlasse es."

Stolz hat seine Zeit und seinen Ort. Es gibt Zeiten und Orte, wo Stolz nicht nur normal, sondern gesund ist. Und andere Zeiten, bei Gruppen wie Individuen, wenn er krank und destruktiv wirkt. Narzissmus ist der psychologische Anteil unseres Instinktes zu überleben, und dafür brauchen wir ihn. Trotzdem ist ungezügelter Narzissmus – das, was Erich Fromm bösartigen Narzissmus nennt – der schlimmste Vorbote für Boshaftigkeit von Individuen oder Gruppen.

Im Speziellen ist Stolz ein gesunder und notwendiger Bestandteil des Prozesses, in dem wir unsere Persönlichkeit herausbilden. Individuen und Gruppen sind im Laufe ihres Lebens durchgehend damit beschäftigt, ihre Identität zu formen und weiterzuentwickeln. Der größte Teil dieser Arbeit wird aber in der Zeit des Heranwachsens bewältigt. Und man beachte den Stolz und den Narzissmus, die dabei zutage treten! Es ist völlig normal bei pubertierenden Jungen wie Mädchen, dass sie extrem viel mit ihrem Aussehen beschäftigt sind. Auch wenn ihre Kleidung ihren Eltern achtlos und schlampig oder in anderer Weise inakzeptabel erscheinen mag, den Jugendlichen ist diese Kleidung außerordentlich wichtig. Wenn sie Mode an- und ausprobieren, probieren sie verschiedene Identitäten aus. Sie verbringen Stunden damit, in den Spiegel zu schauen, nicht nur ihre Kleidung, auch ihre Gesichter betrachtend, ihren sich entwickelnden Körper, all ihre Züge, ob geliebt oder ungeliebt. Wenn sie in den Spiegel schauen, wollen sie in der Tat herausfinden, wer sie sind, und sie versuchen, in dem Spiegelbild ihre Identität zu erkennen.

Dieser Stolz und diese Selbstbezogenheit, die sich da vor dem Spiegel zeigen, können leicht verletzt werden. Jugendliche können mit Kritik meist nicht gut umgehen. Und wenn der übliche Tumult der Pubertät so groß wird, dass wir ihn als unnormal bezeichnen, ist das ursächliche Problem meist eine Identitätskrise. Wenn eine Gruppe ihre Identität herausbildet, ist das Thema Stolz offensichtlich.

Ein dramatisches Beispiel ist der Kampf der Afroamerikaner, sich eine markante Identität zu geben, insbesondere während der 1960er Jahre. Davor hatten Schwarze überwiegend einen Mangel an eigenem Selbstbewusstsein – und manche gingen lächerlich weit in dem Versuch, sich eine weiße Identität zu geben, bis zu dem Punkt, wo sie ihre natürlicherweise gelockten Haare glätteten. Aber plötzlich, fast über Nacht, änderte sich das gewaltig. Die Locken durften sprießen. Der „Afro" war „in". Afrikanische Geschichte wurde studiert, um Stolz in den eigenen Wurzeln zu finden. Und es gab notwendigerweise „schwarze Wut" als Begleiter des neuen „schwarzen Stolzes". „Schwarz ist schön" („Black is beautiful") war der Spruch jener Tage. Das war gut. Es ist eine Frage des Respekts.

Es ist gut, wenn wir uns selbst respektieren, ebenso wie wir andere respektieren sollten. Und um uns selbst respektieren zu können, brauchen wir Würde und die Art Stolz, die diese Würde begleitet. Den Stolz einer Volksgruppe oder Nation nennen wir Nationalismus. Er ist nur natürlich und gesund an dem Punkt, wo die Gruppe eine Identität entwickelt – wenn sie wirklich eine Nation wird. Ein solcher Zeitpunkt ist zum Beispiel, wenn Stämme oder Stadtstaaten sich zu Nationalstaaten zusammenschließen, oder wenn Kolonien das Joch der Fremdbestimmung abwerfen (so wie wir Amerikaner es 1776 taten).

Die Macht des Nationalismus ist ernst zu nehmen, wie die Vereinigten Staaten zu ihrem Leidwesen in Vietnam feststellen konnten. Weil Ho Chi Minh, der

Führer der Vietnamesen in ihrem Kampf gegen das Joch des kolonialen Imperialismus, Kommunist war, haben wir uns auf die Seite gegen die Vietnamesen in ihrem Kampf nach Unabhängigkeit gestellt. Die schlimmste vieler Fehleinschätzungen, die wir in Südostasien machten, war unsere Fehlinterpretation des vietnamesischen Nationalismus als kommunistische Bewegung. Hätten wir den vietnamesischen Nationalismus unterstützt, anstatt zu versuchen, den Kolonialismus aufrecht zu erhalten, wäre Vietnam vielleicht ein wahrhaft demokratisches, nichtkommunistisches Land geworden. Dazu gibt es eine Menge Hinweise.

Umgekehrt deutet vieles darauf hin, dass der Widerstand der Vereinigten Staaten gegen die nationale Selbstbestimmung der Vietnamesen sie geradezu in eine Allianz mit Russland trieb und damit genau in die Art Kommunismus und Totalitarismus, die wir fürchteten. In jedem Fall war es in Vietnam die außerordentliche Stärke des Nationalismus, nicht des Kommunismus, der die Vereinigten Staaten in die Knie zwang. Sich legitimem Nationalismus entgegenzustellen ist mit hohem Risiko verbunden. Trotzdem gibt es eine Form ungerechtfertigten Nationalismus oder Nationalstolzes, der bekämpft werden sollte, sowohl in uns selbst wie in anderen.

Ebenso wie es einen Unterschied zwischen schroffem und sanftem Individualismus gibt, gibt es einen Unterschied zwischen einem gesunden Drang nach Unabhängigkeit und einer Haltung, in der eine Nation darauf besteht, dass sie niemandem Rechenschaft schuldig ist und sich allein ihrem eigenen Gesetz beugen wird. Zum Beispiel ist es Nationalismus, der die Vereinigten Staaten dazu veranlasst zu verkünden, dass sie sich an kein Urteil des Internationalen Gerichtshofs in Den Haag zu halten haben. Aber ist dies eine gesunde Form von Nationalismus? Und was bedeutet diese Art Nationalismus im Hinblick auf eine Entwicklung in Richtung Weltgemeinschaft?

Es gibt eine Art Stolz, der nicht nur normal, sondern sogar notwendig für das Wohlergehen einer Gruppe ist, seien es Afroamerikaner oder die Amerikaner als Ganzes. Auch in dem Prozess der Gemeinschaftsbildung wird eine Gruppe zu einem bestimmten Zeitpunkt Stolz empfinden, wenn sie es geschafft hat, sich durch das Chaos und die Herausforderung der Leere hindurchzuarbeiten. Leider verwandelt sich dieser gesunde Stolz auf die eigene Identität so leicht und häufig in ein Gefühl arroganter Überlegenheit. Die völkermörderische nationalsozialistische Ideologie einer „höheren Rasse", der Arier, war Symptom eines übersteigerten Nationalismus. So ist es auch mit der scheinbaren Sicherheit unserer eigenen Regierung, dass sie weiß, was für Nicaragua am besten sei.

Irgendwo müssen wir die Grenze ziehen zwischen einem Nationalismus, der für ein angemessenes Maß an Selbstrespekt und Selbstbestimmung gebraucht wird, und einem Nationalismus, der zu Chauvinismus, Frontenbildung und blindem Patriotismus führt und so einer Entwicklung zur Weltgemeinschaft im Weg steht. Wie zwischen gesundem und krankhaftem Nationalismus unterschieden werden kann, ist in unserer zusammenwachsenden Welt eine entscheidende Frage. Tatsächlich gibt es einige Orte auf unserem Planeten, wo die Entwicklung von Nationalismus Unterstützung bräuchte, während dieser an anderen Orten dringend gebremst werden müsste.

Der Nationalismus der schwarzen Südafrikaner, zum Beispiel, braucht Unterstützung, denn sie fordern legitimen Respekt und wollen eine wahre Nation werden, in der alle Bürger gleichberechtigt sind. Schwarze Südafrikaner müssen ihre Identität als Nation herausbilden, mit oder ohne Kooperation der weißen Südafrikaner.

Die UdSSR und die USA hingegen haben längst ihre nationalen Identitäten herausgebildet. Weitere Steigerungen ihres ohnehin nicht bescheidenen Nationalstolzes scheinen kaum nötig. Im Gegenteil ist es offensichtlich, dass im Sinne des Friedens der amerikanische und der russische Nationalismus irgendwie gezügelt werden sollten. Der Schlüssel zur Unterscheidung zwischen gesundem und krankem Nationalismus liegt also in der Frage nach der Entwicklung einer eigenen Identität, in der das Erkennen des Selbst als separates Wesen eine Illusion ist. In Wirklichkeit hängen wir alle voneinander ab.

Zu allen Zeiten haben uns die großen Führer aller Religionen gelehrt, dass die Reise spirituellen Wachstums ein Weg sei, der aus dem Narzissmus heraus in ein mystisches Bewusstsein führe, in dem unsere Identität im Kollektiven und Göttlichen aufgeht. Wie es sich mit Einzelnen verhält, so verhält es sich auch mit Gruppen und Nationen. Letztlich müssen wir unseren nationalen Narzissmus und unsere kleinen lokalen Identitäten verlassen zugunsten einer primären Identität als Menschheit und einer Weltgemeinschaft.

Trotzdem muss man etwas besitzen, bevor man es aufgeben kann. Wir können nicht am Loslassen unserer Identität arbeiten, bevor wir nicht zuerst eine entwickelt haben. So stellt es sich als natürliches Muster für die Entwicklung von Nationen heraus, dass sie zuerst in einen Nationalismus hineinwachsen, um danach aus diesem heraus- und über ihn hinaus zu wachsen. Die Unterscheidung von gesundem und krankhaftem Nationalismus erfordert daher eine präzise Wahrnehmung davon, wo eine Nation sich in ihrem geschichtlichen

Entwicklungsverlauf befindet.

Darüber hinaus sind die Kriterien zum Unterscheiden von gesundem und krankem Nationalismus so ziemlich dieselben wie die zur Unterscheidung von gutem und schlechtem Denken: Fehlt etwas? Was bezieht der Gedankengang ein? Wie sehr hat die Person versucht, alle Variablen bewusst in ihr Denken zu integrieren? Staatsführer, die aus gesundem Nationalismus heraus handeln, werden sich dieses Nationalismus, und wie er in ein größeres Gesamtgefüge passt, sehr bewusst sein.

Während des Vietnamkrieges war sich Ho Chi Minh sehr im Klaren über seine Handlungen; Präsident Johnson allerdings nicht. Johnson handelte aus krankhaftem Nationalismus, dem Senator Fulbright den Ausdruck „die Arroganz der Macht" verlieh, – eine bösartige Form des Narzissmus, die sich ihrer selbst nicht bewusst ist, wie es auch bei den meisten Vorurteilen der Fall ist.

Den Vereinigten Staaten kann nicht mehr krankhafter Nationalismus angelastet werden als Russland. „Ob es sich richtig oder falsch verhält – ich stehe hinter meinem Land!", scheint nach all dem, was ich weiß, eine Einstellung zu sein, die beim russischen „einfachen Mann" viel häufiger anzutreffen ist als beim Durchschnittsamerikaner. Heftiger und gedankenloser Patriotismus ist wohl Teil des russischen Charakters, was es nicht leichter macht, mit Russen zu verkehren. Aber den krankhaften Nationalismus der Russen anzukreiden, ohne unseren eigenen krankhaften Nationalismus zu heilen, beweist so viel Reife und konstruktives Vorgehen wie ein Kind, das auf sein jüngeres Geschwisterchen zeigt und seiner Mutter zuruft: „Aber er hat angefangen!"

Krankhafter Nationalismus kann unterstützt oder gehemmt werden. Mir ist zu Ohren gekommen, dass in russischen Schulen die geografischen Karten die UdSSR als Zentrum der Welt darstellen. Und unsere amerikanischen Kinder werden mit Weltkarten unterrichtet, welche die USA als Mittelpunkt der Erde zeigen. Es müsste nicht so sein. Ich bin meinen Kindern dankbar, dass sie mir letzte Weihnachten einen großen und schweren neuen Atlas geschenkt haben. Er ist geradezu außergewöhnlich. Er hat keine Mitte. Die UdSSR, die Vereinigten Staaten, Zentral- und Südamerika, Afrika, Europa, selbst der Nord- und Südpol werden gleichberechtigt behandelt. Seine Herausgeber haben sich sichtlich Mühe gegeben, aus ihm eine wahre und alle einbeziehende Abbildung der Geografie der Weltgemeinschaft zu machen.[58]

Wir können unsere Landkarten ändern!

---

[58] *Atlas of the World, 7th comprehensive edition* (New York: Time Books, 1985)

14 Die christliche Kirche in den USA

Wir wissen, dass Veränderung möglich ist, aber wir wissen auch, dass sie immer gegen Widerstand entsteht. Die Veränderungen, die nötig sind, sind tiefgreifender als das Verändern einer Landkarte. Wir reden von einer echten Revolution. Revolutionen beginnen in den Herzen und den Gedanken der Menschen. Wenn sie friedlich verlaufen sollen, müssen sie durch Institutionen gefördert werden. Doch sind die beiden einflussreichsten Institutionen in diesem Land – die christliche Kirche und die Regierung der Vereinigten Staaten – offensichtlich unzugänglich für Veränderungen, bzw. unfähig oder unwillig jene Prinzipien von Gemeinschaft einzubeziehen, die diese Revolution erleichtern und unsere Haut retten würden. Wo bist du, Jesus?

Warum hat die christliche Kirche denn nicht von Anfang an gegen das Wettrüsten gekämpft[59]? Wie konnte Kardinal Spellman sich für die Eskalation des Vietnamkriegs einsetzen? Wie kommt es, dass Konstrukteure von Waffensystemen dem „National Prayer Breakfast" beiwohnen, einer Versammlung von Rüstungsbefürwortern unter christlichem Deckmantel? Was hat die amerikanische Flagge am Eingang meiner kleinen protestantischen New England Kirche (und bei fast jeder anderen christlichen Kirche im Land) zu suchen, wo Jesus doch mit Kanaanitern und Samaritern umherzog, und deswegen, weil sie ihn nachahmen wollte, die Kirche am Anfang beschloss, international zu sein. Was geschah mit Jesus?

Ein Autoaufkleber drückte es vor einigen Jahren kurz und bündig aus: „Wenn du mit der Religion fertig bist, versuch es mal mit Jesus." Dass in der institutionalisierten Religion bedeutsames Christentum einfach fehlt, ist kein neues Problem. Die Geschichte der Kirche zeigt über die vergangenen 1600 Jahre zahllose Beispiele institutioneller Blasphemie. Es war die Kirche, die in Kreuzzügen auszog, Muslime im Namen von Christus zu ermorden. Es war die Kirche in Rom, die während des Holocaust dabei stand, und nichts tat im Namen Jesu. Warum? Wie konnte die christliche Kirche sich so konsequent gotteslästerlich verhalten? An welchem Punkt kam Jesus im Ablauf der Ereignisse abhanden? Wann verlor die Kirche aus den Augen, was Gemeinschaft eigentlich bedeutet?

---

[59] Anm. d. Hrsgb: Scott Peck nimmt viel Bezug auf das Wettrüsten. Das war zum Zeitpunkt des Erscheinens des Buches 1984 die größte Bedrohung für die Menschheit. Der kalte Krieg ist mittlerweile Geschichte. Die Existenz von Atomwaffen ist immer noch ein großes Problem, die Rüstungsindustrie auch. Aber vieles von dem, was er schreibt, kann man auch auf den Kampf für den Umweltschutz, gegen den Klimawandel durch die Treibhausgase übertragen.

Die Revolution der Fußwaschung am Heiligen Gründonnerstag

Als Christ ist für mich der wichtigste Tag der Kirche nicht Ostern oder Weihnachten, sondern der Gründonnerstag der Fußwaschung. Die Bedeutsamkeit dieses Tages verdanke ich der Vorlesungsreihe „Die Heilige Donnerstagsrevolution" der christlichen Philosophin Beatrice Bruteau.[60] Darin weist sie darauf hin, dass die größte Revolution in der Geschichte der Menschheit am Donnerstag der Fußwaschung passierte – weswegen sie den Tag vor der Kreuzigung den Heiligen Donnerstag nennt. Sie betrachtet dies als Revolution in zwei Schritten. Der erste Schritt geschah, als Jesus die Füße seiner Jünger wusch.

Bis zu diesem Moment war es nur darauf angekommen, dass sich jemand an die Spitze arbeiteten konnte, um dort zu bleiben oder noch höher zu kommen. Aber da war nun dieser Mann, der schon an der Spitze war – ein Rabbiner, ein Lehrer, ein Meister – der plötzlich nach unten ging, und sich daran machte, die Füße seiner Anhänger zu waschen. Durch diesen Akt hat Jesus symbolisch die ganze soziale Ordnung umgekehrt. Seine eigenen Jünger, die kaum verstanden was passierte, waren fast entsetzt über dieses Verhalten.

Bruteau weist darauf hin, dass Jesus, nachdem er symbolisch die ganze soziale Ordnung auf den Kopf gestellt hatte, uns durch das letzte Abendmahl eine neue soziale Ordnung gab. Durch Jesus entdeckten die frühen Christen das Geheimnis von Gemeinschaft. Aus der Geschichte der frühen Kirche wissen wir, dass das so war. Aber da wir selbst dieses Geheimnis größtenteils verloren haben, sind wir uns nicht mehr im Klaren über die Macht, die es einst hatte.

In seinem Buch *The Scent of Love*[61] nennt Keith Miller den Grund, warum die frühen Christen derart außergewöhnliche und erfolgreiche Evangelisten waren. Nicht wegen ihrer charismatischen Begabungen, eine Gnade des Heiligen Geistes, und nicht weil das Christentum eine so schmackhafte Doktrin ist (im Gegenteil, es ist die unbequemste Doktrin, die es gibt), sondern weil sie das Geheimnis von Gemeinschaft entdeckt hatten. Im Allgemeinen brauchten sie keinen Finger zu rühren, um zu evangelisieren. Es genügte, dass jemand in Korinth oder Ephesus eine Gasse entlang ging, und dabei eine Gruppe von Menschen zusammensitzen sah, die sich über die seltsamsten Dinge unterhielten – wie über einen Mann und einen Baum und eine Hinrichtung und ein leeres Grab. Worüber sie sich

---

[60] Beatrice Bruteau, "The Holy Thursday Revolution", eine Vorlesungsreihe, gehalten in einem Forum über Religion am Wilson College, Chambersburg, Pa., 8.–10. Feb. 1981.
[61] Keith Miller, *The Scent of Love* (Waco, Texas: Word Books 1983)

unterhielten, ergab für den Zuschauer keinen Sinn. Aber da war etwas in der Art und Weise, wie sie miteinander redeten, wie sie einander anschauten, in der Art, wie sie miteinander weinten, miteinander lachten und wie sie sich berührten. All das war sehr anziehend. Es atmete den Duft der Liebe, wie Miller es nannte. Der Zuschauer ließ sich dann weiter jene Gasse entlang treiben, wurde dann aber wieder – wie die Biene zur Blume – zu der kleinen Gruppe zurückgezogen. Er hörte mehr zu, verstand immer noch nichts, und ließ sich wieder wegtreiben. Und noch einmal fühlte er sich zu ihnen hingezogen und dachte, er habe nicht die geringste Ahnung, wovon diese Menschen sprachen, aber was immer es auch war, er fühlte sich als ein Teil davon.

Das hätte für mich nichts als die romantische Vorstellungskraft eines Schriftstellers sein können, wenn ich nicht selbst dieses Phänomen in der Wirklichkeit erlebt hätte. Ich habe Gemeinschaftsbildungsgruppen in den sterilsten Hotels geleitet, doch Angestellte und Bedienungen pflegten mich oder andere Mitglieder anzusprechen mit der Frage: „Ich weiß nicht, was ihr da drin macht, aber ich habe um 15 Uhr Dienstschluss. Kann ich dabei sein?"

Die Revolution der Donnerstagsfußwaschung begann zu verkümmern, als das Christentum zur Zeit Konstantins als Religion legalisiert wurde. Bald darauf, als es zu einer offiziellen Religion geworden war, starb diese Revolution. Jetzt war es eine sichere Angelegenheit, ein Christ zu sein. Die Krise war vorüber. Und wenn die Krise endet, tendiert Gemeinschaft im Allgemeinen dazu an Bedeutung zu verlieren.

Als die Zeit der Märtyrer vorbei war, begann das Lebensblut aus Christenheit und Kirche hinauszufließen. Was wir unbedingt wieder verstehen müssen, ist, dass es gefährlich ist, einer wahrer Christ zu sein. Jeder, der sein oder ihr Christsein ernst nimmt, wird erkennen, dass Kreuzigung und Märtyrertum im übertragenen Sinne heute noch reale Gefahren sind. Es sollte für jeden Christen ein ständiges Risiko sein. Christen sollen – müssen – in gewisser Weise gefährlich leben, wenn sie ihren Glauben ausleben wollen. Das ist im Laufe der Zeit offensichtlich geworden. Die heutige Zeit verlangt von uns, dass wir große Risiken auf uns nehmen für den Frieden. Und wenn wir die standfesten Kräfte des Wettrüstens bekämpfen (die Hauptagenten und Mächte in dieser Welt), nehmen wir das Risiko des Märtyrertums auf uns.

Seit den Tagen Konstantins gab es gelegentlich noch christliche Märtyrer. Aber heute ist keine Zeit mehr für gelegentliche, isolierte, tapfere Seelen, die ihren Glauben ausleben und dafür sterben. Die Krise ist zu groß. Jetzt ist die Zeit für gemeinschaftliches Handeln und gemeinsam getragenes Risiko. Die wichtigste Frage für die Christenheit unserer Zeit kann anders formuliert heißen, ob durch die Gefahr des Wettrüstens eine solche Krisensituation wieder hergestellt werden kann. Dadurch würde für die Kirche das Erbe Jesu – Gemeinschaft – wieder entstehen.

Wenn ich an die Ungeheuerlichkeit der Veränderung denke, die nötig wäre, um das Wettrüsten zu beenden, scheint es manchmal so, als ob ein tatsächliches Wiederkommen unseres Herrn erforderlich wäre. Diese Veränderung verlangt eine wahre Revolution, nicht nur in unserem ökonomischen und politischen Denken, sondern auch in der Art, wie wir mit unseren direkten Nachbarn, denen am anderen Ende unserer Straße, und denen auf der anderen Seite der Bahngleise, in Beziehung stehen. Ich rede nicht von einem körperlichen Wiederkommen. Ich bin sehr pessimistisch gegenüber einer Kirche, die passiv auf das Erscheinen ihres Messias in Fleisch und Blut wartet. Vielmehr meine ich die Auferstehung des Geistes Christi, die in der Kirche stattfände, wenn die Christen Christus ernst nehmen würden. Ich rede von der Auferstehung der Revolution der Donnerstagsfußwaschung.

Pseudodoketismus: Die Ketzerei der Kirche

Wie konnte die Kirche so leicht das Erbe Jesu – Gemeinschaft – verlieren und von seinem Gebot abweichen, dass wir einander lieben sollen? Mit der Legalisierung des Christentums wurde es eine sichere Angelegenheit, Christ zu sein. Die Zeit der Gefahr war scheinbar vorüber. Die Krise war vorbei. Aber war sie das wirklich? Die Realität ist, dass das Böse weiterhin in der Welt blieb, auch in der Kirche selbst. Zwar wurde man nicht mehr mit Waffengewalt gezwungen sich zu beugen und heidnischen Göttern Treue zu schwören, aber alle anderen Arten des Bösen existierten weiterhin. Wie konnte die Kirche den Kampf genau in dem Moment aufgeben, als es akzeptabel wurde, es zu bekämpfen? Wie konnte die Kirche so rasch ihre Seele verkaufen? Die Antwort ist: aus Angst. Um ein authentischer Christ zu sein, muss man gefährlich leben.

Der Kampf gegen das Böse ist gefährlich. Jesus sagte, „Ich bin der Weg". Aber sein Weg war offensichtlich gefährlich. Er konnte leicht mit Kreuzigung enden, oder einer anderen Form von Märtyrertum. Und so verließen Christen aus Angst scharenweise seinen Weg. Aber wie konnten sie sich dann immer noch Christen nennen? Wie konnten sie Jesus „Herr" nennen, und sich trotzdem weigern ihm zu folgen? Jesus überwand seine Angst, und drei Jahrhunderte lang schien die Mehrheit seiner Nachfolger fähig zu sein dasselbe zu tun. Aber dann hörten sie auf damit. Durch welchen intellektuellen Trick konnten sie sich dann immer noch die Nachfolger Christi nennen, als sie nicht länger versuchten seinen Mut nachzuahmen?

Was geschah der christlichen Lehre, die dem Ritual des Abendmahls erlaubte weiterzubestehen, während Gemeinschaft schon nicht mehr existierte? Durch welches Scheitern der christlichen Lehre war das Christentum nicht länger ein Lebensstil, sondern zu einem weitgehend leeren Ritual geworden? Auf die Gesamtheit der Kirchengeschichte, die viele Jahrhunderte umfasst, kann ich diese Frage nicht beantworten. Aber ich kann mit Sicherheit auf die heutige Kirche der Vereinigten Staaten bezogen antworten. Denn es ist für mich offensichtlich geworden, dass die große Mehrheit christlicher Kirchgänger in Amerika Abweichler von der Lehre Jesu sind.

Die wichtigste Ketzerei unserer Zeit nenne ich Pseudodoketismus. Diese vorherrschende Ketzerei gibt der Kirche die intellektuelle Erlaubnis, darin nachlässig zu sein, ihre Anhänger die Nachfolge Christi zu lehren. Die Mehrheit der amerikanischen Christen haben genügend Katechismus oder Konfirmationsunterricht gehabt, um das Paradox der christlichen Lehre zu kennen, das besagt, dass Jesus sowohl menschlich als auch göttlich ist. Mit Pseudodoketismus meine ich, dass sie dann 99,5% ihres Geldes auf seine Göttlichkeit und 0,5% auf sein Menschsein setzen. Das ist ein sehr komfortables Missverhältnis. Es platziert Jesus hoch oben in die Wolken zur Rechten seines Vaters sitzend in all seiner Herrlichkeit, 99,5% göttlich, und es lässt uns hier tief unten auf der Erde eine ganz gewöhnliche Existenz leben, nach weltlichen Regeln, 0,5% menschlich. Weil dieser Höhenunterschied so groß ist, werden amerikanische Christen nicht ernsthaft ermutigt, ihn zu überbrücken.

Als Jesus Dinge sagte wie, er sei der Weg, wir sollten unser Kreuz auf uns nehmen und ihm nachfolgen, und sollten sein wie er – vielleicht noch größere Dinge tun als er, dann konnte er das nicht ernst gemeint haben, oder? Er war doch göttlich und wir waren nur menschlich. So kommt es, dass durch das grundsätzliche Ignorieren der wirklichen Menschlichkeit Jesu wir die Erlaubnis haben, ihn nur dem Namen nach zu verehren, ohne die Verpflichtung wirklich in seine Fußstapfen treten zu müssen. Der Pseudodoketismus entlässt uns aus der Verantwortung.

Der große Quäker Elton Trueblood sagte einmal, „Jesus Christus kann man akzeptieren, man kann ihn ablehnen, doch vernünftigerweise kann man ihn nicht ignorieren."[62] Die große Mehrheit amerikanischer Christen hat ihn jedoch unvernünftigerweise ignoriert. Der intellektuelle Fehler in unserem Denken – die Unvernunft, die uns diesen Schnitzer erlaubt hat – ist die Ketzerei des Pseudodoketismus. Entgegen dem, was Jesus uns gesagt hat, ermöglicht uns diese Lehre, sowohl Gott als auch das Geld anzubeten. Es ist der unvernünftige intellektuelle Unterbau einer Kirche, die im Namen Jesu auf gotteslästerliche Weise mit dem Wettrüsten koexistieren kann. Um das Wettrüsten zu beenden, müssen Christen zu Christen werden. Sie müssen echte Anhänger – d.h. Nachfolger von Christus – werden. Wie ein Freund es einmal ausdrückte, ist „das Problem für uns, wie wir von Jesus dem Retter zu Jesus dem Herrn kommen."

Wenn Jesus wirklich unser Herr werden soll, müssen wir gewillt sein, in seine Fußstapfen zu treten. Und um in seine Fußstapfen zu treten, müssen wir uns dieses Nachfolgen als menschlich gut möglich vorstellen. Damit das stattfinden kann, muss die Ketzerei des Pseudodoketismus aus der Kirche ausgetilgt werden. Wir müssen – auf die schriftliche Lehre bezogen – zu dem Verständnis zurückkehren, dass Jesus voll menschlich und voll göttlich war und ist.

Wir müssen nicht nur realisieren, dass er in der Tat alles erlitt, was wir erleiden, sondern es muss uns auch klar werden, dass wir alles erleiden können, was er erlitt. Wir müssen wieder seine Nachfolger werden, in unseren Taten, sowie in unseren Worten. Wir müssen wieder in die Verantwortung gehen.

Die Kirche als Kampfplatz

Am Anfang der 1980er Jahre hatte ich Gelegenheit an zwei großen Exorzismen teilzunehmen. Jedes Mal hatte ich das vage Gefühl, dass etwas Unangebrachtes geschah. Ich meine damit nicht, dass die Diagnose des Patienten fraglich war. Ganz im Gegenteil haben mich diese Erfahrungen von der Realität der Besessenheit überzeugt. Ich meine auch nicht, dass diese Exorzismen unnötig waren. Soweit ich das versichern kann, sind beide Patienten dank dieses Vorgehens noch heute am Leben. Was unangebracht schien, war, dass das Wesen dieser beiden

---

[62] Elton Trueblood, die Inschrift auf einer Tafel des Yokefellow Instituts, das er in Richmond, Indiana, gegründet hat.

Patienten zum Kampfplatz eines Ringens zwischen den Kräften von Gut und Böse (oder Christus und Satan) geworden war.

In der Tat ist jeder von uns – jede Seele – ein Kampfplatz zwischen Gut und Böse. Aber in jenen beiden Fällen war die Natur des Ringens titanisch. Es schien mir, als seien kosmische Kräfte darin verwickelt, und ich fragte mich, warum. Schließlich dämmerte mir gegen Ende des zweiten Exorzismus, dass der eigentliche Kampfplatz zwischen Gut und Böse die Kirche ist. Eben weil die Kirche in ihrer Rolle als Kampfplatz versagt hatte, waren beide Patienten so furchtbar zerrissen, weil sie als ein so wichtiges Schlachtfeld dienten. In der Tat waren beide Patienten, obwohl sie ganz verschieden voneinander waren, „besessen", und dies als Resultat einer ganzen Reihe spezifischer Verfehlungen der Kirche: Oberflächlichkeit, dem Fehlen von Gemeinschaft, dem blasphemischen Verhalten der Kirchenführer und anderer Faktoren.

Was sie am meisten zu Opfern werden ließ, war die Weigerung der Kirche, als Kampfplatz zu dienen. Diese Weigerung hat eine so lange Tradition, dass selbst die einfache Vorstellung, die Kirche solle als Kampfplatz dienen, uns seltsam, beinahe grotesk erscheinen mag. Die Kirche ist doch kein Platz zum Kämpfen, oder? In der Tat versuchen wir alles Kämpfen von ihr fernzuhalten. Wir versuchen die Pseudogemeinschaft in ihr zu erhalten, wo alles nur Lächeln und Höflichkeit ist, Nettigkeit und Licht. Ist irgendein Kämpfen dennoch nötig, dann sollte es beschränkt bleiben auf Sitzungen des Pfarrgemeinderates und ähnlicher Gremien. Das Problem ist, dass dies nichts mehr mit wirklicher Gemeinschaft zu tun hat, sondern nur ein höflicher Vorwand dafür ist. Jetzt kommen wir zum Kern der Sache.

Weil Christus uns so klar zum Frieden aufgerufen hat, ist die Kirche der wichtigste Schlüssel zur Abrüstung. Aber damit sich die Kirche von ganzem Herzen hinter die Abrüstungsbewegung stellt, muss das Thema des Wettrüstens innerhalb der Kirche ausgefochten werden. Und damit meine ich nicht nur innerhalb der Gremien. Es muss ausgefochten werden zwischen den Gemeindemitgliedern in jeder einzelnen Gemeinde im ganzen Land. Man hat sich auf diesen Kampf noch nicht einmal eingelassen. Selbst in jenen Kirchen, deren Führung ansatzweise den Mut zeigte, das Thema des Wettrüstens, mit dem die Christen zu ringen haben, zu proklamieren, ist nichts dafür getan worden, um dieses Ringen zu einer Gemeinschaftsangelegenheit zu machen.

Das Höchste, was getan wird, ist, Redner einzuladen, die beide Seiten vertreten. Dabei hatten die einzelnen Gemeindemitglieder die Freiheit, solchen Vorträgen beizuwohnen oder nicht. Sie saßen auf ihren eigenen Kirchenbankplätzen und es blieb ihnen überlassen, sich ihre eigene Meinung zu bilden (die sie normalerweise schon vorher gefasst hatten), ohne sich in irgendeiner Weise miteinander oder als gemeinsamer Körper auseinandersetzen zu müssen. Die Kirche hat ihre Verantwortung sich mit dem Wettrüsten auseinanderzusetzen, nicht wahrgenommen.

Die Kirche bezeichnet sich gerne selbst als „Leib Christi". Aber sie verhält sich so, als könne sie der Leib Christi sein, ohne Schmerzen auf sich zu nehmen, als könne sie dieser Körper sein, ohne fast auseinandergerissen zu werden, ohne ihr eigenes Kreuz zu tragen, ohne an diesem Kreuz hängen zu müssen, ohne sich der Qual ihres Konfliktes bewusst zu sein. Indem sie denkt, es könnte so schmerzlos abgehen, hat die Kirche den Ausdruck „Leib Christi" verunglimpft.

Was sollte also passieren? Die Antwort ist nicht schmerzlos, aber sie ist klar. Eine der Eigenschaften echter Gemeinschaft ist, dass sie ein Körper ist, der würdevoll kämpfen kann. Ehe sie zur Gemeinschaft geworden ist, wird die Kirche nicht fähig sein, den Sachverhalt des Wettrüstens zu bekämpfen. Zurzeit ist die Kirche kein Leib Christi, sie ist nicht einmal ein Körper als Gemeinschaft. Sie muss zur Gemeinschaft werden, ehe sie als Leib Christi dienen kann.

Der Prozess der Gemeinschaftsbildung beginnt mit einer verbindlichen Zusage ihrer Mitglieder, nicht auszusteigen, durch dick und dünn, durch den Schmerz von Chaos und Leere hindurchzugehen. Eine derartige Verbindlichkeit wurde von der Kirche im Allgemeinen nicht eingefordert. Jetzt ist die Zeit gekommen, sie zu verlangen. Denn ohne diese Verbindlichkeit ist Gemeinschaft unmöglich.

Wenn ich durchs Land reise, treffe ich viele Kirchenmänner, die in einer verzweifelten Lage sind. Die meisten sind sich des Mangels an Gemeinschaft in ihrer Gemeinde zutiefst bewusst. Sie leiden darunter nicht nur in ihrer Rolle als Seelsorger, sondern auch als Individuen. Sie fühlen sich nicht in Gemeinschaft mit ihrer eigenen Gemeinde. Sie suchen nach Gemeinschaft außerhalb ihrer Gemeinde, finden sie aber selten. Sie fühlen sich in der Tat nie frei in ihrer eigenen Gemeinde, unbefangen zu sprechen, oder aus ganzem Herzen das Evangelium zu predigen, so wie sie es selbst verstehen.

Wenn sie mich fragen, was sie tun sollen, schlage ich ihnen vor, sie sollten von ihren Gläubigen eine verbindliche Zusage verlangen, dabei zu bleiben und miteinander ehrlich zu sein. „Wie können Sie sich frei fühlen, die Evangelien zu predigen", frage ich sie, „wenn Sie Angst haben, dass Sie dadurch Gemeindemitglieder vertreiben? Wenn sie vertrieben werden, gibt es weniger Mitglieder, das Budget wird verkleinert, und Ihr Bischof wird ärgerlich sein. Sie haben dann in Ihrer Rolle versagt. Als Erstes müssen Sie daran arbeiten, von Ihren Gemeindemitgliedern eine Zusage zu erhalten, dass sie bleiben. Damit muss Gemeinschaft anfangen".

Aber dieser Rat ist nicht leicht zu befolgen. Wir leben immer noch im Zeitalter des schroffen Individualismus. Jeder Mensch sollte frei sein, zu kommen und zu gehen, wie es ihm passt, ist das nicht so? Sollte es nicht jedem Einzelnen überlassen bleiben, ob er oder sie eine bestimmte Kirche besucht, und ob er oder sie zur Predigt kommt, an einem bestimmten Sonntag in einem bestimmten Monat, zu einer bestimmten Jahreszeit? Wie kann Loyalität eingefordert werden wie ein Pfund Fleisch, in einem Zeitalter, wo die Menschen ziemlich frei sind, in die nächste Kirche um die Ecke zu gehen, wo also Loyalität keine Bedingung zur Mitgliedschaft ist. Tatsache ist, dass das Abverlangen einer solchen Verbindlichkeit als Gemeindekörper eher dazu führt, eine beachtliche Anzahl der Mitglieder zu vertreiben. Es wäre in der Tat eine riskante Sache. Aber wir müssen auch zu der Realität zurückkehren, mit der wir immer wieder konfrontiert werden: Es ist – oder sollte – eine riskante Angelegenheit sein, überhaupt Christ zu sein.

Vielleicht wird es einen Anfang geben mit ein paar tapferen einzelnen Kirchenmännern, die bereit sind, das Risiko auf sich zu nehmen ihren Gemeinden zu sagen, dass die Zeit gekommen ist, als Christen aufzustehen und sich zu zeigen. Aber wenn ich an ihr Opfer denke, erschauere ich. Es könnte ihnen viel leichter gemacht werden, indem ihre Bischöfe oder andere Kirchenführer sie zu diesem Risiko ermutigten. Und letzten Endes wäre ihr Opfer umsonst, wenn ihre Bischöfe und Führer dieses Risiko nicht ebenfalls auf sich nähmen. Denn genauso, wie der wahre einzelne Christ ein risikoreiches Leben führen muss, so muss die Kirche als Ganzes, als ein Körper, zu diesem Risiko bereit sein, wenn sie der Körper Christi sein will. Die Risiken sind groß.

Wenn man vom Stand eines Bischofs oder dem Vorsitzenden einer Glaubensgemeinschaft ausgeht, dann hätte ich Fragen zu stellen, wie diese: „Wenn in diesem Zeitalter des Individualismus es die Politik der Kirche ist, ihren Mitgliedern eine Verbindlichkeit abzuverlangen, wie viele Mitglieder werden wir dann eigentlich verlieren? Zehn Prozent? 25 Prozent? 50 Prozent? Welche Auswirkungen hat das auf unsere finanzielle Struktur? Und wo werden diese verloren gegangenen Mitglieder hingehen? Werden sie gar anderen Glaubensgemeinschaften beitreten? Und was wird das mit der Kirche als Ganzes machen? Wird es die größere Kirche in engagierte und in unengagierte Glaubensgemeinschaften spalten? Würde es zwei Kirchen bedeuten? Eine Kirche der Engagierten und eine der

Unengagierten? Ist denn Gemeinschaft nicht einschließend? Würde nicht eine Politik, die irgendeine Art von Verbindlichkeit verlangt, jene ausschließen, die keine Verbindlichkeit eingehen wollen? Würden wir diesen dadurch nicht die möglichen Tugenden der Sakramente und zumindest ein gewisses Kennenlernen der Evangelien vorenthalten? Wird ein solches Verhalten nicht letzten Endes spaltend sein, wo es doch unsere Aufgabe ist, zu versöhnen?"

Das sind harte Fragen, und man sollte ihnen nicht ausweichen. Doch für jene offiziellen Kirchenvertreter und deren Gemeinden, die ein ehrliches Interesse daran haben, zu einer wahren Gemeinschaft zu werden, für jene, die willig sind, dieses Risiko einzugehen, gibt es drei Dinge zu erinnern. Das erste ist, dass das Thema Einschließlichkeit für jede Gemeinschaft ein ständiger Kampf ist. Die Einschließlichkeit authentischer Gemeinschaft wird nie total oder absolut sein. In der Tat hat die Kirche darin versagt, weil sie versucht hat, zu einschließend zu sein. An der Wurzel dieses Versagens gab es ein falsches Motiv. Die Kirche hat versucht, so einschließend wie möglich zu sein, und zwar nicht im Dienst der Gemeinschaft, sondern im Dienst ihrer Mitgliederzahlen; sie hat den Fremden nicht aus Liebe willkommen geheißen, sondern aus Gier. Nicht weil sie den Wunsch nach Gemeinschaft hat, hat sie davon Abstand genommen, ihre Mitglieder aufzufordern sich als Christen zu bekennen, sondern sie tat dies aus Angst. Sie kann nicht argumentieren, dass sie von ihren Mitgliedern aus Interesse an Gemeinschaft nichts gefordert hat, weil Gemeinschaft überhaupt nicht bestanden hat. Die einfache Wahrheit ist, dass die Kirche im Großen und Ganzen nicht auf das Thema Gemeinschaft gesetzt hat, sondern auf das Thema Mitgliederzahlen.

Der zweite Punkt ist, dass es eine große Zahl nicht engagierter religiöser Menschen gibt, die nie eine Kirche gesehen haben, welche ihr Engagement verdient hätte. Was sie dagegen erlebt haben, sind Kirchen, die das Mitgliederzahlenspiel spielen, Kirchen, die gesellschaftliche Wischiwaschi-Klubs sind, Kirchen, denen es an Gemeinschaft und am Gemeinschaftsgeist fehlt, Kirchen, wo die Evangelien geschönt werden, Kirchen, deren Mitglieder Christus in der Regel nicht ernst nehmen, Kirchen, die anscheinend für alles und in Wirklichkeit für nichts stehen. Wenn die Mitgliedschaft es verlangt, dass man sich bekennt, werden viele alte Mitglieder verloren gehen. Aber eine solche Kirche wird dann neue Mitglieder anziehen. Vielleicht viel weniger, vielleicht mehr. Ich weiß nicht, was von beiden. Auch wird die Kirche es nicht wissen können, ehe sie nicht bereit ist, das Risiko auf sich zu nehmen.

Letztlich gilt es, sich an das Beispiel Jesu zu erinnern. Jesus war nicht bedingungslos tolerant. Er war erstaunlich tolerant gegenüber offenen Sündern. Er schloss sie in seine Gesellschaft ein und war mit ihnen in Gemeinschaft. Aber er war auch bemerkenswert intolerant mit den Selbstgerechten, den angeblich Frommen und den Geldwechslern im Tempel. Er war nicht einschließend ohne Bedingungen. Er bot einem jungen Mann Jüngerschaft an. Er lud ihn ein, mit ihm zu reisen, mit ihm in der engstmöglichen Gemeinschaft zu sein. Aber er wies den jungen Mann an, dass er als Erstes seinen Besitz loslassen musste – und damit sein Bedürfnis nach Sicherheit und Unverletzbarkeit – und, dass er ein Kreuz auf sich nehmen und in seinen Fußstapfen gehen müsse.

Wenn Kirchenführer und ihre Gemeinden mit diesen wirklichen Themen von Einschließlichkeit und den Themen Abrüstung und Gemeinschaft ringen, müssen sie sich an Jesus erinnern und fragen, was er getan hätte. Wie wir alle wissen, entschied der junge Mann sich, dass er die Bedingungen von Jesus nicht annehmen wollte. Und das war traurig. Aber es steht auch geschrieben, dass Jesus, als er diese Bedingungen festlegte, den Mann voller Liebe anschaute.

Zeichen der Hoffnung

Obwohl ich meine Kirche als weitgehend gotteslästerlich, ketzerisch und als Versagerin mit weichen Knien beschrieben habe, hat es immer seltene Ausnahmen gegeben – hier ein Märtyrer, dort eine Gemeinde, die, um Juden zu beschützen, ihre eigene Existenz riskierte. Es hat immer seltsame Zeichen der Hand Gottes gegeben, die in dieser kläglichen und wunderbaren Institution am Werk war. An der Oberfläche kann es so aussehen, als ob die heutige Kirche unfähig ist, die soziale Revolution einzuleiten, die so dringend gebraucht wird, um Weltfrieden zu erreichen. Aber nicht selten stellt man fest, dass beim Zusammenbrechen einer alten Ordnung die neue schon unter den Trümmern zu keimen begonnen hat, und dass sich mitten im Verfall schon Anzeichen für neues Leben regen. Es gibt deshalb nicht nur Hoffnung für die Welt, sondern Gründe dafür, dass man diese Hoffnung heute vielleicht am ehesten inmitten der jahrhundertealten Korruption der Kirche findet.

Das offensichtlichste Zeichen für Hoffnung ist, dass die Mehrheit der Kirchenführer in der Tat, wenn auch zaghaft, begonnen haben, öffentlich für die Sache der Abrüstung einzutreten. In der römisch-katholischen Kirche scheint dieser Aufbruch am wenigsten zaghaft zu sein. Der Hirtenbrief der Vereinigten Staaten ist ein vorsichtiger, aber klarer Anfang. Die Priester der römisch-katholischen Kirche, die eine autoritäre Struktur hat, beginnen ihren Gläubigen – unterstützt durch die Macht ihrer Obrigkeit – diese Botschaft zu vermitteln. Sie können und sollten noch viel entschlossener werden. Die Führer der protestantischen Geistlichkeit haben gemeinsam ähnlich lautende Statements herausgegeben. Jetzt sollten die Protestanten ihre Verantwortlichen beim Wort nehmen und anfangen, in ihren Gemeinden diese Themen mit größerer Offenheit und Autorität anzusprechen. Die Zeit der Ausflüchte ist vorbei.

Ein anderer, vielleicht noch wichtigerer Grund für Hoffnung sind Zeichen dafür, dass sich die Kirche in Richtung Gemeinschaft bewegt. Die offensichtlichsten Anzeichen beobachtet man hie und da in Gemeinden, die nicht nur in Gemeinschaft gestolpert sind, sondern ernsthaft daran arbeiten. Am beachtenswertesten ist die „Church of the Savior", deren Zentrum in Washington D. C. ist, und die von ihren Mitgliedern genau jene Art von Verbindlichkeit verlangt, von der ich vorher sprach. Sie wird zu einem Modell für die Kirche als Ganzes. Aber sie ist ein anspruchsvolles Modell. Sie ist eine relativ winzige Kirchengemeinde, und es gibt nur wenige andere Kirchengemeinschaften, die diesem Beispiel folgen, doch es gibt sie.

Ein anderes Zeichen der Hoffnung ist ein subtileres Phänomen, das aber eine breitere Basis hat. Auf geheimnisvolle Weise ist die gesamte christliche Kirche im letzten Jahrzehnt eucharistischer geworden. Das Abendmahl war immer das Zentrum des römisch-katholischen Gottesdienstes. In den protestantischen Kirchen jedoch ist diese zweite Phase der heiligen Donnerstagsrevolution in ziemlich in Vergessenheit geraten. In einigen Episkopalkirchen kam es in den 1960er Jahren soweit, dass sie das Abendmahl nur einmal im Monat feierten, und andere protestantische Kirchen nur einmal im Quartal. Doch geht ohne offensichtlichen Grund der Trend in vielen protestantischen Kirchengemeinschaften wieder in umgekehrte Richtung. Praktisch alle Episkopalkirchen feiern das Abendmahl wenigstens einmal pro Woche, und in einigen gibt es nur Abendmahlsgottesdienste. Viele lutheranische und presbyterianische Kirchen haben wöchentliche Abendmahlsgottesdienste. Überraschenderweise ist das ebenso in einigen Methodistengemeinden.

Außerdem ist die „Curcillo" Bewegung, die im katholischen Spanien entstand, auch in protestantische Gemeinden eingesickert. Sie lehrt durch direkte Erfahrung etwas über Gemeinschaft und viel über das gefühlsbetonte Element des gemeinschaftlichen Gottesdienstes.

Letztendlich gibt es in der Kirche eine stille, aber starke Bewegung dahingehend, dass kirchliche Ämter in vermehrtem Maße von Laien übernommen werden. Es handelt sich um eine sehr einfache Bewegung, die nur eine Grundannahme hat. Nämlich, dass jeder Christ ein Geistlicher ist. Diese Bewegung scheint in der römisch-katholischen und in der protestantischen Kirche ungefähr zur gleichen Zeit begonnen zu haben. In der katholischen Kirche war die Speerspitze das Zweite Vatikanische Konzil, das ausdrücklich bestimmte formale Änderungen erlaubte, z.B., dass Laien beim Abendmahl die Kelche tragen oder den Wein anbieten dürfen. Jetzt wird die Liturgie am Altar nicht länger ausschließlich durch ausgebildete Kirchenbedienstete vor einer Laienzuhörerschaft durchgeführt. Plötzlich war es gewöhnlichen Männern und Frauen erlaubt, als Laienleser auf die Kanzel zu gehen oder an den Altar oder die Sakristei zu betreten. Die alten Spezialisierungen von Priester und Büßer, Prediger und Zuhörer, Hirte und Herde begannen sich aufzulösen. Die Priesterschaft war jetzt nicht mehr automatisch dort oben in ihren Roben, um spezialisierte Spiritualität zu repräsentieren, während die Mehrheit dort unten auf ihren Kirchenbänken die Spezialisierung der Unspiritualität repräsentierte. So begann die Kirche ihre Bewegung von übertriebener Spezialisierung hin zur Integration, und die alten Unterscheidungen, wer ein Geistlicher war und wer nicht, begannen sich zu verwischen. Es war, als wäre der Geist in der Kirche am Werk.

Während das Übernehmen von kirchlichen Ämtern durch Laien in der römisch-katholischen Kirche mit dem Zweiten Vatikanischen Konzil begann, tauchte das Phänomen auch in den protestantischen Gemeinden auf. Protestantische Geschäftsleute bildeten kleine Unterstützungsgruppen, die es als ihre Aufgabe ansahen ihre Kollegen, die ganz in das weltliche Leben verstrickt waren, für die Kirche zu begeistern. Hausfrauen taten sich zusammen, um zu alten oder behinderten Menschen zu gehen, um sie geistlich zu betreuen. Nicht-Ordinierte starteten „Haus-Kirchen". Ohne Priester und Ordinierte, und sogar ohne die Gegenwart eines ausgewiesenen Geistlichen, begannen Protestanten ab und zu in sogenannten Agape-Treffen miteinander das heilige Abendmahl zu feiern[63]. Es war, als wenn von irgendwoher eine Stimme gleichzeitig zu vielen Christen in vielen verschie-

---

[63] Das griechische Wort Agape ist im Neuen Testament exklusiv für diesen spezifischen Gebrauch geprägt worden: Jedes Mal, wenn es in der Schrift gebraucht wird, bedeutet es ohne Ausnahme Gottes reine und göttliche Liebe. Charakteristiken von Gottes Liebe: Agape ist die einzige bedingungslose, einseitige, befreiende, auf andere zentrierte Liebe, die es gibt

nen Kirchen an vielen verschiedenen Orten gesprochen hätte, um ihnen mit Bestimmtheit zu sagen: „Ihr seid Geistliche. Geht und sättigt meine Schafe".

Trotzdem bleiben diese Schritte hin zu Gemeinschaft in Bezug auf das Ganze – so aufregend sie auch sein mögen – relativ kleine und statistisch nicht signifikante Phänomene. Doch sie sind real. Sie wachsen. Aber es bleibt die Realität, dass die Kirche noch einen weiten Weg zu gehen hat. Und die Zeit läuft aus. Kürzlich war ich Zeuge eines Ehrfurcht erregenden Phänomens, der größten Vogelpopulation, die ich jemals gesehen habe. Nicht Hunderte, nicht Tausende, sondern Hunderttausende von Kreaturen, die sich gemeinsam auf ihren Zug nach Süden machten. Sie wissen, was sie für ihr Überleben zu tun haben. Aber wissen wir es? Selbst die Regierungswissenschaftler in Los Alamos haben dieses Thema genügend recherchiert, um den verheerenden „nuklearen Winter" als mögliche Folge einer Kombination von Atomexplosionen erkannt zu haben[64]. Doch die Gesellschaft als Ganzes verhält sich so als sei das nicht so, als könnte sie dort bleiben, wo sie ist, ohne ihre Richtung zu verändern. Für die Kirche ist die Zeit gekommen, sich aufzumachen.

---

[64] Anm. d. Übers.: Der Begriff nuklearer Winter bezeichnet die Verdunklung der Erdatmosphäre durch die Explosion einer großen Zahl von nuklearen Sprengsätzen.

15 Die Regierung der Vereinigten Staaten

Im Sommer 1970 zogen meine Frau und ich nach Washington D. C., damit ich meiner Arbeit im Büro des Inspekteurs des Sanitätswesens der Armee nachgehen konnte. Ich wählte diesen Job aus einem tiefen Interesse an einer Verbindung zwischen Politik und Psychologie heraus. Ich erhoffte mir davon zweierlei. Das erste war, das ich mehr darüber lernen wollte, wie unsere Regierung operiert. Diese Hoffnung wurde erfüllt, obwohl ich nicht unbedingt mochte, was ich erfuhr. Die andere Hoffnung war die eines Idealisten, der dachte, er könne zur Gesundung der Regierung beitragen. Diese Hoffnung blieb weitgehend unerfüllt. Ich kam voller Enthusiasmus in unserer Hauptstadt an. Es war aufregend, einfach an diesen marmornen Korridoren der Macht entlangzulaufen. Ich fühlte mich privilegiert, in einer Position zu sein, von wo aus ich am Zentrum unserer Regierung teilhaben konnte. 27 Monate später ging ich zutiefst niedergeschlagen fort. In unserer letzten Nacht dort schrieb ich ein Gedicht „Washington verlassen":

> Die Teppiche sind eingerollt;
> das Putzzeug steht wie Zinnsoldaten,
> in Reih' und Glied und wartet auf den Einsatz,
> auf einem Papp-Schlachtfeld.
> Möbelwagen werden morgen uns erretten,
> aus dieser seelenlos sterilen Marmorstadt
> ...
> Ich weiß, den Kampf hier nochmal aufzunehmen,
> bräucht bess're Waffen ich oder mehr Liebe.

Meine Stimmung zu dieser Zeit wäre nicht weiter erwähnenswert, wenn das Arbeit unserer Regierung nicht wahrscheinlich eine vergleichbare Wirkung auf andere Menschen gehabt hätte. Es gibt zwei denkbare Hypothesen. Eine ist, dass ich es verdiente: Was zerstört war, war weniger mein Enthusiasmus als mein Stolz. Meine Träume etwas zu vollbringen – einen positiven Einfluss nehmen zu können – waren unreif und narzisstisch. Ich war nicht zufrieden damit, ein kleiner Fisch in einem großen Teich zu sein. Ich hatte nicht die Bescheidenheit oder das Temperament eines Bürokraten. Ich war ein einfaches Rädchen einer riesigen, ganz gut funktionierenden Maschine. Mein Idealismus war naiv und unrealistisch. Ich hatte es verdient, desillusioniert zu werden und es war passend, dieses Geschäft des Regierens den Robusteren und Reiferen zu überlassen. Ich denke es steckt Wahrheit in dieser Hypothese.

Es steckt genauso viel Wahrheit in einer anderen Hypothese – nämlich, dass unsere Regierung so konstituiert ist, dass sie die Hoffnungen von jedem idealistischen und sensiblen und humanen Menschen zerstört, der so wie ich versucht, von „drinnen etwas zu verändern". Wenn ich richtig liege, haben wir ein echtes Problem. Das würde bedeuten, dass unsere Regierung denen überlassen werden muss, die zynisch und unsensibel sind, den Härtesten der Harten, denen, die in einer Atmosphäre von unendlicher Intrige, Manipulation und Orientierung am eigenen Vorteil gedeihen.

Gleichgewicht der Kräfte oder Chaos?

Was Politiker in Washington hauptsächlich tun, ist, wie ich herausfand, kämpfen. Und sie kämpfen hart. Ich kann sie nicht beschuldigen, dass sie faul wären im üblichen Sinne des Wortes. Die 70 Stunden Woche – die gewöhnlich kämpfend verbracht wird – ist die Norm in dieser Stadt. Sie kämpfen schmutzig. Und sie kämpfen vor allem gegeneinander. Worum sie hauptsächlich kämpfen, ist Geld in Form von Budgets. Ich will nicht daraus schließen, dass diese Budgetkämpfe nichts mit Ideen oder Idealen zu tun haben. Ein Budget ist die Konkretisierung von Prioritäten. Aber ich will auch nicht den Eindruck erwecken, dass diese Kämpfe gewöhnlich altruistisch motiviert sind. Meist geht es darum, das eigene Stück vom Budget-Kuchen zu vergrößern, zu Lasten des Kuchenstücks von jemand anderem. Manchmal mag es Einigungen geben, aber andererseits habe ich es nicht erlebt, dass Budgets auf eine kooperative Weise zustande kamen. Kooperation hat keine große Bedeutung in Washington[65]. Ebenso wenig wie Kommunikation.

Das Allererste was mir in diesem Job gelehrt wurde war die ungeschriebene Regel Nr. 1: „Sei vorsichtig, mit wem du kommunizierst. Es ist generell in Ordnung mit Leuten aus deiner Abteilung zu sprechen. Wenn irgendein höherrangiger Offizier, der im Büro des Inspekteurs des Sanitätswesens beschäftigt ist, dich etwas fragt, solltest du freundlich antworten, aber das heißt nicht, dass du frei-

---

[65] Ein Beispiel: In Washington hat eine signifikante Zahl von Leuten dafür gekämpft eine nationale Friedensakademie zu etablieren mit einem Budget von weniger als 1% von dem, was die nationalen Kriegsakademien erhalten. Die Ideen und Ideale von Krieg scheinen eine viel größere Priorität zu haben als die Ideen und Ideale des Friedens. Budgets spiegeln die politischen Realitäten wieder.

willig mehr Informationen geben solltest als nötig. Nur unter besonderen Umständen solltest du mit irgendeiner anderen Abteilung der Armee sprechen, ohne den Inspekteur des Sanitätswesens einzubeziehen. Es mag Zeiten geben, wo du mit der Fachabteilung des Heeres sprechen musst, aber gib um Gotteswillen keine Informationen an Leute aus den Abteilungen der Marine oder Luftwaffe. Wenn du die Erlaubnis hast, mag es gelegentlich in Ordnung sein, mit den Offizieren der anderen Abteilungen zu sprechen, aber es gibt keinen Grund das Personal des Verteidigungsministeriums darüber zu informieren, was du tust. Du wirst nicht deinen Job verlieren, wenn du mit dem Verteidigungsministerium kommunizierst, solltest du auf jeden Fall vermeiden, mit dem Weißen Haus zu sprechen. Und was das Allerwichtigste ist, was dir klar sein muss, du darfst niemals – unter keinen Umständen – unaufgefordert irgendeine Information an ein Kongressmitglied geben, weil der Kongress der ultimative Feind ist."

Eins der wenigen Dinge, die unsere Regierung zumindest ansatzweise vernünftig bleiben lässt, ist die Praxis des Durchsickerns. Man mag denken, dass das vorkommt, wenn ein Offizieller der Regierung ein Stück Information an die Presse durchsickern lässt. Das passiert natürlich und ist ein wichtiger Teil, aber der größere Teil besteht aus Lecks innerhalb der Regierung – wenn ein Offizieller einer Abteilung über die territorialen Grenzen schleicht und einer anderen Abteilung Informationen gibt. In der Tat gibt es einen speziellen amerikanischen Ausdruck für diese Art des Durchsickerns: „Whistle Blowing" (Verpfeifen). Innerhalb des Systems wird es als schwerwiegender Angriff betrachtet und ein entsprechendes Vorgehen ist gefährlich. Die Strafen können heftig sein. Das ist die gewöhnliche Art innerhalb der Regierung zu kommunizieren.

Je weniger Kommunikation es gibt, desto weniger Gemeinschaft gibt es. Die Regeln, nach denen unsere Regierung operiert, nicht nur in Verbindung mit anderen Regierungen, sondern auch unter sich, sind die Regeln von Anti-Gemeinschaft. Es gibt keine Gemeinschaft innerhalb der Regierung. Sie ist durchzogen von einer konstanten Atmosphäre von Konkurrenz, Feindseligkeit und Misstrauen. Einer meiner Vorgesetzten machte keine Scherze, als er mir empfahl: „Hier bist du am besten paranoid oder du hast ein Problem. Paranoid zu sein ist vernünftig." In solch einer Umgebung konnte ich nicht lange überleben. Muss das so sein? Viele würden sagen: ja. „So funktioniert die Welt eben", werden die sogenannten Realisten ausrufen. Sie tun so, als ob es ein Naturgesetz sei.

Als unsere Gründerväter die Verfassung schufen, waren sie sich sehr klar über das Konzept des Gleichgewichts der Kräfte. Sie sahen voraus, dass sich die drei Gewalten – Judikative, Exekutive und Legislative – oft uneinig sein würden, aber sie sahen auch voraus, dass das gut sein würde. Die Reibung zwischen diesen Zweigen würde dazu beitragen, das Verhalten des Ganzen zu verfeinern und zu verbessern, den Missbrauch in den einzelnen Zweigen zu kontrollieren und eine Balance aus Vernunft und Weisheit zu erzeugen. Die Gründerväter haben wohlüberlegt Konflikte in dieses System eingebaut. Die Konzepte der „Gewaltenteilung" und des „Gleichgewichts der Kräfte" sind gut, so wie unsere Gründerväter sie beabsichtigt haben. Ich glaube, dass die Erfinder unserer Verfassung einen fruchtbaren Konflikt zwischen den drei Gewalten wollten, aber nicht chronische, mörderische Kämpfe zwischen und in den Abteilungen und Unterabteilungen. Noch glaube ich, dass sie den Informationsfluss zwischen den Gewalten verstopft sehen wollten, und noch viel weniger den innerhalb der Gewalten. Ich bezweifle auch, dass sie ein Klima innerhalb der Regierung wünschten, in dem nur eine seelenlose, paranoide, bürokratische Mentalität überleben kann. Nein, die Verfassung zwingt uns nicht zu einer Regierung, die einen Krieg im Inneren führt, eine Regierung frei von Kooperation, wo die Geistlosen unten und die Raubtiere an der Spitze sind.

Aber erfordert das Wesen der menschlichen Natur dies? Die Antwort ist wiederum nein. Weil wir dabei sind, zur Realität von Gemeinschaft zurückzukehren. Menschen können in Gemeinschaft leben und leben in Gemeinschaft. Nicht oft. Und das kann nicht nur geschehen, man kann dafür sorgen, dass es so wird, indem man die Regeln für Gemeinschaftsbildung im Bewusstsein hat. Unsere Regierung ist blind für die Regeln der Gemeinschaftsbildung. Sie steckt fest in der Aufgaben-Vermeidungs-Strategie Kampf, was typisch für die vorgemeinschaftliche Phase des Chaos ist. Sie benimmt sich, bezogen auf die internationalen Beziehungen, als wäre ihr primäres Ziel der Kampf gegen andere Nationen.

Aber vielleicht noch dramatischer ist die Situation innerhalb unseres Landes, wo Regierungsmitglieder sich so benehmen, als sei das Ziel ihres Beisammenseins in Washington, miteinander zu kämpfen. Jedoch ist das nicht ihr Zweck. Die Aufgabe unserer Regierung ist es zu regieren. Vermutlich könnte sie ihre Aufgabe besser erfüllen, wenn generell miteinander und nicht gegeneinander gearbeitet würde. Eine Gruppe, die in einer Aufgaben-Vermeidungs-Strategie feststeckt – in diesem Fall Kampf – ist auffallend ineffizient. Stellen Sie sich vor, wie viel effizienter unsere Regierung operieren könnte, wenn ihre Angestellten nicht unaufhörlich mit Kämpfen beschäftigt wären. Es gibt einen besseren Weg als dieses autoritäre, bürokratisierte Chaos unserer Regierung. Der Weg ist Gemeinschaft.

Es mag paradox erscheinen, aber ich schätze, dass wenn die Regierungsvertreter ein Viertel ihrer Zeit mit Gemeinschaftsbildung verbringen würden, sie nicht nur mit größerer Effizienz und Effektivität operieren, sondern auch um die Hälfte reduziert werden könnten. Aber die Bürokraten der Regierung auf welcher Ebene auch immer, werden nicht dazu in der Lage sein, sich einander mit Menschlichkeit und der Orientierung am Gemeinwohl zu begegnen, wenn sie weiterhin glauben, dass der Name des Spiels „Ich muss besser sein als der andere" und „Machtkampf" heißt. Gemeinschaft kann sich in der Regierung nur ausbreiten, wenn die Regierungsvertreter, vom Präsidenten angefangen, sich verbindlich auf die Prinzipien der Gemeinschaftsbildung einlassen.

In vielerlei Hinsicht hat der Präsident weniger Macht, als der Uneingeweihte denken mag. Oft ist der Entscheidungsspielraum, bezogen auf mögliche Optionen, auffallend eng. Auf der anderen Seite ist die größte Macht, die der Präsident besitzt, eine Macht, die gewöhnlich unterschätzt wird: die Macht des Geistes. Der Geist der Veränderung und Innovation durchzog die Kennedy-Regierung. Der Geist der Manipulation durchzog die Johnson Regierung. Nixons Blindheit für die Bürgerrechte leistete „schmutzigen Tricks" Vorschub und durchzog seine Regierung.

Gemeinschaft wird nur dann innerhalb unserer Regierung entstehen, wenn der Präsident sich verbindlich – als geistige Haltung – auf die Prinzipien der Gemeinschaftsbildung einlässt.

Die Irrealität der amerikanischen Präsidentschaft

Genau wie das System der Nationalstaaten hat sich die Institution Präsidentschaft am Ende des 20. Jahrhunderts überholt. Als sie vor 200 Jahren durch die Verfassung ins Leben gerufen wurde, betrug die Bevölkerung nur ein Hundertstel der heutigen, und die Komplexität der Probleme war geringer. Trotz einer hundertfachen Zunahme des zu erfüllenden Aufgabenumfangs, ist die Basisstruktur der Präsidentschaft unverändert. In dieser Hinsicht muss die Verfassung nicht geändert werden. Aber die Art und Weise, wie der Präsident seine oder ihre Rolle ausfüllt, bedarf dringend einer radikalen Veränderung.

Die Amerikaner erwarten, dass der Präsident die Pfadfinder auf dem Rasen des Weißen Hauses begrüßt, Staatsmänner auf dem Flughafen trifft, rituelle Reden vor der Veteranenvereinigung und dem Nationalen Presseklub hält, jedes

Kongressmitglied dazu bringt, die Hand zu neuen Gesetzen zu heben, sich aktiv für jedes Parteimitglied in Schwierigkeiten einsetzt, alles über El Salvador und Atomenergie weiß, und so weiter und so fort. Und dass er gut durchdachte, tiefsinnige Entscheidungen trifft. Das alles ist unmöglich.

Das ist kaum Präsident Reagans Schuld. Seit Roosevelt haben wir ein Macho-Bild von dem Präsidenten als einem „Superman" entwickelt, der alles wissen kann, der fast überall gleichzeitig sein kann, der einhändig das Schiff der Vereinigten Staaten kontrollieren kann. Ein Bild ist genau das, was es ist, es ist völlig irreal. Kein Wunder, dass wir 1980 schließlich einen Schauspieler wählen mussten, um die Rolle auszufüllen. Bilder beunruhigen mich. Wenn wir ins Theater gehen und bestimmte Bilder oder Charaktere uns fesseln, so wissen wir doch, dass sie nicht real sind. Sie sind Theater, und wenn die Lichter wieder angehen, kehrt unser Bewusstsein wieder in die Realität zurück. Aber so ist es nicht mit unserer Präsidentschaft.

Kürzlich wagte es ein Präsidentschaftsbewerber, der beständig für eine routinemäßige Erhöhung des Budgets des Pentagons votierte, sich als Befürworter der Abrüstung darzustellen. Reagan „gibt vor", dass er den Gesamthaushalt ausgleichen möchte. Trotz der ganzen Aufregung, mit der die Anwärter, die Presse und die Interessengruppen versuchen, ein unterhaltsames Spektakel zu kreieren, dürfen wir nicht vergessen, dass Politik real ist. Sie sollte kein Drama aus Bildern sein. Sie ist das Drama der Realität. Es geht um das Leben von Millionen, Milliarden von Menschen. Wenn Bilder nicht als Theater, sondern als Realität dargestellt werden, sind es Lügen.

Die vielleicht beste Definition von Satan ist „realer Geist der Unwirklichkeit". Ich fürchte, unsere Regierung ist in einem beachtlichen Maße davon durchzogen ist und demgemäß handelt. Sie sinkt ab ins Böse. Die Präsidentschaft braucht eine radikale Therapie. Ein radikaler Wandel liegt letztlich nicht in der Verantwortung einer demokratischen Regierung selbst.

Was auch immer ihre sonstigen Fehler sind, unsere Regierung geht erfolgreich auf die Wünsche – nicht unbedingt auf die Bedürfnisse – des Volkes ein. Demzufolge muss die Heilung für die Präsidentschaft in den Köpfen und Herzen der einfachen Bürger beginnen und in jedem, dessen Augen sie zu öffnen helfen. Das Macho-Bild des Präsidenten als eine Art Superman wurde erschaffen und aufrecht erhalten, weil die Menschen es so wollten. Wir wollten einen „großen Papa", der alle Antworten weiß, der uns beschützt vor dem brutalen Kerl von der Straße, der uns nicht nur eine sicheres, sondern ein luxuriöses Haus verschafft und alle Schicksalsschläge von uns fernhält. Die amerikanische Präsidentschaft ist die Widerspiegelung der Aufgaben-Vermeidungs-Strategie Abhängigkeit, eine Kreation unserer kindlichen Fantasien. Das führte zu einem Teufelskreis.

Um gewählt und wiedergewählt zu werden, wetteifern die Kandidaten darum, wer am besten die unrealistischen Vorstellungen von uns, dem Volk, erfüllen kann. Darüber hinaus nutzt eine Regierung nach der anderen die Medien um dieses Bild zu verewigen und uns von seiner Realität zu überzeugen.

Paradoxerweise ist unsere Präsidentschaft zu stark und zu schwach geworden. Sie ist zu stark, weil sie, bei dem Versuch das Macho-Bild von übermenschlicher Stärke zu erfüllen, zu viel macht, um zu viele Bedürfnisse zu erfüllen, zu viele Faktoren zu beeinflussen und sich in zu viele Angelegenheiten anderer Nationen einzumischen. Sie ist zu schwach, weil sie keine echte Führung im positiven Sinne praktiziert. Es fehlt ihr an Mut, unrealistische Erwartungen so zu benennen und die Nation zu größerer Gesundheit, mehr Realismus und spiritueller Stärke zu führen, egal wie unpopulär das sein mag.

Zwei Veränderungen sind nötig. Die bedeutendere betrifft die Erwartungen der Menschen an unseren Präsidenten. Wir müssen dahin kommen, einen Anführer zu wollen – nicht einen Versorger, eine reale Person – keinen Superman, einen spirituellen Richtungsweiser – nicht einen großen Papa. Wir müssen uns darauf vorbereiten, nicht eine imperiale, sondern eine „bescheidene" Präsidentschaft zu akzeptieren, ja sogar zu feiern. Präsident Carter hatte den Mut, eine bescheidene, „geistig arme" Präsidentschaft zu versuchen, aber durch die institutionelle Art seiner Rolle, hatte er – was man ein wenig verstehen kann – in vielen Fällen nicht den Mut, dafür zu sorgen, dass sie erhalten bleibt und funktioniert. Das ist besonders schade, weil sein Misserfolg die Menschen glauben ließ, dass eine bescheidene Präsidentschaft unvermeidlich auch eine schwache Präsidentschaft sein muss, und eine, die in der „realen Welt" nicht funktioniert. So sind wir bei seinem Nachfolger mit Vergnügen zu unseren primitiven Bildern und Vorstellungen von Stärke zurückgekehrt.

Als er seine einzige vollständige Predigt hielt, waren die ersten Worte, die aus Jesus' Mund kamen, die erste der Seligpreisungen: „Selig sind, die da geistig arm sind". Wir können darüber debattieren, was er damit meinte, aber wir können ganz sicher sein, dass er nicht eine Regierung meinte, die sich als Weltpolizist versteht, die vorgibt alle Antworten zu haben, die keine Fehler zugeben kann, und versucht ein Bild von Unfehlbarkeit und Unbesiegbarkeit aufrecht zu erhalten.

Ich freue mich schon auf den Tag, an dem in einer Pressekonferenz so etwas gefragt wird wie: „Herr (oder Frau) Präsident, was planen sie in El Salvador zu tun?", und unser Präsident wird in der Lage sein zu antworten: „Ehrlicherweise weiß ich noch nicht viel über El Salvador. Ich habe mich viele Monate darüber informiert, aber die Situation da unten ist sehr kompliziert. Die Menschen haben eine lange Geschichte und eine Kultur, die sehr anders ist als unsere. Nach meinem Wissen scheint ihre Situation nicht kritisch zu sein und bis wir nicht ein genaueres Verständnis der Dinge dort haben, planen wir nicht, in El Salvador etwas zu unternehmen." Wir sind jedoch noch nicht bereit für diesen Tag. Die Welt ist bereit, aber die amerikanische Presse und das amerikanische Bewusstsein sind noch nicht bereit. Wir wollen immer noch die Illusion eines großen Papas in Washington.

Aber wir müssen, um unserer eigenen Rettung willen, anfangen, gemeinsame Anstrengungen zu unternehmen, um uns selbst von der Aufgaben-Vermeidungs-Strategie Abhängigkeit zu lösen, und zu einer größeren Reife zu gelangen. Wir stehen alle vor der Aufgabe, Reife zu erlangen. Und nirgendwo kann diese Aufgabe effektiver vollbracht werden als in Gemeinschaft, wo alle Mitglieder lernen Anführer zu sein und die eigene Tendenz bekämpfen, von einer Autoritätsperson abhängig zu sein. Vor allem Medienprofis sollten diese Last auf sich nehmen. In ihren Händen liegt die Entscheidung, ob eine realistische bescheidene Präsidentschaft unterstützt oder lächerlich gemacht wird. Es liegt in der primären Verantwortung von Journalisten, Fernseh- und Radio-Kommentatoren, die Öffentlichkeit in Richtung politischer Reife auszubilden und sie davon abzuhalten, uns zu Kindern zu machen.

In Richtung einer gemeinschaftlichen Präsidentschaft

Die zweite notwendige Veränderung ist die Entwicklung einer gemeinschaftlichen Präsidentschaft. Es ist der einzige Weg um die Aufgaben der Präsidentenbüros gut zu verteilen, um dem Präsident zu ermöglichen, kontemplativ zu sein, die eigene Integrität zu bewahren und um das Vertrauen scharfsichtiger Leute in die Institution Präsidentschaft wiederherzustellen. All das kann man machen, ohne die Verfassung zu ändern. Mein Traum von der Reformierung der Präsidentschaft beginnt bereits vor dem Prozess der Kandidatenauswahl. Lasst uns mal an eine mögliche weibliche Präsidentin denken. Berufen von ihren Gaben zur Führerschaft und von denen die diese erkannt haben, würde sie ihre besondere Funktion dadurch beginnen, dass sie ihren Vizepräsidenten und das Kabinett auswählt. Sie würde diese Personen nicht so sehr nach ihrem Fachwissen auswählen, sondern wegen ihrer Fähigkeit gemeinschaftlich zu handeln – d. h. gemäß ihrer Reife und der Fähigkeit, über das Verfolgen von persönlichen Interessen hinauszugehen, wenn es angebracht ist. Tatsächlich sind die Minister schon jetzt keine technischen Experten mehr, sondern Manager. Anders gesagt, unsere Kandidatin würde damit beginnen, eine funktionierende Gemeinschaft aufzubauen.

Sie würde es mit Ausnahme ganz besonderer Umstände ablehnen, die Wahlkampftour mitzumachen. 95% der Kampagnen würden durch das Kabinett bzw. durch die Gemeinschaftsmitglieder durchgeführt werden. Das würde sie entlasten, sodass sie ihre zwei wichtigsten Rollen ausfüllen könnte: die Kontemplation für wirklich durchdachte Politik und die Führerschaft, die nötig ist um die Erhaltung und die Integrität der Gemeinschaft sicherzustellen.

Sehr bald würden die Menschen anfangen, nicht nur Individuen zu wählen, sondern eine Gemeinschaft. Wiederum braucht es keine konstitutionelle Veränderung. Es ist richtig, dass die Ernennung eines Ministers letztlich die Zustimmung des Kongresses braucht. So wie es jetzt ist, beginnen solche Politiker ihre Aufgaben schon, bevor sie jemals eine derartige Zustimmung erhalten.

Der einzige Nachteil des von mir vorgeschlagenen Systems wäre, dass die Präsidentschaftskandidatin sehr viel weniger sichtbar wäre für die Wähler, als im gegenwärtigen System. Aber das wird durch die Vorteile bei weitem aufgewogen. Schließlich wären Kampagnen effektiver, weil es nicht mehr eine sondern, ein Dutzend Kampagnen gäbe. Die Kandidatin müsste sich nicht mehr völlig verausgaben bei der harten Wahlkampftour. Darüber hinaus würden die Wähler trotz der geringeren Sichtbarkeit der Kandidatin eher mehr als weniger darüber wissen, was sie bekommen werden. Sie würden schon vorher wissen, wer wahrscheinlich Kanzleramtsminister, Verteidigungsminister oder Bildungsminister sein wird, ebenso wie Justizminister oder Vizepräsident[66].

Das Verfahren für die Wahl der Präsidentin würde wie bisher ablaufen: nicht nur vom Kandidatenwahlkampf bis zur Nominierung durch die Parteien, son-

---

[66] Es ist in der Tat so, dass eines der Dinge, die zu einem Verlust an Vertrauen in unseren politischen Prozess führt, die Art und Weise ist, wie Vizepräsidentschafts-Kandidaten zurzeit ausgewählt werden. Dies geschieht nämlich nicht auf der Basis von Qualifikationen, um im Erfolgsfall die Rolle der Präsidentschaft auszufüllen, sondern nur auf der Basis von rein politischen Überlegungen. Dadurch, dass man die Menschen kennen würde, die ein Präsidentschaftskandidat für den Staatsdienst ausgewählt hat, würden die Wähler die Art des Präsidenten, den sie wählen, viel besser beurteilen können als heute.

dern auch vom nationalen Wahlkampf bis zur Wahl und der Regierungszeit hinterher. Immer würde die Präsidentschaft als Gemeinschaft funktionieren. Alle wichtigen Entscheidungen würden in Gemeinschaft und im Konsens gefällt. Es wäre nicht die Rolle der Präsidentin, Entscheidungen alleine zu treffen. Ihre primäre Verantwortlichkeit wäre es, für die fortdauernde Entwicklung der präsidialen Gemeinschaft und ihren Entscheidungsprozess zu sorgen.

Menschen, die bisher niemals authentische Gemeinschaft erfahren haben, sind vielleicht geneigt zu denken, dass Konsensentscheidungen in Gemeinschaft die Potenz der Präsidentschaft schwächen würden – dass alle Entscheidungen verwässerte Kompromisse wären. Das Gegenteil ist der Fall. Die Präsidentschaft ist gegenwärtig zu schwach. Da er Entscheidungen alleine trifft, ist der Präsident nicht in der Lage, den Mut zu entwickeln, für echte spirituelle Führerschaft des Landes in Richtungen, die gesund aber unpopulär sind.

Unterschätzen wir die Kosten von Mut und Integrität nicht. Kein reales einzelnes menschliches Wesen kann möglicherweise die Integrität und den Mut besitzen, ein geachtetes, bescheidenes und zurückhaltendes Staatsoberhaupt im jetzigen System zu sein. Er oder sie wäre dafür zu überhäuft mit Verantwortlichkeiten, zu zersplittert durch Ansprüche, die im Konflikt miteinander stehen, zu einsam und zu isoliert, um seine oder ihre innere Ausgeglichenheit zu behalten, und den Versuchungen, sich an die Lobbyisten und PR-Manager zu verkaufen, zu widerstehen. Oder dafür aufzustehen, was Recht ist und die Charakterstärke zu haben, unter den Anforderungen der Präsidentschaft, so wie sie jetzt konstituiert ist, standhaft und würdevoll zu bleiben.

Es ist nicht nur eine Sache des Delegierens. Im gültigen System kann der Präsident theoretisch jede mögliche Aufgabe delegieren, und dadurch die „taktische Unterstützung" erhalten, die ihm notwendig erscheint. Aber ich spreche nicht von taktischer Unterstützung. Ich spreche von emotionaler Unterstützung. Ich glaube nicht, dass irgendein menschliches Wesen den Mut, den es für die Präsidentschaft in diesen Zeiten des potenziellen globalen Holocaust braucht, aufbringen kann, ohne die emotionale Unterstützung einer fortlaufenden Gemeinschaft zu haben. Ich spreche auch nicht von Gemeinschaft im Sinne einer Unterstützergruppe. Viele Präsidenten hatten eine Unterstützergruppe der einen oder anderen Art, z.B. sogenannte Küchenkabinette. Aber diese haben dazu tendiert ihm solche Unterstützung geben, die von den Ja-Sagern dieser Welt ausgeht. Diese Art von Unterstützung mag ermutigend, aber nicht unbedingt weise sein. In der Tat birgt sie die Gefahr, dass der Präsident zu falschen Entscheidungen ermutigt wird. Nein, ich spreche über eine echte, intensive und fortdauernde Gemeinschaft. Eine Gemeinschaft ist keine Gruppe von völlig gleichdenkenden Jasagern. Während sie so angelegt sein kann, dass sie spezielle Talente einschließt, so muss sie auch Unterschiedlichkeiten willkommen heißen – um einschließend und keine Clique zu sein. In meiner Vorstellung wird die Präsidentin der Zukunft davon absehen, Jasager in ihr Kabinett aufzunehmen. Neben der Auswahl nach ihrer emotionalen Reife wird sie die Mitglieder ihres Kabinetts, d.h. ihrer Gemeinschaft, gemäß ihrer Verschiedenartigkeit, gemäß ihrem unterschiedlichen Hintergrund, und gemäß ihrer Weltanschauung und Persönlichkeit auswählen.

Sie wird außerdem eine hohe Toleranz für Konflikte haben. Authentische Gemeinschaft ist ein sicherer Ort, wo angebrachte Konflikte willkommen sind und angegangen werden, anstatt sie zu fürchten und zu vermeiden. Es ist eine Gruppe, die gelernt hat, wie man würdevoll kämpft. Obwohl es ihre primäre Aufgabe wäre, für die Entwicklung und die Stabilität ihres Kabinetts/ihrer Gemeinschaft zu sorgen, würde sich die Präsidentin der Zukunft nicht völlig aus Auseinandersetzungen heraushalten. Sie wird Mitglied dieser Gemeinschaft sein, genauso verantwortlich für die anderen Mitglieder wie diese für sie. Sie wird Ermutigung genauso für ihre Integrität brauchen wie die Zweifel, die Nicht-Zustimmung, die Kritik und die Konfrontation durch die anderen Mitglieder. So wie es ein Mitglied einer echten Langzeit-Gemeinschaft einmal ausdrückte: „Wir lieben uns zu sehr, als dass wir zulassen, uns vor etwas zu drücken."

Das würdevolle Kämpfen, welches in echten Gemeinschaften auftritt, wird nicht nur den Mut und die Integrität erzeugen, die es für eine radikal bescheidene Präsidentschaft braucht, sondern auch ihr intellektuelles Fundament sein. Nach meiner Erfahrung gelangen arbeitsfähige Gruppen (das sind fortdauernde authentische Gemeinschaften) an die Wurzel der Dinge. Dadurch, dass eine Gemeinschaft über ihre Unterschiedlichkeit stolpert, gelangt sie an die wichtigen Themen. Sie lässt sich nicht ablenken durch Oberflächlichkeiten und wird dementsprechend nicht reaktiv agieren, so wie es die Präsidentschaft in den letzten Jahren sehr oft getan hat.

Obwohl es keine konstitutionelle Veränderung braucht, wird dieser Vorschlag einer gemeinschaftlichen Präsidentschaft ziemlich sicher einen Aufschrei wie „Kommunismus" hervorrufen, gerade so, als wenn Gemeinschaft und Kommunismus das Gleiche wären. Wäre eine gemeinschaftliche Präsidentschaft nicht tatsächlich vergleichbar mit dem Politbüro? Aber das Politbüro wird nicht gewählt im Sinne des Wortes. Darüber hinaus wissen wir nicht, wie das Politbüro agiert, weil es geheim tagt. Ich sehe keinen zwingenden Grund, warum nicht alle Treffen des Kabinetts/der Gemeinschaft offen sein könnten für eine kleine Zahl wechselnder Pressevertreter. Die Presse sollte selbst eine Gemeinschaft sein, die über die Gemeinschaft berichtet[67].

Es könnte großen Schaden anrichten, wenn folgendermaßen berichtet würde: „Sekretär soundso hat den Justizminister unter Beschuss genommen" oder „Der Vizepräsident beschuldigte den Präsidenten, sexistisch zu sein." Auf der anderen Seite wäre es von Vorteil für die Öffentlichkeit und für die Regierung, wenn wie folgt berichtet würde: „In der heutigen Kabinettssitzung gab es Meinungsverschiedenheiten über die richtige Vorgehensweise bezogen auf Nicaragua. Der Hauptfokus dieser Meinungsverschiedenheit drehte sich darum, bis zu welchem Grad die kommunistische Bewegung in Nicaragua von innen oder von außen hervorgebracht wurde. Es gab keinen Konsens darüber, außer dass die Situation in Nicaragua keinen Notfall darstellt und sie das Hauptthema für die nächste Sitzung am Dienstag sein soll."

Hier können wir wiederum die Wechselwirkung zwischen einer gesünderen Präsidentschaft, einer gesünderen Presse und einer gesünderen Bevölkerung sehen. Wenn die Bürger einen entsprechend großen Wunsch nach einem Personenkult haben, wird die Presse dies aufgreifen und wird die Auseinandersetzung zwischen „dem und dem" zu einer Meldung machen und wird dadurch die Geheimnistuerei bei den Entscheidungen der Regierung fördern. Wenn dagegen sowohl die Presse als auch die Menschen ihre Faszination für die Stärken und Schwächen der Personen des öffentlichen Lebens überwinden würden (oder diese Faszination auf Rockstars und Sportler beschränkten) könnten wir eine viel offenere Regierung haben. Geheimnistuerei ist weder für die Regierung noch für die Menschen gesund. Es wäre gut für die Presse und die Menschen, wenn die Öffentlichkeit erfährt, dass die Regierung einen Konflikt in Bezug auf

---

[67] Eine der Wurzeln der Gemeinschaftsbewegung waren die sogenannten T-Gruppen. Vor ca. 30 Jahren haben einige „Trainer" ein paar Studenten darin unterrichtet ehrlicher und effektiver zu kommunizieren und wurden von den Studenten mit dem Folgenden konfrontiert: „Ihr redet darüber, als wenn es ganz einfach wäre, aber vielleicht ist das nur Gerede. Lasst uns doch mal sehen, wie ihr Trainer miteinander kommuniziert." Die Trainer stimmten zu und kommunizierten über eine längere Periode miteinander, während ihre Studenten sie beobachteten. Das Experiment war sehr erfolgreich, sodass diese Trainergruppe oder T-Gruppe das Modell für die „Sensitivity"-Gruppen-Bewegung wurde.

dieses oder jenes Thema hat. Aber diese Art von Gesundheit erfordert letztendlich eine reifere öffentliche Sicht der Dinge.

Dennoch ist es weder wünschenswert noch notwendig, dass aufgeklärte Politiker darauf warten, dass die Presse oder die Menschen die notwendige Reife erlangen. Zum einen haben die Politiker in der gegenseitigen Beziehung ihre eigene Verantwortung, die Presse und die Öffentlichkeit weiterzubilden. Genauso wie es keine Verletzlichkeit ohne Risiko geben kann, können Politiker keine gemeinschaftliche Präsidentschaft etablieren ohne die Bereitschaft, die Geburtswehen radikaler Veränderungen durchzustehen. Wenn unsere leitenden Politiker darauf bestehen zu warten, bis die Presse und die Öffentlichkeit total bereit dafür sind, werden wir niemals eine gemeinschaftliche Präsidentschaft erlangen. Wir haben nicht viel Zeit zu warten. Wenn die augenblickliche Beziehung zwischen den Menschen, den Medien und der Präsidentschaft so weitergeht, werden wir unausweichlich tiefer und tiefer in den Morast des Erschaffens von Bildern sinken, mit der Gefahr immer größer werdenden Fehlverhaltens.

Die Notwendigkeit für eine realistische, bescheidene, gemeinschaftliche Präsidentschaft besteht jetzt. Dieser sehr spezifische Vorschlag einer gemeinschaftlichen Präsidentschaft ist keinesfalls naiv. Ich bin kein Romantiker. Gemeinschaft ist nicht einfach oder eine billig zu habende Erfahrung von warmer Kuscheligkeit ohne Ende. Echte Gemeinschaften sind oftmals Plätze des Tumults und des Ringens. Es gibt einige Menschen, die nicht geeignet sind, für das Ringen oder die Liebe, die dazugehören. Genau wie jede Gemeinschaft, wird eine gemeinschaftliche Präsidentschaft ihre eigenen schweren Prüfungen zu bestehen haben. Einige Mitglieder werden sie in Schmerz und Zorn verlassen, und andere neue Mitglieder werden mühsam trainiert werden müssen. Gemeinschaft wird die Präsidentschaft nicht von ihren Qualen erlösen. Jedoch wird sie die Präsidentschaft stark genug machen, um die Qualen der Führerschaft zu ertragen, ohne die Integrität zu verlieren.

Der Vorschlag einer gemeinschaftlichen Präsidentschaft kann nicht von jemandem beurteilt werden, der niemals Gemeinschaft erlebt hat. Das ist zweifellos schwierig, weil einige Menschen denken, dass sie Gemeinschaft erlebt haben, obwohl das gar nicht stimmt.

Das erinnert mich an einen selbstbewussten Oberstleutnant a.D., der am Anfang eines Gemeinschaftsbildungsworkshops verkündete: „Ihr tut mir leid. Ich spreche über den Mangel an Gemeinschaft in eurem Leben. In meinem Leben gab es viel Gemeinschaft. Mehr als zwanzig Jahre lang hatte ich Gemeinschaft in der Armee." Anderthalb Tage später hatte dieser wundervolle Mann den Mut, mit Tränen in den Augen zu sagen: „Ich muss mich bei euch entschuldigen. Ich sagte, dass ich viel Gemeinschaft in der Armee erlebt hätte. Heute weiß ich, dass ich falsch lag. Ihr habt mir beigebracht, dass das, was ich dort erlebte, nicht Gemeinschaft war. In der Tat realisiere ich jetzt, dass der Grund, warum ich vor allem zur Armee ging, der war, dass ich auf der Suche nach Gemeinschaft war. Aber ich habe dort keine Gemeinschaft gefunden."

Letztlich ist es naiv zu glauben, dass das augenblickliche System funktioniert. Es ist naiv zu erwarten, dass eine einzelne Person dazu in der Lage ist, einen Job auszufüllen, der zwanzig Mal so viel Verantwortung erfordert als zu dem Zeitpunkt als er erschaffen wurde. Es ist naiv zu glauben, dass eine einzelne Person wirklich verstehen kann, was in zweihundert verschiedenen Nationen vorgeht. Es ist naiv zu glauben, dass eine Person weise und kontemplativ sein kann, wenn jemand eine so schwere Last trägt mit all den repräsentativen Verpflichtungen und den unzähligen anderen Verantwortlichkeiten. Und wenn du denken solltest: „Aber es scheint doch alles gut zu funktionieren", solltest du dich vielleicht fragen, ob du nicht so naiv warst, die irrealen Vorstellungen und Bilder zu schlucken, die dir zum Konsum angeboten wurden.

Wir leben in einer völlig anderen Welt als vor 200 Jahren und es ist naiv zu denken, dass wir, bezogen auf die Präsidentschaft oder andere politische Realitäten, in der alten Art und Weise immer noch effektiv handeln können. Die Präsidentschaft ist das Zentrum der politischen Macht in unserem Land. Aber der Weg der Regierung von einem zersetzten, spezialisierten und bürokratisierten Stil unmenschlicher Konkurrenz, hin zu einem kooperativen, nährenden und liebenden Verhalten gemäß den Prinzipien von Gemeinschaft, muss den gesamten politischen Prozess durchziehen. Es braucht eine Veränderung auf jeder Ebene der Exekutive. Im Kongress und im Justizwesen. In den Regierungen der Bundesstaaten. In jedem Verwaltungsbezirk und in jeder Stadt. Aber mehr als jedes andere politische Segment hat die Präsidentschaft die Kraft, um den Ton für die Regierung anzugeben. Es wäre auch der einfachste Weg, um das Klima der Regierung zu verändern.

Aber die Veränderung kann auch an anderen Stellen beginnen. Sie ist sogar möglich trotz einer veralteten Präsidentschaft. Letztendlich unstrittig ist, dass sich das Klima unserer Regierung verändern muss, egal wie. Es ist schwierig zu regieren. Die Lobbyisten werden nicht einfach so verschwinden. Es wird immer wieder quälende Entscheidungen geben müssen, unter der Abwägung, welche

Interessen es wirklich wert sind und welchen mutig widersprochen werden sollte, auch wenn es einen öffentlichen Aufschrei gibt. Es ist schwierig, mit der Kultur der UdSSR in Beziehung zu stehen. Auf internationaler Ebene muss die Bundesregierung, den Nationalismus der Einzelstaaten missachtend, zunächst schwach erscheinende, wahrhaftige Initiative zur Verletzlichkeit ergreifen, die zur tatsächlichen Weltregierung führen.

Gleichzeitig müssen unsere politischen Anführer in der Lage sein kraftvoll „Nein" zu brutalem Verhalten anderer Nationen zu sagen. Sie müssen weise wie eine Schlange und unschuldig wie eine weiße Taube sein. Sie müssen stark genug sein, um wieder und wieder ein paradoxes Gleichgewicht zu erreichen. Solche spirituelle und auch politische Stärke geht weit über die eines Individuums hinaus. Die Stärke für eine dienende Führerschaft kann nur gefunden werden, wenn die Menschen in Liebe zusammenarbeiten und sich verbindlich einlassen. Sie kann sich nur in einem Klima entwickeln und erhalten, in dem Anführer durch eine Gemeinschaft emotional unterstützt werden. Sie kann nicht in einem Klima überleben, wo Konkurrenz und Isolation vorherrschen und wo Idealismus und Menschlichkeit zerstört werden.

Nur durch Gemeinschaft werden unsere Offiziellen stark genug werden, um wirklich unsere Anführer zu werden und um Frieden zu schaffen. Solch ein Klima unterscheidet sich so stark von dem traditionellen Klima in Washington, dass es eine revolutionäre Veränderung des Geistes braucht. Es ist genau die gleiche Veränderung des Geistes, die es auch in der christlichen Kirche braucht, um die Revolution durchzuführen, die es braucht, um wirklich Frieden zu schaffen und um unsere Haut zu retten.

Der Unterschied zwischen dem, was ist und wie es sein sollte, ist so groß, dass diese Vorschläge wie ein Traum erscheinen. Die sogenannten Realisten mögen sie „naiv" nennen. Die Propheten des alten Geistes werden schreien: „unmöglich!" „Es ist eine wirkungslose Vision", werden sie sagen. In der Tat ist für sie „visionär" negativ besetzt und einer ihrer traditionellen Gründe, um die echten Propheten herabzusetzen. Aber sie, die Propheten des alten Geistes, sind die Propheten des Todes. So wie es unsere jüdischen Ahnen gelehrt haben: „Wo es keine Vision gibt, gehen die Menschen zugrunde."[68]

---

[68] Sprüche 29,18

16 Aufruf zum Handeln

Wir wissen, dass es Regeln für gute Kommunikation gibt. Diese Regeln funktionieren. Aber sie werden selten gelehrt oder angewendet. Dementsprechend wissen die meisten Menschen, u.a. die Regierung, Wirtschaftsleute und religiöse Anführer nicht, wie sie in Beziehung zueinander treten können. Und wir Amerikaner werden kaum dazu in der Lage sein, eine freundliche Beziehung zu den Russen oder zu einer anderen Kultur aufzubauen, wenn wir im Großen und Ganzen nicht einmal wissen, wie wir miteinander kommunizieren sollen.

Die Regeln der Kommunikation werden am besten durch die Praxis der Gemeinschaftsbildung gelehrt, und können nur so gelernt werden. Im Grunde sind die Regeln der Kommunikation die Regeln zur Gemeinschaftsbildung und die Regeln der Gemeinschaftsbildung sind die Regeln zum Frieden schaffen.

Das Verhalten unserer Regierungsvertreter, die für die internationalen Beziehungen zuständig sind, bricht fast ständig die Regeln der Gemeinschaftsbildung. Dieses Verhalten garantiert internationale Missverständnisse, Krieg und die chronische Kriegsbedrohung. Die traditionellen Regeln, nach denen sie handeln, sind die Regeln von Anti-Gemeinschaft. Es gibt keine Möglichkeit zum Frieden zu gelangen, bis diese Regeln geändert werden.

Die Neuerungen, die unsere Kirchen und unsere Regierung brauchen, um unsere internationalen Beziehungen auf revolutionäre Weise zu verändern, werden nicht einfach zu realisieren sein. Aber kirchliche und politische Anführer kommen aus dem Volk und repräsentieren die Menschen bis zu einem gewissen Grad und reflektieren ihre kulturellen Werte. Die Regeln der Regierung können deshalb nur grundlegend verändert werden, wenn sich die Regeln, nach denen sich Menschen aufeinander beziehen, grundlegend verändern. Frieden schaffen – Gemeinschaft schaffen – muss letztendlich an der Basis beginnen. Es beginnt mit dir.

Was gibt es jetzt zu tun?

Fangen Sie an Gemeinschaften zu bilden. Fangen Sie in Ihrer Kirche an. Fangen Sie in Ihrer Schule an. Oder in Ihrer Nachbarschaft.

Machen Sie sich jetzt keine Gedanken darüber, was darüber hinaus zu tun ist. Machen Sie sich keine Gedanken darüber, welcher Friedensgruppe sie beitreten sollten. Machen Sie sich keine Gedanken darüber, ob es nun besser ist,

Steuern zu verweigern, eine Raketenfabrik zu blockieren, bei einer Demonstration mitzugehen oder einen Brief an ein Kongressmitglied zu schreiben. Machen Sie sich zunächst noch keine Gedanken darüber, sich um die Armen zu kümmern, den Obdachlosen ein Zuhause zu geben, die Misshandelten zu beschützen. Es ist nicht so, dass solche Handlungen falsch oder unnötig sind. Es ist einfach so, dass sie nicht vordringlich sind. Sie werden vermutlich solange keinen Erfolg haben, bis sie sich auf irgendeine Weise auf Gemeinschaft gründen. Schaffen Sie zuerst Gemeinschaft.

Sie werden zunächst vermutlich nicht sehr viel beitragen können zum Frieden, bis sie selbst ein erfahrener Friedensstifter geworden sind. Und Sie werden vermutlich keinen überlegten sozialen Beitrag im Namen des Friedens leisten können ohne eine Gemeinschaft, die Sie dazu befähigt. Schaffen Sie sich Ihre eigene Gemeinschaft. Es wird nicht einfach sein. Sie werden Angst bekommen. Oft werden Sie nicht wissen, was sie da eigentlich tun. Sie werden Schwierigkeiten haben Menschen davon zu überzeugen sich dazuzugesellen. Am Anfang wollen sich viele nicht verbindlich einlassen und die, die es wollen, werden genauso Angst bekommen wie Sie. Wenn Sie anfangen, wird es zunächst frustrierend sein. Es wird Chaos geben. Die meisten werden überlegen, wieder auszusteigen und manche werden es auch tun. Aber bleiben Sie dran, bleiben Sie dabei. Bewegen Sie sich in Richtung Leere. Es wird schmerzhaft sein. Es wird Ärger, Angst, Niedergeschlagenheit und sogar Verzweiflung geben. Aber gehen Sie einfach weiter. Steigen Sie nicht auf halber Strecke aus. Es kann sich wie Sterben anfühlen, aber gehen Sie weiter. Und dann plötzlich werden Sie sich wiederfinden in der klaren Luft des Gebirgsgipfels und Sie werden lachen und weinen und sie werden sich so lebendig fühlen wie seit Jahren nicht mehr – vielleicht sogar lebendiger als jemals zuvor.

Das wird nur der Anfang sein. Nach einer Weile wird der Nebel wieder zurückkehren und die Gruppe wird ihre Schönheit verlieren. Das Chaos wird zurückkehren. Aber lassen Sie sich nicht entmutigen. Schauen Sie sich alles genau an. Finden Sie heraus, was geändert werden muss, wovon Sie sich entleeren müssen. Und der Nebel wird sich wieder auflösen, und zwar schneller als das vorige Mal. Nach einer Weile wird sich Ihre Gemeinschaft solide anfühlen. Dann erst können Sie als Gemeinschaft ihre Augen vielleicht nach außen richten. Dann erst können Sie vielleicht darüber nachdenken, wie sie die Geschenke der Gemeinschaft in die Gesellschaft tragen können. Dann erst ist die Zeit, um über soziale Aktivitäten nachzudenken.

Aber denken Sie nicht, Sie müssten irgendetwas tun. Denken Sie daran, dass Sein wichtiger als Tun ist. Wenn Sie sich einfach darauf konzentrieren, Ihre Gemeinschaft schön und kraftvoll zu machen, wird ihre Schönheit ausstrahlen, ohne dass Sie irgendetwas tun müssen, solange Sie Ihr Licht nicht unter den Scheffel stellen. Wenn Ihre Gemeinschaft Teil einer Kirchengemeinde ist, halten Sie Ihre Treffen in der Kirche ab. Wenn es in einer Firma ist, halten Sie Ihre Treffen in den Büros ab. Wenn Sie städtische Abgeordnete sind, dann treffen Sie sich im Rathaus. Sie werden keine Werbung machen müssen. Aber lassen Sie die Tür offen. Lassen Sie sie offen, damit die Vorübergehenden Sie sehen und hören können, wie Sie lachen und weinen und damit sie einen kurzen Blick auf Ihre Gesichter werfen können und sehen wie Sie miteinander umgehen. Lassen Sie sie offen, sodass sie hereinkommen und sich zu Ihnen gesellen können.

Wen werden Sie finden, um mit Ihnen eine Gemeinschaft zu schaffen? Ich weiß es nicht. Es gibt keine Formel. Manche, von denen Sie denken, dass sie die Richtigen sind, werden zu ängstlich sein. Andere werden denken, dass sie keine Zeit haben. Andere, an deren Interesse Sie zweifeln, werden plötzlich ein Leuchten in den Augen bekommen, so als wenn sie sich an eine entfernte Vision erinnern, die Sie bei diesen Personen gar nicht erwartet hätten, und von der jene dachten, dass sie längst vergessen hätten. Es wird viele Überraschungen geben. Die Schaffung von Gemeinschaft beinhaltet einen unvorhersehbaren Zauber.

Wenn Sie nach Menschen Ausschau halten für Ihre Gemeinschaft, gibt es zwei Leitlinien. Eine ist sich zu hüten vor Menschen, die zu stark ihre persönlichen Interessen in den Vordergrund stellen. Wir verfolgen alle hier und da unsere Vorlieben, und es ist in Ordnung, Lieblingsangelegenheiten und Projekte zu haben. Wir müssen diese nicht aufgeben, um eine Gemeinschaft zu bilden, aber wir müssen die Fähigkeit haben, diese beiseitezulegen, sie auszuklammern oder über sie hinauszugehen, wenn es den Interessen der Gemeinschaft dient. Eine Person, die diese Reife nicht besitzt, wird kein guter Kandidat sein. Dies ist zwar eine schwache Leitlinie, weil es schwierig ist, vorauszusehen, ob jemand diese Fähigkeit hat oder nicht, wenn der Prozess der Gemeinschaftsbildung einmal losgeht. Sie werden feststellen, dass manche, die diese Fähigkeit zu haben scheinen, sie doch nicht besitzen, sobald sie in Gemeinschaft sind. Und andere, denen diese Eigenschaft anscheinend fehlt, diese in Gemeinschaft entwickeln. Deshalb kann dieses Kriterium nur eine Leitlinie für eine grobe Vorauswahl sein.

Die andere Leitlinie ist, Menschen zu suchen, die anders sind als Sie. Wenn Sie weiß sind, suchen Sie nach Schwarzen. Wenn Sie schwarz sind, suchen Sie nach Weißen. Wenn Sie vom Typ her eine Taube sind, suchen Sie mindestens nach einem Falken. Sie brauchen Falken. Als Demokrat brauchen Sie einen Republikaner; als Christ einen Juden; als Anhänger der Episkopalkirche brauchen Sie einen Baptisten; wenn Sie reich sind, brauchen Sie einige, die es nicht sind. Weil gleich sich gerne zu gleich gesellt, wird es nicht leicht sein, Frauen und Männer zu finden, die anders sind als Sie. Sie werden keine perfekte Vielfalt erreichen. Erinnern Sie sich daran, dass echte Gemeinschaft einschließend ist, und wenn Sie ein wohlhabender weißer Demokrat sind, müssen Sie von den Armen lernen, den Schwarzen, von den Mexikanern in den USA und den Republikanern. Sie brauchen deren Geschenke, um ganz zu sein.

Wenn Ihre Gemeinschaft etabliert ist, gibt es eine weitere Leitlinie: Bleiben sie einschließend. Seien Sie auf der Hut davor, die Schaffung eines Feindbildes zu nutzen, um sich als Gemeinschaft zu stärken. Passen Sie auf, dass Sie keine elitären Tendenzen entwickeln – wie das Denken in Kategorien von „uns" und „denen" oder noch schlimmer „wir gegen sie". Fokussieren Sie Ihre Energie und Ihr Dasein darauf, wofür Sie sind (Frieden, Liebe, Gemeinschaft), anstatt darauf, wogegen Sie sind (Mitarbeiter der Militärindustrie, Kinderschänder, organisiertes Verbrechen). Es ist nicht so, dass Sie naiv sein sollten. Es gibt das Böse in der Welt und Gemeinschaft ist sein natürlicher Feind. Es ist nicht so, dass Ihre Gemeinschaft das Böse ignorieren sollte, aber sie sollte sich nicht von ihm beschmutzen lassen. Lassen Sie die Tür für jeden offen einschließlich anderer Organisationen und Gemeinschaften. Seien Sie nicht ausschließend. Setzen Sie sich mit anderen Gruppen in Beziehung, anstatt sich abzugrenzen.

Fangen Sie Gemeinschaft an. Haben Sie keine Angst, dass es nicht klappt. Ich weiß, dass Sie bei dieser Aussicht wahrscheinlich ängstlich sind. Erinnern Sie sich daran, dass ich alles, was ich über Gemeinschaft gelernt habe, aus Gefühl und Intuition gelernt habe. Immer, wenn ich in Gemeinschaft bin, handle ich aus dem Bauchgefühl heraus, aber genau das macht auch den Reiz aus. Authentische Gemeinschaft ist außerdem immer ein Abenteuer. Sie werden immer ins Unbekannte gehen und Sie werden oft Angst haben, vor allem am Anfang.

Aber Sie werden nicht alleine sein. Sie werden dieses Abenteuer zusammen mit anderen beginnen, die genauso ängstlich wie Sie sind, und Sie werden nicht nur Ihre Ängste teilen können, sondern auch Ihre Talente und Ihre gemeinsame Stärke. Aus der Stärke Ihrer Gemeinschaft werden Sie Dinge tun können, von denen Sie glaubten, dass Sie dazu nicht in der Lage wären.

Menschen sind dazu aufgerufen Frieden zu schaffen auf verschiedenen Wegen. Es ist selten, dass Gott eine Mutter von zwei Kindern als Friedensaktivistin ins Gefängnis schicken wird. Auf der anderen Seite habe ich eine Bekannte mit erwachsenen Kindern, die es als schlechtes Jahr ansieht, wenn Sie nicht mindestens einmal pro Monat im Gefängnis war. Denken Sie daran, dass es verschiedene Wege gibt, wie wir alle gerufen werden können. Wir sind alle aufgerufen Frieden zu schaffen, ob wir es nun mögen oder nicht. Und als Friedensschaffer sind wir aufgerufen, Gemeinschaft zu bilden. Letztlich sind wir aufgerufen, aus der Stärke der Gemeinschaft heraus Individuen mit Integrität zu sein.

Es gehört dazu, den Mund aufzumachen, freimütig zu sein, will man ein Individuum mit Integrität zu sein. Wir sind aufgerufen, die Psychologie der Hilflosigkeit und der schweigsamen Zurückhaltung zu überwinden. Wenn wir eine Lüge erkennen, sind wir aufgerufen, es eine Lüge zu nennen. Wenn wir Irrsinn sehen, sind wir aufgerufen, es zu benennen. Wenn Sie ein Prediger sind, sind Sie aufgerufen, das Evangelium zu predigen egal, wie wenig schmackhaft es für Ihre Kirchengemeinde sein mag. Vermeiden Sie bei einer Party das Thema Wettrüsten nicht, weil es polarisierend sein mag. Es wird wohl einige geben, die es aus der Fassung bringt, aber vielleicht müssen diese Menschen aus der Fassung gebracht werden. Es wird andere geben, die auf Ihre Offenheit mit Dankbarkeit reagieren, weil Ihre Anleitung ihnen den Mut gibt, Dinge ebenfalls offen anzusprechen.

Dem Ruf zu folgen, gegen unsere schweigsame Zurückhaltung anzukämpfen, ist nicht leicht. Es macht keinen Sinn sich um einen Falken zu bemühen, der bekannt dafür ist unversöhnlich zu sein. Auf der anderen Seite macht es Sinn, sich speziell darum zu bemühen, dass diese Person in Gemeinschaft mit Ihnen kommt. Weil Gemeinschaft, der einzige Katalysator ist, um Unversöhnlichkeit aufzuweichen. Das soll nicht bedeuten, dass Sie zurückweichen sollten vor irgendeiner Form von Unnachgiebigkeit. Wie man zu sagen pflegt: Du kannst kein Omelett machen, ohne Eier zu zerbrechen. Sie werden wahrnehmen müssen, wie viel Widerstand förderlich ist und bis zu welchem Grad Sie bereit sind, sich in diesem Prozess zu verwunden. Sie werden Ihre Gemeinschaft brauchen, um Ihre Wunden zu lecken, sie zu bandagieren und zu heilen durch die, die sie lieben, bevor Sie sich herauswagen, um wieder verwundet zu werden. Sie werden Strategien benötigen für Ihre ungeschminkte Offenheit.

Hört sich das Reden über Strategie, Wunden und Widerstand an, als wenn ein Krieg stattfinden würde? Ja. Wir reden über einen Krieg, einen Kampf, der gerade beginnt sich aufzuheizen. Da dem Wettrüsten aktiv begegnet werden muss, ist Frieden schaffen ein Aufruf zum Handeln. Aber erinnern Sie sich daran, dass Sie in diesen Kampf im Takt zu „einer anderen Trommel" gehen. Es ist ein Kampf der geführt wird, um die Regeln der menschlichen Kommunikation zu verändern. Wir können die Regeln nicht verändern, wenn wir noch nach den alten spielen. Wenn ich von Strategie spreche, spreche ich auch von revolutionären Taktiken. Ja, die Falken, die Händler des Todes oder die Gotteslästerer sind Ziele, aber sie sind nicht unsere Feinde, sondern unsere Freunde. Es geht auch nicht darum, sie zu umwerben. Die Grundlage der Strategie, um diesen Krieg zu gewinnen, ist Gemeinschaft, und die Waffen können nur die der Liebe sein.

Nachwort

Im Dezember 1984 haben sich neun meiner Kollegen und ich getroffen, um die Foundation for Community Encouragement (FCE) zu gründen. Das Ziel dieser gemeinnützigen Stiftung ist es, „die Entwicklung von Gemeinschaft zu unterstützen, da, wo es keine gibt und bestehenden Gemeinschaften, mögen sie weltlich oder religiös sein, zu helfen, sich und ihre Verbindungen zu anderen Gemeinschaften zu stärken und letzten Endes die Bewegung hin zu einem Weltverständnis zu fördern."

Weil Gemeinschaft einschließend ist, wurde FCE mit Absicht so konzipiert, nicht speziell christlich oder religiös zu sein. Trotzdem, da Gemeinschaft unausweichlich spirituell ist, ist es fair zu sagen, dass FCE einen spirituellen Charakter besitzt. FCE basiert nicht auf einer speziellen Ideologie im üblichen Sinne des Wortes. Aber eine Sache, die alle Vorstandsmitglieder gemeinsam haben, ist, sich verbindlich auf das Friedenschaffen einzulassen – ein verbindliches Einlassen auf Gemeinschaft auf allen Ebenen.

Es ist nicht der Zweck von FCE, irgendeine bestehende Organisation zu verdrängen. Im Gegenteil, FCE existiert um alle anderen wirklich gemeinschaftlichen Organisationen zu unterstützen, und um neue zu fördern. FCE ist dadurch außergewöhnlich, dass es vielleicht die einzige Organisation ist, die ihren Fokus per se auf Gemeinschaft hat. Andere Organisationen existieren, um Gemeinschaft in einer bestimmten Stadt oder unter Alkoholikern oder unter Amerikanern und Russen zu entwickeln. FCE existiert, um all diese Organisationen zu stärken. Aber sie existiert auch, um Menschen zu helfen Gemeinschaft zu erleben, ohne dass sie Alkoholiker sein müssen, ohne dass sie zu einer bestimmten Kirche gehören müssen, ohne dass sie in einer bestimmten Krise sind, wo auch immer sie leben mögen.

Es gibt verschiedene Wege, auf denen FCE arbeitet. Einer ist mit Individuen, die auf der Suche nach persönlicher Hilfe sind. Nachfragen dieser Art resultieren gewöhnlich aus dem Mangel an Gemeinschaft und bieten gleichzeitig Möglichkeiten Gemeinschaft aufzubauen. Wo immer es möglich ist, versucht FCE, kostenlos und vertraulich jedes Individuum mit einer passenden Gemeinschaft in der jeweiligen Region zu verbinden – einer speziellen Kirche, mit den Anonymen Alkoholikern, einer neu beginnenden Selbsterfahrungsgruppe oder einer anderen passenden Alternative. Durch diese Arbeit versucht FCE mit zunehmender Effektivität eine Datenbank für bestehende gemeinschaftliche Organisationen zu sein. Diese Netzwerkbildung ist ein wichtiger Teil von FCE.

Zu FCE gehört auch eine zunehmende Anzahl von sorgfältig ausgesuchten, exzellent ausgebildeten Gemeinschaftsbildungsbegleitern. Diese Männer und Frauen, die bei FCE unter Vertrag stehen, helfen wiederum Gemeinden, Kollegien und anderen Organisationen in tiefere Ebenen von Gemeinschaft zu kommen. Sie gehen dahin, wo Sie sind. Zusätzlich führen diese Begleiter Workshops durch, die für die Öffentlichkeit zugänglich sind, entweder in Knoxville, Tennessee (Sitz der FCE-Zentrale) oder in ausgewählten Seminarhäusern im ganzen Land. Einige dieser Workshops dauern zwei Tage und sind so konzipiert, dass interessierte Menschen Gemeinschaft und den Gemeinschaftsbildungsprozess erfahren können. Andere dauern länger und sind darauf ausgelegt Menschen zusätzlich Fähigkeiten für die Gemeinschaftsbildung beizubringen – allerdings nicht in solchem Maße, wie die FCE-Begleiter ausgebildet wurden.

Zu den Zukunftsplänen gehört die Entwicklung eines wissenschaftlichen Zweiges, nicht nur um die direkten Aktivitäten von FCE zu verbessern, sondern auch um generell das Wissen über Gemeinschaft und ihre Entwicklung zu vergrößern.

Wir wollen Ihnen helfen Gemeinschaft zu bilden – sofern Sie diese Hilfe brauchen. Die Stiftung wurde gegründet, um Sie zu unterstützen und nicht, um Sie von ihr abhängig zu machen. Das wäre vor allem schädlich für Sie. Sie müssen ihr eigenes Gemeinschaftsabenteuer erleben. Wir können ihnen das nicht abnehmen. Was wir vor allem tun können, ist, als Ratgeber zu dienen, wenn es nötig ist. Darüber hinaus sind wir keine „reiche" Stiftung. Sie werden für den Service bezahlen müssen, wenn er ein bestimmtes Maß überschreitet. Dank der Großzügigkeit mancher Menschen werden die Kosten annehmbar sein, aber wir brauchen weiterhin Großzügigkeit, um diesen Zustand zu erhalten. FCE braucht Sie ebenso wie möglicherweise umgekehrt. Wir sind voneinander abhängig.

FCE ist nicht „reich", weil großzügige Menschenfreunde nicht leicht zu finden sind. Es gibt bisher einige Stifter, die Pioniere sind, und wir brauchen dringend mehr von ihnen. Es ist im Grunde genommen unmöglich, unsere Arbeit einem möglichen Stifter – der niemals selbst Gemeinschaft erfahren, sie geschmeckt hat – zu beschreiben. Es ist unwahrscheinlich, dass die Wohlhabenden und Mächtigen schon so eine Erfahrung gemacht haben, sodass es wahrscheinlich ist, von ihnen eine Absage in Bezug auf eine finanzielle Unterstützung zu bekommen, wenn wir ihnen unsere Arbeit erklären. Die übliche Antwort, die wir von traditionellen Organisationen, Institutionen und Individuen bekommen ist, dass die FCE-Programme zu „sanft" sind. Einige, die versuchen uns zu helfen, haben gemeint, dass das Wort „Ermutigung" selbst zu sanft ist, und dass der Name unserer Stiftung geändert werden sollte – als wenn die Welt nicht mehr Sanftheit bräuchte. Das Problem kann am besten durch eine einfache Geschichte erläutert werden. Kürzlich hat ein Mann als Vertreter einer Organisation die eine Quelle für mögliche Zuwendungen darstellte, an einer von FCE durchgeführten Trainingskonferenz für Gemeinschaftsbildung teilgenommen. Am Ende der Konferenz sagte dieser Mann mit sichtbar gequältem Ausdruck: „Ich fühle mich zerrissen. Auf der einen Seite freue ich mich, dass ich hierher gekommen bin, und bin überraschend traurig, dass ich jetzt abreise. Aber wenn ich darüber nachdenke, was hier passiert ist, und was die Essenz dieser Erfahrung ist und was Sie hier versuchen umzusetzen, stelle ich fest, dass es um nichts anderes als Liebe geht. Und wie auf Erden soll ich zurück zu meinem Aufsichtsrat gehen und ihm „Liebe" verkaufen?"

Das Problem dieses Mannes ist das von FCE und von Ihnen. Es ist unsere gemeinsame Aufgabe, der Welt „Liebe" zu verkaufen.

Solange der Mensch sich nicht selbst in den Augen und Herzen seiner Mitmenschen begegnet, ist er auf der Flucht.

Solange er nicht zulässt, dass seine Mitmenschen an seinem Innersten teilhaben, gibt es für ihn keine Geborgenheit.

Solange er sich fürchtet, durchschaut zu werden, kann er weder sich selbst noch andere erkennen – er wird allein sein.

Wo können wir solch einen Spiegel finden, wenn nicht in unserem Nächsten...

Hier in der Gemeinschaft kann ein Mensch erst richtig klar über sich werden und sich nicht mehr als den Riesen seiner Träume oder den Zwerg seiner Ängste sehen, sondern als Mensch, der – Teil eines Ganzen – zu ihrem Wohl seinen Beitrag leistet. In solchem Boden können wir Wurzeln schlagen und wachsen: nicht mehr allein – wie im Tod – sondern lebendig als Mensch unter Menschen."

Richard Beauvais

Anhang

Anmerkung des Herausgebers:
Zur besseren Unterscheidung sind im Anhang alle Texte, die nicht von M. Scott Peck verfasst wurden, in einer anderen Schriftart gesetzt als der Haupttext.

Die Freude an Gemeinschaft

ein Interview von Alan Atkisson mit M. Scott Peck
Das Aufarbeiten der Schattenseiten in Organisationen, Konsensentscheidungen, die Aufgabe und der Prozess einer Gruppe, Hierarchie und Gemeinschaft

In unserer Zeit hat sich die Idee von „Gemeinschaft" sehr weit verbreitet. Das Wort bezeichnet nicht mehr nur den Platz, an dem man lebt, sondern steht für ein Netz von Beziehungen, in das jeder eingebettet ist. Arbeit, Schule, freiwillige Vereinigungen, Computernetzwerke – all das sind Gemeinschaften, und trotzdem leben ihre Mitglieder oft weit verstreut.

Aber laut Aussage des Psychiaters und Autors M. Scott Peck muss jede Gruppe, um Gemeinschaft im eigentlichen Sinne zu bilden, eine Reise antreten, die vier Phasen durchläuft: „Pseudogemeinschaft" in der die Nettigkeit vorherrscht; „Chaos" wo die emotionalen Leichen aus dem Schrank kriechen; „Leere", eine Zeit der Stille und des Übergangs; und zuletzt „wirkliche Gemeinschaft", gekennzeichnet durch zwei Elemente: tiefe Ehrlichkeit und tiefe Anteilnahme. Pecks Denken zu diesem Thema ist ausführlich in vorliegendem Buch beschrieben. Er ist der Autor von noch vier anderen Büchern, einschließlich des sehr populären Buches *Der wunderbare Weg* (7 Millionen Mal verkauft).

Peck – „Scotty" für alle, die ihn kennen – ist auch Mitbegründer der Stiftung für Gemeinschafts-Förderung, die ins Leben gerufen wurde mit dem Ziel, Gemeinschafts-Bildungsarbeit zu begleiten. Er sowie andere aus der Gründungskreis haben seither über 1000 Gemeinschafts-Bildungs-Seminare geleitet. Hier reflektiert er Erfahrungen und Herausforderungen – und Freuden – der Zusammenarbeit, um die Erfahrung von Gemeinschaft zu machen.

Alan: Im ersten Satz von „Gemeinschaftsbildung" sagst du „Nur in und durch Gemeinschaft kann die Welt gerettet werden." Seit du diese Sätze geschrieben hast, sind fünf Jahre mit Arbeit am Gemeinschaftsaufbau vergangen. Gelten sie für dich immer noch?

Scotty: Sehr sogar. Als ich das Buch fertig schrieb, hatte ich sehr wenig Erfahrung mit Gemeinschaftsaufbau. Aber durch die Stiftung zur Gemeinschafts-Förderung, mit der ich in Organisationen und Gruppen in ganz Nordamerika und in England gearbeitet habe, konnte ich einen großen Erfahrungsschatz sammeln. Mehr denn je bin ich von der Wahrheit dieser Eröffnungssätze überzeugt.

Mein zweites Buch *Menschen der Lüge*, hat mit der Thematik des Bösen zu tun. Im zweiten Kapitel über Gruppen-Boshaftigkeit zitiere ich die Berrigans, die sagen, dass wahrscheinlich das einzige Problem mit dem wir zu tun haben die Tatsache ist, wie wir unsere Institutionen „vom Teufel befreien" – natürlich bildlich gesprochen. Kürzlich fand ich heraus, dass das genau das ist, was die Stiftung tut – indem sie Gemeinschaft innerhalb dieser Institutionen heranbildet. Natürlich muss man, um „den Teufel auszutreiben" einen willigen Patienten haben. Eine Organisation, die Bereitschaft zeigt mitzumachen, kommt einem allerdings nicht jeden Tag so einfach über die Türschwelle.

Alan: Welches sind, bildlich gesprochenen, die Dämonen, die ausgetrieben werden müssen? Und was bedeutet „Gemeinschaft" in diesem Zusammenhang

Scotty: Die Namen der Dämonen gehen über die ganze Bandbreite, vom Missbrauch politischer Macht bis hin zur Gleichgültigkeit, von körperschaftlichen Lügen bis hin zu unrealistischen Mythen innerhalb einer Organisation.

Gemeinschaft kann eines dieser Worte sein – wie Gott, oder Liebe, oder Tod oder Bewusstsein – die zu groß sind, um sich in nur einer kurzen einfachen Definition wiederzufinden. In unserer Stiftung bezeichnen wir als Gemeinschaft eine Gruppe von Menschen, die sich verpflichtet haben zu lernen, wie man miteinander auf einer noch tieferen und authentischen Ebene kommuniziert. Eines der Merkmale echter Gemeinschaft ist die Tatsache, dass Gruppengeheimnisse, egal welche, gelüftet werden – und da sichtbar werden, wo man mit ihnen umgehen kann. Um es anders zu formulieren: Eine Gemeinschaft ist eine Gruppe, die sich mit ihren eigenen Themen befasst – ihrem eigenen Schatten – und dieser Schatten kann jede Art Thema beinhalten. Wir haben als Stiftungsgruppe erfolglos versucht ein Schlagwort zu finden, das das beschreibt. Das Einzige, was uns dazu kam, war ein Satz aus der Bibel: „Das Verborgene wird ans Licht kommen".

Gerade hat die Stiftung eine Konferenz zum Thema Geschäft und Gemeinschaft an der Universität *Chicago School of Business* abgehalten, mit ungefähr 75 hartgesottenen Geschäftsleuten. Das Thema war „Spannung" und das Unterthema die Tatsache, dass innerhalb von Organisationen Gemeinschaft ein Forum darstellt, wo sich die Spannung öffentlich zeigen kann und erkannt wird. Man kann keine Organisation aufbauen, die „spannungsfrei" ist. Im Gegenteil, eine der Schlussfolgerungen der Konferenz war die, dass niemand eine Organisation aufbauen möchte, in der es keine Spannungen gibt.

Gemeinschaftsaufbau und -Entwicklung im Kontext einer Organisation erlaubt diesen Spannungen hochzukommen, damit sie dann so gut wie möglich bearbeitet werden können, und das ist auf jeden Fall besser, als sie latent unterm Tisch zu halten.

Alan: In den vergangenen Jahren haben viele Gruppen und Organisationen mit Gemeinschaftsaufbau und Konsensprozessen experimentiert. Für manche hat es wunderbar funktioniert – für andere wurde die Suche nach dem Konsens ein Morast, der Energie aus allen Bestrebungen gesogen hat. Was ist der Unterschied zwischen den Gruppen, für die Konsens funktioniert und denjenigen, die nie an diesen Punkt kommen?

Scotty: Was wir hier gemeinsam erreichen müssen, ist eine Definition von Konsens. Wir als Stiftung haben einmal einen Workshop für eine große Gruppe von Medizinern organisiert, die Schwierigkeiten hatten, ihr professionelles Team zu halten. Als sie uns anriefen, sagten sie, alle hätten sich dafür ausgesprochen, ein Training in Gemeinschaftsaufbau zu machen und dafür zwei Tage frei zu nehmen. Nun, es genügt nicht, in eine Firma zu gehen, um Gemeinschaft aufzubauen, denn wenn man das tut und dann geht, kollabiert alles zwei Tage später. Wenn wir mit Organisationen arbeiten, dauert unsere erste Intervention mindestens drei Tage. In den ersten beiden Tagen bauen wir an der Gemeinschaft, am dritten Tag bitten wir die Gruppe um eine schriftliche Konsensentscheidung, die wiedergibt, was sie zu tun beabsichtigen um diese neu gebildete Gemeinschaft zu erhalten. Diese Ärzte sagten: „Mein Gott! Wissen Sie eigentlich, wie schwierig es ist siebzehn Ärzte dazu zu bringen, ihre Arbeit für zwei Tage einzustellen? Und Sie sagen, wir bräuchten drei?" Ich sagte: „Ja." Am Ende stimmten sie zu.

Ärzte habe ein großes Ego, von daher arbeiten sie normalerweise nicht sehr gut zusammen. Aber um eine Idee davon zu vermitteln, wie gut eine Gruppe in Gemeinschaft arbeiten kann, gebe ich die Definition von Konsens weiter, die sie am dritten Tag des Workshops entwickelt hatten: „Konsens ist eine Gruppenentscheidung – die sich für manche Teilnehmer nicht so anfühlt, als wäre sie die beste Entscheidung, aber womit sie sein können, sie auch unterstützen und sich verpflichten, diese Entscheidung nicht zu boykottieren – zu der man gelangt ohne abzustimmen, durch einen Prozess, in dem die Themen klar ausgesprochen werden, alle Mitglieder das Gefühl bekommen wirklich gehört worden zu sein, in dem jeder die gleiche Macht und Verantwortung hat und wo unterschiedliche Einflussnahme aufgrund persönlicher Eigensinnigkeit oder Charisma vermieden wird, so dass alle mit dem Prozess zufrieden sind. Der Prozess verlangt von seinen Mitgliedern, dass sie emotional präsent und beteiligt sind, geradeheraus in liebevoll gegenseitigem respektvollen Verhalten, feinfühlig miteinander, selbstlos, gelassen und fähig, sich selbst zu entleeren, mit der paradoxen Bewusstheit, was Menschen und Zeit angeht. Das bedeutet, dass man einfach weiß, wann das Ergebnis so befriedigend ist, dass es Zeit ist aufzuhören, und die Diskussion nicht wieder eröffnet, bis die Gruppe erneut beschließt, dass eine Überarbeitung notwendig wird."[69]

Alan: Das ist wirklich verständlich!

Scotty: Organisationen in ganz Nordamerika verwenden es gerade viel, weil es so gründlich und umfassend ist. Diese Definition beantwortet eine ganze Anzahl deiner Fragen. Es gibt viele Organisationen, die mit dem arbeiten, was sie für einen Konsens halten, aber es ist ganz und gar kein Konsens. Ich bin z. B. drei Spitzen-Geschäftsführern begegnet, die mir berichteten, dass sie mit Konsens „führen"!

Um den Anforderungen der Definition zu genügen, muss man im Wesentlichen das haben, was wir echte Gemeinschaft nennen. Und wenn nicht, kann man durchaus zu einer Art von Entscheidungsprozess kommen und ihn Konsens nennen, aber er ist es nicht wirklich. Viele Institutionen, die versuchen einen Konsens herzustellen, versagen, denn sie sind nicht wirkliche Gemeinschaften. Sie sind einfach noch nicht so weit einen Konsens zu finden. Sie müssen an sich arbeiten, bevor sie anfangen Entscheidungen zu treffen.

Alan: Nehmen wir mal an, eine Gruppe schafft es eine echte Gemeinschaft herzustellen, wie bleibt sie dabei? Für was, zum Beispiel, haben sich

---

[69] Valley Diagnostic, Medical and Surgical Clinic, Inc. of Harlingen, Texas and the Foundation for Community Encouragement , Knoxville, Tennessee, 1988, Neudruck mit Erlaubnis. Die Begebenheit wird im Kapitel *Gemeinschaft: die kultivierte Organisation* erneut und ausführlicher zitiert, Anm. d. Setzers

diese Ärzte entschieden, um sich selbst als Gemeinschaft zu erhalten?

Scotty: Nun ja, die Ärzte waren ein wunderbares Beispiel, denn sie entschieden sich für mehrere Dinge, auch dafür, ein Folgetraining zu machen und mit einem Berater zu arbeiten. Sie veränderten die Vorgehensweise ihres Ausschusses radikal, um alle größeren Entscheidungen im Konsens und gemeinschaftlich zu fällen. Sie verwendeten ihre neue Definition von Konsens in der Einstellung neuer Mitglieder für ihr Team. In dem Jahr nach unserem ersten Eingreifen vergrößerten sie ihre Zahl von 17 auf 25 Ärzte.

Aber anderthalb Jahre später, nachdem alles glatt lief und sie erfolgreich wurden, war auch die Krise vorbei und sie hörten auf daran zu arbeiten. Ich habe jetzt gehört, dass sie keine Gemeinschaft mehr sind. Es bedarf großer Anstrengung Gemeinschaft zu bilden, aber es bedarf noch größerer Anstrengung – weiterer Anstrengung – sie zu erhalten. Das größte Problem mit dem Erhalt von Gemeinschaft sowie mit dem Gemeinschaftsaufbau ist das Problem der Bereitschaft einer Organisation, den „Preis zu zahlen" – und in erster Linie ist das ein Zeitpreis. Es ist auch der Preis, sich weiterhin verletzlich zu zeigen. Und es ist der Preis, einverstanden damit zu sein, seine Werte immer neu zu hinterfragen. Manchmal ist der Preis der, die Arbeit des Gemeinschaftsaufbaus zu wiederholen – Kurse zu machen oder Berater einzustellen. Und der größte Widerstand diesen Preis zu zahlen kommt von Menschen, die wie in der Einzeltherapie das wollen, was der Therapeut „die magische Lösung" nennen würde. Es gibt viele Unternehmen, die gerne Gemeinschaft hätten, wenn wir es ihnen wie ein Wunder verkaufen würden. Es ist aber kein Wunder und es ist nicht umsonst. Es ist Arbeit, wie alles andere auch.

Alan: Aber eine Arbeit mit einem potenziell großen Gewinn. Eine klar formulierte Absicht scheint hier der Schlüssel zu sein.

Scotty: Zusammen mit Wachsamkeit. Und ich möchte auch nicht mutlos machen, wenn ich den Preis anspreche. Ich denke, der Preis ist außergewöhnlich kosteneffizient.

Folgendes Beispiel. Die Stiftung machte eine Reihe von Workshops mit zwei Arbeit/Management-Verhandlungsteams für eine „Fortune 100" Firma. Sie bekamen die Auflage zwei Monate zu verhandeln und versprachen, für die Dauer dieser Zeit in diesem Gemeinschaftsprozess zu bleiben. Was sie dann auch erfolgreich geschafft haben. Sie veränderten die Regeln und arbeiteten miteinander an dem Vertrag. Beide Seiten sagten

Dinge wie „He, ihr überseht da eine Sache, die zu eurem Vorteil ist." Es war der höchst bezahlte Beratungsauftrag, den wir je in der Stiftung hatten. Wir haben ihnen wahrscheinlich $16.000 in Rechnung gestellt, aber sie sparten $16.000,000 bei einem Streik, der dadurch nicht stattfand.

Alan: Was trägt eine Gemeinschaft auf lange Sicht?

Scotty: Ich bin mir nicht sicher, wie tragend eine Gemeinschaft ist, es sei denn, sie hat eine klar formulierte Aufgabe. Gesunde Organisationen haben einen Auftrag, der oft mit einer Philosophie und einer formulierten Vision einhergeht, die ständig erneuert und verbessert wird. Ich vermute, dass es mehrere Zweckgemeinschaften gibt, die entweder keinen Auftrag haben oder ihn seit Jahren nicht mehr angeschaut haben.

Alan: Also müssen Gemeinschaften, egal welcher Richtung, sagen: „Das ist, was wir zusammen machen wollen."

Scotty: Und „dies ist das Ziel unseres Zusammenseins." Und diese Aussage muss alle paar Jahre überprüft werden, feierlich, ernsthaft sozusagen. Das bedeutet, dass die kulturellen Werte der Organisation schon im Vorfeld deutlich formuliert sein müssen. Bei jeder Vorstandssitzung unserer Stiftung erinnern wir nicht nur an unsere Grundregeln, sondern schreiben unsere ganze Kultur/Werte auf eine große Papiertafel, sodass jeder sie sehen kann. Diese Werte beinhalten Offenheit, die Bereitschaft herausgefordert zu werden, Normen erneut anzuschauen, bereit zu sein sich zu verändern. Es muss Liebe und Respekt da sein, natürlich – und trotzdem braucht es gültige Messwerte. Es braucht so was wie eine Art Spannungsbogen zwischen persönlicher Anteilnahme und gnadenloser Hingabe an die Realität. Und natürlich, es gibt einige Organisationen oder Gemeinschaften die es nicht wert sind, erhalten und weitergeführt zu werden. Damit kommen wir zu der Frage: „wann verliert eine Organisation ihre Nützlichkeit?" Und das wiederum führt zu einem neuen Blick auf das Ziel. „Haben wir immer noch einen Auftrag? Vielleicht nicht mehr."

Ein kritischer Punkt in der Kunst eine Gemeinschaft zu halten, ist die Integration von Aufgabe und Prozess. Aufgabe ist die Arbeit am Ziel, am Auftrag, während Prozess die Arbeit an sich selber als Gemeinschaft ist. Diese Kunst verlangt eine enorme Menge an Praxis. Eine Gruppe von Menschen wird nicht einfach zur Gemeinschaft und bleibt Gemeinschaft. Immer wieder fallen sie aus diesem Zustand raus, zurück ins Chaos oder in die Pseudogemeinschaft. Was eine gesunde, weiterführende und nachhaltige Gemeinschaft kennzeichnet ist die Geschwindigkeit, mit der sie feststellen: „He, wir haben es verloren. Wir müssen zurück und an uns selber arbeiten."

Alan: Wir müssen die Arbeit an unserem Ziel für eine Weile auf die Seite legen und am Prozess arbeiten.

Scotty: Richtig. Von einem zum anderen umzuschalten ist schwierig. Da ist die zeitliche Abstimmung eine Kunst und verlangt Disziplin.

Wir arbeiten so, dass wir dem Prozess zuerst seine Zeit geben und dann mit der Aufgabenstellung weitermachen. Etwas, das unsere Arbeit charakterisiert, ist ihre Sanftheit. Trotzdem gibt es eine Übung die wir machen, die nicht so sanft ist. Gruppen, die sich für die Themen wie Nachhaltigkeit und Aufgabe kontra Prozess interessieren, bitten wir, 15 Minuten an sich selber als Gemeinschaft zu arbeiten. Dann kann es vorkommen, dass jemand gerade eine Mitteilung über die Gruppe macht und es ist herzergreifend und alle sind am Weinen. Nach 15 Minuten schnippt der Leiter mit den Fingern und sagt: „Jetzt arbeitet wieder an eurer Aufgabe, eurem Auftrag." Es ist unglaublich, wie gut die Teilnehmer nach einer Weile damit umgehen können. Auch wenn sie gerade dabei sind, Richtlinien für Unterlagen neu zu formulieren und der Leiter wieder mit den Fingern schnippt und sagt: „Nun gehen Sie wieder weiter in Ihren Prozess", gehen sie an den Punkt, wo vor 15 Minuten Berührung war und alle weinen weiter.

Eigentlich möchte man so flexibel sein, dass es nicht notwendig wird mechanisch alle fünfzehn Minuten umzuschalten. Aber wir benutzen diese eher heftige Methode, um zu zeigen, wie Gruppen ihre Trägheit überwinden können. Und es zeigt, dass Gruppen von Menschen fähig sind jederzeit umzuschwenken.

Alan: Nehmen wir mal an, dass jemand in seinem Büro Gemeinschaft bilden will, oder in seinem Wohnblock, aber hat keinen Kurs, den er besuchen kann. Was macht man dann?

Scotty: Eines der Argumente, warum wir damals die Stiftung ins Leben gerufen haben, war das, genau solchen Gruppen zu helfen, die es nicht alleine schaffen konnten. Ungefähr 25 % bis 50 % derjenigen die „Gemeinschaftsbildung" gelesen haben und es versuchten, haben es auch geschafft. Aber die anderen 50 % bis 75 % können es nicht. Da scheitert es an dem fehlenden Handwerkszeug für den Prozess oder den richtigen Leuten. Da benötigt man Fachkenntnis.

Manchmal war das Wissen, das benötigt wurde, eher eine klare Aufgabenstellung und weniger die Kenntnis für den Prozess. Als wir z.B. mit der Stiftung begannen, waren wir ein Haufen von Leuten, die Gutes tun wollten, ohne die leiseste Ahnung zu haben, wie man Gutes tut. Wenn man mich vor sechs Jahren gefragt hätte, was strategische Planung sei, hätte ich gesagt, dass das etwas ist, was die Air Force mit ihrer strategischen Bombardierung tut. Nun mussten wir als Vorstand lernen, was strategische Planung ist und wie man ein Geschäft führt. In gewisser Hinsicht ist das schwieriger, als wenn man mit Gemeinschaftsbildung anfängt und eine schon strukturierte Organisation mit klar definierten Aufgaben vorfindet.

Alan: Das scheint tatsächlich der Fall für viele Zweckgemeinschaften über die Jahre hinweg gewesen zu sein. Oft waren es die Geschäfts-, Management- und Strukturthemen, die die Achillesferse darstellten.

Scotty: Bei diesem Thema werde ich leidenschaftlich! Struktur und Gemeinschaft sind nicht unvereinbar. Im Gegenteil, sie wachsen aneinander. Je größer die Struktur in einer Organisation und je klarer diese Struktur ist, umso einfacher ist es für uns eigentlich Gemeinschaft hineinzubringen. Wenn eine Geschäftsgruppe mit einer klaren Absicht, aber einer mangelnden Struktur, einen Gemeinschaftsprozess durchläuft, wird sie feststellen, dass ihre nächste Aufgabe sein wird, Rollen zu definieren. Ohne Ausnahme werden diese Rollen hierarchisch verteilt werden.

Das Ziel von Gemeinschaft ist nicht die Hierarchie abzuschaffen. Nochmals, die Kunst für eine Organisation ist die, zu lernen, wie man in einer hierarchischen und höchst strukturierten (hierarchisch strukturierten) sowie zielorientierten und gleichzeitig gemeinschaftlichen Art und Weise funktioniert. Es ist wichtig die Technik des Umschwenkens zu beherrschen. Je klarer die Rollen definiert sind und je strukturierter die Organisation ist, umso leichter geht das hin- und herschwenken. Je verschwommener die Struktur, umso schwieriger wird genau das.

Alan: In „Gemeinschaftbildung" schreibst du: „Eine Organisation ist in dem Maße fähig Gemeinschaft innerhalb zu nähren, wie sie bereit ist einen gewissen Mangel an Strukturen zu tolerieren und zu riskieren." Ist das, was du jetzt sagst, eine Abänderung dieser früheren Sicht?

Scotty: Eine Weiterentwicklung davon. Das einzige Hindernis, innerhalb einer Organisation Gemeinschaft aufzubauen und zu erhalten, ist nicht struktureller Natur. Es ist politisch. Wenn man jemanden an der Spitze hat, der nicht bereit ist die Struktur loszulassen – auch nur eine Zeit lang – oder

der alles dominieren muss, dann wird man keine Gemeinschaft in dieser Organisation vorfinden. Deshalb müssen Leute in einer Organisation, und besonders die an der Spitze, willig sein ihre Rolle und ihre Stellung zeitweilig loszulassen.

Alan: Du beschreibst persönliches Wachstum als eine Reise „raus aus der Kultur." Ist der Wachstumsprozess in Richtung wahrhafter Gemeinschaft ähnlich? Ist Gemeinschaft a-kulturell?

Scotty: Nein, sie ist nicht a-kulturell. Ich denke, es ist eher eine charakteristisch andere Kultur von Gemeinschaft. Man muss sich daran erinnern, dass wir bei allen Sitzungen eine Liste mit ungefähr dreißig Werten haben, die unsere Organisationskultur betreffen. Die Prinzipien von Gemeinschaft dienen als Parameter dessen, was wir als neue Globalkultur bezeichnen. Da sind Werte wie Respekt und das Nutzen von gültigen Messwerten. Nur eine Minderheit von Menschen – unter 5 % – können sich nicht mit diesen Werten anfreunden.

Alan: Wie sieht eine „globale Gemeinschaft" aus? Ist sie überhaupt möglich?

Scotty: Natürlich ist sie das. Wir haben Gemeinschaft auf unterschiedlichsten Wegen gebildet und so gut wie in jeder Kultur. Letztes Jahr veranstalteten wir einen Kurs für Juden, Christen und Muslime in Gemeinschaftsaufbau. Er war so erfolgreich, dass die Muslime uns Geld spendeten, damit wir nochmals so etwas anbieten. Aber das Wort „global" wird breiig, wenn es nicht Bezug zu einem wirklichen Problem hat. Ich kann zum Beispiel praktisch garantieren, dass wenn man fünf Weiße, 15 Afrikaner und 35 Schwarze aus Südafrika nähme, sie alle in einen Raum sperrte und sie dazu brächte eine Bereitschaftserklärung zu machen, eben diese Technik der Gemeinschaftsbildung zu lernen, sie am Ende der drei oder vier Tage rauskämen mit wirklichem Respekt voreinander, in Liebe und mit dem Willen und der Fähigkeit gründlich und erfolgreich an dem zu arbeiten, was gerade dran wäre. Das eigentliche Problem ist, die Leute in den Raum zu bekommen.

Alan: Und sie dazubehalten durch die vier Stufen von Pseudogemeinschaft, Chaos, Leere und endlich Gemeinschaft.

Scotty: Richtig. Die einzige Bedingung, die wir haben ist die, dass die Leute bleiben und nicht abhauen. Zufällig haben wir dabei auch erfahren, dass es durchweg einfacher ist Gemeinschaft unter ungebildeten Menschen herzustellen, als unter intellektuell Anspruchsvollen. Das wusste ich noch nicht zu dem Zeitpunkt, als ich „Gemeinschaftsbildung" schrieb. Eine Gruppe Diplomaten oder Psychiater sind da ein harter Brocken, denn man muss durch ihren Intellektualismus hindurch, um zu ihrer Unschuld (Einfachheit) zu kommen.

Aber ich glaube, dass es immer möglich ist, Gemeinschaft herzustellen. Wenn Menschen sehen, dass man dauerhaft Gemeinschaft herstellen kann, dass es Regeln und Grundsätze gibt, die einen Weg aufzeigen um dahin zu gelangen – dann nährt das wirklich Hoffnung.

Alan: Somit ist „die Errettung der Welt", auf die du dich in deinem Buch beziehst, erreichbar.

Scotty: Sogar sehr. Ich möchte einen Teil unserer Gründungsphilosophie vorlesen, eine Erklärung, die sehr gut das Wesentliche dieser Sichtweise einfängt: „Es gibt ein Sehnsucht im Herzen nach Frieden. Auf Grund der Wunden und der Ablehnung, die wir in vergangenen Beziehungen erlebt haben, fürchten wir das Risiko. In unserer Furcht werten wir den Traum einer authentischen Gemeinschaft als Fantasterei ab. Aber es gibt Richtlinien für das Zusammenkommen von Menschen, wo diese alten Wunden heilen können. Es ist das Ziel der Stiftung zur Gemeinschafts-Förderung, diese Richtlinien weiterzugeben, um Hoffnung Wirklichkeit werden zu lassen und um die Vision einer Welt kundzutun, die die Herrlichkeit von dem was es heißt menschlich zu sein, fast vergessen hat."

In einer Organisation gemeinschaftlich zu leben ist kein Allheilmittel. Die Wirklichkeit existiert einfach immer noch. Und so, wie es typisch für ein gesundes Einzeldasein ist, gibt es auch mehr Schmerz innerhalb der Gemeinschaft als außerhalb. Aber es gibt auch mehr Freude. Für mich ist das Typische einer echten Gemeinschaft nicht die Tatsache, dass es weniger schmerzhaft ist, sondern dass es lebendiger ist.

Gemeinschaft: die kultivierte Organisation

Die nachfolgenden vier Kapitel stammen aus dem Buch "Eine neue Ethik für die Welt" (Englische Originaltitel "A World Waiting To Be Born") von Scott Peck

Von meiner minimalen formellen Ausbildung in der Praxis der Gruppentherapie ist mir nur noch eine einzige Anweisung im Gedächtnis geblieben. Uns angehenden Psychotherapeuten wurde gesagt, dass der kompetente weibliche oder männliche Gruppentherapeut in der Lage sein muss, sich bewusstseinsmäßig auf zwei verschiedene Ebenen zugleich zu konzentrieren: die Ebene des individuellen Patienten und die Ebene der Gruppe. Es war ein sehr wertvoller Hinweis, der aber nicht leicht zu befolgen ist. Vielleicht ist es gar nicht möglich, sich mit ganzer Aufmerksamkeit zwei Themen oder Fragen zugleich zu widmen. Ich kann nicht uneingeschränkt meinem Patienten zuhören und mir dabei überlegen, wie ich ihm am besten antworte, und mir gleichzeitig die Frage stellen, wie es der Gruppe ergeht und welche gruppendynamischen Prozesse in diesem Moment ablaufen. Wir Therapeuten können uns bestenfalls in eine relativ rasche Schwingung versetzen, mit unserer Gewahrseinsebene vom Individuum zur Gruppe wechseln, dann von der Gruppe wieder zurück zum Individuum, und so in einem fort hin und her bis zum Ende der Sitzung. Gute Gruppentherapeuten tun was für ihr Geld.

In den ersten Jahren, in denen ich mich in einer solchen Schwingungsfähigkeit übte, fand ich es beträchtlich einfacher – und natürlicher –, meine Aufmerksamkeit auf die einzelnen Patienten zu richten als auf die Gruppe. Immer wieder war ich so von dem in Anspruch genommen, was ein bestimmter weiblicher oder männlicher Patient sagte und von der Frage, was ich tun könnte, um ihr oder ihm zu helfen, dass ich die laufenden gruppendynamischen Prozesse völlig aus dem Auge verlor. Immer wieder ging ich in diese Falle, obwohl ich bereits eine gewisse Gabe für das Gruppenbewusstsein besaß. Allmählich jedoch war ich mit einiger Mühe imstande, zunehmend mehr auf die gruppendynamischen Prozesse zu achten, ohne dabei die einzelnen Patientinnen und Patienten zu ignorieren. Meine Schwingungsfähigkeit wurde ausgeglichener; mein Gruppenbewusstsein wurde mit der Praxis besser.

1980 begann ich mit größeren Gruppen von dreißig bis hin zu vierhundert Teilnehmern zu arbeiten, Gruppen, die sich nicht zu psychotherapeutischen Zwecken versammelten, sondern die eine spirituelle Unterweisung erfahren wollten. Als Gruppenleiter richtete ich nun die Schwingungsfrequenz meiner Aufmerksamkeit fast ausschließlich auf die Gruppe als Ganzes und nur sehr gelegentlich auf die Teilnehmer als Individuen. Im Laufe der nächsten beiden Jahre wurde ich ziemlich geübt dann, solche Gruppen zur „Gemeinschaft" zu führen – eine Form des Zusammenseins in individueller Authentizität und überpersönlicher Harmonie, sodass die Menschen imstande waren, mit einer kollektiven Energie zu arbeiten, die noch größer war als die Summe ihrer individuellen Energien. Diese Workshops nannte ich „Workshops zum Aufbau von Gemeinschaft" oder CBWs (Community Building Workshops).

Zu Beginn dieser CBWs wies ich die Teilnehmer und Teilnehmerinnen nachdrücklich darauf hin, dass die einzige Aufgabe unseres Zusammenseins die sei, uns in eine Gemeinschaft einzubinden. Doch obgleich wir keine psychotherapeutischen Ziele verfolgten, fand im Laufe dieser Workshops ein erstaunlich hohes Maß an psychospiritueller Heilung statt, vor allem nachdem die Teilnehmerinnen und Teilnehmer gelernt hatten, nicht mehr Therapeut miteinander zu spielen.

Eine meiner Führungstechniken bestand darin, immer wieder aufzuzeigen, wie sich die Gruppe als Ganzes verhielt, und dann allmählich die Teilnehmer zu bitten, doch selbst über die Gesundheit der Gruppe Beobachtungen anzustellen. Es funktionierte! Die Mehrheit von ihnen wurde immer geübter darin, im Sinne der Gruppe als Ganzes zu denken. Mehr noch, eine wesentliche Anzahl von Teilnehmern kam immer wieder zu weiteren CBWs, und ich konnte zu meiner Freude beobachten, wie sie allmählich zu echten Experten in der Wahrnehmung von gruppendynamischen Prozessen heranreiften, ohne dass ich ihnen noch dabei half. Diese Workshops zum Aufbau von Gemeinschaft sind die effizienteste Methode zur Erweiterung des Gruppenbewusstseins, die ich kenne.

Mitte des Jahres 1984 hatte ich schließlich mehr Anfragen zur Begleitung von CBWs, als ich noch bewerkstelligen konnte. Ich tat mich mit anderen zusammen und baute eine Truppe sorgsam ausgesuchter und gut ausgebildeter CBW-Begleiter auf, die mich ersetzen konnten. Wenn sie die Begleitung übernehmen, sind diese Männer und Frauen gut darin geübt, sich in ihrem Bewusstsein vor allem auf die Gruppe, für die sie verantwortlich sind, zu konzentrieren – auf die Gruppe als Organismus oder ganzheitliches System.

Einmal im Jahr versammeln sich diese Begleiter am sogenannten Runden Tisch, um sich selbst wieder als Gemeinschaft aufzubauen und weiteres Training zu erhalten. Es sind opferbereite Menschen. Sie begleiten die Workshops in ihrer Freizeit für ein minimales Gehalt. Den Rest der Zeit arbeiten die meisten von ihnen in anstrengenden Jobs und in Positionen, in denen sie ein hohes Maß an Verantwortung tragen. Sie stehen an der Front. Folglich ist es für sie so, als kämen sie nach Hause, wenn sie sich wieder in dieser Runde versammeln. Kinder, ganz egal, wie erwachsen sie schon sind, zeigen eine Tendenz zur Regression, wenn sie nach Hause kommen. Und genauso ist es sogar auch bei diesen erfahrenen Gruppenbegleitern. Wir machen immer unsere Witze darüber, wie unreif wir uns bei diesen Treffen benehmen, wie zankende Geschwister, abhängig und fordernd, statt wie Erwachsene, die wir eigentlich sind.

Diese Unreife zeigt sich vor allem daran, dass wir unsere Fähigkeit, unser Bewusstsein auf die Gruppe als Ganzes zu richten, „vergessen". Bei einem unserer Gespräche am Runden Tisch sagte einer unserer damals noch relativ neuen Kollegen etwas zu mir, das die Gruppe unbedingt ins Chaos zurückwerfen musste. Später entschuldigte er sich bei mir für den Aufruhr, den seine Bemerkungen verursacht hatten. Ich erwiderte, sein Verhalten sei wohl nicht gerade das gewesen, was man „bewusst motiviertes organisatorisches Verhalten" nennen würde. „Hank, was du gesagt hast, war, was mich angeht, durchaus angemessen. Aber hast du, als du es sagtest, nur an mich und dich gedacht oder auch daran, welche Auswirkungen deine Bemerkungen auf die Gruppe haben würden?"

„Ich habe nur an dich und mich gedacht", gestand er.

„Angenommen, du wärest statt Peter oder Joyce einer unserer ernannten Gruppenbegleiter gewesen, hättest du dann das Gleiche gesagt?"

„Ich hätte es dir womöglich unter vier Augen gesagt, aber nein, ganz bestimmt nicht in der Gruppe."

„Und?" fragte ich.

„Du meinst, ich sollte mich immer wie ein Gruppenbegleiter verhalten, auch wenn ich nicht gerade diese Position innehabe?"

„Klingt ermüdend, was?" sagte ich.

Das war vor einigen Jahren. Heute ist Hank einer unserer langjährigsten – potentesten und erfahrensten – Gruppenbegleiter. Ich bin mir nicht sicher, ob es ihm noch möglich ist, in einer Gruppe oder selbst an unserem Runden Tisch irgendetwas zu sagen, ohne vorher die Auswirkungen seiner Worte auf die Gruppe als Ganzes zu bedenken. Und das gilt auch für unsere anderen langjährigen Gruppenbegleiter. Ihr Gruppenbewusstsein tritt von der ersten Sekunde eines Treffens an in Aktion. Für sie sind Gruppenbewusstsein und Kultiviertheit zur Lebensweise geworden.

Nur wenige Menschen denken objektiv an die Gruppen, in die sie involviert sind. Aber die Erfahrungen, von denen ich gerade berichtet habe, lassen mich doch hoffen. Fast alle Menschen haben die potenzielle Fähigkeit für ein solches Denken. Und bringt man sie ihnen bei, dann setzen sie diese Fähigkeit auch ein. Der Prozess zum Aufbau von Gemeinschaft stellt eine ideale Trainingsmethode dar. Doch natürlich wird dieses Training, wenn es nicht wiederholt wird, auch wieder vergessen. Wird es aber oft genug wiederholt, dann bildet sich das Gruppenbewusstsein bei vielen Menschen so stark aus, dass es etwas Instinktives, Natürliches und Unvergessliches wird. Das Loch im geistigen Bewusstsein kann gefüllt werden.

In den letzten fünfzig Jahren haben Psychotherapeuten, Managementberater und andere Erforscher von Gruppenverhalten bestimmte, einigermaßen vorhersehbare Stadien einer Gruppenentwicklung ausgemacht. Das heißt nicht, dass sich alle Gruppen zu Weisheit, Reife, Effektivität oder Kultiviertheit hinentwickeln. Die meisten tun es eben nicht. Aber wenn doch, dann lässt sich eine Ordnung, eine Gesetzmäßigkeit in diesem Entwicklungsprozess beobachten. Diese Stadien sind unterschiedlich benannt worden. Ich bezeichne sie am liebsten als Pseudogemeinschaft, Chaos, Leere und Gemeinschaft.

Das verbreitetste Anfangsstadium und einzige Stadium vieler Gruppen und Organisationen ist das der Pseudogemeinschaft – ein Stadium der Vortäuschung oder des Scheins. Die Gruppe tut so, als sei sie bereits eine Gemeinschaft, als gäbe es unter den Gruppenmitgliedern nur oberflächliche, individuelle Differenzen und keinen Grund für Konflikte. Zur Aufrechterhaltung dieser Vortäuschung bedient man sich vor allem einer Anzahl unausgesprochener allgemeingültiger Verhaltensregeln, Manieren genannt: Wir sollen unser Bestes tun, um nichts zu sagen, was einen anderen Menschen verstören oder anfeinden könnte; wenn jemand anders etwas sagt, das uns beleidigt oder schmerzliche Gefühle oder Erinnerungen in uns weckt, dann sollen wir so tun, als mache das uns nicht das geringste aus; und wenn Meinungsverschiedenheiten oder andere unangenehme Dinge auftauchen, dann sollten wir sofort das Thema wechseln. Jede gute Gastgeberin kennt diese Regeln. Sie mögen den reibungslosen Ablauf einer Dinnerparty ermöglichen, aber mehr auch nicht. Die Kommunikation in der Pseudogemeinschaft läuft über Verallgemeinerungen ab. Sie ist höflich, unauthentisch, langweilig, steril und unproduktiv.

Mit der Zeit können dann allmählich tiefgehende individuelle Differenzen auftreten, und die Gruppe begibt sich ins Stadium des Chaos und zerstört sich nicht selten selbst. Bei der Pseudogemeinschaft geht es um das Thema des Kaschierens von individuellen Differenzen. Im Stadium des Chaos' geht es vorrangig um den Versuch, diese Differenzen auszulöschen. Das geschieht darüber, dass Gruppenmitglieder versuchen, einander zu bekehren, zu heilen, auszuschalten oder ansonsten für vereinfachte organisatorische Regeln einzutreten. Es ist ein ärgerlicher und irritierender, gedankenloser, maschinengewehrmäßiger und oft lärmender Prozess, bei dem es nur um Sieger und Verlierer geht und der zu nichts führt.

Wenn die Gruppe diese unerfreuliche Situation zusammen durchstehen kann, ohne sich selbst zu zerstören oder in die Pseudogemeinschaft zurückzufallen, dann tritt sie allmählich in die „Leere" ein. Dies ist ein Stadium sehr harter Arbeit, eine Zeit, in der die Mitglieder daran arbeiten, alles beiseite zu räumen, das zwischen ihnen und der Gemeinschaft steht. Und das ist eine Menge. Vieles von dem, das mit Integrität aufgegeben oder geopfert werden muss, sind universell menschliche Eigenschaften: Vorurteile, vorschnelle Urteile, starre Erwartungen, der Wunsch zu bekehren, zu heilen oder auszuschalten, der Drang zu siegen, die Angst, sich zum Narren zu machen, das Bedürfnis, die Kontrolle über alles zu haben. Andere Dinge mögen ausgesprochen persönlicher Art sein: ein verborgener Kummer, Abscheu oder tiefe Angst vor etwas, die öffentlich eingestanden werden müssen, bevor das Individuum für die Gruppe völlig „präsent" sein kann. Es ist eine Zeit, die Risikobereitschaft und Mut verlangt, und wenn man sich auch oft erleichtert fühlt, so fühlt man sich doch auch oft sterbenselend.

Der Übergang vom Chaos zur Leere läuft selten dramatisch ab und dauert häufig qualvoll lange. Ein oder zwei Gruppenmitglieder gehen vielleicht das Risiko ein, ihre Seele bloßzulegen, nur um zu erleben, dass ein anderes, das den Schmerz nicht ertragen kann, plötzlich das Thema zu irgendetwas völlig Unsinnigem wechselt. Die Gruppe als Ganzes ist noch nicht offen genug, um wirklich zuzuhören. Sie fällt in zeitweiliges Chaos zurück. Schließlich aber wird sie doch so leer, dass eine Art Wunder geschehen kann.

An diesem Punkt spricht ein Mitglied sehr präzise und authentisch etwas an. Die Gruppe scheut nicht davor zurück, sondern sitzt schweigend da und nimmt alles in sich auf. Dann sagt ein zweites Mitglied ganz ruhig etwas ebenso Authentisches. Es handelt sich vielleicht nicht einmal um eine Antwort auf das erste Mitglied, aber man hat auch nicht das Gefühl, es sei ignoriert worden. Vielmehr herrscht eher die Empfindung vor, das zweite Mitglied sei vorgetreten und habe sich neben dem ersten auf den Altar gelegt. Wieder kehrt Stille ein, aus der heraus sich ein drittes Mitglied ebenso präzise und eloquent äußert. Die Gemeinschaft ist geboren.

Der Wechsel zur Gemeinschaft tritt oft sehr plötzlich und dramatisch ein. Die Veränderung ist deutlich zu spüren. Ein Geist des Friedens durchdringt den ganzen Raum. Es herrscht mehr Schweigen, doch es wird Bedeutungsvolleres gesagt. Es ist wie Musik. Die Menschen arbeiten mit einem außerordentlich präzisen Zeitgefühl zusammen, so als seien sie ein fein eingestimmtes Orchester unter der Leitung eines unsichtbaren himmlischen Dirigenten. Viele spüren tatsächlich die Anwesenheit Gottes im Raum. Handelt es sich um eine Gruppe vormaliger Fremder, die sich in einem öffentlichen Workshop versammelt haben, dann kann man eigentlich nichts weiter tun, als sich an diesem Geschenk freuen. Handelt es sich aber um eine Organisation, dann ist die Gemeinschaft nun bereit, sich oft mit phänomenaler Leistungsfähigkeit und Effektivität an die Arbeit zu machen, also Entscheidungen zu treffen, zu planen, zu verhandeln und so weiter.

Im allgemeinen Sprachgebrauch wird das Wort Gemeinschaft praktisch auf jegliche Gruppe angewandt: die Nachbarschaft, das Dorf, die Stadt, eine Kirche, eine Schule, eine Universität oder einen Klub. Das ist auch so, wenn die Mitglieder einander völlig fremd sind oder, wenn sie sich kennen, nur sehr oberflächlich übereinander Bescheid wissen. Inzwischen ist klar, dass ich dieses Wort in einem weitaus präziseren Sinn gebrauche.

Was mich angeht, so verlangt Gemeinschaft Kommunikation, und zwar nicht nur den bloßen Austausch von Worten, sondern eine hochqualifizierte Kommunikation. Die Qualität der Gruppenkommunikation ist in unseren typischen geschäftlichen oder gesellschaftlichen Organisationen so armselig, dass ich sie als Pseudogemeinschaften bezeichne. In ihrer Aufrechterhaltung einer oberflächlichen und höflichen Interaktion tun die Mitglieder meist nur so, als kommunizierten sie. In einer authentischen Gemeinschaft hingegen haben sich die Gruppenmitglieder zu einer Kommunikation auf zunehmend tieferer und authentischerer Ebene verpflichtet. Es gibt nur sehr wenige echte Gemeinschaften.

Wenn sich aber eine Gruppe auf eine solche Verpflichtung einlässt, dann wird sie die eben beschriebenen Stadien durchlaufen, und es werden allmählich wunderbare Dinge geschehen. Die Mitglieder wachsen über ihren Narzissmus hinaus und gelangen dazu, ihre jeweiligen Unterschiede nicht nur zu respektieren, sondern auch wertzuschätzen. Lang unterdrückte Animositäten kommen zum Vorschein und werden gelöst. Feinde versöhnen sich wieder. Harte Blicke werden weich, und aus Schwertern werden Federn.

Nachdem ich drei Jahre damit verbracht hatte, Gruppen zur Gemeinschaft zu führen, wobei mir Lily und einige andere häufig assistierten, dämmerte es uns, dass wir eine außerordentlich kostbare Perle gefunden hatten. Zwar hatten wir zu diesem Zeitpunkt noch keine Ahnung, wie man eine anständige Organisation aufbaut, geschweige denn managt, aber wir wussten wenigstens, dass wir diese Perle so umfassend und rasch wie möglich weiterreichen mussten. Wir hatten wenig mehr gemeinsam als die Leidenschaft zum Frieden stiften, als sich elf von uns im Dezember 1984 versammelten, um eine gemeinnützige Stiftung für öffentliches Erziehungswesen zu gründen: The Foundation for Community Encouragement, Inc. oder FCE. Das Folgende stellt zum größten Teil eine komprimierte Zusammenfassung all dessen dar, was wir in den letzten acht Jahren durch die Arbeit mit und in der FCE gelernt haben.

Als eine dem Erziehungswesen gewidmete Stiftung ist es das Ziel der FCE, die Prinzipien der Gemeinschaft zu lehren – das heißt die Regeln für eine gesunde und kultivierte Kommunikation in Gruppen. Wir sind nicht in einem Vakuum zu diesen Prinzipien gelangt. So wie wir in den letzten sechzig Jahren eine militärische Technologie entwickelt haben, mit der wir uns auf diesem Planeten auslöschen können, haben wir auch – was den meisten nicht bekannt ist – ruhig und unauffällig eine Technologie des Frieden Stiftens entwickelt, die wir den Aufbau von Gemeinschaft nennen. Verschiedene Bestandteile dieser Technologie stammen aus so unterschiedlichen Quellen wie dem christlichen Monastizismus, den Quäkern, den Anonymen Alkoholikern und den Zwölf-Schritte-Programmen, den Sensitivitätsgruppen, dem Tavistock Institute in Großbritannien und der Arbeit von Managementberatern.

Ein Grund, warum wir die Gemeinschaftsprinzipien so oft als Technologie bezeichnen, ist der, dass Analogien zur Software bestehen. Die Software ist ein System von Gesetzen und Regeln, die in die Hardware eines Computers eingegeben werden, um ihn effektiv operieren zu lassen. Ganz ähnlich handelt es sich bei den Gemeinschaftsprinzipien um eine Anzahl von Regeln, die einer Gruppe von Menschen übermittelt werden können, um sie zu lehren, wie sie effektiv in einer Gruppe arbeiten können. Jede Gruppe von Menschen, die bereit ist, sich diesem System von Regeln unterzuordnen, wird sehr schnell lernen, mit bemerkenswerter Effizienz und Kultiviertheit zusammenzuarbeiten.

Ein System von Regeln, dem wir uns unterordnen, kann auch als Disziplin bezeichnet werden. Und ich werde je nach den gegebenen Umständen diese Gemeinschaftsprinzipien eine Technologie oder eine Disziplin nennen. In jedem Falle handelt es sich um etwas, das praktiziert werden muss. Aus einem Vortrag oder Buch können Sie nicht allzu viel über einen Computer lernen; nur wenn Sie ihn benutzen, werden Sie sich wirklich damit auskennen. Folglich erfüllt die FCE ihre erzieherische Aufgabe vor allem dadurch, dass sie die Gemeinschaftsprinzipien im Rahmen von stark auf Erfahrung ausgerichteten Gruppenworkshops oder CBWs lehrt. Ihre gegenwärtigen Grundsatzerklärungen zu ihrer Philosophie und zu ihren Aufgaben und Zielen lauten:

Grundsatzerklärung zur Unternehmensphilosophie
Es gibt eine Sehnsucht des Herzens nach Frieden. Wegen der Wunden, die uns in vergangenen Beziehungen zugefügt wurden, der Ablehnung, die wir erfahren haben, fürchten wir uns vor den Risiken. In unserer Angst lehnen wir den Traum von authentischer Gemeinschaft als bloße Utopie ab. Doch es gibt Regeln, nach denen die Menschen wieder zusammenkommen können, mit deren Hilfe alte Wunden geheilt werden. Es ist die Aufgabe der Foundation for Community Encouragement (FCE), diese Regeln zu lehren – die Hoffnung wieder zur Realität zu machen – und diese Vision sich in einer Welt verwirklichen zu lassen, die schon fast die Herrlichkeit dessen vergessen hat, was es bedeutet, ein Mensch zu sein.

Grundsatzerklärung zu den Aufgaben und Zielen des Unternehmens
Die Foundation for Community Encouragement (FCE) ermuntert Menschen in einer fragmentierten Welt dazu, neue Wege des Zusammenseins zu entdecken. Indem wir Prinzipien der Gemeinschaft leben, erlernen und lehren, dienen wir als Katalysator für Individuen, Gruppen und Organisationen, damit sie:
- mit Authentizität kommunizieren,
- sich mit schwierigen Problemen befassen,
- Differenzen mit Integrität überbrücken,
- in Liebe und Respekt miteinander umgehen.

Der Ansatz der FCE ermuntert zur Tolerierung von Widersprüchlichkeit, zur Erfahrung des Entdeckens und zur Spannung zwischen dem Festhalten und Loslassen. So, wie wir andere befähigen, werden auch wir durch den Geist befähigt, der in uns und über uns hinaus existiert.

Ich habe schon auf die Tatsache hingewiesen, dass die erste Aufgabe der FCE darin bestand, Workshopbegleiter für den Aufbau von Gemeinschaft, also für die CBWs auszusuchen und auszubilden. Dies war ein größeres Unterfangen, da wir sie sehr sorgfältig auswählen und kontinuierlich ausbilden mussten. Gegenwärtig verfügt die FCE über an die fünfundsechzig solcher ausgesuchter und ausgebildeter männlicher und weiblicher Gruppenbegleiter, die immer zu zweit arbeiten und bis heute über dreihundert Workshops in den Vereinigten Staaten, Kanada, Großbritannien und Australien – und sogar einen in Russland – durchgeführt haben.

In den frühen Jahren war die große Mehrheit der FCE-Workshops für die allgemeine Öffentlichkeit gedacht. Die sich meist fremden Menschen kamen aus der ganzen Region zusammen, zahlten jeweils ihre bescheidene Workshopgebühr, fügten sich im Laufe des zwei- oder dreitägigen Seminars zu einer Gemeinschaft zusammen und reisten dann nach dieser Erfahrung wieder nach Hause. Waren die Teilnehmer eines Workshops in der Hauptsache Ortsansässige, dann geschah es in etwa fünfzig Prozent der Fälle, dass sich einige der Teilnehmer später zu einer lokalen Gruppe zur gegenseitigen Unterstützung zusammenschlossen. Diese Gruppen bestanden dann monate- bis jahrelang. Andere Teilnehmer kamen nochmals zu einem oder mehreren öffentlichen Workshops, und manche von ihnen wurden schließlich aktive Mitglieder der FCE. Doch meistens kamen die Teilnehmer nicht nur als einander Fremde, sie wurden dann auch wieder zueinander fremden Menschen. Im Gegensatz zu den Angehörigen einer bestehenden Organisation hatten sie, von ihren wenigen Tagen als Gruppe abgesehen, weder eine gemeinsame Geschichte noch eine gemeinsame Zukunft.

Doch viele Dinge, die wir aus diesen Workshops lernten, lassen sich auf den Aufbau einer Gemeinschaft im Rahmen einer bestehenden Organisation anwenden. Am dritten Workshoptag lässt die FCE zuweilen die Teilnehmer – seien sie sich nun vormals fremd gewesen oder alte Kollegen – eine Reihe von Übungen machen, die wir „Hindernisse für die Entwicklung einer Gemeinschaft" nennen. Diese Übungen sollen den Menschen helfen, sich die persönlichen Barrieren bewusst zu machen, die sie in den Workshop mitbrachten und vermutlich auch in künftigen Gruppensituationen ins Spiel bringen würden: das Bedürfnis, witzig oder klug zu erscheinen; Schwierigkeiten damit, sich in der empfangenden statt gebenden Rolle zu finden; tiefe Angst vor dem Verlust der Kontrolle; eine zwanghafte Neigung zum Organisieren; übermäßige Geschäftigkeit als Form der Aufrechterhaltung von Distanz und so weiter. Diese Übungen sind zum großen Teil sehr vergnüglich und lösen große Heiterkeit aus, wenn sich die Teilnehmer gegenseitig auf die Schippe nehmen. Aber das Auffälligste daran ist, dass diese Übungen erst gemacht werden, nachdem aus der Gruppe eine Gemeinschaft geworden ist.

Mit anderen Worten, diese Hindernisse verhindern nicht das Entstehen einer Gemeinschaft. Sie sind bereits ohne irgendwelches didaktisches Training im Laufe des Aufbauprozesses der Gemeinschaft überwunden worden. Die Übungen sollen nur einfach das Erlernte für die Zukunft verfestigen.

Diese persönlichen Hindernisse haben in ihrer Mehrheit mit der uns sehr vertrauten Moral oder „Ethik" des schroffen Individualismus zu tun. Diese besagt, dass wir dazu aufgerufen sind, eigenständig denkende Individuen zu werden, dass wir zu Unabhängigkeit und Autonomie aufgerufen sind, dass wir lernen sollen, auf eigenen Füßen zu stehen, Kapitän unseres eigenen Schiffs zu sein, wenn schon nicht Herr über unser eigenes Schicksal. Wenn sich das wie die Aufzählung einer Reihe von Klischees anhört, dann deshalb, weil sie so wahr sind. Wir sind tatsächlich zu all diesen Dingen aufgerufen. Doch das Problem mit der Moral des schroffen Individualismus besteht darin, dass sie die Kehrseite der Medaille völlig außer acht lässt. Denn wir sind auch dazu aufgerufen, mit unserer persönlichen Sündhaftigkeit und Unvollkommenheit, unserem Verwundet sein und unserer Gebrochenheit, unseren menschlichen Grenzen und unserer naturgemäßen wechselseitigen Abhängigkeit zurechtzukommen. Folglich sind wir von früher Kindheit an dazu programmiert, uns den Anschein zu geben, als hätten wir schon alles auf der Reihe, während dies in Wirklichkeit bei niemandem der Fall ist. Wir sind dazu gedrängt, ständig Stärke und Autonomie vorzutäuschen, und gezwungen, uns hinter einer Maske von Gefasstheit und Gelassenheit zu verstecken. Dementsprechend heißt auch eine der eben erwähnten Übungen „persönliche Masken".

Obgleich die Moral des schroffen Individualismus das allgemein verbreitetste Hindernis ist, das der Entwicklung einer Gemeinschaft entgegenwirkt, ist es doch weder unvermeidlich noch unüberwindbar. Es muss durchbrochen werden, bevor eine Gemeinschaft entstehen kann. Die alten Tonbänder im Kopf müssen gelöscht werden. Weder kann ich eine Maske lieben noch einem „perfekten" Menschen vertrauen. Die Menschen fürchten sich zwar davor, ihre „Gebrochenheit einzugestehen", Vorbedingung für das Entstehen einer Gemeinschaft, doch es ist erstaunlich, wie schnell sie, wenn die Situation es erlaubt und sie richtig angeleitet werden, die alten Tonbänder aufgeben können. Und wie viel Freude sie individuell und kollektiv empfinden, wenn sie von diesen repressiven, unrealistischen Tonbändern des schroffen (im Gegensatz zum sanften) Individualismus befreit sind.

Wenn dies so klingt, als könnte praktisch jedermann seine oder ihre einer Gemeinschaft entgegenwirkenden Hindernisse überwinden und aus dem Versteck kommen, dann stimmt das fast. Im Durchschnitt verlassen zwei bis drei Prozent der Teilnehmer einen solchen FCE-Workshop vor seiner Beendigung. Die Hälfte davon in den schwierigen Phasen des Chaos oder der Leere. Überraschenderweise geht die andere Hälfte erst, nachdem die Gruppe zur Gemeinschaft gefunden hat. Es scheint, als könnten sie aus irgendeinem Grund all die Liebe im Raum nicht ertragen. Den Grund dafür kennen wir nicht. Gelegentlich geben sie eine Erklärung ab, die aber irgendwie unecht wirkt. Doch meist gehen sie einfach, und wir hören danach nie wieder etwas von ihnen. Nur einmal erhielten wir ein stichhaltiges Feedback. Zwei Männer verließen unabhängig voneinander einen Workshop. Später benachrichtigte einer von ihnen die FCE: „Sie wussten nichts davon, aber wir sind Partner in einem profitablen, schon lange bestehenden Unternehmen. Zwischen uns gibt es viele schmerzliche und schwierige Probleme, die anzugehen wir vermeiden. Ich ging weg –und ich vermute, dass auch mein Partner den Workshop verließ –, weil uns klar wurde, dass wir diese Probleme ans Licht bringen mussten, wenn wir noch länger blieben, und davor hatten wir zu viel Angst."

Ich denke mir, dass es verschiedene Gründe gibt, warum diese wenigen Personen vorzeitig gehen. Ich kann nur eines mit Sicherheit sagen, nämlich dass diese Gründe nichts mit einer der üblichen Geisteskrankheiten oder einer offenen Psychose zu tun haben. Viele Menschen, die ganz erheblich geistig gestört waren, sind nicht nur geblieben, sondern haben sich oft auch sehr stark und liebevoll in die Gruppe eingebracht. Ich vermute, dass die wenigen, die gehen, nur eines gemeinsam haben: etwas, das sie ihrem Gefühl nach verbergen müssen – vor sich selbst und natürlich vor der Gruppe.

Es gibt noch ein ungewöhnliches Phänomen, das eine Erwähnung verdient. Verschiedene Male kam es vor, dass eine bisher schweigsame Person gegen Ende des Workshops, wenn die Gruppe ihr Gefühl von Gemeinschaft genießt, diese plötzlich mit katastrophaler und extrem hasserfüllter Präzision kritisiert.

In diesen Fällen hatten die Workshopleiter der FCE das Gefühl, dass diese Person absichtlich nur aus einem Grund so lange geblieben war, nämlich um zu versuchen, die Gemeinschaft zu zerstören. Gleich welche Motive einem solchen ungewöhnlich destruktiven Verhalten zugrunde liegen mögen, es war erfolglos; vielmehr haben die betroffenen Gruppen solche Fälle in ihren Prozess integriert. Menschen sind stark, wenn sie erst einmal zur Gemeinschaft gefunden haben. Sie schienen diese Personen als absichtliche „Spielverderber" zu erkennen und reagierten, indem sie sagten: „Es tut uns wirklich leid, dass du so unglücklich bist, aber wir haben ganz offen gesagt nicht die Absicht, unsere Erfahrung im letzten Moment von dir ruinieren zu lassen."

Ich muss auch klarstellen, dass nach Schätzung der FCE-Gruppenleiter etwa einer von sechs dieser öffentlichen Workshops nie zu einer tiefen Gemeinschaftsebene gelangt. Die Gründe dafür sind unklar. Jede Gruppe ist anders, und es scheint nicht an den einzelnen Anwesenden zu liegen, sondern an einer speziellen Konfiguration der Gruppendynamik – einer Konfiguration, die bei diesen „Fehlschlägen" nicht immer unbedingt die gleiche ist.

Ich spreche hier von Fehlschlägen in Anführungszeichen, weil sie vermutlich keine wirklichen Fehlschläge sind. Aus vielen dieser Workshops entstehen in der Folge ebenso viele Gruppen zur gegenseitigen Unterstützung wie aus den anscheinend erfolgreicheren Workshops. Teilnehmer aus diesen „fehlgeschlagenen" Workshops kommen nicht weniger oft zu weiteren Workshops wie jene, die eine ekstatische Erfahrung gemacht haben. Es besteht bemerkenswert wenig Übereinstimmung zwischen der Einschätzung der Workshopleiter hinsichtlich der Qualität eines Workshops und der seiner Teilnehmer.

Dazu kommt noch, dass selbst dann, wenn eine Gruppe offensichtlich eine sehr tiefe Gemeinschaftsebene erreicht, es immer ein paar Teilnehmer gibt, die sie nicht spüren – die sich nicht „in Gemeinschaft" mit dem Rest fühlen. Doch ihre nachträglichen Gutachten über den Workshop fallen im Allgemeinen ebenso günstig aus wie die der Mehrheit. Es scheint, dass die Menschen unter den richtigen Umständen ebenso viel Nutzen aus ihren Fehlschlägen wie Erfolgen ziehen können. Tatsächlich wissen wir, dass dies hier der Fall ist.

Häufig bedienen sich unsere Workshopleiter gegen Ende des dritten Tages einer „Punkte-Übung". Jeder der Teilnehmer bekommt sechs Punkte in Form kleiner Kreise, die er oder sie rot oder blau anmalen soll – rot für die Momente, in denen sie ein intensives Gefühl von Gemeinschaft erfahren, blau für die Momente starker Frustration, Isolation oder starken Widerstandes. Wenn sich die Leute dann in kleinere Gruppen aufteilen, um über ihre Punkte zu sprechen, stellen die meisten sehr schnell fest, dass sie zwar ihre roten Punktmomente sehr genossen, aber mehr aus ihren blauen Punktmomenten gelernt hatten. Zwar versucht die FCE, es nicht zur Entwicklung eines eigenen Fachjargons kommen zu lassen, aber der Ausdruck „der Segen der blauen Punkte" hat sich doch bei uns eingeschlichen.

Wie dem auch sei, neunzig Prozent der Teilnehmer an den öffentlichen Workshops der FCE, die beträchtliche Mühe und Kosten auf sich genommen haben, schätzen ihre Erfahrung danach so ein, dass sie die Zeit und das Geld wert waren. Und dieser Prozentsatz hat sich über die Zeit hinweg gehalten. Die sehr beschränkte Studie, die die FCE in dieser Hinsicht durchführen konnte, zeigt einen bemerkenswert geringen „Schwundeffekt".

Da die Workshopgebühren zwar relativ bescheiden sind, nicht so aber der Aufwand an Zeit und die Reisekosten, überrascht es nicht, dass die Teilnehmer unserer Workshops vorrangig Weiße der oberen Mittelschicht, Männer und Frauen mit Collegeausbildung waren. Im Allgemeinen waren sie christlich orientiert. Doch mit der Zeit hatten wir auch eine nicht unbeträchtliche Anzahl von Asiaten und Afroamerikanern, Juden und Moslems. Zudem führten wir auch „spezielle Workshops" mit einem hohen Prozentsatz an Teilnehmern durch, die indianischer oder hispanischer Herkunft oder die arm waren, und aus dieser Erfahrung wissen wir, dass weder Rasse noch Religion, noch kulturelle Traditionen, noch Einkommen, noch Ausbildung, noch eine Mixtur all dieser Faktoren eine Barriere für die Entwicklung einer Gemeinschaft darstellen. Ganz im Gegenteil machen wir immer wieder die Erfahrung, dass es leichter ist, eine extrem vielfältige Gruppe zur Gemeinschaft zu bringen als eine homogene Gruppe.

Zusammengefasst lässt sich sagen, dass etwa eine von zwanzig Personen unfähig zu sein scheint, konstruktiv am Prozess zum Aufbau einer Gemeinschaft teilzunehmen. Diese Unfähigkeit scheint allein die Folge einer individuellen Psychodynamik zu sein und steht in keinerlei Beziehung mit irgendwelchen Bevölkerungsstatistiken. Es ist traurig, dass es diese fünf Prozent gibt, und ich wollte, ich wüsste mehr über sie. Aber was mich angeht, so finde ich, dass die ihnen gegenüberstehenden statistischen Daten zu großer Freude und Hoffnung Anlass geben: 95 Prozent der Menschheit sind fähig, wenn sie dazu angeleitet werden, sich zusammenzutun und eine echte Gemeinschaft zu bilden.

Ich habe mich der öffentlichen Workshops der FCE als Beispiel bedient, um Aspekte des Aufbaus einer Gemeinschaft aufzuzeigen. Unser übergreifendes Thema ist jedoch das der Organisationen und nicht das von zeitweiligen Gruppen von Fremden, die keine vorangegangene Geschichte und weitere gemeinsame Zukunft haben. Die Familie ist die grundlegendste Form von Organisation, und häufig wird mir die Frage gestellt: „Können die Prinzipien der Gemeinschaft auf die Familie übertragen werden?" Der Schlussteil dieses Buches trägt den Untertitel „Gemeinschaft am Arbeitsplatz", weil die Antwort auf diese Frage ja und nein lautet. Diese Antwort birgt soviel Ambivalenz in sich, dass wir uns nach einer kurzen Betrachtung des Themas auf die Geschäftswelt beschränken werden.

Viele FCE-Workshopteilnehmer haben berichtet, dass ihre Erfahrungen zu einer starken Verbesserung ihrer ehelichen und familiären Beziehungen führten. Das ist kaum überraschend, weil Familien Gruppen und die Prinzipien einer Gemeinschaft die einer gesunden Gruppenkommunikation sind.

Es wird hier von einer nun besseren Kommunikation erzählt. „Ich höre besser zu", berichtet uns etwa typischerweise ein Mann. „Am dramatischsten macht sich das in der Beziehung mit meiner Frau bemerkbar. Wir nehmen uns jetzt extra Zeit, um miteinander zu reden. Ich fälle nicht mehr so schnell ein Urteil über sie oder reagiere nicht mehr so prompt. Und das scheint auf sie abgefärbt zu haben. Wir haben beide nicht mehr soviel Angst, uns mit unseren Problemen zu befassen. Nun gibt es Phasen nachdenklichen Schweigens statt erhobener Stimmen, wenn wir uns mit diesen Dingen auseinandersetzen. Bei den Kindern macht es sich nicht so stark bemerkbar, aber auch da höre ich besser zu. Es ist mir jetzt bewusster, wenn ich ihnen das Wort abschneide oder von oben herab mit ihnen rede, und manchmal ertappe ich mich dabei noch schnell genug, um mich bei ihnen dafür zu entschuldigen. Es ist nicht so, dass jetzt alles ganz leicht ist, aber ich kann mir nur schwer vorstellen, wie es in unserer Familie aussähe, wenn ich nicht zu diesem Workshop gegangen wäre. Manchmal glaube ich, dass das tatsächlich meine Ehe gerettet hat."

Aber es gibt auch Umstände, unter denen einige Prinzipien der Gemeinschaft nicht in der Familie angewandt werden können und sollen. Während wie schon gesagt viele Muster des organisatorischen Verhaltens sowohl für die Familie wie für Wirtschaftsunternehmen gelten, existieren dem Ziel und Wesen nach auch einige fundamentale Unterschiede zwischen einem Unternehmen und einer Familie. Und wegen dieser Unterschiede kann eine Familie nicht im vollen Sinn des Wortes eine wahre Gemeinschaft sein.

Eine authentische Gemeinschaft ist eine „Gruppe, in der alle Führer sind". Eine Kleinfamilie, die den Versuch machte, eine solche Gruppe zu sein, würde sich selbst zerstören. Kinder sind naturgemäß von ihren Eltern abhängig. Zumindest bis in die mittleren Jugendjahre hinein können sie nicht einfach ihre Familie aufgeben, wohingegen man praktisch immer eine Arbeitsstelle aufgeben kann. Die Autorität der Eltern über ihre Kinder ist eine Sache von Leben und Tod. Die Frage, ob ein dreijähriges Kind auf die Straße rennen sollte oder nicht, ist keine Angelegenheit einer Konsensentscheidung.

Das heißt nicht, dass Kinder keine Stimme in Familienangelegenheiten haben sollten. Doch muss diese Stimme einer scharfen Urteilskraft unterworfen werden, und diese Urteilskraft liegt fast gänzlich bei den Eltern. Es ist üblich und völlig normal, einen rebellischen Jugendlichen einerseits lautstark mehr Freiheit fordern zu hören, während er andererseits ohne Worte sich Grenzen und elterliche Entschiedenheit wünscht. Es wäre nicht kultiviert, wenn wir sagten: „Finde es selber heraus, Liebes." Kinder brauchen es, dass ihre Eltern zu verschiedenen Zeiten, in verschiedenen Stadien und auf verschiedene Weise ihre Autorität über sie ausüben und die harten Entscheidungen für sie treffen.

Eine Firma ist im besten Falle ein kooperatives Unternehmen, und es zeugt von kultiviertem Verhalten, wenn eine Führungskraft Kooperation erwartet, ja sogar fordert. Eltern, die von ihren Kindern Kooperation erwarten oder sogar verlangen (wie sie es oft tun), verhalten sich unbesonnen unkultiviert. Kooperation ist nicht die Aufgabe von Kindern; Kinder haben die Aufgabe zu wachsen. Und es ist richtig, wenn Eltern zur Beförderung dieses Wachstums unter gewissen Umständen Gehorsam von ihnen verlangen. Gehorsam ist aber etwas völlig anderes als Kooperation, und Eltern, die diesen Unterschied nicht erkennen, sind unbewusste Menschen. Es kann kultiviert sein, von einem Kind zu erwarten, dass es unter Androhung von Strafe gehorsam den Abfall wegbringt. Es wäre dumm, von einem Kind zu erwarten, dass es dies ständig und freiwillig tut. Tatsächlich hätten Eltern, deren Kind sich ständig freiwillig erbietet, den Abfall wegzubringen, Grund, bald einen Kindertherapeuten zu konsultieren.

Gemeinschaft verlangt von ihren Mitgliedern, dass sie offen und ehrlich ihre Meinung sagen, das Risiko der Intimität eingehen, gestehen, was angemessen ist zu gestehen, und Verborgenes bekannt machen, wenn das hilfreich ist. Diese Erfordernisse würden Kindern im Rahmen ihrer Familie Gewalt antun. Eine der riesigen Aufgaben von Kindern besteht in der Entwicklung einer eigenen Identität, und um diese Aufgabe erfolgreich bewältigen zu können, brauchen sie ein ziemliches Maß an Privatsphäre. Sie müssen ihre eigenen Geheimnisse haben, eine gewisse psychische Distanz zwischen sich und ihren Eltern oder Geschwistern wahren dürfen.

Das Fundament einer Gemeinschaft ist das Engagement, die Bereitschaft der Menschen „festzuhalten", wenn Sturm aufkommt. Aber das Engagement der Kinder gilt richtigerweise nicht der Familie. Kommt in der Familie Sturm auf, dann müssen Kinder sich in ihr Zimmer flüchten oder aus dem Haus rennen können. Das Engagement in der Gemeinschaft ist zwar nie etwas Absolutes, aber es wirkt doch als Kraft des Zusammenhalts und der Kontinuität. Der Zusammenhalt in der Familie, auch wenn er noch so nährend ist, ist für Kinder kein gesundes Ziel. Ihr Ziel liegt letztlich in der Trennung von der Familie, und wenn sie ein beträchtliches Maß an persönlicher Verantwortung für den Familienzusammenhalt übernehmen müssen, dann wird ihnen Schaden zugefügt.

Aus diesen Gründen warnen unsere Workshopbegleiter die Teilnehmer manchmal zum Schluss davor, ihren neuentdeckten Enthusiasmus für die Gemeinschaft nun in Bausch und Bogen in ihre Familien hineinzutragen. Dies ist eine Lektion, die mir sehr am Herzen liegt. Als Lily und ich vor fast zwei Jahrzehnten auf dieses Konzept der Gemeinschaft stießen – es aber noch nicht in seiner ganzen Tiefe verstanden –, experimentierten wir ein bisschen mit unseren Kindern. In einigen Fällen drängten wir sie (erfolglos) zu einer für sie unangemessenen Kommunikationstiefe, was von uns unfair und unkultiviert war. Ich glaube, sie haben uns inzwischen einigermaßen vergeben.

Doch all das bedeutet nicht, dass die Prinzipien der Gemeinschaft keine Anwendbarkeit auf die Familie besitzen. Der Aufbau von Gemeinschaft ist das ideale Vehikel, Kultiviertheit zu lehren, und die FCE-Workshopteilnehmer stellten im Allgemeinen fest, dass sie sich in der Folge ihren Kindern, Ehepartnern, Eltern, Geschwistern wie auch ihren Chefs, Mitarbeitern, Angestellten und vielen anderen gegenüber kultivierter verhielten. Es bedeutet lediglich, dass sich von ihrem Wesen her nicht alle Prinzipien auf die Familienorganisation anwenden lassen.

Das heißt auch nicht, dass Kinder für eine Gemeinschaft untauglich sind oder dass der Prozess des Gemeinschaftsaufbaus bei ihnen nicht funktioniert. Außerhalb der Familie funktioniert er. Manche Workshopteilnehmer – hingebungsvolle Lehrer – haben ihren Berichten zufolge den Aufbau von Gemeinschaftsbildung Gemeinschaften in den Klassenzimmern der Grundschule mit bemerkenswertem Erfolg betrieben. Die FCE selbst hat mit sehr guten Resultaten einige CBWs durchgeführt, an denen nur Jugendliche teilnahmen. Wir haben jedoch der Versuchung widerstanden, ein spezielles „Programm für Jugendliche" zu entwickeln, und das aus zwei Gründen. Der eine ist der, dass es etwas Antigemeinschaftliches an sich hat, wenn ein Jugendgruppenleiter uns darum bittet, die Jugendlichen auf diese Weise zu isolieren, damit sie quasi von außen zu einer Gemeinschaft gebracht werden. Der andere Grund hat mit den Erfahrungen zu tun, die wir mit der Mischung von Jugendlichen und Erwachsenen gemacht haben. Wenn ein mit Jugendlichen arbeitender Geistlicher die FCE anruft, dann sagen wir ihm: „Ja, wir machen einen Workshop für Ihre Jugendgruppe, wenn das Ihre einzige Möglichkeit ist, aber es funktioniert sehr viel besser mit einer heterogenen Gruppe, in der die Erwachsenen bereit sind, sich auf dieselben Dinge einzulassen wie die Jugendlichen, und mit ihnen gemeinsam daran teilnehmen."

Ich hatte das Privileg, selbst an einem halben Dutzend CBWs teilzunehmen, in denen Erwachsene und Jugendliche zusammenarbeiteten, und sie waren jedes Mal eine heilsame Erfahrung für alle Jugendlichen, die daran beteiligt waren. Für sie ist es wunderbar zu sehen, dass auch Erwachsene nicht alles auf der Reihe haben. Das heißt, sie begreifen, dass sie, wenn sie sechzehn oder siebzehn sind, auch noch nicht mit allem klarkommen müssen.

Es gibt noch einen anderen Grund, warum Jugendliche in einer solchen Gemeinschaft wie Enten im Wasser schwimmen. In unserer materialistisch orientierten Gesellschaft bemisst sich der Status der Menschen nach sehr greifbaren Maßstäben: die Menge an Geld, die sie haben, die Größe des Hauses, das sie besitzen, die Höhe ihres Gehalts oder die Position, die sie innehaben samt den dazugehörigen Nebeneinnahmen und Vergünstigungen. Nur wenige Jugendliche haben Zugang zu diesen Dingen. Jugendlichkeit hat gesellschaftlich gesehen keinen hohen Status, und es gibt nur sehr wenige Jugendliche in den Vereinigten Staaten, die so viel materiellen Besitz haben, dass sie darauf ihr Selbstwertgefühl gründen können. Aber Gemeinschaft ist ein völlig anderes gesellschaftliches Phänomen. Da schert es niemanden, wie viel Geld Sie verdienen oder welchen Titel Sie haben. Hier werden Menschen für ihre sanften Fähigkeiten bewundert und geachtet: ihren Sinn für Humor, ihr feines Zeitgefühl, ihre Fähigkeit zuzuhören, ihren Mut und ihre Ehrlichkeit, ihre mitfühlenden Fähigkeiten – all die „Dinge", die Jugendliche oft in hervorragendem Maße besitzen.

Zusammengefasst lässt sich sagen, dass sich die Prinzipien der Gemeinschaft, welche sich in hohem Maße aber dennoch nur partiell auf die Familie anwenden lassen, von Kindern und Jugendlichen wie auch von Erwachsenen am besten auf formale Weise innerhalb der anderen Organisationen, denen sie angehören, erlernen lassen.

Während sich die Arbeit der FCE in den frühen Jahren hauptsächlich auf die öffentlichen Workshops erstreckte, konzentrierte sie sich in den letzten Jahren – und mit zunehmendem Ruf – vor allem auf die Arbeit mit unternehmerischen Organisationen. Und diese Erfahrungen neueren Datums sind nun das Thema all dessen, was folgt.

Die FCE hatte in jenen frühen Jahren in ausreichendem Maße mit herkömmlichen Organisationen gearbeitet, um zu entdecken, dass eine Gruppe von Geschäftsleuten, wenn sie erst einmal bis zum Stadium der Gemeinschaft vorgedrungen war, Gruppenentscheidungen mit phänomenaler Effizienz und kollektiver Klugheit fällen konnte. So entwickelte sie sehr rasch und auf natürliche Weise ein Motto, das hieß: „Erst der Aufbau von Gemeinschaft, dann die Entscheidungen."

Im Allgemeinen braucht es nicht mehr als zwei Tage, um eine Gruppe zu einer funktionierenden Gemeinschaft aufzubauen – selbst wenn es sich um eine Organisation handeln sollte, in der sich die Mitglieder schon seit Jahren an die Gurgel gingen. Aber wir lernten auch sehr schnell, dass es nicht ausreicht, einfach in eine Organisation hineinzugehen, eine Gemeinschaft aufzubauen und sie dann wieder zu verlassen, denn dann bricht das Ganze binnen Stunden wieder zusammen.

Schon lange vor der FCE erkannten Leute, die sich professionell mit Gruppenarbeit befassten, dass Menschen, die in einem Workshop Gemeinschaft erfahren, anschließend eine schwierige Phase durchmachen. Dieses Phänomen wurde als das „Problem des Wiedereintritts" bekannt. Hat man gelernt, sich in einer Seminarsituation voller Zuneigung und mit tiefer Ehrlichkeit auf eine Gruppe von Mitmenschen zu beziehen, dann kann es sehr schmerzlich sein, wieder in die „wirkliche Welt" einzutreten, wo die Menschen gewohnheitsmäßig unauthentisch miteinander umgehen und sich ein überall vorherrschender Mangel an Zuneigung und Vertrauen hinter der Tünche oberflächlicher Höflichkeit verbirgt.

Ist die Gruppe Teil einer bestehenden Organisation, dann wirkt sich das Wiedereintrittsproblem um so schärfer aus. Wir nennen es das „Problem des Rückschlags". Nehmen wir zum Beispiel eine Gruppe von Managern. Deren Mitglieder sind es schon lange gewohnt, aus einer Position der vorsichtigen Distanz heraus miteinander umzugehen und ihre eigene Stellung durch eine unterschwellige Gegnerschaftshaltung zu schützen. Der Chefmanager, des ewigen Gerangels um Kompetenzen und Herrschaftsbereiche müde, schaltet für zwei Tage eine Vermittlerin ein in der Hoffnung, die Gruppe dadurch zu einem besseren Funktionieren zu bringen. Es scheint zu klappen. Die Manager fangen an, in intimer Weise über sich selbst zu sprechen und sich umeinander zu kümmern. Die alten Probleme hinsichtlich der jeweiligen Herrschaftsbereiche erscheinen lächerlich. Vormalige Feinde umarmen einander. Die ganze Gruppe ist von einer völlig neuen Atmosphäre des Vertrauens und der Kooperation durchdrungen. Sie beenden ihr Treffen am Freitagabend in freudiger und von sanfter Heiterkeit getragener Stimmung. Sie haben das Gefühl, nie mehr die zu sein, die sie waren.

Doch der Montagmorgen kommt, und sie kehren wieder an ihre Schreibtische zurück. Ja, vor drei Tagen war alles anders, und es schien eine gute Erfahrung gewesen zu sein. Doch jetzt haben sie Jahre einer bestimmten traditionellen Verhaltensweise gegen sich und auf das Budget ihrer Abteilung zu achten. Ja, die neuen Wege scheinen die sehr viel besseren zu sein, aber an das Alte sind sie gewöhnt.

Ohne sich dessen bewusst zu sein, sind sie in eine Situation gebracht worden, die die Psychologen „kognitive Dissonanz" nennen. Zwischen der alten und neuen Weise besteht eine absolute Unstimmigkeit. Eine davon muss abgeschafft werden. Aber welche? Die neue. Ganz gleich wie zufriedenstellend sie war, sie ist trotzdem um so vieles vorläufiger und fremder, ungewohnter und schwieriger als die alte, uns vertraute Weise. Fast ohne zu merken, was geschieht, werden sie in ihre alten Gleise wie in ein altes Paar Schuhe zurückgeworfen.

Sie geben also diese neue Weise auf, obgleich sie ganz offensichtlich die bessere ist. Wie ist ihnen das möglich? Durch einen Mechanismus der emotionalen Abwertung. „Ja, wir dachten damals, es sei gut gewesen", sagen sie sich selbst und zueinander, „aber in Wirklichkeit war es doch eine Illusion. Die Beraterin, die der Chefmanager von der Westküste hat einfliegen lassen, hat es irgendwie fertiggebracht, uns einzuseifen. Und im Grunde hat sie auch den Chefmanager eingeseift. All diesen neumodischen Techniken und Taschenspielertricks kann man doch nicht trauen. Wenn ich es recht betrachte, ist das doch alles nur ein Haufen von New-Age-Mist. Eigentlich haben wir gedacht, der Chefmanager wäre zu schlau, um auf so billige Tricks hereinzufallen. Na ja, wir wissen es besser. Eigentlich hatte er kein Recht, diese Scharlatanin anzubringen und uns so zu manipulieren. Wir werden uns so etwas Verrücktes nicht mehr bieten lassen."

Der Rückschlag hat eingesetzt, und die Situation ist nicht mehr zu retten. Keine Organisation widersetzt sich stärker dem Aufbau von Gemeinschaft als die, die sich einmal auf einen solchen Prozess eingelassen hat, ohne dass er angemessen vollendet wurde. Dies ist leider ein sehr verbreitetes Problem. Ich weiß sogar von einem ganzen Regierungskabinett, dass es fast lernte, mithilfe der Intervention eines Vermittlers aus dem Ausland, es richtig zu machen, dann aber in eine noch rigidere Gegnerschaftshaltung verfiel, weil die angemessene Nachbehandlung im Programm nicht vorgesehen war.

So lernte die FCE schon in frühen Jahren, dass es bei der Arbeit mit einer Organisation auf oft destruktive Weise nicht hinreicht, nur die Erfahrung von authentischer Gemeinschaft anzubieten. (Die Arbeit für den Aufbau von Gemeinschaft im Zeitraum von zwei Tagen wird seither CBE, „Community Building Experience" – Erfahrung des Aufbaus von Gemeinschaft –, genannt und ist nur noch, was das angeht, für öffentliche Workshops reserviert.) Die FCE hat inzwischen verschiedene Variationen für den „dritten Tag" entwickelt, um das anfänglich Erlernte zu festigen, und bietet jetzt als Bestandteil ihrer Politik für Organisationen CBWs von mindestens dreitägiger Dauer an.

An diesem Punkt ihrer Geschichte, im Juni 1988, nahm die Valley Diagnostic and Surgical Clinic (VDC) aus Harlingen in Texas mit der FCE Kontakt auf⁷⁰. Harlingen ist eine größere Stadt im südlichen Teil des Rio-Grande-Tals. „Tal" ist hier eigentlich eine unpassende Bezeichnung, denn es handelt sich um einen absolut flachen und trockenen Landstrich, dessen Monotonie nur ab und zu von einem verkümmerten Kaktus unterbrochen wird. Manche Bewohner dieser Gegend sagen: „Es ist zwar nicht gerade das Ende der Welt, aber du kannst es von hier aus sehen." Die Stadt selbst ist mithilfe der Klimaanlagen, Rasensprenger und modernen Gebäude ein ganz angenehmer Ort. Aber es gibt auch viele abseits gelegene Wohnsiedlungen von Amerikanern mexikanischer Herkunft, die in großer Armut leben, der medizinischen Betreuung bedürfen, aber kaum das Geld haben, dafür zu bezahlen. Dort auf gewissenhafte Weise den medizinischen Beruf auszuüben ist keine leichte Sache.

In den 1970er Jahren war die VDC eine große und gedeihende Gruppenpraxis, der etwa dreißig Ärzte angehörten. Mit Beginn der achtziger Jahre setzte jedoch allmählich ein Abstieg ein. Die Finanzen wurden zum Problem. Zwischen den Chirurgen und Internisten, den Neulingen und den Alteingesessenen brachen Konflikte aus. Es gab ständig Unruhe wegen der Gebührenordnung und der Entscheidungen des Verwaltungskomitees der Klinik. Die Ärzte wanderten allmählich ab, und es wurde schwieriger, Ersatz zu finden. Schließlich sank die allgemeine Moral auf den Tiefpunkt. Als die Klinik Kontakt mit der FCE aufnahm, hatte sie gerade im Laufe von sechs Monaten sechs Ärzte verloren, was die Zahl von dreiundzwanzig auf siebzehn senkte. Sie wussten, dass sie in ernsthaften Schwierigkeiten steckten, und dachten, dass der Aufbau einer Gemeinschaft ihnen helfen könnte. Sie baten die FCE um einen zweitägigen Workshop.

Die FCE gab ihnen zur Antwort, dass ihrer Erfahrung nach zwei Tage nicht ausreichten und drei Tage das absolute Minimum seien: zwei Tage, um eine Gemeinschaft aufzubauen, und einen dritten Tag, damit die Gruppe sich zu einer gemeinsamen, schriftlich festgehaltenen und bindenden Aussage durchringen konnte, auf welche Weise sie diese Gemeinschaft künftig aufrechtzuerhalten gedachte. Der Arzt, der als Vertreter der Gruppe mit uns Kontakt aufgenommen hatte, war entsetzt: „Mein Gott, wissen Sie denn nicht, wie schwierig es schon ist, siebzehn Ärzte dazu zu bringen, sich zwei Tage von ihrer Praxis frei zu machen, und jetzt wollen Sie noch einen dritten Tag?" Die FCE verstand das Problem, blieb aber beharrlich. Widerstrebend gab man nach.

Ein weiteres Problem entstand, als die FCE darauf drängte, dass auch die

---

⁷⁰ Auf diese Begebenheit bezieht sich M.Scott Peck auch im Kapitel *Die Freude an Gemeinschaft* ab Seite 284

nicht aus Ärzten bestehende Spitze der Klinikverwaltung am Workshop teilnahm. An sich sollte dies kein großes Problem sein, aber unter Ärzten gibt es schon lange das ungeschriebene Gesetz, dass sie selbst das Gesetz sind und dass sie Laien nicht nur als ihre Angestellten betrachten, sondern auch als Menschen, denen gegenüber sie sich nicht verletzlich machen sollten. Doch nun waren sie so verzweifelt, dass sie auch hier widerwillig zustimmten.

Der Workshop begann zu Beginn des ersten Septemberwochenendes 1988 im kleinen Konferenzraum des Harlingen Hotels. Von den siebzehn Ärzten waren sechzehn anwesend sowie der Geschäftsmanager und zwei andere Spitzenleute aus der Verwaltung, die wie gesagt Nichtmediziner waren, und zwei Gruppenleiter der FCE. Diese erklärten der Gruppe, dass sie in den nächsten beiden Tagen nur eine einzige Aufgabe hätten, nämlich eine Gemeinschaft aufzubauen, und dass es absolut nicht ihre Aufgabe sei, über die Probleme der Klinik zu reden. Damit würde man sich am dritten Tag befassen, nachdem aus der Gruppe eine Gemeinschaft geworden war.

In der folgenden Stunde sprach die Gruppe ausschließlich über Organisationsprobleme der Klinik. Nach einer kurzen Pause räumten die Gruppenleiter ein, dass organisatorische Probleme auch sehr oft zu sehr persönlichen Problemen werden könnten. Sollte sich eine der anwesenden Personen hier in irgendeinem Punkt sehr gekränkt fühlen, so konnte sie darüber sprechen, aber nur insoweit es sie persönlich betraf. Ansonsten sollte nun nicht mehr in abstrakter Weise über Klinikprobleme geredet werden.

In den nächsten eineinhalb Stunden redeten sie weiterhin in rein abstrakter Weise über die Angelegenheiten der VDC. Nach dem Mittagessen sagten die Gruppenleiter, dass sich die Gruppe ganz eindeutig auf die Probleme der Klinik konzentrierte, um nicht im Einzelnen über die persönlichen Probleme sprechen zu müssen. „Es ist sehr viel risikoloser", so erklärten sie, „über außenstehende Themen zu reden als über sich selbst. Sie müssen es aber riskieren, in persönlicher Weise über sich selbst zu sprechen, denn sonst kommen Sie nie zu einer Gemeinschaft."

Einige Ärzte protestierten und sagten, es gäbe nichts Persönliches, über das sie reden müssten. „Persönlich gesehen sind wir ein ziemlich glücklicher Haufen. Jeder von uns hat sich gut eingelebt. Keiner von uns hat persönliche Probleme. Die einzigen Probleme, die wir haben, entstehen durch die Klinik."

Die Gruppenleiter erklärten, das sei Quatsch. Doch das zeigte keine Wirkung. Die Gruppe bestand darauf, weiterhin in abstrakter Weise über die

Klinikprobleme zu reden.

Schließlich gaben die Gruppenleiter inmitten dieses Samstagnachmittags ihrer Verzweiflung Ausdruck: „Sie ruinieren alles. Indem Sie sich weigern, sich persönlich zu äußern, machen Sie jede Chance zunichte, zu einer Gemeinschaft zu kommen. Sie werfen das Geld, das Sie uns zahlen, zum Fenster raus. Sie vergeuden all die Zeit, die Sie sich extra dafür genommen haben. Und Sie lassen die Klinik vor die Hunde gehen."

Die Gruppe drehte sich für den Rest des Tages weiterhin im Kreis, umkreiste nur endlos ein paar unpersönliche Probleme. Die Gruppenleiter eröffneten den Sonntagmorgen mit einer Ansprache an die Gruppe: „Sie haben sich ständig geweigert, unseren Anweisungen zu folgen. Wir haben alle unsere Tricks angewandt. Uns bleibt nur noch eines, nämlich das Problem an Sie weiterzugeben. Wir sind erschöpft. Wir haben ohne Erfolg versucht, Sie davon abzuhalten, über allgemeine Themen zu reden. Von jetzt ab regeln Sie das selbst – wenn überhaupt."

Eine Ärztin erbot sich, die Rolle der „Überwacherin" zu spielen, und die Gruppe stimmte zu. Sie war ein Genie. Keiner konnte auch nur einen einzigen abstrakten Satz beenden, bevor sie nicht schon zuschnappte: „Komm zur Sache!" Unter ihrem wachsamen, begabten Blick begann sich die Gruppe binnen einer halben Stunde unter Schmerzen vom Chaos zur Leere hinzuverlagern. Langsam fingen sie einer nach dem anderen an, über ihre Enttäuschungen mit ihren Kindern, die Ablehnung, die sie von ihren Eltern erfahren hatten, die Verletzungen, die ihnen von den Geschwistern zugefügt worden waren, über ihre Scheidungen, Wiederverheiratungen, ihre Geldprobleme, ihre Freude über ihre Leistungen, ihre Liebe zu ihren Patienten zu reden. Sie brachten lange verheimlichten Groll gegeneinander wegen früherer Zurückweisungen, alter Entscheidungen des Komitees, Managementbeschlüssen, an denen sie nicht beteiligt worden waren, zur Sprache. Manche weinten. Alle hörten zu. „Ich hab in den letzten zehn Minuten mehr von dir erfahren als in den ganzen letzten vierzehn Jahren", sagten sie zueinander. Noch mehr Tränen, die sich mit Gelächter abwechselten. Irgendwann im Laufe des Sonntagnachmittags hatte die Valley Diagnostic and Surgical Clinic dann zu tiefer Gemeinschaft gefunden.

Jede Gruppe ist anders, einmalig, ganz besonders. Diese Gruppe wies ein paar besonders bemerkenswerte Charakteristika auf. Als sie schließlich aus ihrem Innersten heraus sprachen, wurde deutlich, dass sie eine Gruppe von Ärzten waren, denen ihre Patienten ungewöhnlich stark am Herzen lagen. Ihnen war das Dienen wichtig. Und sie zeigten, vielleicht weil sie nun in ihrer Arbeit

Gemeinschaftsbildung

durch jene, die die Klinik verlassen hatten, so beschnitten waren, trotz aller ihrer Konflikte ein hohes Maß an Loyalität sowohl ihren Kollegen wie auch der tristen Wüstengegend gegenüber, die sie betreuten. „Sie baten um unsere Dienste", sagten die Gruppenleiter am Ende des Tages, „weil Sie eine ungesunde Organisation waren. Doch beanspruchten Sie paradoxerweise und wie es oft der Fall ist auch unsere Dienste, weil Sie auf anderer Ebene eine merkwürdig gesunde Organisation sind."

Es gibt viele Geschichten über das starke Ego von Ärzten. Normalerweise arbeiten sie nicht sehr gut zusammen. Aber am nächsten Morgen demonstrierten sie auf großartige Weise, wie eine Gruppe, aus der eine Gemeinschaft geworden ist, mit außerordentlicher Effizienz funktionieren kann. Die erste Aufgabe, die ihnen die Gruppenleiter am dritten Tag stellten, war die, eine gemeinsam erarbeitete Definition von Konsens zu erstellen. Sie brauchten eineinhalb Stunden dazu. Eine lange Zeit? Es entstand die beste Definition von Konsens, die ich kenne:

Konsens ist eine Gruppenentscheidung (die möglicherweise einige Mitglieder nicht für die beste halten, mit der aber alle leben können, die alle unterstützen und die nicht zu untergraben sich alle verpflichten). Sie kommt nicht durch Abstimmung zustande, sondern durch einen Prozess, in dessen Verlauf die Thematik gründlich durchleuchtet wird und alle Mitglieder schließlich das Gefühl haben, angemessen angehört worden zu sein. Jede Person verfügt über ein gleiches Maß an Macht und Verantwortung, wobei eine durch persönlichen Eigensinn oder persönliches Charisma bedingte unterschiedlich starke Einflussnahme vermieden wird, sodass alle mit dem Prozess zufrieden sind. Dieser Prozess verlangt, dass alle Mitglieder emotional präsent und engagiert, auf liebevolle und wechselseitig respektvolle Weise offen und sensibel füreinander sind; dass sie selbstlos, unparteiisch und imstande sind, sich innerlich leer zu machen; dass sie über dieses paradoxe Gewahrsein von der Kostbarkeit des Menschen und der Zeit verfügen (einschließlich des Wissens, wann eine zufriedenstellende Lösung gefunden worden und es Zeit ist, die Diskussion zu schließen bis zu dem Zeitpunkt, da die Gruppe die Notwendigkeit einer neuerlichen Überprüfung beschließt).

Danach war jedoch nicht alles eitel Sonnenschein. Als Nächstes stellten die Gruppenleiter den Ärzten die Aufgabe, sich Vorgehensweisen zu überlegen, mit deren Hilfe sie ihre Gemeinschaft erhalten konnten. Es wurden zwei Dutzend Vorschläge gemacht, alle sehr dürftig und oberflächlich. Kurz vor dem Mittagessen sagten dann die Gruppenleiter, dass es doch auffällig sei, dass niemand einen weiteren CBW zur Nachbearbeitung vorgeschlagen habe. Die Gruppe versank schlagartig in eine tiefe kollektive Depression.

Als sie nach dem Mittagessen ihre Arbeit wieder aufnahmen, schrieben alle ihren niedrigen Energiepegel zunächst dem gerade verzehrten Mahl zu; dann ihrer Ermattung nach zweieinhalb Tagen solcher Intensität; dann ihrer Sorge, dass sie so lange ihrer Praxis ferngeblieben waren. Erst allmählich konnten sie sich dem wahren dynamischen Prozess stellen, der hier ablief: dem Tod ihrer kollektiven Fantasie, dass mit dem Workshop alle Probleme rasch und vollständig behoben sein würden. Es dämmerte ihnen, dass sie, wenn sie weiterhin als Gemeinschaft funktionieren wollten, dieser Aufgabe künftig sehr viel Zeit und Mühe widmen mussten. Sie hatten einen Preis zu zahlen.

Als sie am Ende des Tages diese Tatsache verdaut hatten, verflüchtigte sich die Depression. Allerdings waren sie auch nicht gerade ekstatisch. Der Workshop endete mit einem vorsichtigen Beschluss. Die Angehörigen der Klinik verpflichteten sich, sich nur alle zwei Wochen an einem Abend mit offenem Ende als Gruppe zu treffen, um weiterhin das Thema der Erhaltung der Gemeinschaft zu diskutieren. „Ich bin mir nicht sicher, wie ich ein Unternehmen führen soll, das auch noch so eine Art Kirche ist", grummelte der Geschäftsmanager.

Aber die Probleme waren klar, und sie hielten durch. Sie schafften ihr Komiteesystem zum guten Teil ab und trafen danach alle größeren Entscheidungen auf der Grundlage eines Gruppenkonsens. Schließlich wurde ihnen auch klar, dass sie einen weiteren Workshop zur Auffrischung brauchten, der ein Jahr später abgehalten wurde. Sie fingen zudem an, ihre Definition von Konsens bei der Einstellung von neuen Mitarbeitern anzuwenden. Sobald es um die Bewerbung eines neuen männlichen oder weiblichen Kollegen ging, legten sie ihm oder ihr diese Definition vor. Wurden die Augen des oder der Betreffenden etwas glasig, dann sagten sie: „Wir lassen von uns hören." Leuchteten die Augen jedoch auf, dann hieß es: „Gehen wir doch zum Essen." Nach diesem ersten Workshop erhöhte sich der Ärztestab der VDC innerhalb eines Jahres von siebzehn auf fünfundzwanzig, und die allgemeine Moral war sehr gut. Die Klinik kann sich – wenigstens bisher – nicht nur zu ihrer außergewöhnlichen Wiederauferstehung gratulieren, sondern auch noch zu etwas anderem. Die Definition von Konsens, zu der sie in nur eineinhalb Stunden an jenem Morgen gelangt war, wird nun allmählich auch von anderen Organisationen der englischsprechenden Welt verwendet.

Der Aufbau einer Gemeinschaft ist das Vehikel überhaupt, um Kultiviertheit zu unterrichten und zu erlernen.

Sehen wir uns noch mal den zweiten Teil jener Definition von Konsens an:

„Dieser Prozess verlangt, dass alle Mitglieder emotional präsent und engagiert, auf liebevolle und wechselseitig respektvolle Weise offen und sensibel füreinander sind; dass sie selbstlos, unparteiisch und imstande sind, sich innerlich leer zu machen; dass sie über dieses paradoxe Gewahrsein von der Kostbarkeit des Menschen und der Zeit verfügen (einschließlich des Wissens, wann eine zufriedenstellende Lösung gefunden worden und es Zeit ist, aufzuhören und die Diskussion nicht wieder zu eröffnen bis zu jenem Zeitpunkt, da die Gruppe die Notwendigkeit einer neuerlichen Überprüfung beschließt)." Hier sind viele Tugenden der Kultiviertheit aufgezählt. Mit anderen Worten, der Entscheidungsfindungsprozess auf der Basis des Gruppenkonsenses bedarf einer hohen Ebene von Kultiviertheit der teilnehmenden Personen.

Das ist der Grund für das Motto der FCE: „Erst der Aufbau von Gemeinschaft, dann die Entscheidungen." Das könnte sich so anhören, als sei nur eine Gruppe von ungewöhnlich geistig hochstehenden Menschen fähig, Entscheidungen auf der Grundlage eines Gruppenkonsens zu treffen, weil dieser Prozess soviel verlangt. Ja und nein. Ja, weil eine intelligente und kultivierte Gruppe nötig ist. Nein, weil jede Gruppe in sehr kurzer Zeit – in nicht mehr als zwei Tagen – durch den Aufbauprozess der Gemeinschaft diesen Ansprüchen gerecht werden kann. Jede Gruppe. Eine schon vorhandene psychologische oder spirituelle Erfahrung oder Ausbildung ist nicht nötig. In der Tat haben wir immer wieder festgestellt, dass es leichter ist, eine Gemeinschaft mit vermeintlich „einfachen" Menschen aufzubauen als mit sogenannten „Intellektuellen". Der Aufbauprozess einer Gemeinschaft muss durch die Schicht des Intellektualismus bis zur Ebene der Unschuld vordringen und tut es auch. Wir müssen aufhören zu glauben, dass wir schon alle Antworten wissen; wir müssen uns aller unserer Titel und Diplome und Selbstgefälligkeit entleeren, die wir uns durch akademische und andere Ehren angeeignet haben.

Die Teilnehmer am Aufbauprozess einer Gemeinschaft werden vor allem durch eine Erweiterung ihres Bewusstseins Kultiviertheit gelehrt. Ein ganzes Jahr hat sich der Aufsichtsrat der FCE vergeblich bemüht, nicht um der Organisation, sondern um der Gemeinschaft willen eine grundsätzliche Aussage über ihre Vision zu formulieren. Es wäre uns eine außerordentlich große Hilfe gewesen, wenn wir einen so einprägsamen Slogan wie etwa „ein Huhn in jedem Topf" gehabt hätten. Wir schafften es natürlich nicht, weil Gemeinschaft eine viel zu große Sache ist, als dass sie in einer einzigen angemessenen Definition zusammengefasst werden könnte, von einem Slogan ganz zu schweigen. Doch einmal bat unsere Vorsitzende uns Aufsichtsratsmitglieder, ein einziges Adjektiv oder Substantiv zur Beschreibung von Gemeinschaft zu nennen. Mein eigener Vorschlag war „neundimensionales Bewusstsein".

Länge, Breite und Höhe sind die drei üblichen Dimensionen, und die vierte ist die von Raum/Zeit. Wir alle sind uns dessen bewusst. Die fünfte Dimension ist die der Abwesenheit von Raum/Zeit oder die Leere, das kritische Stadium im Aufbauprozess einer Gemeinschaft und die Essenz des meditativen Zustands. Früher waren sich nur die großen Mystiker dieser Dimension bewusst. Doch sie kann sehr leicht gelehrt werden, und in gewissem Sinne macht die Gemeinschaft aus uns allen Mystiker. Doch über diesen momentanen Bewusstseinszustand, in dem Geist und Gemüt völlig offen, empfänglich und somit völlig wach sind, lässt sich schwer sprechen.

Die sechste Dimension ist für mich das Selbst. Bei den meisten ist das Bewusstsein über sich selbst, über die eigenen Motive und Leidenschaften sehr rudimentär. Die Psychotherapie kann hier gute Arbeit leisten, weil sie einen Prozess beinhaltet, der das beobachtende Ego trainiert und stärkt, also unsere Fähigkeit uns selbst zu beobachten, wodurch unser Selbstgewahrsein zunehmend erweitert wird. Das Ziel des Aufbaus einer Gemeinschaft ist nicht psychotherapeutischer Art – das Ziel ist der Aufbau von Gemeinschaft –, doch dieser Prozess ermutigt Menschen sehr stark dazu, ihre Motive, Gefühle, Urteile und Reaktionen zu untersuchen, und somit handelt es sich um einen Prozess der Erweiterung des Selbstbewusstseins.

Die siebte Dimension ist meinem Schema zufolge der/die/ das andere – dieses spezielle Ding, Geschöpf, der Mensch, mit dem wir in jedem gegebenen zeitlichen Augenblick in Beziehung stehen. Für Bruce war dieses andere in einem Moment der Leere eine bescheidene Spinne. Für die meisten von uns ist es weitgehend ein anderer Mensch. Wir haben wiederholte Male darauf hingewiesen, dass sich Narzissten primär dadurch auszeichnen, dass sie sich des anderen nicht bewusst sind. Wir haben auch dargelegt, dass wir alle bis zu einem gewissen Grad Narzissten sind, dass wir alle die Tendenz haben, uns der Unterschiedlichkeit und Einzigartigkeit unserer Mitmenschen bemerkenswert unbewusst zu sein. Der Aufbau einer Gemeinschaft ist ein Prozess, der Menschen auf dramatische Weise lehrt, ein größeres Bewusstsein voneinander zu entwickeln. Lassen Sie sich nicht darauf ein, solange Sie nicht ein gewisses Maß an Bereitschaft haben, Ihren Narzissmus anzukratzen.

Meine achte Dimension ist die Gruppe als Ganzes. Wenn wir in Gemeinschaft einer anderen Person zuhören oder auf sie reagieren, tun wir das zugleich im Kontext der Gruppe. Wenn wir zu einer anderen Person sprechen, dann sprechen wir, ob wir uns dessen bewusst sind oder nicht, gleichzeitig zur ganzen Versammlung. Doch unser Gruppenbewusstsein ist im Allgemeinen so mangelhaft, dass ich diesen Mangel als „Loch im geistigen Bewusstsein" bezeichnete. In den Workshops der FCE gibt es viel zu lernen, aber die vielleicht größte Sache ist die oft ganz neue Fähigkeit, ein Auge auf die Gruppe zu haben, die Aufmerksamkeit auf ihre Stimmungen, ihre feinen Strömungen und ihre dramatischen Wechsel zu richten. So haben wir denn dieses Kapitel mit der Bemerkung eingeleitet, dass sich das Loch im geistigen Bewusstsein um so mehr füllt, je mehr wir in Gemeinschaft arbeiten.

Für mich ist Gott die neunte und letzte Dimension. Wir haben schon davon berichtet, dass die Mitglieder einer Gruppe, wenn sie ins Stadium der Gemeinschaft eintreten, unter Umständen die Gegenwart Gottes im Raum spüren. Man kann durchaus eine Art abstrakten Glauben an eine Art abstrakten Gott haben, doch ein solcher Glaube ist seicht. Tiefer Glaube kann nur aus der persönlichen Erfahrung von Gottes tatsächlicher Gegenwart entstehen. Eine solche Erfahrung ist sanft und erderschütternd zugleich, erderschütternd deshalb, weil sich die Stellung Gottes in uns nun vom Glauben zum Wissen hinverlagert, von der Theorie zur bewusst gewordenen Tatsache. Die Menschen müssen sich nicht in Gemeinschaft befinden, um die Gegenwart Gottes zu erfahren, und säkular gesinnte Personen können Jahre in Gemeinschaft verbringen, ohne je eine solche Erfahrung zu machen. Aber Gemeinschaft ist eine Möglichkeit, die Gruppen und Organisationen erlaubt, Gott willkommen zu heißen, und wenn Er/Sie in ausreichendem Maße willkommen geheißen wird, dann zeigt Er/Sie sich gewöhnlich auch „all denen, die Augen haben zu sehen". Ich bin auf vielfältige Weise und an vielen Orten in die Hände des lebendigen Gottes gefallen, aber die Gemeinschaft war der häufigste und beständigste Ort, wo Er/ Sie in mein Leben und Bewusstsein sprang.

Wie kommt es, dass der Prozess des Aufbaus (und der Erhaltung) einer Gemeinschaft zu einem solchen gesteigerten Bewusstsein führt? Man könnte ein ganzes Buch schreiben, um diese Frage gründlich zu erörtern, und selbst dann würden sich die Antworten blass ausnehmen gegenüber dem, was Sie durch das konkrete Erleben dieses Prozesses einmal oder mehrfach an Erfahrung erhalten können. Doch möchte ich Ihnen einen kleinen Eindruck vermitteln.

Als ich noch selbst CBWs durchführte, erzählte ich der Gruppe immer als Bestandteil meiner letzten einleitenden Instruktionen, wie ich mit sechzehn in eine

Quäkerschule kam und dort meine ersten Erfahrungen mit Quäkerversammlungen und dem Schweigen in solchen Versammlungen machte. „Und paradoxerweise", so fuhr ich dann fort, „habe ich aus diesem Schweigen heraus mit siebzehn angefangen zu predigen. Und ich habe zum ersten Mal erlebt, dass das, was die Quäker Inneres Licht und andere Christen vielleicht den Heiligen Geist nennen, mich zum Sprechen brachte. Mich dazu brachte, Dinge zu sagen, die oft weiser waren als das, was zu sagen meines Wissens nach überhaupt in mir lag.

Der Aufbau von Gemeinschaft hat mit Kommunikation zu tun. Und eine der größten unter den unzähligen Sünden der Kommunikation ist die zu sprechen, ohne dazu bewegt zu sein – und wir alle kennen Menschen, die das tun oder aber anscheinend irgendwie das Gefühl haben, ständig dazu bewegt zu sein.

Die andere größte Sünde ist die, nicht zu sprechen, wenn wir bewegt sind, was eine Form des Ungehorsams darstellt. Wir werden nun drei Minuten lang in die Stille eintreten. Danach, wenn ich Sie habe wissen lassen, dass die Zeit vorüber ist, werden Sie anfangen zu sprechen, wenn Sie dazu bewegt sind."

Auf die eine oder andere Weise wurde dies zu einer Standardanweisung, mit der die FCE-Gruppenleiter in eigenen Worten einen Workshop einleiteten. Was diese Anweisung zuwege bringt? Sie weist die Teilnehmer an, sich ständig selbst zu überwachen und sich darüber bewusst zu sein, ob sie sich zum Sprechen bewegt fühlen oder nicht. „Habe ich das Gefühl, jetzt sprechen zu wollen", müssen sie sich fragen, „oder ist es nur, weil mich die Leere des Schweigens nervös macht, oder ist es, weil ich ehrlich bewegt bin? Ist das, was ich zu sagen habe, eine wirklich angemessene Reaktion auf die Person, die eben gesprochen hat? Ist es etwas, das die Gruppe wirklich hören sollte?" Damit lernen die Teilnehmer bereits, allmählich sich ihrer selbst, der Bewegung Gottes in ihrem Innern, der Leere des Schweigens, der Bedürfnisse der anderen und der Gruppe als Ganzes bewusster zu sein.

Es mag wie eine gewaltige Aufgabe erscheinen, innerhalb des neundimensionalen Bewusstseins zu agieren – sich buchstäblich gleichzeitig aller Aspekte des Systems bewusst zu sein. Aber jeder Mensch, der will, kann es tun. Wir können sogar relativ gut und schnell lernen, wie man es macht. Niemand lernt, es jede Sekunde, jede Minute perfekt zu machen. Aber je mehr wir in Gemeinschaft arbeiten, desto besser werden wir darin. Und wenn wir immer bewusster werden, werden wir auch immer kultivierter. Und bald schon verstehen wir „die Herrlichkeit dessen, was es heißt, ein Mensch zu sein".

An diesem Punkt muss eine Frage gestellt werden. Eine wichtige, sogar brennende Frage.

Wir haben viel zum Thema Bewusstsein gesagt, aber immer nur vom Standpunkt des Individuums aus. Was ist mit der Gruppe? Gibt es so etwas wie ein kollektives Gruppenbewusstsein?

Diese Frage hat fast alle von uns gequält, die wir wiederholte Male Gruppen beim Eintreten ins Stadium der Gemeinschaft beobachtet haben. Dieser Wandel im Gruppenprozess ist stets so dramatisch! Gruppenentscheidungen, vormals eine so schwerfällige Angelegenheit, werden nun höchst effizient und weise getroffen. Die einzelnen Mitglieder sprechen präziser. Die Gruppe befindet sich in einer Art von Harmonie. Sie hat definitiv einen eigenen Rhythmus entwickelt, der so auffällig ist, dass selbst die Mitglieder überrascht sind, überrascht von dem, was ihnen widerfahren ist, so als sei es nicht ganz ihre eigene Schöpfung.

Die einzelnen Personen funktionieren in der Gruppe mit so perfekter Übereinstimmung, dass man nur schwer glauben kann, ihr Bewusstsein habe sich nicht verändert. Tatsächlich haben viele das Gefühl, sie dächten in ihrem Innern nun irgendwie anders, und haben zugleich das Empfinden, an etwas viel Größerem, als sie selbst es sind, teilzuhaben – so als wären sie Teil eines Gruppengeistes geworden, eines lebendigen Organismus, der größer ist als die Summe seiner Teile.

Aus diesen Gründen glaube ich persönlich, dass es wahrscheinlich so etwas wie ein Kollektivbewusstsein gibt – dass wir Menschen als Einzelpersonen uns unter den richtigen Bedingungen verbinden können, um ein größeres System zu bilden. Ein System, das nicht nur zu so etwas wie einem Gedanken fähig ist, sondern auch zu einem Denken, das weiser ist als das gewöhnliche menschliche Denkvermögen.

Doch das kann ich nicht beweisen. Ich bin mir nicht einmal sicher, dass es überhaupt bewiesen werden kann. Aber dann hat es wiederum auch noch niemand versucht. Das Thema ist so wichtig, dass ich hoffe, dass wir eines Tages bereit sind, genügend koordinierte finanzielle und intellektuelle Ressourcen bereitzustellen, um dieser Frage auf angemessene wissenschaftliche Weise auf den Grund gehen zu können.

Wir, die wir auf dem Gebiet der Gemeinschaft forschen, sind kaum die Ersten, die die Frage nach dem Kollektivbewusstsein aufwerfen. Man weiß, dass es den lynchenden Mob gibt und die Realität einer „Mobmentalität". Sogar das „Gruppendenken" ist in der Geschäftswelt auf Kritik gestoßen, weil es zu konformistischen Entscheidungen führt, die weniger angemessen sind als die, die selbstständig agierende Personen treffen könnten. Viele und auch ich selbst haben beobachtet, dass sich Gruppen oft primitiver verhalten als Einzelpersonen, so als ob die Gruppenmitglieder in der gemeinschaftlichen Situation ihr Gewissen, ihre Gesinnung geopfert hätten. Und tatsächlich halten sich manche Personen in den CBWs genau aus diesem Grund zurück. Sie haben Angst, dass sie, wenn sie auch nur ein Stückchen von ihrer Distanz oder kritischen Haltung aufgeben, in das Räderwerk eines Gruppengeistes hineingezogen werden und ihre persönliche Integrität verlieren.

Doch am Ende wird den meisten klar, dass sie keine Angst zu haben brauchen. Sie erkennen schließlich, dass das Phänomen wahrer Gemeinschaft das absolute Gegenteil von einem Mob ist. Die Mobmentalität zeichnet sich durch einen Mangel an Bewusstsein aus; Gemeinschaft durch ein gesteigertes Bewusstsein. Ein Mob ist furchterregend; eine Gemeinschaft ist ein „sicherer Ort". Mobs sind gewalttätig, unkultiviert. Echte Gemeinschaften sind höchst friedlich und zutiefst kultiviert. Eine Gemeinschaft zeichnet sich (im Gegensatz zu einer Kultgemeinde) stets dadurch aus, dass sie Raum für auseinandergehende Meinungen schafft, und die Person, die sich hier auch nur ansatzweise zu etwas gedrängt fühlt, ist oft die erste, die dies ausspricht. Ich wiederhole: Die Mobmentalität ist durch Autoritätshörigkeit und einen Mangel an Bewusstsein gekennzeichnet; eine Gruppe im Stadium der Gemeinschaft zeichnet sich durch ein erhöhtes Bewusstsein und ein außergewöhnliches Einbeziehungsvermögen oder einen außerordentlichen Egalitarismus aus.

In einem etwas anderen Kontext hat der große Psychologe C. G. Jung ein Phänomen vorgestellt, das er das „Kollektive Unbewusste" nannte. Er beschrieb es als einen Teil der individuellen Psyche, der nicht bewusst, aber irgendwie mit demselben Teil der Psyche anderer geteilt wird. Nach seiner Lehre ist dieses kollektive Unbewusste so etwas wie ein halbintellektueller Garten des Entzückens, der der gemeinsame Besitz der Menschheit ist, und es steht jedem Menschen frei, ihn in seinen Träumen zu besuchen oder in seinem tiefsten Innern zu erkunden. Ich sagte „halbintellektuell", weil sich die Ideen, die Freuden dieses Gartens in Form von energiegeladenen, komplexen Symbolen statt in einfachen prosaischen Worten erschließen. Diese kollektiven, mit Energie aufgeladenen Symbole nannte Jung „Archetypen".

Obgleich nun einiges anfängliches Beweismaterial zu ihrer Unterstützung angesammelt wird, ist die Theorie vom Kollektiven Unbewussten gewiss noch nicht bewiesen und bleibt nach wie vor eine Theorie. Einige Gruppenleiter der FCE, fasziniert von dieser kollektiven Energie der Gemeinschaft, haben ihren Job aufgegeben, um in akademischen Kreisen damit zusammenhängende Themen wie etwa das „Gruppenlernen" zu erforschen. Einer von ihnen, Kazimierz Gosdz, hat die Hypothese aufgestellt, dass die Gemeinschaft ein Archetypus sein könnte, und dass die Gruppenmitglieder beim Eintritt ins Stadium der Gemeinschaft irgendwie diesen unbewussten Archetypus und seine kollektive Macht anzapfen. Mit Sicherheit hat die Energie einer Gruppe in Gemeinschaft etwas Mythisches an sich – im buchstäblichen wie übertragenen Sinn –, denn ein weiteres Merkmal solcher Gruppen ist die Fähigkeit, auf schöpferische Weise ihre eigenen außerordentlich angemessenen und überaus anregenden Mythen zu entwickeln.

Doch all das ist äußerst theoretisch, und die Frage, ob es so etwas wie ein Kollektivbewusstsein gibt, kann an diesem Punkt einfach nicht mit Gewissheit beantwortet werden. Aber die Antwort könnte enorme Implikationen haben. Nehmen wir zum Beispiel eine besonders kultivierte Organisation. Ist sie nur deshalb besonders kultiviert, weil sie zufällig eine ungewöhnlich hohe Anzahl von besonders kultivierten Angestellten in den richtigen Positionen aufweist? Ist ihre Kultiviertheit nur die Summe der Kultiviertheit ihrer Teile? Oder könnte diese Organisation tatsächlich eine eigene Seele haben – eine Art kollektiven Geist und kollektive Psyche, die größer ist als die durchschnittliche Intelligenz und Visionskraft ihrer einzelnen Mitglieder? Kann eine Körperschaft ein Gewissen haben? Oder kann sie nur gewissenhaft sein in dem Maße, wie die Mitglieder ihres Führungsstabs bereit sind, nach ihrem persönlichen Gewissen zu handeln?

Wir wissen es nicht. Aber wir wissen, dass Körperschaften ihr höchst eigenes Betriebsklima aufweisen, und dass dieses Betriebsklima sehr stark über die Kultiviertheit oder Unkultiviertheit einer Organisation entscheidet. Wir wissen, dass die Führungskräfte einer Organisation die größte Macht haben, deren spezifisches Betriebsklima zu schaffen. Aber wir wissen auch, dass dieses Klima wiederum eine tiefe Auswirkung auf das Bewusstsein und Verhalten all ihrer Mitglieder hat. Ein kultiviertes Betriebsklima wird sich so auswirken, dass es alle Angestellten Kultiviertheit lehrt. Ein unkultiviertes Betriebsklima wird alle beteiligten Personen zur Unkultiviertheit ermuntern. Dazu kommt, dass ein Betriebsklima die Tendenz zu seiner Verewigung aufweist. Eine Topmanagerin, die viel dazu getan hat, ein besonders kultiviertes Betriebsklima zu schaffen, hinterlässt möglicherweise ein Erbe der Kultiviertheit, das noch lange nach ihrem Ausscheiden oder Tod Bestand hat.

Schließlich wissen wir, gleich, ob es nun so etwas wie ein Kollektivbewusstsein gibt oder nicht, dass – und die folgenden Kapitel werden dies noch hinlänglich zeigen – der Aufbau und die Erhaltung einer Gemeinschaft in Organisationen sehr zur Steigerung ihrer Kultiviertheit beiträgt. Wie wir schon darlegten, ist die Gemeinschaft nicht nur eine hochkultivierte Organisationsform, sondern auch das ideale Vehikel, Individuen und Organisationen Kultiviertheit zu lehren. Diese Technologie oder Disziplin der Gemeinschaft ist für sich genommen das beste einem Topmanager zur Verfügung stehende Mittel, um ein organisatorisches Klima der Kultiviertheit zu schaffen und aufrechtzuerhalten.

Ethik und Gegnerschaftsdenken im Geschäftsleben

Richard Bolles bezeichnete uns Menschen als „die vergleichenden Geschöpfe". Manchmal denke ich, wir sollten auch „die vergesslichen Geschöpfe" genannt werden.

Ich glaube, es ist eines unserer Gottesgeschenke, dass wir uns ganz natürlich an die guten Zeiten unseres Lebens erinnern und eine bemerkenswerte Fähigkeit besitzen, die schlechten Zeiten zu vergessen – oder es uns zumindest entfällt, wie schlimm der Schmerz sein kann. Aber jedes Geschenk ist auch ein potenzieller Fluch, und die Schattenseite unserer Fähigkeit, das Unangenehme zu vergessen, besteht in unserem unzureichenden Bedürfnis, die schmerzlicheren Lektionen unseres Lebens immer wieder aufs Neue zu lernen.

Eine dieser Lektionen besagt, dass Gesundheit selten schmerzlos ist und Heilung oft weh tut. Wir kommen jetzt noch einmal im Zusammenhang mit der organisatorischen Gesundheit auf diese Lektion zurück, wobei wir uns auf den Schmerz der Spannung konzentrieren. Die Realität ist die, dass in einem gesunden Geschäftsunternehmen nicht nur Spannungen auftreten, sondern dass diese Spannungen auch voll und ganz bewusst erlebt werden.

Wir haben bereits gesehen, dass Spannungen oder Reibereien in der Ehe unvermeidlich sind, und dass Eheprobleme häufig erst aus dem Versuch entstehen, diese Reibungen zu vermeiden (oder sie dem Partner zuzuschreiben), statt offen damit umzugehen. Diese Spannung zwischen dem Zusammensein und Getrenntsein in der Ehe wurde mit einem Seiltanz verglichen. Ein Seiltanz ist nicht leicht. Man braucht dazu Geschick und Gleichgewichtssinn, und selbst den Eingeweihten ist hier bange. Wir sind mit jedem Nerv auf der Hut. Doch jetzt lernen wir, dass auch ein gesundes, kultiviertes Geschäftsunternehmen einen Seiltanz veranstalten muss. Jeden Tag. Und dass die größte Ursache organisatorischer Krankheit und Unkultiviertheit dem Versuch der Topmanager zuzuschreiben ist, dieser schwierigen Realität zu entfliehen. Sie vergessen, dass es ihre Aufgabe ist, sich mit diesen Spannungen direkt zu konfrontieren. Wenn sie es lange genug vergessen, dann verurteilen sie ihre Karriere und wahrscheinlich auch ihre ganze Organisation zum Untergang. Im Gegensatz dazu werden sich kultivierte Führungskräfte immer und immer wieder ins Gedächtnis rufen, dass Spannungen die gesunde Regel im Geschäftsleben sind und sich immer wieder aufs Neue aufs Seil begeben.

So gesehen liegt die größte Einzelursache für das Versagen im Geschäftsleben im Versäumnis eines Unternehmens, in der Spannung zu leben. Und zwei der verbreitetsten Formen dieses Versagens sind das Gegnerschaftsdenken und der „Pseudokonsens", die wir nun im Kontext der Gemeinschaft untersuchen werden. Spannung heißt Konflikt.

Während Nationen immer noch zum Mittel des Krieges greifen, Gruppen zu dem des Aufruhrs und der Plünderung und Einzelpersonen zur Vergewaltigung und zum Mord, hat die Zivilisation im Laufe der Jahrtausende Methoden entwickelt, um Konflikte ohne Blutvergießen lösen zu können. Es sind kultivierte Methoden. Tatsächlich sind es die existierenden Mechanismen für den Umgang mit dem Gegnerschaftsverhalten, die der Zivilisation ihren Namen zu Recht verleihen.

Dieses Konfliktregulierungssystem lässt sich in drei allgemeine Kategorien unterteilen: Rechtsstreit, Verhandlung und Demokratie. Jede hat ihre eigenen Traditionen, ihre vorgeschriebenen Regeln und Verordnungen. Es handelt sich um stark strukturierte Kommunikationsformen. Doch sie werden selten völlig unabhängig voneinander angewandt; normalerweise werden zwei oder sogar alle drei im Laufe einer Schlacht eingesetzt. Der Prozess ist zum Beispiel das Herzstück eines Rechtsstreits. Doch die Gegner und ihre Rechtsanwälte handeln unter Umständen an einem bestimmten Punkt eine Einigung aus. Und wenn nicht, dann kann der Prozess vor ein Geschworenengericht gebracht werden, wo dann demokratisch abgestimmt wird. Ähnlich stimmen die Gewerkschaftsmitglieder demokratisch über die Vereinbarungen ab, die ihre Vertreter ausgehandelt haben. Oder ein Senatskomitee stimmt über die Bestätigung einer Ernennung ab, wobei es aber zuvor oft Hearings abhält, die große Ähnlichkeit mit einem Prozess aufweisen.

Diese Maschinerie verdient großen Respekt. Sie ist über die Jahrhunderte hinweg zur gründlichsten, sogar elegantesten formalen Methode der Wahrheitsfindung verfeinert worden. Sie ist ein Weg, um zu effektiven, ausgewogenen Urteilen in Konflikten zu gelangen, die bestimmte Interessen oder ethische Belange berühren. Sie ist aber auch außerordentlich teuer, zeitraubend, unerfreulich und entfremdend.

Was ich hier als Gegnerschaftsdenken bezeichne, könnte als die tiefgreifende Tendenz bei Einzelpersonen, Organisationen oder Gesellschaften definiert werden, sich regelmäßig dieser Maschinerie zu bedienen, auch wenn dies unnötig, unproduktiv, ja sogar unkultiviert ist. Aber warum? Warum um Himmels willen möchte irgendjemand – vor allem eine Organisation – unnötigerweise Prozeduren in Anspruch nehmen, die so unangenehm und entfremdend, zeitraubend und teuer sind?

Weil die Spannung so unbequem ist. Gleich, ob die Spannung stark oder nur mäßig schmerzvoll ist, wir schmerzscheuenden Geschöpfe wollen sie naturgemäß so schnell wie möglich loswerden. Und eine der sich hier anbietenden Möglichkeiten ist ein Prozess der drei Schritte, der mit erstaunlicher Geschwindigkeit ablaufen kann. Der erste Schritt in einer Spannungssituation ist der, diese Situation einem Konflikt mit einer anderen Person oder Organisation zuzuschreiben. Der zweite Schritt besteht darin, dem anderen die Schuld für den Konflikt zu geben und ihm böswillige oder sogar verrückte Motive zu unterstellen. Der dritte Schritt besteht dann im Ingangsetzen der Maschinerie, um mit dem Konflikt fertig zu werden. In etwa einem von zwanzig Fällen ist dies eine angemessene und kultivierte Vorgehensweise. In fünfundneunzig Prozent der Fälle handelt es sich um ein unbewusstes, unkultiviertes und unnötiges Vorgehen. Und warum ist das so oft nicht in Ordnung?

Erstens, weil schon der erste Schritt häufig ein falscher Schritt ist. Die Spannung hat unter Umständen nichts mit einem äußerlichen Konflikt zu tun. Nehmen wir einmal an, eine Luftfahrtgesellschaft steht unter Spannung, weil sie von der Bundesaufsichtsbehörde unter die Lupe genommen wird. Die Ursache der Spannung mag in einem Schuldgefühl liegen, weil man sich nicht an die Vorschriften gehalten und sich gewisser Betrügereien schuldig gemacht hat. Oder die Ursache liegt in der Angst, dass diese Dinge ans Licht kommen könnten. Oder der Grund ist eine sich in Groll entladende Faulheit, weil man nun all diesen Schreibkram erledigen muss. Oder Frustration, weil man sich jetzt an die vielen Vorschriften halten muss. Oder ein Übertragungsmechanismus, wodurch die Bundesaufsichtsbehörde nun automatisch zum gehassten, autokratischen Vater wird. In all diesen Fällen ist die Spannung – der Konflikt, wenn Sie so wollen – eine rein innere Angelegenheit. Wird sie einem echten Konflikt zwischen Organisation und Aufsichtsbehörde zugeschrieben, bedeutet dies einen Fehlstart. Und das ist der Punkt. Will man sich Zeit nehmen und sich ernsthaft diese Spannung und ihre Gründe ansehen, muss man schon wenigstens eine kleine Weile in dieser Spannung leben. Aber das ist unbequem. Je schneller wir die Spannung einer bestimmten Ursache zuschreiben können, desto kürzer ist die Zeit, die wir mit ihr leben müssen. Ein Fehlstart ist ein Mechanismus zur Lösung von Spannung. Ein eilig gefälltes Urteil beendet den Schmerz. Das Problem ist nur, dass ein dermaßen rasch gefälltes Urteil gewöhnlich falsch ist.

Der zweite Schritt bedeutet meist ebenfalls ein überschnelles Urteil aus den gleichen Gründen, nämlich um den Schmerz zu vermeiden. Sagen wir, unsere Luftfahrtgesellschaft findet, dass eine Generalüberprüfung und Wartung ihrer

Maschinen nach jeweils zweihundert Flugstunden durchgeführt werden sollte. Die Aufsichtsbehörde meint, das sollte nach 150 Flugstunden geschehen. Der Konflikt ist klar. Aber heißt das, dass die Behörde ihre Position aus Böswilligkeit vertritt? Oder aus irgendwelchen anderen unechten Motiven heraus? Wie können wir ein wohlüberlegtes Urteil fällen, ohne den ernsthaften Versuch zu machen, die Position der Behörde zu verstehen?

Ein solches Verstehen verlangt unvermeidlich die Überprüfung der eigenen Position. Und all das erfordert Arbeit und Zeit in einer Phase der Zwiespältigkeit und Spannung des Nichtwissens. Es ist emotional sehr viel weniger anstrengend, ohne Nachforschungen zum Schluss zu kommen, dass die Behörde mein Feind ist und mich ohne Rücksicht auf Realitäten und Vernunft verfolgt.

Also machst du Schritt drei und zitierst deine Anwälte herbei. Vielleicht sind es kultivierte Anwälte, die dir raten, deine Position in aller Ruhe noch mal zu überdenken. Aber wenn sie das tun, wirst du vermutlich, da du die Sache möglichst schnell durchziehen willst, die Anweisung geben: „Volle Fahrt voraus und zum Teufel mit den Torpedos. Schnappt sie euch." Und wenn die Anwälte vielleicht nicht ganz so kultiviert sind, werden sie nichts lieber tun, als für dich in Aktion treten. Die Maschinerie ist angelaufen.

Das alles klänge vielleicht nach einer äußerst akademischen Diskussion, wenn es nicht einen ganz offensichtlich besseren Weg gäbe. Deshalb wollen wir uns jetzt einer Geschichte zuwenden, die zeigt, wie in einer gewöhnlichen Situation unternehmerischer Gegnerschaft die Sache ganz anders gehandhabt wurde.

Abgesehen von anderen Dingen handelt diese Geschichte von Macht, Macht auf vielen Ebenen, und wir werden im Rest des Buches immer mal wieder auf einige ihrer moralischen Aspekte zu sprechen kommen. Ich möchte gerne mit Frank anfangen. Er war mit achtzehn die jüngste Person, die, abgesehen von den Kindern eines Gruppenleiters oder Aufsichtsratsmitglieds, je zu einem unserer öffentlichen Workshops kam. Ihm gefiel die Erfahrung, die er dort machte, so sehr, dass er gleich nach der Rückkehr in seinen Heimatstaat Anfang 1989 dort einen öffentlichen Workshop der FCE zu organisieren begann. Er machte gute Werbung dafür, und abgesehen von Frank und den beiden Gruppenleitern nahmen 55 Personen daran teil.

Weder Frank noch die FCE wussten, dass unter den Teilnehmern eine hochrangige Führungskraft der Fortune 500 Corporation war. Dieser Konzern sah sehr bald einer zweimonatigen Verhandlungsphase zwischen Gewerkschaft und Unternehmensführung entgegen, wobei zwei verschiedene Teams von Gewerkschafts- und Managementvertretern in zwei verschiedenen Städten Verträge mit diversen Gewerkschaften aushandeln sollten. Das eine Team besaß schon Erfahrung, das andere nicht. Ungefähr sechzigtausend Gewerkschaftsmitglieder waren davon betroffen. Man ging davon aus, dass die Verhandlungen scheitern würden und ein Streik unausweichlich war.

Wie es schien, gefiel dieser Führungskraft, was sie da sah, denn zehn Tage später nahm der Koordinator des erfahrenen Gewerkschafts-Management-Teams mit der Programmleiterin der FCE-Kontakt auf und bat um einen CBW für das Team. Als sie ihn fragte, auf welche Weise er denn von der Arbeit der FCE gehört habe, gab er zur Antwort: „Uns hat einer unserer Vizepräsidenten gesagt, wir sollten das tun. Aber er schien im Grunde nicht viel darüber zu wissen. Ich weiß nicht, wie die Sache genau zustande kam, aber es kam von sehr hoch oben."

„Und wie finden Sie das, dass man Ihnen einfach sagt, Sie sollen einen Workshop machen?" fragte sie. „Nun, ich bin ein bisschen verunsichert, aber nur, weil ich nichts über Ihre Workshops weiß. Das ist doch nicht so eine Sache, wo die Leute zusammenbrechen und weinen, oder?"

„Wir benutzen keine Peitschen, wenn es das ist, was Sie meinen. Die meisten Menschen finden, dass es ein sehr sanfter Prozess ist. Ganz gewiss bringen wir die Leute nicht zum Weinen. Aber wenn sie weinen wollen, und das wollen sie manchmal, dann veranlassen wir sie auch nicht, damit aufzuhören, es sei denn, sie werden exzessiv."

„In Ordnung. Ich habe noch etwas auf dem Herzen. Es ist doch nicht so eine Sache, wo die Leute über Gott reden, oder?"

„Da muss ich Ihnen die gleiche Antwort geben. Wir bringen die Leute nicht dazu, über irgendetwas Bestimmtes zu reden. Wenn sie über Gott sprechen wollen, dann tun sie das. Wenn es in dieser Hinsicht überhaupt ein Muster gibt, dann das, dass wir sie nicht zu allzu viel ‚Gerede über Gott' ermuntern."

Er schien erleichtert zu sein.

Eine Woche später nahm das zweite Gewerkschafts-Management-Team mit der FCE Kontakt auf. Sie hatten gehört, dass das erste Team einen Workshop machte, und wollten ihren eigenen Workshop haben, ohne noch weitere Fragen dazu zu stellen.

Die beiden Workshops wurden zur gleichen Zeit abgehalten. Obgleich sie von verschiedenen Workshopleitern in verschiedenen Städten durchgeführt wurden und das eine Team sehr erfahren, das andere unerfahren war, kam es doch zu bemerkenswert ähnlichen Ereignissen. Binnen sechs Stunden weinten manche Mitglieder eines jeden Teams und sprachen unter anderem über Gott. Am Ende ihrer Workshops hatten beide Teams spontan identische Entschlüsse gefasst. Sie beschlossen, sich nicht „an den Tisch" zu setzen, sondern vielmehr den Tisch loszuwerden. Die Vertreter des Managements und der Gewerkschaft, die herkömmlicherweise getrennt gespeist hatten, wollten nun gemeinsam essen. Das Management schwor, wenn es denn möglich war, von Anfang an gleich mit dem untersten finanziellen Limit einzusteigen. Und beide Parteien schworen, während der zweimonatigen Verhandlungsphase keinerlei Vorversammlungen abzuhalten.

Jedes Team hielt seinen Schwur.

Beide Teams baten darum, ihre Geschichte vertraulich zu behandeln. Es ging nicht darum, sie der Öffentlichkeit vorzuenthalten, sondern sie wollten ihre Vorgehensweise vor ihren eigenen Leuten in der Gewerkschaft beziehungsweise der Unternehmensführung geheim halten. Sie nahmen realistischerweise an, dass den Resultaten misstraut werden würde, wenn man erfuhr, dass sie durch einen Konsens und in Gemeinschaft zustande gekommen waren. Wie konnte denn die Masse der Gewerkschaftsmitglieder oder der Führungskräfte des Konzerns, die nie authentische Gemeinschaft erfahren hatten, glauben, dass ihre Teams ohne Blutvergießen das Beste für sie herausgeholt, ja sogar noch oft mit der anderen Partei Spaß gehabt hatten?

Tatsächlich ergab sich ein lustiger Krisenmoment, als eines der Teams erfuhr, dass es am nächsten Tag von einer hochrangigen außenstehenden Person besucht werden sollte, die nachsehen wollte, wie die Dinge liefen. Was war zu tun? Die Vertreter von Management und Gewerkschaft waren sich einig, dass die einzige Möglichkeit die war, „Theater zu spielen". Obwohl sie sich seit sechs Wochen in einem ganz gewöhnlichen Klubraum eines Hotels getroffen hatten, schafften sie es, für den nächsten Tag einen sehr viel größeren und feudaleren Konferenzraum, den „Aufsichtsratssalon", anzumieten, in dem ein großer langer Tisch stand. Sie verbrachten fast die ganze Nacht damit, riesige Stapel von vermeintlichen Konferenzunterlagen zu produzieren. Wie abgesprochen erschienen die Vertreter des Managements am nächsten Morgen in Anzug und Krawatte und verhielten sich gegenüber den Gewerkschaftsvertretern äußerst kühl. Und die Gewerkschaftsvertreter machten es ebenso. Am Ende des Vormittags äußerte sich der Besucher überaus zufrieden über den Gang der Dinge.

Ich habe den Namen des Unternehmens nicht erwähnt, weil jetzt, nach vier Jahren, die Teams noch immer aus denselben Gründen wünschen, dass ihre Vorgehensweise geheim bleibt. Diese Gründe werden wir bald eingehender untersuchen. Doch der Vertrag, den die beiden Teams aushandelten, erschien sowohl der Gewerkschaft wie der Unternehmensführung akzeptabel. Und im Gegensatz zu den allgemeinen Erwartungen wurde ein Streik in beiden Fällen abgewendet, wodurch allen eine Menge Unkosten und Qual erspart wurde.

Dieser Erfolg ist vielen zuzuschreiben. Den Workshopleitern der FCE und ihrem Modell zum Aufbau einer Gemeinschaft. Dafür wurden sie auch belobigt. Am Ende des dreitägigen Workshops stellte das erfahrenere Team fest: „Wir haben schon alles, was es an Übungen zum Teamaufbau gibt, durchexerziert, aber was ihr Jungs da macht, das steht für eine ganz neue Generation."

Noch mehr Ehre gebührt den Vertretern von Gewerkschaft und Management beider Teams. Sie waren es, die in kooperativer Weise die Erfahrung von Gemeinschaft aufnahmen, damit arbeiteten und völliges Neuland betraten. Sie brachten sich in eine gefährliche Lage und trotzten allen herkömmlichen Regeln in einem solchen Maße, dass sie im Geheimen agieren mussten. Das verlangt großen Mut.

Ehre gebührt auch jener Führungskraft, die ursprünglich für die Anweisung an das erste Team sorgte, diesen Workshop zu machen. Sie tat dies aus ihrer eigenen anonymen Workshoperfahrung heraus. Eine ungewöhnliche Führungskraft, die sich ein Wochenende nimmt, um einen neumodischen Prozess namens Gemeinschaftsaufbau zu erforschen, wo die Leute unter Umständen „zusammenbrechen" und weinen und über Gott sprechen.

Schließlich ist dies ein Beispiel von spiritueller Macht. Erinnern Sie sich an den Anfang der Geschichte und dass sich alles ursprünglich aus der Bemühung eines achtzehnjährigen „Jungen" entwickelte. Auch ein Achtzehnjähriger, der zu solchen Workshops geht, ist ungewöhnlich. Und hätte Frank nicht aus eigener Initiative einen solchen öffentlichen Workshop organisiert, wäre all das nicht geschehen. Wie die meisten Jugendlichen verfügte er über keine politische Macht. Doch aufgrund seines Erkenntnisvermögens, seiner Initiative und seines Enthusiasmus – seiner Berufung – kann er sich einen beträchtlichen Anteil daran zuschreiben, dass die Verhandlungen zwischen der Gewerkschaft und dem Management eines größeren Unternehmens zumindest in jenem Jahr, vielleicht aber auch längerfristig und auf breiterer Ebene revolutioniert wurden.

Wir haben Spannung mit Konflikt gleichgesetzt. Es ist außerordentlich wichtig zu begreifen, dass Konflikte im Zusammenhang mit den menschlichen Angelegenheiten gesund und normal sind. Konflikte sind ein unvermeidlicher Teil des Lebens und an für sich nichts Unkultiviertes. In der Tat muss ich wiederholen, dass der offene Umgang mit Konflikten in unserem organisatorischen Leben, dass sie in einer Atmosphäre des Respekts diskutiert und geklärt werden, zur Essenz der Kultiviertheit gehört. Ein Konflikt ist nur dann unkultiviert, wenn er entweder versteckt oder ohne Respekt durch den unnötigen Einsatz der Gegnerschaftsmaschinerie über alle Maßen aufgeblasen wird.

Es geht auch um ethische Fragen, wenn diese Konfliktmaschinerie in Gang gesetzt wird. Oft ist das Gericht dann das erste statt des letzten Mittels, zu dem man greift. Dass, weil so schmerzlich – und oft lächerlich – dies auch sein mag, es doch weniger schmerzlich ist, Partei zu ergreifen, als für gewisse Zeit in einem Zustand ethischer Spannung zu leben. Gewiss, das Gegnerschaftsverhalten bringt die Spannung sofort ans Tageslicht, aber doch so, dass sich alle Beteiligten auf eine selbstgerechte Position zurückziehen können. „In Spannung leben" erfordert hingegen, dass wir uns direkt und ohne den Balsam der Selbstgerechtigkeit mit unseren ethischen Dilemmas konfrontieren. Es verlangt ein gewisses Maß an emotionaler und ethischer Reife. Dies ist der Grund für den Satz in unserer Grundsatzerklärung zu den Aufgaben und Zielen der FCE: „Der Ansatz der FCE ermuntert zur Tolerierung von Ambivalenz, zur Erfahrung des Entdeckens und zur Spannung zwischen dem Festhalten und Loslassen", das heißt zwischen der Bewahrung der eigenen Integrität und dem Aufgeben von vereinfachten, starren, selbstgerechten Positionen. Dies ist der Weg des Seiltanzes.

Die Teams von Gewerkschafts- und Managementvertretern trafen nach ihren Workshops die Wahl, in der Spannung zu leben, statt alles auf ihre festgelegten Fraktionen zu schieben. Und jedes Team hatte ganz eindeutig seine Fraktionen: die Vertreter der Gewerkschaft und die Vertreter des Managements. Die Spannung, die aus ihren unterschiedlichen Bedürfnissen entstand, war real, ganz offensichtlich lag es im Interesse der Gewerkschaft, soviel wie möglich zu „bekommen", und im Interesse des Managements, so wenig wie möglich zu „geben". Aber indem sie sich dazu entschieden, nicht nur dem Namen nach als Team zu agieren, haben diese Frauen und Männer mit der Spannung gespielt. Sie warfen den Ball hin und her. Sie überprüften ihre Rollen als „Gebende" und „Bekommende". Die Gewerkschaft half dem Management aus, das Management der Gewerkschaft. Sie „entleerten" sich ihrer Positionen. Und schließlich kamen sie auf der Grundlage eines Konsenses zu einem fairen Resultat.

Wie machten sie das? Warum war es ihnen möglich, die Spannung zu „verinnerlichen" und in ihr zu leben, statt sie nach außen zu tragen und sich die Köpfe einzuschlagen? Die Antwort ist erstaunlich einfach. Denken Sie an das Motto der FCE. „Erst der Aufbau von Gemeinschaft, dann die Entscheidungen." Im Prozess des Aufbaus einer Gemeinschaft kommen die Menschen dazu, auf reale Weise miteinander umzugehen. Sie werden dazu gedrängt, sich nicht hinter „Themen" und ihren Positionen zu verstecken. Sie werden dazu ermuntert, über das zu sprechen, was ihnen am meisten am Herzen liegt: ihre Kinder, ihre Ehe, ihre Einsamkeit und Frustration, ihre Sorgen und Schlaflosigkeit und Albträume, ihre Sexualität und ihr seltsames Gefühl von Verbundenheit mit einer „unsichtbaren Ordnung der Dinge". Und wenn sie das tun, geschieht fast stets Folgendes: Sie kommen dazu, sich umeinander zu bekümmern.

Diese Anteilnahme ist echt – und wächst, je länger die Gruppe „in Gemeinschaft" zusammenarbeitet. Sie gründet sich auf Wissen. Das heißt nicht, dass sich alle gleichermaßen mögen. Das heißt auch nicht, dass alle ein absolutes Vertrauen ineinander haben. Im Gegenteil, das heißt, dass die Menschen allmählich wissen, wo sie dem anderen trauen können und wo nicht. Die Talente und Schwachpunkte einer jeden Person werden offenbar.

Wird die Gegnerschaftsmaschinerie in Gang gesetzt, dann besteht ein Teil des Problems darin, dass sich die Betreffenden gewöhnlich nicht gut kennen. Tatsächlich ist es fast absurd, wenn man einmal darüber nachdenkt, dass Fremde sich einfach an den Tisch setzen und zu verhandeln anfangen sollen. Vom psychologischen Standpunkt aus gesehen sind sie nicht im Mindesten bereit, zu verhandeln. Doch das ist die Standardprozedur. Wenn sich Menschen aber kennen und aneinander Anteil nehmen, dann fällt es ihnen relativ schwer, in ein Gegnerschaftsdenken zu verfallen, und es fällt ihnen relativ leicht, sich kooperativ zu verhalten.

Jeder, der in den Vereinigten Staaten viel in der Business-Class geflogen ist und die Magazine durchgesehen hat, die im Vordersitz verstaut sind, hat wahrscheinlich eine Werbeanzeige für Karass-Seminare gesehen. Unter dem Bild von Dr. Chester L. Karass heißt es in großen Lettern:

IM GESCHÄFTSLEBEN BEKOMMEN SIE NICHT, WAS SIE VERDIENEN.
SIE BEKOMMEN, WAS SIE AUSHANDELN.

Obwohl es bei einem zwischen Gegnern ablaufenden Prozess, so wie etwa bei Verhandlungen, immer auch um ethische Fragen geht, sind die Ergebnisse nicht unbedingt fair oder gerecht. Im Falle der beiden Teams von Gewerkschafts- und

Managementvertretern könnten Puristen sagen, dass sie gar nicht einen Vertrag ausgehandelt haben; sie haben sich zur Ausarbeitung eines Vertrags zusammengetan. Aus der üblichen Feindseligkeit wurde Freundlichkeit; aus Ruppigkeit etwas Fließendes; aus dem Quälenden Angenehmes; aus dem Hässlichen Schönes. Und Gerechtes und Faires. Es war ein großartiges Beispiel für gesundes organisatorisches Verhalten, für Kultiviertheit.

Doch wir leben in einer dermaßen auf Gegnerschaft eingestellten Gesellschaft, dass selbst nach vier Jahren keines der beiden Teams bereit ist, dieses Beispiel für außerordentliche Kultiviertheit öffentlich zu machen. Wie schade! Doch sie sind nur realistisch. In der amerikanischen Gesellschaft, wo auf jeden Einwohner zweimal mehr Anwälte kommen als in jeder anderen Nation, sind wir so an unser Gegnerschaftsverhalten gewöhnt, dass uns selten klar wird, was das eigentlich ist. In seinem Übermaß ist es krank. Irgendetwas stimmt mit einer Gesellschaft ganz und gar nicht, wenn Kultiviertheit im Geheimen praktiziert und organisatorische Gesundheit versteckt werden muss.

Dieses Gegnerschaftsverhalten hat, was nicht überrascht, ein Gegenstück – ein ebenso ungesundes Extrem. Ich nenne es den „Pseudokonsens". Hier wird die ethische Spannung in einer Organisation nicht über die Maßen aufgeblasen, sondern „zugestopft". Konflikte werden beschönigt, unterdrückt, verleugnet. Wirkliche Probleme oder Fragen werden, statt dass sie an die Oberfläche gebracht werden, ins Unbewusste der Organisation abgedrängt, um dort zu ihrem Schatten zu werden.

In diesem gegenteiligen Fall, in dem man es ebenfalls nicht schafft, in der Spannung zu leben – den Seiltanz zu wagen –, erlaubt die Organisation keinerlei ethische Debatte. Sie erklärt die Spannung für nicht existent. Doch die Spannung existiert immer. Wie gesagt, das Leben ist Spannung. So kann ein Unternehmen sie nur auf eine Weise für nicht existent erklären, indem sie sie nämlich zu etwas Unaussprechlichem macht. Und leider tun viele Topmanager genau das, ist es genau das, was oft vom Betriebsklima her geschieht.

Im Mai 1991 führte die FCE im Verein mit der University of Chicago Graduate School of Business eine Konferenz zum Thema „Geschäftsleben und Gemeinschaft" durch, an der etwa einhundertzwanzig Geschäftsleute teilnahmen. Typisch für solche Ereignisse des Aufbaus einer Gemeinschaft, wo die Resultate im allgemeinen gleichermaßen unvorhersehbar wie positiv sind, steckte auch diese Konferenz voller Überraschungen. Die Teilnehmer arbeiteten zumeist in vier Gruppen. Jede Gruppe hatte die Aufgabe, sich im Laufe von eineinhalb Tagen zu einer Gemeinschaft aufzubauen. Danach wurde jeder Gruppe ein Thema zugewiesen, zu dem sie innerhalb eines Tages ein Ergebnis erarbeiten sollte, das sie dann am Ende allen Konferenzteilnehmern vorlegen sollte.

Eine der Überraschungen war die, dass sich bei der Konferenz ein einzelnes durchgängiges Thema herausschälte, obwohl es vier verschiedene Gruppen mit unterschiedlichen Aufgabestellungen gab. Es war das Thema der Spannung. Die in der Geschäftswelt erfahrenen Teilnehmer waren Realisten und kamen nicht mit irgendwelchen leichten Antworten daher. Sie gelangten schließlich zur Frage nach einem Leben in Spannung, ohne Antworten zu haben. Zum Beispiel war das Thema der „Gelben Gruppe" der Pluralismus am Arbeitsplatz, das heißt die Frage, wie man Männer und Frauen, Schwarze, Weiße, Chicanos, Moslems, Juden und Christen dazu befähigt, effektiv zusammenzuarbeiten. Sie kam zum Schluss, dass es keine Möglichkeit gab, die aus dem Pluralismus entstehende Spannung zu beseitigen; der Schlüssel der Lösung lag darin, diese Spannung zu würdigen – ja sogar zu feiern –, indem man ihr ein Forum gab, Zeit und Raum, nicht nur, um über sie zu diskutieren, sondern auch, um sie zu ehren. Die Gruppe brachte sogar vor, dass der Hauptgrund für die Einführung von Gemeinschaft ins Geschäftsleben eben genau der sein könnte: die Bereitstellung eines angemessenen Forums für alle Spannungen im Geschäftsleben, damit sie offen ans Licht gebracht werden können.

Die „Blaue Gruppe", die die Aufgabe hatte, etwas zum Thema Ethik im Wirtschaftsleben auszuarbeiten, hatte unabhängig davon eine Übung entwickelt, die genau diese Thematik zum Inhalt hatte. Sie wählten eines ihrer Mitglieder, Mike, zu ihrem Sprecher. Mike rief alle von uns hundertzwanzig Konferenzteilnehmern im Foyer des Administrationsgebäudes der University of Chicago Business School zusammen. Dann stellte er sich auf einen Tisch und trug folgendes ethisches Dilemma vor:

„Da gab es in einem großen Unternehmen eine vierzigjährige Managerin der mittleren Ebene. Sie war, was ihre Arbeit anging, absolut unfähig. Tatsächlich machten sich alle in der Abteilung über sie lustig. Ihre Mitarbeiter rissen ständig hinter ihrem Rücken Witze über sie. Weil das Unternehmen aufgrund einer Fusion und Übernahme in großem Aufruhr war, hatte sie in den zwei Jahren seit ihrer Einstellung keinerlei Supervision erfahren. Dann wurde eine übergeordnete Führungskraft eingestellt. Er erkannte sofort die Situation und beschloss, mit der Angestellten ein zwölfmonatiges Programm erfahrener und beständiger Supervision durchzuziehen. Da dieser Mann in ähnlichen Fällen ziemlichen Erfolg damit gehabt hatte, war er anfänglich optimistisch. Doch sie machte trotz seiner beträchtlichen Anstrengungen null Fortschritte, und nach acht Monaten wurde er allmählich pessimistischer. Dann wurde er selbst in einen anderen Unternehmenszweig in einer fernen Stadt versetzt. Damit sah er sich vor die Entscheidung gestellt, die Frau entweder zu feuern, obgleich noch vier Monate fehlten, bis sie den Supervisionskurs vollständig absolviert hatte, oder sie als vermutlich unlösbares Problem seinem Nachfolger zu überlassen, der dann von neuem anfangen musste."

Mike gab einen kleinen Wink mit der Hand, und vier Mitglieder seiner blauen Gruppe traten aus der Menge vor und spannten drei Seile straff über die ganze Länge des Foyers. Mike deutete zu seiner linken Seite und erklärte: „Die Leute, die das Seil auf dieser Seite festhalten, glauben, dass der Frau die Absolvierung des vollständigen Supervisionskurses zusteht, und dass das Unternehmen sie ohne Zweifel behalten sollte. Die Leute, die das Seil zu meiner Rechten festhalten, glauben, dass man sich genug Mühe mit ihr gegeben hat und dass sie nun endlich gefeuert werden sollte. Ich möchte, dass Sie sich jetzt in drei Gruppen aufteilen und jede Person ihren Platz an der Stelle am Seil einnimmt, wo sie sich zwischen diesen beiden Meinungspolen angesiedelt sehen würde."

Ich begab mich sofort zum nächsten Seil und stellte mich auf der Seite der Position des „Falken" in etwa zwei Drittel Entfernung auf. Als wir schließlich alle unsere Position eingenommen hatten, wies uns Mike an, mit der uns nächststehenden Person darüber zu reden, warum wir diesen spezifischen Platz eingenommen hatten. Meine Nachbarin am Seil war eine Frau, die etwa im selben Alter der zur Debatte stehenden Angestellten war. Wir beide kamen sofort überein, dass wir zur Position des „Falken" tendierten, weil wir nicht zu der Art von Führungskräften gehörten, die ihre Probleme gerne an andere weitergeben, aber dass wir nicht besonders sicher sein konnten, weil wir so wenig über das Unternehmen wussten und mehr Fakten brauchten, um uns ein angemessenes Bild von der Lage zu machen.

„Nun möchte ich", fuhr Mike fort, „dass jeder von Ihnen zu der am Seil stehenden Person geht, mit der Sie den Fall am liebsten besprechen möchten." Ich schoss auf den „Falken" zu. Ich wollte ihm sagen, dass ich vermutlich einer Meinung mit ihm war, aber noch herausfinden wollte, warum er seiner Sache so sicher war. Wusste er etwas, das ich nicht wusste? Irgendetwas über die Angestellte? Irgendetwas über ein Hilfsprogramm für Angestellte des Unternehmens oder andere Programme zur Unterstützung von Menschen, die entlassen worden waren, damit sie eine neue Arbeitsstelle fanden? Ein Eignungstestprogramm vielleicht?

Das Problem war nur, dass, als ich etwa auf einen Meter Entfernung an den „Falken" herangekommen war, er das Seil fallen ließ. Und gleichzeitig ließ auch die „Taube" am anderen Ende des Foyers das Seil fallen. Da nun plötzlich alle Spannung aus dem Seil gewichen war, verhedderten wir uns alle darin, stolperten hin und her und wussten nicht, wohin wir uns wenden oder was wir tun sollten. Auch die anderen beiden Gruppen verstrickten sich in ihren Seilen. Das Chaos löste sich in allgemeiner Heiterkeit auf.

Als wir uns schließlich alle aus den Seilen befreit hatten, ließ uns Mike wissen: „Es wurde die Entscheidung getroffen, die Frau zu entlassen. Sieben Monate später beging sie Selbstmord. Die Manager des Unternehmens hatten große Schuldgefühle und machten sich Selbstvorwürfe."

Es geht hier nicht um das tragische Ende der Geschichte und auch nicht darum, dass möglicherweise eine falsche Entscheidung getroffen wurde. Vielleicht war sie auch die richtige. Wie auch andere Führungskräfte habe ich es zweimal erlebt, dass Menschen, die ich gefeuert hatte, Jahre später zu mir kamen, um sich tatsächlich bei mir zu bedanken: „Ich habe mich einfach geweigert zu glauben, dass ich in echten Schwierigkeiten steckte", erklärten sie. „Es war nötig, dass Sie mich feuerten, damit ich endlich wieder zu Sinnen kommen konnte."

Es geht hier um die Spannung und darum, dass, als sie verloren ging, die Konferenz, die Organisation ins totale Chaos verfiel. Im Geschäftsleben sieht man sich sehr oft mit äußerst diffizilen ethischen Dilemmas konfrontiert, und ich möchte in diesem Buch keinesfalls so tun, als sei dies anders. Ein Unternehmen braucht beides, seine „Falken" und „Tauben", um die Spannung aufrechtzuerhalten. Und es braucht das Forum der Gemeinschaft, damit diese Spannung ganz oben im kollektiven Bewusstsein einer Organisation bleibt.

Ein Unternehmen verlangt in ethischer Hinsicht, wenn entweder die Position der Tauben oder der Falken ein solches Übergewicht hat, dass eine Diskussion zwischen ihnen erstirbt. Die FCE versagte hier beinahe selbst einmal, weil wir alle ach so „wohlmeinenden" Menschen im Aufsichtsrat noch nicht gelernt hatten, die harte Linie zu vertreten, die manchmal notwendig ist, um das Überleben auch der „nettesten" Organisation zu sichern.

Häufiger aber werden solche Fehler gemacht, wenn sich das Topmanagement von einem einzigen Falken oder von einer kleinen, auf eine einzige Position fixierten Gruppe derart dominieren lässt, dass eine Diskussion ethischer Fragen als unbotmäßig gilt und erstickt wird. Immer wieder beobachten wir Fälle, in denen die Mentalität des absolut hemmungslosen Eigennutzes ein Unternehmen so total beherrscht, dass alle visionäreren Ansätze als Häresie betrachtet und abgewürgt werden. Früher oder später treibt ein solches Management das Unternehmen in den Untergang oder findet sich selbst im Knast wieder.

Die Gemeinschaft ist das Gegenmittel oder Vorbeugungsmittel für eine solche Unkultiviertheit und ein derartiges ethisches Ungleichgewicht. Die Gemeinschaft ist ein „sicherer Ort", wo alle Spieler sich frei fühlen, ihre Meinung zu sagen und diese ernsthaft angehört wird. Sie ist ein Umfeld, in dem Meinungsverschiedenheiten nicht nur zugelassen, sondern gefördert werden. Sie ist eine Gruppe, deren Mitglieder gelernt haben, in Anmut miteinander zu fechten, wo kein ethischer Stein unberücksichtigt bleibt und wo die Spannung nicht aufgegeben wird.

Ich wurde zuweilen gefragt: „Was würdest du tun, wenn eine ganz offensichtlich unkultivierte oder unmoralische Organisation wie etwa der Ku-Klux-Klan die Dienste der FCE in Anspruch nehmen wollte?"

„Ich würde ihnen erklären, was diese Dienste beinhalten", ist dann meine Antwort. „Sehr unwahrscheinlich, dass sie sie dann noch immer in Anspruch nehmen wollen. Aber wenn doch, dann würde ich es tun." Erfolgt darauf eine verblüffte Reaktion meines Gegenübers, dann erkläre ich: „Wenn der Workshop erfolgreich ist – und ich habe keinen Grund zu glauben, dass er es nicht ist –, dann wären sie, wenn er vorbei ist, nicht mehr der Ku-Klux-Klan."

Die Fragen nach dem Ku-Klux-Klan entstehen, weil viele, die nie eine Gemeinschaft erfahren haben, skeptisch sind, was den ethischen Gehalt von Gruppenentscheidungen angeht. Wir haben schon das Gespenst der Konformität, des „Gruppendenkens" und auch der Mobmentalität angesprochen. Gibt es denn nicht die lynchenden Mobs, die auf der Basis eines Konsenses vorgehen? Hier haben wir es mit dem Problem des Pseudokonsenses zu tun.

So wie das Gegnerschaftsverhalten dem Stadium des Chaos beim Aufbau einer Gemeinschaft entspricht, entspricht der Pseudokonsens dem noch primitiveren Stadium der Pseudogemeinschaft. In der Pseudogemeinschaft geben die Mitglieder der Gruppe vor, es gäbe keine Probleme, keine Meinungsverschiedenheiten. Sie weichen dem Konflikt und der Spannung aus. Konformität ist angesagt. Folglich treffen Pseudogemeinschaften, wenn sie einstimmig Entscheidungen fällen, diese gewöhnlich durch den Pseudokonsens. Es sieht so aus, als seien sie zu einer Einigung gekommen. Es scheint, als hätten sie sich mit den Problemen befasst, aber in Wirklichkeit sind die Probleme und Spannungen weggedrängt worden. Eine authentische Gemeinschaft ist hingegen eine Gruppe, die sich wirklich mit ihren Problemen befasst hat, die sich tatsächlich ihrem organisatorischen Schatten gestellt hat.

Es ist hilfreich, wenn wir uns an diesem Punkt noch einmal den ersten Teil der Definition von echtem Konsens, den die Valley Diagnostic Clinic erarbeitet hat, vor Augen führen:

Konsens ist eine Gruppenentscheidung (die möglicherweise einige Mitglieder nicht für die beste halten, mit der aber alle leben können, die alle unterstützen und die nicht zu untergraben sich alle verpflichten). Sie kommt nicht durch Abstimmung zustande, sondern durch einen Prozess, in dessen Verlauf die Thematik gründlich durchleuchtet wird und alle Mitglieder schließlich das Gefühl haben, angemessen angehört worden zu sein. Jede Person verfügt über ein gleiches Maß an Macht und Verantwortung, wobei eine durch persönlichen Eigensinn oder persönliches Charisma bedingte unterschiedlich starke Einflussnahme vermieden wird, sodass alle mit dem Prozess zufrieden sind.

Ein Pseudokonsens ist dann gegeben, wenn die Gruppe zwar augenscheinlich einstimmig zu einer Entscheidung gelangt (und echter Konsens ist nicht dasselbe wie Einstimmigkeit), die aber mehr oder weniger subtil von einer oder nur wenigen Personen diktiert wurde; wo die Probleme nicht gründlich durchleuchtet wurden, andere Mitglieder nicht das Gefühl haben, angehört worden zu sein – ja, sich oft nicht einmal frei fühlen, ihre Zweifel oder alternativen Vorstellungen zu äußern.

Dies ist leider eine sehr häufig auftretende Situation, da so viele Organisationen und ihre willenlosen Aufsichtsräte nur Pseudogemeinschaften sind. Ich habe bei Gelegenheit mit so manchen autokratischen Präsidenten großer Organisationen gesprochen, die mir versicherten, dass ihre Organisation ganz auf der Grundlage eines „Konsenses" geführt würde, wobei sie aber noch nicht einmal ansatzweise die Bedeutung dieses Wortes verstanden.

Wir sprechen hier also über echte Gemeinschaft und echten Konsens – und echte Spannung. Und auch auf die Gefahr hin, mich ad nauseam zu wiederholen: Kultiviertheit ist nie schmerzlos, und das Leben ist Spannung, und Gesundheit kann weh tun. Wenn wir Gemeinschaft in ein Unternehmen einführen, so hat das nichts damit zu tun, dass die Dinge leichter werden sollen. Es hat jedoch sehr viel damit zu tun, dass das Unternehmen ethischer und kultivierter, auf schmerzlichere Weise ehrlich, gesünder und beunruhigend lebendig werden soll.

Für auf dem Privatsektor arbeitende Organisationen ist die Frage der Ethik eines von mehreren größeren Themen – neben der Produktivität, der Zufriedenheit der Kunden, den Profiten und Ähnlichem. Für Organisationen, die auf dem

Öffentlichkeitssektor arbeiten, ist die Frage der Ethik das vorrangige Thema. Man könnte sogar sagen, dass Ethik das Geschäft der Regierung ist.

Ich spreche nicht von der Ethik einzelner Staatsdiener, der die Medien so große Aufmerksamkeit schenken – hat sich einer bestechen lassen oder Affären gehabt. Wir untersuchen hier das ethische Verhalten der Organisation als Ganzes. Verhält sich die Regierung ethisch, und wenn nicht, warum nicht?

Der Aspekt der Ethik ist die Kernfrage aller Regierungsentscheidungen. Nehmen wir, um präziser zu sein, die Entscheidungen, die im Zusammenhang mit dem Haushaltsbudget der Regierung getroffen werden. Wie viel sollte für die Aufsichtsbehörden der Regierung ausgegeben werden, deren Arbeit sich ja zum guten Teil auf die Annahme gründet, dass andere Organisationen sich nicht ethisch verhalten, wenn sie nicht überwacht und ihnen entsprechende Verordnungen auferlegt werden? Wie viele dieser Maßnahmen sollten dem Schutz der Umwelt gelten und wie viele der Unterstützung einer Expansion der Industrie, die diese Umwelt unter Umständen bedroht? Welches ethische Recht haben die Vereinigten Staaten, „Weltpolizist" zu spielen, und wie groß sollte der von uns unterstützte „Verteidigungsapparat" zum Schutz unserer „nationalen Interessen" sein? Welche Verpflichtung hat die Bundesregierung, den einzelnen Staaten bei der Verbesserung ihres öffentlichen Bildungswesens zu helfen, und in welchem Maße könnte diese Verpflichtung Vorrang vor den Belangen der nationalen Verteidigung haben? In welchem Maße haben die Reichen eine größere Verpflichtung als die Armen oder die Mittelschicht, diese Aktivitäten zu unterstützen? Wie viel Schulden darf die Regierung um ihrer Erhaltung willen angemessenerweise machen? Diese alle Bürger und Bürgerinnen betreffenden Fragen sind Wertfragen und damit Fragen der Ethik und Kultiviertheit.

Von allen Organisationen, mit denen ich eine gewisse Bekanntschaft machte, ist die Bundesregierung der Vereinigten Staaten meiner Einschätzung nach die ungesündeste. Damit möchte ich nicht sagen, dass es keine Regierungen gibt, die noch ungesünder, oder nicht noch viele, die gleichermaßen ungesund sind; nur bin ich mit ihnen nicht so gut vertraut. Damit will ich allerdings sagen, dass es um die Gesundheit unserer Regierung in der Tat außergewöhnlich schlecht bestellt ist. Das ist nicht etwas, das nur ich wahrnehme. Auf meinen Vortragsreisen wird mir am häufigsten die schmerzliche Frage gestellt: „Dr. Peck, bis zu welchem Grad wird die Krankheit unserer Regierung von der Apathie der Wählerschaft verursacht? Oder ist es vielleicht nicht so, dass die Leute so apathisch sind, weil sie überhaupt keine Kontrolle mehr über das System ha-

ben und weil das System selbst so hoffnungslos außer Kontrolle geraten ist?"
Ich glaube nicht, dass es immer so war. Natürlich hat es immer Regierungsskandale gegeben, aber erst in den letzten dreißig Jahren ist in Washington das Skandalöse zur Regel geworden. Mein Ziel ist es nicht, hier eine gründliche Analyse der Krankheiten unserer Gesellschaft vorzunehmen. Meine Absicht ist es nur, einen Zusammenhang zwischen dem skandalösen Verfall an Kultiviertheit in unserer Regierung und einer bizarren und seit Kurzem zur Norm gewordenen Kombination von Gegnerschaftsdenken und Pseudokonsens in unserem nationalen politischen Leben herzustellen.

Ich würde den Ausbruch dieser ernsten – und möglicherweise zum Tode führenden – Krankheit der Regierung auf den August 1964 datieren. Das Verteidigungsministerium berichtete, dass zwei nordvietnamesische Schiffe ohne Provokation zwei amerikanische Zerstörer im Golf von Tonkin angegriffen hätten. Auf der Grundlage dieses Vorfalls erbat und erwirkte Präsident Lyndon Johnson vom Kongress binnen dreier Tage eine praktisch einstimmig verabschiedete Resolution, die ihn dazu autorisierte, offen Krieg gegen Nordvietnam zu führen. Im Laufe des Jahres stellte sich heraus, dass sich der angebliche „Vorfall im Golf von Tonkin" wahrscheinlich nie ereignet hat. Offensichtlich hatte sich die Administration die ganze Sache völlig aus den Fingern gesogen. Doch der Kongress, der Johnson auf der Grundlage einer absolut unkultivierten Lüge – einer erdichteten Geschichte und bewussten Täuschung – zur Kriegsführung bevollmächtigt hatte, machte nicht einen Finger krumm, um ihm diese Vollmacht wieder zu entziehen. Warum nicht? Warum begegnete er der Unkultiviertheit mit Unkultiviertheit?

Auf diese Frage gibt es viele mögliche Antworten, aber sie alle zeugen von einer Art Verrücktheit, die in Washington eingesetzt und sich seither dort festgesetzt hat. In der Psychiatrie gilt eine Regel, wonach geistige Krankheit „überdeterminiert" ist, das heißt, sie ist das Ergebnis vielfacher und simultan wirksamer Ursachen. Wie schon gesagt meine ich, dass die zwei Hauptursachen der Krankheit unserer Regierung – Verrücktheit, wenn Sie so wollen – im Gegnerschaftsdenken und Pseudokonsens liegen, die eine unheilige Allianz eingegangen sind.

Die Demokratie ist, wie auch der Rechtsstreit und die Verhandlung, von ihrem Wesen her ein gegnerschaftlicher Prozess. Kandidaten und Parteien führen Kampagnen gegeneinander. Und bei jeder Abstimmung gibt es Gewinner und Verlierer. Es handelt sich um einen Entscheidungsprozess, der grundsätzlich nur Gewinner oder Verlierer kennt. Immer noch besser als die Autokratie oder Diktatur, werden Sie vielleicht sagen, und so ist es auch. Doch er ist nicht unbedingt besser als ein nicht gegnerschaftlicher, kollektiver Entscheidungsprozess auf der Basis des Konsenses oder der Zusammenarbeit, wo im Ergebnis alle „Gewinner" sind. Aber die amerikanische Demokratie hat meiner Meinung nach in den letzten Jahren nicht deshalb versagt, weil sie gegnerschaftlich eingestellt ist, sondern weil sie dies in einer Hinsicht im Übermaß und in anderer Hinsicht in unzureichendem Maße ist. Damit meine ich, dass wir ein tief eingewurzeltes Muster entwickelt haben, wonach wir unsere schwerwiegendsten Angelegenheiten rasch einer oft bedeutungslosen Abstimmung unterwerfen, ohne vorher auch nur den Versuch unternommen zu haben, zu einer Entscheidung auf der Basis des Konsenses und der Zusammenarbeit zu kommen oder uns des gegnerschaftlichen Prozesses zu bedienen, um den Dingen nachhaltig auf den Grund zu gehen.

So kam es, dass die Kongressmitglieder, obgleich die vermeintlichen Fakten des Vorfalls im Golf von Tonkin schon längst keinen Reim mehr ergaben, in pseudogemeinschaftlicher Vorgehensweise Johnson eiligst seine gewünschte Vollmacht zur Kriegsführung erteilten, ohne ernsthaft darüber nachzudenken, was sie da eigentlich taten. Und so kam es auch, dass sie dann, als herauskam, dass sie hereingelegt worden waren, wiederum in pseudogemeinschaftlicher Vorgehensweise beschlossen, ihr offensichtliches Versagen zu übertünchen und die Diskussion nicht wieder zu eröffnen.

Ein Jahr später, 1966, begann die Johnson-Administration eine Kampagne, um Regierungsangestellte heimlich zum Kauf von Kriegsschuldverschreibungen zu zwingen, damit sie ohne Steuererhöhung für die Eskalation des Vietnamkriegs aufkommen konnte. Die Expansion der nationalen Verschuldung der Vereinigten Staaten hatte begonnen. Im Laufe der folgenden sechsundzwanzig Jahre erhöhte sich diese Verschuldung, die Inflationsrate eingerechnet, um mehr als 250 Prozent. In Verkehrung einer traditionellen Regel, wonach die Verschuldung der Bundesregierung nicht wesentlich höher als ihr Jahresbudget sein sollte, beträgt sie derzeit das Dreieinhalbfache ihres Budgets. Vorgeblich im Interesse des Dienstes an der Öffentlichkeit hat unsere Regierung mithilfe eines fiskalischen Taschenspielertricks diese Tatsache vor dem Volk verborgen, ein Trick, der im normalen Geschäftsleben als kriminell angesehen werden würde. Tatsächlich hätte sie wahrscheinlich, wenn sie ein normales Wirtschaftsunternehmen wäre, schon längst den Konkurs anmelden müssen. Nur weil sie die Regierung ist, kommt sie mit einem solchen krassen Missmanagement davon.

Und wieder stellt sich die Frage nach dem Warum. Wir sehen im Fernsehen, mit welcher gegnerschaftlichen Intensität sich der Kongress mit der Nominierung eines Mitglieds des Obersten Bundesgerichts befasst oder dem Skandal eines heimlichen Waffengeschäfts nachgeht. Wie kann er sich also denn eines derartigen Missmanagements schuldig machen? Wie kann er eine so gewaltige Sache wie den Krieg in Vietnam so miserabel überdenken oder jedes Jahr für eine Hypothek auf die Zukunft unserer Kinder stimmen? Wie kann er sich so extrem unkultivierter Handlungen schuldig machen? Die Antwort ist meiner Meinung nach die, dass er sich mit solcher Sorgfalt auf relativ unbedeutende Angelegenheiten konzentriert, um es eben zu vermeiden, dass er sich der allerwichtigsten und wirklich schmerzlichen Themen auf grundsätzliche Weise annehmen muss. Die im Fernsehen übertragenen öffentlichen Anhörungen vermitteln den Anschein, dass unsere Demokratie funktioniert, obgleich sie es, was die Grundprobleme und wesentlichsten Fragen angeht, schon längst nicht mehr tut.

Das Schlüsselwort ist hier schmerzlich. Eine Pseudogemeinschaft vermeidet charakteristischerweise schmerzliche Themen. Unsere Volksvertreter sind in ihrem Bestreben, durch einen Prozess der Gegnerschaft gewählt und wiedergewählt zu werden, mittlerweile weit mehr daran interessiert, gut auszusehen, als gut zu sein, kultiviert zu erscheinen statt kultivierte Entscheidungen zu treffen. Wie Pingpongbälle hüpfen sie zwischen dem gegnerschaftlichen Chaos der Wahlkampagnen und einem auf vorherigen Absprachen beruhenden Pseudokonsens hin und her, damit alles glatt aussieht, die wahre Spannung versteckt wird, sie der echten Qual entfliehen. Könnte es sein, dass unsere Regierung beim Versuch, dem durch die fiskalische Verantwortung verursachten legitimen Leiden zu entkommen, in eine Art von kollektivem Wahnsinn verfallen ist? Ich glaube, dass es so ist.

Es gibt keinen Weg, auf dem wir auf schmerzlose Weise auch nur so etwas Ähnliches wie eine nationale Gesundheit zurückerlangen können. Es werden einige extrem schmerzliche fiskalische Entscheidungen von der Regierung getroffen werden müssen, wenn die von ihr regierte Nation als solche auch nur überleben soll. Und die Geschichte der letzten Zeit scheint so deutlich zu zeigen, dass unser demokratisches System, so wie es gegenwärtig operiert, nicht imstande ist, solche Entscheidungen zu fällen.

Angesichts dieser offensichtlichen Unfähigkeit sehen nun schon einige meiner nachdenklichsten Freunde – außerordentlich erfolgreiche Banker und Rechtsanwälte – gegebenenfalls die Notwendigkeit einer Revolution voraus. Mir als Friedensstifter graut vor einer solchen Möglichkeit. Ich bin mir nicht sicher, ob es so etwas wie eine friedliche Revolution gibt. Folglich richtet sich meine ganze Hoffnung auf eine Reformierung statt einer Revolution. Ich möchte das demokratische System sehr gerne erhalten sehen, aber ich kann mir nicht vorstellen, wie das ohne eine substantielle Reform gehen soll. Vor allem kann ich es mir nicht vorstellen, solange wir nicht die Praxis authentischer Gemeinschaft in das Regierungsunternehmen einführen, solange wir dort nicht einen Bereich – ein Forum – etablieren, wo man vom gegnerschaftlichen Politikgeschehen befreit zu Entscheidungen kommen kann, wo man sich mit der nötigen Gründlichkeit und Tiefe mit den Problemen und Themen wirklich befassen kann, ohne dem Druck der Pseudogemeinschaft oder des Gegnerschaftsdenkens ausgesetzt zu sein. Ein solches mögliches Forum könnten, wobei durchaus andererseits die Eleganz des Abstimmungsmodus beibehalten würde, zum Beispiel Kongresskomitees sein. Sie sind potentiell ideale Orte für den Einsatz der Technologie zum Aufbau von Gemeinschaft und des echten Funktionierens auf der Basis des Konsenses. Hier eine Vision von kultiviertem Vorgehen in der Regierung:

Nehmen wir einen hypothetischen Senator aus Michigan. Er kehrt nach Hause zurück, nachdem der Kongress im Interesse eines verantwortbareren Haushaltsbudgets und der nationalen Zukunft sich der Empfehlung eines Bewilligungskomitees angeschlossen und für die Streichung der Subventionen für die Autoindustrie seines Staates gestimmt hat. Einer seiner Wähler spricht ihn an: „Diese Entscheidung tut mir und meiner Familie weh." – „Das tut mir sehr leid", sagt der Senator, „aber so hat der Kongress gestimmt."

„Ja", erwidert der Wähler, „aber wie haben Sie, der Sie ja mein Repräsentant sind, im Bewilligungskomitee gestimmt?"

Der Senator kann dann antworten: „Nun ja, wir haben eigentlich gar nicht abgestimmt; sehen Sie, so funktioniert das nicht. Wir stimmen im Komitee nicht mehr ab. Wir sind gemeinsam nach eingehender Betrachtung zu einem Konsens über die im Interesse der Nation bestmögliche Entscheidung gelangt."

Viele reagieren auf jeden Vorschlag zu einer Reformierung unserer politischen Prozesse schon mit reflexartigem Zynismus: „Klingt ja ganz gut, ist aber zu idealistisch; das wird nie passieren." Vielleicht ist dieser Zynismus gerechtfertigt. Ich weiß es nicht. Ich weiß aber, dass es für den Kongress schwierig wäre, einen legislativen Vorschlag abzulehnen, der eine in Gemeinschaft zustande gekommene, auf Konsens beruhende Empfehlung darstellt. Ich weiß auch, dass Kongresskomitees nicht an eine verfassungsmäßige Vorschrift gebunden sind, wonach sie nach einem Abstimmungsmodus zu verfahren oder als Forum gegnerschaftlichen Parteidenkens zu dienen haben. Es gibt nur traditionelle Verfahrensweisen. Ja und selbst diese, die erwiesenermaßen ineffektiv und ungesund geworden sind, können sich als gegen eine Veränderung außerordentlich resistent zeigen. Ich muss darauf hoffen, dass sich Gesetzgeber und Staatsbürger gleichermaßen darüber klarwerden, dass wir nur zwei mögliche Alternativen haben: eine blutige Revolution oder eine kultiviert durchgeführte Reformierung. Die Aufrechterhaltung des traditionellen Status quo stellt keine lebensfähige Alternative mehr dar.

Berufung

Die meisten Menschen verstehen unter Beruf[71] das, was man tut, um sich seinen Lebensunterhalt zu verdienen, eine Beschäftigung, der man nachgeht, oder die Karriere. Viele religiöse Menschen begreifen dieses Wort allerdings in einem sehr viel buchstäblicheren und komplexeren Sinn.

Das Wort vocation leitet sich vom lateinischen Wort vocare her, das „rufen" bedeutet – dasselbe Wort, das auch die Wurzel für das Adjektiv vokal bildet. Im religiösen Sinn bedeutet vocation also das, wozu man berufen oder aufgerufen ist. Dies mag sich mit der Beschäftigung, der man nachgeht, mit dem, was man im Leben tatsächlich tut, decken oder auch nicht.

So gesehen impliziert die Berufung eine Beziehung. Denn wenn jemand zu etwas aufgerufen ist, dann muss auch etwas den Ruf aussenden. Dieses Etwas ist Gott. Als Christ glaube ich, dass Gott uns Menschen – ob nun Skeptiker oder Gläubige, Christen oder nicht – zu bestimmten, oft sehr spezifischen Aktivitäten aufruft. Und dass weiterhin diese Angelegenheit der Berufung eine absolut individuelle ist, da Gott sich auf uns als Individuen bezieht, mit uns als Individuen einen Bund schließt. Was zu tun Gott mich beruft, ist nicht unbedingt das, was zu tun Gott Sie beruft.

Und so wie wir frei sind, den Bund abzulehnen, sind wir auch frei, uns zu weigern, Gottes Ruf Folge zu leisten. Die Tatsache, dass wir eine Berufung haben, bedeutet nicht unbedingt, dass wir ihr folgen. Und genauso wenig muss die Tatsache, dass wir etwas tun wollen, unbedingt bedeuten, dass es das ist, was Gott von uns will, was zu tun er uns beruft.

Mönche und Nonnen sind, was das Thema Berufung angeht, häufig Experten, denn herkömmlicherweise gilt dies als das zentralste aller Themen im monastischen Leben. Ist diese angehende Nonne oder dieser angehende Mönch wirklich zum Klosterleben berufen? Hat Gott sie oder ihn zu diesem zurückgezogenen Leben oder gerade für diesen spezifischen religiösen Orden geschaffen und bestimmt? Für das Zölibat? Wünscht Gott tatsächlich, dass dieser Mann ein Mönch wird, diese Frau eine Nonne? Dies sind Schlüsselfragen, die in den klösterlichen Hallen außerordentlich lange diskutiert werden. Die Phasen der Bewerbung und des Noviziats, die dem Mönchsgelübde vorangehen, sind nicht nur eingeführt

---

[71] im Englischen *vocation*, was sowohl Berufung wie auch Beruf, Beschäftigung bedeutet, Anm. d. Übers.

worden, um die Bewerberinnen und Bewerber auf das klösterliche Leben vorzubereiten, sondern auch um ihre Berufung zu „testen". Und nicht selten geschieht es, dass eine Novizin, die zwei oder mehr Jahre im Mutterhaus verbracht und sich augenscheinlich gut eingelebt hat, ins Büro der Superiorin gerufen wird, um hören zu müssen: „Es tut uns leid, meine Liebe, aber wir haben entschieden, dass du keine Berufung hast." Oder das gleiche geschieht einem Mann, der unbedingt Mönch werden will. Dann muss sie oder er den Orden verlassen. Diese scheinbar brutalen Urteile über eine Berufung sind unter Umständen nicht immer korrekt, werden aber stets mit großer Sorgfalt und Ernsthaftigkeit gefällt. So wie manche nicht auf der tiefsten Ebene ihres Wesens zu etwas berufen sein mögen, das sie oberflächlich empfunden tun möchten, können andere auch Jahre – sogar ein ganzes Leben – mit der Flucht vor ihrer wahren Berufung verbringen.

Ein vierzigjähriger Hauptfeldwebel konsultierte mich wegen einer leichten Depression, die er einer neuerlichen, in zwei Wochen anstehenden Versetzung nach Deutschland zuschrieb. Er und seine Familie hätten die ständige Umzieherei bis oben hin satt, behauptete er. Es war ungewöhnlich, dass ein so hochrangiger aktiver Armeeangehöriger psychiatrische Hilfe in Anspruch nahm, vor allem bei so leichten Beschwerden. An diesem Mann waren auch noch einige andere Dinge ungewöhnlich. Man wird nicht ohne ein beträchtliches Maß an Intelligenz und Kompetenz Hauptfeldwebel, aber er strahlte auch Gebildetheit und Esprit aus. Irgendwie war ich nicht überrascht zu hören, dass das Malen sein Hobby war. Er wirkte wie ein Künstler auf mich. Nachdem ich erfahren hatte, dass er mittlerweile zweiundzwanzig Dienstjahre in der Armee hinter sich hatte, fragte ich ihn: „Warum gehen Sie nicht in den Ruhestand, wenn Sie das Umziehen so satt haben?"

„Ich wüsste nicht, was ich mit mir anfangen sollte." „Sie könnten so viel malen, wie Sie wollen", schlug ich vor. „Nein, das ist nur ein Hobby. Davon könnte ich nicht leben."

Da ich nicht wusste, wie talentiert er war, konnte ich ihm in diesem Punkt nichts entgegensetzen, aber es gab andere Möglichkeiten, seinem Widerstand nachzugehen. „Sie sind ganz offensichtlich ein intelligenter Mann mit einer ansehnlichen Karriere", sagte ich. „Sie könnten eine Menge guter Jobs bekommen."

„Ich war nicht auf dem College", erwiderte er, „und zum Versicherungsvertreter tauge ich nun mal nicht."

„Warum gehen Sie dann nicht aufs College? Sie können sich das von Ihrem Pensionsgehalt leisten."

„Nein, ich bin schon zu alt. Ich käme mir unter den jungen Leuten komisch vor."

Da fragte ich ihn intuitiv: „Hat Ihnen im Laufe Ihrer Karriere je jemand vorgeschlagen, auf die Offiziersschule zu gehen und Offizier zu werden?" Er errötete. „Ja, dreimal." „Aber Sie haben den Vorschlag nie aufgenommen?"

„Nein", erwiderte er noch immer leicht gerötet. „Wenn Sie den Blick immer nur auf den Horizont richten, stolpern Sie früher oder später über eine Wurzel oder einen Stein."

Wir hatten vor seiner Versetzung nur noch Zeit für ein weiteres Treffen. Ich bat ihn, wiederzukommen und mir ein paar seiner letzten Bilder mitzubringen.

Als er in der folgenden Woche wiederkam, brachte er mir das Minimum an Bildern mit, nämlich zwei: eines in Öl und ein Aquarell. Beide waren hervorragend. Sie waren modern, einfallsreich, geradezu exzentrisch, in Form, Schattierung und Farbe exzellent ausgeführt. „Wie viele von denen haben Sie noch zu Hause?" fragte ich.

„Vielleicht vier oder fünf. Ich male nicht sehr oft. Ich male nur drei oder vier im Jahr."

„Hatten Sie je eine Ausstellung?"

„Nein."

„Oder je versucht, irgendeines davon zu verkaufen?"

„Nein, ich schenke sie einfach meinen Freunden."

„Schauen Sie", sagte ich. „Sie haben wirkliches Talent. Ich weiß, die Konkurrenz ist groß, aber diese lassen sich verkaufen. Die Malerei sollte für Sie mehr als nur ein Hobby sein."

„Talent, das ist immer eine sehr subjektive Ansicht", wandte er ein.

„Also bin ich der einzige, der Ihnen je gesagt hat, dass Sie wirkliches Talent haben?"

„Nein, aber wenn Sie immer nur auf den Horizont schauen, geraten Sie ins Stolpern."

Ich sagte ihm, dass bei ihm ganz offensichtlich das Problem bestünde, dass seine Leistungen seinen Fähigkeiten nicht entsprächen und dass der Grund dafür wahrscheinlich eine Angst vor Versagen oder vor Erfolg oder beidem sei. Ich bot ihm an, eine Freistellung von seiner Versetzung aus medizinischen Gründen zu erwirken. Dann könnte er dableiben, und wir könnten gemeinsam an der Erforschung der Wurzeln seines Problems arbeiten. Aber er ließ sich nicht davon abbringen, dass es seine „Pflicht" sei, nach Deutschland zu gehen. Seine Symptome waren nicht so ausgeprägt, als dass ich ihm die Order hätte geben können, das nicht zu tun. So gab ich ihm den Namen des Chefpsychiaters am Ort seiner neuen Stationierung in Deutschland und schlug vor, sich auf mich zu berufen und sich dort einer ernsthaften Psychotherapie zu unterziehen.

Ich bezweifle, dass er es je getan hat. Ich vermute, dass sein Widerstand gegen seine Berufung so stark war, dass er ihr nie Folge leistete. Und uns fehlte die Zeit, die Gründe dafür zu erforschen. Zum Glück haben Psychotherapeuten aber gelegentlich diese Zeit. Dann finden sie vielleicht heraus, dass der Widerstand seine Wurzeln in einer falschen Unterweisung von Seiten der Eltern hat, die der Patient mit Köder, Angelhaken und Leine schluckte, oder aber in einer Gegenreaktion auf diese Unterweisung.

Abby zum Beispiel war eine brillante und zudem schöne junge Frau, die in der Oberstufe der Highschool schwanger geworden war und von der Schule abging. Ursprünglich kam sie wegen ehelicher Probleme zu mir. Als diese behoben waren, begannen wir über ihre Zukunft zu sprechen. Ich fand es merkwürdig, dass sie überhaupt nicht daran dachte, aufs College zu gehen, obwohl sie reiche, sie gerne unterstützende Eltern und ein weitreichendes Interessensgebiet hatte. Sobald ich in diesem Punkt nachhakte, blockte sie ab. Im Laufe von drei Monaten kam ich immer mal wieder darauf zu sprechen, und jedes Mal setzte sie sich zur Wehr. Sie schrie mich sogar an, dass ich versuchte, „Gott zu spielen", und kein Recht hätte, ihr Leben so gewaltsam in eine bestimmte Richtung zu drängen. Ich begann an meinen Methoden zu zweifeln. Doch eines Tages versuchte ich es wieder und sagte ihr, dass sie mindestens ebenso intelligent sei wie alle meine damaligen Mitstudenten an der medizinischen Fakultät. Da brach sie plötzlich in Schluchzen aus.

Und ganz langsam, von Schluchzern unterbrochen, kam die ganze Geschichte heraus: „Als ich etwa zwölf war, kletterte ich eines Abends auf Papas Schoß. Ich fragte ihn: „Was möchtest du, dass ich werde, wenn ich erwachsen bin, Papa?" „Eine Ärztin", sagte er. „Aber wenn ich heiraten will?", fragte ich. „Vielleicht, nachdem du eine Ärztin geworden bist", erwiderte er, „aber bis dahin wirst du bei allem, was im College und auf der medizinischen Hochschule ansteht, gar keine Zeit fürs Heiraten haben." Es klang so endgültig. Plötzlich hatte ich eine Fantasie – nein, es war eher so etwas wie eine Vision. Ich ging einen langen Flur entlang und trug einen gestärkten weißen Laborkittel. Ich war machtvoll, aber total isoliert. Überall um mich herum waren junge Studenten und Studentinnen, die sich anlächelten, Pärchen, die Hand in Hand gingen, zusammen lachten, sich manchmal küssten, Spaß hatten. Aber niemand nahm Notiz von mir. Alles an mir war steif. Ich war eine alte Jungfer, niemand machte sich was aus mir, und ich war so unglaublich allein. Seither hatte ich immer wieder diese Vision. Sie verfolgt mich. Es vergeht keine Woche, ohne dass ich an sie denken muss."

In der darauffolgenden Sitzung arbeiteten Abby und ich an ihrer „negativen Fantasie". Wir erforschten die Gründe, warum sie ihrem Vater so viel Macht über ihre eigene Person eingeräumt hatte. Ich erklärte ihr, dass sie recht damit hatte, dass ich nicht Gott sei; dass ich sie zwar mit dem konfrontieren konnte, was mir für sie als unangemessen erschien, dass ich aber nicht weise genug war, Einzelheiten zu benennen, dass ich den Arztberuf nur als Beispiel erwähnt hatte; und dass nur sie weise genug war, um zu entscheiden, worin ihre spezielle Berufung bestand. Und wir entdecken, was für eine tiefe Auswirkung diese Fantasie auf ihr junges Leben hatte. Gemeinsam rückverfolgten wir, wie sie, als sie gerade vierzehn geworden war, mit ihren anderen Mitschülerinnen ein Formular ausfüllen musste, aus dem hervorging, ob sie aufs College gehen oder nach der Highschool eine Berufsausbildung anstreben wollte, und wie sie sich für die Berufsausbildung entschied. Wie im folgenden Herbst ihre Lehrer ihr sagten, dass sie zu intelligent sei, um nicht aufs College zu gehen, und dass sie daher beschlossen hätten, sie entgegen ihrer Wahl in ein Programm zur Vorbereitung aufs College zu stecken. Wie sie dann versucht hatte, durch die Kurse zu fallen, ihre Noten immer schlechter wurden, sie es aber dennoch nicht ganz schaffte, ihre Lehrer zu einer anderen Einschätzung zu bewegen. Wie sie dann schließlich in Verzweiflung schwanger wurde, um sicherzustellen, dass sie nicht aufs College gehen musste.

Das war vor langer Zeit. Heute ist Abby nicht nur eine kompetente Mutter von erwachsenen Kindern, sondern auch eine äußerst geachtete Anwältin und Teilhaberin einer größeren New Yorker Rechtsanwaltskanzlei.

Es ist jedoch nicht unbedingt immer so schwierig, die Gründe für die Verweigerung einer Berufung herauszufinden. Angela hatte mich schon viele Jahre lang aufgesucht, erst, um eine chaotische Scheidung und dann um eine chaotische Kindheit durchzuarbeiten. Wie es auf seltsame Weise ihrem Namen entsprach und trotz all ihrer Schwierigkeiten strahlte sie eine Art inneres Licht aus, durch das sie ganz natürlich spirituelle Leute anzog. Sie näherte sich dem Ende ihrer Therapie, und wir sprachen über deren Beendigung und all die Ungewissheiten, die damit verbunden waren. Eine davon betraf ihre berufliche Zukunft. Sie war eine Highschool-Lehrerin, und eine gute, aber sie hatte das nagende Gefühl, dass sie etwas anderes tun sollte. Als sie eines Tages während einer Sitzung auf der Couch lag, verfiel sie in ein friedliches, kontemplatives Schweigen. Dann brach sie abrupt dieses Schweigen und sagte: „Der allerletzte

verdammte Ort, wo Sie mich je finden werden, ist ein Kloster."
Ich spitzte die Ohren. „Warum sagen Sie das so plötzlich?"
„Keine Ahnung", erwiderte sie. „Es kam einfach so aus meinem Unbewussten heraus."
„Na, dann schauen Sie sich das besser mal genauer an, oder?" antwortete ich.
Sie begann sich, wenn auch zunächst etwas widerwillig, damit zu befassen. Dies war meine einzige Intervention. Vier Jahre später war Angela eine Nonne. Manchmal kann man das Vorhandensein einer Berufung einfach am Widerstand dagegen ablesen.

Das Odium von Erfolg/Misserfolg, der den vorangegangenen Fallbeispielen anhaftet, bedarf einer genaueren Betrachtung.
Die Tatsache, dass eine Person ihrer wahren Berufung nachkommt, bedeutet keine Garantie für Glück. Zweifellos war van Gogh aufgerufen zu malen, aber der Fakt, dass er seiner Berufung fanatisch Folge leistete, erlöste ihn nicht von seinen inneren Qualen. Ja, wir hegen sogar manchmal die Vermutung, dass eine derartige innere Qual wesentlicher Bestandteil der Berufung sein könnte. Selbst Picasso, der so überschäumend bis in ein anscheinend fröhliches hohes Alter hineinlebte, litt offenbar an einem Ausmaß von Rastlosigkeit, das nur wenige Menschen lange ertragen könnten.
Aber Gott beruft einen jeden von uns auf unsere eigene Weise zum Erfolg, wenngleich dieser Erfolg wenig mit dem Maßstab zu tun hat, den die Welt anlegt. Nicht sein Reichtum, seine Macht und sein Ruhm waren Picassos Erfolg; es war seine Kunst. Van Goghs Armut war ebenso wenig ein Misserfolg, wie Christi Hinrichtung als kleiner, provinzieller, politischer Krimineller ein Misserfolg war. Eine Person, die ihre wahre Berufung als Hausfrau oder Hausmann erfüllt, wird ihre Kinder zum Ruhm Gottes großziehen, während sich das Leben eine Industriemagnaten in den Augen Gottes trübe und unheilvoll ausnehmen mag. Die säkulare Definition von Berufung beinhaltet gewöhnlich nur die Aktivität, die für das finanzielle Einkommen sorgt. In seiner religiösen Bedeutung meint das Wort etwas unendlich Umfassenderes, und in diesem Sinn wird es auch für den Rest des Buches verwendet werden. Wir sprechen unter Umständen also nicht nur von einer Berufung für das Geschäftsleben und den Maurerberuf, für die Kunst und die Luftfahrt, das Soldatentum und die Wissenschaft, sondern auch von einer Berufung für das Zölibat, die Ehe oder ein Leben als alleinstehende Person, für das Schaffen eines Zuhauses und den Ruhestand, für die Elternschaft und Kinderlo-

sigkeit, für das Gärtnern und das Herumgondeln in der Welt – für jegliche Aktivität und jeglichen Zustand, gleich wie poetisch oder prosaisch, den Gott für uns vorgesehen hat.

Wenngleich die Verwirklichung einer Berufung – wie im Falle van Goghs – nicht das Glück garantiert, so bereitet sie doch oft die Bühne für eine Art inneren Frieden, der aus dieser Verwirklichung resultiert. Daher ist die Beobachtung eines Menschen, der das tut, wozu er bestimmt ist, oft ein Vergnügen. Es entzückt uns, wenn wir einer Mutter oder einem Vater zusehen, die oder der es wahrhaft liebt, sich um die Kinder zu kümmern. Es entsteht ein starkes Gefühl von Stimmigkeit. Der Mann, der sehr häufig die organisatorische Betreuung meiner Vortragsreisen übernimmt, erzählt gern, „wie er schon im College irgendwie immer den Vorsitz des Programmkomitees zugeschoben bekam". Ich selbst kann solchen Dingen wie den Verhandlungen mit einem Hotel über die Größe eines Konferenzraums, dem Überprüfen der Tonanlage, dem Aufstellen der Kaffeemaschine oder dem Einpacken und Auspacken von Büchern keinen Geschmack abgewinnen, aber es macht mir Spaß zuzusehen, wie viel Vergnügen ihm all diese Aktivitäten machen. Und er macht es gut. Deshalb arbeite ich so viel mit ihm. Er ist ein guter Betreuer, ein guter Organisator.

Im Gegensatz dazu beschleicht uns immer ein unbehagliches Gefühl, wenn wir Menschen sehen, deren Arbeit und Lebensweise nicht mit ihrer Berufung übereinstimmen. Der Hauptfeldwebel, von dem ich erzählte, vergeudete sein künstlerisches Talent wie auch einige andere seiner Fähigkeiten. Er war trotz seiner selbst in den Rang aufgestiegen, den er innehatte (obwohl er eigentlich einen viel höheren hätte einnehmen sollen), so wie auch Abby trotz ihrer selbst bei den Kursen nicht durchfiel. Auch wenn Erfolg stets eine relative Angelegenheit ist, führt die Verweigerung einer Berufung immer zu mangelndem Erfolg und persönlichem Leid. Ich habe Frauen gesehen, die zum Beispiel in großen Reichtum einheirateten, die in den Augen der Welt als erfolgreich betrachtet, die wegen ihrer Juwelen und Position von den Massen beneidet wurden und dennoch ein Leben in Verzweiflung führten, weil sie von vornherein gar nicht zur Ehe berufen waren.

Da sie ständig so viele Menschen in Rollen gefangen sehen, die nichts mit ihrer Berufung zu tun haben, kenne ich keinen männlichen oder weiblichen Psychotherapeuten, der oder die nicht im Grunde die Frauenbewegung unterstützt. Wir alle haben Frauen gesehen, die heirateten, nicht weil sie zur Ehe berufen waren, sondern weil sie glaubten, dass dies von ihnen erwartet wurde; und die Kinder hatten, nicht weil sie gerne Mutter waren, sondern weil sie das Gefühl hatten, keine andere Wahl zu haben. Und die sich dann im Alter Vorwürfe machten, für die Probleme ihrer Kinder verantwortlich zu sein, wo sie doch, aus dem reinen Pflichtgefühl heraus agierend, ihr Bestes getan hatten. Die Frauenbewegung ist tatsächlich eine Bewegung der Befreiung: Sie hat die Frauen frei gemacht, keine Kinder zu bekommen, nicht zu heiraten; Schauspielerin, Geschäftsfrau und Bauarbeiterin zu werden, wenn das ihre Berufung war. Sie hat auch die Männer frei gemacht, ihren Berufungen zu folgen und – falls angemessen – Hausmänner und fürsorgliche Väter zu werden, ohne Brötchenverdiener sein zu müssen.

Aber wir verstehen noch immer nicht genug vom individuellen Wesen einer Berufung und leiden nach wie vor unter unserer Neigung zum stereotypen Denken. Die Schattenseite der Frauenbewegung ist die, dass sie so manche Frau wegen ihrer Berufung zur Heterosexualität, Ehe und Mutterschaft verunsichert hat und dass so mancher Mann nun Schuldgefühle wegen seiner mangelnden Berufung zur Hausarbeit und Kindererziehung empfindet. Dies soll nicht im mindesten die Frauenbewegung herabwürdigen, ich möchte nur davor warnen, dass eine stereotyp verstandene Befreiung zu ihrer eigenen Art von Gefängnis werden kann.

So ruft uns Gottes einzigartige Berufung für einen jeden von uns zu persönlichem Erfolg auf, aber nicht unbedingt zu einem Erfolg, wie er nach den klischeehaften Begriffen und Maßstäben der Welt verstanden wird. Das bedeutet nicht, dass er uns nicht zuweilen in Positionen beruft, die auch in den Augen der Welt als machtvoll und wichtig angesehen werden. Einer meiner Vorfahren, so geht die Familiensage, hatte eine ganz klare Berufung dazu, im amerikanischen Bürgerkrieg die Trommel zu schlagen – zur gleichen Zeit also, als Abraham Lincoln eine wahre Berufung, so denke ich, sowohl zur Präsidentschaft wie zur Größe hatte. Ich meine damit, dass wir zwischen „bescheidenen" und „grandiosen" Berufungen unterscheiden müssen. Wie es vermutlich den Bedürfnissen der Gesellschaft entspricht, haben die meisten Männer und Frauen eine bescheidene Berufung, was nicht heißt, dass diese in den Augen Gottes geringer sind als die großartigeren. Unter uns Christen sprechen wir manchmal von den „lärmenden" und den „stillen" Christen und betrachten die Rolle der stillen Christen im allgemeinen als die noblere. Tatsächlich kann die bescheidene Berufung, wie etwa die eines Schmieds, eine entscheidende Rolle spielen. Wie ein alter Spruch besagt: „Weil der Nagel fehlte, ging das Hufeisen verloren; weil das Hufeisen fehlte, ging das Pferd verloren; weil das Pferd fehlte, ging der General verloren; weil der General fehlte, ging der Sieg verloren; weil der Sieg verloren ging, ging die Nation verloren."

Aber es gibt ein spezielles Problem, von dem die Minderheit jener betroffen ist, die eine grandiose Berufungen haben: ein ganz „persönliches Gefühl von Bestimmung". Meines Wissens ist dieses Problem – oder dieser Zustand – in der wissenschaftlichen oder auch allgemeinen Literatur nie angemessen behandelt worden. Da ich in persönlicher wie auch beruflicher Hinsicht zutiefst damit vertraut bin, möchte ich jetzt darauf zu sprechen kommen, da dies einigen Lesern ein gewisses Maß an unnötigem Leid ersparen könnte.

Mit dem Gefühl von Bestimmung meine ich das in der Kindheit oder Jugend aufkommende, tiefe, wenngleich oft rudimentäre Gefühl bei vielleicht fünf bis zehn Prozent der Bevölkerung, dass sie große und ruhmreiche Dinge in ihrem Leben vollbringen sollen. Bei etwa einem Viertel entbehrt dieses Gefühl jeder realistischen Grundlage. Tatsächlich scheint dies ein spezielles Merkmal einer bestimmten Form von Schizophrenie zu sein. Psychiater nennen dies „Größenwahn". Solche Menschen haben das Gefühl, dass sie groß und mächtig sind – oder sein sollten -, wobei ihnen jedoch in der Realität alle persönlichen, spirituellen und intellektuellen Eigenschaften abgehen, die Größe ausmachen. Sie versuchen, vielleicht weil sie die Diskrepanz zwischen Realität und Gefühl nicht aushaken, diese Kluft zu überbrücken, indem sie in ein Reich der reinen Fantasie eintauchen, ein Reich, in dem sie glauben, diese Größe bereits erreicht zu haben. So sitzen sie ohne jegliches erkennbare Talent eventuell in der Abteilung einer Nervenheilanstalt und glauben fest daran, dass sie diese hohe Position innehaben, weil sie schon der „Messias" sind. Was macht die Welt denn schließlich mit den Messiassen anderes, als sie zu verleugnen, sie als geisteskrank abzustempeln und sie mit den widerwärtigsten Behandlungsmethoden zu kreuzigen?

Andererseits habe ich nie von einer echt talentierten weiblichen oder männlichen Person gehört, die ohne ein Gefühl von Bestimmung „Größe" erlangt hat – die nicht schon Jahre davor dieses glühende Gefühl hatte, zur Vollbringung großartiger und ruhmreicher Leistungen aufgerufen zu sein. Ein Beispiel für dieses Phänomen ist Sigmund Freud. Mit achtundzwanzig, ein ganzes Jahrzehnt vor der Veröffentlichung der Arbeiten, die ihn allmählich berühmt machten, schrieb er an seine Verlobte:

„Ein Vorhaben habe ich allerdings fast ausgeführt, welches eine Reihe von noch nicht geborenen, aber zum Unglück geborenen Leuten schwer empfinden wird. Da Du doch nicht erraten wirst, was für Leute ich meine, so verrate ich Dir's gleich: Es sind meine Biographen. Ich habe alle meine Aufzeichnungen seit vierzehn Jahren und Briefe, wissenschaftliche Exzerpte und Manuskripte meiner

Arbeit vernichtet... Die Biografen aber sollen sich plagen, wir wollen's ihnen nicht zu leicht machen. Jeder soll mit seinen Ansichten über die Entwicklung des Helden recht behalten, ich freue mich schon, wie die sich irren werden."

Freud war nicht immer so zuversichtlich. Zur gleichen Zeit machte er sich auch häufig Sorgen, dass sich seine Ambitionen nicht auszahlten. Für ihn und die meisten, die eine echte große Berufung haben, kann dieses Gefühl von Bestimmung zu einer bedeutenden Bürde werden. Wenn sich diese Vorahnungen einstellen, dass sie dazu bestimmt sind, „etwas besonders Wichtiges" in der Welt zu leisten, fangen sie vielleicht an, an ihrer geistigen Gesundheit zu zweifeln. Als Psychiater musste ich manchen von diesen Männern und Frauen versichern, dass sie durchaus geistig gesund sind. Doch trotz dieser Bestätigung fragten sie sich oft allmählich, ob sie nicht ganz entschieden etwas falsch machten. Sie hatten nicht das Gefühl, dass sie ganz sicher große Dinge vollbringen würden, sondern dass sie große Dinge vollbringen sollten. Sie fühlten sich schuldig. Wenn Gott sie tatsächlich zur Größe berufen hatte, dann schienen sie ihrerseits Gott gewiss im Stich zu lassen. Einige dieser Patienten haben, soweit ich weiß, offenbar nie große Leistungen vollbracht. Aber andere sehr wohl, und sie freuten sich nicht am meisten über ihren Ruhm, sondern über die Erleichterung. Ihre Bestimmung hatte sie endlich, endlich eingeholt.

Ich kenne Sie nicht. Wenn Sie ein Gefühl von Bestimmung haben, dann kann ich, ohne Sie zu sehen, nicht mit Gewissheit sagen, ob es ein geistig völlig gesundes Gefühl ist. Und selbst wenn ich Sie treffen könnte, würde ich – ganz gleich, wie geistig gesund Sie sind – sehr wahrscheinlich nicht vorhersagen können, ob Sie tatsächlich die großen Dinge vollbringen werden, die Sie Ihrem Gefühl nach vollbringen sollten. Diese Bürde kann ich Ihnen nicht abnehmen. Aber ich kann Ihnen zwei Dinge sagen: Das eine ist, dass Ihr Gefühl von Bestimmung nicht unbedingt ein Anzeichen geistiger Instabilität ist; tatsächlich ist dies außerordentlich unwahrscheinlich, wenn Sie über das Alter von fünfundzwanzig hinaus sind und im Leben nicht allzu schlecht zurechtkommen. Das andere ist, dass Ihr Gefühl von Bestimmung ein absolut gültiges Zeichen dafür sein kann, dass Sie eine große Berufung haben — dass Sie aufgerufen sind, große Dinge zu vollbringen, obwohl sich diese Berufung wahrscheinlich auf Wegen verwirklichen wird, die Sie sich jetzt noch nicht einmal vorstellen können.

Bisher haben wir von der Berufung gesprochen, als sei sie eine einzige, mehr oder weniger das ganze Leben bestimmende Wahl, die Sie getroffen haben. Das kann so sein, aber eine solche Reaktion erschöpft auch nicht ansatzweise die Vielfalt der Möglichkeiten, durch die uns Gott beruft. Es ist zum Beispiel sehr wohl möglich, dass jemand im Laufe seines Lebens verschiedene Berufe ausübt oder verschiedenen Beschäftigungen nachgeht. Während das Schreiben von Büchern meine persönliche „große Berufung" sein mag, war ich davor, so meine ich, echt zur Psychiatrie und zum Staatsdienst berufen. Doch glaube ich, dass diese achtzehn vorangegangenen Jahre auch eine Zeit der Vorbereitung waren. Aus meiner persönlichen und beruflichen Erfahrung heraus bin ich zum Schluss gekommen, dass Gott durchaus mindestens zwei Fliegen mit einer Klappe schlagen kann.

Viele Menschen machen sich unnötig Vorwürfe, Zeit zu vergeuden, weil sie nicht verstehen, dass es aufeinanderfolgende Berufungen geben kann. Angela, die gesagt hatte: „Der letzte verdammte Ort, wo Sie mich je finden werden, ist das Kloster", und die vier Jahre später in ein Kloster eintrat, verließ es nach fünf Jahren wieder. Heißt das, dass sie keine Berufung zur Nonne hatte? Dass diese Jahre vergeudet waren? Angesichts der Tatsache, dass sie das Kloster als beträchtlich weisere Frau verließ, als sie es bei ihrem Eintritt gewesen war, glaube ich das nicht. Es half ihr, diesen Punkt zu klären. Ich denke, Angela hatte eine echte Berufung zum monastischen Leben, und fünf Jahre später eine gleichermaßen echte Berufung, es wieder zu verlassen. Wie Ekklesiasten vielleicht sagen würden: „Es gibt eine Zeit, in die Kirche zu gehen, und eine Zeit, die Kirche zu verlassen." Und ich vermute, für so manche „eine Zeit, in die Kirche zurückzukehren".

Ein Verständnis davon, dass verschiedene Berufungen aufeinander folgen können, ist, wie ich feststellte, vor allem bei der Beratung von Frauen und Männern wichtig, die sich nach zwanzig oder dreißig Jahren Ehe scheiden lassen. Sie betrachten sich oft als Versager. Sie machen sich Vorwürfe, den falschen Partner gewählt zu haben, haben das Gefühl, all diese Jahre vergeudet zu haben. Manchmal scheint diese Selbstverdammung zum Teil gerechtfertigt. Es hat den Anschein, dass sie tatsächlich die falsche Wahl getroffen und Jahrzehnte vergeudet haben. Aber oft gehen sie aus dieser Ehe mit einer sehr viel größeren psychospirituellen Reife hervor, als sie sie zu Beginn der Ehe hatten, und haben im Laufe dieses Prozesses gelernt, den Kindern liebevolle Eltern zu werden, zu denen sie eine gute Beziehung aufrechterhalten. Zu diesen Menschen kann ich sagen: „Warum all diese Jahre als vergeudet betrachten, wo Sie sich doch so sehr weiterentwickelt und so viel erreicht haben? Dass Ihre Ehe für Sie nicht mehr stimmte, als Sie fünfzig waren, heißt noch lange nicht, dass sie falsch war, als Sie dreißig waren. Halten Sie es nicht für möglich, dass Gott Sie vor fünfundzwanzig Jahren zu einem Eheleben berief und es jetzt an der Zeit findet, Sie davon weg zu berufen?"

Der Widerstand der Menschen gegen aufeinanderfolgende Berufungen ist hier das größte Problem. „Midlife-Crisis" ist ein Begriff, der heute gerechtfertigter weise sehr populär geworden ist; es handelt sich um ein sehr reales Phänomen. Eine Zeit der Krise meist aus dem Grund, dass es nun angemessener Weise Zeit für eine berufliche Veränderung ist. Es ist eine Zeit, in der uns Gott zu einer Neubelebung aufruft, und diese erfordert häufig einen radikalen Wechsel in unseren Aktivitäten oder in unserem Lebensmittelpunkt. Je stärker wir uns gegen solche Veränderungen wehren, desto länger wird die schmerzliche Krise andauern. Und verweigern wir uns dieser Veränderung – diesem Ruf -, dann kann die Krise nicht gelöst werden, und die menschliche Seele verliert rapide ihre Kräfte. Es ist traurig, einer Mutter zuzusehen, deren Kinder das Haus verlassen haben und die zu ängstlich ist, selbst aus dem Haus zu gehen; die sich dem Ruf zu anderen Abenteuern und Aufgaben als denen der Mutterschaft verweigert und deshalb keine andere Option hat, als die, in ihrem leeren Nest zu verkümmern. Und ebenso tragisch ist es, einen gelangweilten Bürokraten zu beobachten, der seine tiefe Passion zur Landschaftsgärtnerei verleugnet aus Angst, seine Pensionsansprüche zu verlieren, wo doch die Stagnation der höhere Preis ist, den er schließlich zahlt.

Und dann ist da die letzte Berufung unseres Lebens auf Erden – unsere Berufung, in Anmut und Würde alt zu werden. Dies ist besonders problematisch für die säkular Gesinnten, wie zum Beispiel für die vier einander bemerkenswert ähnlichen Frauen, die zu mir in die Praxis kamen. Sie alle hatten genau die gleiche Beschwerde: eine Depression, weil sie alt wurden. Sie waren gebildet und hatten ein warmes Herz. Jede von ihnen hatte gut geheiratet. Sie hatten entweder selbst eine Menge Geld verdient, oder aber ihr Mann. Ihre Kinder hatten sich alle sehr gut entwickelt. Ihr Leben hatte sich nach Plan entfaltet. Erst jetzt in ihren Siebzigern oder Endsechzigern litten sie an grünem Star oder an einem Emphysem oder sahen sich mit der Einsetzung eines künstlichen Hüftgelenks konfrontiert, und sie waren wütend. Schon ziemlich bald sagte ich einer jeden von ihnen: „Wir alle sind Schauspieler und Schauspielerinnen in einem wundervollen, komplexen, kosmischen Schauspiel. Alles, was wir bestenfalls erhoffen können, ist, dass wir einen kleinen Einblick gewinnen, worum es dabei geht und wie wir unsere Rolle am besten spielen können. Aber was ich Sie sagen höre, ist, dass Sie in diesem Schauspiel nicht nur die Ihnen bestmögliche Schauspielerin sein, sondern dass Sie auch das Skript schreiben wollen."

Natürlich würden alle von uns gerne, so unmöglich es auch ist, die Bühnenautoren sein, aber die säkular Gesinnten unter uns scheinen sich keine andere

Option vorstellen zu können. Ich sah keine andere Möglichkeit, diesen Frauen zu helfen, als sie zu einer Veränderung ihrer Weltsicht zu bringen. Zu einer Sicht, in der das Alter etwas mehr bedeutet als eine Zeit, in der man sich nur auf den Verfall zusteuern sieht – eine Periode voller Gelegenheiten zu spirituellem Wachstum und zur Vorbereitung. Im Versuch, diesen Wandel in ihrer Einstellung zu bewirken, sagte ich ihnen immer und immer wieder: „Schauen Sie, es ist nicht nur Ihre Show." Leider haben zwei von ihnen bald darauf meine Dienste nicht mehr in Anspruch genommen und zogen es vor, deprimiert zu sein, statt mit dem Fakt zurechtzukommen, dass ihr Leben tatsächlich etwas Größeres darstellt als ihre eigene Show.

In der Jugend sind wir aufgerufen, von der Abhängigkeit zur Unabhängigkeit zu kommen; in unseren mittleren Jahren zur wechselseitigen Abhängigkeit; und im Alter schließlich wieder zur Abhängigkeit. Aber um diesen letzten Übergang zu bewältigen, müssen wir willens und imstande sein, unseren Wunsch aufzugeben, alles unter Kontrolle zu haben. Eine fünfundsechzigjährige Frau kam wegen einer Depression zu mir, die durch eine Netzhautablösung ausgelöst worden war, welche sie zu neunzig Prozent erblinden ließ. Ihre Situation erfüllte sie mit Wut, Wut auch auf den Augenarzt, der sie nicht vor der Blindheit hatte bewahren können. In unserer zweiten Sitzung kam das darunter liegende Thema zum Vorschein. „Ich hasse es einfach", sagte sie, „wenn sie meinen Arm nehmen müssen, um mich zur Kirchenbank zu führen oder mir die Kirchenstufen hinunterzuhelfen." Und kurz darauf: „Es langweilt mich einfach zu Tode, dass ich so häufig zu Hause festsitze. Eine Menge Leute bieten mir an, mich zu fahren, wenn ich irgendwo hinwill, aber ich kann sie doch nicht immer um Hilfe bitten."

Zum Glück für uns beide war sie ein religiöser Mensch. „Mir ist klar", sagte ich, „dass Sie es in Ihrem Leben schafften, zu einer erstaunlich unabhängigen Person zu werden, und es ist auch ganz natürlich, dass Sie auf Ihre Unabhängigkeit sehr stolz sind. Angesichts Ihres allgemeinen Gesundheitszustands haben Sie wahrscheinlich noch mindestens gut fünfzehn Jahre vor sich. Es liegt bei Ihnen, ob Sie diese Jahre unter einem Fluch oder einem Segen leben wollen."

Sie traf die richtige Entscheidung, und ihre Depression verflüchtigte sich rasch. Aber sehr viele Menschen treffen nicht die richtige Entscheidung und kämpfen bis zum bittern Ende gegen die Aufforderung an, nicht mehr alles unter Kontrolle haben zu wollen. Dylan Thomas war ein hervorragender Poet, aber ich bin mir nicht sicher, dass er uns einen guten Rat gab (noch, dass er ihn selbst befolgte), als er schrieb: „Tritt nicht sanft ein in diese gute Nacht; wüte, wüte gegen das Sterben des Lichts." Es ist immer eine traurige Sache, Menschen zu beobachten, die sich ihrer Berufung verweigern. Und besonders traurig ist es für mich als Psychiater, so vielen älteren Männern und Frauen hilflos zuzusehen, wenn sie sich an die Kontrolle über ihr Geld, ihr Auto und alle Arten irdischer Macht klammern, obwohl sie schon längst die Fähigkeit verloren haben, diese Kontrolle auf anständige und würdevolle Weise auszuüben. Es ist so mitleiderregend. Gott ruft uns nicht dazu auf, mitleiderregend zu sein. Eine Minderheit von uns mag zu temporärer Machtausübung berufen sein, aber selten bis ans Ende unserer Tage. Andererseits ruft uns Gott – immer – zu spiritueller Macht auf, die Macht, sich zu ergeben, eingeschlossen.

Bisher habe ich über berufliche oder anderweitig relativ langfristige Berufungen gesprochen. Doch von zuweilen größerer Bedeutung sind, wie ich vermute, die „kleinen" momentanen Berufungen in unserem Leben. Warum fühle ich mich seltsamerweise dazu aufgerufen, mit meinem Sitznachbarn im Flugzeug zu reden, wo ich mich doch sonst bei solchen Gelegenheiten in meine Arbeit zu vergraben pflege? Es sind diese Momente, in denen viel an Kultiviertheit oder Unkultiviertheit praktiziert wird. Ich habe einen jungen Freund, der wegen einer Jugenddiabetes rasch erblindet. Für ihn gibt es praktisch keine Arbeitsstelle. Doch hat er eine Art, auf seinen Reisen buchstäblich allen Menschen, denen er begegnet, ein gutes Selbstgefühl zu geben. Ich denke, er ist ein Heiliger.

Gott ruft uns dazu auf, ethisch zu sein, ruft uns zur Kultiviertheit auf. Doch das ruft uns dazu auf, uns so wesentliche Fragen zu stellen wie: „Ist es richtig für mich, in der Waffenindustrie zu arbeiten?" Ethik und Kultiviertheit sind aber auch ganz alltägliche Angelegenheiten. Lassen Sie mich zwei Beispiele meiner eigenen alltäglichen Sünden geben, die die wechselseitige Beziehung zwischen Ethik, Kultiviertheit und Gesundheit, zwischen Psychopathologie und Theologie illustrieren.

Es gibt eine Reihe von Möglichkeiten, Sünde zu definieren: Innerhalb der jüdisch-christlichen Tradition ist das „Verfehlen des Ziels" die allgemein verbreiteteste Definition. Ungehorsam gegenüber Gott oder unserer höheren Macht – so wenn wir etwa einer Berufung nicht gehorchen, sie verweigern – ist eine weitere. Aber für mich ist die nützlichste Definition die des Mystikers und Autors Charles Williams. Eine seiner zentralen Thesen besagte, dass wir alle in etwas leben, das er das „Netz des Austauschs" nannte. Sünde, so sagte er, ist das Zerreißen dieses Netzes, alles, was unnötigerweise diesen Austausch verhindert.

Sünde und Neurose sind nicht identisch, aber es gibt gemeinhin einen weiten Bereich, in dem sie sich überschneiden. Eine meiner Sünden ist die Neigung zu exzessiver Unabhängigkeit. Ihre Wurzeln sind in meiner Kindheit zu finden – ich war der Sohn von Eltern, die zwar im allgemeinen anständig waren, aber oft im Übermaß Kontrolle auszuüben suchten. Hätte ich mich auf signifikante Weise von ihnen abhängig gemacht, so hätte ich mich in eine Position gebracht, in der meine eigene Identität von einer Dampfwalze überrollt worden wäre. Um meines psychischen Überlebens willen musste ich mich auf Distanz halten. Dies konnte ich nur durch die Entwicklung eines mir unbewussten Unabhängigkeitsmottos tun: „Wer braucht sie schon? Wer braucht überhaupt jemanden?"

Konsequenterweise hätte ich, wenn Sie mich, als ich mit dreißig eine Psychoanalyse begann, gefragt hätten, ob ich ein eher abhängiger Mensch sei, geantwortet: „Was, Scott Peck abhängig? Ich habe nicht einen abhängigen Knochen im Leib!" In der Tat war ich einer der Männer, die sich so vor Abhängigkeit fürchten, dass sie nicht mal nach dem richtigen Weg fragen können. „Du fragst, Schatz", sagte ich dann zu Lily, wenn wir an einer Tankstelle hielten. Der Hauptgrund, warum meine Psychoanalyse so heilsam für mich war, war der, dass sie mich mit meiner Abhängigkeit in Berührung brachte. Mir wurde nicht nur klar, dass ich sehr wohl ein paar abhängige Knochen im Leib hatte, sondern auch, dass das durchaus in Ordnung war.

Allerdings sind Neurosen keine kleinen Kieselsteine, die man einfach aus dem Weg kickt, sobald man sie erkannt hat. Sie sind eher so etwas wie große Klumpen, an denen man sein Leben lang zu schaben hat. Und so kommt es, dass es auch heute, fünfundzwanzig Jahre später, einige Zeit dauert, bis ich um Hilfe bitte, wenn ich sie brauche, und sie annehme, wenn ich sie angeboten bekomme. Zwar habe ich mich schon sehr gebessert, bin aber noch immer behindert. Vor nicht allzu vielen Jahren, und ich übte noch, kam ich an einem Sonntagmorgen mit einer Patientin, Susan, aus der Kirche, und es hatte angefangen zu gießen. Susan hatte ihren Wagen nahe bei der Kirche geparkt; meiner stand an die dreihundert Meter weiter entfernt. Als wir bei ihrem Wagen anlangten, sagte sie: „Hier Scotty, nimm meinen Schirm. Du kannst ihn mir bei unserem Termin am Mittwoch zurückgeben." „Das ist schon in Ordnung", sagte ich und lehnte das Angebot ab. „Ich brauche ihn nicht." Und ich brauchte ihn wirklich nicht. Aber ich war leicht durchnässt, als ich bei meinem Wagen ankam. Erst als ich schon ein paar Kilometer auf dem Weg nach Hause hinter mir hatte, wurde mir die Bedeutung dieses Vorfalls bewusst. „Du hast es schon wieder gemacht, nicht wahr Scotty?" sagte ich mir. „Verdammt noch mal, du hast es schon wieder gemacht." Ich hatte wieder einmal gesündigt. Es ging nicht nur darum, dass ich ihren

Schirm schon gebraucht hätte; wichtiger noch war, dass ich Susan unnötigerweise zurückgewiesen hatte. Es hätte ihr ein gutes Gefühl gegeben, wenn sie ihn mir hätte leihen können, aber ich hatte die Gelegenheit vermasselt, diesen kleinen, momentanen Aufruf. Es war ein Akt der Unkultiviertheit von mir. Ich hatte das Netz des Austauschs aufgerissen.

Für mich ist Jesus immer eine nützliche Hilfe, wenn ich mich in einem schweren ethischen Dilemma befinde und versuche herauszufinden, welche Aufforderung an mich ergeht. Dann frage ich ganz einfach: „Jesus, was würdest du tun, wenn du in meinen Schuhen stecken würdest? Wie würdest du dich verhalten?" Es ist überraschend, wie klar die Antwort gewöhnlich ausfällt. Und oft auch bestürzend. Ein Beispiel dafür liefert eine andere meiner größeren Sünden, die schon Erwähnung fand: Ich habe immer noch eine tief eingewurzelte Tendenz, der „nette Mensch" sein zu wollen, als ob das Leben nichts weiter sei als ein Popularitätswettbewerb. Dieses Problem wurde mir vor einem Jahrzehnt buchstäblich ins Haus getragen, als ich noch keine Geheimnummer hatte. Ich hatte eingewilligt, an einem Freitagabend in einer Kirche einen öffentlichen Vortrag zu halten. Am Mittwoch davor um halb zehn Uhr abends klingelte das Telefon in unserem Wohnzimmer. Ich nahm den Hörer ab. „Sind Sie Dr. Peck?" Die schrille Stimme am anderen Ende der Leitung war ganz eindeutig die einer älteren Frau.

„Ja, ich bin Dr. Peck."

„Sind Sie der Dr. Peck, der am Freitagabend in der St.-Michaels-Kirche einen Vortrag über Sexualität und Spiritualität hält?"

„Ja."

„Gut, ich komme zu Ihrem Vortrag", verkündete die harsche Stimme, „und ich bringe meinen Mann mit. Mein Mann sagt, dass er zu alt ist, um Sex mit mir zu haben, und ich will ihm sagen, dass er das nicht ist."

„Nun... äh... äh", stotterte ich, „das ist es an sich nicht, worum es bei diesem Vortrag geht. Aber im Anschluss daran können Fragen gestellt werden, und wenn Sie und Ihr Mann Fragen über Sexualität und Altern stellen wollen, dann werde ich mein Bestes tun, sie zu beantworten. Ich hoffe, der Vortrag wir Ihnen etwas geben. Danke für Ihren Anruf."

Ich legte mit einem schlechten Gefühl auf, irritiert sowohl über mich wie auch über die Frau, war mir aber nicht sicher, wie ich mit der Situation anders hätte umgehen können. „Jesus, wie hättest du auf diesen Anruf geantwortet?" fragte ich.

Die Antwort kam, und sie fiel sehr gewiss aus. Was Jesus im wesentlichen gesagt hätte, war: „Lady, was zum Teufel glauben Sie denn? Da rufen Sie mich

Mittwochnacht zu Hause an und versuchen mir zu sagen, worüber ich am Freitagabend einen Vortrag halten soll. Das ist das arroganteste und egozentrischste Ding, von dem ich je gehört habe. Vielleicht wäre Ihr Mann ein bisschen mehr an Ihnen interessiert, wenn Sie ein bisschen weniger egozentrisch wären. Gute Nacht!" Und dann hätte Jesus mit einer gewissen Nachdrücklichkeit aufgelegt, um diesen Punkt zu unterstreichen.

Haben Sie das Gefühl, dass diese Reaktion meines imaginierten Jesus einen Mangel an Kultiviertheit aufweist? Wenn ja, dann erinnern Sie sich daran, dass bereits ein Unterschied zwischen Höflichkeit (die oft nicht echt ist) und echter Kultiviertheit (die oft eine ziemliche Konfrontation bedeutet) gemacht wurde. Und denken Sie auch daran, dass Jesus zwar mit bestimmten Sündern und Ausgestoßenen und lästigen Menschen bemerkenswert sanft verfuhr, aber auch bemerkenswert bestimmt und autoritär gegenüber jenen war, die er ganz offen ob ihrer Selbstgerechtigkeit schalt.

Vielleicht ergeht Gottes Aufforderung zur alltäglichen Ausübung von Kultiviertheit an uns in Form eines buchstäblichen Rufs. Meine höfliche Reaktion am Telefon auf die unrealistische Forderung jener älteren Dame, dass ich in meinem Vortrag auf ihr ganz persönliches Problem eingehen möge, war im Grunde ein Akt der Unkultiviertheit. Es ist typisch – ganz natürlich – für uns, dass wir auf Unkultiviertheit mit Unkultiviertheit reagieren. Aber wie komme ich dazu, meine Höflichkeit als Unkultiviertheit zu bezeichnen? Das Problem war, dass ich in meinem Wunsch, ein „netter Mensch" zu sein, vorgab, mich in einem Netz des Austauschs mit dieser Frau zu befinden. Aber ich tat nur so. In Wirklichkeit gab sie mir nichts und gab ich ihr nichts. Da war kein Austausch. Wäre ich willens gewesen, unhöflich zu sein, hätte ich ihr zumindest ein ehrliches Feedback darüber gegeben, wie unangemessen und ärgerlich ihr Verhalten war. Ob sie ein solches Feedback akzeptiert hätte, ist eine andere Frage und geht mich im Grunde nichts an. Es war wahrscheinlich nur eine kleine Chance, aber ich habe sie ihr nicht gegeben. Ich begegnete ihr nur mit einer steinernen Mauer bedeutungsloser Höflichkeit. Nichts wurde ausgetauscht, nichts ist passiert.

Bei dieser Sache der Berufung bleiben naturgemäß viele Aspekte dunkel. Im Verlauf einer Psychotherapie konnte ich, wie erwähnt, schon oft verleugnete oder verborgene Berufungen erkennen. Aber mir sind auch einige ziemlich ziellose Patienten begegnet, bei denen keine klare Berufung zum Vorschein kam. Wären die Dinge klarer geworden, wenn sie länger in Behandlung geblieben wären? Wenn wir tiefer gegangen wären? Oder gibt es Zeiten, in denen es einfach keine Berufung gibt? Ich weiß es einfach nicht.

Und was ist mit den Schizophrenen, die ein so starkes Gefühl von einer grandiosen Berufung haben und denen offenbar häufig die persönlichen Eigenschaften und Bedingungen abgehen, um auch nur eine kleine Berufung zu erfüllen? Schizophrenie ist zum größten Teil eine biologisch bedingte Krankheit. Ist der Größenwahn mancher Schizophrener ein biologisches oder ein psychisches Phänomen? Und scheint es, wenn es ein biologisches ist, von Gott nicht grausam zu sein, ein Individuum mit einem Gefühl von Bestimmung zu erschaffen, der es nie auch nur ansatzweise entsprechen kann?

Bestimmte Berufungen sind offensichtlich genetisch bestimmt. Es gibt sensationelle Fälle von musikalischen Genies oder anderen Künstlern, die ihr Talent ererbt haben. Doch es gibt auch viele Fälle, in denen außergewöhnliche Genies aus ganz gewöhnlichen Familien hervorgehen. Handelt es sich hier dann um eine genetische Mutation, oder geht etwas anderes vor sich? Mit welchem Anteil wurde ich zum professionellen Schriftsteller geboren, und mit welchem wurde ich dazu ausgebildet? Im nächsten Kapitel werden wir darüber sprechen, auf welche Weise Gott durch die noch immer leise Stimme des Heiligen Geistes und andere segensreiche Interventionen in unser Leben spricht. Aber wir können die Tatsache nicht außer Acht lassen, dass Gott uns auch durch unsere Gene zu etwas aufruft. Die Berufung ist eine multidimensionale Angelegenheit.

Die Amerikaner haben im allgemeinen große Schwierigkeiten mit dem multidimensionalen Denken. Das Thema Sexualität liefert dafür auffällige Beispiele. Bei Vorträgen werden mir ständig so stark vereinfachende Fragen gestellt wie: „Sollten Homosexuelle zum Priester geweiht werden?", so als sei Homosexualität einfach dies oder das. Meiner Erfahrung nach sind manche Menschen aufgrund früher Kindheitserfahrungen im Kontext gestörter Familienverhältnisse homosexuell. Das bedeutet, dass ihre sexuelle Ausrichtung theoretisch, wenngleich auch nur unter großen Schwierigkeiten, psychotherapeutisch behandelt werden könnte. Bei anderen zeigt sich, dass ihre homosexuelle Veranlagung rein biologisch bedingt ist — dass Gott sie homosexuell geschaffen hat. Und dann gibt es Menschen mit allen „dazwischenliegenden" Schattierungen, deren Sexualität sowohl eine Sache der Natur wie der Erziehung ist. Manchmal ist es Aufgabe des Psychiaters, Homosexuellen dabei zu helfen, mit ihrer sexuellen Veranlagung nicht nur im Hinblick auf andere, sondern auch auf sich selbst herauszukommen — sie nicht nur als ihre Berufung anzunehmen, sondern sich an ihr auch soweit wie möglich zu erfreuen. Gott liebt die Vielfalt; Sie/Er entzückt sich an der Vielfalt. Und wenn wir versuchen, etwas zu kategorisieren und zum Beispiel die Sexualität entweder als nur dies oder das abzustempeln, vergehen wir uns gegen die Subtilität von Gottes Schöpfung.

Diese Subtilität und Multidimensionalität ist nur einer der Gründe, warum Matthew Fox in seine Auswahl von den sechs größten Rätseln unserer Existenz das „Rätsel der Berufung" mit hineinnahm. Wir haben schon gezeigt, dass es in der Macht der Menschen liegt, ihre Berufung anzunehmen oder zu verweigern, aber das Maß, in dem sie ihre Berufung – wenn überhaupt – wählen können, ist kaum nachweisbar. Es hat mich zum Beispiel beeindruckt, wenn manche Homosexuelle ihren Widersachern eloquent entgegenhalten: „Sie tun so, als hätte ich es mir ausgesucht, homosexuell zu sein. Woher wissen Sie, dass es so ist? Es ist sehr viel leichter, heterosexuell als homosexuell zu sein. Wenn ich die Wahl hätte, würde ich es vorziehen, heterosexuell zu sein. Aber ich bin es nicht; es entspricht mir nicht." Es gibt nur wenige lesbische Frauen und homosexuelle Männer, die nicht die uralte Frage der Berufung gestellt haben: „Warum ich?"

Wie sie auch ich gestellt habe, wann immer ich mich, zum Besseren oder Schlechteren, als anders empfand oder aus dem Tritt geraten war. Warum ich? Warum besitze ich die – oder bin ich besessen von der – Tugend oder dem Laster der Unverblümtheit? Warum hatte ich eine offenbar größere Fähigkeit zu organisatorischem Bewusstsein als andere? Warum bin ich weiß und nicht schwarz geboren? In Reichtum und nicht Armut? Warum habe ich meine Bücher geschrieben und nicht ein anderer? Warum ich? Gelegentlich scheine ich einen Schimmer von den Antworten auf solche Fragen zu erhaschen, aber es ist nur ein Schimmer. Auf der tiefsten, radikalsten Ebene sehe ich mich nach wie vor immer mit dem in seinem Wesen unergründlichen Rätsel der Berufung konfrontiert.

Doch ich glaube ein paar Dinge und weiß auch ein paar Dinge. Ich glaube, dass unsere Berufung ihre Wurzel in dem Bund hat, den Gott mit einem und einer jeden von uns geschlossen hat. Ich glaube, dass der Ruf, den wir hören, aus dem „Munde" Gottes kommt, und zwar im Kontext dieser auf dem Bund beruhenden Beziehung. Und obgleich so viele seltsame Windungen und Drehungen im mysteriösen Willen Gottes auftreten, glaube ich, dass dieser mit dieser feierlich gelobten Liebe in Einklang stehende Ruf uns immer zu psychospirituellem Wachstum auffordert und letztlich zum Eins werden mit Dem, Der/Die uns ruft. Schizophrenie mag eine grausame Schicksalswendung sein, aber ich habe Schizophrene gesehen, die sich allmählich in die Richtung eines Heiligen entwickelt haben, obwohl sich ihre Krankheit nicht um einen Deut gebessert hatte. Da wir über einen freien Willen verfügen, glaube ich nicht, dass eine solche Wachstumsentwicklung garantiert ist. Andererseits habe ich noch nie irgendwelche menschlichen Leiden gesehen, die sie unmöglich machen.

Ich weiß, dass uns unsere Berufungen meist nicht bewusst sind. Wir fühlen sie eher im Blut, als dass wir sie in unserem geistigen Bewusstsein tatsächlich vernehmen. In beiden Fällen können wir sie aber annehmen oder zurückweisen. Doch denken Sie daran, dass Kultiviertheit definiert wurde als „bewusst motiviertes organisatorisches, in seiner Unterordnung unter eine höhere Macht ethisches Verhalten". Je bewusster wir uns der an uns ergehenden Aufforderungen werden können, desto bewusster können wir auch mit Gott in Seinen/ Ihren Plänen für uns kooperieren – desto besser werden wir unsere wahre Berufung mit unserem säkularen Beruf vereinen können – desto kultivierter werden wir werden. So wenden wir uns also jetzt ein paar Richtlinien zu, wie wir uns selbst dabei helfen können, uns der Stimme Gottes in unserem Leben bewusster zu werden.

Davor aber sollten wir uns darüber klar sein, dass es bei diesen Bewusstseinserweiterungsmethoden mehr um den Kern der Sache als um die Methode geht. Durch die Äußerungen der großen Propheten – Moses, Jesaja, Jesus, Mohammed und anderen Propheten und Märtyrern – zieht sich über die Jahrtausende hinweg ein beständiges Thema. Die, die wahrhaft von Gott berufen waren, ihr Wort zu sprechen (wie auch die vielen etwas gewöhnlich Sterblichen von uns, die ebenfalls den Ruf zum Dienen vernommen haben), haben über die Generationen hinweg immer wieder denselben Refrain wiederholt: „Bist es wirklich Du, Den/ Die ich höre? Warum ich? Ich bin dessen nicht würdig. Kannst Du nicht jemand anders finden? Muss ich? Ich habe nicht den Mut. Wirst Du mir helfen? Bei mir bleiben? Ich tue es, wenn ich's tun muss. Aber wirst Du mich draußen in der Kälte stehen oder an einem Baum hängen lassen?"

Wie Sie Ihre Zeit nicht vergeuden - Gebet (oder wie immer Sie es nennen wollen)

Da sie weder leicht noch schmerzlos ist, entsteht Kultiviertheit nicht ganz natürlich. Wir müssen daran arbeiten, und Arbeit braucht Zeit.

Ich führe ein sehr ausgefülltes und geschäftiges Leben, und manchmal werde ich gefragt: „Scotty, wie schaffst du das alles?" Darauf gibt es viele Antworten, einschließlich der, dass ich mit einem hervorragenden Mitarbeiterstab gesegnet bin. Doch die beste Antwort, die ich geben kann, um die Frage zu beantworten, lautet: „Weil ich wenigstens zwei Stunden am Tag nichts tue." Ironischerweise sagt der Fragende dann meist darauf, dass er dafür zu beschäftigt sei.

Die zwei Stunden, in denen ich nichts tue, sind die wichtigsten Stunden des Tages für mich. Ich nehme mir nicht die ganze Zeit auf einmal. Meist teile ich sie in drei Perioden von vierzig Minuten auf: Kurz nachdem ich aufgewacht bin, am späten Nachmittag und dann noch eine, bevor ich einschlafe. Dies sind die Zeiten, in denen ich „allein" bin, in Ruhe und Abgeschiedenheit. Ohne sie könnte ich nicht überleben.

Ich bezeichne diese Zeiten als meine „Gebetszeit". Dabei verbringe ich nicht mehr als fünf bis zehn Prozent davon mit dem, was die meisten Menschen Beten nennen würden: mit Gott sprechen. Und nicht mehr als fünf bis zehn Prozent mit Meditation: auf Gott hören. Den Rest dieser Zeit denke ich einfach nach. Doch wenn ich sie als meine Zeit zum Nachdenken oder der Kontemplation bezeichnen würde, würden die Leute glauben, sie könnten mich dabei ohne weiteres unterbrechen. Deshalb erkläre ich sie zu meiner Gebetszeit und damit geheiligten Zeit, was sie auch ist. Dies ist ein weiterer Vorteil, der sich für eine „religiöse Person" ergibt.

Obwohl ich von meinem Wesen her ein introvertierter und introspektiver Mensch bin, fiel es mir nicht leicht, mir diese Gebetszeiten so ohne weiteres einzuräumen. Ich brauchte Hilfe von außen. Als ich vor fünfzehn Jahren meine neue spirituelle Lehrerin bat, diese Rolle zu übernehmen, fragte sie mich sofort nach meinen Gebetsgepflogenheiten. „Oh, ich bete viel", teilte ich ihr mit. „Ich bete die ganze Zeit. Ich bete, wenn ich spazieren gehe. Ich bete vor dem Einschlafen. Ich bete oft still, wenn ich einen Patienten vor mir habe und nicht weiß, was zum Teufel ich sonst tun soll."

„Nehmen Sie sich denn auch am Tag spezielle Zeiten, um zu beten?" fragte sie, die in ihrer Nonnentracht ungemein unschuldig aussah, als nächstes.

„Nein", erwiderte ich. „Das empfinde ich als nutzlos, irgendwie starr und unspontan."

„Das mag sein", entgegnete sie, „aber was ich Sie sagen höre, ist, dass Sie mit Gott kommunizieren, wann immer Ihnen danach zumute ist. Das scheint mir eine ziemlich einseitige Beziehung zu sein. Wenn Sie Gott so sehr lieben, wie Sie sagen – und das tun Sie wohl auch, Scotty -, dann denke ich, dass Sie es ihm schuldig sind, sich ihm zu gewissen Zeiten zur Verfügung zu stellen, ob Ihnen nun danach zumute ist oder nicht."

So sah ich also zu, dass ich mir meine Gebetszeiten nahm. Es bedurfte einer gewissen Anstrengung und kam mir zunächst ein bisschen unnatürlich vor. Aber es gehört zu den glorreichen Privilegien des Menschen, dass es in unserer Macht steht, nötigenfalls unsere Wesensnatur zu ändern. Als meine Eltern von mir verlangten, dass ich mir die Zähne putze, kam mir das zunächst auch rigide und unnatürlich vor, und nun ist es mir schon lange zur „zweiten Natur" geworden. Jetzt käm es mir unnatürlich vor, sie nicht zu putzen. Und ebenso käme es mir inzwischen unnatürlich vor, mir nicht meine Gebetszeit zu nehmen. Wenn Sie sich keine Zeit fürs Gebet nehmen wollen, gut und schön. Aber sagen Sie mir bitte nicht, Sie seien zu beschäftigt, denn wenn Sie sich diese Zeit nehmen, werden Sie Ihr Leben bald sehr viel effizienter leben. Lassen Sie sich durch nichts abhalten. Sie müssen sich für diese Gelegenheiten nicht sonntäglich gewanden. Sie müssen sich nicht hinknien. Sie brauchen nichts weiter zu tun, als zur Verfügung zu stehen. Als ich meine spirituelle Lehrerin zum zweiten Mal aufsuchte und mich als das verworfenste Geschöpf auf Erden fühlte, fragte ich sie, ob ich beim Beten auch rauchen könne.

„Das ist eine überraschend häufige Frage", antwortete sie mit einem Lächeln, „eine so übliche Frage, dass wir eine Standardantwort darauf haben: Wenn Sie beten können, während Sie rauchen, dann können Sie rauchen, während Sie beten."

Spirituelle Lehrerinnen haben so eine Art, knallhart und tröstlich zu sein.

Wie Gott selbst ist auch das Gebet nie angemessen definiert worden – und wird es auch nie werden. Es ist etwas zu Umfassendes, Tiefes, Multidimensionales und Paradoxes.

Es kann, wenn Sie wollen, in Kategorien und Unterkategorien eingeteilt werden: Gebete des Lobens und Preisens, der Danksagung, des Sündenbekennens und der Reue; Gebete des Erbittens und der Fürsprache; formelle und informelle Gebete, verbale und wortlose Gebete und so weiter. Ich werde hier nur auf eine Kategorie eingehen: das kontemplative Gebet. Darüber sind schon ganze Bücher geschrieben worden, und deshalb werde ich mich in diesem Buch, in dem es um Kultiviertheit geht, nur auf wenige Aspekte beschränken.

Das kontemplative Gebet kann als Lebensstil verstanden werden. In diesem Falle wäre es ein Lebensstil, der sich einem Maximum an Gewahrsein widmet. Diejenigen, die ihn sich aneignen – Kontemplative –, möchten so bewusst wie nur irgend möglich werden. Und aus diesem Grund nehmen sie sich sehr viel Zeit, um sie in Stille und Abgeschiedenheit zu verbringen. Nach einer Weile erfordert das nicht mehr viel Disziplin; sie brauchen und sehnen sich nach diesen Zeiten.

Sie betrachten das nicht als Zeitvergeudung. Ganz im Gegenteil haben sie das Gefühl, dass dies die effizienteste und kostengünstigste Lebensweise ist. Für sie ist, wie Platon es ausdrückte, „ein unerforschtes Leben nicht lebenswert". Wir Kontemplativen erkunden in diesen uns so kostbaren stillen Zeiten unser Leben. Wir genießen unsere Erfahrungen, aber nur in relativ kleinen Dosierungen. Wir nehmen ein kleines Stückchen Erfahrung und quetschen, indem wir sie kontemplativ betrachten, alles an Wert aus ihr heraus. Wir glauben, dass wir auf diese Weise letztlich mehr lernen können – bewusster werden – als die, die ein hektischeres, mit einer weitaus größeren Menge an unreflektierten Erfahrungen vollgestopftes Leben führen.

Unter anderem überprüfe ich in meinen Gebetszeiten ständig mein Leben mit meinem Idealen Beobachter. „Sag mir Gott", so bitte ich, „wie sich das, was ich gerade getan habe oder zu tun gedenke, in deinen Augen ausnimmt? Schaut es kultiviert aus?"

Ich habe davon gesprochen, dass eine wesentliche Funktion der analytisch orientierten Psychotherapie die Entwicklung und Übung unseres beobachtenden Egos ist, wodurch unsere Fähigkeit gestärkt wird, uns den Idealen Beobachter zunutze zu machen. Tatsächlich kann vieles an dieser Therapie als eine Variation des kontemplativen Gebets angesehen werden. Sie führt auf ähnliche und richtige Weise zur Gewöhnung. Psychotherapeuten werden so häufig gefragt: „Woher wissen Sie, wann es Zeit ist, die Therapie zu beenden?", dass sie fast schon mit einer Standardantwort darauf reagieren: „Wenn Sie Ihr eigener Therapeut geworden sind und die Therapie Ihnen zur Lebensweise geworden ist."

Auch das Thema Zeit kommt in ähnlicher Weise zur Sprache. So wie viele protestieren und sagen, dass sie keine Zeit für eine kontemplativere Lebensführung haben, beklagen sich auch viele, dass „die Therapie so viel Zeit in Anspruch nimmt". Doch in Wirklichkeit ist sie, wie auch andere Variationen der Kontemplation, ein zutiefst kostengünstiger Prozess. Eine weitere Standardfrage lautet:

„Wie weiß man, da wir doch alle neurotisch sind, wann es an der Zeit ist, sich in eine Therapie zu begeben?" Und wiederum gibt es darauf eine Standardantwort: „Wenn Sie festsitzen." Menschen begeben sich häufig in Therapie, weil sie das intensive Gefühl haben, sich ständig im Kreis zu drehen. Und ist die Therapie, wenn sie sie wieder verlassen – wenn sie wieder flott sind -, erfolgreich, dann haben sie das tiefe Gefühl, dass die Zeit und das Geld, die sie dafür aufgewendet haben, ein geringer Preis dafür sind, dass sie nun ein effizienteres und befreiteres Leben führen.

Wir Kontemplativen achten nicht nur auf unsere äußerlichen Erfahrungen, sondern auch auf unsere innere Stimme. Die Religiösen unter uns glauben, dass Gott oft durch diese Stimme zu uns spricht; dass sie uns etwas offenbaren könnte. Und wir glauben auch, dass eine kontemplative Lebensführung sowohl die Häufigkeit, mit der Gott zu uns spricht, wie auch unsere Fähigkeit, sie zu vernehmen, steigert.

Zum Beispiel achten wir sowohl innerhalb wie auch außerhalb der Psychotherapie auf unsere Träume, weil sie Offenbarungen sein könnten. Ich sage „könnten". Meines Erachtens stammen nur sehr wenige Botschaften von Gott, sind die meisten unserer nächtlichen Träume Schlacke und Abfall. Wie trennen wir dann die Spreu vom Weizen? Diese Frage stellt sich auch in Bezug auf unsere innere Stimme. Wie wissen wir, wann diese „stille, leise Stimme" die Stimme des Heiligen Geistes ist und nicht etwa die unserer Drüsen oder sogar die des Satans? Das ist das Thema – das Problem – des „Erkennens einer Offenbarung": ein enorm wichtiges Thema. Käme ich damit nicht vom eigentlichen Thema des Buches ab, so würde ich dieser Frage einige Kapitel widmen. Es gibt keine Patentlösungen für dieses Problem, aber einige Richtlinien. Ich werde nur auf drei eingehen. Ich nenne sie die Richtlinien der Zeit, des Herzens und der Leere.

Die erste und entscheidendste Richtlinie besagt, dass wir uns Zeit nehmen müssen. Es braucht Zeit – Zeit zum Nachdenken oder zur Kontemplation -, um erkennen zu können, ob ein Traum eine verborgene Bedeutung in sich birgt oder ob es sich eher um etwas handelt, das uns bloß ablenkt oder verwirrt und aus einer zufälligen neuronalen Aktivität entstanden ist. Es braucht Zeit, um alle unsere inneren Botschaften (nachdem wir uns überhaupt erst die Zeit genommen haben, auf sie zu hören) anhand der Realität und dessen, was uns unser Verstand und unsere Erfahrung sagen, zu überprüfen und sie auf ihren Gehalt an Weisheit und Kreativität hin abzuklopfen. Hüten Sie sich, außer in seltensten Ausnahmefällen, vor sofortigen Offenbarungen! Hüten Sie sich selbst davor und hüten Sie sich vor anderen, die jeden Gedanken oder jede Gefühlsregung sofort einer göttlichen Weisheit oder einem göttlichen Ursprung zuschreiben.

Alles in allem braucht es Zeit zum Nachdenken. Es braucht Zeit, bewusst zu werden. Und da Bewusstsein die Hauptwurzel der Kultiviertheit ist, braucht es auch Zeit, zur Kultiviertheit zu gelangen. Tatsächlich ist der Wunsch, so kultiviert wie möglich zu sein, ein starkes Motiv für ein kontemplatives Leben. Immer und immer wieder wurde mir klargemacht, dass wahrscheinlich niemand eine zutiefst kultivierte Person sein kann, ohne seine kontemplative Seite zu pflegen und zu nähren.

Meiner Meinung nach ist die beste Arbeit des umstrittenen Theologen Matthew Fox sein frühes Buch über das Gebet: On Becoming a Musical Mystical Bear.[72] Obwohl nicht ganz ausreichend, ist mir seine Definition von Gebet noch immer die liebste. Eine Definition, in der nicht einmal das Wort Gott vorkommt. Fox definiert es als „radikale Antwort auf die Mysterien des Lebens".

Drei Dinge machen für mich diese Definition so bedeutsam. Das erste ist das Wort radikal, das sich von dem lateinischen Wort radix für „Wurzel" herleitet. Damit ist impliziert, dass wir beim Gebet zur Wurzel der Dinge vordringen müssen, ohne von Oberflächlichkeit abgelenkt zu werden. Wir müssen sehr tief über unser Leben nachdenken, was natürlich Zeit braucht. Dies ist eine kontemplative Definition.

Das zweite ist das Wort Antwort. Es impliziert, dass wir durch das Gebet in unserem Denken nicht nur sehr tief gehen, sondern unser Denken auch in Handeln übersetzen müssen. Wir müssen uns aus tiefer Bedachtsamkeit heraus verhalten. Ein solches Verhalten bedeutet Kultiviertheit, wenn wir, wie ich es tue, davon ausgehen, dass tiefe Bedachtsamkeit in Bewusstheit und in die Unterordnung unter eine höhere Macht mündet.

Schließlich impliziert diese Definition, dass das Leben inhärent eine mysteriöse Angelegenheit ist und es keine leichten Antworten darauf oder simplen Rezepte dafür gibt. Selbst die Antworten, zu denen wir durch tiefstmögliches Nachdenken gelangen, werden nicht unbedingt kristallklar ausfallen und uns der Bürde, Risiken einzugehen, entheben.

Wie schon gesagt, rechnete Fox das „Rätsel der Berufung" den sechs großen Rätseln des Lebens zu, auf das wir eine Antwort zu geben haben. So müssen wir, um kultiviert zu sein, uns mit solchen schon erwähnten Fragen herumplagen

---

[72] Matthew Fox, *On Becoming a Musical Mystical Bear: Spirituality American Style* (Ramsey, N.J.; Paulist Press, 1976)

wie: „Wer soll ich meiner Bestimmung nach sein?" „Wozu ruft mich Gott in diesem Fall, in dieser Organisation, in meinem Berufsleben auf?" „Warum ich?" Und wenn wir uns reichlich damit abgemüht haben, wird die richtige Antwort wahrscheinlich immer noch einen gewissen Glaubenssprung erforderlich machen. Weiterhin müssen wir, um kultiviert zu sein, uns nicht nur darum bemühen, unsere eigene Berufung zu erkennen, sondern auch die Berufung der anderen. Die folgenden Teile des Buches über die Familie und das Geschäftsleben werden die Notwendigkeit aufzeigen, dass wir die Berufung unseres Ehepartners, unserer Kinder, unserer Untergebenen und selbst die unserer Mitarbeiter und Chefs abschätzen und darauf mit der Art von Vertrauen reagieren müssen, die die „Unterordnung unter eine höhere Macht" erfordert. Es gibt keine Rezepte.

Im Hinblick auf das Erkennen der Berufung bietet jedoch der Theologe Frederick Büchner eine weitere Richtlinie an:

> „Es gibt alle möglichen verschiedenen Stimmen, die Sie dazu aufrufen, alle möglichen verschiedenen Arten von Arbeit zu tun, und das Problem besteht darin, dass Sie herausfinden, welche die Stimme Gottes ist, und nicht etwa die der Gesellschaft oder die des Über-Ichs oder des Selbstinteresses. Im großen und ganzen kann man sich, um das herauszufinden, an folgende Regel halten: Die Art von Arbeit, zu der Sie Gott gewöhnlich aufruft, ist die Arbeit, die a) Sie am dringendsten tun müssen und b) in der Welt am dringendsten geleistet werden muss. Wenn Ihnen Ihre Arbeit wirklich Spaß macht und Energie gibt, haben Sie vermutlich Bedingung a) erfüllt. Wenn aber Ihre Arbeit darin besteht, Werbetexte für Deodorants zu verfassen, dann spricht einiges dafür, dass Sie Bedingung b) nicht erfüllen. Sollten Sie andererseits als Arzt in einer Leprakolonie arbeiten, haben Sie wahrscheinlich Bedingung b) erfüllt, doch wenn Sie Ihre Arbeit meist langweilt und deprimiert, haben Sie vermutlich nicht nur Bedingung a) ausgelassen, sondern sind wohl auch Ihren Patienten keine große Hilfe. Weder reichen das härene Gewand noch das weiche Bett aus. Der Ort, an den Gott Sie beruft, ist immer der Ort, wo sich Ihre tiefe Freude und der tiefe Hunger der Welt begegnen."

Das ist das, was ich die Richtlinien für das Herz nenne. Als ich einmal vor acht Jahren heftig mit mir kämpfte, ob ich, obgleich ich mich sehr erschöpft fühlte, eine neue Aufgabe übernehmen sollte, eine Arbeit, die in der Welt ganz offensichtlich dringend geleistet werden musste, war dies das einzige Mal, dass ich zum Telefonhörer griff und meiner spirituellen Lehrerin einen SOS-Ruf signalisierte. „Gott ruft nie jemanden dazu auf, etwas zu tun, das sich in seinem oder ihrem Herzen nicht richtig anfühlt", sagte sie. Es war ein Rat, den ich seither einige Male beherzigt habe.

Es ist jedoch keine einfache Empfehlung. Joseph Campbells Formulierung einer Richtschnur für das Herz, wenn es um Berufung geht: „Folge deinem Entzücken", ist seit kurzem sehr populär geworden. Sie gilt für viele Gelegenheiten, aber nicht für alle. Als Jesus zum Beispiel im schieren Entsetzen und schrecklicher Angst im Garten Gethsemane Blut schwitzte und dem Ruf folgte und sein Kreuz annahm, da folgte er nicht seinem Entzücken. Ich glaube, er wählte das Kreuz, weil es die einzige Alternative war, die sich in seinem Herzen richtig anfühlte. Aber es war kaum eine beseligende Alternative.

So mögen wir also von Zeit zu Zeit – bestimmt nicht zu oft – dazu aufgerufen werden, eine „radikale Antwort" auf das Leben zu geben, die tatsächlich ein Opfer bedeutet. In diesen Fällen mag der Ruf, gerade weil er, so wie bei Jesus, kein Entzücken auslöst, als ziemlich düster empfunden werden. Und da das Leben sich ständig ändert und entfaltet, kann es sein, dass diese düsteren Rufe wiederholte Male an uns ergehen müssen.

Als ich damit begann, Vorträge zu halten, wusste ich nicht, ob ich das Richtige tat. War es etwas, wozu mich Gott berief, oder war ich einfach auf einem narzisstischen Egotrip, wollte den Aufschrei der Massen hören? Ich quälte mich unablässig mit dieser Frage. Eine Frau, die meine zweite Vortragsveranstaltung sponserte und der ich von meiner Qual erzählt hatte, schickte mir ein Gedicht, das sie einen Monat später geschrieben hatte. Sie hatte nicht an mich gedacht, als sie es schrieb, aber seine letzte Zeile lieferte mir die Antwort auf mein Dilemma, die ich brauchte – nicht die, die ich wollte: „Die Wahrheit ist, dass ich es will, und der Preis, den ich zahlen muss, besteht darin, diese Frage wieder und wieder und wieder zu stellen."

Da verstand ich die Wurzel meiner ungebührlichen Qual. Mein Problem war, dass ich nach einer Stimme Gottes gesucht hatte, die mir nicht nur ganz klar sagen würde, was ich tun sollte, sondern die mich auch von allen Bürden nachfolgender Berufungen erlösen würde. Ich wollte ein erfolgssicheres Rezept, eine Offenbarung für alle Zeiten, die mir sagte: „Ja, geh und sprich, Scotty, für alle Zeiten" oder sonst: „Nein, Scotty, halte niemals Reden." Statt dessen, so wurde mir klar, würde ich bei jedem Vortrag, jeden Monat, jedes Jahr, wenn ich meinen Zeitplan neu aufstellte, die Frage wieder und wieder stellen müssen: „Gott, ist es das, was ich deinem Willen nach tun soll?" Das Erkennen der Berufung – dessen, was sich in unserem Herzen als richtig anfühlt – muss häufig ein fortgesetzter Prozess sein.

Meditation kann als eine Unterkategorie des kontemplativen Gebets betrachtet werden. Auf Gott zu lauschen ist meine Definition von Meditation. Doch oft wird dieses Wort nicht in dieser Weise gebraucht. Bei der Transzendentalen Meditation (TM) ist das Wesentliche zum Beispiel die auf einen sich stets wiederholenden Laut – ein Mantra – gerichtete Aufmerksamkeit, den man still vor sich hinsagt, und nicht eine auf Gott gerichtete Aufmerksamkeit. Ähnlich werden die Praktizierenden bei vielen Variationen des Yoga gelehrt, ausschließlich auf den Atem zu achten. Dies sind sehr wirksame Entspannungstechniken, und als solche würde ich sie als „Meditationshilfen" bezeichnen. Sie können uns helfen – sind hier sogar gelegentlich unentbehrlich -, uns so zu entspannen, dass wir mit dem Meditieren beginnen können, doch sie sind nicht das, was ich unter Meditation verstehe. Und hier komme ich nun zu meiner dritten Richtlinie: Leere.

Aus meiner Sicht kommt der wahren Meditation jene meditative Praxis sehr viel näher, die im Zen-Buddhismus „Nicht Denken" genannt wird, das heißt ein Verweilen in einem Zustand gedankenfreier, hellwacher Aufmerksamkeit, die auf kein Objekt gerichtet ist und an keinem Inhalt haftet. Die Praktizierenden sollen also nicht etwa mit einem Mantra ihren Geist erfüllen, sondern ihn vielmehr leer machen. Dieses Leeren des Geistes ist von solcher Bedeutung, dass es hier weiterhin ein wichtiges Thema bleiben wird. Es ist kein leichter Prozess. Trotz der Tatsache, dass Mystiker zu allen Zeiten die Vorzüge der Leere gepriesen haben, jagt sie den Menschen im Allgemeinen Schrecken ein. Deshalb sollte hier vielleicht daran erinnert werden, dass es bei diesem Leeren des Geistes nicht darum geht, letztlich nichts mehr da drin zu haben, sondern vielmehr darum, im Geist Raum für etwas Neues zu schaffen, etwas Unerwartetes, das in ihn einströmt. Was ist dieses Neue? Es ist die Stimme Gottes. Aber Gott – oder das Leben – können auf vielerlei Weise zu uns sprechen.

Mein erster Tag in der vierten Klasse war eine traumatische Erfahrung für mich. Nicht nur hatte ich die Schule gewechselt, sondern mit diesem Wechsel auch die dritte Klasse übersprungen. Und kaum hatte ich zwischen meinen neuen Klassenkameraden Platz genommen und war die Klassenzimmertür geschlossen worden, da wies uns unser gestrenger Lehrer Mr. Spicer auch schon an, uns auf ein Diktat vorzubereiten, damit er feststellen konnte, wie gut wir unsere schulischen Kenntnisse über den Sommer hinweg bewahrt hatten. Die anderen

Wie Sie Ihre Zeit nicht vergeuden - Gebet (oder wie immer Sie es nennen wollen)

Jungen langten in ihre Pulte und zogen Schreibblock und Stift heraus, und ich tat es ihnen nach.

Mr. Spicer begann eine Geschichte mit dem Titel „König Bruce und die Spinne" vorzulesen. Ich war verwirrt. Weder verstand ich, warum er sie so langsam vorlas, noch warum meine neuen Klassenkameraden wie wild zu schreiben anfingen. Das Problem war, dass ich noch nie zuvor das Wort „Diktat" gehört und nicht die leiseste Ahnung hatte, was damit gemeint war.

Egal. Trotz des qualvoll langsamen Erzählens nahm mich die Geschichte bald total gefangen. Sie handelte davon, wie Bruce, ein schottischer Stammeshäuptling, sechsmal in die Schlacht gezogen war, um die schottischen Stämme zu vereinen, aber jedes Mal sein Ziel verfehlte. Nach dem letzten Fehlschlag hatte er sich, von seinen Soldaten verlassen, allein in eine kleine Hütte tief in den Bergen zurückgezogen. In der Hütte befand sich nur ein einziges Möbelstück, ein alter Tisch, der vor dem einzigen Fenster stand. Bruce saß zusammengekauert in einer Ecke, eingehüllt in seinen Umhang, um sich vor der Kälte zu schützen, und bar jeglicher Hoffnung. Da fiel sein Blick auf eine Spinne, die vom Fenstersims einen Sprung zum Tisch machte. Doch sie verfehlte ihr Ziel und fiel zu Boden. Da er, ein völlig geschlagener Mann, nichts anderes zu tun hatte, beobachtete er weiterhin, wie die Spinne über den Boden krabbelte, die Wand hinauf bis zum Fenstersims, und dann wieder den Sprung zum Tisch wagte. Doch wieder verfehlte sie ihn. Und wieder ging's die Wand hinauf. Bruce sah noch weiteren vier misslingenden Versuchen zu. Schließlich schaffte sie es beim siebten Anlauf ganz knapp. Sie schien eine Minute lang an der Tischkante auszuruhen und sprang dann plötzlich zum Fenstersims zurück. Und zurück zum Tisch. Und zurück zum Fenstersims. Bruce wurde klar, dass sie angefangen hatte, ihr Netz zu spinnen.

Er sann über das, was er gerade beobachtet hatte, nach. Wenn die Spinne über die Hartnäckigkeit verfügte, es immer wieder zu versuchen, dann sollte auch er nicht seinen Traum, seine Berufung aufgeben. So bestärkt machte er sich bald auf, um Verbündete zu suchen, Pläne zu schmieden und sich noch ein weiteres Mal in die Schlacht zu begeben. Diesmal gewann er, und es gelang ihm, Schottland zu einer neuen Nation zusammenzuschmieden, deren erster König er wurde.

Mr. Spicer hatte mit dem Vorlesen aufgehört. Die Geschichte war ganz offensichtlich zu Ende. Doch meine Klassenkameraden kritzelten noch immer heftig weiter. Ich sah hinüber zu dem kleinen rothaarigen Jungen an meiner linken Seite, um festzustellen, warum. Als er zu Ende geschrieben hatte, merkte er, dass ich auf sein Blatt blickte. Er hob die Hand und rief mit lauter Stimme:

373

„Mr. Spicer, Sir, der neue Junge spickt." Mr. Spicer erhob sich hinter seinem Pult, marschierte durch die Bankreihe, schnappte sich meinen Block und rief: „Was denn, dieses Papier ist ja leer!"

Wir starrten einander an, er erstaunt, ich mit aufkeimendem Entsetzen. „Da ist nichts drauf", sagte er. „Was soll das bedeuten?""

Ich fing zu weinen an, kaum das Angemessene für einen Jungen an seinem ersten Tag in der vierten Klasse in einer neuen Schule. Das Schuljahr fing nicht gut an. Aber das ist nicht die Moral der Geschichte. Ich erzähle sie, weil sie von Meditation handelt.

Erstens ist es eine Geschichte von Bruces Meditation. Normalerweise nimmt sich ein wichtiger, mächtiger und beschäftigter Mann nicht die Zeit, um, statt sich seinen Staatsaffären zu widmen, einer einfachen Spinne zuzusehen. Nur weil er bar jeder Hoffnung war, geschlagen, und nichts anderes zu tun hatte, ließ Bruce es zu, dass die Spinne ganz und gar in sein Bewusstsein drang. Die Folge davon war, dass sich der Lauf der Geschichte änderte.

Es ist auch eine Geschichte meiner eigenen unbewussten Meditation. Was glauben Sie, wie viele meiner Klassenkameraden sich noch an die Geschichte von König Bruce und der Spinne erinnern? Nicht viele, nehme ich an. Aber gerade weil ich nicht damit beschäftigt war, sie niederzuschreiben – weil ich zuhörte -, weil mein Papier leer war, war ich vielleicht der einzige, der sie wirklich hörte, sie in sich aufnahm und sich noch heute fast Wort für Wort an sie erinnert. So wie etwas Tiefgreifendes mit Bruce geschah, geschah auch mit mir etwas Tiefgreifendes.

Somit liegt das Ziel der Meditation nicht in der Entspannung, sondern darin, sich zu entspannen, sich so zu verlangsamen, dass wir das innere Geschnatter zum Schweigen bringen und unser Alltagsbewusstsein von seinem Wirrwarr und Getöse entleeren können. Durch dieses Zum-Schweigenbringen, dieses Leermachen schaffen wir Platz in unserem Geist, damit entweder so indirekte Offenbarungen, wie sie von den Spinnen kommen können, und Geschichten in ihn einfließen oder wir direkter die Stimme Gottes in unserem Geist und Herzen vernehmen können.

Aber Gott spricht nicht immer. Oft ist Er/Sie ein „schweigender Gott". Wenngleich Meditation und kontemplatives Gebet die Häufigkeit steigern, mit der wir Ihn/Sie hören, gibt es doch nie eine Garantie dafür. Viele Male geschieht es, dass, ganz gleich, wie sehr wir uns danach sehnen und inbrünstig beten, die erwünschte Offenbarung nicht eintritt. Gott richtet sich nicht nach unserem Stundenplan. Er/Sie ist kein Besitztum, kein „Es". Einen klaren Ruf zu vernehmen ist wunderbar. Wenn wir unserer „Seligkeit", unserem „Entzücken" folgen, gibt es keine Zweifel mehr, keine Ungewissheit. Aber wir alle müssen auch unseren eigenen kleinen „Garten von Gethsemane" durchleben, wo wir keine Stimme Gottes vernehmen und der Ort von jeglicher Gegenwart Gottes entleert zu sein scheint. Häufig ist es ganz und gar nicht klar, was das Richtige ist, und die Wahrheit, die wir uns wünschen, nimmt sich fürwahr dunkel aus, ganz gleich, wie oft und wie laut wir die Frage hinausschreien. Doch es gibt keine andere Alternative als die, auszuharren, den Weg anscheinend allein zu gehen und einfach das Beste zu tun, das wir in der Dunkelheit zu tun vermögen.

Aus diesem Grund ist die wesentlichste und entscheidendste Form von Leere nicht die der Meditation; es ist die Leere des nicht Wissens. Diese angsterregende Leere ist letztlich der Preis eines kontemplativen Lebens, der radikalen Antwort auf die Mysterien des Lebens bei vollem Gewahrsein ihrer Rätselhaftigkeit. Es ist auch der Preis für Kultiviertheit.

Meiner Ansicht nach ist The Myth of Certainty eines der besten religiösen Bücher, die im letzten Jahrzehnt veröffentlicht wurden. „Die Illusion der Gewissheit" wäre ein noch besserer Titel. Es wäre ein seltsamer Gott, wenn Sie/Er uns mit Gewissheit überschüttete und uns damit von der Notwendigkeit befreite, Mut, Initiative und die Fähigkeit zu zeigen, die Dinge für uns selbst herauszufinden.

Aber ach, wie sehr wir uns dennoch nach Gewissheit sehnen!

Bei weitem die häufigste Bitte, die bei Vorträgen an mich gerichtet wird, ist die: „Dr. Peck, könnten Sie mir wohl ein Rezept geben, damit ich weiß, ob das, was ich tue, richtig ist?" Sie kommt in tausend verschiedenen Verkleidungen daher: „Wie weiß ich, wann ich anderen oder wann ich mir selbst etwas zuschreiben muss?" „Wie weiß ich, wann ich bei meinem Kind eingreifen und wann ich es in Ruhe lassen muss?" „Woher weiß ich, wann ich aus einer schlechten Ehe aussteigen oder wann ich weiter an ihr arbeiten muss?" „Wie weiß ich, wann ich meinem Chef die Stirn bieten muss?" „Wo ist die Grenzlinie zwischen aufopfernder Liebe und Masochismus?" „Wo ziehen Sie die Grenze zwischen der Hilfe für jemanden und einer Mitabhängigkeit?" Achten Sie darauf, dass dies alles Fragen sind, die mit dem Thema Kultiviertheit zu tun haben. Und bitte entsinnen Sie sich, damit ich mich nicht ständig wiederholen muss, der Antwort: „Sie wissen es nicht. Sie können es nie mit Sicherheit wissen. Aber allein die Tatsache, dass Sie die Frage stellen, bringt Sie vermutlich der richtigen Spur schon sehr viel näher. Es gibt keine Patentrezepte. Jede Situation ist anders gelagert. Folglich werden Sie auch jedes Mal die Frage neu stellen müssen."

Die hier für das Erkennen einer Offenbarung angebotenen Richtlinien sind also nur Richtlinien und keine Rezepte, die Sie einer Durchquerung öder Wüsten der Ungewissheit entheben. Doch es gibt eine Art Rezept für den Erkenntnisprozess im Allgemeinen, das allerdings nicht sehr tröstlich ist. Ich habe in meinem Buch *The Different Drum*[73] eine Kurzversion davon verfasst, als ich auf die „Leere des Nichtwissens" einging. Das Unbewusste ist dem Bewusstsein immer in der richtigen oder falschen Richtung einen Schritt voraus. Sie können daher unmöglich wissen, ob das, was Sie tun, das Richtige ist, weil das Wissen eine Funktion des Bewusstseins ist. Wenn Ihr Wille jedoch stetig auf das Gute gerichtet ist und wenn Sie willens sind, den Schmerz auszuhalten, wenn das Gute sich in ambivalenter Form zeigt (was meines Erachtens bei achtundneunzig Prozent aller Fälle geschieht), dann wird Ihr Unbewusstes Ihrem Bewusstsein stets einen Schritt in der richtigen Richtung voraus sein. Mit anderen Worten: Der Heilige Geist wird Sie führen, und Sie werden das Richtige tun. Nur werden Sie nicht über den Luxus verfügen, es zum Zeitpunkt, da Sie es tun, zu wissen. Tatsächlich werden Sie das Richtige tun, eben weil Sie bereit waren, auf diesen Luxus zu verzichten.

Wenn Sie sich nicht klar darüber sind, was dieses Rezept nun bedeuten soll, dann betrachten Sie sich sein Gegenteil und erinnern Sie sich daran, dass die meisten üblen Taten in dieser Welt – die Unkultiviertheiten – von jenen Menschen begangen werden, die sich absolut sicher sind, dass sie wissen, was sie tun.

---

[73] also im Hauptteil des vorliegenden Buches, Anm. d. Setzers

Sucht: Die heilige Krankheit

aus dem Buch „Weiter auf dem wunderbaren Weg" von Scott Peck

Ich gebe zu, dass ich süchtig bin. Vor allem bin ich fast hoffnungslos dem Nikotin verfallen. Da schreibe und halte ich Vorträge über Selbstdisziplin, bringe aber selbst nicht genug Disziplin auf, um mit dem Rauchen aufzuhören.

Nachdem ich nun alles gestanden habe, sollte ich Ihnen klarmachen, dass die Sucht und der Missbrauch von Drogen und Alkohol ein vielseitiges und vielschichtiges Problem ist. Wenngleich ich in diesem Buch nur auf die psychischen und spirituellen Aspekte der Sucht eingehe, bin ich mir doch wohl bewusst, dass sie auch biologische und gesellschaftliche Ursprünge hat. Der Alkoholismus ist eine genetische, eine ererbte Krankheit, wie wir inzwischen wissen. Aber das bedeutet nicht, dass Sie unbedingt zum Alkoholiker werden, wenn der Alkoholismus in Ihren Genen angelegt ist, oder dass Sie, wenn sie einer geworden sind, immer weiter trinken müssen. Es bedeutet ganz einfach, dass diese Krankheit auch biologische Ursprünge hat.

Ebenso scheint es mir, obwohl der Wissensstand auf diesem Gebiet noch nicht sehr groß ist, dass es biologisch bedingt ist, welche Art von Droge man nimmt und von der man abhängig wird. Zum Beispiel bin ich zwar nicht gerade von ihnen abhängig, bevorzuge aber Alkohol und andere sedative Drogen, die man alle den auf das zentrale Nervensystem einwirkenden Beruhigungsmitteln zurechnet. Mit anderen Worten, ich mag Downers. Mir liegt überhaupt nichts an Uppers, an Aufputschmitteln. Doch kenne ich Menschen, die für Aufputschmittel töten würden und Downers nicht ausstehen können. Es gibt auch sozial bedingte Determinanten für die Sucht. Der Drogenmissbrauch kommt überall dort am häufigsten vor, wo Menschen in Hoffnungslosigkeit leben und keine andere Möglichkeit haben, sich wohl in ihrer Haut zu fühlen, high zu werden.

Man kann die Sucht unter anderem als eine Form der Idolatrie ansehen. Für den Alkoholiker wird die Flasche zu einem Idol. Und das Phänomen der Idolisierung gibt es in vielen verschiedenen Ausprägungen, von denen wir einige sehr wohl erkennen. Da haben wir außer der Drogensucht Süchte wie zum Beispiel die Spielsucht oder die Sucht nach Sex. Oder auch die Vergötterung des Geldes. Dann gibt es Formen von Vergötterung, die wir nicht so schnell erkennen. Eine davon ist die Familienidolatrie. Wenn es wichtiger wird, das zu tun oder zu sagen, was die Mutter oder den Vater der Familie glücklich macht, als das zu tun oder zu sagen, was wir Gottes Willen entsprechend tun oder sagen sollen, dann sind wir ein Opfer der Familienidolatrie geworden. Das familiäre Gemeinschaftsspiel ist zum – oft genug äußerst autoritären – Idol oder Götzen geworden.

Wir müssen also, wenn wir die Dinge richtig sehen wollen, daran denken, dass es unzählige Idolatrie- und Suchtformen gibt, von denen es einige weitaus gefährlichere gibt als die Drogensucht. Die Sucht nach Macht zum Beispiel. Die Sucht nach Sicherheit. In gewisser Hinsicht mögen die Drogen- und Alkoholsucht zu den am wenigsten destruktiven Süchten oder Idolatrien gehören, wenn wir ihren Schaden für die Gesellschaft in Betracht ziehen.

Nach dieser Einleitung wollen wir uns nun einzig auf das Problem der Drogensucht beschränken. Ich glaube, dass die Menschen, die zu Sklaven des Alkohols oder anderer Drogen geworden sind, Menschen sind, die stärker als die meisten anderen den sehnlichen Wunsch haben, in den Garten Eden zurückzukehren – sie wollen im Paradies, im Himmel, im Zuhause ankommen. Sie sehnen sich verzweifelt danach, dieses verlorene, warme, flauschige Gefühl des Einsseins mit dem Rest der Natur wiederzuerlangen, jenes Gefühl, das wir einst im Paradies hatten. So hat Kurt Vonneguts Sohn Mark sein Buch, in dem er über seine Geisteskrankheit und seinen Drogenmissbrauch schrieb, „The Eden Express" betitelt[74]. Natürlich können wir nicht in den Garten Eden zurückkehren. Wir können nur vorwärtsgehen durch die schmerzliche Wüste. Wir können nur über Stock und Stein nach Hause gelangen. Aber Süchtige, die so schrecklich Heimweh haben, gehen den falschen Weg – sie gehen zurück statt nach vorn.

Dieses Heimweh kann man doppelt deuten. Wir können es als eine Art regressives Phänomen ansehen, als den sehnlichen Wunsch, nicht nur ins Paradies, sondern auch wieder in den Mutterschoß zurückzukehren. Wir können es aber auch als ein potenziell progressives Phänomen ansehen. Wir könnten annehmen, dass Süchtige in ihrem Heimweh Menschen sind, die eine stärkere Berufung zum Geist, zu Gott haben als die meisten anderen, dass sie aber ganz einfach ihr Reiseziel verfehlen.

---

[74] Mark Vonnegut, *The Eden Express* (New York: Praeger, 1975) - der Titel bedeutet in etwa „Schnellzug nach Eden", Anm. d. Übers.

C. G. Jung und die Anonymen Alkoholiker

Nur wenige Leute wissen, dass C. G. Jung einer der Wissenschaftler war, der die Psychologie in Zusammenhang mit der Spiritualität sah und damit indirekt zur Gründung der Anonymen Alkoholiker beitrug. Jung hatte in den 20er Jahren einen Patienten, einen Alkoholiker, der nach einem Jahr der Therapie keinerlei Fortschritte gemacht hatte. Schließlich gab Jung auf und sagte zu ihm: „Hören Sie, Sie vergeuden bei mir Ihr Geld. Ich weiß nicht, wie ich Ihnen helfen soll. Ich kann Ihnen nicht helfen." Und der Mann fragte: „Gibt es denn gar keine Hoffnung für mich? Können Sie mir überhaupt nichts zu meiner Gesundung vorschlagen?" Und Jung erwiderte: „Das Einzige, was Ihnen hilft, ist, dass sie gläubig werden. Ich kenne ein paar Leute, die, nachdem sie gläubig geworden sind, mit dem Trinken aufgehört haben. Das kann ich mir gut vorstellen."

Der Mann nahm Jung beim Wort und machte sich auf die Suche. Suchet und ihr werdet finden? Und er wurde auch fündig. Nach etwa sechs Jahren wurde er bekehrt und hörte mit dem Trinken auf.

Kurz danach traf er auf einen seiner alten Saufkumpane, einen Mann namens Ebby, und Ebby sagte: „Komm, lass uns einen trinken." Aber der Mann sagte: „Nein, ich trinke nicht mehr." Ebby war überrascht. „Was soll das heißen, du trinkst nicht mehr? Du bist ein hoffnungsloser Alkoholiker wie ich." Da erklärte ihm der Mann, dass C. G. Jung zu ihm gesagt hätte, er solle gläubig werden, und dass ihm das geholfen hätte, mit dem Trinken aufzuhören.

Ebby hielt das für eine gute Idee. Und so versuchte er ebenfalls, gläubig zu werden. Er brauchte etwa zwei Jahre dazu, und dann hörte auch er eine ziemlich lange Zeit mit dem Trinken auf.

Nicht lange danach besuchte Ebby seinen alten Saufkumpanen Bill W. Bill W. sagte: „Hallo, Ebby, komm trink was." Aber Ebby sagte: „Nein, ich trinke nicht mehr." Nun war es Bill W., der erstaunt war. „Was soll das heißen, du trinkst nicht mehr? Du bist ein ebenso hoffnungsloser Alkoholiker wie ich." Also erzählte Ebby, wie er diesen Patienten C. G. Jungs getroffen hatte, der bekehrt worden war und dadurch zu trinken aufgehört hatte, und wie er ihn nachgeahmt hatte.

Bill W. hielt das ebenfalls für eine gute Idee. Also versuchte auch er gläubig zu werden. Er brauchte ein paar Wochen, und kurz darauf rief er in Akron, Ohio, das erste Treffen der Anonymen Alkoholiker ins Leben.

Nachdem sich etwa zwanzig Jahre später die Anonymen Alkoholiker (AA) einen Namen gemacht hatten, schrieb Bill W. einen Brief an C. G. Jung und berichtete ihm, welche Rolle er ohne sein Zutun und völlig ahnungslos bei der Gründung dieser Vereinigung gespielt habe. Und C. G. Jung schrieb ihm einen ergreifenden Brief zurück. Darin stand, er sei sehr froh, dass Bill W. ihm geschrieben habe; auch darüber, dass sein Patient sich so gut gemacht habe und dass er so indirekt zur Gründung der Anonymen Alkoholiker beigetragen habe. Aber vor allem freue er sich, weil es nicht viele Leute gäbe, mit denen er, C. G. Jung, über solche Dinge sprechen könne. Es sei ihm nämlich der Gedanke gekommen, dass es vielleicht kein Zufall sei, dass wir alkoholische Getränke herkömmlicherweise als Spirituosen oder geistige Getränke bezeichnen und dass Alkoholiker möglicherweise Menschen sind, die einen größeren Durst nach dem (spirituellen) Geist haben als andere, und dass der Alkoholismus vielleicht eine Geisteskrankheit oder, besser gesagt, psychisch begründet ist.

Wir haben also zwei Möglichkeiten, wie wir dieses Gefühl des Heimwehs der Süchtigen interpretieren können, und beide Interpretationen sind richtig. Es wäre falsch, den Faktor Heimweh bei der Sucht völlig außer acht zu lassen, aber trotzdem habe ich bei meiner therapeutischen Arbeit festgestellt, dass man vordergründig die positiven Faktoren bei Suchtkranken sehen sollte. Das heißt also, dass es sich im Umgang mit Süchtigen am meisten auszahlt, wenn wir nicht so sehr die regressiven Aspekte der Krankheit, das Heimwehgefühl, hervorheben, sondern vielmehr die progressiven Aspekte – die Sehnsucht nach dem Spirituellen, nach dem Geist und nach Gott berücksichtigen.

Ein Programm zur Bekehrung

Als ich mich vor etwa dreißig Jahren in meiner psychiatrischen Ausbildung befand, war man sich bereits klar darüber, dass die Anonymen Alkoholiker bei ihrer Arbeit mit Alkoholikern sehr viel bessere Erfolge aufwiesen als wir Psychiater. Aber wir taten die AA lediglich als Ersatz für die Kneipe um die Ecke ab. Wir glaubten, dass die Alkoholiker eine „orale Persönlichkeitsstörung" hatten, wie wir das nannten, und dass sie nun, statt ihren Mund aufzumachen und sich vollaufen zu lassen, sich bei ihren Treffen versammelten und eine Unmenge quatschten und eine Unmenge Kaffee tranken und eine Unmenge Zigaretten rauchten, um ihre „oralen" Bedürfnisse zu befriedigen. Aus diesem Grund, so sagten wir Psychiater überheblich, haben die AA großen Zulauf.

Ich schäme mich, Ihnen sagen zu müssen, dass die Mehrheit der Psychiater, einschließlich derer, die gerade dabei sind, welche zu werden, nach wie vor glaubt, dass die AA Erfolg haben, weil sie eine Ersatzsucht darstellen. Ich kann diesen Aspekt nicht leugnen. Die „Ersatzsucht" ist vielleicht zu einem halben Prozent daran beteiligt, dass sie so großen Erfolg haben. Doch der wirkliche Grund für den Erfolg ist ihr „Programm". Und dieses Programm ist aus wenigstens drei Gründen von Erfolg gekrönt.

Der erste Grund ist der, dass die zwölf Schritte der AA das einzig existierende Programm zu einer religiösen Bekehrung sind, obgleich die AA-Leute selbst von einer „spirituellen" Bekehrung sprechen, da sie ihre Vereinigung in keiner Weise als religiöse Organisation verstanden wissen wollen. Doch den Kern dieses Programms der zwölf Schritte bildet die Vorstellung von einer höheren Macht, und es lehrt die Leute, warum sie durch die Wüste gehen müssen – das heißt hin zu Gott, was immer dieser Gott für uns ist.

Da die AA über das einzig vorhandene Programm zu einer „Bekehrung" verfügen, könnte man sie als die erfolgreichste „Kirche" in unserem Land ansehen. Jede andere Konfession würde sie um ihren großen Zulauf beneiden. Die AA-Leute sind unglaublich intelligent. Sie sind so intelligent, dass sie sich nicht mal um Budgets oder Gebäude für ihre Treffen kümmern müssen, indem sie die vorhandenen Gemeinderäume dafür benutzen. Das ist eine der positiven Rollen, die die institutionalisierte Kirche heute spielt – sie stellt ihre Räume für AA-Treffen bereit.

Die AA-Leute benutzen also Gemeinderäume für ihre Treffen, wollen aber nicht mit der Kirche als Institution in Zusammenhang gebracht werden. Sie spielen sogar oft auch den „spirituellen" Aspekt ihres Programms herunter, um neue Mitglieder, die sich dadurch abgestoßen fühlen, anzuziehen. Und eine Menge Leute fühlen sich davon abgestoßen. Menschen lassen sich einfach nicht gerne bekehren. Sie wehren sich dagegen. Folglich ist das AA-Programm ein sehr hartes Programm.

Um ihnen eine Vorstellung davon zu geben, wie hart es ist, will ich Ihnen von einem leitenden Angestellten berichten, der Alkoholiker war und mich vor etwa zwölf Jahren aufsuchte, weil ihm „die Anonymen Alkoholiker" keinen Erfolg brachten. Damit meinte er, dass er in den letzten sechs Monaten jeden zweiten Abend zu den AA-Treffen gegangen war und sich an den anderen Abenden weiterhin bis zum Anschlag hatte vollaufen lassen. Er wüsste nicht, so sagte er, warum die AA keinen Erfolg brächten, denn er verstünde ja, um was es bei den zwölf Schritten ginge.

Daraufhin erwiderte ich leicht überrascht: „Soweit ich dieses Programm der zwölf Schritte verstehe, handelt es sich da um ein System von äußerst tiefer spiritueller Weisheit, und normalerweise brauchen die Leute mindestens drei Jahre, um es auch nur in Anfängen begreifen zu können."

Er räumte ein, dass da was dran sein könnte, denn dieses ganze Zeug mit der höheren Macht ginge über seinen Horizont. Aber er war sich sicher, dass er wenigstens den ersten Schritt begriffen hatte.

„Oh, und was enthält er?" fragte ich. „Ich konnte zugeben, dass ich dem Alkohol gegenüber machtlos bin." „Und was bedeutet das?" stocherte ich weiter.

„Das bedeutet, dass ich so eine Art biochemischen Defekt in meinem Gehirn habe, der dafür sorgt, dass der Alkohol, sobald ich einen Schluck davon trinke, die Herrschaft über mich gewinnt und ich meine Willenskraft verliere. Ich darf also diesen ersten Schluck nicht trinken."

„Und warum trinken Sie dann immer noch?" Er verstummte und sah verwirrt drein. „Wissen Sie", sagte ich, „vielleicht bedeutet dieser erste Schritt nicht nur, dass Sie nach dem ersten Schluck dem Alkohol gegenüber machtlos sind, sondern dass sie ihm gegenüber sogar schon vor dem ersten Schluck machtlos sind."

Er schüttelte heftig den Kopf. „Das stimmt nicht. Es liegt bei mir, ob ich den ersten Schluck trinke oder nicht."

„Das sagen Sie, aber Ihr Verhalten zeigt ja wohl etwas anderes, oder?" Aber er beharrte darauf: „Doch, es liegt bei mir."

„Wenn Sie so darüber denken", sagte ich.

Dieser Mann hatte noch nicht die Kapitulation vollzogen, die der allererste Schritt dieses Programms verlangt, und das war nur der erste von insgesamt zwölf Schritten.

Ein psychologisches Programm

Der zweite Grund für den Erfolg der AA ist der, dass es sich um ein psychologisches Programm handelt. Es lehrt die Menschen nicht nur, warum sie durch die Wüste hindurchgehen sollen zu Gott, sondern auch sehr viel darüber, wie sie es schaffen können. Und das Programm schlägt zwei Möglichkeiten vor.

Die eine Möglichkeit liegt in der Anwendung von Aphorismen und Sprichwörtern. Ein paar habe ich schon erwähnt, wie zum Beispiel: „Tu so, als ob", und „ich bin nicht okay, und du bist nicht okay, aber das ist okay." Doch es gibt noch viele andere – wahre Schätze: „Der einzige Mensch, den du verändern kannst, bist du selbst." Oder: „Immer ein Tag auf einmal."

Um Ihnen zu erklären, warum meiner Überzeugung nach Sprichwörter so wichtig sind, will ich Ihnen eine Geschichte aus meinem Leben erzählen. Ich hatte die Art von Großvater, die jeder Mensch haben sollte. Er war kein übermäßig geistreicher Mann und gab, wenn er sprach, selten mehr als diese Art von Sprichwörtern von sich, die voller Klischees waren. Er sagte zu mir Dinge, wie: „Geh nicht über Brücken, bevor du bei ihnen angekommen bist", oder „Leg nicht alle deine Eier in einen Korb." Es waren nicht immer nur Ermahnungen, manche Sprichwörter waren auch tröstlich, wie beispielsweise: „Oft ist es besser, ein großer Fisch in einem kleinen Teich zu sein, als ein kleiner Fisch in einem großen Teich", oder: „Immer nur Arbeit und nie Spaß und Spiel, machen einen dummen Tropf aus Bill."

Andauernd wandte er diese Sprichwörter an. „Es ist nicht alles Gold, was glänzt", bekam ich nicht nur einmal, sondern mindestens tausendmal zu hören. Aber er liebte mich. Im Alter zwischen acht bzw. neun und dreizehn reiste ich einmal im Monat quer durch Manhattan, um das Wochenende bei meinen Großeltern zu verbringen. Das Ritual dieser Wochenendfahrten änderte sich nie. Ich kam am Samstagmorgen gerade noch rechtzeitig bei ihnen an, dass mir meine Großmutter ein Mittagessen vorsetzen konnte. Und nach dem Mittagessen – das waren die Zeiten, bevor es den Fernseher gab – nahm mich mein Großvater mit ins Kino zu einer Doppelfilmvorführung. Danach ging's wieder nach Hause zum Abendessen, und nach dem Abendessen nahm er mich mit zu einer zweiten Doppelfilmvorführung. Am Sonntagmorgen waren die Kinos geschlossen, aber am Sonntagnachmittag nahm er mich zur dritten Doppelfilmvorführung mit, bevor ich wieder nach Hause geschickt wurde. Und das verstanden sie unter Liebe.

Es war auf dem gemeinsamen Hin- und Rückweg zum Kino, wo ich die Sprichwortsammlung meines Großvaters nicht nur zu hören bekam, sondern auch begreifen lernte, was sie aussagen wollten, und die darin enthaltene Weisheit war mir eine Hilfe fürs Leben. Er hätte wohl gesagt: „Mit einem Löffel Zucker schluckt sich die Medizin besser."

Als ich Jahre später als Psychiater tätig war, kam ein fünfzehnjähriger Junge zu mir, den man wegen seiner schlechten Noten zu mir geschickt hatte. Als ich mich mit ihm unterhielt, machte er keinen besonderen Eindruck auf mich, und ich dachte, dass er die schlechten Noten bekam, weil er dumm war. Wir Psychiater haben eine ganz spezifische Prüfungsmethode zur Einschätzung der Intelligenz eines Menschen. Unter anderem gehört dazu die Aufforderung, Sprichwörter zu interpretieren. Ich fragte den Jungen also: „Warum sagen die Leute, man soll nicht mit Steinen werfen, wenn man im Glashaus sitzt?"

Er antwortete sofort: „Wenn man in einem Glashaus sitzt und mit Steinen wirft, dann zerbricht das Glashaus."

„Aber die meisten Menschen leben ja nicht wirklich in einem Glashaus. Wie würdest du denn diesen Spruch in Bezug auf die zwischenmenschlichen Beziehungen deuten?"

„Keine Ahnung."

Ich versuchte es noch einmal. „Warum sagen die Leute: Es hat keinen Sinn, Tränen über verschüttete Milch zu vergießen"

Und er antwortete: „Wenn ich Milch verschütten würde, würde ich die Katze holen, damit sie sie aufleckt."

Das schien zwar von einiger Fantasie zu zeugen, erklärte aber nicht das Sprichwort.

Um seine Intelligenz genau einzuschätzen, überwies ich ihn schließlich an eine Psychologin, die sehr viel genauere Tests mit ihm durchführen konnte. Sie war eine ältere Frau, die sich auf diesem speziellen Bereich einen hervorragenden Namen gemacht hatte. Zu meiner Überraschung erhielt ich einen Bericht von ihr, wonach dieser Junge einen IQ von 105 aufwies. Das war nicht großartig und für die Schule, auf die er ging, zu niedrig, das mochte auch vielleicht seine schlechten Noten etwas erklären, aber trotzdem lag er damit über dem Durchschnitt. Ich hätte ihm meiner Schätzung nach einen IQ von 85 gegeben und rief wegen dieser Diskrepanz in der Beurteilung die Psychologin an. Ich könne nicht glauben, dass er einen IQ von 105 hätte, sagte ich, und sei sicher, dass er sehr viel niedriger sein müsse, da er bei den Sprichwörtern so schlecht abgeschnitten habe. „Oh, darüber haben wir nicht gesprochen", erwiderte sie. „Heutzutage kennt keiner von diesen jungen Leuten die alten Sprichwörter mehr."

Ich habe schon oft gedacht, dass uns einiges erspart bliebe, wenn wir in den öffentlichen Schulen ein Erziehungsprogramm zur geistigen Gesundheit einführen könnten, aber ich weiß, dass das nicht machbar ist. Die Leute würden dagegen Widerspruch einlegen es gibt eine Gegenbewegung zu dieser Forderung in den Vereinigten Staaten, zu der Leute gehören, die sich vor den Einflüssen des säkularen Humanismus und der Psychologiebewegungen auf unser Leben fürchten. Der Gedanke, dass es gut für Kinder sein könnte, wenn sie ihren Eltern widersprechen, lässt sie erschaudern. Solches Gedankengut kann ihrer Ansicht nach nur das Werk des Teufels sein. Aber selbst sie könnten nichts dagegen einzuwenden haben, wenn unseren Kindern in der Schule wieder die alten Sprichwörter beigebracht würden, oder? Ich hoffe also, dass irgendjemand ein solches Programm in den Schulen einführt. Und ich hoffe, dass dies bald geschieht. Denn wie mein Großvater gesagt hatte: „Was du heute kannst besorgen, das verschiebe nicht auf morgen."

Laienpsychotherapie

Abgesehen davon, dass die AA sehr effektiv mit Sprüchen arbeiten, haben sie noch ein anderes sehr wirkungsvolles System, nämlich ein System von Mentoren, Vertrauenspersonen oder hilfreichen Ratgebern. Wenn Sie sich den AA oder einem der anderen Zwölfschritteprogramme anschließen, können Sie sich nach einer Weile einen solchen Mentor aussuchen, der eigentlich nur ein angelernter Psychotherapeut ist.

Sollten Sie das Gefühl haben, eine Psychotherapie zu brauchen, die Sie sich aber nicht leisten können, dann könnten Sie vorgeben, ein Alkoholiker zu sein, und zu den AA gehen und die Hilfe eines solchen Psychotherapeuten in Anspruch nehmen. Es gibt tatsächlich einige Leute, die das tun. Da ich aber Betrug nicht gutheißen will, möchte ich Ihnen davon abraten. Statt dessen schlage ich Ihnen vor, so zu tun, als ob Sie einen Alkoholiker in der Familie hätten, und zu den Anonymen Alkoholikern zu gehen und sich dort einen Mentor besorgen. Vermutlich müssen Sie dabei nicht einmal lügen, denn zweifellos gibt es irgendwo in Ihrer Familie einen Alkoholiker.

Damit möchte ich nicht behaupten, dass die Mentoren oder Ratgeber innerhalb dieser Zwölfschritteprogramme einen vollwertigen Ersatz für einen bezahlten professionellen Psychotherapeuten darstellen. In gewisser Hinsicht sind sie nicht genauso gut. Ich weiß deshalb soviel über die AA, weil ich Patienten habe, die nach Jahren bei den Anonymen Alkoholikern das Gefühl hatten, dass ich als Psychiater vielleicht noch mehr als ihre Mentoren auf Lager hätte. Und bei meinem Versuch, ihnen noch besser zu helfen, lernte ich eine ganze Menge von ihnen.

Die Zwölfschritteprogramme haben so etwas wie einen überlieferten Grundsatz eingebaut, dem zufolge es absolut in Ordnung ist, wenn einer über seinen Mentor oder Ratgeber hinauswächst. Und meiner Ansicht nach ist ihr Mentorensystem in dieser Hinsicht der herkömmlichen Therapie überlegen. Es gilt als völlig normal, wenn Sie zu Ihrem Mentor gehen und sagen: „Schau mal, ich bin dir wirklich für all die Hilfe, die du mir in den letzten drei Jahren gegeben hast, dankbar, aber ich glaube, dass ich jetzt für einen erfahreneren, differenzierter denkenden Ratgeber bereit bin. Und der Mentor antwortet darauf: „Ich stimme dir absolut zu, und ich bin glücklich, dass ich dir helfen konnte und du soweit gekommen bist." Es gibt nicht viele Psychiater, die so gelassen reagieren würden, wenn ihre Patienten über sie hinauswachsen.

Ein gemeinschaftsförderndes Programm

Die AA haben also Erfolg, weil sie ein Programm zur spirituellen Bekehrung haben und den Leuten erklären, warum sie durch die Wüste gehen müssen, um zu Gott zu gelangen. Und sie haben Erfolg, weil ihr Programm auch ein psychologisches Programm ist, und sie den Leuten einiges darüber sagen, wie sie es schaffen, sich durch die Wüste fortzubewegen, indem sie Sprüche anwenden und Mentoren einsetzen. Und es gibt noch einen dritten Grund: Die AA haben Erfolg, weil sie den Leuten sagen, dass sie nicht allein durch die Wüste wandern müssen. Ihr Programm ist gut für die Gemeinschaft.

Nachdem ich meine Praxis aufgegeben hatte, habe ich in den letzten Jahren mit anderen für die Entwicklung der Foundation for Community Encouragement gearbeitet. Im vorliegenden Buch *Gemeinschaftsbildung* werden diese Bemühungen beschrieben. Dort legte ich auch dar, dass sich eine Gemeinschaft nur in einer Krisensituation auf natürliche Weise entwickeln kann. So kommt es zum Beispiel, dass sich Fremde im Warteraum vor einer Intensivstation sehr schnell ihre intimsten Ängste und Freuden erzählen, weil ihre Verwandten auf der anderen Seite des Flurs in einem lebensbedrohlichen Zustand sind. Oder dass binnen weniger Stunden nach einem Erdbeben, wie es sich etwa 1985 in Mexico City ereignete und bei dem über viertausend Menschen ums Leben kamen, reiche Jugendliche, die sich normalerweise nur für sich selbst interessieren, Hand in Hand mit armen Arbeitern in aufopfernder Liebe rund um die Uhr versuchten, das Elend auf der Straße zu lindern.

Das einzige Problem besteht darin, dass mit dem Ende der Krise auch die Gemeinschaft zu Ende ist. Und das hat zur Folge, dass Millionen von Menschen ihren verlorengegangenen Krisen nachtrauern. Ich kann Ihnen garantieren, dass am kommenden Samstagabend, wenn nicht schon an diesem Donnerstagabend, Zehntausende von alten Männern in unseren Veteranenklubs sitzen, sich die

Hucke vollsaufen und dem Zweiten Weltkrieg nachtrauern. Sie erinnern sich so schwärmerisch an diese Zeiten, weil sie, obgleich es nasskalte und gefahrvolle Tage waren, damals ein großes Gemeinschaftsgefühl hatten und den eigentlichen Sinn ihres Lebens erkannten, was ihnen so schnell nicht wieder passieren wird.

Der Segen des Alkoholismus

Die den AA angehörenden Alkoholiker haben etwas, was ein großer Segen für sie und dazu außerordentlich genial ist.

Der Segen ist der Segen des Alkoholismus. Er ist ein Segen, weil er eine Krankheit ist, die die Menschen sichtbar zerbricht. Alkoholiker sind nicht gebrochener als andere Menschen, die keine Alkoholiker sind. Wir alle haben unsere Schmerzen und unsere Schrecken. Wir alle sind gebrochene Menschen, aber Alkoholiker können es nicht mehr verbergen, während sich der Rest von uns hinter einer Maske von Fassung und Haltung verstecken kann. Wir sind nicht imstande, miteinander über die Dinge zu sprechen, die uns am wichtigsten sind; wir können nicht über das sprechen, was uns unser Herz bricht und warum. Daher besteht der große Segen des Alkoholismus in der Natur dieser Krankheit. Sie stürzt die Menschen in sichtbare Krisen, und diese Krise bringt sie wiederum zur Gemeinschaft – zu einer AA-Gruppe.

Das außerordentlich Geniale daran ist die Tatsache, dass sich die Alkoholiker bei den AA als genesende Alkoholiker bezeichnen. Sie bezeichnen sich nicht als geheilte Alkoholiker oder als Ex-Alkoholiker, sondern als genesende Alkoholiker. Und dadurch bringen sie sich ständig in Erinnerung, dass dieser Prozess der Genesung andauert, dass die Krise andauert. Und weil die Krise andauert, bleibt auch die Gemeinschaft bestehen.

Zu den schwierigsten Problemen bei meiner Arbeit mit der Foundation for Community Encouragement gehört der Versuch, den Leuten zu erklären, um was es dabei geht. Die einzigen Menschen, die die Sache sofort kapieren, sind die, die in einem Zwölfschritteprogramm stecken. Ihnen kann ich erklären, dass die Foundation for Community Encouragement den Menschen beizubringen versucht, wie sie zu einer Gemeinschaft werden können, ohne vorher erst Alkoholiker werden zu müssen, ohne erst eine Krise durchgemacht zu haben. Oder besser gesagt, sie versucht den Leuten beizubringen, dass sie – dass wir alle – bereits in einer Krise stecken.

Der Krise früh begegnen

Unsere Gesellschaft, die dem Schmerz nicht begegnen möchte, hat eine sehr merkwürdige Einstellung gegenüber der geistigen Gesundheit. Wir Amerikaner meinen, dass geistig gesunde Menschen noch keine Krise durchgemacht haben. Im Gegenteil, geistige Gesundheit zeichnet sich vielmehr dadurch aus, dass wir fähig sind, unseren Krisen früh zu begegnen.

Heutzutage ist das Wort „Krise" sehr in Mode gekommen; zum Beispiel reden wir alle von einer Midlife-Crisis. Aber diesen Begriff gab es schon lange zuvor im Zusammenhang mit der Menopause der Frauen. Für viele Frauen Anfang 50 drohte eine Welt zusammenzubrechen, wenn sie plötzlich ihre Periode nicht mehr bekamen. Aber merkwürdigerweise war das nicht bei allen Frauen der Fall, und ich kann Ihnen erklären, warum.

Eine geistig gesunde Frau mit sechsundfünfzig kennt keine große menopausal bedingte Midlife-Crisis, weil sie bis dahin bereits viele kleine Krisen bewältigt hat. Mit sechsundzwanzig zum Beispiel wacht sie eines Morgens auf, blickt in den Spiegel und entdeckt die ersten kleinen Fältchen um ihre Augenwinkel. Da denkt sie dann vermutlich bei sich: „Weißt du, ich bin mir eigentlich doch nicht so ganz sicher, dass noch ein Talentsucher aus Hollywood vorbeikommt." Und wenn sie dann zehn Jahre später sechsunddreißig ist und ihr jüngstes Kind in den Kindergarten bringt, denkt sie bei sich: „Weißt du, vielleicht solltest du doch noch ein Bisschen mehr mit deinem Leben anfangen, als dich nur auf die Kinder zu konzentrieren." Wenn so eine Frau dann um die 50 ist und keine Menstruation mehr hat, wird sie dies locker überstehen. Abgesehen von ein paar Hitzewallungen wird sie absolut keine Probleme haben, weil sie sich, psychisch gesehen, schon vor zwanzig Jahren mit ihrer Menopause auseinandergesetzt hat. Nur die Frau gerät in Schwierigkeiten, die ewig an ihrem Traum, dass ein Talentsucher aus Hollywood sie noch entdecken wird, festhält, und die außerhalb ihres Heims keine anderen Interessen entwickelt hat. Wenn dann der fünfzigste Geburtstag über sie hereinbricht, und wenn schließlich ihre Menstruation endgültig ausbleibt, und wenn sich auch durch noch soviel Schminke ihre Falten nicht mehr übertünchen lassen, und wenn dann die Kinder das Elternhaus verlassen – und sie nicht nur mit einem leeren Nest, sondern auch mit einem leeren Leben zurücklassen –, braucht man sich nicht zu wundern, wenn sie zusammenbricht.

Ich möchte hier weder über Frauen noch über die Menopause Klischees verbreiten, denn die Midlife-Crisis ist bei Männern gleichermaßen verbreitet und wirkt sich ebenso gravierend aus. Ich kann davon ein Lied singen. Vor nicht langer Zeit machte ich meine dritte Midlife-Crisis durch. Ich war so deprimiert, wie ich es seit meiner Zeit als Fünfzehnjähriger nicht mehr erlebt hatte, und das tat weh. Ich möchte damit eigentlich nur klarmachen, dass sich geistige Gesundheit bei Männern und Frauen nicht daran bemisst, wie gut wir Krisen ausweichen können, sondern daran, wie früh wir einer Krise begegnen und dann zur nächsten Krise übergehen können – und vielleicht daran, wie viele Krisen wir in unserem Leben aushalten.

Es gibt eine seltene schlimme psychische Krankheit, von der vielleicht ein Prozent der Bevölkerung betroffen ist. Sie ist die Ursache dafür, dass das Leben der davon betroffenen Menschen zwanghaft theatralisch ist. Sie brauchen die ganze Zeit Spannung und Aufregung. Aber die weitaus schlimmere psychische Krankheit, von der mindestens 95 Prozent von uns Amerikanern betroffen sind, manifestiert sich darin, dass wir unser Leben ohne ein ausreichendes Gefühl für das Drama führen und uns nicht jeden Tag aufs Neue die krisenhafte Natur unseres Lebens bewusst machen.

Darin liegt einer der Vorzüge für eine „gläubige" Person. Das Leben anderer Menschen hat Höhe- und Tiefpunkte, wohingegen wir Gläubigen eben unsere „spirituellen Krisen" haben. Es ist sehr viel würdevoller, eine spirituelle Krise zu haben als eine Depression. Und es ist durchaus möglich, dass wir unsere Depression schneller überstehen, wenn wir sie als eine spirituelle Krise erkennen, die sie ja auch tatsächlich oft ist. Meiner Meinung nach muss unsere Gesellschaft endlich damit anfangen, Krisen als solche zu erkennen, wozu auch gewisse Formen der Depression und alle Arten von existenziellem Leiden gehören. Nur durch dieses Leiden und durch die Krise entwickeln wir uns weiter.

Die AA-Leute leben, da sie sich fortwährend in einem Genesungsprozess befinden, in einer immerwährenden Krise. Und sie kommen mit dieser immerwährenden Krise zurecht, weil sie einander helfen. Und das versteht man unter Gemeinschaft.

Ich kann Ihnen zwar sagen, was Gemeinschaft ist, kann Ihnen aber nicht sagen, wie sie sich anfühlt. Jesus hatte ein ähnliches Problem. Er stieß auf etwas, das er das Reich Gottes nannte, und war davon sehr begeistert. Doch wenn er es den Leuten zu beschreiben versuchte, fielen ihnen die Augenlider zu, und sie gähnten. Also ersann er Parabeln, um es besser zu beschreiben. So sagte er zum Beispiel: „Schaut, es ist, als hätte ein Mensch eine sehr kostbare Perle gefunden." Oder: „Es ist, als hätte ein Mann einen Weinberg und bräuchte ein paar Arbeiter." Oder: „Es ist wie ein Mann, der einen verlorenen Sohn hatte." Aber im Großen und Ganzen verstanden sie immer noch nicht, wovon er sprach.

Zweitausend Jahre später verstehen die Leute immer noch nicht, wovon er eigentlich sprach, obwohl seine Parabeln die berühmtesten Parabeln der Literatur geworden sind. Die meisten Christen verstehen nicht wirklich, was er mit dem Reich Gottes meinte. Meiner Meinung nach ist es kein Zufall, dass Jesus die gleichen Schwierigkeiten hatte, das Reich Gottes zu erklären, wie nun wir, wenn wir über Gemeinschaft sprechen. Denn das Reich Gottes hat meiner Meinung nach am meisten mit einer Gemeinschaft gemeinsam.

Sie kennen das Zitat aus der Bibel, wonach Jesus sagte: „Das Reich Gottes ist in euch selbst." In Wirklichkeit hat er das aber nicht gesagt. Jesus sprach aramäisch und die Evangelien wurden in Griechisch verfasst und dann in alle Sprachen der Welt übersetzt. Das musste unweigerlich zu Fehlern führen, und es gibt Tausende von Büchern, die sich mit der korrekten Übersetzung und den von Jesus tatsächlich gesprochenen Worten befassen.

Unter anderem testen die Wissenschaftler die Genauigkeit einer Passage im Evangelium dadurch, dass sie feststellen, ob sie sich aus dem Griechischen in das Aramäische zurückübersetzen lässt. Die meisten Wissenschaftler sind sich inzwischen darin einig, dass Jesus nicht gesagt hat: „Das Reich Gottes ist in euch selbst." Er sagte: „Das Reich Gottes ist unter euch." Und ich glaube, dass wir das Reich Gottes am besten unter uns in der Gemeinschaft finden.

Genau mit diesem Thema befasste sich Keith Miller in seinem Buch „The Scent of Love" im Zusammenhang mit den ersten Jüngern Jesu[75]. Man sagt, dass die frühen Christen deshalb so überwältigend erfolgreiche Prediger waren, weil der Heilige Geist auf sie herabkam und ihnen verschiedene Gaben verlieh – Gaben des Charismas und des Zungenredens –, sodass sie in allen Sprachen sprechen konnten, und so breitete sich das Christentum sehr stark aus. Aber Keith Miller vermutet, dass das nicht der Hauptgrund für seine starke Verbreitung war.

In Wirklichkeit war es so, dass die Jünger und frühen Anhänger des Christentums durch Jesus das Geheimnis der Gemeinschaft entdeckt hatten. Da kam vielleicht jemand eine kleine Gasse in Ephesus oder Korinth entlang und sah da Leute beisammensitzen und hörte sie über die merkwürdigsten Dinge reden, die überhaupt keinen Sinn ergaben: irgendetwas über einen Mann und eine Kreuzigung an einem Baum und über Heimsuchungen und himmlischen Beistand.

---

[75] Keith Miller, *The Scent of Love* (Waco, Texas: Word Books, 1983)

Aber die Art, wie diese Menschen miteinander sprachen, weinten, lachten, einander berührten, miteinander umgingen, hatte etwas so merkwürdig Bezwingendes, dass sich der vorbeikommende Fremde von ihnen angezogen fühlte. Es war, als durchziehe ein Duft der Liebe die Gasse und zog die Menschen an wie die Blume die Bienen. Und die Leute sagen: „Ich verstehe nicht warum, aber ich will ihnen angehören."

Wir haben gemeinschaftsfördernde Workshops in absolut sterilen Konferenzräumen von Hotels abgehalten und erlebten es, dass Angestellte von der Rezeption und Serviererinnen vorbeikamen und sagten: „Ich weiß nicht, was ihr hier macht, aber ab drei Uhr habe ich frei – kann ich kommen und mich euch anschließen?" So ähnlich könnte es auch bei den ersten Christen gewesen sein.

Und deshalb glaube ich, dass das positivste Ereignis des 20. Jahrhunderts am 10. Juni 1935 in Arcon, Ohio, stattfand, als Bill W. und Dr. Bob zum ersten Treffen der AA zusammenkamen. Es war nicht nur der Beginn der Integration von Wissenschaft und Spiritualität auf breiter Ebene, sondern auch der Anfang der Gemeinschaftsbewegung.

Auch aus diesem Grund halte ich die Sucht für eine heilige Krankheit.

Die verschiedenen Aspekte des gemeinschaftsbildenden Prozesses

von Götz Brase

Es gibt keine Methode, es gibt nur Achtsamkeit
Krishnamurti

In Amerika gehört zur Standardeinführung in einen Workshop unter anderem der Satz: „Wir wissen nicht, wie der Prozess funktioniert." Ich würde solche Aussagen nicht treffen, auch wenn es natürlich stimmt – der Verstand wird das Leben nie ganz ergründen können. Trotzdem geht es darum, die Dinge immer mehr zu verstehen, die Gesetzmäßigkeiten herauszufiltern, so dass man den Weg ins gemeinsame Herz für eine Gruppe erleichtern kann. Genau das hat ja Scott Peck mit den Grundlagen der Gemeinschaftsbildung, den vier Phasen und den Kommunikationsempfehlungen getan.

Eines der grundlegende Dinge der Gemeinschaftsbildung besteht darin, dass man sich in einem gemeinschaftsbildenden Kreis nicht so leicht ablenken kann. Wenn schwierige Gefühle auftauchen, steht kein Fernseher zur Verfügung. Aber man hat die Möglichkeit innerlich zu flüchten. Scott Peck beschreibt in dem Kapitel „Die Muster von Gruppenverhalten" die vier verschiedenen Varianten. Wenn man innerlich weggeht, haben die anderen das Problem, dass die Energie im Kreis verloren geht, und sie werden sich irgend wann auf die Suche machen, bei wem es mit der Präsenz hapert. Als gesamte Gruppe lenkt man sich am Anfang ab, indem man Smalltalk betreibt, sich gegenseitig Geschichten erzählt oder eine intellektuelle Diskussion beginnt (Pseudo Zustand). Aber auch das wird nach einer gewissen Zeit von Teilnehmern als störend bzw. nicht für den Prozess dienlich empfunden. Also bleibt meist nach einigen vergeblichen Versuchen des Ausweichens nur die Möglichkeit, da zu bleiben, anwesend zu sein und zu fühlen. Und wenn wir das machen, beginnt der Prozess sich ziemlich schnell zu entfalten.

Die wichtigste Kommunikationsempfehlung der Gemeinschaftsbildung besteht darin zu reden, wenn man einen Impuls hat und nicht zu reden, wenn man keinen Impuls hat. Der Kopf ist assoziativ und schnell, das Gefühl ist meist langsamer. Wenn man einen gewissen Abstand zwischen den Beiträgen lässt, kann man relativ sicher sein, keine Reaktion aus dem Kopf (Pseudo Zustand), sondern einen Impuls aus dem Gefühlsbereich erwischt zu haben. Allerdings gibt es auch eine schnelle emotionelle Reaktion, etwa wenn einem etwas Schwieriges gesagt wird und man die bei sich ausgelösten Gefühle nicht fühlen will. Dann antwortet man schnell, geht in die Abwehr oder in die Rechtfertigung (Chaos Phase). In den fortlaufenden Gruppen achtet man auf diese Abstände zwischen den Redebeiträgen und ein schnelles Reagieren wird fast immer als störend empfunden. Dies ist eigentlich die einzige Struktur, die es in dem gemeinschaftsbildenden Prozess gibt.

Wenn eine Gruppe, die den Prozess nicht kennt, auf diese Empfehlung hingewiesen wird, entsteht meist in der ersten Session eine sehr schöne und tiefe Energie (wir nennen sie die „Freitagabendenergie", weil die erste Session eines Wochenendworkshops an einem Freitagabend stattfindet). Deswegen gelingen die Kurzworkshops auch meistens sehr gut. Die Teilnehmer sind am Anfang etwas überrumpelt bzw. überrascht. Das Unbewusste muss erst neue Strategien entwickeln, um sich gegen den Aufbau dieser intensiven Energie zu wehren. Einige Teilnehmer empfinden diese Intensität (bewusst oder unbewusst) sogar bedrohlich.

Am zweiten Tag eines Workshops werden die Vermeidungsstrategien (innerliche Abwesenheit, Geschichten erzählen, Dozieren, Verallgemeinerungen) meist stärker. Die schwierigste Situation besteht für einen Begleiter darin, dass die Teilnehmer ihre Präsenz verlieren. Eine zähe, lähmende und anstrengende Energie macht sich dann im Raum breit. Oft geht die innere Anwesenheit verloren, indem ein Teilnehmer bewusst oder unbewusst eine Art Brille aufsetzt, eine kritische Zuschauerhaltung einnimmt und dadurch nicht mehr so am Prozess beteiligt ist. Man sagt sich dann z.B. „das ist mir zu langweilig/sinnlos/zu schwierig", „ich kann in großen Gruppen nicht sprechen" usw. Diese kritische Einstellung kann ihre Wirkung nur entfalten, wenn sie nicht ausgesprochen wird. Wenn man damit in den Ausdruck geht, kann sie sich verändern, und die Teilnehmer gewinnen wieder an Präsenz und Engagement für den Prozess.

Man könnte die Wirkung des Prozesses auch beschreiben als ein Anheben des Energie- und Emotionsniveaus der Gruppe. Das Ganze funktioniert nach dem Prinzip: Wenn man sich eine Sache genau anschaut, wie sie ist, ein (schwieriges) Gefühl annimmt, ein völliges „Ja" dazu hat, dann löst es sich auf bzw. verwandelt sich in eine positive Energie. Auf dem Weg in die Tiefe werden immer wieder neue Blasen bei den Teilnehmern an getickt, die sich durch ein Aussprechen entleeren können. Dadurch wird immer mehr Energie frei. Dieser Transformationsprozess stellt sich in einem fortlaufenden gemeinschaftsbildenden Kreis fast ohne Ausnahme an jedem Abend ein, wenn eine Gruppe den Prozess ausreichend kennt bzw. beherrscht. Am Anfang packen die Teilnehmer ihre Päckchen auf den Tisch, ihre Sorgen usw. Das drückt erst mal die Stimmung, bis der Transformationsprozess nach einer gewissen Zeit einsetzt. Am Schluss gehen die Teilnehmer meist in einem angenehmen Space und energetisch genährt nach Hause.

Wenn man mit der Gemeinschaftsbildung beginnt, geht es erst mal darum zu üben, ehrlich zu sein, das auszusprechen, was einen wirklich bewegt. Es ist ein Trainieren der Beobachtungsgabe sowohl nach innen als auch nach außen (der Wahrnehmung dessen, was man bei den anderen Teilnehmern sieht oder als störend empfindet). Das Ganze ist auch eine Frage des Mutes. In der normalen gesellschaftlichen Kommunikation, besonders in Gruppen, gibt es kaum die Möglichkeit, Kritik oder Störungen zu äußern. Wenn Störungen angesprochen werden, dann meist (erst nach langer Zurückhaltung) eruptiv und heftig und damit alles andere als achtsam. Dabei sind Kritik und Rückmeldungen für die Persönlichkeitsentwicklung sehr wichtig. Damit sie nicht verletzend sind und leichter aufgenommen werden können, braucht es einen achtsamen Rahmen.

Viele empfinden die Kommunikation in einem gemeinschaftsbildenden Kreis am Anfang als etwas unnatürlich wegen des Fehlens der üblichen Art, sich mitfühlend zu zeigen. Teilnehmer haben sie mal als „Plopp-Kommunikation" beschrieben: Jemand spricht etwas aus, die Pause danach wird als ein Nachschwingen empfunden ähnlich den Wellen, die entstehen, wenn man einen Stein mit einem „Plopp" ins Wasser wirft. Nach einer Zeit wird dies als besonders achtsam und unterstützend wahrgenommen, um sich öffnen zu können. Es gibt keine Therapieversuche, kein Nachfragen oder sonstige Verhaltensweisen, die dem entsprechen würden, wie man sich gemäß dem normalen konventionellen Rahmen als mitfühlend zeigt. Da zu sein, zu fühlen, was ist und sich zu äußern, wenn man einen wirklich Impuls hat, ist die beste Empathie, die man seinem Mitmenschen geben kann. Die Person hat dann wirklich einen Raum, wo sie sich ihre Dinge anschauen kann ohne dabei gestört zu werden. Nicht umsonst gibt es in der

Gemeinschaftsbildung den Spruch: „Dort wo nicht Heilung versucht wird kann sie oft am besten stattfinden."

Sehr schnell hat sich ein Unterschied herausgebildet, wie wir/ich hier in Deutschland begleite/n und dem Stil in Amerika. Es wird dort weniger eingegriffen und Hilfestellung gegeben. Das bedeutet, dass der Prozess etwas rau ablaufen kann. Die Gruppen landen meist in einem relativ heftigen Chaoszustand (siehe Kapitel „Die vier Phasen der Gemeinschaftsbildung"). Ich sehe darin keinen so großen Wert, auch weil dieses heftigere Chaos in den fortlaufenden Gruppen kaum vorkommt. Bereits sehr schnell hat sich hier in Deutschland eine Besonderheit herauskristallisiert: Wenn die Empfehlung, nur dann zu sprechen, wenn man einen Impuls hat, gut angewendet wird, entstehen mehr oder weniger automatisch kürzere oder längere Abstände zwischen den Beiträgen. Wir stießen bald nach dem Beginn unserer Hamburger Gruppe im Jahr 2005 auf das Buch über Affinity-Gruppen von Paul Ferrini, der ähnliche Grundprinzipien für Gesprächskreise entworfen hat wie Scott Peck[76]. Bei diesen Affinity-Gruppen gibt es die Regel, zwischen jedem Beitrag eine Pause von 30 Sekunden einzuhalten. Das hat mich bzw. unsere damalige Hamburger Gruppe darin bestärkt, wie wichtig diese Pausen sind. Es entsteht eine andere Atmosphäre, wenn sie eingehalten werden, durch diese Kommunikationsentschleunigung bekommt man überhaupt erst Zeit zum Fühlen und Nachspüren der Beiträge. Seitdem arbeite ich auch in der Begleitung sehr viel mit diesen Abständen. Sie schieben eine Gruppe quasi aus dem Pseudo-Zustand heraus, und auch das Chaos kann sich nicht so hochschaukeln. Dafür tauchen dann andere Probleme auf, mit denen auch die fortlaufenden Gruppen viel zu kämpfen haben: Ein lähmendes Schweigen macht sich breit, weil den Leuten die Möglichkeit für die sonst übliche Pseudokommunikation genommen wird und die Situation für die Teilnehmer dadurch ungewohnt ist.

Das weicht von dem (orthodoxen) amerikanischen Stil ab. Beide haben ihre Vor- und Nachteile. Bei meiner Art zu begleiten besteht die Gefahr, dass zu viel unterstützt und interveniert wird, die Gruppe keine ausreichende Eigenständigkeit und Selbstverantwortung entwickelt (wie von Scott Peck in dem Kapitel: Die Muster Gruppenverhalten, im Abschnitt Abhängigkeit beschrieben wird).

---

[76] Paul Ferrini, *Im Herzen leben: das Praxisbuch zum Affinity-Prozess* (Bielefeld: Aurum, 2003)

Für mich ist es auch wichtig, dass eine Gruppe die Möglichkeit kennenlernt, mit dem Redestab zu arbeiten, der im Kreis weitergereicht wird. Aus meiner Sicht ist es ein sehr gutes Hilfsmittel, mit dem sich fortlaufende Gruppen aus den beiden größten Schwierigkeiten des gemeinschaftsbildenden Prozesses herausarbeiten können: Dem „zu wenig Chaos", also dem lähmenden Schweigen, das mit zu wenig Risiko, Experimentierbereitschaft und dem Übersehen von Impulsen zu tun hat und dem „zu viel Chaos". Interessanter Weise gehen die meisten fortlaufenden Gruppen nicht wegen zu viel sondern zu wenig Chaos ein, also dass man sich zu sehr in Ruhe lässt.

Gefühlsmanagement – das Annehmen der Gefühle

Für ein Kleinkind kann es lebensnotwendig sein, Gefühle zu verdrängen. Es hat oft noch nicht genügend Kapazitäten, um das zu verarbeiten, was aus der teilweise harten Erwachsenenwelt auf es zukommt. Man könnte es mit folgendem Bild beschreiben: Das Kleinkind hat nur Kapazitäten von 100 Watt, die Gefühle, die auf es zukommen, haben manchmal aber eine Stärke von 400 Watt, also muss verdrängt werden, sonst droht eine Psychose. Als Erwachsener haben sich die Kapazitäten auf 500 Watt erhöht. Es kommt ein Gefühl von 400 Watt, wird aber immer noch als lebensbedrohlich eingestuft, weil die Verdrängungssperre aus der Kindheit noch vorhanden ist. Man muss somit die Ängste und Warnschilder übergehen lernen, damit die Gefühle sich voll entfalten und die Verdrängungsmechanismen langsam abgebaut werden können. Nur so können die Gefühle ausheilen, verlieren sie mit der Zeit ihre Kraft bzw. ihre negative Wirkung.

Man könnte es auch noch anders beschreiben: Die Gefühlskurve verläuft wie eine Parabel. Sie steigt immer mehr an, bis sie ihren Höhepunkt erreicht hat und dann wieder steil abfällt. Beim Trauma bzw. einer massiven Verdrängung wird das Ansteigen der Gefühlskurve nicht zugelassen, sondern verdrängt bzw. abgeschnitten. Ein Heilungsprozess kann darin bestehen, dass man diese Gefühlskurve trotz der damit verbundenen Ängste wieder voll zulässt, so dass die Gefühle frei schwingen können.

Es ist immer wieder erstaunlich zu erleben, wie wenig Platz der Gefühlswelt in der normalen Kommunikation in unserer Gesellschaft gegeben wird. In den gemeinschaftsbildenden Kreisen taucht man in die Gefühlswelt ein und übt zu erkennen, wann man selbst oder die Gruppe in die Intellektualität, in die Kopflastigkeit ausweicht.

Krishnamurti, einer der ganz großen Lehrer unserer Zeit, schreibt dazu in dem Kapitel „Über das Aufblühen" in seinem Buch „Einbruch in die Freiheit"[77]: „,Kann Frustration aufblühen?', fragte er. ,Wie muss man fragen, damit Frustration sich entfaltet, zur vollen Blüte gelangt? Nur wenn einem Gedanken gestattet wird, sich voll zu entfalten, kann er sich auf natürliche Weise auflösen. Wie eine Blume im Garten muss der Gedanke blühen können, muss Frucht tragen und dann sterben. Und so, wie man den Gedanken erlauben muss, sich zu entfalten, so muss man ihnen auch gestatten zu sterben. Die richtige Frage lautet: Ist es möglich, der Frustration so viel Raum zu geben, dass sie aufblühen und verwelken kann?' Ein Schüler fragte, was er mit ,Aufblühen' meine. Krishnamurti antwortete: ,Schau in den Garten, betrachte dir die Blumen dort! Sie blühen, und nach ein paar Tagen welken sie dahin, das ist ganz natürlich. Und ich sage, man muss auch der Frustration die Freiheit geben, vollständig aufzublühen. Deine Frage war doch: Gibt es eine Selbstreinigungskraft, einen Antrieb, sich selbst zu reinigen und gesund zu erhalten? Diese Kraft, diese Flamme, kann nur wirken, wenn wir allem die Freiheit lassen, aufzublühen, sich zu entfalten – dem Hässlichen, dem Schönen, dem Bösen, dem Guten, dem Dummen –, damit auch nicht das Geringste unterdrückt wird, damit nichts unter der Oberfläche verborgen bleibt, sondern alles ans Licht geholt und verbrannt wird. Und das kann nur geschehen, wenn ich Frustration, Unglücklich sein, Trauer, Konflikt, Dummheit und Stumpfheit wirklich untersuche. Wenn ich mich nur rational mit diesen Zuständen auseinandersetze, werde ich niemals wissen, was sie wirklich bedeuten.' Die Schüler verstanden ihn nicht und stellten weitere Fragen. ,Seht ihr', erwiderte er, ,für euch ist dieses Aufblühen nur eine Vorstellung. Der Verstand kümmert sich stets nur um die Symptome, nie um das Wesentliche. Er hat nicht die Freiheit, es wirklich herauszufinden. Er tut genau das, was für ihn charakteristisch ist, indem er sich sagt: Es ist eine gute Idee, ich werde darüber nachdenken, und so ist er verloren, denn er beschäftigt sich nur mit der Vorstellung, nicht mit dem Realen. Er sagt sich nicht: Lass es aufblühen und sieh, was geschieht.

---

[77] J. Krishnamurti, *Einbruch in die Freiheit* (München: Lotos, 2002)

Gemeinschaftsbildung

Dann würde er es wirklich herausfinden, aber er sagt: Es ist eine gute Idee; ich muss die Idee untersuchen.' Krishnamurti sagte zu den Schülern: ‚Die meisten Menschen bleiben im Unwesentlichen, in den kleinen Dingen gefangen.' Dann fragte er: ‚Kann ich das Symptom sehen, es bis zu seiner Ursache zurückverfolgen und die Ursache sich entfalten lassen? Aber ich will, dass es sich in eine bestimmte Richtung entwickelt, was bedeutet: Ich habe eine Vorstellung davon, auf welche Weise es sich entfalten soll. Können wir das noch ein wenig weiter verfolgen? Kann ich sehen, dass ich die Ursache am Aufblühen hindere, weil ich Angst habe, weil ich nicht weiß, was geschehen wird, wenn ich zum Beispiel meiner Frustration erlaube, aus dem Unbewussten aufzusteigen und Raum einzunehmen? Kann ich mir anschauen, wovor ich Angst habe? Ich kann sehen, dass kein Aufblühen stattfinden kann, solange die Angst da ist. Also muss ich mich zuerst mit der Angst auseinandersetzen. Nicht, indem ich mich mit meiner Vorstellung davon beschäftige, sondern, indem ich mich mit ihr als Tatsache auseinandersetze. Kann ich also der Angst erlauben, aufzublühen?

All das erfordert ein hohes Maß an innerer Achtsamkeit. Der Angst erlauben, aufzublühen – weißt du, was das bedeutet? Kann ich allem erlauben aufzublühen? Das heißt nicht, dass ich jemanden umbringen oder ausrauben werde; aber kann ich einfach das, was ist, aufsteigen und sich entfalten lassen?' Als er sah, dass sie ihn noch immer nicht verstanden, fragte er: ‚Habt ihr schon einmal eine Pflanze gezogen? Wie macht man das?' Ein Schüler antwortete: ‚Man bereitet den Boden vor, düngt ihn...' Krishnamurti fuhr fort: ‚Benutze den richtigen Dünger und die richtige Saat, bringe sie zur rechten Zeit in die Erde, kümmere dich um den Schössling, achte darauf, dass nichts ihn zerstört, und gib ihm dann die Freiheit zu wachsen. Warum tust du nicht das gleiche mit – Eifersucht? Das Aufblühen der Gefühle ist nach außen nicht sichtbar wie eine Pflanze, aber es ist noch viel realer als die Pflanze, die du draußen auf dem Feld pflanzt. Weißt du, was Eifersucht ist? Sagst du in dem Moment, in dem du eifersüchtig bist, es ist nur Einbildung? Sie brennt in dir wie ein Höllenfeuer, nicht wahr? Du bist wütend, voller Zorn, warum schaust du es dir nicht an? Nicht rational, nicht als Vorstellung, sondern wirklich. Kannst du das Gefühl aufsteigen lassen, es anschauen und sehen, wie es wächst? Sodass jedes Aufblühen zu seiner eigenen Zerstörung führt und deshalb am Ende kein Ich übrig ist, das fragen kann, wer die Zerstörung beobachtet? Darin liegt wahre Kreativität.'

Die Schüler fragten noch einmal: ‚Wenn die Blume aufblüht, entfaltet und enthüllt sie sich selbst. Was genau meinen Sie, wenn Sie sagen: Wenn Eifersucht aufblüht, wird sie sich selbst zerstören?' Krishnamurti erwiderte: ‚Nehmt eine Knospe, eine Knospe, die an einem Busch wächst. Wenn man sie abknickt, wird sie niemals blühen, sondern schnell absterben. Wenn man sie aber aufblühen lässt, zeigt sie ihre Farbe, ihre feinen Blätter, den Pollenstaub. Sie zeigt uns ihr wahres Gesicht, ohne dass uns jemand sagen muss, sie ist rot, sie ist blau, es ist Pollenstaub. Sie ist da, damit wir sie anschauen können. Wenn ihr eure Eifersucht auf die gleiche Weise aufblühen lasst, dann zeigt sie euch, was sie in Wirklichkeit ist – nämlich Neid, Abhängigkeit, Verhaftung. Wenn man die Eifersucht also aufblühen lässt, dann zeigt sie all ihre Farben, alles, was dahintersteckt. Zu sagen, Abhängigkeit ist die Ursache von Eifersucht, ist reines Verbalisieren, aber wenn man der Eifersucht erlaubt, aufzublühen, wird die Tatsache, dass du von etwas abhängig bist, verhaftet bist, zu einer spürbaren Realität, einer emotionalen Realität, nicht zu einer intellektuellen, rationalen Vorstellung. Und so enthüllt jedes Aufblühen die Dinge, die du bisher noch nicht entdeckt hattest, und während jede dieser emotionalen Realitäten sich enthüllt, blüht sie auf, und du kannst dich damit auseinandersetzen. Du lässt sie einfach aufblühen, und sie öffnen andere Türen, bis du dich mit allen auseinandergesetzt hast, und dann verschwinden auch die Ursachen und die Motive.'"

Das Vier-Schichten-Persönlichkeitsmodell und die vier Phasen der Gemeinschaftsbildung

Das sogenannte Vier-Schichten-Persönlichkeitsmodell wird heutzutage in unterschiedlichen Zusammenhängen gelehrt. Die Ursprünge stammen aus der Darstellung des Muskel- und Charakterpanzers von Wilhelm Reich und wurden dann unter anderem von Samuel Widmer weiterentwickelt und erforscht. Die vier Schichten bestehen aus der äußeren Anpassungsschicht, der Abwehr bzw. den abwehrenden Gefühlen (Hass, Trotz, Eifersucht, Gier, Neid), den abgewehrten Gefühlen (Trauer, Schmerz, Hoffnungslosigkeit, Einsamkeit) und dem inneren Kern, dem wahren Selbst.

Das 4 Schichten-Persönlichkeitsmodell

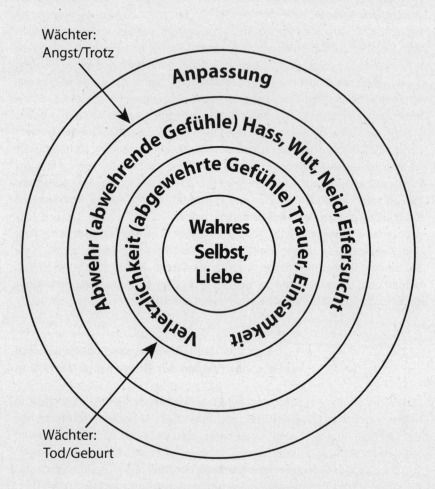

nach Wilhelm Reich/Samuel Widmer/Frank Natale

Dieses Modell korrespondiert sehr gut mit den vier Phasen der Gemeinschaftsbildung, mit denen diese Schichten im direkten Zusammenhang stehen. Die Pseudogemeinschaft entspricht der Anpassung, das Chaos der Abwehr, die Phase der Leere/Entleerung korrespondiert mit den abgewehrten Gefühlen, die auftauchen, wenn die Abwehr durchschritten oder aufgehoben wird. Das wahre Selbst, den Kern kann man der Authentizität zuordnen. Im persönlichen Wachstumsprozess geht es darum, sich durch diese verschiedenen Schichten zu arbeiten, um einen guten Kontakt zu dem eigenen inneren Gefühlsleben zu finden und authentisch im Leben sein zu können. Natürlich gibt es Situationen, in denen es notwendig ist, auf der Ebene von Pseudogemeinschaft und Anpassung (Beziehungsaufbau, Höflichkeit) zu agieren, aber im Allgemeinen geht es darum, für den anderen wirklich offen zu sein, in der Verletzlichkeit zu bleiben (3. oder 4. Phase/Schicht), nicht mit Abwehr (zweite Phase/Schicht) zu reagieren, auch wenn man angegriffen wird. Wenn man es schafft, relativ stabil in diesem Zustand der Verletzlichkeit oder Authentizität zu bleiben, ist der Energiefluss offen und man ist mit dem Leben und sich selbst in Kontakt. Bei der Gemeinschaftsbildung nach Scott Peck (und bei jedem anderen guten Gruppenprozess, sei er verbal oder nonverbal) durchlaufen die Mitglieder gleichzeitig als Gruppe wie auch individuell diese verschiedenen Schichten bzw. Phasen. Die Gruppe unterstützt den Einzelnen, tiefer in diese „Zwiebel" zu gelangen als er es aus eigener Kraft schaffen würde.

Dieser Prozess läuft bei der Gemeinschaftsbildung relativ bewusst ab, d.h., man bekommt die Gelegenheit, sich selbst und sein Verhalten im Verlauf dieser verschiedenen Phasen zu studieren und zu erleben. Dies ist der generelle Vorteil bei verbalen Prozessen gegenüber nonverbalen. Dafür beinhaltet die Sprache jedoch die größere Gefahr zu intellektualisieren und von den Gefühlen wegzugehen.

Selbstwahrnehmung – Fremdwahrnehmung

In jeder der vier Phasen gibt es einen konstruktiven und einen destruktiven Teil, besonders im Pseudo und Chaos. In der zweiten Phase geht es darum, dass die Konflikte und Meinungsverschiedenheiten auf den Tisch kommen, die Störungen, die man miteinander hat. Je geübter eine Gruppe darin ist, desto konstruktiver kann der Prozess ablaufen. Dabei findet auch immer ein Abgleich zwischen Selbstwahrnehmung und Fremdwahrnehmung statt. Das bedeutet, die Teilnehmer eines Kreises bekommen Rückmeldungen, wie sie auf die anderen wirken und können daran arbeiten, sich zu verändern, authentischer zu werden. Man könnte Verrücktheit als eine besonders große Diskrepanz zwischen Selbstwahrnehmung und Fremdwahrnehmung beschreiben.

Bei der Kommunikation von Störungen, also dem Geben von Rückmeldungen, kann eine Gruppe einen viel facettenreicheren Spiegel liefern als z.B. eine Zweierbeziehung. Wenn man nur eine Person hat als Unterstützung für die Persönlichkeitsentwicklung, ist das Risiko sehr viel größer, dass man sich ineinander verhakt, sich Projektionen aufbauen und Verletzungen stattfinden. In einer Gruppe besteht sehr viel mehr Raum und man bekommt differenziertere Rückmeldungen.

Es gibt außerdem das interessante Phänomen, dass man in den ersten beiden Phasen des Pseudo und Chaos die Schwächen der anderen besonders deutlich sieht, während man seine eigenen kaum wahrnimmt. In der 3. und 4. Phase verschiebt sich dann das Verhältnis. Die Schwächen der anderen werden kaum noch störend empfunden, weil man mehr im Kontakt ist mit den eigenen Problemen. Je mehr man also die eigenen Schwierigkeiten wegschiebt bzw. verdrängt, desto deutlicher nimmt man die der anderen wahr. Unbewusst läuft man im Zustand der 1. und 2. Phase mit der Einstellung herum, dass man unter den vielen Problemen der anderen leidet, während man sich selbst als jemand erlebt, der das alles schon weitgehend hinter sich gelassen hat. Man könnte es auch so formulieren: „Wenn die anderen doch endlich einsichtig wären und ihre Fehlverhalten korrigieren, dann wäre alles gut".

Gemeinschaftsbildung und gewaltfreie Kommunikation (GFK) nach Marshall Rosenberg

Es gibt eine starke Verbindung zwischen der Gemeinschaftsbildung und der gewaltfreien Kommunikation nach Marshall Rosenberg. Gutes Chaos will gelernt sein. Ich unterscheide zwischen konstruktivem und destruktivem Chaos. Konstruktives Chaos kann man nach meinem Verständnis mit gewaltfreier Kommunikation nach Rosenberg gleichsetzen. Wobei es mir nicht so sehr um die Einhaltung der genauen Schritte der GFK geht, sondern um die innere Einstellung, also ob ich um Gewaltfreiheit bemüht bin oder nicht, ob ich gewillt und auch in der Lage bin, eine Störung oder Kritik dem anderen gewaltfrei zu kommunizieren. Eine Störung ist immer mein Problem – ich habe das Problem mit dem anderen, nicht der andere mit mir. Wenn ich es als mein eigenes Problem ausdrücke, kann der andere es viel leichter annehmen, als wenn er mit einer Forderung konfrontiert wird, sich ändern zu müssen. Es darf immer nur ein Wunsch nach Veränderung sein. Leider habe ich in der Gemeinschaftsbildung immer wieder nicht so gute Erfahrungen gemacht mit Teilnehmern, die in der gewaltfreien Kommunikation geübt waren. Wenn die vier Schritte der GfK zu sehr als Verhaltenstraining eingeübt sind, kann die Kommunikation verkopft wirken. Die Teilnehmer brauchen dann sehr lange um etwas auszudrücken, weil alles immer erst den eingeübten „Vier-Schritte-GfK-Filter" durchlaufen muss. Dabei können Lebendigkeit und Authentizität verloren gehen. Das Entscheidende an der GfK ist für mich die richtige Einstellung und das Bemühen um Transparenz, also dass man erkennbar ist in seiner Störung und den Bedürfnissen, Motiven, aus denen heraus man sein Problem kommuniziert. Ein weiterer wichtige Punkt der gewaltfreien Kommunikation nach Rosenberg ist für mich das Trennen von Beobachtung und Gefühl. Es ist sehr schwierig, eine kritische Mitteilung aufzunehmen, wenn einem gleichzeitig die Gefühle des anderen vor die Füße geknallt werden. Man kann darüber erzählen, dass eine bestimmte Verhaltensweise einen wütend gemacht hat, man muss die Wut aber nicht wirklich raus lassen. Es reicht meistens aus, wenn man sie fühlt und mitteilt, dass sie da ist. Dann kann sie sich evtl. verändern und man rutscht eine Etage tiefer in den Schmerz, der in der Regel unter der Wut liegt.

Für mich war das Erlernen des Begleitens des gemeinschaftsbildenden Prozesses in erster Linie ein Lernen, in jeder Situation gewaltfrei zu sein (wobei ich darin natürlich bzw. leider nicht perfekt bin). Jedes Mal, wenn ich auf einen Teilnehmer wütend geworden bin, wurde es kompliziert, weil ich meine Position als Begleiter verloren habe. In der Lage zu sein, sich in jeder Situation gewaltfrei auszudrücken, transparent in den Motiven für die eigenen Handlungen zu sein, ist eine sehr wertvolle Sache und eine Grundvoraussetzung für das Begleiten.

Gewaltfreie Kommunikation in der Phase des Chaos bedeutet auch, dass man eine Balance finden muss zwischen dem, was ausgedrückt werden möchte und dem Bestreben, das Verletzungsrisiko gegenüber dem Anderen so niedrig wie möglich zu halten. Man darf sich nicht verleugnen, aber man muss dem anderen auch nicht einfach alles an den Kopf knallen. Es ist möglich, jegliche Kommunikation in Gewaltfreiheit zu führen, aber eine Kritik ist natürlich trotzdem für den anderen oft sehr schwer annehmbar wie Scott Peck sehr gut im Kapitel 10 (Die Leere) beschreibt (Vergleich des Annehmens einer schwierigen Kritik mit den Phasen des bevorstehenden Todes gemäß den Untersuchungen von Elisabeth Kübler-Ross).

Authentizität und Transparenz

Authentisch sein heißt, dass der Ausdruck mit dem Innenleben, mit dem was man fühlt und denkt, übereinstimmt. Authentische Kommunikation baut Energie auf und macht lebendig. Je genauer und präziser man in der Lage ist, nach innen zu schauen oder die Störung im Außen zu formulieren, desto authentischer ist man. Gewaltfreiheit hat auch viel mit Transparenz zu tun. Das heißt, man kommuniziert und reagiert nicht in Mustern, sondern erlebt die Dinge bewusst und kann darüber erzählen, was in einem vorgeht, so dass der andere einen leichter verstehen kann und dadurch das Verletzungsrisiko niedrig bleibt. Die Langsamkeit ist in der gemeinschaftsbildenden Kommunikation sehr wichtig, so dass man Zeit hat zum Fühlen. Außerdem gelingt es so leichter, dass man die eigenen Muster nicht einfach nur abspult, sondern diese durch die Verlangsamung bewusster erleben kann. Transparenz heißt, die Dinge bewusster werden zu lassen und mitzubekommen was in einem abläuft, diese schnellen Reizreaktionsmuster immer mehr erkennen und durchschauen zu lernen. Dadurch wird man für das Gegenüber verdaulicher, erkennbarer, fühlbarer.

Das Prinzip des Leerwerdens in der Gemeinschaftsbildung

Das Prinzip des Leerwerdens bzw. der Entleerung ist etwas sehr Grundlegendes in der Gemeinschaftsbildung. Es gibt vieles, was die Nähe und die

Bildung von tiefer Gemeinschaft verhindert. Wenn man die Oberfläche des Pseudo verlässt, gelangt man in die erste Schicht dieser Arbeit, sich leer zu machen. Es geht um die Störungen, Bewertungen, Beurteilungen, Konflikte, die zwischen den Teilnehmern stehen und die eine tiefere Nähe und energetische Verbundenheit verhindern. Wenn diese ausreichend abgearbeitet sind, steht der nächste Bereich an. Hier geht es um die Hindernisse in einem selbst, die Gemeinschaft im Wege stehen. Das kann vieles sein, besonders die Sorgen und Ängste, die einen bedrücken. Es kann eine große Erleichterung bewirken, wenn man den Mut findet, darüber in einer Gruppe zu sprechen. Es erfordert Übung zu erkennen, was einen beschäftigt bzw. bedrückt oder stört und dies dann auch möglichst präzise formulieren zu können. Wahrscheinlich liegt dem ganzen Mechanismus ein Gesetz zugrunde: Wenn man etwas genau anschaut und ausdrückt, wie es ist, dann kann es sich auflösen. Deshalb ist es so wichtig, dass eine Gruppe (oder eine Beziehung) sich zu regelmäßigen Gesprächen zusammenfindet, damit immer wieder diese Entleerung stattfindet und sich Dinge nicht anhäufen können, an denen dann quasi eine Gruppe "erstickt" und so ins Pseudo gedrückt wird, eine tiefere Verbundenheit verloren geht.

Die Präsenz in der Gemeinschaftsbildung

Man könnte die Gemeinschaftsbildung auch als ein "Gemeinsam im Hier und Jetzt" bezeichnen. Dabei ist die Präsenz sehr wichtig. Wenn diese nicht vorhanden ist, kann nichts entstehen, kann sich keine verbindende Gruppenenergie aufbauen. Störungen der Präsenz können sich durch das Prinzip der Entleerung auflösen: wenn man die Dinge ausspricht, können sie sich verändern. Man könnte es auch so sehen, dass jede Art von Entleerung eigentlich darauf ausgerichtet ist, die Präsenz wieder herzustellen. Wenn sie durch irgendetwas gestört ist, sei es durch eigene innere Prozesse und durch das Verhalten anderer Teilnehmer, kann man sich im Kreis ausdrücken und sich so entleeren. Dabei erfordert es eine gewisse Übung, Dinge genau zu erkennen und präzise zu formulieren – dann funktioniert das Prinzip der Entleerung am besten.

Gemeinschaftsbildung

Der Zustand der „Arbeitsatmosphäre" in einer Gruppe

Im November 2011 habe ich einen Workshop begleitet mit einer Gruppe, die sich einmal pro Jahr für ein paar Tage trifft. Es war das 3. Wochenende mit Ihnen, außerdem haben sie einige gemeinschaftsbildende Abende zusammen verbracht. Wie es nicht unüblich ist, haben ca. 10–20 Prozent nicht mehr teilgenommen, weil ihnen der Prozess nicht zusagte. Die verbliebenen Teilnehmer sind sehr zufrieden mit den Ergebnissen, Ihre organisatorischen Treffen laufen wesentlich besser und sie berichten von positiven Veränderungen in ihrem Leben. In diesem dritten Workshop ist die Gruppe praktisch das gesamte Wochenende im Zustand der Arbeitsatmosphäre geblieben. Es zogen zwar immer mal wieder dunkle Wolken auf, aber die Gruppe ist nicht wirklich komplett ins Chaos gegangen. Unter dem Chaos verstehe ich zwei Stimmungen bzw. energetische Zustände: Einmal diese zähe, mühsame und langweilige Energie, bei der man spürt, dass viele Impulse zurückgehalten werden und die Gruppe in einen Zustand der Sprachlosigkeit fällt, aus der sie nicht leicht wieder herausfindet. Zum anderen eine aggressive, geladene Stimmung, die leicht in Streit umschlagen kann. Es gibt ein Diagramm, die diesen Zustand zeigt, also dass eine Gruppe nicht mehr so massiv ins Chaos einsteigen muss, da sie sozusagen genügend emotionales Kapital aufgebaut hat, um in einem Zustand von emotionaler Verbundenheit und Arbeitsfähigkeit bleiben zu können.

Ich bin zwar relativ sicher, dass dieses Wochenende ohne Begleitung nicht so verlaufen wäre. Aber die Gruppe hatte schon so viel gelernt, dass sie meine Unterstützungen sehr leicht annehmen und den Zustand der „Arbeitsatmosphäre" aufrecht erhalten konnte. In fortlaufenden Gruppen ist es völlig normal, dass die Gruppe die meiste Zeit in diesem Zustand verbleibt, aber an Wochenenden ist es deutlich schwieriger. Bei Anfängergruppen wird meist der gesamte Samstag dafür benötigt, um sich durch diesen zähen und lähmenden Zustand der Sprachlosigkeit durchzuarbeiten.

In der „Arbeitsatmosphäre" wird eine Gruppe nicht durch schwierige energetische Zustände gestört, sondern befindet sich in einer angenehmen, leichten Energie der Verbundenheit. Sie kann die Themen bearbeiten, die hochkommen, sie kann sich leer machen von allem, was die Teilnehmer belastet oder Nähe verhindert. Es ist ein großer Unterschied zum Pseudo, weil durch die Abstände zwischen den Beiträgen genügend Zeit zum Fühlen und Nachspüren vorhanden ist. Es entsteht ein Raum für tiefere Impulse. Dagegen wird im Pseudo viel gedeckelt durch die schnelle und assoziative Kommunikation, jede Gesprächspause wird möglichst vermieden und schnell als unwohl empfunden.

Die strukturellen Hilfsmittel für den gemeinschaftsbildenden Prozess: Der Redestab und die 5-Minuten-Struktur

Seit längerem experimentiere ich damit, den Redestab in den Gruppen zu verwenden. Zu dieser Art von Gruppenkommunikation gibt es ein gutes Buch, dass vor kurzem ins Deutsche übersetzt wurde: *Der große Rat*[78].

Bei der Gemeinschaftsbildung geht es darum, sich mit der Sprache auf der emotionellen/energetischen Ebene auszudrücken und sich im Fühlen, im Hier und Jetzt zu bewegen. Es geht darum zu verhindern, dass die Teilnehmer in den Kopf gehen. Das behindert bzw. zerstört den Energieaufbau der Gruppe. Durch den anfänglichen Hinweis auf die Bedeutung des Einhaltens der Abstände zwischen den Beiträgen wird es den Teilnehmern erschwert, schnell und assoziativ zu sein und damit auf die intellektuelle Ebene auszuweichen. Meistens gerät eine Gruppe nach einer Zeit durch diese Struktur in eine Sprachlosigkeit und eine gewisse Lähmung, weil sie nicht in ihrem gewohnten Muster kommunizieren kann. Dieser schwierige Zustand in einem Workshop (und auch in den fortlaufenden Gruppen) hängt aber auch damit zusammen, dass die Teilnehmer Impulse übersehen, sie wegzensieren und nicht genügend bereit sind, Risiken einzugehen. Es ist wichtig, dass eine Gruppe in einem Workshop sich länger mit diesem Problem auseinandersetzt, diese Art von Lähmung durchlebt und auch versucht, aus eigener Kraft aus ihr herauszukommen. Eine Zeit lang habe ich in den Workshops den Redestab eingesetzt, um einer Gruppe in dieser schwierigen Phase besser durchzuhelfen. Das hat sich als nicht so gut herausgestellt. Es ist ein bisschen wie eine Kaiserschnittgeburt. Die Teilnehmer erleben nicht genügend diese Enge und die Schwierigkeiten, dieses Ringen um in die Öffnung, in die 3. und 4. Phase zu gelangen. Ich verwende beim Redestab den Zusatz, dass man zwar niemanden unterbrechen darf, aber die Hand heben kann, wenn Teilnehmer zu langatmig

---

[78] Jack Zimmermann und Virginia Coyle, *Der große Rat* (Freiburg, Br.: Arbor-Verl.)

Gemeinschaftsbildung

oder zu kopflastig in ihrem Beitrag werden.

Das große Problem in den fortlaufenden Gruppen besteht darin, dass sich die Teilnehmer zu sehr in Ruhe lassen, dem Chaos aus dem Weg gehen. Das erzeugt eine gewisse langweilige Energie. Die wird dann eine Zeit lang schön geredet, das alles okay ist usw. Aber irgendwann wird es den Teilnehmern dann doch zu langweilig und sie bleiben weg. Bei der Lösung dieses Problems kann der Redestab nach meiner Erfahrung gute Dienste leisten, die Störungen miteinander, die Konflikte, das Chaos kann dann nicht mehr so leicht unter dem Tisch gehalten werden. Das Risiko, dass sich eine fortlaufende Gruppe auflöst, besteht nicht aus einem zu viel sondern einem zu wenig Chaos.

In kleineren Gruppen kann man den Redestab durch die 5-Minuten-Struktur ersetzen (maximal 6 Teilnehmer). Dabei geht meistens eine Sanduhr im Kreis herum und jeder Teilnehmer hat 5 Minuten zur freien Verfügung zum Reden oder Schweigen, je nach Impuls. Es ist immer wieder erstaunlich, wie schnell und wie gut die 5-Minuten-Struktur in einer Zweierbegegnung funktioniert. Man muss sich nicht lange mit dem Pseudo aufhalten, man gelangt fast sofort in den sogenannten konstruktivem Chaos und der Arbeitsatmosphäre, der dritten Phase. Ich habe immer eine Sanduhr in meinem Rucksack dabei. Wenn mir die Tiefe in einer Begegnung fehlt, frage ich, ob Lust am Experimentieren besteht und packe die Sanduhr auf den Tisch. Das kann man in einem Restaurant machen bei einer Bahnfahrt usw. Es entsteht schnell eine konzentrierte Atmosphäre und man bekommt den Raum sich auf das zu konzentrieren was einem wirklich wichtig ist. Es ist für mich immer wieder erstaunlich zu erleben, wie wenig die Menschen in unserer Gesellschaft damit experimentieren, aus den normalen Kommunikationsstrukturen, die sich meist im Pseudo-Bereich bewegen, auszubrechen.

Vom Sterbepunkt in unserem Energiesystem – der nächste Schritt in der Entwicklung der Menschheit

ein Vortrag von Samuel Widmer
Es ist gibt verschiedene Gründe, warum eine Gruppe Schwierigkeiten hat, den Zustand der Authentizität aufrecht zu erhalten bzw. immer wieder zu ihm zurückzufinden. Der nachfolgende Vortrag von Samuel Widmer gibt gute Hinweise über die Hintergründe des Problems.

Um Ihnen von dem zu berichten, was ich will, dieses Lauschen zusammen, dieses In-Beziehung-Sein miteinander – was ja bereits ein ganz konkretes Beispiel ist für das, was ich erzählen will – für diesen nächsten Schritt, den wir alle als Einzelne zu tun haben, den die Menschheit zu tun hat, wenn wir die Krise, die enorme Krise, in der wir sind, zu einer Chance für das nächste Jahrtausend verwandeln wollen, dann muss ich Ihnen zuerst ein bisschen über meinen Hintergrund erzählen, damit Sie meine Sprache, meine Bilder verstehen können. Aber dabei ist es gleich von Anfang an wichtig, auch festzuhalten: wir wollen hier von Fakten reden, von Tatsachen, nicht von Meinungen. Meinungen auszutauschen, das ist eine oberflächliche Angelegenheit. Wir wollen uns hier mit den Tatsachen, mit dem, was wirklich ist, beschäftigen. Wenn ich aber das beschreibe, was ist, so wie ich es wahrnehme, dann brauche ich meine persönliche Sprache, meine Bilder, die gewachsen sind aus meiner Geschichte. Der Ausdruck von dem, was ich sage, das ist persönlich, ist vielleicht auch mein persönliches Kunstwerk.

Aber das zu sehen, was ist, sich selbst zu sehen wie man ist, sich der Wahrheit zu stellen, das ist gewissermaßen ein wissenschaftliches Experiment, und jeder, der es antreten will, jede, die sich dem stellt, wird zu den gleichen Schlüssen kommen oder zu den gleichen Einsichten, die gleiche Wahrheit entdecken. Aber jeder und jede wird es auch wieder anders ausdrücken. Es ist immer sehr schön, auch in der Arbeit mit den Menschen, mit denen wir arbeiten, zu sehen, wenn ein anderer beginnt, das, was er sieht, auszudrücken, dass er auf eine ganz neue Weise wieder dasselbe sagt, was ich gesehen habe, aber eben in seiner Sprache. Der Hintergrund, aus dem ich rede, ergibt sich aus der Arbeit mit mir selbst und mit den Menschen, mit denen wir zu tun haben, die zu uns kommen.

Die wichtigste Einsicht ist vielleicht die, dass wir gesehen haben, dass wir als Menschen im Wesentlichen eine Energie sind, und dass das Ganze, das Universum, die Welt, das alles im Wesentlichen eine Energie ist und dass das eine Energie ist, in der keine Teilung da ist. Als Individuum, als etwas persönliches, sehe ich mich gewissermaßen als Verdichtung dieser Energie, eine Verdichtung in einem Feld, das durch nichts getrennt ist. Wenn man dann dieses Energiesystem, wie wir das nennen, den Energiekörper, der wir sind, studiert, dann sieht man, dass er unterteilt ist in verschiedene Kompartimente (Abteilungen). Im Wesentlichen sind es das Becken, der Bauch, das Herz und der Kopf. Die eine universelle Energie fließt durch diesen Energiekörper hindurch und will sich auf diesen verschiedenen Ebenen ausdrücken. Wir können auch sagen, wir haben verschiedene Möglichkeiten, der Liebe Ausdruck zu geben. Im Becken drückt sie sich aus als Zärtlichkeit, als Sexualität, als Anziehung, im Bauch als Willenskraft, im Herzen dann als Liebe, als Absicht zur Gemeinschaft und im Kopf schließlich als Stille.

Wenn wir diese verschiedenen Kompartimente studieren, dann sehen wir – in unserer Arbeit müssen wir uns ständig mit zwei Bewegungen beschäftigen. Vor allem die Energie im Becken und im Bauch, die lebt nicht frei in uns, sondern sie ist konditioniert, unterdrückt, manipuliert, korrumpiert, und es braucht da einen Weg, diese Energie wieder zu befreien. Das nennen wir den Weg der Psychotherapie, der im Energiesystem sich von oben nach unten durcharbeitet. Der andere Weg, die beiden spielen immer irgendwie ineinander, ist das, was wir als spirituelles Erwachen bezeichnen, ein Erwachen für die Ganzheit dieser Energie. Dieses Erwachen geschieht im Energiekörper von unten nach oben.

Die Menschheit oder die meisten einzelnen Menschen, die die Menschheit ausmachen, leben seit langer Zeit aus der Energie des Beckens und des Bauches. Dafür sind wir als Menschheit erwacht. Das ist das „Ich bin". Wir nennen dieses Zentrum, das sich auf dem Becken und Bauch, auf dieser Energie und diesem Ausdruck begründet, ob es nun frei ist, gesund ist oder ob es irgendwie unterdrückt ist, wir nennen dieses Zentrum in uns die „egozentrische Persönlichkeit", die Persönlichkeit, welche sich als ein Abgegrenztes erlebt, als ein Für-sich-selbst-Operierendes. Aus diesen Zentren heraus haben wir eine beschränkte Sicht der Wirklichkeit, aus diesem Bereich heraus ist es noch nicht möglich zu sehen, dass da nur eine Energie ist und dass wir im Wesentlichen eine Energie sind. Diese Erkenntnis setzt dann ein, wenn ein Erwachen ins Herz hinein stattfindet, für die Ebene des Herzens, für das gemeinsame Herz. Die Becken- und Bauchzentren, das ist das Persönliche, das Herz, das ist ein Gemeinsames. Wenn dieses Erwachen für das Herz stattfindet im Leben eines Menschen, dann erwacht er für das, was wir die „ganze Persönlichkeit" nennen, den „ganzen Menschen", den „erwachten, voll verantwortlichen Menschen" auch. Es gibt aber dann noch etwas darüber hinaus, über das „ganze Menschsein" hinaus. Im Kopf findet sich auch eine Energie, und wenn wir diese Energie erfahren, indem wir für sie erwachen, dann erwachen wir für das, was wir als „spirituelle Wesenheit" bezeichnen, das ist gewissermaßen die Grundmatrix aus der heraus wir leben oder so, wie ich vorhin gesagt habe, dieses eine Feld der Energie, in dem das Persönliche eine Verdichtung ist. Zu erwachen für die Kopfzentren heißt, für diese Grundmatrix zu erwachen und in sie eintauchen zu können, in die Stille, die sie enthält, eintauchen zu können, aus ihr heraus auch leben zu können.

Der nächste Schritt, von dem wir hier reden wollen vor diesem Hintergrund, den ich da kurz skizziert habe, der nächste Schritt der Menschheit, jedes einzelnen Menschen ist, für das Herz zu erwachen. Und dieser Schritt vom Persönlichen, von der egozentrischen Persönlichkeit in die ganze Persönlichkeit, in das erwachte Herz hinein, der geht über einen bestimmten Punkt im Energiesystem, den wir genauer anschauen wollen. Wir nennen ihn den Sterbepunkt. Es ist eine Transformationsschwelle, ein Übergangspunkt in unserem Energiesystem, eine Prüfstation auch, an dem wir daraufhin getestet werden, ob wir bereits die Reife haben, in diesen nächsten Bereich zu erwachen ohne uns selbst oder anderen damit Schaden zuzufügen. Wir finden im Energiesystem dann noch eine zweite solche Transformationsschwelle in der Mitte des Kopfes, wir nennen sie wegen der Probleme, die da zu bewältigen sind, den Wahnsinnspunkt oder auch den Machtpunkt und wegen dem, was da gewonnen wird, den Stillepunkt. Von dieser Schwelle werden wir nicht reden, aber ich möchte sie einfach erwähnen, dass da auch noch eine zweite solche Schwelle ist, in der dann dieses Erwachen für das, was wir als „spirituelle Wesenheit" bezeichnen, stattfinden kann. An der ersten Schwelle, am Sterbepunkt, legen wir gewissermaßen den Willen hin, wir fügen ihn ein. Vorher dominiert er das Ganze und im Herzen bekommt er seinen Platz als Werkzeug, er stellt sich etwas größerem zur Verfügung. Im Kopf geht es dann noch um mehr, da legen wir alle Konzepte ab, die die Wirklichkeit, auch das, was ich hier erzähle, dieses Konzept wird da wieder abgelegt, weil die Beschreibung nicht das Ding ist und weil alle Konzepte die Wirklichkeit in ein Korsett einfangen, das zu eng ist.

Der Solarplexus, das Zentrum des Willens, ist das, woraus der Mensch lebt, seit Jahrtausenden. Becken und Bauch bilden in uns kindliche Zentren, das ist der kindlichste Teil in uns. Aus dem Becken zu lieben, aus dem Bauch zu lieben ist die kindlichste Liebe, die wir kennen. Und ich meine „kindlich" nicht im Sinne einer Abwertung, sondern einfach als eine Tatsache. Das ist das, was zuerst erwacht ist in uns – es gibt noch mehr Reife. Das erklärt auch, warum die Welt aussieht wie ein riesiger Kindergarten, in dem keine Kindergärtnerin ist.

Das Problem ist auch, dass der Wille immer wieder versucht, in einem Feld zu operieren, das ihm nicht zusteht. Der Wille hat im Lebendigen nichts zu suchen. Der Wille hat zum Beispiel in Beziehungen nichts zu suchen. Das Lebendige ist ein Geschehnis, das von etwas anderem gesteuert wird. Aber das sieht der Wille nicht, und deshalb will er alles lenken, und auf diese Weise schafft er eine große Unordnung, das ist das, was wir in der Welt sehen, und diese Unordnung wächst uns immer mehr über den Kopf und damit setzt dieses Erwachen ein für die Herzebene, für etwas Umfassenderes. Sexualität und Wille sind wunderbare Instrumente, sie bilden den Nährboden für die höheren Zentren, aus ihnen lebt das Herz. Aber für sich allein sind sie wie ein Kind, das keine Eltern hat.

Die nächste Ebene ist also dieses entfaltete Herz. Damit wollen wir uns aber nicht beschäftigen hier, das ist dann wieder ein anderes Thema, sondern mit diesem Entwicklungsschritt, der uns als Zauberlehrlinge in eine große Not geraten lässt, weil wir mit diesen Kräften nicht richtig umgehen können. Was wir aus dem Willen heraus in die Welt setzen, damit können wir nicht richtig umgehen, und wir sehen uns da in einer großen Not. Die Welt liegt heute in einer Agonie. Das Persönliche muss sterben, dieser Entwicklungsschritt in etwas anderes muss stattfinden. Dieser Schritt ist unabdingbar geworden. Wo man hinschaut, in jedem Winkel der menschlichen Gesellschaft sieht man dieses Hauptproblem, dass der Wille etwas dominieren will, das nicht in seinem Bereich liegt, nicht in seinen Möglichkeiten liegt. Die Wege des egohaften, eigensüchtigen Strebens führen nicht mehr weiter, sondern sie mehren die Katastrophe, es ist gewissermaßen ein Quantensprung auf eine andere Umlaufbahn oder auf eine andere Ebene des Seins notwendig geworden. Und diese andere Ebene ist diese Herzpersönlichkeit, die sich nicht als eine abgegrenzte versteht, sich nicht als Objekt definiert, sondern sich durch ihr Bezogen sein definiert.

Hier kommen wir zu einem ganz wichtigen Punkt. Heute hört man immer wieder: es ist ein großer Schritt angesagt für die Menschheit, und dieses neue Erwachen, das wird ein Erwachen für die Spiritualität sein. Aber Spiritualität beginnt im Becken. Das ganze Erwachen ist ein spirituelles Erwachen, aber doch letztlich, wenn wir von Spiritualität reden, meinen wir meist das, was sich dann in den Kopfzentren zeigt. Und dieses Erwachen, diese zweite Transformationsschwelle, das steht nicht an für die Menschheit als Gesamtes, das wird Thema sein in einigen tausend Jahren, denke ich. Das, was im Moment ansteht ist das Erwachen für das Herz. Das passt zu uns, das würde uns gerade so passen, diesen Schritt auslassen zu können.

Wenn wir in unser Leben schauen, in unsere Welt schauen, sehen wir: das ist irgendwie das Schwierigste. Nirgends funktioniert Gemeinschaft, Beziehungen funktionieren nicht, also retten wir uns doch darüber hinweg in einen spirituellen Himmel, der dann aus Plastik ist. Die verwirklichte Gemeinschaft ist die Grundlage für ein nüchternes spirituelles Erwachen. Das ist dann der nächste Schritt, der dann viel später kommen wird. Im Moment ist dieser Schritt über den Sterbepunkt angesagt – den Willen niederlegen zugunsten des Gemeinsamen. Wenn ich von Moment rede, meine ich dabei nicht einige Jahre oder Jahrzehnte, sondern das sind Prozesse von Jahrhunderten, vielleicht sogar Jahrtausenden.

Es geht also ums Sterben bei der ganzen Sache, und das, was sterben muss, ist der Eigennutz, der Wille, der für sich selbst operiert. Die Zeit des Willens ist vorbei, der Wille hatte seine Blüte, aber diese Zeit ist vorbei. Er müsste seine Macht abtreten, und das fällt ihm natürlich schwer. Deshalb ist ja der Tod, das Sterben unter uns Menschen auch so verdrängt. Als wir erwachten für das „Ich bin" vor Tausenden von Jahren, für dieses egozentrische Dasein, als dieses Erwachen stattfand, kam damit auch die Einsicht, dass das Egozentrische ein Ende hat. Alles Persönliche hat auch ein Ende. Und das war ein großer Schock im menschlichen Bewusstsein, das wollten wir nicht wahrhaben, wir haben das verdrängt. Das war ein notwendiger Prozess, ein unumgänglicher, unglücklicher auch, ein Prozess, der uns all die Mythen und Erzählungen über ein Überleben, ein individuelles Überleben nach dem Tod gebracht hat. Auch heute werden solche Hoffnungen immer noch genährt, indem man von einem Überleben des Individuellen in einem höheren Selbst spricht. Aber das Persönliche muss wirklich sterben, der Wille muss sich wirklich hingeben, er stirbt nicht wirklich dabei, es ist vielmehr so, dass er seinen Platz erkennt, sich einfügt in ein größeres Ganzes. Er stellt sich zur Verfügung als ein Werkzeug, das er eigentlich ist. Dies wäre dann die zweite Hälfte auf dem Weg zum Erwachen zum Herzen. Die erste Hälfte war dieser Schock, den wir noch immer nicht ganz überwunden haben, dass das Persönliche enden wird, und der zweite Schritt ist dann die Hingabe dieses Persönlichen ans Ganze. Und ich denke, dafür werden wir noch mal eine lange Zeit benötigen, die Menschheit als Ganzes. Einzelne können diese Entwicklungsschritte schon weiter machen, also ein Einzelner kann auch in die Kopfebenen hinauf erwachen, dem steht nichts im Weg. Er geht dann einfach einen sehr einsamen Weg und er bahnt damit die Zukunft der Menschheit vor. Aber für uns gewöhnliche Menschen steht dieser Schritt am Sterbepunkt an. Unser Ego erlebt dieses Erwachen in etwas Größeres hinein als einen Tod, deshalb ist da diese große Angst. Und erst nach dem Durchtritt wird sichtbar – nicht für das Ego, das ist gestorben – sondern nach dem Durchtritt wird sichtbar, dass es eigentlich eine Geburt war.

Erst wenn dieser Schritt vollzogen ist, dieses Sterben im Sterbepunkt, kann der Vogel der Wahrnehmung sich im Herzen entfalten und frei zu fliegen beginnen. Das ist dann das, was wir als Spiritualität bezeichnen können. Ich hoffe, wir sind immer noch bei diesem Lauschen auf das Ganze. Das ist das Wichtigste, das IST diese Öffnung des Herzens. Einfach theoretisch über diese Dinge zu reden, bringt nicht viel, nichts eigentlich. Aber das zusammen gleich zu tun, diese Erfahrung zu machen, in dieses Gemeinsame hinein sich zu öffnen, indem alles gleichwertig da ist. Und der beste Weg, den ich gefunden habe dazu, ist dieses Lauschen über das Ohr. Letztlich geht es um eine Offenheit aller Sinne, um ein ganzes Dasein mit allen Sinnen. Aber über das Ohr ist der Einstieg am einfachsten. Den ganzen Fluss wahrzunehmen, die Autos draußen, die Stimme der Übersetzerin, auch die Musik, die die Stille macht.

Ein bewusstes Sterben vollzieht sich im Verlaufe eines Lebens, sofern es gelingt, in drei Schritten: Der erste Schritt ist dieses Sterben über den

Sterbepunkt, das Erwachen ins Herz hinein. Der zweite ist der Schritt über die zweite Transformationsschwelle, am Stillepunkt, der Eintritt in die Stille hinein. Wenn diese Schritte nicht gelungen sind, dann stirbt ein Mensch – das ist dann der dritte Schritt – nicht wirklich bewusst. Ein bewusstes Sterben, das heißt ein Ablegen des Körpers und allem, was damit zusammenhängt, das ist vor allem die egozentrische Persönlichkeit, da bewusst hindurchzugehen, ohne das Bewusstsein zu verlieren, ist unmöglich, wenn diese beiden ersten Schritte im Leben nicht stattgefunden haben.

Hier reden wir von diesem ersten Schritt, weil er der zentrale Schritt ist, der für die meisten von uns ansteht. Der Wille geht zusammen mit allem Beherrschenden und Kontrollierenden in uns. Er ist auch begleitet von den abwehrenden Gefühlen wie Neid, Hass, Eifersucht, deshalb dominieren diese Gefühle in der Welt. Krieg und Konflikt sind Ausdruck des Willens, wenn er in einem Feld operiert, das ihm nicht zusteht. Und das ist genau das, was wir überall sehen in der Welt.

Ich will ein Beispiel wählen, um das zu erläutern. Ich wähle das Drogenproblem, weil ich mich damit viel befasst habe, das gut kenne, aber Sie können jedes andere große Problem, das die Menschheit hat, nehmen, oder auch die kleinen, vor allem Beziehungsprobleme, die wir alle haben. Überall finden Sie dieses Grundproblem drin, dass der Wille versucht etwas zu steuern, was ihm nicht zusteht. Beim Drogenproblem sehen wir: das, was die Menschen tun, ist, wir versuchen mit immer noch mehr und noch mehr vom Gleichen diese Schwierigkeit unter Kontrolle zu bringen, mit Repression, mit Strafaktionen, mit Verboten. Wir haben dabei riesige Kontrollapparate aufgebaut, Verfolgungsapparate, und wir sind mit ihnen durchwegs allen gescheitert. Im Gegenzug dazu sahen wir uns dann gezwungen, ebenso riesige Helferinstitutionen aufzubauen, und sie haben auch nichts ausgerichtet. Das Problem ist eskaliert und nicht kleiner geworden. Auf der anderen Seite haben wir ebenso große Maschinerien – die Drogenmafia, die Kriminalität, die Geldwäscherei, all dieses Dinge. Offensichtlich, auch da findet langsam ein Erwachen statt, braucht es einen Durchbruch in eine ganz andere Richtung. Aber der Wille ist uneinsichtig, er bäumt sich auf und will mit immer noch mehr und noch mehr vom gleichen einfach dem Problem Herr werden. Der Wille will siegen, weil das sein Gesetz ist. Aber zu seinem Gesetz gehört auch, dass wenn er in einem Feld operiert, das ihm nicht zusteht, dann findet er die Niederlage. Denn dadurch bricht eine neue Dämmerung an. Überall ist Krieg, weil der Wille etwas lösen will, was er nicht lösen kann. Wir ersticken zunehmend in gewaltigen und letztlich doch ineffektiven bürokratischen Maschinerien, mit denen der Wille versucht, seine Diktatur aufrecht zu erhalten. Einsichtige Menschen sehen schon lange, dass eine Lösung in eine ganz andere Richtung notwendig ist und dass sie sich auch einmal durchsetzen wird, nämlich dann, wenn der Wille am Ende ist. Es scheint deshalb auch, dass die Menschheit an diesem Tiefpunkt nicht vorbeikommen wird. Der Wille will nicht aufgeben, bevor er sich nicht den Ast abgesägt hat, auf dem er sitzt.

Die Lösung des Herzens für all diese vielschichtigen menschlichen Probleme ist eine ganz andere. Erst im Herzen erwacht zu sein, macht den Menschen wirklich zum Menschen, zu einem mitfühlenden, tragenden, liebenden Wesen. Wir können das auch wieder anhand des Drogenproblems studieren, als Beispiel einfach. Die Lösung des Herzens ist eigentlich ganz einfach: Das Herz gibt die Verantwortung dahin zurück, wo sie hingehört – zu jedem Einzelnen. Es mischt sich nicht ein. In Bezug auf das Drogenproblem heißt das: jeder soll doch die Drogen nehmen, die er halt will, und auch die Konsequenzen davon haben, die er dann hat. Das erwachte Herz kann auch im Stich lassen, wenn es nötig ist, weil es selbst das Im-Stich-gelassen-sein vollumfänglich in sich integriert hat. Durch diesen Schritt würden die ganzen Kontrollapparate kollabieren, die Helferinstitutionen verschwinden und auch auf der anderen Seite die Drogenmafia – all das bricht zusammen. Und der Wille könnte dann den Platz einnehmen, der ihm zusteht: die Staaten könnten den Vertrieb, den Handel, die Herstellung der Substanzen organisieren, saubere Angebote machen, Geld verdienen damit, Steuern einnehmen.

Damit wäre das Problem, das aus dem aufgeblasenen Willen resultiert, gelöst, aber natürlich nicht das eigentliche Problem, denn das ist ja nur ein Symptom. Das wirkliche Problem könnte dann sichtbar werden, und das wirkliche Problem ist, dass wir süchtig sind, eigensüchtig sind. Wir sind eine durch und durch eigensüchtige Gesellschaft. Süchtig ist man, wenn man verzweifelt etwas sucht, das einem fehlt, ohne zu wissen, was es ist und ohne es finden zu können.

Vom erwachten Herz aus gesehen ist das, was uns fehlt, ganz offensichtlich: das was uns allen fehlt, ist Liebe. Es fehlt uns an Erwacht sein im Herzen. Wir haben nicht genug Geborgensein, wir fühlen uns nicht getragen im Netzwerk der Beziehungen. Und es liegt daran, dass wir nicht bereit sind, für einander zu sorgen, sondern in unserer ständigen Betonung der Eigensucht, der Eigenwilligkeit unser ganzes gesellschaftliches System auf Gier, Ehrgeiz, Konkurrenzdenken, Neid usw. aufgebaut haben. Wir sorgen nicht für einander. Jeder denkende, intelligente Mensch sieht, dass ein Schritt zum Sorgen füreinander notwendig geworden ist, dass es uns als Einzelnen nur gut gehen kann, wenn wir dafür sorgen, dass es allen gut geht, und dass das nur möglich ist, wenn jeder Einzelne das einsieht und zu leben beginnt. Wenn wir uns um dieses Problem kümmern würden, dann würden die Symptome verschwinden, wie zum Beispiel das Drogenproblem, sie fallen in sich zusammen. Wir entziehen ihnen die Energie, weil wir uns nicht darum kümmern. Es gibt keine Lösung für all diese Probleme, es gibt nur ihre Auflösung im Erwachen des Herzens. Am Ende, um das mit dem Drogenproblem als Beispiel noch fertig anzuschauen, wird dann jeder und jede diejenigen ekstatischen Mittel benutzen, die ihm halt gut tun, und er wird lernen, so damit umzugehen, dass weder für ihn noch für andere Schaden daraus erwächst. Das ist Selbstverantwortung, und die kann nur wachsen, wenn man jeden sich selbst mit dem Problem überlässt. Dadurch wäre das Drogenproblem plötzlich kein Problem mehr, sondern vielmehr eine Quelle der Freude, eine Quelle auch für vielfältige kulturelle Rituale, die dann der Lebensfreude, der Ekstase wieder einen Platz in unserem Leben geben könnten.

Wir sind immer noch beim Lauschen, hoffe ich. Vielleicht schließen wir zwischendurch die Augen wieder, es ist schwierig, wenn man Sprache hört, Inhalt hört, sich nicht darauf zu konzentrieren. Aber dann verpasst man das Wesentliche. Das, was ich sage, ist nicht wichtiger als das Geräusch der Autos draußen.

Erst wenn man auf diese Weise lauscht, darin ist auch kein Überdenken des Gesagten, keine Antwort darauf, sondern ein unmittelbares Damit-Sein, Beziehung zwischen uns, ein Anteilnehmen aneinander, mit etwas unmittelbar zusammen sein. Nur wenn das da ist, versteht man wirklich, dann hat man unmittelbare Einsicht in alles. Und das ist der Schritt, von dem wir hier reden, dieses Erwachen ins Herz hinein. Wenn wir nun noch betrachten, welches die wesentlichen Faktoren sind, welche das Vorgehen des Willens und das Vorgehen des Herzens kennzeichnen, dann werden wir besser verstehen können, worum es bei diesem Schritt am Sterbe-

Gemeinschaftsbildung

punkt geht. Der Wille der tut immer etwas. Er kontrolliert, dominiert, beherrscht. Das ist seine Art. Da ist nichts falsch dran, in seinem Feld ist das richtig. Das Herz dagegen, das lässt los. Es mischt sich nicht ein. Es überlässt sich. Der Wille reißt alle Verantwortung an sich. Er will auch Abhängige schaffen, um dominieren zu können. Das Herz dagegen betont die Eigenverantwortung. Es gibt sie dahin zurück, wo sie hingehört. Der Wille hat immer ein Konzept. Er will alles seinem Konzept unterwerfen. Das, was sich fügt, gehört zur eigenen Partei und wird beschützt. Das, was sich nicht fügen will, wird bekämpft, ist der Feind. Das Herz hingegen achtet und respektiert das So-Sein eines jeden. Es trägt Sorge dazu. Der Wille grenzt sich ab, das Herz öffnet sich. Der Wille dreht sich immer um das Eigene, er will das Eigene gegenüber dem Ganzen durchsetzen. Das Herz wendet sich immer dem Ganzen zu, indem es dem Eigenen darin seinen Platz gibt. Die Lösung des Herzens, das ist Liebe. Liebe in jedem Fall, überall, immer. Und Liebe, das ist das, was wir hier zusammen üben, hoffe ich, dieses reaktionslose Sein mit allem, was da ist. Dieses Anteilnehmen, unmittelbare Anteilnehmen an allem, was da ist. Wenn Liebe da ist, gibt es keine Konflikte. Wenn Liebe da ist, dann können wir tun, was wir wollen, es wird immer Freude schaffen. Wenn sie nicht da ist, können wir auch tun was wir wollen, es schafft immer Leid; und jeder Versuch, dieses Leid zu beenden, schafft noch mehr Leid. Wenn Liebe da ist, wird alles ganz einfach, dann fliegt der Vogel der Wahrnehmung frei im Herzen und sein Flug erhebt sich dann weit über das Herz hinaus und kennt keine Grenzen.

Wenn wir nun noch beachten, welche Gefühle mit diesem Übergang am Sterbepunkt verbunden sind, dann wird uns klarer werden, warum uns das Sterben so schwer fällt. Warum wir uns dagegen wehren. Der Wille geht zusammen mit den siegreichen Gefühlen. Er will dominieren, gewinnen... Das ist seine Art, das ist in Ordnung, wenn er in seinem Feld bleibt. Er will herausragen. Wenn er aber in ein Feld geht, das ihm nicht zusteht, dann geht er zusammen mit den negativen Gefühlen, Neid, Hass, Eifersucht. Weil ihm diese Gefühle auch im Unterlegen sein eine Stärke erlauben. In diesem Tun verrennt sich der Wille und das ist das, was wir getan haben auf der Welt. Nach endlosen langen Kriegen wurden wir zur Kapitulation gezwungen. Das Kapitulieren, das Einsehen seiner Grenzen, das Eingeständnis seines Unvermögens geht aber zusammen mit ganz anderen Gefühlen, nämlich mit Ohnmacht, mit Hilflosigkeit, mit Verlassen sein, im

Stich gelassen sein, am tiefsten Punkt dann die Einsamkeit. Das sind die Herzgefühle. Wenn sich das Herz öffnet, melden sich zuerst diese Gefühle und diese will der Wille um keinen Preis haben. Er will sich gut fühlen und stark fühlen. Diese Gefühle, diese Herzgefühle müssen um jeden Preis verleugnet sein. Sie dürfen nicht wahr sein.

Und wenn wir noch mal das Drogenproblem nehmen, sehen wir: der Drogenabhängige, das ganze Drogenproblem manifestiert genau diese Gefühle in der Welt, erinnert uns daran. Wir sind halt trotzdem da. Und wenn Sie irgendein anderes Problem nehmen, werden sie sehen: überall findet der Wille in seiner Niederlage schließlich diese Gefühle. Wenn er sie annehmen lernt statt sich in negative Gefühle zu retten, die ihm eine Stärke erlauben, dann kann dieses Erwachen einsetzen.

Nun sieht aber nur vom Zentrum des Willens aus gesehen diese Niederlage so trostlos aus, so hoffnungslos... Vom Herzen aus gesehen, wenn das Erwachen stattgefunden hat, ergibt sich ein völlig anderer Blickwinkel. Das Herz hat keine Probleme, sich zu ergeben, sich hinzugeben, sich zu überlassen. Im Gegenteil, es ist genau die Lebensart in diesem Bereich unserer Seele – hingegeben zu sein. Deshalb findet hier, beim Übergang über diesen Sterbepunkt, diese Verwandlung statt. Die Ohnmacht des Kriegers wandelt sich in die glückselige Hilflosigkeit eines Säuglings. Das Ausgeliefertsein transzendiert in ein Aufgehobensein. Das, was wie ein Tod ausgesehen hat, wird zu einer Geburt in einen umfassenderen Bereich hinein. Der Wille, der sich als alter Kämpfer sieht, der jede Schlacht gewinnen muss, sieht sich plötzlich an der Hand genommen von Papa und Mama und in einen Bereich geführt, der viel schöner ist, in dem man nichts verteidigen muss, weil alle füreinander sorgen. Er kommt gewissermaßen als verlorener Sohn nach Hause und findet da seinen Platz.

Auch das Denken, das mit diesem Willen zusammen geht, bricht an diesem Punkt zusammen. Das Denken, das davon ausgeht, dass es alles kontrollieren muss. Es macht einem neuen Denken Platz, einem gemeinsamen Denken, einem füreinander Denken, miteinander Denken. Eine Art des Denkens, das vom isolierten Bereich des Willens aus gesehen völlig undenkbar erscheint, höchstens als ein sektiererischer Wahn erscheint. Wenn diese Möglichkeit dieses neuen Denkens sich zeigt und auch die Sinnlosigkeit des unendlichen Kampfes, den der Wille geführt hat, gesehen wird, dann erwacht im Herzen eine riesige Trauer. Eine heilsame Trauer auch. Sie ist das Erwachen des Mitgefühls im Herzen. Der unendliche Schmerz über das Verpasste, über das, was in Sturheit und Festhalten zerbrochen wurde, reißt das Herz weit auf. Und der Schmerz, der sich da zeigt, hat bereits die gleiche Qualität wie die Liebe, die dann einzudringen beginnt. Wenn das Herz voll ist vom Schmerz, dann ist es weit geöffnet. Wenn alle Einsicht integriert ist, hat der Schmerz ein Ende, weil er rund geworden ist und weil eine vollkommene Verzweiflung identisch ist mit der Liebe. Die Liebe fürchtet das Ausgeschlossen sein nicht mehr, sie kämpft nicht mehr für Zugehörigkeit. Sie ist selbst Heimat und darin allein. Sie bekämpft auch die Liebesgeschichten anderer nicht, sondern sie beschützt sie. Sie beschützt sie, weil sie sich nicht ausgeschlossen fühlt davon. Wer die Liebe im Herzen trägt, ist immer eingeschlossen. Er schließt immer ein, er ist Heimat für sich selbst und für alles, was er berührt.

Damit kommen wir zum Transformationsprozess, das ist das, was wir dann im Workshop am Nachmittag vor allem anschauen wollen. Nur noch ganz kurz will ich darauf hier eingehen. Bei diesem Übergang über diesen Sterbepunkt klinken wir uns wieder ein in etwas, was ich den Transformationsprozess nenne. Das, was wir hier geübt haben – wach sein, da sein, dem Ganzen zugewendet sein – das ist Aufmerksamkeit. Wenn die Aufmerksamkeit vollkommen ist, dann ist Einsicht da. Und wenn die Einsicht vollkommen wird, dann setzt ein Transformationsprozess auf der Energieebene ein. Das, was an unruhigen Energien da ist, an schwierigen Gefühlen, negativen Gefühlen da ist, wird aufgenommen im Solar und über den Sterbepunkt immer wieder gewandelt. Das ist etwas, was nicht getan werden muss, das ist etwas, was geschieht. Und diese Energie wird dann vom Herzen aus wieder als gereinigte, als Grundenergie abgestrahlt. Wenn man das für sich selbst getan hat, zuerst tut man das für sich selbst, dann ist aber die Geschichte nicht zu Ende, sondern dann tut man es für die Welt, dann wird man zu einem Energiegenerator, der überall wo er ist, das Unruhige sammelt, in sich transformiert und Stille und Liebe zurückgibt. Das ist unsere Aufgabe, unsere Berufung. Aber es ist auch unser Kreuz, das wir zu tragen haben.

Wenn wir uns dieser Aufgabe ganz ergeben – da ist nichts zu tun außer zu tragen – wenn wir uns da ganz ergeben, dann kommt das andere Erwachen, das eigentliche spirituelle Erwachen dann ganz von selbst zu uns als Gnade, als Geschenk. Während dem wir im Solar aufnehmen, was Heilung braucht, es über den Sterbepunkt führen, es wieder ausstrahlen als gereinigte, als heile Energie in die Welt, beginnt sich darüber der Vogel zu seinem unendlichen Flug zu erheben.

Soweit also diese Ausführungen zum Sterbepunkt, diesem wichtigen Übergangspunkt in unserem Energiesystem, an dem wir für eine völlig neue Dimension des Menschseins erwachen können. Die alte egozentrische, von Grenzen lebende Persönlichkeit stirbt da zugunsten eines unbegrenzten, voll erwachten, voll verantwortlichen Menschen. Dies ist der nächste Schritt, den die Menschheit und damit jeder einzelne, jede einzelne von uns zu tun hat, in unserem Alltag, in unserem Zusammensein, in unseren Beziehungen. Dann wird die enorme Krise in der wir sind zu einer Chance werden für das nächste Jahrtausend.

Erfahrungsberichte Workshops

Liebe Verbündete
der Gemeinschaft begründete
ich labe, ja habe
von euch Menschenkindern
Gefühlen und dem Leben getrunken
versunken nun in Bildern und Gedanken
die in mir ankern
an klangen
klagend und klingend
von der Mühsal
zur Muse
verzaubert und singend
Sekunden zu Stunden
wahrnehmend und sehend
verstehend
aus ruhiger Stille
allein
Sein
allein(s)sein
rein
wortgewandter Wille
nickend und neckend
Interesse weckend
abfallend und aufsteigend
sich ineinander verzweigend
verflechtend und verhindernd
beflügelnd und vermindernd
behutsam, beseelt, bewegend, verkopft
einander wurde sich abgeklopft
tanzende Leichtigkeit
schwerelos oder angestrengt
weit und bereit
hoffen und offen
ein stetes Schweben und Beben
beklommen und eng
wenn
der Kreis zu lange schweigt

Silben die bilden
Rhythmus und Klang
Atemgang
von der Luft getragen
ins Ohr, in den Kopf, Bauch oder Herz hinein
Menschen die sich zugewandt
beieinander lagen
gehend und gähnend
schützend und scherzend
sitzend und schwitzend
stehend und strebend
wirkend und wartend
laut oder leise
jeder auf seine ganz eigene Weise...
Dank an alle für die gemeinsame Reise

Pamela Mund

Hallo ihr Lieben,
nun ist es schon über drei Wochen her, dass unsere Gruppe zusammen kam. Ja, es war auch für mich eine ganz besondere Erfahrung, etwas unvergessliches. Ich kann mich an so vieles so lebendig und detailgenau erinnern! Ich bin sehr dankbar, dass ich diese intensive Erfahrung machen durfte.

Vorgenommen hatte ich mir ja, die Ruhe mitzunehmen. Im Berufsleben ergab es sich dann aber, dass Chaos immer wieder das war, was sich richtig anfühlte. Dinge ansprechen die nicht stimmig sind und nicht weiter um jeden Preis die Harmonie bewahren (die ja gar keine ist). Das war eine schöne Erfahrung: Die übliche innere Zurechtweisung „Ach, hätte ich doch lieber nichts gesagt" blieb aus.

Es ist jetzt genau eine Woche her, dass wir es miteinander wagten, uns auf die geniale Methode von Scott Peck einzulassen. Was wir da zusammen erlebten, klingt bei mir nachhaltig nach. Ich bin sehr berührt und dankbar und schaue nun, wie und wo ich auf dieser Schiene weiter machen kann.

Es prägt mich jedenfalls jetzt schon (Entschleunigung, Pausen, mich auf das Wesentliche konzentrieren, klare(re) Kommunikation > entscheidende, immer noch sehr präsente Feedbacks von u.a...! und neuer Blick auf die Wichtigkeit der Mitmenschen: Wir brauchen mehr denn je Gemeinschaften...).

Es war sicher eine der besten Gruppenerfahrungen, die ich je hatte. Ich denke an euch alle, und hoffe, dass dieses schöne Seminar auch bei euch in irgendeiner Form weiterwirkt.

Du sprichst mir direkt aus dem Herzen. Besser hätte ich es nicht formulieren können. Für mich war es auch das beste und intensivste von den vier Gemeinschaftsbildungsseminaren, die ich besucht habe. Danke euch allen für euern Mut, Intimitäten der Gruppe preisgegeben zu haben, nur so war es mir möglich, am Sonntag so stark in mein Gefühl zu kommen und mich im Moment zu fühlen. Hatte am Mittwoch in unserer Gemeinschaftsrunde in... das Gefühl, als wären wir eine Etage tiefer gerutscht. Und bei mir wächst so langsam der Wunsch mit Menschen in Gemeinschaft zu leben, wo einfach ein tieferer und ehrlicher Austausch möglich ist und an dem ich mitwachsen kann.

Ich denke gerade recht wehmütig über meine Rückkehr nach. Es ist mir gerade ein so großer Kontrast, wieder „zurück" in der „verkopften" Welt zu sein. Ja, mir fehlt unsere entschleunigte und gefühlvolle Kommunikation. Der Workshop hat bei mir wirklich einen großen Eindruck hinterlassen. Es war wirklich eine große Erfahrung ganz anders zu kommunizieren und Gemeinschaft zu erleben. Jetzt fehlt mir die Gemeinschaft und die entschleunigte Kommunikation und ich überlege, ob ich nicht versuchen sollte die Gemeinschaftsbildung nach... zu holen. Da ich aber noch keine existierende Gruppe fand, liegt es an mir den Grundstein zu legen. Ob ich das schaffen könnte?

Ich bin seit unserem Wochenende grundsätzlich positiver eingestellt und klarer gegenüber mir selbst, meinen Mitmenschen und dem Rest der Welt.

Diese Positivität und innere Klarheit bekomme ich natürlich zurück von meinen Mitmenschen und meiner Umwelt. Für mich hat dieses Wochenende somit eine nachhaltige Steigerung meiner Lebensqualität zur Folge.

Da kann ich nur nochmal sagen: Für mich war und ist dieses Wochenende eine der bewegendsten Erfahrungen in meinem Leben!

Es hat mich ganz schön durcheinander gewirbelt, aber so langsam schaffe ich die Integration in meinen Alltag und es geht mir viel besser. Ich fühle mich sehr kraftvoll und entspannt! Es war eine sehr wichtige Erfahrung für mich, denn es hatte etwas sehr beruhigendes, in der Runde alles von sich zeigen zu können. Und die Musik am Ende war echt schön – von wem noch gleich?
Mike Scott

Ganz lieben Dank an Euch für Alles! Ich nehme letzten Endes doch viel mehr aus dem Seminar mit als ich anfangs dachte. Die Sensibilität für Ich-Botschaften ist bei mir geschärft worden und der Aspekt der zugrundeliegenden Handlungsmotive tritt stärker in meinen Fokus. Das läuft eher auf meine eigene Analyse als auf die anderer hinaus. Ich komme damit meinem Fühlen näher, was mir schon lange ein großes Anliegen ist. Und dann natürlich habe ich einen guten Geschmack davon erhalten, was es bedeutet, Risiken einzugehen. Das macht mir großen Mut.

Götz, was Du geschrieben hast, vom sich schwer ablenken können (im Kreis) und dadurch die Impulse besser fühlen zu können, war genau das, was ich an diesem Wochenende bei mir wahrgenommen habe. Und wie ich damit umgegangen bin, nehme ich gedanklich als Stütze mit für den Alltag. Außerdem möchte ich Euch dafür danken, dass ihr mich nicht in den Arm genommen habt, in den Momenten wo ich weinen musste. Denn das hat mir letztendlich viel mehr Kraft gegeben.

Dass es für mich ganz toll war, sagte ich gestern schon! Letztendlich war ich mit mir richtig zufrieden...! Denn das kenn' ich natürlich:
wenn ich mir selbst im weg steh, kann nix entstehen, bei noch so gutem Umfeld. Ich war im Vorfeld sehr gespannt auf den „Oberguru der Gemeinschaftsbildung", den so viele schon „erlebt" hatten!!! Du schienst mir ganz normal und erfrischend im Umgang mit uns. Tatsächlich hatte ich bald das Gefühl, dass du mit zur Gruppe gehörst. Ich fand dich präsent, empathisch und Gott sei Dank aktiver eingreifend, als ich befürchtet hatte. Danke sage ich Dir besonders dafür, dass ich durch Dein Dasein die Chance habe, auf ganz andere Weise Teilnehmerin zu werden als bisher, den Druck der Gründungs- und Aufbauzeit abzubauen und mich meiner Aufgaben zu widmen auf dem Weg zum Heilwerden. Die Gruppe/Einzelne konnten durch Deine Arbeit Chaosphasen und

auch Entleerung zulassen. So haben wir eine Ahnung davon bekommen, was Gemeinschaftsbildung sein kann. Ich sagte ja schon, ich fühle mich reich beschenkt.

Hallo ihr Lieben,
ich will jetzt nicht viele Worte verlieren, aber für mich war das Wochenende phänomenal.

Meine Frau und ich haben noch eine Nacht im Gruppenraum geschlafen und offensichtlich war der Gemeinschaftsgeist noch da. Ich habe nachts wieder dieses tiefe Glücksgefühl gehabt und kaum war es da kam eine riesige Trauer – Ich habe abwechselnd gelacht und geweint und geschrien und gejauchzt und manchmal auch alles gleichzeitig. Meine Frau hat mich gehalten und kein bisschen getröstet, sondern war einfach nur da. Es war wundervoll. So etwas habe ich noch nie erlebt. Wenn ich das so lese klingt es total langweilig. Aber es war wirklich das Beste, was ich je erlebt habe. DANKE!
Fühlt euch umarmt und gedrückt!

Liebe 7-Lindener[79],
ein Gemeinschaftsbildungs-Seminar nach Scott Peck nicht in einem Seminarhaus, sondern eingebunden in das menschliche Miteinander einer lebendigen Gemeinschaft: Ich bin sehr dankbar für dieses außergewöhnliche Erlebnis!

Außerdem möchte ich den Mut von Götz Brase betonen, wirklich tief in die Nicht-Leiterschaft[80] der Seminarleiter einzutauchen und gleichzeitig die volle Verantwortlichkeit jedes Teilnehmers für seine Erlebnisse und Ergebnisse herauszufordern.[81] Dieses Seminar ist ein mächtiger Meilenstein in meinem Leben geworden und passt mit seiner Betonung des authentischen Impulses anstatt gewohnheitsmäßiger Reaktion genau in meinen spirituellen Weg (Thomas Hübl[82]). Ich empfinde sowohl eure Gemeinschaft, als auch das Seminar als sehr auf der Höhe dieser Zeit!

---

[79] Im Ökodorf Sieben Linden finden auch Gemeinschaftsbildungsseminare statt, siehe www.siebenlinden.de
[80] „Anti-Guru-Programm" als scherzhafte Bezeichnung von Götz Brase
[81] „Group of all Leaders", siehe Seite 61ff
[82] Thomas Hübl: in einigen Gemeinschaften recht bekannter spiritueller Lehrer, siehe www.thomashuebl.com

Kommunikationsempfehlungen für die Gemeinschaftsbildung

- Sei pünktlich zu jeder Gesprächsrunde.
- Sag Deinen Namen, bevor Du sprichst.
- Sprich in der ICH – Form.
- Sprich von Dir und Deiner momentanen Erfahrung (erforsche Dich, doziere nicht, rechtfertige Dich nicht).
- Verpflichte Dich, am Ball zu bleiben, dran zu bleiben (bleibe bis zum Ende jeder Runde).
- Schließe ein – vermeide jemanden auszuschließen.
- Drücke Dein Missfallen in der Gruppe aus, nicht außerhalb vom Kreis.
- Sei verantwortlich für Deinen persönlichen Erfolg (was Du für Dich aus der Runde oder dem Workshop herausholst).
- Sei beteiligt mit Worten oder ohne Worte, sei emotional anwesend in der Gruppe.
- Respektiere absolute Vertraulichkeit.
- Erkenne den Wert von Stille und Schweigen in Gemeinschaft.
- Gehe ein Risiko ein!
- Höre auf Deine innere Stimme und sprich, wenn Du dazu bewegt bist, sprich nicht, wenn Du nicht dazu bewegt bist.
- Fasse Dich kurz.
- Keine Fragen, keine Ratschläge.
- Bitte kein Alkohol während des Workshops.

intensive Gemeinschaft erleben
im Schloss Oberbrunn:

www.schloss-oberbrunn.eu

Ebenfalls erhältlich bei eurotopia (www.eurotopia.de)

Dorf ohne Kirche
Die ganz große Führung durch das Ökodorf Sieben Linden

von Michael Würfel

(Leseprobe) Ein gutes Beispiel für unsere Kultur ist die Art, wie wir kommunizieren. Die meisten von uns kennen die Methoden der gewaltfreien Kommunikation und haben schon mal davon gehört, dass die Ebene der sachlichen Kommunikation oft von der emotionalen Beziehung zu unseren Gesprächspartner_innen beeinflusst wird. Wir sind uns also im Klaren darüber, dass wir oft nicht in der Lage dazu sind, objektiv zu sein und zu entscheiden. Wir nehmen uns die Zeit, emotionale Fragen zu klären, wenn sie einem sachlichen Austausch im Wege stehen. Zum Beispiel ist es bei uns nicht ungewöhnlich, dass in einer Diskussion jemand sagt „Ich nehme eine Störung war" und die Gruppe darauf hinweist, dass es im Moment offensichtlich nicht um die Sache geht, sondern um Ängste, Verteidigung, Verletztheit oder Ähnliches. Wir fragen einander oft, ob wir uns gerade auf irgendein Sachthema ansprechen dürfen – und respektieren dann ein „nein, jetzt nicht", weil der/die andere eben mit etwas anderem oder auch emotional mit sich selbst beschäftigt ist. Für die meisten im sozialen Bereich erfahrenen Menschen ist das nichts Neues, aber bei uns ist es halt im ganzen Dorf angekommen. Dass das was Besonderes ist, merke ich, sobald ich mal den Busfahrer bitten muss, während der Fahrt seine Zigarette auszumachen oder im Baumarkt wissen will, wo ein Produkt hergestellt wird. Da „draußen" wird oft genug auf eine Weise kommuniziert, in der die eigenen Bedürfnisse so gut wie möglich verborgen werden und man im Zweifelsfall mit Phrasen um sich wirft, um sich keine Blöße zu geben.

Auch bei uns ist Kommunikation kein Selbstläufer. Der Anspruch auf gewaltfreie Kommunikation kann sogar nach hinten losgehen, wenn nämlich eine im Kern nicht-empathische Haltung in pseudogewaltfreies Gesäusel gepackt wird. Das ist übel, da wäre ein konventioneller Wutausbruch hilfreicher. Wenn einem jemand, der immer total stinkstiefelig ist und nicht mal grüßt, bei einem Konflikt vorwirft, man wäre ja im Vorfeld nicht „in Kontakt" gegangen. Ja, toll. Die Sprache der gewaltfreien Kommunikation ist auch ein Schutzschild für die, die gar nicht kommunizieren wollen.

Wir umarmen uns oft und denken manchmal sogar daran, uns gegenseitig zu sagen, dass wir gut finden, was der/die andere gemacht hat. Wir haben eine Raucher- und eine Verschenkeecke, wir gehen viel barfuß, wir finden Parfüm eher eklig... Wenn man mal anfängt, findet man eine Menge kleiner kultureller Besonderheiten, die in unser Leben besser passen als die Rituale der Gesellschaft. Insbesondere unsere Methoden, über die Geschicke des Dorfes zu entscheiden, haben schon eine richtige kleine Evolution hinter sich, darüber will ich aber nachher noch mehr erzählen.

Dass wir in unserem Bemühen, einander aufrichtig zu begegnen und ein erfüllendes Zusammenleben vieler Menschen möglich zu machen, von der Individualkultur da draußen kaum wahrgenommen werden, macht es natürlich nicht einfacher, unsere Kultur als etwas wirklich Besonderes zu sehen. Und es ist schade für unsere Jugendlichen, die versucht sind, die von den Medien vermittelten Werte geradezu aufzusaugen. Wir werden zwar oft und gern von den Medien besucht und beschrieben, aber da wird halt fast immer nur das ganz Offensichtliche abgeschöpft. Dass wir mit Stroh und Lehm bauen, dass Pferde den Acker pflügen, dass wir keine Handys verwenden, dass wir Komposttoiletten benutzen. Da kommt nicht rüber, was die eigentliche Herausforderung an diesem Leben ist; mit was für Schwierigkeiten zu kämpfen ist, wenn Menschen wirklich gemeinsam zukunftsfähig leben wollen.

Neulich durfte ich einen Reporter der Tageszeitung taz durchs Dorf führen, und er wollte immer wissen, welche Elemente unseres Lebens denn von einer/einem Leser_in seiner Zeitung übernommen werden könnten – wo unsere Lebensweise also übertragbar ist und damit, wie er wohl fand, politisch wirksam wird. Das ist eine ganz knifflige Frage, vor allem an mich, weil ich ja denke, dass unser messbar gutes ökologisches Leben (Energieverbrauch, Müllproduktion, CO_2-Ausstoß usw.) gar nicht das Wesentliche an unserem Projekt ist. Wenn ich finde, dass unsere größte Leistung der Versuch ist, eine neue Kultur von Gemeinschaft zu entwickeln, wo sind dann die übertragbaren Ergebnisse?

Tatsache ist, dass wir hier viele Gäste „verzaubern" und ihren Horizont für neue Ideen überhaupt erst erweitern. Das gelingt wahrscheinlich nicht über einen Zeitungsartikel, dessen Autor keine vier Stunden hier verbracht hat. Das gelingt mir auch nicht auf dieser Führung – dafür rede ich viel zu viel. Kultur muss wahrscheinlich erlebt werden, damit sie einen richtig anstößt. Ein Film kann vielleicht auch schon einiges bewirken.

Was ich dem Reporter mitgegeben habe als übertragbare Erkenntnis unseres Lebensmodells war, dass wir uns im Ökodorf alle recht einig sind, dass wir eine hohe Lebensqualität verwirklicht haben – mit einem vergleichsweise kleinen ökologischen Fußabdruck. Hier wohnen Menschen, die vielleicht nicht immer alle superglücklich sind, die aber alle festgestellt haben, dass das ökologische Leben nicht den Verzicht auf Genuss und Luxus bedeutet. Wir finden unser Essen luxuriös, unser Obst, die Natur um uns herum, die Raubvögel am Himmel, unsere Sauna und unseren Badeteich.

Dorf ohne Kirche - ein Buch über das Ökodorf Sieben Linden.
Mit vielen Fakten, Geschichten und Überlegungen zu einem ganz besonderen Dorf, in dem Gemeinschaft, Nachhaltigkeit und ein gutes Leben geübt und praktiziert werden.

18€, Softcover mit Schutzumschlag, Karte und vielen Fotos. 276 Seiten,
ISBN 978-3-00-036434-1

www.eurotopia.de
Leben in Gemeinschaft

Hier gibt es das unentbehrliche eurotopia-Gemeinschaftsverzeichnis sowie Bücher und Filme über Leben in Gemeinschaft.
Der Verlag und Buchversand aus dem Ökodorf Sieben Linden.